edition suhrkamp 2077

W0034224

Dieser Band zeichnet den vielschichtigen Entwicklungsweg des *enfant terrible* der französischen Literaturszene, Roland Barthes, nach, der über die Auseinandersetzung mit dem Literaturbegriff sartrescher Prägung, der Themenkritik Bachelards, dem linguistischen und anthropologischen Strukturalismus und mit poststrukturalistischen Ansätzen in Philosophie, Literaturtheorie und Literatur zu einer eigenständigen, Nietzsche einbeziehenden Ästhetik führt. Musik und Stimme, vor allem aber Fotografie und Malerei sind weitere Schwerpunkte des chronologisch aufgebauten Bandes. Die Bezüge zwischen Bild, Klang, Körper und Schrift werden mit Hilfe neuester texttheoretischer Ansätze erstmals umfassend, auch anhand weitgehend unbekannt gebliebener Texte des Wortkünstlers Barthes beleuchtet.

Ziel des Bandes ist es, Roland Barthes einem breiteren (deutschen) Publikum vorzustellen, einen Überblick über das Gesamtwerk zu geben, den Autor in die zentralen Entwicklungen und Polemiken des intellektuellen Feldes in Frankreich einzubauen und die Bedeutung seines Schreibens für die aktuellen Diskussionen in Literatur, Linguistik, Philosophie und Kulturtheorie herauszuarbeiten.

Ottmar Ette, geboren 1956, ist ordentlicher Professor für romanische Literaturwissenschaft in Potsdam.

Ottmar Ette
Roland Barthes

Eine intellektuelle Biographie

Suhrkamp

Für Ilse und Doris,
Richard und Jean Christophe
– Stimmen der Zeichen –,
und für Reinhard,
dies Zeichen der Stimme

edition suhrkamp 2077
Erste Auflage 1998
© Suhrkamp Verlag Frankfurt am Main 1998
Erstausgabe
Alle Rechte vorbehalten.
Alle Rechte vorbehalten, insbesondere das der
Übertragung, des öffentlichen Vortrags
sowie der Übertragung durch Rundfunk und Fernsehen,
auch einzelner Teile.
Kein Teil des Werkes darf in irgendeiner Form
(durch Fotografie, Mikrofilm oder andere Verfahren)
ohne schriftliche Genehmigung des Verlages reproduziert
oder unter Verwendung elektronischer Systeme verarbeitet,
vervielfältigt oder verbreitet werden.
Satz: Jung Satzcentrum, Lahnau
Druck: Nomos, Verlagsgesellschaft, Baden-Baden
Umschlag gestaltet nach einem Konzept
von Willy Fleckhaus: Rolf Staudt
Printed in Germany

1 2 3 4 5 6 – 04 03 02 01 00 99

Inhalt

über die Schrift. Die friktionale Lust am Text. Nietzsche contra Texttheorie? Lustort Ohr: Diktion, Friktion, Phonotextualität. Ein neuer Textbegriff, eine neue Sensibilität

Barthes und die Medien. Ein ordnender Blick zurück? Bilder von Barthes. Schreibtisch, Küche: Ort des Schreibens. Barthes im Bild. Zigarre und Poetik. Von der Schrift zum Widerhall. Echo und Stimme. Der Musiker und sein Körper. Fragmente des R. B. Destruktion, Dekonstruktion: Dekomposition, Transdisziplinarität. Spielraum, Wissen und Weisheit

Auf der Suche nach dem verlorenen Roman. Eine Liebe zur Sprache in Fragmenten. Figuren der Liebe. Jenseits des Schreibbaren. Der Amateur. Wege zur neuen Form, Abschied von der Moderne? Friktion und Knirschen: Bild und Text. Der dritte Sinn und die Körperlichkeit. Liebe, Mutter, Tod. Die Leere als Zentrum

Am Ende der Reise? Der Raum der Moderne. Der moderne Barthes, der postmoderne Barthes. Der moderne Diskurs und die Spirale. Der gemeinsame Raum von Moderne und Postmoderne. Auge und Ohr

Das außergewöhnliche Durcheinander, dem es zu danken ist, daß der Schriftsteller veröffentlicht, ehe er schreibt, daß das Publikum formt und weitergibt, was es nicht versteht, daß der Kritiker beurteilt und definiert, was er nicht liest, daß schließlich der Leser lesen muß, was noch gar nicht geschrieben ist – diese Bewegung, die jedesmal vorwegnehmend alle die verschiedenen Bildungsphasen eines Werkes zusammenwirft, versammelt diese auch in der Suche nach einer neuen Einheit. Daher die Fülle und das Elend, der Stolz und die Demut, die äußerste Verbreitung und die extreme Einsamkeit unseres literarischen Schaffens, dem wenigstens das Verdienst zuzusprechen ist, daß es weder Macht noch Ruhm begehrt.

Maurice Blanchot, *Le livre à venir*, 367

Vorbemerkung

Der vorliegende Band entstand in Zusammenhang mit Lehrveranstaltungen, die ich während der vergangenen Jahre an den Universitäten Eichstätt, Bayreuth und Mexiko-Stadt (UAM) angeboten habe. Den Teilnehmern dieser Veranstaltungen verdanke ich zahlreiche kritische Kommentare und Anregungen – und die Überzeugung, daß die Schriften Roland Barthes' aktueller denn je sind, ja mehr noch: daß sein Denken in vielen seiner Facetten bis heute noch nicht aus-gedacht ist.

Daß Roland Barthes' Bedeutung wächst, verdeutlicht auch die neue französische Werkausgabe. Doch könnte gerade sie durch die Fülle der dargebotenen Materialien eine Gefahr in sich bergen: die einer sich bereits abzeichnenden Zersplitterung in den Essayisten, den Kunstkritiker, den Semiologen, den Kulturkritiker, den Literaturwissenschaftler, den Gesellschaftskritiker, den Narratologen, den Theaterkritiker, den Literaturtheoretiker, Filmkritiker, Romancier und den Philosophen Roland Barthes. So könnten die *Œuvres Complètes* paradoxerweise den Blick auf das Gesamtwerk verstellen, weil sie für jeden dieser Aspekte reichhaltiges Material bereitstellen. Einer Aufsplitterung von Barthes' Schaffen in einzelne Teilbereiche versucht der vorliegende Band entgegenzuarbeiten. Er bezieht die Buchpublikationen, auf die sich das Forschungsinteresse bislang konzentrierte, ebenso ein wie die zu Lebzeiten Barthes' noch nicht in Buchform veröffentlichten Schriften, ja weist gerade diesen ein besonderes Gewicht zu. Musik, Malerei und Photographie werden als künstlerische Praktiken in ihren vielfältigen Bezügen in ein Verhältnis zur Textualität gesetzt, das stets dem Gesamtwerk Rechnung trägt. Der Verfasser hofft, damit zugleich einen Beitrag zur Vermittlung französischen Denkens nach Deutschland leisten zu können.

Ottmar Ette

I Einführung

*Quel que soit le livre que j'écris, je ne m'y donne
jamais tout entier, et le sujet qui me réclame le plus
instamment, sitôt après, se développe cependant à
l'autre extrémité de moi-même.*

Gide, *Journal de 1909*

Erste Annäherung
Am Nullpunkt des Lesens?

Barthes in Deutschland

Roland Barthes ist im deutschsprachigen Raum gewiß kein Unbekannter. Davon zeugt zum einen die auf den ersten Blick imponierende Zahl von Übersetzungen seiner Texte, die dem Leser deutscher Sprache den Zugang zumindest zu jenen Schriften, die Barthes in Buchform veröffentlicht hat, wesentlich erleichtert. Zum anderen weist auch die in den letzten Jahren sich deutlich häufende Bezugnahme auf sein Werk in den verschiedensten wissenschaftlichen Disziplinen sowie im Bereich des Feuilletons auf die wachsende Bedeutung Barthes' im öffentlichen Diskurs. Auffällig ist dabei, daß diese Auseinandersetzung mit dem französischen Essayisten, Zeichentheoretiker und Schriftsteller fast ausschließlich punktuell und kaum einmal im Rahmen eines umfassenderen Ansatzes erfolgt.[1] Diese Tatsache ist bedeutsam und verlangt nach einer Erklärung.

Die Diskrepanz zwischen der Vielzahl der aus ihrem Kontext gerissenen Zitate und Anspielungen und dem Mangel an intensiven, das Gesamtwerk erfassenden Auseinandersetzungen in den deutschsprachigen Ländern wird besonders deutlich, wenn man diese fragmentarische Rezeption mit jener in anderen kulturellen Regionen vergleicht. Dabei ist gewiß die Fülle an Publikationen, die dem französischen Autor in seinem Heimatland zuteil wurden, weniger überraschend als die Tatsache, daß Barthes im angelsächsischen Raum oder auch im südlichen Europa, insbesondere in Italien, nicht nur unzählige Aufsätze, sondern Dutzende umfangreicher, anregender Buchpublikationen gewidmet wurden. Im Vergleich hierzu ist Deutschland – der Vielzahl von Übersetzungen zum Trotz – in der internationalen Barthes-Forschung fast ein weißer Fleck auf der Landkarte geblieben. Etwas zur Überwindung dieses bedauerlichen Zustands beizutragen ist eines der Anliegen dieser Studie.

---

1 Eine erfreuliche Ausnahme bildet hier das Buch von Röttger-Denker, Gabriele: *Roland Barthes zur Einführung*. Hamburg 1989, das sich freilich vorwiegend dem Spätwerk Barthes' widmet.

Außer Frage steht, daß die Rahmenbedingungen für eine (Neu-) »Entdeckung« der Barthesschen Texte günstig sind. In Frankreich ist Barthes, nach dem Durchlaufen eines fast schon zum intellektuellen Ritus gewordenen zehnjährigen Fegefeuers (*purgatoire*), zu einem der meistdiskutierten Autoren und Theoretiker avanciert.[2] Davon zeugen nicht nur zahlreiche wissenschaftliche Arbeiten, zu denen gerade in den letzten Jahren eine Reihe von Büchern französischer Autoren getreten ist, oder auch die Veröffentlichung einer ersten Barthes-Biographie; darauf weist vor allem die Tatsache, daß nach längeren Diskussionen und Vorarbeiten – nicht ohne einen Seitenblick auf die sich verschiedentlich bereits abzeichnende Konjunktur Barthesscher Texte im In- und Ausland – das Verlagshaus Seuil in Paris eine auf drei umfangreiche Bände veranschlagte Werkausgabe veranstaltet, die unter dem bezeichnenden Titel *Œuvres Complètes* einen geradezu monumentalen Charakter angenommen hat.[3] Das Erscheinen dieser wohl eher als »Gesammelte Schriften« zu bezeichnenden Edition erweitert nicht nur das bekannte Korpus Barthesscher Texte, es ermöglicht vor allem auch einen leichteren Zugang zu Essays und Rezensionen, die bislang nur dem Spezialisten zugänglich waren, und ermöglicht zudem eine genauere Analyse der Entwicklung bestimmter Vorstellungen von Roland Barthes. Es sind nicht zuletzt die im ersten Band der Werkausgabe veröffentlichten Texte, die bislang verbreitete Annahmen etwa zum Lektürehorizont des frühen Barthes der vierziger und fünfziger Jahre zum Teil weitreichend verändert haben. Für eine neue Studie ist daher der Zeitpunkt günstig.

Es gehört zweifellos zu den merk-würdigen Paradoxa dieses Autors, daß gerade ihm, der den Subjektbegriff subversiv zu untergraben suchte und nach einem biographischen Verfahren gerufen hatte, das – wie er selbst es liebte – nur einige wenige Biogra-

---

2 In einem Essay von 1971 über das Alphabet Ertés spricht Barthes einmal davon, daß alle Künstler »ein kleines mythologisches Fegefeuer« über sich ergehen lassen müßten, um bekannt werden zu können. Die Voraussetzung hierfür sei, daß man sie leicht »klassifizieren« könne (OC II, 1222). Sollte die zu beobachtende »Kanonisierung« Barthes' mit einer solchen Klassifikation, etwa als »Postmoderner«, zusammenhängen? Die vorliegende Arbeit versucht, einer solchen vorschnellen Zuordnung entgegenzuwirken.

3 Barthes, Roland: *Œuvres Complètes*. Edition établie et présentée par Eric Marty. 3 Bde. Paris 1993 ff.

pheme (SFL II, 1045) dem Vergessen entreißen will, biographische und editorische Unternehmungen klassischen Typs zuteil geworden sind. Gerade er, der den Werkbegriff Ende der sechziger Jahre überwinden wollte und den »Tod des Autors« ausrief, erhält eine monumentale Werkausgabe auf Bibelpapier, die seinen Rang als einer der einflußreichsten Autoren des französischen 20. Jahrhunderts untermauern wird. Doch sind dies Entwicklungen, deren überraschende Logik sich erst aus einer Betrachtung seines gesamten Schaffens: seiner Publikationen, öffentlichen Interventionen und publikumswirksamen Projektionen erschließen läßt. Mit anderen Worten: Ihrer Erkenntnis muß eine das Gesamtwerk erfassende Untersuchung vorausgehen.

Direkter zugänglich und vielleicht auch leichter durchschaubar sind demgegenüber manche Gründe für die stetig wachsende Bedeutung Roland Barthes' weltweit. Gewiß besitzt das intellektuelle Feld Frankreichs seine eigenen Gesetze, die ihm – gegenüber Entwicklungen und Diskussionen innerhalb des Kulturbetriebs anderer Länder – stets eine relativ große Autonomie verschafften. Doch dürfte sich auf das erwähnte Fegefeuer Barthes' – ganz im Gegensatz zum nicht enden wollenden *purgatoire* Sartres – strafverkürzend ausgewirkt haben, daß die vor allem in den Vereinigten Staaten so breit und vehement geführte Postmoderne-Diskussion Roland Barthes zu einem ihrer geistigen Urheber erkoren hat. Längst ist die große frühe Vermittlerin, Apologetin, ja fast Propagandistin des Barthesschen Œuvre in den USA, Susan Sontag, von einer Vielzahl »professioneller« Barthes-Leser abgelöst worden, die zwar nicht mehr dithyrambisch Barthes' Intelligenz rühmen[4], wohl aber seine akademische Kanonisierung durchgesetzt haben. Überblickt man die nordamerikanischen Veröffentlichungen zu Barthes, so zeigt sich, daß seit Anfang der siebziger Jahre eine große und noch weiter wachsende Auseinandersetzung mit dem ehemaligen Wortführer der *nouvelle critique* geführt wird, die auch durch seinen unerwarteten Tod im Jahre 1980 nicht unterbrochen, sondern eher noch befördert wurde.[5] Zwar mag die in

4 So etwa im Vorwort zu ihrer Ausgabe von *Writing Degree Zero*. New York 1968, vii.
5 Daß diese umfassende Diskussion Barthes' in den USA auch während der neunziger Jahre anhält, deuten die zahlreichen nordamerikanischen Publikationen der letzten Jahre an. Die Barthes-Rezeption in den USA verdiente eine eigene Forschungsarbeit.

Frankreich relativ spät und zögerlich einsetzende Diskussion um die Postmoderne ein noch rascheres Ende der Verbannung Roland Barthes' verhindert haben – unterbinden konnte sie das Überschwappen dieser Diskussion um Barthes unter postmodernen Vorzeichen nach Frankreich keinesfalls. Und so waren es nicht zuletzt mit den nordamerikanischen Verhältnissen und Argumenten vertraute Intellektuelle wie Antoine Compagnon, Bernard Comment oder Réda Bensmaïa, welche die französische Beschäftigung mit Barthes um wichtige Perspektiven und Einsichten ergänzt haben.

Warum war nun die Auseinandersetzung mit Barthes gerade in Deutschland so halbherzig und rudimentär? Ein Grund hierfür ließe sich in der Tatsache finden, daß in Deutschland der Umgang mit Begriff und Denken der Postmoderne, ganz im Gegensatz etwa zu Italien oder England, noch weit zurückhaltender verlief als in Frankreich. Der Begriff der Postmoderne findet im deutschsprachigen Raum erst gegen Ende der siebziger Jahre breiteren Eingang in die Debatte. Betrachtet man die Auseinandersetzungen mit diesem Begriff während der achtziger Jahre, so drängt sich der Eindruck auf, daß diese Diskussionen von außen initiiert wurden, ja daß sie förmlich unter dem Druck der internationalen Diskussion geführt und als von außen aufgezwängt empfunden wurden. Allenthalben wurden Barrikaden errichtet, um sie wenn möglich zu umgehen oder doch zumindest einzudämmen. Als entsprechend emotionalisiert erweisen sich die Debatten in bundesdeutschen Feuilletons. In der sogenannten Postmoderne-Debatte wurde zwar von deutscher Seite eine intelligente und pointiert vorgetragene kritische Auseinandersetzung mit jenen Denkern geführt, die im deutschsprachigen Raum gemeinhin als Wortführer der Postmoderne gelten. Doch dürfte die Feststellung kaum übertrieben sein, daß die breitenwirksame und vulgarisierte Variante dieser Kritik für lange Jahre eine kreative und offene Auseinandersetzung insbesondere mit den französischen Intellektuellen in Deutschland behinderte. Vor allem der Vorwurf des Neokonservativismus – Habermas hatte in seiner stets angeführten programmatischen Rede von 1980 bekanntlich von einem »neuen Konservativismus«[6] gesprochen – emotionalisierte (oder vergiftete) die Debatte in so erheblicher Weise, daß nicht nur innerhalb der poli-

6 Habermas, Jürgen: »Die Moderne – ein unvollendetes Projekt«. In: Ders.: *Kleine Politische Schriften I-IV*. Frankfurt a. M. 1981, 444.

tischen Linken, sondern in weiten Teilen der bundesdeutschen Öffentlichkeit – vom Kontext der Diskussionen, die im anderen Teil Deutschlands geführt (oder auch nicht geführt) wurden, ganz zu schweigen – eine substantielle Auseinandersetzung weitgehend unterblieb. Aus diesem Blickwinkel stießen Ansätze eines Verständnisses von Barthes, wie sie in den siebziger und achtziger Jahren in den USA entwickelt wurden, auf Unverständnis oder – schlimmer noch – auf Desinteresse.

Der Ort des Lesens   3

Doch handelt es sich hierbei nur um *einen* Aspekt, der bei der Klärung der Frage, warum Roland Barthes nur für wenige mehr als ein Name geblieben ist und warum der Anteil deutscher Publikationen an der längst vierstelligen Zahl von Veröffentlichungen zu Barthes so verschwindend gering ist, behilflich sein kann. Von der Klärung dieser Frage aber hängt ein tieferes Verständnis unserer eigenen Positionen ab, unserer eigenen Lektüren, der Fragen, die wir an Barthes' Texte stellen, mithin: ein nuancierteres Verständnis für unseren eigenen Ort des Lesens. Denn befindet sich auch die vorliegende Studie in ihrem Verlauf noch – zumindest in einem narratologischen Sinne – am Nullpunkt des Lesens, so ist ihr Ausgangspunkt doch keineswegs ein *degré zéro* der Rezeption.

Die Zugehörigkeit zu einer *terra incognita* der Barthes-Forschung verleiht – man mag dies bedauern oder nicht – keineswegs die Fähigkeit oder auch nur die Möglichkeit, einen ungelenkten, unperspektivierten »Entdecker« -Blick auf das Barthessche Œuvre zu werfen. Die Entwicklung eines Bewußtseins für die Vorperspektivierung unseres Blicks, der Neues in Barthes' Texten zu entdecken sehr wohl behauptet, kann schlechterdings ohne die Berücksichtigung vorgängiger Lektüren innerhalb unseres eigenen Kontexts nicht auskommen. Unser Gehör ist (wie unsere Sinne insgesamt) für bestimmte Fragestellungen geschärft, für andere noch insensibel. Die *terra incognita* verleiht nicht die (im übrigen wenig wünschenswerte) Zauberkraft einer unbefleckten Erkenntnis; an die Möglichkeit eines naiven Zugangs zu glauben hieße, im Sinne Barthes' einem *leurre*, einem Trugbild aufzusitzen. Die vorliegende Arbeit will versuchen, die umfangreiche internationale Sekundärliteratur ebenso fruchtbar zu machen wie das erklärbare, aber nicht verständliche (relative) Fehlen einer solchen im deutschsprachigen Raum: Aus eben dieser Spannung soll – zusätzlich zu anderen methodologischen Aspekten – der spezifische Standort dieser Arbeit gewonnen werden. Ihr raum-zeitlicher Kontext soll reflektierte Basis der Begegnung, nicht aber Beengung sein. Ihr Ort des Lesens ist *eine* Dimension des Verstehens Barthesscher *écriture* und zugleich *eine* Dimension seines Werkes.[7]

Bewegungen und Friktionen 4

Vor dem hier skizzierten Hintergrund ist das Ausbleiben einer intensiven Auseinandersetzung mit dem Autor von *S/Z* im deutschsprachigen Raum mit dem Hinweis auf den Kontext der Postmoderne-Debatte nicht zulänglich begründet. Vergessen wir nicht, daß sich Barthes international zunächst einen Namen als Wissenschaftler, genauer: als Mythenforscher, Semiologe und Strukturalist gemacht hat. Das Bild des strukturalistischen Barthes herrschte in den sechziger Jahren (und keineswegs nur in Deutschland) in so starkem Maße vor, daß es die Rezeption des »späten« Barthes verzerrte, ja geradezu unterband. Roland Barthes hatte noch Anfang der sechziger Jahre die französische Bourgeoisie und, im wissenschaftlichen Bereich, die spezifisch französischen akademischen Institutionen im Visier seiner scharfzüngigen Polemiken; diesem »Spiel« konnte man in Deutschland aus sicherer Distanz genüßlich zusehen, ohne sich selbst kompromittiert zu fühlen. Mit einer immer fundamentaler werdenden Kritik am »abendländischen Diskurs« überhaupt schmolz diese Beobachterdistanz zunehmend dahin. In die gängige Einteilung zwischen politisch links und politisch rechts war eine solche Kritik überdies nicht mehr einzuordnen, so daß ein politischer Solidarisierungseffekt, wie er sich in der frühen

7 Ich beziehe mich hier auf das von Jauß vorgeschlagene Verständnis des Werkes als »Konvergenz von Text und Rezeption«; vgl. Jauß, Hans Robert: »Racines und Goethes Iphigenie. Mit einem Nachwort über die Partialität der rezeptionsästhetischen Methode«. In: Warning, Rainer (Hg.): *Rezeptionsästhetik. Theorie und Praxis*. München 2 1979, 383; siehe hierzu Verf.: »Rezeption, Intertextualität, Diskurs. Ein Diskussionsbeitrag zur wissenschaftsgeschichtlichen Erforschung der französischen ›Idéologues‹«. In: Schlieben-Lange, Brigitte u. a. (Hg.): *Europäische Sprachwissenschaft um 1800*. Bd. 3. Münster 1992, 15-27.

Barthes-Rezeption häufig findet, rasch verschwand. Was blieb, war das Bild eines Wissenschaftlers, der keiner mehr war, eines Semiologen, der die Semiologie Saussures auf den Kopf gestellt hatte und von manchen Kollegen aus ihrem Bereich verbannt worden war, und eines Strukturalisten, der seinen eigenen Weg jenseits eines klassifizierbaren Poststrukturalismus ging. Das Bild von Barthes wurde eigentümlich unscharf: Es schien, als hätte er jenes *Déjeuner des structuralistes* verlassen, das in einer bekannten zeitgenössischen Karikatur Barthes an die Seite von Lévi-Strauss, Foucault und Lacan gerückt hatte.[8] Seine Schriften der siebziger Jahre schienen zu belegen, daß er längst nicht mehr dieser gewiß eigenwilligen, aber einheitlich in Baströckchen gekleideten, gleichsam uniformierten Gruppe zugehörte. So erklärt sich auch die Schwierigkeit von Manfred Frank, der doch Derrida, Deleuze, Kristeva oder Baudrillard ganz selbstverständlich den von ihm so genannten »Neostrukturalisten« zurechnete, bei Barthes aber (wie übrigens auch bei Foucault und Althusser) hinsichtlich einer Einordnung »vorläufig unsicher« blieb.[9] Die Texte Roland Barthes' entzogen sich während der siebziger Jahre zunehmend vereinfachenden Klassifizierungen. Man könnte daraus die Vermutung ableiten, daß ihm weniger ein Ort als eine *Bewegung* innerhalb des zeitgenössischen intellektuellen Feldes zukam.

Aber auch jenseits aller Zuordnungen blieb die Unschärfe von Barthes' Porträt erhalten, ja vergrößerte sich noch. Die Erfolge des Strukturalisten blieben unvergessen, doch Barthes' zunehmend radikale »Dekomposition«[10] nicht nur der Begriffe des Strukturalismus, sondern des Systemhaften – und damit des Wissenschaftlichen – überhaupt, sorgten für ein wachsendes Mißtrauen, das Barthes immer mehr die wissenschaftliche Legitimation entzog. Was war von einem Autor zu halten, der – wie etwa Borges' Pierre Menard im Bereich des Schachspiels – Innovationen einführt, empfiehlt, erörtert und schließlich wieder verwirft[11], um sie (hierin

---

8 Auf die bekannte Karikatur von Maurice Henry, die Claude Lévi-Strauss, Michel Foucault, Jacques Lacan und den Verfasser der *Elemente der Semiologie* vereint, komme ich im zehnten Kapitel im Kontext von *Roland Barthes par Roland Barthes* zu sprechen.

9 Frank, Manfred: *Was ist Neostrukturalismus?* Frankfurt a. M. 1984, 37.

10 Vgl. zu diesem Begriff das zehnte Kapitel der vorliegenden Arbeit.

11 Borges, Jorge Luis: »Pierre Menard, autor del Quijote«; Borges ordnete diesen Ende der dreißiger Jahre entstandenen Text später seinen *Ficciones* zu.

Borges' *Fiktionen* noch übertreffend) an anderer Stelle in anderer Terminologie auf neue Kontexte zu beziehen?

Roland Barthes' intellektuelle Karriere war stets von *Friktionen* begleitet. Lagen etwa in den sechziger Jahren die »Reibungspunkte« des universitären Außenseiters an den Grenzen der akademischen Kritik, der er – im Kontext der *Querelle* um Racine – in *Kritik und Wahrheit* einen neuen Raum zuwies, so betrafen die Friktionen des publikumswirksam auftretenden Literaten und Lehrstuhlinhabers am elitebewußten *Collège de France* in den siebziger Jahren Grundlagen und Grenzziehungen wissenschaftlichen Schreibens überhaupt. In Deutschland scheint eine Offenheit gegenüber derartigen Infragestellungen wissenschaftlichen Tuns zum damaligen Zeitpunkt nicht gegeben gewesen zu sein. Dabei wirkte die Kritik Barthes' nur um so provokativer, als sie von einem Intellektuellen vorgetragen wurde, dessen Forschungen international Aufsehen erregt und Anerkennung gefunden hatten. Anders ausgedrückt: Es handelte sich um einen im Bereich der *Diktion* im Sinne Genettes[12] schreibenden renommierten wissenschaftlichen Autor, der sowohl die Autorschaft als auch die Wissenschaft radikal in Frage stellte. Das Bild des französischen *enfant terrible*, das Barthes selbst kultiviert hatte, verhinderte eine tiefergehende wissenschaftliche Auseinandersetzung gerade auch mit dieser Art der Wissenschaftskritik.[13] Auf die poetologischen Implikationen des Friktionsbegriffs werde ich im achten Kapitel zurückkommen. Festgehalten aber sei, daß Barthes in Deutschland, im Gegensatz zu Frankreich, nicht zum Skandalon werden konnte, weil man ihn ohne großes Aufsehen aus der Provinz der Wissenschaft ausbürgerte. Im Bezirk der (fiktionalen) »Literatur« aber schien die kritische Energie (wie in einem Reich der Narrenfreiheit) zu verpuffen, wenn auch seine *Fragmente einer Sprache der Liebe* auf ein breites Interesse auch bei der deutschsprachigen Leserschaft stießen. Barthes wurde in Deutschland nicht oder nur in geringem Maße zu einer intellektuellen Herausforderung, seine Ideen blieben lange Zeit zumindest wissenschaftlich unfruchtbar.

12 Vgl. Genette, Gérard: *Fiktion und Diktion*. München 1992.
13 Ansätze finden sich freilich in der Dissertation von Brütting, Richard: »*Ecriture*« und »*texte*«. *Die französische Literaturtheorie nach dem Strukturalismus*. Bonn: Bouvier 1976. Eine kritische Auseinandersetzung mit diesem Buch aus der Perspektive Barthes' findet sich in Röttger-Denker, Gabriele: *Roland Barthes zur Einführung, op. cit.*, 142.

Wenn die Ausbürgerung aus der Wissenschaft auch die Rezeption Barthes' in Deutschland behinderte, so wirkte sich dies doch weniger schädlich auf ihn selbst als auf die wissenschaftliche Diskussion im deutschsprachigen Raum aus. Die – nicht selten emotionale – Blockade gegenüber dem »unwissenschaftlichen« Franzosen bewirkte mehr als eine Verzögerung seiner Wirkung. Handelte es sich nur um eine »Verspätung«, so könnten wir die Auseinandersetzung mit Roland Barthes heute einfach nachholen – und es gibt auch in Deutschland ermutigende Anzeichen eines neu einsetzenden Interesses an seinen Schriften. Doch täuschen wir uns nicht: Diese Debatte ist dem deutschsprachigen Raum – und mag sich auch manch einer darüber freuen – unwiederbringlich verlorengegangen, und sei es nur, weil wir uns nicht mehr im Diskussionshorizont der siebziger und achtziger Jahre bewegen. Wir befinden uns – um es mit einem von Barthes einmal gebrauchten Ausdruck zu sagen – in einer veränderten Logosphäre (OC II, 1612). Es wäre freilich verfehlt, dieser längst historisch gewordenen Tatsache nachzutrauern. Die Diskurse der neunziger Jahre – nicht nur im Kontext postmodernen Denkens, sondern vor allem der zunehmenden Internationalisierung und Globalisierung der intellektuellen Kommunikation – eröffnen zusammen mit dem sich verändernden Ort der Literaturwissenschaft innerhalb der neuen Medien und Kommunikationsmöglichkeiten andere Chancen. Roland Barthes selbst wies in einem wenig beachteten Text, der 1968 nicht in einer wissenschaftlichen Zeitschrift, sondern in *Le Nouvel Observateur* erschien, auf derartige Entwicklungen hin:

»Für einen Schriftsteller jedoch ist der politische Ort, dieses *Anderswo* (Cuba, China), weniger wichtig als dessen Form: Was ihn bei dieser Wanderung direkt, d. h. vom Blickpunkt seiner Arbeit aus (denn auch der Schriftsteller arbeitet) betrifft, ist die Enteignung des Abendlands, die in ihr enthalten ist, das neue Bild, das sie auferlegt: das Bild eines Feldes, in dem das abendländische Subjekt nicht mehr Zentrum oder Blickpunkt ist.« (SE, 47)[14] Die Frage nach dem Ort des Lesens gewinnt aus dieser Sicht zusätzliche Bedeutung. Sie wird den hier aufgespannten Reflexionshorizont, wenn auch nicht immer explizit, wesentlich mitgestalten.

14 Zur Zitierweise vergleiche das Siglenverzeichnis.

Zweite Annäherung
Eine zentrifugale Bewegung ohne Zentrum

Von Regal zu Regal 6

Das Gesamtwerk von Roland Barthes ist nur schwer, vielleicht gar nicht klassifizierbar. Ihm ist kein Ort innerhalb der gängigen Schemata zuzuweisen. Nähert man sich dem umfangreichen Œuvre Barthes' in einem ganz physischen Sinne, so muß man beim Kauf der Bücher in größeren Buchhandlungen zum Teil weite Wege zurücklegen: Manche Titel finden sich im Bereich von Linguistik und Zeichentheorie, andere bei der Soziologie, Kulturtheorie oder Literaturwissenschaft, wieder andere finden sich in jenen Regalen, die dem Film und der Photographie gewidmet sind; mitunter werden einige Texte vom Buchhandel längst den Bereichen Autobiographie oder Roman zugewiesen.[15] In jedem Falle geht der potentielle Leser des Gesamtwerks einen Weg, der recht eigentümlich in die verschiedensten Abteilungen einer Buchhandlung führt und über kein eigentliches Zentrum zu verfügen scheint. Wir werden sehen, daß dieser Weg eine Grundfigur des Barthesschen Œuvre nachzeichnet, die dem Gesamtwerk eine Bewegung einschreibt, die man vorläufig als ein ständiges Deplazieren begreifen kann.

Angesichts dieser Situation bieten sich, auf der Ebene einer wissenschaftlichen Annäherung, mehrere Möglichkeiten der Herangehensweise an: Entweder man verzichtet auf die Betrachtung des Gesamtwerks und versucht, durch die Untersuchung chronologisch, thematisch oder diskursiv eingegrenzter Bereiche seines Schaffens eine Zuordnung zu bestimmten Klassifikationen zu erreichen; oder man verzichtet, um eine Sicht auf das Gesamtwerk zu gewinnen, auf die stets reduzierenden Klassifikationen. Betrachtet man die Ergebnisse der Barthes-Forschung der vergangenen zwei Jahrzehnte im Überblick, so zeigt sich, daß neben diesen beiden Möglichkeiten oft eine dritte gewählt wurde. Sie strebt

---

15 Seine Erfahrungen beim Kauf von Barthes' Büchern beschreibt zuerst Philippe Roger: »Barthes et le roman: contre, tout contre…« In: *Magazine littéraire* 314 (octobre 1993), 57: Er spricht dort von einem »Umherirren von Regal zu Regal, von Rubrik zu Rubrik«.

danach, mit Hilfe von Barthes' *eigener* Begrifflichkeit bestimmte ästhetische oder literaturtheoretische Zuweisungen zu begründen.

Die Problematik dieser drei Möglichkeiten liegt auf der Hand. Bedient man sich der Begriffe Barthes', so bezieht man die methodologischen Ansatzpunkte gleichsam aus den untersuchten Texten selbst, auch wenn häufig die verwendete Begrifflichkeit vorrangig entweder Barthes' Schriften der sechziger oder aber der siebziger Jahre entlehnt ist. Da der sogenannte »späte« Barthes, etwa der Verfasser von *Über mich selbst*, des öfteren Überlegungen hinsichtlich seines Gesamtwerks anstellte und, auf dieses rückblickend, Kategorien anwandte, die seinen Denkvorstellungen der siebziger Jahre entsprachen, herrschen bei weitem Untersuchungen des letzteren Typs vor. Die Vorteile einer solchen Vorgehensweise sind darin zu erblicken, daß sich die Erklärungsmuster und methodologischen Ansätze flexibel am untersuchten Text orientieren können und daß sich diese Erklärungsmodelle – und dies ist ein nicht zu unterschätzender Vorteil – an Barthes' eigenen Vorschlägen ausrichten, seine Einteilungen übernehmen und sich damit gleichsam vom untersuchten Autor selbst legitimieren lassen. Die Problematik einer solchen Herangehensweise liegt wiederum darin, daß Gegenstand und Methode der Untersuchung sich oft überschneiden und auf diese Weise trotz einer Fülle interessanter Erkenntnisse viel von der anzustrebenden analytischen Schärfe verlorengeht.[16] Dies erweist sich, um nur einige Beispiele anzuführen, bei einer nicht geringen Zahl gerade französischer Arbeiten, die in den Barthes gewidmeten Sondernummern in der ersten Hälfte der achtziger Jahre erschienen sind.[17] Diese veranschaulichen trotz ihrer analytischen Unschärfe mit aller wünschenswerten Deutlichkeit die Problematik eines am Meister

16 Als Beispiel für eine solche Vorgehensweise sei das Buch von Bensmaïa, Réda: Barthes à l'Essai. *Introduction au texte réfléchissant*. Tübingen 1988, erwähnt. Ähnlich problematisch ist, ungeachtet der bisweilen gelungenen Detailanalysen, die Verfahrensweise von Comment, Bernard: *Roland Barthes, vers le neutre. Essai.* Paris 1991, der zu Beginn seiner Arbeit ein »Zitatengewebe (*tissu de citations*)« (15) ankündigt.

17 Einen besonders hohen Anteil an derartigen Texttypen, die in der Barthes-Rezeption eine Art Subgattung bilden, findet sich etwa in den Roland Barthes gewidmeten Sondernummern von *L'Arc* 56 (1974), von *Communications* 36 (1982), *La Règle du Jeu* 1 (1990) und selbst noch in *Magazine littéraire* 314 (octobre 1993). Dies schmälert freilich nicht die Qualität einzelner Beiträge, deren Ergebnisse im weiteren Verlauf diskutiert werden.

ausgerichteten mimetischen Schreibens, das stilistische oder semantische Verfahren Barthes' kopiert, ohne doch mehr zu leisten, als um seine Texte zu kreisen. Zugleich belegen derartige Arbeiten, die hier nicht weiter verfolgt werden sollen, die enorme Anziehungskraft Barthesschen Schreibens, war Barthes doch für Intellektuelle zumindest zweier Generationen zum paradoxen Meisterdenker geworden[18] – ein *maître penseur*, der freilich ein ganz anderes Bild abgab als der ehedem so dominante Sartre. Im Gegensatz zum Autor von *L'être et le néant* vermittelte Barthes im Sinne Lyotards[19] keine »großen Erzählungen« mehr, die in politisches oder ideologisches Handeln umsetzbar gewesen wären; die Wirkung seiner Texte entfaltete sich eher auf der Ebene eines allgemeinen Denk*stils* und einer konkreten Schreibpraxis.[20]

Die Schnelligkeit der Moden   7

Doch kehren wir zur methodologischen Ausgangsfrage zurück. Denn angesichts dieser Situation befindet sich die vorliegende Analyse in einem Dilemma. Sie möchte weder auf eine Betrachtung des Gesamtwerks noch auf analytische, klassifikatorische Begriffe verzichten und möchte zugleich auch Barthes' Reflexionen über sein eigenes Werk nutzen. Ich hoffe zeigen zu können, daß dieses Dilemma nicht notwendig in eine Aporie führen muß, sondern für die Analyse selbst fruchtbar gemacht werden kann. Die gemeinsame Basis für die Einbeziehung der drei genannten Aspekte wäre eine Rekontextualisierung der Schriften Roland Barthes'. Damit ist nicht an eine wie auch immer geartete »Erklärung« der Texte durch ihren Kontext, sondern vielmehr an eine dialogische Einbeziehung des oft so anregenden, luziden Spiels von Barthes' Schriften mit ihren rasch wechselnden diskursiven Umfeldern ge-

18 Dabei handelt es sich keineswegs »nur« um europäische oder nordamerikanische Intellektuelle. Es wäre überaus interessant, die Wirkung der Schriften Barthes' insbesondere auf afrikanische, karibische oder lateinamerikanische Autoren zu untersuchen. An Beispielen würde es nicht mangeln.

19 Vgl. Lyotard, Jean-François: *Das postmoderne Wissen. Ein Bericht.* Wien ³1995 (französisch 1979).

20 Wie sehr sich diese erstaunliche Überlagerung bereits in Barthes' erstem Buch abzeichnet, wird in dem *Am Nullpunkt des Schreibens* gewidmeten Kapitel entwickelt.

dacht.[21] In einem wohl 1972 verfaßten, aber erst 1990 postum veröffentlichten Artikel porträtiert Paul de Man mit erfrischender Ironie das intellektuelle Klima der beginnenden siebziger Jahre und die nicht unproblematischen Beziehungen zwischen den nordamerikanischen und den französischen Intellektuellen. Seine spitze Bemerkung, daß intellektuelle Moden in Frankreich schneller als kulinarische Vorlieben wechselten, führt ihn zu der Warnung, frankophile Akademiker, die Baskenmützen trügen und Pernod bevorzugten, könnten plötzlich entdecken, daß ihre avantgardistischen französischen Kollegen längst zu Kaschmir-Pullovern und kalter Milch übergewechselt seien.[22] De Man bewegt sich hier auf der Ebene des *Habitus* eines Intellektuellen[23] – und wir werden sehen, daß diese Ebene auch für Barthes charakteristisch ist. In diesem Bild des modebewußten Intellektuellen versucht Paul de Man, die aberwitzige Geschwindigkeit (und vielleicht auch die modische Willkür) der Umbrüche im geistigen Leben Frankreichs darzustellen und zugleich daraus die Forderung abzuleiten, die Schriften Roland Barthes' aus ihren jeweiligen Kontexten heraus zu begreifen: »Sein Werk sollte innerhalb des Kontexts der besonderen Situation, in der es geschrieben ist, mithin jener ideologischen Dämonen gelesen werden, welche der Praxis der Literaturkritik in Frankreich zugrunde liegen.«[24] Das Wirken dieser *ideological demons* innerhalb des intellektuellen Felds in Frankreich – auf den sich hier andeutenden Zusammenhang von Mode und Moderne komme ich noch zurück – wird folglich dort einbezogen werden müssen, wo es das so betont dialogische Schreiben Barthes' erfordert. Barthes' Schriften sollen allerdings nicht in ihren intertextuellen Beziehungen »aufgehen«, sondern in den Beziehungen zwischen Intertexten und Intratexten eigene diskursive Felder schaffen. Es ist daher eines der Ziele

21 Die Entfaltung bestimmter methodologischer Begriffe und Überlegungen soll daher aus einer Untersuchung der Texte Barthes' und ihrer diskursiven Umfelder erfolgen. Unterkapitel, in deren Überschrift ein Doppelpunkt verwendet wird, sind in dem hier dargestellten Sinne methodologisch akzentuiert, ohne daß sie dabei auf die jeweiligen Kontexte des Barthesschen Schreibens hätten verzichten müssen.

22 De Man, Paul: »Roland Barthes and the Limits of Structuralism«. In: *Yale French Studies* LXXVII (1990), 177f.

23 Vgl. hierzu den wichtigen Beitrag von Bourdieu, Pierre: »Der Habitus als Vermittlung zwischen Struktur und Praxis«. In: Ders.: *Zur Soziologie der symbolischen Formen*. Übersetzt von Wolfgang Fietkau. Frankfurt a.M. 1974, 125-158.

24 Ebd., 179 (meine Übersetzung).

der vorliegenden Arbeit, die Buchpublikationen Barthes', die in der bisherigen Forschung im Vordergrund standen, vielfältig einzubinden in ihre Beziehungen zu den zahlreichen Essays, Artikeln, Vorworten, Tagungsbeiträgen oder Fragmenten, deren Untersuchung bislang vernachlässigt wurde.

Ein Nach-Gehen der Wege 8

Eine Annäherung an Roland Barthes, die sich an den zuvor skizzierten Orientierungen ausrichtet, mag schon im Titel des vorliegenden Bandes ihren ersten Ausdruck gefunden haben. Nicht die Ruhe und Statik einer Klassifikation, sondern das Nachzeichnen und mehr noch das Nachgehen eines Weges, also einer (diskursiven) Bewegung, wird im folgenden angestrebt. Es handelt sich dabei um *einen* Weg, über dessen *Spuren* – so ließe sich mit Derridascher Metaphorik sagen – nach-gedacht werden soll, ohne dabei in ein nachahmendes Schreiben zu verfallen: Hier ist vielmehr ein Spurenlesen im vollen Wortsinn gemeint. Die Vielfalt der Barthesschen Texte und ihre semantische Strukturierung erlauben zweifellos andere Lektüren, das Nachzeichnen anderer Wege. Innerhalb der gewählten Fragestellung werden Hinweisschilder auf Abzweigungen, denen nicht nachgegangen werden kann, oder auf Holzwege, die breitere Furchen markieren, nicht fehlen. Die Tatsache, daß wir damit unversehens von der Metaphorik Derridas zu jener Heideggers gelangt sind, markiert bereits die Notwendigkeit, zusätzlich zu den von Paul de Man aufgerufenen ideologischen (bzw. literaturkritischen) Dämonen jene aus dem Bereich der Philosophie hinzuzunehmen.

Der gewählte Titel signalisiert den Raum, innerhalb dessen die Schriften Barthes' situiert werden. Wenn hier von einem Weg gesprochen werden soll, so bedeutet dies keineswegs, daß damit etwa ein »Vorwärts« angedeutet würde. Der Titel spricht nicht von einem Weg der Moderne in die Postmoderne, also zur Postmoderne in einem räumlichen oder zeitlichen Sinne. Zunächst impliziert der Titel nur einen erzählerischen Vorgang. Es wird eine Geschichte erzählt, die notwendig linear ist, wenn sie auch – wie schon diese ersten Annäherungen zeigen – verschiedene Erzählfäden parallel auslegt. Der notwendig narrative Charakter impliziert aber keine finale Bewegung: weder in der Zeit im Sinne einer Entwicklung zu etwas, das *nach* der Moderne käme, noch im Raum: Die Seiten dieses Buches bilden kein Labyrinth, an dessen Ende der Leser, geleitet von Ariadnes Faden, zum Zentrum vordringen und später wieder zum Ausgang finden könnte. Dies wäre eine (hermeneutische) Bewegung, die analog zu jener verliefe, welche der klassische Text im Sinne Barthes' in geradezu »natürlicher« Weise hervorbringt:

»Von dem *Autor* wird immer verlangt, daß er vom Signifikat zum Signifikanten geht, vom Inhalt zur Form, vom Projekt zum Text, von der Passion zur Expression; und ihm gegenüber geht der *Kritiker* den Weg in entgegengesetzter Richtung, er steigt von den Signifikanten zum Signifikat auf.« (SZ II, 672)

Eine derartige Bewegung bringe, so Barthes, eine Rollenverteilung hervor, bei der dem Autor die Stelle eines Gottes, dem Kritiker aber die eines Hohepriesters der göttlichen Schrift zufällt. Die Beschäftigung mit den Schriften Barthes' impliziert keinesfalls eine solche Rollenverteilung, obwohl sich in der umfangreichen Literatur über Barthes recht häufig eine Identifikation des Interpreten mit dem Meisterdiskurs einstellt. Barthes' Positionen oder Konzepte zu verteidigen, ist keineswegs Ziel der vorliegenden Studie; sie von neuen Positionen her zu beleuchten und für die aktuellen Diskussionen fruchtbar zu machen aber sehr wohl.

Nicht Derridas Spuren, Heideggers Holzwege oder Borges' Labyrinthe – allesamt wichtige *Figuren* der aktuellen Diskussionen um die Postmoderne – sollen hier metaphorische Wegbereiter sein. Vielmehr soll Barthes selbst einen möglichen Zugang weisen, ja dem Leser ein virtuelles Modell an die Hand geben. Bevor die möglichen Figuren des Weges im Raum skizziert werden können, gilt es aber zunächst, die anderen im Titel verwendeten Begriffe im Hinblick auf die Texte Roland Barthes' zu diskutieren.

Moderne, nicht Postmoderne 9

Hier ist zunächst festzuhalten, daß Barthes sehr wohl den Begriff der Moderne und des »modernen Textes«, nicht aber den der Postmoderne verwendet. Die Gründe hierfür sind vielfältig, aber keineswegs chronologischer Natur. Es tut nicht Not, die Wort- und Begriffsgeschichte des Postmodernen, die uns bis ins 19. Jahrhundert zurückführen würde, eingehender zu studieren, um erkennen zu können, daß der letztgenannte Ausdruck in den intellektuellen

Zirkeln Westeuropas und vor allem Nordamerikas in den fünfziger Jahren zwar noch nicht sehr verbreitet, seit den sechziger Jahren aber präsent war, um seinen »endgültigen« Siegeszug dann weltweit in den siebziger Jahren anzutreten.[25] Barthes hat ähnlich wie Derrida – der doch als der postmoderne Denker schlechthin gilt –, wenn auch wohl aus anderen Gründen, auf die zurückzukommen sein wird, den Begriff des Postmodernen nicht in sein Vokabular aufgenommen. Der Begriff des Modernen wiederum findet in seinen Schriften eine Verwendung, die oftmals quer zur vorherrschenden Benutzung *beider* Begriffe steht.

Moderne und Postmoderne zählen zu jenen Wortfügungen, um welche die Diskussionen der vergangenen zwanzig Jahre unaufhörlich, geradezu obsessiv kreisen. Der Begriff der Postmoderne, der gerade in Deutschland unter dem Druck der These Jürgen Habermas', die Moderne sei »ein unvollendetes Projekt« geblieben, eher widerwillig in den öffentlichen Diskurs über die Selbstbestimmung dieses Jahrhundertendes aufgenommen wurde, ist heute nicht mehr aus den allgemeinen wie auch wissenschaftlichen Diskussionen wegzudenken.[26] Längst ist er zu einem der Schlüsselbegriffe unserer Zeit und ihrer Selbstbestimmung avanciert, auch wenn die Frage, was Postmoderne sei, unterschiedlich beantwortet wird. Die Existenz der Postmoderne aber kann längst nicht mehr bestritten werden, existiert sie doch schon allein durch die Diskurse, die weltweit über sie (und gerade auch *gegen* sie) produ-

25 Zur Geschichte des Begriffes vgl. u. a. Welsch, Wolfgang: »Einleitung«. In: Ders. (Hg.): *Wege aus der Moderne. Schlüsseltexte der Postmoderne-Diskussion.* Weinheim 1988, 1-43; sowie: Ders.: *Unsere postmoderne Moderne.* Weinheim 1987, Kap. I (9-43).
26 Geradezu im Zeitraffer zeigt sich die an Vorbehalten reiche, aber immerhin in der zweiten Hälfte der achtziger Jahre stattfindende Öffnung gegenüber dem Postmodernebegriff in der Einleitung zu Peter Bürgers Buch über die Prosa der Moderne; dort stoßen wir auf Formulierungen, welche implizit die Geschichte des Begriffs in Deutschland widerspiegeln; es sei »kein Zufall, daß der eher hilflose Terminus der Postmoderne zum Signum der Zeit wurde. In ihm verbinden sich so widersprüchliche Denk- und Lebenshaltungen wie neokonservative Ordnungsvorstellungen und das anarcho-libertäre Pathos der Verausgabung. Die Chancen, über die Klärung des Begriffs die Sache und d. h. unsere Gegenwart zu erhellen, sind daher gering. Will man die Rede von der Postmoderne dennoch weder einseitig auslegen noch polemisch abfertigen, so zeigt sie sich als der unbegriffene Ausdruck dafür, daß die Moderne sich anders denken mußte. Sie verweist auf ein verändertes Selbstverständnis, das sich noch nicht begriffen hat.« Bürger, Peter: *Prosa der Moderne.* Frankfurt a. M. 1988, 7.

ziert werden.[27] Es gibt Definitionen von Postmoderne, aber keine Definition. Hier soll keine neue Begriffsbestimmung vorgeschlagen, sondern die Vielfalt eines Denkens entfaltet werden, das nicht auf *einen* Begriff zu reduzieren ist.

Bisherige Versuche einer (eher substantialistischen) semantischen Auffüllung dieser längst nicht mehr nur polemischen Wortschöpfung weichen, nicht zuletzt auch in Abhängigkeit von den Interessen der jeweiligen Fachdisziplinen, erheblich voneinander ab. Darüber hinaus sind zu den europäischen und nordamerikanischen Diskursen über die Postmoderne seit mehr als einem Jahrzehnt verstärkt außereuropäische Diskussionsvorschläge getreten, die sich ihrerseits nicht auf *einen* (also wie auch immer zentralisierenden) Diskurs (gleichsam als alternative Option) reduzieren lassen. Sie bilden vielmehr selbst eigene diskursive Netze, die genau einen wichtigen Aspekt der Postmoderne vorführen: die (hier zunächst einmal ganz räumlich zu nehmende) Dezentrierung von Diskursen, die vorgeben, global zu sein. Wie das Zitat von 1968 zeigt, war sich Barthes spätestens seit Ende der sechziger Jahre der Möglichkeit, ja Notwendigkeit einer solchen Enteignung abendländisch zentrierter Sinnstrukturen bewußt.

Substantialistische Definitionen, so verlockend und anregend sie auch immer sein mögen, bringen uns bei unserer Untersuchung nicht weiter. Vielleicht hilft, ähnlich wie in anderen Disziplinen, weniger die Frage, *was* Postmoderne ist, als die Untersuchung der Problematik, *wann* von Postmoderne – unabhängig von der Verwendung des Terminus – gesprochen werden kann. Damit ist auch das Nach-Gehen des Weges (*eines* Weges wohlgemerkt) gemeint, den Roland Barthes im gemeinsamen Raum von Moderne und Postmoderne beschritt. Längst ist deutlich geworden, daß eine zeitliche Definition, also die Festlegung der Postmoderne auf das, was *nach* der Moderne kommt, nur eine von mehreren Möglichkeiten eines Begriffsverständnisses ist.[28] Längst ist aber auch ins Bewußtsein gedrungen, daß die Postmoderne-Diskussion vor allem etwas beigetragen hat (und beiträgt) zur genaueren Fassung je-

---

27 Vgl. hierzu die hintergründige Erörterung in McHale, Brian: *Constructing Postmodernism*. London/New York 1992, 1 ff.

28 Wolfgang Welsch hat in seiner vielzitierten Einleitung bereits auf diesen Umstand verwiesen, führt aber in seinen Erörterungen, in denen die zeitliche Begriffsfassung an einer Stelle erscheint, wo sie am wenigsten zu erwarten wäre, vor, wie schwer ein solches Denken einzulösen ist.

nes Begriffes, den sie in ihrem Namen führt (oder mitschleppt, wie ein Fluß seine »Kontexte« in suspendierter wie in kantengerundeter Form mit sich führt): des Begriffs der Moderne selbst. Genau hier ließe sich die Verwendung des Modernebegriffs bei Barthes, also seine Rede vom *texte moderne*, ansiedeln, eine Begriffsverwendung freilich, die – wie zu zeigen sein wird – in seinem Gesamtwerk eine recht komplexe Geschichte und Semantik aufweist. Diesen Spiegelungen des Modernen in Barthes' Texten soll ebenso vor dem Hintergrund der damaligen Diskussionen wie aus dem Verständnis aktueller Fragestellungen heraus nachgespürt werden.

Moderne *und* Postmoderne   10

Im Verlauf der noch anhaltenden intensiven Diskussionen um den Modernebegriff haben sich rasch verschiedene Fassungen *des* Modernen herausgeschält, die – sieht man einmal von der als Zeitalter des Christentums verstandenen Moderne ab (eine Auffassung, für die sich unschwer Belege finden lassen, der aber nur, übrigens auch bei Barthes selbst, als Unterströmung der aktuellen Diskussionen eine Bedeutung zukommt[29]) – sich wie folgt zusammenfassen lassen: Moderne kann zunächst als Begriff einer historischen Epoche verwendet werden, die sich nach Antike und Mittelalter als dritte große Epoche präsentiert und mit dem Begriff der Neuzeit in eins fällt. Diese Bezeichnung einer historischen Großepoche ist gerade für jene Fragestellungen Bezugspunkt, die Postmoderne als rein zeitlichen, ja als historisch-epochalen Begriff auffassen und die Ansicht verfechten, nach der Moderne habe ein neuer (wenn auch noch zu definierender) Zeitabschnitt eingesetzt. Von vielleicht größerer Wirkung und Bedeutung aber war die Rede von der Moderne als ideologisch-weltanschaulichem Projekt, wie sie in einem recht emphatischen Sinne in Deutschland etwa von Jürgen Habermas vorgetragen wird.[30] Es ist gerade diese Ebene, die für die Ana-

29 Vgl. die Erörterungen zum Modernebegriff in Jauß, Hans Robert: »Literarische Tradition und gegenwärtiges Bewußtsein der Modernität«. In: Ders.: *Literaturgeschichte als Provokation*. Frankfurt a. M. 1970, 11-66; sowie Gumbrecht, Hans Ulrich: »Modern, Modernität, Moderne«. In: Brunner, Otto/Conze, Werner/Koselleck, Reinhart (Hg.): *Geschichtliche Grundbegriffe. Historisches Lexikon zur politisch-sozialen Sprache in Deutschland*. Bd. 4. Stuttgart 1978, 93-131.
30 Vgl. Habermas, Jürgen: *Der philosophische Diskurs der Moderne. Zwölf Vorlesungen*. Frankfurt a. M. 1985.

lyse von Barthes' eigener Position relevant ist. Denn rasch stellte sich in der Postmoderne-Debatte heraus, daß in diesem weltanschaulichen Sinne von einem homogenen Projekt der Moderne nicht die Rede sein kann. Auch hinsichtlich dieser Fragestellung zeigen außereuropäische Diskurse der Modernität auf zusätzliche, in Europa nicht aktualisierte Dimensionen »moderner« Diskurse, was einmal mehr einem homogenen Modernebegriff den Spielraum verknappt.[31] Damit aber wird es problematisch, von *der* Moderne schlechthin oder auch nur von *dem* Diskurs der Moderne zu sprechen.

Vor allem aber zeigt sich in dieser Postmoderne-Debatte, die ganz wesentlich eine Debatte um den Begriff der Moderne und des Modernen beinhaltet, daß es einen erheblichen Unterschied macht, ob wir – wie etwa Habermas – unter Moderne Rationalität und (Philosophie der) Aufklärung unter Ausklammerung von Nietzsche und der postnietzscheanischen Ästhetik verstehen oder ob wir gerade den Verfasser von *Jenseits von Gut und Böse* gegen Hegel stark machen und die postnietzscheanische und nihilistische Ästhetik und Philosophie als die Ästhetik der Moderne betrachten.[32] Selbst bei einer Beschränkung auf den literarischen Modernebegriff zeigt sich uns eine verwirrende Vielfalt und Disparität, da weder hinsichtlich des Beginns noch der Charakteristika oder der Vertreter der Moderne Übereinstimmung herrscht.[33] Auch für

31 Vgl. hierzu auch Verf.: »›Así habló Próspero‹. Nietzsche, Rodó y la modernidad filosófica de ›Ariel‹«. In: *Cuadernos Hispanoamericanos* 528 (junio 1994), 48-62.
32 In seinem auf 1985 datierten Nachwort zur *Dialektik der Aufklärung* räumt Habermas ein, daß sich unter dem Eindruck des französischen Poststrukturalismus »das Klima an den deutschen Universitäten ein weiteres Mal geändert« habe. Die erneuerte Rezeption der Thesen Adornos und Horkheimers werde nun »stärker von Nietzsche als von Marx« bestimmt: Auch hier wird Nietzsche zu jener Drehscheibe, welche die »neuen« Lektüren »alter« Texte regelt. Vgl. Habermas, Jürgen: »Nachwort«. In: Horkheimer, Max / Adorno, Theodor W.: *Dialektik der Aufklärung. Philosophische Fragmente*. Frankfurt a. M. 1986, 294.
33 Bürger verweist – in durchaus zurückhaltender Weise – auf Bestimmungen der Moderne, welche ihren Beginn ins erste Jahrzehnt des 20. Jahrhunderts, in die Mitte des 19. Jahrhunderts oder ans Ende des 18. Jahrhunderts verlegen; vgl. Bürger, Peter: *Prosa der Moderne, op. cit.*, 439ff. Diese Liste ließe sich noch ausweiten. Wurden diese Bestimmungen auch bereits vor der Postmoderne-Diskussion erarbeitet, so sind ihre jeweiligen aktuellen Vertreter doch längst unter den Druck dieser Diskussion geraten, gleichviel welche Position sie gegenüber der Postmoderne einnehmen.

die Moderne gilt also, daß es wohl Definitionen, aber keine in der *scientific community* konsensfähige Definition gibt. Man könnte – diesen Befund polemisch zuspitzend – anmerken, daß die Daseinsberechtigung der Postmoderne nicht geringer als die der Moderne ist. Erkennen wir den Begriffen von Moderne und Postmoderne aber denselben epistemologischen und erkenntnistheoretischen Status zu, so haben wir damit zugleich ein weiteres Argument dafür gewonnen, diese Begrifflichkeit aus den verschiedenen Formulierungen in Barthes' Texten selbst herauszuarbeiten. Das Barthessche Denken soll also nicht mit einem vorgefertigten, statisch-essentialistischen Begriff von Moderne oder Postmoderne konfrontiert werden, sondern in gewisser Weise »unvermittelt« und vor allem dynamisch zu Wort kommen. Denn es scheint mir vielversprechend, die anhand verschiedener Lektüren gewonnene fluktuierende Begrifflichkeit von Barthes dialogisch auf pertinente philosophische, kulturtheoretische oder literarästhetische Theoriebildungen über die Begriffe von Moderne und Postmoderne zu beziehen. Damit soll der Stimme Barthes' in den aktuellen Diskussionen mehr Gehör verschafft werden.

Für den hier beschriebenen Weg von Roland Barthes war Friedrich Nietzsche – oder die Vermittlung von dessen Ideen durch Gilles Deleuze[34] und Pierre Klossowski[35] von großer Bedeutung. Schon der frühe Barthes – davon zeugen seine Aufsätze der vierziger Jahre – hatte Nietzsche gelesen. Jedoch waren erst seine Konzeptionen der siebziger Jahre nietzscheanisch *über-dacht*. Die Überlegungen von Roland Barthes beziehen sich daher nach meiner Ansicht in wesentlicher, wenn auch – wie Barthes selbst sagen würde – obliquer Weise auf die hier skizzierte Problematik. Fragestellungen des Modernen und Postmodernen sind gerade aus dieser Sicht für das Werk Barthes' keineswegs im-pertinent, sondern treffen vielmehr – wie gezeigt werden soll – auf eine Serie wichtiger Schnittstellen (oder Verzweigungen) seines Weges in einem aus

34 Deleuze, Gilles: Nietzsche et la philosophie. Paris 1962; eine deutsche Fassung liegt vor unter dem Titel *Nietzsche und die Philosophie*. Übersetzt von Bernd Schwibs. Hamburg 1991. Anläßlich des ihm selbst gewidmeten Kolloquiums von Cerisy-la-Salle wies Barthes 1977 auf die Wichtigkeit von Deleuze für ihn hin; vgl. Compagnon, Antoine (Hg.): *Prétexte: Roland Barthes. Colloque de Cerisy*. Paris 1978, 238.

35 Vgl. Klossowski, Pierre: *Nietzsche et le Cercle Vicieux*. Paris 1969. Auch Klossowski erwähnte Barthes 1977 in seiner Antrittsvorlesung am *Collège de France* (L, 28).

der Perspektive dieses Parcours gemeinsamen Raum von Moderne und Postmoderne.

Die vorliegende Studie kann und will keine Darstellung der Postmoderne-Diskussion bieten. Sie will vor allem den mannigfachen Definitionsvorschlägen für Moderne und Postmoderne keine neuen hinzufügen, sondern eher den umgekehrten, von der Textanalyse ausgehenden Weg beschreiten. Sie unternimmt es auch nicht, auf etwas vorsichtigere Weise Merkmalslisten aufzustellen, wie dies nur allzu oft versucht worden ist.[36] Sie will eher versuchen, den Raum von Moderne und Postmoderne prospektiv und chronologisch aus der Sicht des Barthesschen Parcours auszuloten, dessen konkrete Ausgestaltungen in den Formulierungen Barthes' zu verfolgen, die Spuren von Moderne und Postmoderne in den oft fälschlich allzu parallel gedachten Begriffsbildungen Strukturalismus – Poststrukturalismus[37] zu lesen und auf diese Weise zu überprüfen, auf welche Art sich die *Entwicklung* Barthes' zur Entwicklung der ihn jeweils umgebenden Diskurse verhält. Barthes soll dabei nicht zum »Postmodernen« abgestempelt werden. Auch der Erfolg von Diskursen und Klassifikationen hat viele Väter, und so verwundert nicht, daß der französische Kritiker und Zeichentheoretiker – wird hierbei auch vor allem an sein Spätwerk gedacht – gerade im nordamerikanischen Raum als ein Vater der Postmoderne gilt und als solcher auch kanonisiert ist.[38] Vorsichtig sei daran erinnert, daß es ein anderer dieser »Väter«, Jorge Luis Borges, war, der darauf verwies, daß sich (literarische) Bewegungen ihre eigenen Vorläufer zu schaffen pflegen.[39] In diesem Sinne soll – so verlockend es auch ge-

36 Vgl. die geradezu kanonische postmoderne Check-Liste in Hassan, Ihab: »Postmoderne heute«. In: Welsch, Wolfgang (Hg.): *Wege aus der Moderne. Schlüsseltexte der Postmoderne-Diskussion, op. cit.,* 47-56. Einen Versuch, diese Liste in bezug zu Barthes' Schriften zu setzen, unternimmt Kafalenos, Emma: »Fragments of a partial discourse on Roland Barthes and the postmodern mind«. In: *Chicago Review* XXXV, 2 (1985), 72-94.

37 Eine sich schon im Titel andeutende narrative Modellierung dieser Problematik findet sich in Wunderli, Peter: »Glanz und Elend des Poststrukturalismus«. In: *Romanistische Zeitschrift für Literaturgeschichte* XVI, 3-4 (1992), 251-283.

38 Man kann hier ohne Übertreibung von einer Institutionalisierung Barthes' als Klassiker der Postmoderne sprechen.

39 Es handelt sich dabei insbesondere um Borges' Essays über Kafka und Hawthorne; vgl. zu dieser Problematik auch Balderston, Daniel: *El precursor vedado: R. L. Stevenson en la obra de Borges.* Buenos Aires 1985, 10 und passim.

wesen wäre, jenes andere Geschichtsmuster zu übernehmen –
Barthes' Weg nicht als der einer modellhaften geistigen, wissenschaftlichen und literarischen Entwicklung von der Moderne zur
Postmoderne dargestellt werden. Barthes als Postmodernen zu
klassifizieren hieße nicht nur, einer Verarmung des begrifflichen
Wortschatzes nachzugeben; es hieße auch, ein Werk der Bewegungen und Friktionen auf einige wenige Grundfiguren zu reduzieren.

Bei der hier skizzierten Annäherungsweise an Roland Barthes
spielt es keine entscheidende Rolle, ob wir die Beziehung zwischen
Moderne und Postmoderne als Bruch oder als Kontinuum verstehen und beschreiben. Für beide Optionen finden sich, in Abhängigkeit vom jeweiligen Modernebegriff und den Bewertungen beider
Wortfügungen, eine Vielzahl von Gründen und Belegen. Allzu oft
erweist sich, daß eine Dichotomisierung beider Begriffe, die im
Ausdruck der »Post«-Moderne gleichsam »natürlich«, in jedem
Falle aber latent vorhanden ist, diskursiv weniger auf einer Rekonstruktion als auf einer bewußten Konstruktion im Sinne eines positiv oder negativ bewerteten Gegenbildes beruht. Nun scheint es, als
ob trotz aller postmodernen Rede von der Überwindung oder der
Dekonstruktion aller Dichotomien gerade die Diskussion um den
Postmodernebegriff antithetischen Strukturen eine neue Stärke
verleiht – vielleicht auch dies selbst wiederum ein Indiz für die An-
wesenheit des Modernen in der Postmoderne oder zumindest für
die Schwierigkeiten, sich von ihr zu verabschieden. Anscheinend
verlangt es eine erhebliche Energie, gerade innerhalb dieser Diskussion nicht der Schwerkraft antithetischer Strukturen nachzugeben.
Dieser Aspekt der bereits Jahrzehnte andauernden Diskussion verdeutlicht, daß es weitaus sinnvoller und fruchtbarer ist, bestimmte
Elemente der bisherigen Diskussion, nicht aber nur einzelne Begriffe – also etwa Totalisierungen wie »Moderne« oder »Postmoderne« – aufzugreifen und mit Barthes' Texten in einen Dialog zu
bringen. Wenn es sich hierbei um Elemente handelt, welche
Barthes' Schriften und Überlegungen selbst in Szene setzen, so
kommt ihnen fraglos eine besondere Bedeutung zu.

Jenseits des großen Schismas   11

Von erheblicher Bedeutung scheint mir in diesem Zusammenhang
jene Beobachtung zu sein, die Andreas Huyssen in seiner Karto-

graphie des Postmodernen beschreibt: die Überwindung des *great divide*, des großen Schismas zwischen hoher Kultur, Volkskultur und Massenkultur. Zu Recht macht Huyssen darauf aufmerksam, daß die postmoderne Revolte der sechziger Jahre sich nicht gegen den Modernismus insgesamt, sondern gegen eine bestimmte Version desselben gewendet hat.[40] War es in den USA vor allem der *new criticism* – den es nicht mit der französischen *nouvelle critique* zu verwechseln gilt –, der den sakrosankten Bereich einer so verstandenen literarischen Moderne verteidigte, so wandten sich Barthes' Überlegungen in den siebziger Jahren ganz bewußt gegen eine Abgrenzung eines Literaturbezirks, wie sie auch nach dem Zweiten Weltkrieg noch vorgeherrscht habe. In seiner Antrittsvorlesung verkündete Barthes 1977 lustvoll, dieser heilige Bezirk der Literatur werde nicht mehr abgeschirmt: »Die Literatur ist entsakralisiert, die Institutionen verfügen nicht über die Macht, sie zu schützen und sie implizit als Muster des Humanen durchzusetzen. Dies bedeutet nicht, daß die Literatur etwa zerstört wäre; *sie wird vielmehr nicht mehr bewacht:* jetzt ist der Weg zu ihr frei.« (L, 40f.) In diesen Worten kommt keinesfalls eine ikonoklastische Haltung zum Ausdruck. Das Bewußtsein für die Veränderungen auf der Ebene der Zeit geht von unmerklichen Verschiebungen und nicht von (revolutionären) Brüchen aus: Barthes konstatiert, daß geradezu klammheimlich die Bewachung eines ehedem geheiligten Bezirks zusammengebrochen ist. Auf der räumlichen Ebene wird damit der Weg frei zu einer Literatur, deren Grenzen offen sind. Aus der Perspektive Barthes' erfolgt die Überwindung des Schismas lautlos, unspektakulär und undramatisch: keine Gewaltanwendung, kein direkter Kampf gegen die bürgerliche Institution Kunst, wie etwa Peter Bürger dies für die historische Avantgarde noch behaupten konnte[41], aber sehr wohl lustvolle Besetzung des einst gehüteten Ortes. Die Gralshüter der hohen Literatur wie auch von deren Institutionen haben ihre Macht verloren. Zugleich

---

40 Vgl. Huyssen, Andreas: *After the Great Divide. Modernism, Mass Culture, Postmodernism.* Bloomington/Indianapolis 1987, 189.

41 Vgl. Bürger, Peter: *Theorie der Avantgarde.* Mit einem Nachwort zur 2. Auflage. Frankfurt a. M. 1990. In diesem Nachwort betont Bürger freilich relativierend den »historischen Problemhorizont [...], wie er sich nach dem Ende der Mai-Ereignisse von 1968 und dem Scheitern der Studentenbewegung Anfang der 70er Jahre abzeichnete« (134). Interessant ist hierbei, daß sich Barthes historisch in seiner Analyse unmittelbar vor der zitierten Passage auf eben diesen Problemhorizont bezieht.

– und dies soll in den folgenden Kapiteln gezeigt werden – ist damit auch für Roland Barthes ein neuer Ort des Schreibens gewonnen: jenseits des großen Schismas und zugleich in einem Raum, der jenseits der großen Erzählungen (in einem literarischen wie einem philosophisch-weltanschaulichen Sinne) inmitten dessen liegt, was man mit Habermas als »neue Unübersichtlichkeit« gerade auch im Bereich literarischer Ausdrucksformen konstatieren könnte.[42] Auch hier freilich gilt, was Peter Bürger von der modernen Prosa sagte: Ihr Anspruch sei »nicht geringer als der des philosophischen Diskurses, obwohl sie sich den Bedingungen philosophischer Rede entzieht«.[43]

Es ist Roland Barthes des öfteren vorgeworfen worden, ähnlich wie andere französische Theoretiker der sechziger und siebziger Jahre letztlich die Trennung zwischen modernistischer Hochkultur und kommerzialisierter Massenkultur nicht aufgegeben zu haben[44] und zugleich bestenfalls eine Theorie der literarischen Moderne, keinesfalls aber eines wie auch immer gearteten »postmodernen« Schreibens geliefert zu haben. Barthes, so etwa Huyssen in seinem klugen *mapping* der Postmoderne, sei stets ein Modernist geblieben, wobei er freilich die Ansicht vertritt, daß der *postmodernism* ganz allgemein ein Diskurs über den *modernism* sei.[45] Ohne der Untersuchung der Barthesschen Texte vorgreifen zu wollen, scheint mir an dieser Stelle doch der Hinweis nötig, daß sich eine solche Behauptung – sollte sie überhaupt an den Gegenständen des Barthesschen Schreibens nachprüfbar sein – lediglich diese Objekte, nicht aber deren Inszenierung durch die *écriture* und noch weniger jenen Bereich erfaßt, der für eine solche Fragestellung zweifellos von großer Bedeutung ist: die Frage nämlich, wie Barthes Massenmedien und Massenkommunikation nicht nur beschrieb, sondern selbst nutzte und der Verbreitung seiner Vorstellungen dienstbar machte.

Das dabei entstehende Bild wird wesentlich komplexer sein. Bereits das oben angeführte Zitat aus *Leçon* mag dies verdeutlichen.

---

42 Vgl. Habermas, Jürgen: *Die Neue Unübersichtlichkeit. Kleine Politische Schriften V.* Frankfurt a. M. 1985.

43 Bürger, Peter: *Prosa der Moderne, op. cit.*, 8.

44 Huyssen wirft Barthes sogar vor, diese Trennung – etwa in seiner Unterscheidung zwischen Lust (*plaisir*) und Wollust (*jouissance*) in *Die Lust am Text* – wieder eingeführt zu haben; vgl. Huyssen, Andreas, *After the Great Divide, op. cit.*, 211.

45 Vgl. ebd., 207.

Denn es erlaubt überaus verschiedene Lektüren. Zum einen behauptet es eine chronologisch bestimmte und linear verlaufende literarhistorische Entwicklung hin zu einem Zustand, in welchem nicht nur die Institutionen im Bereich der Literatur, sondern die Institution Literatur selbst zumindest *à la longue* großen Veränderungen unterworfen wird. Die Aufhebung einer Abtrennung des Literarischen von anderen kulturellen Äußerungen wäre dann deutlich auf Charakteristika der Postmoderne zu beziehen, so wie dies bei Huyssen zu beobachten ist. Zugleich aber peilt Barthes zu diesem günstigen Zeitpunkt einen Weg an, der genau in diesen Bereich führt: Den Bereich als solchen, wenn auch nun ohne bewachte Grenzen, scheint es also noch zu geben. Damit ließe sich die hier von Barthes in Szene gesetzte Metaphorik sowohl innerhalb eines postmodernen als auch eines modernen Kontexts lesen. In sehr ambivalenter und spielerischer Weise scheint sich Barthes auf beide Sinnebenen zu stützen, seiner diskursiven Bewegung also Merkmale beider Sinnkontexte mitzugeben. Eine Zuordnung zu einem »modernen« *oder* »postmodernen« Paradigma würde dann aber schwierig, unterläuft das Barthessche Schreiben doch auch hier dichotomische Verallgemeinerungen. Gleichwohl liefern beide Denkwelten den Bezugsrahmen oder das Spielfeld, innerhalb dessen sich der Diskurs von Roland Barthes, in ständiger Bewegung befangen, nomadisierend[46] »ansiedelt«.

Damit wäre zugleich die Grenze zwischen modernem und postmodernem Paradigma wenn auch nicht aufgehoben, so doch für die Bewegungen von Barthes' Texten durchlässig geworden. Auf diese Weise eröffnet sich ein Raum, der vorhandene Grenzziehungen nicht einfach nur ignoriert. Aus der Perspektive einer Untersuchung des Gesamtwerks wird erkennbar, daß derlei Grenzziehungen keineswegs nur in einer Richtung überschritten werden, daß sich in Barthes' Schriften sehr häufig ebenso eine Gegenbewegung abzeichnet, die ein Oszillieren zwischen verschiedenen Bereichen ermöglicht. Um als Oszillation wahrnehmbar zu bleiben, müssen die überwundenen Grenzziehungen im Bewußtsein des Lesers markiert werden. Erst dann ist der Augenblick der Trans-

---

46 Françoise Gaillard hat in ähnlicher Metaphorik auf diese ständigen Bewegungen Barthes' hingewiesen; vgl. Gaillard, Françoise: »Barthes juge de Roland«. In: *Communications* 36 (1982), 80. Im Kontext der Überlegungen von Néstor García Canclini werde ich im zehnten Kapitel aus anderer Perspektive auf diese Metaphorik zurückkommen.

gression – *le moment d'y aller* – nicht als simples Überschreiten, sondern als bewußte Mißachtung und Mißhandlung der Grenze, als *Friktion* gekommen.

Jenseits einer *Querelle* der Modernen und der Postmodernen 12

Seit sich die Postmoderne-Debatte geographisch wie medientechnisch ausweitet und immer größere Kreise zieht, glaubt man in ihr etwas von dem zu erkennen, was die berühmte *Querelle des Anciens et des Modernes* am Ende des französischen 17. Jahrhunderts geprägt hatte.[47] Auch unser Hinweis auf das häufig antithetische Aufeinanderprallen von Positionen, die sich mit Moderne und Postmoderne etikettieren ließen, könnte einen solchen Vergleich nahelegen. Und doch wäre die Vermutung falsch, Moderne und Postmoderne stünden sich wie ehedem die *Anciens* und die *Modernes* gegenüber. Das Postmoderne versucht vielmehr, wie Jacques Leenhardt zutreffend angemerkt hat, sich einer konsekutiven Abfolge zu entziehen, um dem »Paradigma der Revolutionen und der Avantgarden« zu entkommen.[48]

Auch an dieser Einschätzung wird deutlich, wie sehr sich das oben angeführte Zitat aus der Antrittsvorlesung am *Collège de France* pauschalisierenden Zuordnungen entzieht und einen hybriden Charakter annimmt. Der Ort des eigenen Schreibens scheint sich gerade dort anzusiedeln, wo sich moderne und postmoderne Diskurse überschneiden, sich voneinander abgrenzen und wieder verschränken. Für das Barthessche Schreiben deutet sich somit ein eigener, hybrider Ort an.

Die folgenden Kapitel wollen versuchen, diesen literarhistorischen, ästhetischen und philosophischen Überlegungen gerecht zu werden. Sie situieren sich jenseits des Schismas zwischen hoher

---

47 Vgl. aus der umfangreichen Literatur zur *Querelle* die bereits erwähnten Aufsätze von Jauß und Gumbrecht zur Begriffsgeschichte des Modernen; verwiesen sei aber auch auf die humorvoll erzählte Geschichte dieser Auseinandersetzung in Köhler, Erich: *Vorlesungen zur Geschichte der Französischen Literatur. Frühaufklärung.* Hg. von Dietmar Rieger. Stuttgart u. a. 1983, 28-32.

48 Vgl. Leenhardt, Jacques: »La querelle des modernes et des post-modernes«. In: *Le texte et son dehors. Autour de la littérature et de son esthétique.* Paris 1992, 186.

40

Kultur und Massenkultur und folgen Barthes ohne hierarchische Abstufungen zwischen derlei Polen zu den verschiedensten Gegenständen und Gebieten. Sie situieren sich aber nicht nur jenseits vom (ehemaligen) Gut und Böse des Kulturbetriebs, sondern streben auch ein Jenseits der Antithese, der großen Trennung zwischen Moderne und Postmoderne an. Barthes' Texte selbst sind es, die diesen Raum eröffnen. Eine Erforschung dieses Raumes soll freilich nicht den Barthesschen Begriffen allein überantwortet werden.

Innerhalb des hybriden Raums von Moderne und Postmoderne lassen sich sowohl lineare als auch nichtlineare Bewegungen nachzeichnen. Als Teil einer oszillierenden Bewegung kann ein Stück des Weges auch von der Moderne zur Postmoderne führen, ohne daß diese Entwicklung dann als eine abgeschlossene, nur in eine einzige Richtung weisende Bewegung erschiene. Auf diese Weise lassen sich durchaus auch Entwicklungen erfassen, die Barthes selbst in seinem Gesamtwerk auszumachen glaubte oder – wie 1978 in einem Vortrag am *Collège de France* – in die eigene Gegenwart oder Zukunft projizierte:

»Ich begebe mich in die Position desjenigen, der etwas *macht*, und nicht mehr in die Lage dessen, der *über* etwas spricht: Ich untersuche kein Produkt, ich übernehme eine Produktion; ich hebe den Diskurs über den Diskurs auf; die Welt kommt nicht mehr als Objekt zu mir, sondern in der Form einer Schreibweise, mithin einer Praxis: Ich gehe zu einem anderen Typus von Wissen über (dem Wissen des *Amateurs*), und genau hierin bin ich methodisch.« (BL, 325)

Es ist beeindruckend, wie durchgängig Roland Barthes seine eigene Entwicklung in räumliche Vorstellungen kleidet. Stets spricht er von einer Position, an der er sich befindet, von einem Ort, den er verlassen hat, von einem Zielpunkt, der sich ihm darbietet. Es ist, als ob er sich ständig an jener Formulierung ausrichten, ja selbst überprüfen wollte, die er 1975 in seiner Autobiographie – charakteristischerweise in einem Fragment, das mit »Doxa/paradoxa« überschrieben ist – anläßlich einer erneuten Standortbestimmung niederschrieb: *Où aller? J'en suis là* – Wohin nun? An diesem Punkt befinde ich mich (RB, 75).

Interessant ist dabei, daß diese örtliche Bestimmung der eigenen *Entwicklung* von ihrem metaphorischen Kern her in der Tat nicht auf die zeitliche, sondern auf die räumliche Dimension zurückverweist. Wie Hans Blumenberg in seiner schönen Studie über das, was er die »Lesbarkeit der Welt« nennt, betont, verweist die »Ent-wicklung« auf die lateinische »evolutio«, »womit das Entrollen der Buchrolle, der Schriftrolle bezeichnet worden war.«[49] Das Chronologische und Evolutive scheint auch in diesem Sinne bei Barthes stets die Tendenz zu besitzen, in eine räumliche Anlage um-gedacht zu werden. Diese Tendenz steht gegen die Verzeitlichung, der die klassische Episteme im Sinne Foucaults am Ende des 18. Jahrhunderts ausgesetzt war.[50] Sie ist damit genau jenem Wandel im Bereich der »kulturellen Selbstverständlichkeiten« entgegengestellt, der die Moderne in einem ideologisch-weltanschaulichen Sinne wesentlich mitbestimmt hat. Die zeitliche Dimension wird dabei, wie wir sahen, keineswegs ausgelöscht: So ist Barthes' tableauartige Übersicht über das eigene Werk – eine Übersicht, der eine ironische Dimension keineswegs fehlt – bezeichnenderweise unter den Titel »Phases« gestellt.[51] Auch hier koexistieren die beiden (im modernen abendländischen Denken im übrigen nur schwer voneinander ablösbaren) Dimensionen, wobei sich jedoch von neuem eine Verräumlichung der eigenen Ent-wicklung entlang der Bezugstexte des eigenen Werkes in den Vordergrund schiebt (RB, 148). Die *Verräumlichung* des Zeitlichen, die Synchronisierung des Diachronen also wird als Fragestellung dort von großer Wichtigkeit sein, wo nach Barthes' Verhältnis zu und zwischen Moderne und Postmoderne gefragt werden wird, zumal die Verräumlichung von Zeitvorstellungen nicht etwa auf den sogenannten »späten« Barthes beschränkt bleibt. Bereits im April 1951 schrieb er in einem bemerkenswerten Essay über »Michelet, die Geschichte und den Tod«: »Die (An-)Ordnung der Ereignisse ist im eigentlichen Sinne weder logisch noch chronologisch; es handelt sich um eine geographische Ordnung; jede Tatsache stellt eine Räumlichkeit dar, die mit dem übrigen historischen Raum über den Körper des Historikers, des Reisenden verbunden ist.« (OC I, 91) Die Anbindung der Verräumlichung an den *Körper* (hier: des »historien-voyageur«) führt eine Dimension des Schreibens ein, die uns im Verlauf dieser Studie wiederholt beschäftigen wird.

---

49 Blumenberg, Hans: *Die Lesbarkeit der Welt*. Frankfurt a. M. 1986, 19.
50 Vgl. Foucault, Michel: *Les mots et les choses. Une archéologie des sciences humaines*. Paris 1966; sowie Lepenies, Wolf: *Das Ende der Naturgeschichte. Wandel kultureller Selbstverständlichkeiten in den Wissenschaften des 18. und 19. Jahrhunderts*. München 1976.
51 Eine ausführliche Analyse dieses Tableaus findet sich im zehnten Kapitel.

Ohne ihr an dieser Stelle bereits nachgehen zu können, sei doch betont, daß diese Passage in vielerlei Hinsicht *Ordnungs*möglichkeiten bietet, die Werk und Studie gleichermaßen nicht fremd bleiben. Denn innerhalb eines solchen *Rahmens* lassen sich Entwicklungen von Barthes' Texten, Projektionen und Selbstportraits darstellen, ohne diese verschiedenen Phasen in eine unumkehrbare chronologische Folge einzuzwängen und als »Fortschritt« (oder als »Abstieg«) zu charakterisieren und einem finalen Ziel oder, schlimmer noch, einer Zentralperspektive zuzuordnen. Daher soll auch nicht das Frühwerk in bezug auf das Spätwerk perspektiviert oder gar das Spätwerk auf ein noch auszuführendes, durch den Tod Roland Barthes' 1980 aber abgebrochenes schriftstellerisches Werk bezogen werden. Dies wird uns aber keineswegs daran hindern, nach bestimmten Wegen zu fragen, die sich innerhalb des Geflechts des Gesamttexts der Barthesschen Schriften innerhalb des hier aufgespannten Rahmens ausmachen lassen. So werden wir auf verschiedenen Ebenen unserer Untersuchung fragen, inwieweit sich Barthes' Weg auf epistemologischer Ebene als Weg zum Strukturalismus und von diesem zum Poststrukturalismus *darstellen* läßt und inwieweit seine verschiedenen Texte Argumente liefern und Interpretationen zulassen, die einen solchen Weg als narrative Struktur plausibel erscheinen lassen. Stets aber soll dabei die Frage gegenwärtig bleiben, die Barthes (sich) selbst stellte: *Où aller? J'en suis là.* Diese Frage betont die Vielzahl der Möglichkeiten, der Verzweigungen und vor allem eine Offenheit der Zukunft, die aus der Perspektive einer zur Vergangenheit gewordenen Zukunft leicht als historisch notwendige und nicht nur gangbare Wegstrecke erscheinen mag.

In eben dieser Weise läßt sich dann auch die Frage stellen, ob ein anderer Weg Barthes auf der Ebene des Schreibens vom Literaturwissenschaftler und Literaturkritiker zum vielgelesenen Wissenschaftsschriftsteller und schließlich zum Vertreter einer Spezies führte, deren Tod er zwölf Jahre vor seinem eigenen Ende publikumswirksam proklamiert hatte: zum literarischen Schriftsteller, zum *Grand Ecrivain Français.* Eine andere Wegstrecke, so ließe sich behaupten, führte Barthes zur Literatur, von dieser zur Literaturwissenschaft und zu einer kulturtheoretisch aufgeschlossenen Linguistik, wobei Barthes dann schließlich einen immer bewußteren Standort gegenüber der Philosophie – allerdings einer nichtakademischen Philosophie, also ohne Achtung ihrer diskursiven Regeln

– einnahm. Die Untersuchung derartiger Wegstrecken soll in der vorliegenden Studie jedoch niemals zu deren Generalisierung als Versinnbildlichung *des* Weges von Roland Barthes führen.

Digressionen, Exkursionen, Diskurse 13

Die hier nur skizzierten möglichen Wegstrecken machen eines deutlich: Sie lassen sich nicht *gemeinsam* in eine Fluchtlinie, eine durchgängige und irreversible Entwicklungslinie bringen. Sie queren einander, verlaufen schräg zueinander und auf verschiedenen Ebenen und wechseln die Richtung im Sinne des französischen Wortes *sens*, das zugleich für Richtung *und* Sinn steht. 1964 ordnete Roland Barthes eine Reihe von Essays in chronologischer Folge an, machte aber in einem späteren Vorwort zu einer Neuauflage der *Essais critiques* unmißverständlich klar, daß die Lektüreweise nicht allein diachronisch sein und keinesfalls den Eindruck eines »intellektuellen ›Schicksals‹« vermitteln solle (E I, 1167f.). Auch hier soll nicht, etwa vom Endpunkt eines Lebens her, ein intellektuelles Schicksal dargestellt werden – auch wenn eine solche Lesart dem Leser offensteht.

Die hier vorgestellte Studie soll weder *sensée* noch *insensée* (und gewiß auch kein *non-sens*[52]) sein: Sie schlägt vielmehr verschiedene Sinnrichtungen vor und erlaubt verschiedene Lektüreweisen, sowohl auf der Ebene der vorliegenden als auch der besprochenen Texte. Dies bedeutet freilich nicht, daß bei Barthes bestimmte (raum-zeitliche) Abschnitte nicht parallel zueinander verliefen, sich gleichsam bündeln könnten und zwischen zwei gegebenen (Zeit-)Punkten in der Tat geradlinig zu verlaufen schienen. Auch dann aber wollen wir nicht der Versuchung nachgeben, einen solchen Abschnitt in ein Zentrum zu verwandeln, von dem aus sich das gesamte Gewebe, das Netz oder Labyrinth der Texte Barthes dann erschlösse. Barthes selbst hat in *Die Lust am Text* die Gewebemetaphorik des Textbegriffs in (naturwissenschaftlich gesehen) etwas halsbrecherischer Weise mit einer organischen Gewebemetaphorik verbunden und zugleich mit der Vorstellung vom Verschwinden des Autors verknüpft:

52 Damit ist nicht Barthes' Auffassung vom *non-sens* gemeint, der in ihm (bereits 1963) ein »verlorenes oder unerreichbares Paradies des Intellekts« erblickte (E I, 1370). Auch der *non-sens fait sens*, macht Sinn.

»*Text* heißt *Gewebe*; aber während man dieses Gewebe bisher immer als ein Produkt, einen fertigen Schleier aufgefaßt hat, hinter dem sich, mehr oder weniger verborgen, der Sinn (die Wahrheit) aufhält, betonen wir jetzt bei dem Gewebe die generative Vorstellung, daß der Text durch ein ständiges Flechten entsteht und sich selbst bearbeitet; in diesem Gewebe – dieser Textur – verloren, löst sich das Subjekt auf wie eine Spinne, die selbst in die konstruktiven Sekretionen ihres Netzes aufginge. Wenn wir Freude an Neologismen hätten, so könnten wir die Texttheorie als eine *Hyphologie* definieren (*hyphos* ist das Gewebe und das Spinnennetz).« (P II, 1527)

Gewiß kann man diesen Formulierungen, die Barthes im Inhaltsverzeichnis jenes Buches unter die Überschrift »Théorie« stellte, vorwerfen, weniger auf eine theoretische Fundierung als auf eine metaphorische Neuanlage abzuzielen. Und doch zeigt sich auch hier die Dimension der Verräumlichung, wie sie vielleicht für das Denken der *déconstruction* insgesamt charakteristisch sein dürfte. Sind Gewebe, Netz und Labyrinth auch Metaphern, die Roland Barthes selbst wiederholt auf das Schreiben anderer oder seine eigene *écriture* bezog, so scheint mir doch, daß innerhalb der noch zu erkundenden Barthesschen Metaphorologie für Text, Geschichte und Diskurs zwei andere Raumfiguren hervorstechen. Es handelt sich zum einen um die Figur der Spirale als Versinnbildlichung des allgemeinen geschichtlichen Prozesses und der eigenen, individuellen Evolution. Barthes übernahm sie von Vico[53] und sah in ihr die Möglichkeit, nicht nur lineare und zirkuläre Vorstellungen miteinander zu verbinden, sondern auch das Chronologische dreidimensional zu verräumlichen. Die Spirale könnte daher auch für uns ein mögliches Modell sein, (r)evolutionäre Prozesse im Gesamtwerk Roland Barthes' anschaulich zu machen.

Zum anderen verwandte er aber auch eine Raumfigur, die sich zweifellos mehr derjenigen des Netzes annähert, wenn auch gerade die Unregelmäßigkeit der Form in den Vordergrund tritt:

»Und ich bin mehr und mehr davon überzeugt, daß, sei es beim Schreiben, sei es beim Unterrichten, die grundlegende Operation des Loslassens, wenn man schreibt, in der Fragmentierung, wenn man vorträgt, in der Ab-

---

53 Der wohl erste Hinweis auf die Geschichtsvorstellungen Vicos findet sich bei Barthes gleich zu Beginn des bereits erwähnten, 1951 in *Esprit* abgedruckten Essays »Michelet, l'Histoire et la Mort« (OC I, 91). Barthes stellt dieses Bild ans Ende seines 1971 verfaßten Vorworts für die sieben Jahre zuvor erschienenen *Kritischen Essays*: Vicos »schönes Bild« erlaube es, »die *Geschichte* wiederaufzunehmen, ohne sie zu wiederholen, ohne sie wiederzukäuen« (E I, 1168).

schweifung besteht, oder, um es mit einem köstlich zweideutigen Ausdruck zu sagen: in der *Exkursion*. Ich wünschte also, daß Sprechen und Zuhören, die sich hier miteinander verflechten, dem Hin und Her eines Kindes glichen, das in der Nähe der Mutter spielt, sich von ihr entfernt, dann zu ihr zurückkehrt, um ihr einen Stein, einen Wollfaden zu bringen, so rings um ein friedliches Zentrum einen Spielraum schaffend, innerhalb dessen der Stein oder der Wollfaden letztlich weniger bedeuten als das von Eifer erfüllte Geschenk, das daraus gemacht wird.« (L, 42 f.)

Innerhalb dieser Raumfigur der Digressionen und Exkursionen, die durch die dem vorliegenden Band zugrunde liegende Wegemetaphorik unterstrichen wird, siedelt sich der Diskurs in seiner etymologischen Grundbedeutung als eine Bewegung an, die einen eigenen Raum, einen Spiel-Raum für die verschiedenen Aktivitäten des Ichs ausmißt. Die zentrifugalen und zentripetalen Bewegungen dieser menschlichen Dimension, die freilich nicht an einem Gegenstand, sondern an der Beziehung des Kindes zu seiner Mutter orientiert sind, überlagern sich. Nicht von ungefähr hat Roland Barthes in seiner Antrittsvorlesung am *Collège de France* keine seiner wissenschaftlichen, philosophischen, semiotischen oder schriftstellerischen Aktivitäten ins Zentrum gerückt, sondern die Figur seiner Mutter, die – so belegen es die Photographien von Barthes' Vorlesung – an jenem Januartag des Jahres 1977 ihm gegenüber in der ersten Reihe saß. Dieses autobiographische Zentrum aber verdeckte geschickt, daß es auf der Ebene der behandelten Gegenstände in der Ansprache selbst kein Zentrum gab. Um es in der Metaphorik von *Die Lust am Text* zu sagen: Auch das schreibende Subjekt als Sinnzentrum hat sich aufgelöst, hat gleichsam ein leeres Zentrum hinterlassen. Selbst der Begriff des Textes bildet in Barthes' Rede am *Collège de France* kein Zentrum mehr: Die Metaphorik des Flechtens erfaßt in der oben angeführten Passage nicht das geschriebene, sondern das gesprochene Wort und dessen Ergänzung, das Hören oder besser: das Zu-Hören, das Hin-Hören. Die Dimension der Textualität wird durch die Dimension des Akustischen, der Stimme und der einander antwortenden Körper ergänzt, und es wird zu zeigen sein, daß diese Überlegungen einen wichtigen Punkt bildeten, um den Barthes' Gedanken während seines letzten Lebensjahrzehnts kreisten: die Stimme als Ansatzpunkt für eine Dekonstruktion der Dekonstruktion.

Aus diesen Überlegungen läßt sich ein paradoxes Bild ableiten, welches das Gesamtwerk von Roland Barthes zu erfassen versucht, ohne dieses in eine lineare Entwicklung zu pressen, und das seine Vorstellungen aufnehmen und ernstnehmen will, ohne sie in einer Art Kurzschluß auf die Schriften Barthes' unvermittelt anzuwenden. Das gewählte Bild lehnt sich an die Metaphorik des Diskurses an und versteht das Gesamtwerk als eine Vielzahl sich überlagernder Digressionen und Exkursionen, als eine Fülle zentrifugaler Bewegungen ohne Zentrum.[54] Das Zentrum existiert nicht mehr, aber es ist – wie wir dies am Beispiel der »Literatur« sahen – noch immer markiert. Auch hier ignoriert Roland Barthes die Abgrenzungen dieses ehedem zentralen Bereichs nicht; er *mißachtet* sie.

---

54 Ich habe dieses Bild erstmals (wenn auch noch nicht in all seinen Dimensionen) eingeführt in dem Überblicksartikel »Roland Barthes«, in: *Kritisches Lexikon zur fremdsprachigen Gegenwartsliteratur*. München: edition text + kritik, 33. Nachlieferung, April 1994.

Dritte Annäherung
Lesen, Übersetzen, Schreiben

Auf den ersten Seiten seines 1970 erschienenen Buches *S/Z* unternimmt Barthes eine Beschreibung des noch nicht geschriebenen »absolut pluralen«, »idealen« Textes:

»In diesem idealen Text sind die Beziehungen im Textgewebe so vielfältig und treten so zueinander ins Spiel, daß keine von ihnen alle anderen abdecken könnte; dieser Text ist eine Galaxie von Signifikanten und nicht Struktur von Signifikaten; er hat keinen Anfang, ist umkehrbar; man gelangt zu ihm durch mehrere Zugänge, von denen keiner mit Sicherheit zum Hauptzugang gemacht werden könnte; er setzt Codes in Bewegung, deren Profil man *aus dem Gesichtsfeld* verliert, sie sind nicht unterscheidbar (der Sinn wird dabei niemals einem Entscheidungsprinzip untergeordnet, außer einem Würfelwurf); dieses absolut pluralen Textes können sich Sinnessysteme bemächtigen, deren Zahl niemals abgeschlossen ist, da sie zum Maß das Unendliche der Sprache haben.« (SZ, 558f.)

Es wäre möglich, Barthes' Schreibweise selbst als eine zu verstehen, die sich am Idealbild eines solchen absolut pluralen Textes (und des Mallarméschen *coup de dés*) ausrichtet. In dieser Hinsicht wären stets mehrere Zugänge, Öffnungstore sowohl zu einzelnen Texten als auch zu seinem Gesamtwerk gegeben. Nichts könnte dann die Absicht begründen, eines dieser Tore als Haupteingang auszuweisen, ohne zugleich die Möglichkeit anderer Zugänge zu betonen. Und doch wird das Medium jedweder wissenschaftlichen Annäherung stets die Sprache sein müssen, und diese Sprache wiederum wird sich mit der Sprache des Anderen auseinanderzusetzen haben. An diesem Punkt setzt die letzte der hier vorgeschlagenen Annäherungen an Roland Barthes ein.

Der Zugang über das Medium der Sprache stellt eine doppelte Herausforderung dar. Mit Roman Jakobson ließe sich die damit verbundene Problematik zunächst beschreiben als die einer *interlingualen Übersetzung*, also einer Übertragung oder Vermittlung zwischen zwei verschiedenen Sprachen; darüber hinaus aber handelt es sich gleichzeitig um eine doppelte *intra*linguale Übersetzung[55], insoweit Übersetzungsprozesse einbezogen sind, welche die Vorstellungen, Metaphern, Neologismen, Begriffe oder Schreibweisen auf der Ebene zweier verschiedener Sprachen jeweils innerhalb desselben Sprachsystems zu vermitteln suchen. Gemeint ist damit zunächst die Kontextualisierung der Barthesschen Texte innerhalb ihres jeweiligen französischsprachigen Umfelds (sowohl in bezug auf seine eigenen Texte wie auch vor allem auf Schriften anderer Autoren); in einer zweiten Phase sind aber auch jene Vermittlungsprozesse betroffen, welche die übersetzten (»eingedeutschten«) Texte Roland Barthes' in einen neuen deutschsprachigen Kontext stellen und an ein deutschsprachiges Publikum vermitteln wollen. Insofern funktioniert das von Jakobson so bezeichnete *rewording* der *intra*lingualen Übersetzung als Prozeß ständig neuer Rekontextualisierungen von Texten sowohl im Bereich der (*inter*lingual) übersetzten wie der übersetzenden Sprache. Die Übersetzung ist daher eine zutiefst dialogische, intertextuelle Aktivität[56], die eine grundlegende Voraussetzung für ein umfassendes Verständnis von Roland Barthes' Schreiben darstellt.

Aus diesem Modell geht zugleich hervor, von welch grundlegender Bedeutung die *inter*linguale Übersetzung, also die Übertragung der französischsprachigen in deutschsprachige Texte, für die hier entworfene Zielstellung ist. Denn das vorliegende Buch versteht sich in seiner gesamten Anlage *auch* als ein Versuch, Barthes in den deutschsprachigen Raum zu vermitteln bzw. der stattfindenden Vermittlung neue Impulse zu geben. In seinem 1971 verfaßten Vorwort zu den erstmals 1964 veröffentlichten *Kritischen Essays* sagt Barthes unter dem Eindruck der ihm damals sehr groß erscheinenden zeitlichen Distanz, seine Texte könnten einbezogen werden in »eine Bewegung der *Übersetzung* (das Zeichen ist nichts anderes als übersetzbar)« (E I, 1168). Andere Sprachen sollten sie »deformieren« oder, wie wir übersetzen könnten,

55 Vgl. Jakobson, Roman: »On linguistic aspects of translation«. In: Ders.: *Selected Writings. II. Word and Language*. The Hague/Paris 1971, 261. Dort wird unterschieden zwischen »Intralingual translation« (oder *rewording*), »Interlingual translation« (oder *translation proper*) und »Intersemiotic translation« (oder *transmutation*). Letztere bezieht sich auf Übersetzungsprozesse in nichtverbale Zeichensysteme; ich werde auf diesen Begriff an anderer Stelle zurückgreifen.
56 Vgl. das der literarischen Übersetzung gewidmete Kapitel in Zima, Peter V.: *Komparatistik. Einführung in die Vergleichende Literaturwissenschaft*. Tübingen 1992, 199-238.

in andere Formen überführen. Und Barthes meinte mit diesen anderen Sprachen keineswegs Fremdsprachen.

Die vielfachen Übersetzungsprozesse, auf denen dieses Buch beruht, sollen nicht verschwiegen oder als *selbstverständlich* betrachtet, sondern in ihrer Energie und Problematik genutzt und damit letztlich auch für den Leser transparent und in schöpferischer Weise *verständlich* gemacht werden. Ich habe mich daher dazu entschlossen, die zitierten Passagen des Barthesschen Textes in deutschsprachiger Fassung in den fortlaufenden Text aufzunehmen. Durch den bibliographischen Verweis auf die französische Werkausgabe erhält der Leser die Möglichkeit, die Originalzitate zum Vergleich heranzuziehen und einen (kritischen) Dialog zwischen der jeweiligen deutsch- und französischsprachigen Formulierung herzustellen.

Die Absicht dieser Vorgehensweise reicht weit über das Bestreben hinaus, die sprachliche (und kulturelle) Differenz bewußt zu machen oder im Bewußtsein zu halten. Auch ist die Tatsache, daß sich das vorliegende Buch dem mit der französischen Sprache weniger vertrauten Leser in zugänglicherer Form darbieten will, nur *einer* der Gründe oder Effekte der gewählten Vorgehensweise, wenn mir dieser Aspekt auch besonders wichtig erscheint.[57] In der Übersetzungsproblematik verbinden sich vielmehr die verschiedenen bislang aufgezeigten Perspektiven der Annäherung an Barthes mit der heute – so meine ich – dringend gebotenen Vermittlung seines Denkens und Schreibens in den deutschsprachigen Raum.

Barthes übersetzen 15

Die erste Annäherung setzte mit dem Hinweis auf die Tatsache ein, daß Roland Barthes' Werk, zumindest was den in Buchform publizierten Teil betrifft, weitgehend ins Deutsche übersetzt worden ist. Beschäftigt man sich mit diesen Übersetzungen etwas nä-

---

57 Gleichwohl versucht dieses Buch, dem deutschsprachigen Leser fremdsprachige Zitate als *Hürden* aus dem Weg zu räumen, um einen breiteren Leserkreis mit dem Werk Roland Barthes' in Berührung zu bringen. Aus diesem Grunde wurden auch fremdsprachige Zitate aus der Sekundärliteratur ins Deutsche übersetzt. Im folgenden werde ich auf eigene Übersetzungen nicht mehr gesondert aufmerksam machen. Wo mir deutschsprachige Übersetzungen bekannt wurden, habe ich sie angezeigt.

her, so bemerkt man, daß manches daran problematisch ist.[58] Bisweilen werfen bereits die Titel ein Schlaglicht auf die Schwierigkeit der Übersetzung. So erscheint, um nur zwei Beispiele herauszugreifen, *Le Degré zéro de l'écriture* nicht als Nullpunkt des Schreibens oder der Schreibweise, sondern der Literatur; oder die *Fragments d'un discours amoureux* verwandeln sich in *Fragmente einer Sprache der Liebe*. Offensichtlich bereitet hier die Übersetzung von *écriture* und *discours* Probleme, so daß man sie kurzerhand in geläufigere bzw. unauffälligere Ausdrücke verwandelt. Um nicht falsch verstanden zu werden: Es geht hier nicht um eine oft allzu einfache Übersetzerschelte (zumal gerade bei der Titelgebung die Verlage gewöhnlich ein gewichtiges Wort mitzureden haben). Es ist vielmehr aufschlußreich, daß bei Begriffen, die für die literarischen oder literaturtheoretischen Debatten der vergangenen Jahrzehnte in Frankreich von so großer Wichtigkeit waren und ohne deren »Begreifen« diese Debatten insgesamt oftmals unverstanden bleiben müssen, keine sprachlichen Äquivalente gefunden, sondern die Flucht ins Unspezifische angetreten wurde. Noch einmal: Es geht nicht um eine Klage über den *traduttore* als *traditore*, die sich stets als wenig produktiv erwies; es geht vielmehr um die Problematik der Vermittlung zwischen zwei verschiedenen Sprachen und, mehr noch und damit verbunden, zwischen zwei verschiedenen Kulturen und philosophisch-weltanschaulichen Traditionen. Diese nicht nur interlinguale, sondern zugleich interkulturelle Dimension wird oft als Störfaktor empfunden. Sie könnte aber auch hilfreich sein, da sie ein Licht auf die Vermittlungsschwierigkeiten wirft, die zwischen Frankreich und Deutschland bestehen.

Ich habe mich der vorliegenden Übersetzungen bedient, bin häufig aber erheblich von ihnen abgewichen. Die verdienstvolle Arbeit der Übersetzer sollte nicht verdeckt, sondern selbst wiederum fruchtbar gemacht werden für ein Verständnis der Barthesschen Texte, das den eigenen, nichtfranzösischen Ort des Lesens in deren Verständnis mit einbringt. Es handelt sich daher um teil-

---

58 Zur Unvollständigkeit mancher Übersetzungen vgl. auch Röttger-Denker, Gabriele: *Roland Barthes zur Einführung, op. cit.*, 31f. Barthes selbst scheint eine gewisse Angst vor seinen Übersetzern und deren Ergebnissen gehabt zu haben; so findet sich in seiner Autobiographie die folgende Bemerkung: »Wenig Gefallen an ausländischen Literaturen, beständiger Pessimismus gegenüber der Übersetzung, Bestürzung angesichts der Fragen der Übersetzer, so sehr scheinen sie gerade das nicht zu wissen, was ich für den Sinn eines Wortes halte: die Konnotation.« (RB, 119)

weise mehrfach übereinanderlagernde Übersetzungsprozesse, denen der interessierte Leser das fremdsprachige Original entgegenhalten kann. So wurde, um nur ein weiteres, weit weniger gravierendes Beispiel zu nennen, die Interpunktion des eingangs dieser dritten Annäherung angeführten Zitats, von anderen Veränderungen einmal abgesehen, am Original überprüft und wiederhergestellt. Der lange, von Barthes nur durch Strichpunkte geteilte Satz, war in der publizierten Übersetzung in mehrere, durch Punkte voneinander abgetrennte Einzelsätze zerfallen. Der Aufbau des Barthesschen Satzes aber versucht, die in ihm angekündigte Kontinuität und Reversibilität vorzuführen. Das Barthessche Schreiben ist eines, das sich ganz selbstverständlich literarischer Verfahren bedient und daher verlangt, als sprachliche, als literarische Form ernst genommen zu werden. Dem wurde in bisherigen Übersetzungen nicht immer Rechnung getragen.

Für Barthes war Jules Michelet der erste moderne Schriftsteller, weil für diesen die Sprache selbst erstmals problematisch geworden sei (M I, 349). Auch für Barthes stellten Sprache und Schreibweise Probleme dar, die sein Denken und seine *écriture* unablässig in Bewegung versetzten; eben deshalb verdient diese schriftstellerische Dimension seines Werkes eine höhere Beachtung, als ihr bislang im deutschsprachigen Raum zuteil geworden ist. Auf dieser Ebene bringen sich die Orte des Schreibens und die jeweiligen Orte des Lesens wechselseitig zum Sprechen und machen damit jene Distanz fruchtbar, die in der ersten Annäherung beleuchtet wurde und die keineswegs nur einen Störfaktor hinsichtlich des Ziels einer möglichst ungehinderten, direkten Kommunikation mit dem Denken Roland Barthes' darstellt. Die Funktion der Übersetzungen im vorliegenden Band soll genau dies sein: Spiel und Differenz im Sinne eines »Spiels« *und* »Spielens« der Übersetzung, das einen eigenen Spielraum für Vermittlung und Aneignung der Schriften Roland Barthes' liefert. Die Übersetzung ist immer schon Interpretation des »fremden«, des fremdsprachigen Textes. Gleichzeitig soll sie auch Kommentar und Deutung vorgängiger Übersetzungsprozesse bzw. Vermittlungsschwierigkeiten sein. Dieser mehrfachen Aufgabe stellen sich die hier vorgeschlagenen Übersetzungen bewußt.

Wenn das vorliegende Buch also *auch* eine Über-setzung zwischen zwei sprachlichen und kulturellen Räumen und Traditionen zu sein anstrebt und auf eine kreative Anverwandlung Barthesscher (Schreib-)Konzepte abzielt, so mag der Hinweis nicht fehl am Platze sein, daß die Fremdheit und Alterität des Anzuverwandelnden eine doppelte ist. Denn nicht nur den deutsch-, sondern auch den französischsprachigen Lesern erschienen die metapherngesättigten und neologismenreichen Texte Roland Barthes' als »fremd«. Wir greifen der Interpretation dieser Texte nicht vor, wenn wir betonen, daß diese »Fremdheit« ein von Barthes beabsichtigter Effekt ist. Er soll zu einer langsamen, aufmerksamen Lektüre zwingen. Man warf Barthes häufig vor, eine dunkle, schwer verständliche, manieristische, preziöse Sprache benutzt zu haben; der Einfluß dieser Sprache auf andere Autoren und Kritiker war jedoch so weitreichend und die Sprache selbst in ihren Charakteristika so leicht »faßbar«, daß sie mehrfach parodiert und ihr sogar ein eigenes »Sprachlehrbuch« – *Le Roland Barthes sans peine* – gewidmet werden konnte.[59] Wenn Barthes auch verbittert auf derlei im übrigen nicht ungeschickte Parodien reagierte, so führen diese nicht immer gehässigen Versuche doch vor Augen, daß Barthes im ganzen Wortsinn ein Sprachschöpfer war. Diese sprachschöpferische Gewalt (im Sinne von Macht und Gewalttätigkeit) erzeugt einen Eindruck von Fremdheit, den auch die deutsche Übersetzung nicht glätten oder beseitigen sollte.

Im Gegensatz zur interlingualen Übersetzung ist die intralinguale stets in Gefahr, in ihren Bezugstext zurückzufallen, also gerade ihre Übersetzungsfunktion aufzugeben und das Original im Wortsinn zu kopieren. Einen derartigen Kollaps kann man, wie bereits angemerkt, nicht selten in französischsprachigen Arbeiten der achtziger Jahre zu Barthes konstatieren: Die Sprache des Kritikers gleicht sich derjenigen Barthes' an, Barthes' eigene Begriffe werden unkritisch auf sein Werk projiziert, die Annäherung gerät zur Fusion. Als wirksames Gegenmittel erscheint hier die Bewußtmachung des Übersetzungsprozesses, aber auch die Tatsache, daß bei einer *inter*lingualen Übersetzung dieses Problem nicht in derselben Weise auftreten kann. Übersetzender und übersetzter Text sind durch die unüberbrückbare Distanz anderer sprachlicher Zugehörigkeit voneinander getrennt, insoweit stets bestimmte semantische Dimensionen des Bezugstextes hervorgeho-

---

59 Vgl. Burnier, Michel-Antoine/Rambaud, Patrick: *Le Roland Barthes sans peine*. Paris 1978. Barthes scheinen derartige Attacken auf seine Sprache im übrigen sehr verletzt zu haben. Vgl. hierzu auch Lejeune, Philippe: »Le Roland Barthes sans peine«. In: *Textuel* 15 (1984), 11-19.

ben, andere aber verdeckt werden: Übersetzung ist aneignende Interpretation, welche die fremde wie die eigene Sprache erprobt und zugleich deren Kontexte »ins Spiel« bringt.

Nicht immer bleiben hierbei Mißverständnisse aus. Doch auch diese Mißverständnisse können kreativ für die eigene Interpretation genutzt werden. Ein Beispiel mag dies verdeutlichen. Bei der Übersetzung von *écriture* als *Literatur* etwa handelt es sich um ein solches kreatives Mißverständnis, das auf einer Interpretation beruht, die wir mit der Formulierung von Harold Bloom als kreatives Falschlesen (*creative misreading*) verstehen und unsererseits interpretieren können.[60] So ließe sich etwa fragen, was Barthes' *Le Degré zéro de l'écriture* aus dem Jahre 1953 mit jenen Diskussionen verbindet, die in der Bundesrepublik der Nachkriegszeit um eine Literatur der »Stunde Null« geführt wurden. Inwieweit zeichnet sich auch bei Barthes, in einem ganz anderen Kontext, der Wille zu einem (Neu-)Anfang ab, dessen pathetische Reformulierung wir in der Antrittsvorlesung am *Collège de France* (ein Vierteljahrhundert später) bereits kennengelernt haben?

Doppelter Weg und Leseparcours: Ein Kinderspiel 16

Eine solche Frage deutet im Kontext der hier angestellten Überlegungen an, wie Orte des Lesens und Orte des Schreibens miteinander in einen Dialog gebracht werden können und der Interpretation neue Perspektiven erschließen. Zugleich ermöglicht diese Vorgehensweise, den eigenen Ort des Lesens, vermittelt über die vielschichtigen Übersetzungsprozesse, die ihn überhaupt erst bestimmen, für das eigene Schreiben zu nutzen. Lesen, Übersetzen und Schreiben erscheinen so als nicht voneinander getrennte, sondern komplementäre, ineinander verschränkte Vorgänge. Mit anderen Worten (und auch dies wäre ein Übersetzungsprozeß, dessen Formel *autrement dit* sich häufig bei Barthes findet): In der Analyse eines Weges von Roland Barthes im Raum von Moderne und Postmoderne zeichnet sich auch ein Weg des Zugangs zu seinen Schriften in eben diesem Raum ab. Beide Wege sollen sich einander annähern, wobei der zweite, der sekundäre, aber stets eine

60 Bloom, Harold: *A Map of Misreading*. Oxford/New York 1975; siehe hierzu die kritische Auseinandersetzung in Zima, Peter V.: *Die Dekonstruktion. Einführung und Kritik*. Tübingen/Basel 1994, 175-193.

kritische Distanz zum ersten aufrechterhalten muß. Beide Wege fallen nicht ineinander: Das vorliegende Buch *be-schreibt* daher einen (zumindest) doppelten Weg. Anhand der Übersetzungsproblematik wird deutlich, daß Annäherung wie Distanz weder von einem Nullpunkt des Lesens ausgehen müssen noch von der Vorstellung eines Zentrums, dem die Texte Roland Barthes' verpflichtet wären. Die drei Annäherungen an Roland Barthes, die im weiteren Verlauf dieser Arbeit stets von neuem aufgenommen werden sollen, sind daher direkt und bewußt aufeinander bezogen. Doch weist keine von ihnen auf den Haupteingang dieses Werkes, dessen literarische, theoretische, ästhetische und philosophische Dimensionen einen der faszinierendsten Räume des Denkens und Schreibens im französischen 20. Jahrhundert abstecken.

Der in dieser Formulierung mitgedachte Werkbegriff schließt den Leser als aktiven, schöpferisch und spielerisch gestaltenden Dialogpartner wesentlich mit ein. Die Strukturierung dieses Buches versucht auf der Ebene des Schreibens einer solchen Vorstellung Rechnung zu tragen; sie soll nicht (wie so oft) bei einem an die Adresse des Lesers gerichteten rhetorischen Aufruf stehen bleiben, sondern zielt vielmehr darauf ab, durch die Anlage verschiedener Leseparcours zusätzliche Verzweigungen aufzuzeigen und auf bewußt konkrete Weise zur Suche nach weiteren möglichen Wegen aufzufordern. Wurden in den vorliegenden Text auch zahlreiche Querverweise zwischen den einzelnen Unterkapiteln eingebaut, so konnten diese doch weder in ausreichender Zahl aufgenommen werden, ohne den Leserhythmus zu stören, noch in erschöpfender Weise dazu beitragen, den Lektüreprozeß als solchen zusätzlich zu »aktivieren«. Ich habe mich deshalb dazu entschlossen, die Unterkapitel fortlaufend durchzunumerieren und dem Leser am Ende dieser Annäherungen eine Art Kursbuch vorzuschlagen, das die Linearität der einzelnen Textabschnitte aufbrechen und auf andere mögliche Lesesequenzen hin öffnen soll:

63 – 6 – 133 – 90 – 5 – 135 – 9 – 136 – 10 – 49 – 11 – 50 – 7 – 68 – 51 – 65 – 37 – 39 – 41 – 69 – 114 – 112 – **33** – **130** – **87** – 116 – 42 – 29 – 71 – **115** – 72 – 66 – 128 – 79 – 52 – 59 – 78 – 124 – 91 – 127 – 32 – 45 – 15 – 34 – 14 – 22 – 126 – 23 – 125 – 13 – 25 – 53 – 27 – 80 – 121 – 117 – 26 – 120 – **38** – 101 – 89 – 106 – 75 – 46 – **83** – **110** – 36 – 131 – 82 – 74 – 81 – 63 – 134 – 8 – 17 – 12 – 70 – 129 – 61 – 77 – 62 – 47 – **97** – 4 – 108 – 20 – 107 – 18 – 102 – 55 – 43 – 57 – 19 – 35 – 67 – 100 – 1 – 21 – 137 – **16** – 76 – 56 – 98 – 92 – 113 – 86 –

111 – 85 – 73 – 3 – 60 – 2 – 94 – 30 – 95 – 31 – 103 – 40 – 28 – 44 – 99 – 64 – 96 – **122** – 93 – 48 – 24 – 58 – **105** – 54 – 88 – 104 – 84 – 123 – 132 – 118 – 109 – 138 – 119 – 139 – 63.

Damit werden aus dem vorliegenden Buch verschiedene Bücher. Zusätzlich oder alternativ zur »traditionellen«, linearen Lektüre, zu der sich die numerierten Unterkapitel anordnen, ist ein weiterer Lektüreweg möglich, welcher der soeben angegebenen, zwischen den einzelnen Partien des Buches hin- und herhüpfenden Ziffernsequenz folgt. Es ist aber ebenso möglich, zunächst ein lineares Fortschreiten des Lesens zu wählen, um von einem bestimmten Punkt an dem »Kursbuch« zu folgen, den dort angegebenen Verzweigungen nachzugehen, später aber wieder zur linearen Lesart zurückzukehren. Eine weitere Textdimension eröffnet sich, wenn man jenen Unterkapiteln folgt, die in ihren Überschriften einen Doppelpunkt enthalten (im obigen Kursbuch fett gedruckt) und methodologisch relevante Scharnierstellungen innerhalb des gesamten Bandes markieren, von denen aus neue Wegstrecken gewählt werden können. Zwischen diesen Wegen ergeben sich die unterschiedlichsten Kombinationsmöglichkeiten, die den Leser leiten, vor allem aber zu selbständigem Wechseln der Leserichtung *bewegen* sollen. Orte des Lesens und Orte des Schreibens gehen so in einen jeweils spezifischen Parcours des Lesers über.

Dieses Verfahren greift in seinen Leitlinien nicht etwa auf den experimentierfreudigen französischen Wissenschaftler, Literaten und Theoretiker, sondern auf den experimentellen Roman *Rayuela* des argentinischen Schriftstellers Julio Cortázar zurück. Cortázars Vorbild wiederum war ein Hüpfspiel, wie es in vielen Ländern, unter Verwendung ebenso unterschiedlicher Bezeichnungen wie Spielregeln, von Kindern gerne und häufig gespielt wird. Roland Barthes verstand seine diskursiven Bewegungen als Spiel eines Kindes im Umkreis seiner Mutter. Ebenso können die Lektürebewegungen des Lesenden den (literarischen) Strukturvorgaben eines Kinderspiels folgen.

II Hauptstück

das Reich der Zeichen ist die Prosa

Sartre, *Was ist Literatur?*, 16

Fig. 1: Roland Barthes 1962 (GL, Abb. 1).

Erstes Kapitel
Am Nullpunkt des Schreibens

Ausgangspunkte des Schreibens,
Ausgangspunkte des Lesens   17

Ebensowenig, wie es einen Nullpunkt des Lesens geben kann, ist auch – zumindest in einem absoluten Sinne – ein Nullpunkt des Schreibens bei einem literarischen Autor denkbar, geschweige denn nachweisbar. Wann schlägt das Notieren von Gedanken und Vorstellungen um in ein literarisches Schreiben, wann wird aus Notizblättern und Aufschriften ein (im emphatischen Sinne) literarischer Text? Die Rede von einem Nullpunkt des Schreibens ist höchstens in einem übertragenen Sinne sinnvoll. Denn Lesen und Schreiben sind miteinander eng verzahnte Prozesse, das Schreiben selbst niemals eine *creatio ex nihilo*. Waren die Unmengen von Notizen, die Barthes als »Lesezeichen« seines künftigen *Michelet* anfertigte und auf denen er für ihn wichtige Passagen aus Büchern des französischen Historikers festhielt, ein Anfang des Schreibens? Barthes trug diesen umfangreichen Zettelkasten lange Jahre, auch im Ausland, mit sich herum, die Veröffentlichung »seines« *Michelet* erfolgte aber erst im Jahre 1954. Das Beispiel mag zeigen, wie eng (nicht nur) bei Roland Barthes Lesen und Schreiben miteinander verknüpft sind. Aber bilden Notizblätter, wie sie der Autor von *Über mich selbst* später in photographierter Form seiner Autobiographie beifügte, einen ersten Text, einen Nullpunkt des Schreibens? Roland Barthes hat selbst einmal, wenn auch in ironisch distanzierter Weise und im Kontext seiner damaligen literaturtheoretischen Überzeugungen, einen »ersten Text« präsentiert, dessen Entstehungsgeschichte auf die enge Verbindung zwischen Lese- und Schreibprozeß aufmerksam macht.[1] In diesem laut Barthes 1933 entstandenen Text hatte der damals siebzehnjährige Abiturient seine mit der Schule verbundenen Lektüreerfahrungen insoweit kreativ umgesetzt, als er den Schlußteil von Platons *Kriton* recht amüsant und eigenwillig neuschrieb und, das antike Vorbild auf den Kopf stellend, Sokrates

---

1 Barthes, Roland: »Premier texte«. In: *L'Arc* 56 (1974), 3-7.

ins Leben zurückkehren ließ und zugleich dem körperlichen Element gegenüber dem Geistigen einen egalitären Platz einräumte. Erst an späterer Stelle wird darauf zurückzukommen sein, inwieweit dieses zum Zeitpunkt der Veröffentlichung von Barthes selbst so bezeichnete »Pastiche eines Pastiche«[2] den ästhetischen und literaturtheoretischen Vorstellungen des damals fast sechzigjährigen Semiologen entsprach und vielleicht weniger einen ersten Text als dessen Stilisierung verkörperte – und darüber hinaus eine enge Verbindung mit der Photographie einging, die den Einband der Sondernummer von *L'Arc* zierte, der Barthes diesen Text – nicht ohne eine seiner charakteristischen Erläuterungen – 1974 vorangestellt hatte. An dieser Stelle freilich soll der Hinweis genügen, daß die so zum ersten Text stilisierte Arbeit einen Anfangspunkt bildet, der im Grunde nur insoweit einer ist, als er sich in eine literarische Tradition einschreibt, die sich aus der griechischen Antike herleitet und zugleich gerade durch den Aufruf dieses Bezugstexts in spielerischer Weise auf den *dialogischen* Charakter eines derartigen Schreibens deutet. Anfangspunkte des Lesens und Anfangspunkte des Schreibens überlagern sich, verwischen die zeitlichen Grenzen, stellen die Metaphorik eines Ursprungs, eines Nullpunkts im chronologischen wie schriftstellerischen Sinne in Frage.

Das sich in Barthes' »Premier texte« selbst in Szene setzende Schreibmodell führt andererseits ein künstlerisches Tun vor, das sich selbst als künstlerische Aktivität reflektiert und damit eine Position einnimmt, die Roland Barthes zwanzig Jahre später der Literatur insgesamt zuweisen wird, lasse sich der Schriftsteller doch als Mensch begreifen, der, eine Maske tragend, vorwärts schreite und zugleich auf die von ihm benutzte Maske deute.[3]

Diese Vorstellung, die leitmotivartig Roland Barthes' erstes Buch durchzieht und zugleich einen der Grundakkorde seines Werkes anschlägt, verbindet diesen nachträglich zum ersten Text stilisierten mit jenem anderen Text, der Barthes erstmals einem

2 Ebd., 3; dem eigentlichen Text hatte Barthes den Titel »En marge du Criton« (Am Rande des Kriton) gegeben.
3 Auf die Durchgängigkeit dieser Metaphorik im Barthesschen Œuvre hat hingewiesen Bartkowski, Frances: »Roland Barthes's Secret Garden«. In: Studies in *Twentieth Century Literature* V, 2 (spring 1981), 133-146.

breiteren Publikum vorstellte: *Le Degré zéro de l'écriture*, Am Nullpunkt des Schreibens.[4]

Es ist – wie Jacques Derrida anmerkt[5] – gewiß, daß Barthes kaum einen glücklicheren Titel für sein Erstlingswerk hätte wählen können. Denn es markiert den eigentlichen Eintritt Barthes' in die Arena des intellektuellen Feldes Frankreichs, dessen Kraftlinien er mehr als ein Vierteljahrhundert lang wesentlich mitbestimmen sollte. Daher soll dieses schmale Bändchen den Beginn der Auseinandersetzung mit seinen Publikationen markieren und nicht jene Aufsätze und Essays, die der junge Roland Barthes ab 1942 in verschiedenen Zeitschriften veröffentlichte[6] und die damit den Anfangspunkt seines *publizierten* Werkes markieren. Doch wird sich rasch zeigen, daß alle anderen zuvor genannten möglichen Ausgangspunkte direkt mit der Auseinandersetzung mit diesem Text zu verbinden sind, der Roland Barthes in den fünfziger Jahren erstmals in einem wenn auch noch kleinen Kreis französischer, bald aber auch deutscher Literaturkritiker und -theoretiker bekannt machte.[7] *Le Degré zéro de l'écriture* meint

4 Barthes hatte den Band zunächst Gaston Gallimard (wo die Schriften von Sartre, Camus und Malraux erschienen) angeboten, doch dieser lehnte eine Veröffentlichung ab; vgl. Thody, Philip: *Roland Barthes: A Conservative Estimate*. London/Basingstoke 1977, 6. Die Anekdote mag zeigen, welch hohen Stellenwert Barthes seinem Band einräumte, stellte Gallimard zum damaligen Zeitpunkt doch zweifellos den dominanten Pol innerhalb des betreffenden Segments der französischen Verlagslandschaft dar. *Le Degré zéro de l'écriture* erschien dann bei den *Editions du Seuil* (die eine eher mittlere Position einnahmen), und Barthes blieb diesem Verlagshaus während seiner gesamten Karriere treu. Zur des öfteren bereits dargestellten Vorgeschichte von *Le Degré zéro de l'écriture* vgl. auch die Aussagen Barthes' in einem in *Tel Quel* 1971 abgedruckten Interview, wo er die Hilfe von Maurice Nadeau (der im übrigen das Erscheinen von *Le Degré zéro* in einer Rezension begeistert begrüßt hatte) bei seinen ersten Anfängen in der Zeitschrift *Combat* würdigt (OC II, 1310). Albert Béguin und Jean Cayrol ebneten Barthes' Weg zu den *Editions du Seuil*.

5 Derrida, Jacques: »Les morts de Roland Barthes«. In: Poétique XII, 47 (septembre 1981), 269-292; eine deutsche Übersetzung findet sich unter dem Titel »Die Tode des Roland Barthes«. In: Henschen, Hans-Horst (Hg.): *Roland Barthes*. München 1988, 31-74.

6 Zu diesen Aufsätzen zählt auch ein bereits 1947 in der renommierten Zeitschrift *Combat* publizierter Text, »Le Degré zéro de l'écriture«, der ohne jeden Zweifel zu den wichtigen Prä-Texten gezählt werden muß.

7 Zur frühen Rezeption des Bändchens vgl. Calvet, Louis-Jean: *Roland Barthes 1915-1980, op. cit.*, 135f. Die deutsche Übersetzung erschien bereits 1959.

daher weder auf der Ebene des Schreibens von Roland Barthes noch auf der Ebene der Zielvorstellungen des 1953 erschienenen Bandes oder gar auf der Ebene unserer Herangehensweise einen Nullpunkt in einem chronologischen Sinne. Der *degré zéro* betrifft auch nicht – oder jedenfalls nicht unmittelbar – die Literatur selbst, die etwa an einem Nullpunkt angelangt sei oder nun von diesem wieder ausgehen müsse. Gemeint ist vielmehr eine andere Bedeutungsebene (oder Isotopie), eben die der *écriture*.

Was aber ist die écriture? 18

Genau dieser Frage stellt sich Roland Barthes im ersten Kapitel des ersten Teils. Seine Antwort fällt originell aus und wirft ein eigentümliches Licht auf spätere Deutungen jenes Begriffs, der während der sechziger und siebziger Jahre zur vielleicht wichtigsten begrifflichen Spielmarke der französischen Intellektuellen avancierte. Bei Roland Barthes wird ihm 1953 ein auf den ersten Blick klar umrissener Ort innerhalb einer begrifflichen Trias zugewiesen, welche drei verschiedene Dimensionen der *Form* des literarischen Kunstwerks erfassen will. Die erste Dimension dieser Form ist für Barthes die Sprache (*langue*), die Barthes metaphorisch als den Horizont des Schriftstellers versteht. Sie situiert für ihn den Spielraum (*aire*) eines Handelns im Bereich des Möglichen, sei aber keinesfalls »Ort eines sozialen Engagements«, sondern bloßer Reflex, ohne eine Möglichkeit der Wahl (D I, 145). Die Sprache erscheint damit als das, was dem Schriftsteller gegeben und mehr noch auferlegt ist; ihr vermag er nicht den Stempel einer persönlichen Entscheidung dauerhaft aufzuprägen. In dieser fehlenden Wahlmöglichkeit deutet sich bereits ein Gedanke an, den Barthes fast ein Vierteljahrhundert später in eine Theorie der Macht einbauen wird. In seiner Antrittsvorlesung am *Collège de France* wird er die Sprache als faschistisch bezeichnen, da sie nicht zu sagen erlaube, sondern zu sagen zwinge. »Doch die Sprache (*langue*) als Performanz aller Rede (*langage*) ist weder reaktionär noch progressiv; sie ist ganz einfach: faschistisch; denn Faschismus heißt nicht am Sagen hindern, er heißt zum Sagen zwingen.« (L, 14) Löste diese Äußerung im Kontext der ausgehenden siebziger Jahre Überraschung, Verwirrung, ja vehementen Widerspruch aus[8], so macht die Definition der Sprache in *Le Degré zéro* doch deutlich, daß sich bereits im Kontext der fünfziger Jahre Überlegungen bei Roland Barthes abzeichnen, welche die Sprache außerhalb von *engagement* und *choix* des einzelnen Schriftstellers situieren. Die Sprache wird so zum Ort eines tragischen Schicksals, das Roland Barthes in diesem Band wiederholt an den Orpheus-Mythos, also an die (aporetische) künstlerische Problematik des Ans-Tageslicht-Bringens, knüpft; »sie ist der geometrische Ort für alles, was er nicht sagen könnte, ohne – gleich dem sich umwendenden Orpheus – die feste Bedeutung seines Vorgehens und den wesentlichen Gestus seiner Sozialität zu verlieren.« (D I, 145) Die Sprache wird damit gleichsam diesseits der Literatur (»en deçà de la Littérature« [D I, 145] verortet, während die zweite Dimension der künstlerischen Form, der Stil (*style*), sich »fast jenseits« des literarischen Bereichs ansiedle. Ganz im Gegensatz zu herkömmlichen Definitionen von Stil[9] spricht Barthes von einem autarken, also gleichfalls dem gesellschaftlichen Engagement entzogenen Bereich, insoweit der Stil an »die persönliche und geheime Mythologie des Autors« gebunden sei (D I, 145 f.). Der Barthessche Stilbegriff meint damit weder eine im Rahmen der (klassischen) Rhetorik angesiedelte Zuordnung zu verschiedenen Ebenen der Sprachqualität (als niederer, mittlerer oder erhabener Stil) noch (in nichtnormativer Weise) die Erfassung epochen-, gattungs- oder werkspezifischer Charakteristika. Für Barthes ist der Stil als eine der drei Dimensionen der Form gerade *nicht* das Ergebnis eines bewußten künstlerischen Entscheidungsprozesses, sondern wie die Sprache eine »blinde Kraft«, eine *force aveugle* freilich, die nicht einer Intention, sondern einem Impuls, einer *pulsion* gehorche. Noch am ehesten nähert sich Barthes' Stilbegriff jener Bedeutungsebene individueller Einzigartigkeit an, die den Stilbegriff des 19. und 20. Jahrhunderts wesentlich mitprägte. Doch ist bei Barthes der Stil weder im Sinne Buffons eine Kompetenz des Beobachtens noch im Sinne Flauberts eine absolute Art, die Dinge zu sehen. Er ist nicht wie der Gesichtssinn

8 Diese Irritation findet sich noch in Compagnon, Antoine: »Lequel est le vrai?« In: *Magazine littéraire* 314 (octobre 1993), 26-28.
9 Vgl. zu den Wandlungen des Stilbegriffs Gumbrecht, Hans Ulrich: »Schwindende Stabilität der Wirklichkeit. Eine Geschichte des Stilbegriffs.« In: Gumbrecht, Hans Ulrich/Pfeiffer, K. Ludwig (Hg.): *Stil. Geschichten und Funktionen eines kulturwissenschaftlichen Diskurselements*. Frankfurt a. M. 1986, 726-788.

nach außen, auf die Gesellschaft gerichtet. Der Stil ist für Barthes einem individuellen Innenraum zugeordnet, nach innen gerichtet, blind, den unbewußten Vorstellungen der fensterlosen Monade eines Leibniz gleich. Als ein Phänomen biologischer Herkunft befinde sich der Stil »außerhalb der Kunst, mithin außerhalb des Pakts, der den Schriftsteller mit der Gesellschaft verbindet« (D I, 146). Die Dimension des Stils ist bei Barthes weder rhetorisch-normativ noch historisch-deskriptiv an den Körper der Gesellschaft, sondern (fast) jenseits aller künstlerischen Absicht an den des Autors, des Schriftstellers gebunden. Es ließe sich daher sagen, daß Barthes, der Stilmetapher folgend, von jenem eisernen Schreibgriffel (*stilus*), der schreibend und Geschriebenes auslöschend über die Wachstafel gleitet, den Weg zurück zum Körper des Schreibenden geht, eine metonymische Bewegung, die wir im vollen Wortsinn als Verschiebung begreifen dürfen.[10]

Barthes' Definition des Stils mag ungewöhnlich sein, die *Art* seiner Definition ist es nicht. Der Bestimmungsversuch verläuft *quer* zu herkömmlichen Stildefinitionen, so verschieden diese auch immer sein mögen, indem er gerade jenes Diskurselement, das doch als Charakteristikum des (individuellen) Kunstwerks galt, aus dem Bereich der Kunst (zumindest vorläufig) verbannt und es im Leib des Künstlers als quasi natürliches Element ansiedelt. Und doch zeigt sich hier eines der Grundverfahren im (theoretischen wie literarischen) Schreiben von Roland Barthes: das Verfahren der unerwarteten, provozierenden Verschiebung oder Deplazierung. Ein kunst- oder literaturtheoretischer Begriff wird hier nicht etwa ausgelöscht oder ausgewechselt, sondern deplaziert, um Raum für neue Überlegungen, für neue Perspektivierungen zu gewinnen. Diesen »Raumgewinn« nutzt Barthes in *Am Nullpunkt des Schreibens* für den Begriff der *écriture*.

Denn sie wird als dritte Dimension künstlerischer Form (und nicht künstlerischen Form*willens*) in einem ganz räumlichen Sinne eingeführt, stehe sie doch *quer* zu den zuvor abgehandelten Begriffen von Sprache und Stil. In Barthes' räumlicher Anordnung steckt die Sprache den Bereich des Möglichen als Horizont ab, während der Stil als Dimension einer »Notwendigkeit« die Vertikale dazu darstelle; »zwischen Sprache und Stil« gebe es aber

---

10 Auch an dieser Stelle kann auf die körperliche Dimension nur aufmerksam gemacht werden; auf den Zusammenhang zwischen Körper und Schreiben komme ich zurück.

Raum für eine andere Wirklichkeit der Form, die *écriture* (D I, 147). Der neu geschaffene Raum des Schreibens ist nun für Barthes der Ort eines sozialen Engagements:

»Sprache und Stil sind blinde Kräfte, die Schreibweise ist ein Akt historischer Solidarität. Sprache und Stil sind Objekte, die Schreibweise ist eine Funktion: Sie bedeutet die Beziehung zwischen dem Geschaffenen und der Gesellschaft, sie ist die durch ihre soziale Bestimmung umgewandelte literarische Ausdrucksweise, sie ist die in ihrer menschlichen Intention ergriffene Form, die somit an die großen Krisen der *Geschichte* gebunden ist.« (D I, 147)

Die immer neuen, syntaktisch parallel und damit stets leicht verschoben anbrandenden (und hier nur ausschnitthaft wiedergegebenen) Erklärungsversuche Barthes' häufen Definition auf Definition, bemühen sich, eine begriffliche Klarheit zu schaffen, die doch – vor allem im zweiten Teil des Buches – in einer Art Gegenströmung immer wieder zu zerfließen droht und die gerade erst aufgestellte Begrifflichkeit wieder zu unterlaufen scheint. Die Vermehrung der Definitionen führt bei Barthes nicht zu höherer Präzision, sondern zu einer semantischen Auffächerung, die ihr Spiel in den Differenzen sucht. Doch beharren die Bestimmungsversuche allesamt auf der gesellschaftlichen Einbettung jener *écriture*, die wir wohl je nach Kontext am besten mit *Schreiben* oder *Schreibweise*, nicht aber mit Schrift oder Niederschrift (wie dies auch vereinzelt geschah) übersetzen.[11]

Keinesfalls aber dürfen wir diesen Begriff mit dem der Literatur gleichsetzen. Denn diese ist für den jungen Barthes, dies wird schon im zweiten Abschnitt seines Buches deutlich, eine gesellschaftliche Institution, die sakrale Züge trägt. Erneut ließe sich dieser Bereich einer stets groß geschriebenen *Littérature*, eines »ordre sacral des Signes écrits« (D I, 139), mit einer bereits zitierten Passage aus der Antrittsvorlesung von 1977 in Verbindung bringen, in welcher dieser ehedem so abgeschirmte Bezirk Jahrzehnte später als nicht mehr bewacht geschildert wird (L, 41). Die Verbindungspunkte zwischen den Texten von 1953 und 1977 ließen sich häufen, unübersehbar aber ist bereits jetzt, daß der späte

---

11 Erst im achten Kapitel werden im Kontext des Derridaschen *écriture*begriffs Verschiebungen bei Barthes sichtbar werden, die teilweise zu einer Übersetzung von *écriture* als Schrift führen. Auch hieran zeigt sich die analytische (und keineswegs »störende«) Funktion von Übersetzungsprozessen.

mit dem frühen Text einen intensiven Dialog aufnimmt, der erstaunlicherweise bislang nicht wahrgenommen wurde. Barthes, so wird sich zeigen, ist einer der aufmerksamsten Leser seines eigenen Werkes. Das Schreiben wird im Lesen, die *écriture* in einer *lecture* fundiert. Und im Dialog zwischen frühem und spätem Text scheint eine Veränderung des Bereichs der Literatur auf, an der Barthes selbst im dazwischenliegenden Zeitraum ganz wesentlich beteiligt war.

Schreiben und Engagement 19

Auf der Ebene des Schreibens verortet Roland Barthes das Engagement des Schriftstellers. Schreiben oder Schreibweise sind freilich nicht der inhaltlichen Ebene zugeordnet, sondern werden von Barthes – dies wird oft vergessen – als eine von drei Dimensionen der *Form* des (literarischen) Kunstwerks definiert. Die Ebene der Geschichte, die als *Histoire* wie die Literatur ebenfalls mit Majuskel erscheint[12], wird damit jedoch nicht ausgeblendet. Ganz im Gegenteil: Sie erscheint von Beginn an als grundlegende Dynamik, in die sich die *écriture* einschreiben muß. Mehr noch – die Geschichte wird zum Leitschema jeglicher Schreibweise und von deren Analyse:

»Wir werden zum Beispiel sehen, daß die ideologische Einheit der Bourgeoisie eine einheitliche Schreibweise hervorgebracht hat und zur Blütezeit des Bürgertums (also in der Zeit von Klassik und Romantik) die Form nicht zerrissen sein konnte, weil es auch das Bewußtsein nicht war; daß aber von dem Augenblick an, als der Schriftsteller aufhörte, Zeuge des Universellen zu sein und zu einem unglücklichen Gewissen wurde (etwa um 1850), seine allererste Bewegung die war, das Engagement seiner Form zu wählen, sei es durch die Übernahme der Schreibweise der Vergangenheit, sei es durch deren Ablehnung. Die einheitliche klassische Schreibweise ist also zersplittert, und die gesamte *Literatur* von Flaubert bis heute ist damit zu einer Problematik der Sprache (*langage*) geworden.« (D I, 139f.)

12 Im Sinne des Barthes der *Mythen des Alltags* ließe sich sagen, daß die großgeschriebenen Anfangsbuchstaben von Literatur und Geschichte nicht nur diese denotieren, sondern sie zugleich als abgegrenzte Bereiche, als (kulturelle) Institutionen konnotieren. Barthes war demgemäß für ein ähnliches (literarisches) Verfahren in einem Roman des Schweizer Schriftstellers Yves Velan sensibilisiert (vgl. E I, 1266).

An diesen Formulierungen wird zweierlei erkennbar: Zum einen bildet die soziale und politische Geschichte den bestimmenden Raum künstlerischen Handelns und Engagements, und zum anderen bildet sich durch die notwendige Auseinandersetzung des Schriftstellers mit vorgängigen Formen der Schreibweise eine eigene Traditionslinie heraus, die als eine Geschichte der *écriture* einer Analyse offensteht. Gemeint ist damit nicht eine Geschichte der Literatur, die für Barthes eine Geschichte der Institution wäre, auch nicht eine Geschichte der Ideen, welche diese Literatur erzeugte, sondern der sprachlichen Zeichen selbst, die das gesellschaftliche Engagement des Künstlers zum Ausdruck bringen.

Das verblüffend lineare Geschichtsmodell Barthes' schlägt eine zweistufige Epochengliederung vor, in welcher der Mitte des 19. Jahrhunderts eine Scharnierfunktion zukommt. Bis zu diesem Zeitpunkt habe eine einheitliche Schreibweise, die *écriture classique* unter (freilich prekärer) Hinzunahme der Romantik, Bestand gehabt, die Barthes als Schreibweise einer Klasse, der Bourgeoisie, verstanden wissen will. Habe sich, wie Barthes später nuanciert, auch eine Auflösung dieser Einheit bereits bei Chateaubriand und stärker noch bei Hugo angedeutet, so sei es doch erst mit der Revolution von 1848 zu einem endgültigem Auseinanderbrechen dieser Einheit gekommen. Von diesem Zeitpunkt an sei dem Schriftsteller die literarische Sprache zum Problem geworden, sei eine Vielfalt verschiedener Schreibweisen entstanden, deren Entwicklung und Bedeutung Barthes in der Folge analysiert. Erst mit der Existenz verschiedener Schreibweisen aber ergab sich für den Schriftsteller die Möglichkeit der Wahl, der Entscheidung und damit des Engagements und der historischen Solidarität.

Die obige Passage verrät deutlich die Spuren der Lektüre Marxens[13], dessen Begrifflichkeit wir noch verschiedentlich in *Le Degré zéro* antreffen werden. Nicht weniger deutlich zeichnen sich aber auch Begriffe ab, die sartrescher Herkunft sind. Die Vorarbeiten zu diesem Buch reichen in die vierziger Jahre und damit in die Zeit der Sanatoriumsaufenthalte zurück, während deren sich der an Tuberkulose Erkrankte intensiv unter anderem mit den

13 Zur frühen Marx-Lektüre im Sanatorium der Studenten vgl. Barthes' Aussagen von 1971 (OC II, 1309ff.). Er äußert sich dort auch zu seiner Lektüre der Schriften Jean-Paul Sartres.

Schriften von Marx und Sartre auseinandersetzte.[14] Gerade Begriffe wie *engagement* und *choix* waren während der fünfziger Jahre für jeden französischen Leser erkennbar mit dem Gedankengebäude des Sartreschen Existentialismus[15] und, spezifischer noch im Bereich des Literarischen, mit Sartres berühmter Frage *Was ist Literatur?* verbunden. Wenn Barthes dieses erstmals 1947 in *Les Temps Modernes*, also nur sechs Jahre vor *Le Degré zéro de l'écriture* erschienene und kurze Zeit später in *Situations II* aufgenommene Werk auch nicht zitiert und Sartre weder als Philosophen noch als Literaturtheoretiker, sondern allenfalls als Romancier erwähnt, so ist doch unverkennbar, daß bereits der Titel des ersten Kapitels von Barthes' erstem Buch wie eine Replik auf Sartre klingt: »Qu'est-ce que l'écriture?« fordert gleichsam zu einer parallelen Lektüre von Sartres *Qu'est-ce que la littérature?* heraus.

Erstaunlicherweise ist eine solche parallele Lektüre niemals konsequent unternommen worden. In diesem Buch Sartres, das zweifellos eines der grundlegenden literaturtheoretischen Werke der französischen Nachkriegszeit darstellt, hatte der französische Meisterdenker (ganz so, wie Barthes dies fünf Jahre später tun wird) nach einer kurzen Einleitung in einem ersten Kapitel, das mit der Frage »Was ist schreiben?« (*Qu'est-ce qu'écrire?*) überschrieben ist, den Schriftsteller zunächst von Maler und Musiker abgesetzt: »Der Schriftsteller dagegen hat es mit Bedeutungen zu tun. Allerdings muß man unterscheiden: das Reich der Zeichen (*l'empire des signes*) ist die Prosa; die Poesie steht auf der Seite der Malerei, der Skulptur, der Musik.«[16]

Nach diesem Ausschluß der Dichter aus dem *Reich der Zeichen* – seien sie doch nicht bereit, die Sprache zu instrumentalisieren – und dem Hinweis, daß den Poeten mit dem Prosaschriftsteller nur jene Bewegung der Hand verbinde, welche die Buchstaben nieder-

14 Vgl. hierzu Calvet, Louis-Jean: *Roland Barthes. Eine Biographie*. Übersetzt von Wolfram Bayer. Frankfurt a. M. 1993 ff.

15 Vgl. hierzu auch Lentengre, Marie-Louise: »Le cercle de l'écriture«. In: *Lectures* (septembre-décembre 1980), 14 f. Dort wird auch auf die unterschiedliche Sicht auf Flaubert bei Sartre und Barthes verwiesen.

16 Sartre, Jean-Paul: *Was ist Literatur?* Hg., neu übersetzt und mit einem Nachwort von Traugott König. Reinbek 1981, 16. Zur Problematik der Trennung zwischen Prosaschriftsteller und Dichter vgl. auch Kohut, Karl: »Jean-Paul Sartre«. In: Lange, Wolf-Dieter (Hg.): *Französische Literaturkritik der Gegenwart in Einzeldarstellungen*. Stuttgart 1975, 108-110.

schreibe[17], definiert Sartre die Prosa im Gegensatz zur Dichtkunst als »ihrem Wesen nach utilitär«.[18] Daher sei man auch berechtigt, den Prosaschriftsteller zu fragen, zu welchem Zwecke er schreibe, welcher Unternehmung er sich zuordne und warum diese das Schreiben (*l'écriture*) notwendig mache. Der engagierte Schriftsteller im Sinne Sartres, der *écrivain engagé*, ist sich der Tatsache bewußt, daß sein Wort ein Handeln ist. Er hat den »unmöglichen Traum« aufgegeben, ein unparteiisches Bild der Gesellschaft zu zeichnen, und muß sich daher fragen lassen, welche Veränderungen er dieser Gesellschaft durch sein Schreiben angedeihen lassen wolle.[19] All dies mache es notwendig, daß der Schriftsteller – eigentlich der *prosateur* – in seinen Werken Position beziehe und sich völlig engagiere: »l'écrivain doit s'engager tout entier dans ses ouvrages«, heißt es im Schlußteil dieses ersten Kapitels.[20]

Bereits die parallele Lektüre der jeweiligen ersten Kapitel – und nur diese ist im Rahmen des vorliegenden Bandes möglich – macht ebenso die Ähnlichkeiten im Aufbau (aber auch in einigen argumentativen und begrifflichen Elementen) wie die Unterschiede erkennbar, wobei Übereinstimmungen wie Abweichungen in gleichem Maße den in bezug auf Sartres Vorstellungen *dialogalen* Charakter unterstreichen, den Barthes' Buch schon mit der Überschrift des ersten Kapitels herausstellt. Dabei geht es nicht nur um Begriffe wie Engagement, Solidarität oder Wahl, sondern auch um die nachgeordneten, weniger von Sartre hervorgehobenen Vokabeln. Wird Barthes das »Reich der Zeichen« in seinem gleichnamigen Buch auch sehr viel später in völlig anderer Weise entwickeln, so behält er doch – wie noch gezeigt werden wird – die Trennung zwischen Prosaschriftsteller und Lyriker bei, wobei er mit der Hand, die über das Papier geführt wird, und gleichsam in ihrer Verlängerung, dem Stil, jenes körperliche Element einführt, das beiden gemeinsam ist. Der Stil macht bei Sartre in recht konventioneller Weise den »Wert der Prosa« aus, soll aber vom Leser unbemerkt bleiben (*passer inaperçu*), da die Worte selbst transparent seien.[21] Man könnte hier von einem durchsichtigen, neutralen,

17 Sartre, Jean-Paul: *Was ist Literatur?*, op. cit., 23.
18 Ebd.
19 Ebd., 26.
20 Ebd., 35: »da wir meinen, daß der Schriftsteller sich ganz und gar in seinen Werken engagieren muß [...]«.
21 Ebd., 28.

»weißen« Stil sprechen. Barthes wird auch diese Idee aufgreifen und deplazieren. Der bei Sartre aber eher beiläufig fallende Ausdruck »écriture« wird zu dem Ansatzpunkt, von dem aus die Funktion des Stils, aber auch Begriffe wie *choix*, *engagement* und *solidarité*, neu gedacht werden.

Der Kryptograph und die Verschiebung der Begriffe 20

Völlig zu Recht wurde in der Barthes-Forschung darauf verwiesen, daß sich der damals immerhin schon Achtunddreißigjährige, auf dessen Position im intellektuellen Feld Frankreichs noch zurückzukommen sein wird, mit seinem ersten Buch zwischen Marx und Sartre angesiedelt habe.[22] So zutreffend diese Ortsbestimmung auch sein mag, sie erklärt noch nicht, auf welche Weise Barthes diesen »Zwischenraum« ausgestaltet. Schon am Beispiel des Stilbegriffs hatten wir gesehen, daß eines der Verfahren des Verfassers von *Am Nullpunkt des Schreibens* die Verschiebung ist. Wir werden im Verlauf dieser Studie erkennen, daß er dieses Verfahren sowohl *inter*textuell, also auf Texte anderer Autoren, als auch *intra*textuell, also in bezug auf seine eigenen Schriften, anwendet. In Hinblick auf den unerwähnt bleibenden Bezugstext Sartres *Was ist Literatur?* wendet er diese »Methode« in besonders aufschlußreicher Weise an.

Denn der zentrale Begriff von Sartres Literaturtraktat, der des Engagements, wird von der für Sartre entscheidenden Ebene des Inhalts auf die Ebene der künstlerischen Form und genauer noch auf eine ihrer drei Dimensionen, die Schreibweise, übertragen. Sartre hatte sich auf die Inhaltsebene konzentriert und der Form (oder Ausdrucksebene) eine nachgeordnete Bedeutung zugewiesen.[23] Bei Barthes aber sind es nicht mehr Ideen oder inhaltliche Elemente, sondern die Ausprägungen der *écriture*, welche die Verbindung zwischen schriftstellerischer Schöpfung und Gesellschaft herstellen. Daher weist Barthes dieser Ebene eine moralische – er

22 In dem Kapitel »Le degré zéro: entre Marx et Sartre« hat dies Louis-Jean Calvet in seinem Buch *Roland Barthes: un regard politique sur le signe*. Paris 1973, 25-35, wohl erstmals auf den Punkt gebracht.

23 Sartre, Jean-Paul: *Was ist Literatur?*, *op. cit.*, 28: »Über die Form gibt es nichts im voraus zu sagen, und wir haben nichts gesagt: jeder erfindet die seine, und man urteilt nachträglich (*chacun invente la sienne et on juge après coup*).«

spricht von »Moral der Form« (D I, 147f.) –, wir könnten vielleicht präziser sagen: eine ethische Dimension zu. Dieser ethische Aspekt führt in geradezu notwendiger Weise die Verankerung des Schreibens in der Geschichte mit sich: »Es ist dem Schriftsteller nicht gegeben, seine Schreibweise in einer Art zeitlosem Arsenal der literarischen Formen auszusuchen. Die möglichen Schreibweisen eines gegebenen Autors entstehen unter dem Druck der *Geschichte* und der *Tradition*.« (D I, 148) Dem Schriftsteller steht damit kein dem Zeitlichen entrückter Formenschatz zur Verfügung; Barthes situiert vielmehr gerade hier Engagement und Verantwortung des literarischen Autors. Es ist verlockend, diesen Standpunkt mit jenem Theodor W. Adornos zu vergleichen, der Solipsismus und monadische Abgeschlossenheit des Künstlers, die Barthes auf der Ebene des Stils angesiedelt hatte, dadurch auf die Gesellschaft hin zu öffnen und mit dieser zu vermitteln suchte, daß er die ästhetischen Formen und Verfahrensweisen, die dem Künstler wie ein Arsenal zur Verfügung stünden, als Ergebnisse historischer Prozesse begriff. Gerade über den Rückgriff auf dieses historisch sedimentierte Material gehe gesellschaftliche Totalität in das Kunstwerk ein, überwinde der Künstler die monadische Abgeschlossenheit durch die Fruchtbarmachung des »latenten gesellschaftlichen Gehalts«. »Vermöge ihrer Form«, so charakterisiert Adorno die Kunst, »transzendiert sie das bloße und befangene Subjekt; was willentlich seine Befangenheit übertäuben möchte, gerät infantil und macht sich aus der Heteronomie auch noch ein ethisch-soziales Verdienst.«[24]

Damit soll keineswegs der frühe Barthes neben den späten Adorno gestellt oder gar eine direkte Verbindung zwischen beiden behauptet werden. Es scheint mir aber, daß man den Verfasser von *Am Nullpunkt des Schreibens* auf diese Weise mit Adorno gegen Sartres Konzeption des Engagement stark machen und Barthes' Verschiebung des Engagementbegriffs zusätzliche Konturen verleihen könnte. Gleichwohl wäre es falsch, Barthes gegen Sartre auszuspielen, sind die intertextuellen Beziehungen doch wesentlich komplexerer Natur. Denn ähnlich wie Sartre beharrt Barthes

24 Adorno, Theodor W.: *Ästhetische Theorie.* Hg. von Gretel Adorno und Rolf Tiedemann. Frankfurt 1970, 386. Peter Bürger hat dieses »Theorem vom avancierten Material« im Abschnitt »Konstruktion der Moderne« überzeugend in den Kontext der Beschäftigung Adornos mit Lukács gestellt (*Prosa der Moderne, op. cit.*, insbes. 23 ff.).

in diesem Anfangskapitel darauf, daß die Wörter ihre eigene Geschichte besäßen und keineswegs unschuldig seien. Sie verfügten über eine Art »zweites Gedächtnis«, das auf rätselhafte Weise unter den neuen Bedeutungen fortlebe (D I, 148) – ein Gedanke, mit welchem sich die künftigen etymologischen Analysen und Spiele im Barthesschen Schreiben bereits ankündigen. Bei allen Unterschieden erinnert es fast an Saussures »Wörter unter Wörtern«, wenn Barthes an gleicher Stelle von einer verborgenen, immer dichter werdenden Kryptographie unter der oft harmlosen Oberfläche der Wörter spricht.[25] Barthes selbst, so wird sich später zeigen, läßt sich sehr wohl als bewußter Kryptograph, der Wörter unter den Wörtern aufruft, verstehen. Es ist, als ob die Wörter und die Begriffe selbst nach einer unaufhörlichen, unabschließbaren Verschiebung verlangten.

Der Spielraum des Schreibens

21

Die wenigen Seiten von *Qu'est-ce que l'écriture?*, dieses ersten Kapitels eines Buches von Roland Barthes, enthalten eine solche Fülle von Vorstellungen, daß es nicht verwundert, wenn Barthes sie in den folgenden Kapiteln nur teilweise entfaltet. Man mag die unbeschwerte Linearität der sozial- wie literargeschichtlichen Vorstellungen dieses Bandes (wohl zu Recht) als überholt ansehen und, wie dies öfters geschah, mit Barthes gegen Barthes (den »späten« gegen den »frühen« ins Feld führend) argumentieren. Es bleibt jedoch zum einen die Tatsache, daß Barthes einen Teil seiner Vorstellungen erst in späteren Veröffentlichungen ausschöpfte, ja, daß vieles, was Barthes andachte, bis heute noch nicht aus-gedacht ist und daher nach einer neuen Beschäftigung gerade auch mit den Texten der fünfziger Jahre ruft. Zum anderen hat sich gezeigt, daß *Le Degré zéro de l'écriture* nicht nur einen rückblickenden Dialog mit Sartres literaturtheoretischem Werk aufnahm, sondern selbst wiederum von Barthes in *Leçon* in einen solchen (diesmal intratextuellen) Dia-

---

25 Barthes kann Saussures Forschungen über die Anagramme, die wohl zwischen 1906 und 1909 entstanden, aber erst später veröffentlicht und – nicht zuletzt auch im Umkreis der Gruppe *Tel Quel* – in den sechziger Jahren diskutiert wurden, zu diesem Zeitpunkt noch nicht gekannt haben; vgl. zu Saussures Überlegungen den schönen Band von Starobinski, Jean: *Wörter unter Wörtern. Die Anagramme von Ferdinand de Saussure.* Frankfurt a. M./Berlin/Wien 1980).

log miteinbezogen wurde. Betrachten wir dies in einem archäologischen Sinne, so können wir in der Vertikalen die verschiedenen Schichten der Wörter unter den Wörtern freilegen; gehen wir horizontal vor, so zeigt sich rasch, welchen Spielraum den jeweiligen Begriffen auf der räumlichen Ebene des Synchronen zukommt.

Im Zentrum des hier untersuchten Bandes steht zweifellos die Problematik des Schreibens in der Moderne: einer Zeit, die für Barthes zwischen Balzac und Flaubert mit der Bruchlinie der Jahrhundertmitte beginnt und auf einer Zersplitterung in verschiedenste Schreibweisen und deren seither zunehmender Vervielfachung beruht. Der dadurch für den Künstler geschaffene Spielraum ist freilich nicht unendlich, er besitzt Grenzen. Es ist bedeutsam, daß Roland Barthes bereits im zweiten Kapitel diese Grenzen befragt und sich zunächst mit der »politischen Schreibweise« auseinandersetzt. Dies verweist nicht nur auf die eminent politische Dimension seines literarästhetischen Frühwerks. Es deutet zugleich an, daß dieses Projekt keineswegs auf die Literatur beschränkt bleiben, sondern als ein *kulturelles* und *kulturtheoretisches* Projekt verstanden werden möchte.

Barthes grenzt die *écriture* zunächst von der gesprochenen Sprache ab: Im Gegensatz zu dieser sei sie von einer grundlegenden Abgeschlossenheit (*clôture*) gekennzeichnet und eine Art »Gegen-Kommunikation«.[26] Sie entwickle sich »wie ein Keim und nicht wie eine Linie« (D I, 150), womit Barthes sie dem von ihm benutzten unilinearen Geschichtsmodell entgegenstellt. Nach einem kurzen Blick auf die sogenannte »revolutionäre Schreibweise« der Französischen Revolution wendet er sich der marxistischen *écriture* zu, deren Geschlossenheit derjenigen eines technischen Dictionnaires entspreche: Selbst ihre Metaphern seien streng kodifiziert. Im Gegensatz zur emphatischen Schreibweise der Revolution sei die marxistische Schreibweise litotisch: Schon bei Marx sei Kosmopolitismus nichts anderes als die negative Bezeichnung des Internationalismus gewesen (D I, 152). Der Stalinismus habe diese Trennung von Gut und Böse radikalisiert: Der *écriture* sei damit die Funktion eines Gerichtsprozesses zugewachsen.[27] Das stalinistische Schreiben erscheint so als selbstgesättigtes

---

26 Für Sartre hingegen strebt die Prosa nach Austausch, sie ist kommunikativer Akt.

27 Vgl. hierzu auch Maule, Didier: »Roland Barthes: du sémiologue à l'artiste«. In: *Conjonctions* 154 (1982), 34.

System, das letztlich stets auf Tautologien hinauslaufe, die straf-
rechtliche Funktionen wahrnähmen. Barthes setzt freilich die eigentliche marxistische Schreibweise (eines Marx oder Lenin) von
jener des »triumphierenden Stalinismus« der Volksdemokratien ab
(D I, 152). Innerhalb dieses Panoramas bezeichnet er die *écriture*
der Kommunistischen Partei Frankreichs als taktische Schreibweise, welche auf der absichtsvollen Zweideutigkeit von Begriffen
wie »Demokratie«, »Freiheit« oder »Friede« beruhe. Auch dem
Gaullismus, in dessen offizieller Sprachregelung die Kommuni-
sten aus durchsichtigen Gründen als »Separatisten« gelten, ergeht
es in Barthes' Analyse nicht besser. Der hier deutlich werdende
sprach- und ideologiekritische Ansatz weist den betont politischen Charakter von Barthes' Denken aus; ein gewichtiger
Aspekt, den es für die Schriften der siebziger Jahre, die etwa in der
nordamerikanischen Rezeption so »unpolitisch« verstanden wurden, fruchtbar zu machen gilt.[28]

Die Figur des Schriftstellers

Eine Geschichte der politischen Schreibweise läßt sich für Barthes
– dies zeigen die erwähnten Beispiele – sehr wohl direkt mit der
»großen«, der politischen Geschichte verbinden. Die Analyse
dieser politischen Schreibweise enthüllt deren Funktion als »gutes
Gewissen« ebenso wie ihren Charakter als »polizeiliches Schreiben (*écriture policière*)« (D I, 153). Die Ausstrahlung der sozialen und politischen Fakten in den literarischen Bereich habe, so
fügt Barthes hinzu, »einen neuen Typus von Schreiber (*scripteur*)«
hervorgebracht, der sich zwischen dem Militanten und dem
Schriftsteller ansiedele, wobei er vom ersteren ein Idealbild des engagierten Menschen, vom zweiten die Vorstellung, daß das geschriebene Werk ein Handeln sei, projiziere (D I, 153). Barthes
konstatiert hier eine neue Rolle des Intellektuellen in der bürgerlichen Gesellschaft. Deutlich wird dabei auf Sartres Entwurf eines

---

28 Andreas Huyssen hat dem Barthes der siebziger Jahre diesen unpolitischen
Charakter insofern vorgeworfen, als er seine breite Aufnahme im nordamerikanischen Bereich – ganz im Gegensatz zu derjenigen »politischer den-
kender« Theoretiker wie Foucault oder Baudrillard, Kristeva oder Lyotard
– in diesem begründet sah; vgl. Huyssen, Andreas: *After the Great Divide,
op. cit.*, 208. Meiner Ansicht handelt es sich hierbei um die Überbewertung
eines bloßen Rezeptionsphänomens.

engagierten Schriftstellers angespielt, wobei der Autor von *La Nausée* (Der Ekel) nicht ohne eine effektvolle und kalkulierte Brutalität den Schriftsteller als einen »Sprechenden«, einen *parleur* bezeichnet hatte, um hinzuzufügen: »er bezeichnet, beweist, befiehlt, lehnt ab, redet an, fleht, beleidigt, überzeugt, legt nahe.«[29] Nicht von ungefähr also hatte Barthes die *écriture* von der gesprochenen Sprache abgesetzt. Und auch der Dialog dieser Passage wird in *Leçon* wieder aufgenommen; dort konstatiert Barthes aus der Perspektive von 1977, der Mythos des großen französischen Schriftstellers sei nach der *Libération* im Verschwinden begriffen und mache einem anderen Schriftstellertyp Platz: »Ein neuer *Typus* betritt die Szene, bei dem man nicht – oder noch nicht – weiß, wie man ihn nennen soll: Schriftsteller? Intellektueller? Schreiber?« (L, 40)

Die Wiederaufnahme genau dieser drei Begriffe aus dem zweiten Kapitel von *Am Nullpunkt des Schreibens* zeigt, daß Barthes auf seine Überlegungen und seinen Dialog mit Sartre zu einem Zeitpunkt zurückkommt, als dieser längst die Hegemonie innerhalb des intellektuellen Feldes Frankreichs verloren hatte. Sartres Buch bestimmt nicht mehr wie in der Nachkriegszeit die Linien der Diskussion, ist – wie der spätere Barthes sagen würde – keine *Doxa*, keine (be)herrschende Meinung mehr, die es in ihrer Macht in Frage zu stellen gilt wie ehedem die *écriture politique*, zu der Barthes nicht von ungefähr auch die intellektuelle Schreibweise der *Temps Modernes* Sartres zählte. Für Barthes' spätere, an Nietzsche geschulte Lektüre werden Sartres Schriften auf neue Weise lesbar, indem ihr systematischer Anspruch nicht ignoriert, sondern miß-achtet wird, um sie so – fast in einem borgesianischen Sinne – als »Fiktionen« lesen zu können.[30]

Eine solche Lektüre ist 1953 allerdings noch nicht möglich, deutet sich höchstens aus heutiger, retrospektiver Sicht an. Die *écriture intellectuelle* erscheint in *Le Degré zéro* als ein Zwittergeschöpf: Sie ist nur aufgrund ihres Strebens nach Engagement politisch, in ihrer

---

29 Sartre, Jean-Paul: *Was ist Literatur?*, op. cit., 24.

30 In meinem Aufsatz »Der Schriftsteller als Sprachendieb. Versuch über Roland Barthes und die Philosophie«. In: Nagl, Ludwig/Silverman, Hugh J. (Hg.): *Textualität der Philosophie: Philosophie und Literatur*. Wien/München 1994, 166, habe ich auf ein Interview vom April 1979 verwiesen, in dem Barthes Sartres Einfluß auf sein Denken würdigt und auf den Umschlag der großen philosophischen Systeme in große philosophische Fiktionen aufmerksam macht (GV, 304).

tatsächlichen Ohnmacht aber literarisch; laut Barthes steht sie für eine »Paraliteratur, die ihren Namen nicht mehr zu sagen wagt« und letztlich auf nichts anderes als auf eine Entfremdung des Schriftstellers und seines Schreibens hinausläuft (D I, 154).

Die unmögliche Literatur 23

Die Grenzlinien, so scheint es, sind klar gezogen. Wo aber siedelt sich Barthes' eigenes Schreiben angesichts der die *écriture intellectuelle* bedrohenden Entfremdung an? Diesen Ort bestimmen die nachfolgenden Kapitel gleichsam nebenbei. Da dieser Frage in der Barthes-Forschung bislang kaum Aufmerksamkeit geschenkt wurde, wird sie den Schwerpunkt unserer abschließenden Überlegungen zu *Am Nullpunkt des Schreibens* bilden. In der Analyse der Schreibweise des Romans (*écriture romanesque*), in der Barthes die Verwendung von *passé simple* und dritter Person Singular als charakteristische sprachliche Zeichen deutet, die den Romancier nicht nur als Demiurgen einsetzen, sondern ihm zugleich erlauben, auf die Verfahren der Literatur selbst (und damit auch auf die Demiurgenmaske) hinzuweisen, entwickelt Barthes seine Konzeption der Literatur, die eine Maske trage und zugleich auf sie deute: *larvatus prodeo* (D I, 159). Es gebe im Abendland ganz allgemein keine Kunst, die nicht immer schon auch auf ihre Maske verweise (D I, 157).[31]

Genau in diesem Zusammenhang führt Barthes einen anderen Begriff von Moderne ein, der quer zu der von ihm zunächst verwandten Epochenabgrenzung verläuft: »Die Modernität beginnt mit der Suche nach einer unmöglichen Literatur.« (*La modernité commence avec la recherche d'une Littérature impossible.*) (D I, 159) Die Moderne erscheint damit zwar als historisch in der geschichtlich gewachsenen Vielfalt der Schreibweisen verankerter, zugleich aber zur Zukunft hin unbegrenzt geöffneter Raum; die in ihm angesiedelte Suche trägt keine literarhistorischen, sondern literarästhetische und (auf das literarische Schreiben bezogene) utopi-

31 Calvets bereits angeführtem Buch von 1973 ist eine Karikatur von Kerkeroux vorangestellt, in der Barthes eine Maske vor sich her trägt, die im Gegensatz zu Barthes selbst die Zunge herausstreckt. Damit wird, soweit ich sehe, erstmals das Leitmotiv des *larvatus prodeo* auf Barthes' eigenes Schreiben bezogen.

sche Züge. Das Projekt der Moderne erscheint hier weniger als ein unvollendetes denn als ein nie zu vollendendes, weniger als ein aporetisches denn als ein utopisch-lockendes Unternehmen – ein »unmöglicher Traum«, wie Sartre dies zweifellos nennen würde.

In diesen Raum schreibt sich Barthes' eigenes Schreiben ein, hier ist ein Nullpunkt, der in Wirklichkeit U-Topos: kein Ort, Nirgends ist. Hier, auf der Ebene des *eigenen* Schreibens, siedelt sich seine Beschäftigung mit dem Schreiben anderer und mit dem Nullpunkt des Schreibens bei Cayrol, Queneau, Blanchot und vor allem Camus an. Gibt es Hinweise, daß Barthes, der in seinem Buch kurz die vorklassische Literatur streifte, auch an eine Nachmoderne dachte? Eine solche Frage zu stellen muß erlaubt sein, auch wenn ein derartiger Begriff 1953 bei Barthes nicht fällt. Die Begrifflichkeit der *modernité* aber öffnet sich in *Le Degré zéro* auf ein Danach und ein Anderssein, welche doch wiederum nicht aus dem begrifflichen Rahmen des Modernen herauszutreten scheinen. »Die Moderne«, so Barthes, »gibt in der Pluralität ihrer Schreibweisen die Sackgasse ihrer eigenen Geschichte zu lesen.« (D I, 171) Dies ist mitnichten der Standpunkt einer Anti-Moderne, die so alt ist wie die Moderne selbst. Und die Sackgasse der Moderne bedeutet keinesfalls, daß kein Weg aus ihr herausführe. Gäbe es eine Utopie des Schreibens, wenn deren Ort schon feststünde?

Jenseits von Lyrik und Schweigen   24

Die Sprache (*langue*) war – wie wir sahen – das Reich des Möglichen; das Schreiben (*écriture*) wird zum Reich der Zeichen, zum Reich des Unmöglichen. Auch aus diesem Grund weist die Übersetzung *Am Nullpunkt der ›Literatur‹* in die Irre: Nicht die Literatur als Institution, sondern das Schreiben als unabschließbare Aktivität ist gemeint. Nicht ein programmatischer Neuanfang nach der Erfahrung des Weltkriegs[32], sondern eine Utopie der li-

---

32 Dies klingt etwa im Klappentext der deutschen Erstausgabe von *Le Degré zéro* durch, der zusammen mit dem Essay »Objektive Literatur« über Robbe-Grillet – ich komme hierauf im vierten Kapitel zurück – abgedruckt wurde; dort heißt es von Autoren wie Camus oder Robbe-Grillet: »Diese Autoren suchen sich vom herkömmlichen Formenbestand der literarischen Sprache zu lösen und möchten den Anspruch, im alten Sinne Literatur zu schreiben, durch eine eigene Form aufheben.« Vgl. den rechten Klappentext in Barthes, Roland: *Am Nullpunkt der Literatur.* Hamburg 1959.

terarischen Sprache (*langage*) wird ins Visier genommen. Und doch handelt es sich bei der deutschen Übersetzung um ein kreatives Mißverständnis: Denn letztlich hat auch diese Schreib-Bewegung Auswirkungen auf die Institution Literatur und zeigt programmatisch auf, welche Konsequenz aus der historischen Entwicklung zu ziehen sei. Diese kann nicht im Verstummen der Autoren bestehen: weder das Verstummen der Dichter nach Auschwitz im Sinne Adornos[33] noch das beredte Schweigen im Sinne Sartres (»Verstummen heißt nicht stumm sein, sondern sich weigern zu sprechen, folglich immer noch sprechen«[34]). Für Barthes bringt das Beenden des Schreibens, die Agraphie eines Rimbaud, keine Lösung. Mallarmés Mordversuch an der Sprache erscheint ihm als großartig, da er an die Tore des verheißenen Landes einer Welt ohne Literatur führe (D I, 179); eine neue *écriture* scheint Mallarmé für Barthes aber gleichwohl nicht begründen zu können.

Dazu muß man wissen, daß Barthes die moderne Lyrik aus der *écriture* ebenso ausschließt, wie dies Sartre gleich zu Beginn von *Was ist Literatur?* getan hatte. Ihr fehle das gesellschaftsbezogene Moment der Wahl und damit jene »ethische Tragweite« (D I, 165), die Barthes' Definition der *écriture* stets zugrunde liegt und die er – wie sein früher Essay über die *Tagebücher* Gides zeigt[35] – wesentlich der Beschäftigung mit der Schreibweise des Autors der *Nouveaux prétextes* verdankt. Das Reich der Lyrik ist der Stil. Dabei ist interessant, daß Barthes' Position sich zwischen dem ihm bekannten Standpunkt Sartres und dem ihm damals noch unbekannten Bachtins ansiedelt. Der russische Theoretiker hatte der Lyrik, und insbesondere dem poetischen Wort, jene dialogische Qualität abgesprochen, die er in der Redevielfalt des Romans ver-

---

33 Das berühmte Diktum »nach Auschwitz ein Gedicht zu schreiben, ist barbarisch« findet sich in Adorno, Theodor W.: »Kulturkritik und Gesellschaft«. In: Ders.: *Prismen. Kulturkritik und Gesellschaft*. Berlin/Frankfurt a. M 1955, 31. Daß diese Aussage »falsch gewesen sein« mag, räumt Adorno später selbst ein: vgl. *Gesammelte Schriften*. Bd. 6. Frankfurt a. M. 1977, 355.

34 Sartre, Jean-Paul: *Was ist Literatur?, op. cit.*, 28.

35 Vgl. seine im Juli 1942 veröffentlichten »Notes sur André Gide et son ›Journal‹« (OC I, 23-33). Barthes zitiert dort auch jene für ihn selbst zutreffende Passage, die der Einführung zum vorliegenden Band als Motto dient. Eine späte Hommage an Gide findet sich 1975 in *Roland Barthes par Roland Barthes* (RB, 103).

wirklicht sah.[36] Auch Barthes sprach dem Wort in der Lyrik jene Dichte ab, in der sich gesellschaftliche Vielfalt bündelt; er sah im poetischen Wort nur die existentielle, jeder bewußten Wahl entzogene Komponente verwirklicht. Der Lyrik wird von den drei Theoretikern bestenfalls ein Sonderstatus eingeräumt; ihr Ort ist aber zumeist negativ durch die Abgrenzung vom eigentlichen Reich der Zeichen definiert: eine erstaunliche Übereinstimmung, die weniger für die Lyrik als für die Theoriebildungen selbst (bedauerliche) Folgen haben sollte. In Barthes' Schreiben ist der Dichtkunst nur geringer Raum gewidmet. Was er zu Mallarmés Lyrik in *Le Degré zéro de l'écriture* sagt, ist – so räumt er selbst ein (D I, 179) – größtenteils von dem französischen Literaturtheoretiker, Essayisten und Romancier Maurice Blanchot bezogen, der Barthes' Denken eine Vielzahl wichtiger Impulse gab und für *Le Degré zéro de l'écriture* gerade auch mit seiner Praxis des Schreibens große Bedeutung erlangte.[37]

So konzentriert sich Barthes' Analyse auf die Entwicklung der Prosa und die Herausbildung dessen, was er als neutrale oder weiße Schreibweise vor allem am Werk von Albert Camus festmacht. Nicht ohne eine gewisse Grausamkeit setzt er diese *écriture blanche* von der kleinbürgerlichen Schreibweise kommunistischer Autoren ab. Die Attacken gegen das Dogma des sozialistischen Realismus knüpfen an seine Analyse der politischen Schreibweise an und stellen darüber hinaus seine polemischen Qualitäten unter Beweis. Es ist im Grunde ein Anrennen gegen die *Doxa*, gleich welcher politischen Couleur. Dem Orthodoxen verabreicht er als Gegengift das *Paradoxe*, auch wenn dieses in *Am Nullpunkt des Schreibens* nur auf inhaltlicher Ebene als Paradox einer kommunistischen Schreibweise erscheint, welche die Zeichen bürgerlichen

36 So etwa in seinem Mitte der dreißiger Jahre konzipierten, aber erst drei Jahrzehnte später im Westen bekannt gewordenen Essay über das Wort im Roman, das wiederholt vom Wort in der Dichtkunst abgesetzt wird; vgl. Bachtin, Michail M.: »Das Wort im Roman«. In: Ders.: *Die Ästhetik des Wortes*. Hg. und eingeleitet von Rainer Grübel. Frankfurt a. M. 1979, 154-300.

37 Schon Foucault hat auf Parallelen zwischen Blanchot und Barthes aufmerksam gemacht; vgl. hierzu etwa Eribon, Didier: *Michel Foucault et ses contemporains*. Paris 1994, 216. (Ich danke Joseph Jurt für diesen Hinweis.) Die vielfältigen Bezüge zwischen Blanchot und Barthes – erwähnt seien die Thematik des Schweigens, des Neutralen oder der orphischen Problematik des Künstlers und die damit verbundene Sichtweise der Moderne – würden eine eigene Monographie verlangen.

Schreibens nicht in Frage stelle, sondern sogar noch vervielfältige (D I, 175). Überall, so mokiert sich Barthes, sage diese Art gutgemeinter Literatur: »Schau her, wie gut ich geschrieben bin!« So hielten allein noch die kommunistischen Schriftsteller eine bürgerliche Schreibweise in Ehren, welche die bürgerlichen Autoren ihrerseits längst verurteilt hätten.

Weder Lyrik noch kommunistische Schreibweise führen aus der Sackgasse der Moderne. Was tun? Barthes greift zurück auf einen Begriff des dänischen Linguisten Brøndal, der von einem *degré zéro* sprach, der sich zwischen zwei Polen ansiedle und eine Art neutralen Term bilde.[38] Einmal mehr zeigt sich hier, auf welch geschickte Weise es Barthes versteht, Begriffe anderer Autoren oder anderer Diskurse zu *deplazieren* und mit der Gewissenlosigkeit und Bewußtheit eines Sprachendiebs seinen eigenen Zwecken dienstbar zu machen. Denn einem solchen *Zwischenbereich*, etwa zwischen dem »Gesetz« des Stilhandwerkers Flaubert und dem »Schweigen« Mallarmés, ordnet er die Schreibweise Camus' in *L'Etranger* zu (D I, 179).[39] Man kann mit Barthes' Analyse, Camus habe die Instrumentalität der klassischen Schreibweise (wenn auch nun außerhalb des Kontexts der »triumphierenden Ideologie« des Bürgertums [D I, 180]) wiedergefunden, übereinstimmen oder nicht: Unabhängig davon zeigt sich bereits in diesen Vorstellungen, daß Barthes' Denken stets Zwischenräume schafft und abgeschlossene Prozesse in neue Kontexte überführt, der Denkform einer Spirale gleich, die Linearität und Zirkularität miteinander zu

38 Vgl. Brøndal, Viggo: *Essais de linguistique générale*. Copenhagen: Munskgaard 1943. Barthes gab später zu Protokoll, er habe Brøndal bereits 1947 gelesen (OC II, 1315). Annette Lavers verweist in ihrer wertvollen Studie auf Brøndals von Saussure hergeleiteter Definition von Sprache, die auch in Barthes' Definition in *Am Nullpunkt des Schreibens* Eingang gefunden habe; vgl. Lavers, Annette: *Structuralism and After*. London 1982, 51. Daraus läßt sich freilich keine strukturalistische Grundlage des Bandes herleiten – dazu ist der Begriff zu sehr in andere konzeptuelle Umfelder eingebunden –, wohl aber (worauf zurückzukommen sein wird) die Tatsache, daß sich Barthes mit dem strukturalistischen Denken bereits zu diesem Zeitpunkt auseinandersetzte.

39 1944 veröffentlichte Barthes in der Sanatoriumszeitschrift *Existences* seinen Essay ›Réflexion sur le style de ›L'Etranger‹‹. In diesem frühen Text ist bereits das Motiv der Maske angelegt, doch ist aufschlußreich, wie Barthes zu einem Zeitpunkt, als er den Begriff der *écriture* noch nicht entwickelt hatte, den Stilbegriff mit jenen Attributen versah, die er in Am *Nullpunkt des Schreibens* auf die Dimension der Schreibweise übertrug. Im Vergleich beider Texte wird das Verfahren der Verschiebung sehr schön nachvollziehbar.

verbinden sucht. So verbirgt sich hinter der auf den ersten Blick linearen Anordnung von *Le Degré zéro de l'écriture* eine Vorstellungswelt, die die unilineare Interpretation von Geschichtsverläufen – wenn auch auf eher hintergründige, nicht sofort erkennbare Weise – sehr wohl in Frage stellt.

Wie jeder Zwischenraum ist auch die *écriture blanche* – und sie steht prospektiv für die zukunftsträchtigen Schreibweisen der Moderne – stets prekär und bedroht. Der Schriftsteller befindet sich in einer tragischen Situation, da er das Instrument des Schreibens von einer Geschichte ererbt hat, für die er nicht verantwortlich zeichnet. Schon Barthes' erster publizierter Text, der im Frühjahr 1942 (also mitten im Krieg) in den *Cahiers de l'Etudiant* erschien, hatte, ausgehend von der griechischen Tragödie, die Dimension des Tragischen diskutiert. War die eigene Zeit als tragisch zu bezeichnen? Der Schlußsatz blieb skeptisch: »Das Drama wird erlitten, die Tragödie aber verdient man wie alles, was groß ist.« (OC I, 22) Kann man im Gegenzug von einem tragischen Lebensgefühl Barthes' sprechen? Bereits in *Am Nullpunkt des Schreibens* scheint sich diese These zu bestätigen. Die Tragik des Schriftstellers im Sinne Barthes' entsteht aus der Unhintergehbarkeit der Tatsache, daß jede Revolution, will sie Neues schaffen, notwendig gerade auf jenes Material zurückgreifen muß, das sie zerstören will. Eine *creatio ex nihilo* ist ausgeschlossen. Die später von Barthes zum »Ersten Text« stilisierte Auseinandersetzung mit dem Schluß von Platons *Kriton* führt dies bereits in aller Deutlichkeit auf literarischer Ebene vor. Die Tragik erwächst freilich aus der luziden Einsicht in die Unausweichlichkeit einer solchen Situation, die gleichwohl nicht zum Verstummen des Schriftstellers führen darf, sondern den Spielraum der Freiheit mit der verantwortlichen Rückbindung an die historischen Zwänge, aber auch Möglichkeiten und Chancen kreativ vermitteln soll.

Das kommende Buch 25

Genau in diesem Sinne ist dieses erste Buch Barthes', wie sehr es auch immer in die Form einer literaturgeschichtlichen Untersuchung gekleidet sein mag, eine luzide Reflexion über die Möglichkeiten des Schreibens am französischen »Nullpunkt« der *Libération* und mehr noch über das, was die Chancen einer Literatur der

Zukunft sein könnten. In *Le Degré zéro* werden die Schreiberfahrungen der frühen Texte Barthes' eingefangen. Diese oft spielerische Reflexionen setzten mit einer Reihe von Definitionen ein, die den eigentlichen Spielraum des Textes erst absteckten. Bereits mit seinem ersten Buch, das nicht von ungefähr eine produktionsästhetische Herangehensweise an die Literatur vertritt, löste Barthes das gesellschaftliche Engagement der Form (und nicht nur des ideologiekritischen Inhalts) ein. In *Le Degré zéro* entwickelt Barthes selbst eine Schreibweise, die er in seinen ersten Artikeln bereits erprobt hatte und der man rasch eine gewisse Preziosität vorzuwerfen begann. Die Setzung eigener Begriffe, die semantische Verschiebung von Konzepten anderer oder die Großschreibung bestimmter Termini wie Literatur oder Geschichte, die dadurch als eigenständige Institutionen auch graphisch hervorgehoben werden, belegen Barthes' bewußten Formwillen. Die *Utopie du langage*, die den Schlußakkord des Buches setzt, weist den Weg, den Barthes' eigenes Schreiben sucht. Der als wichtige Figur der französischen Literaturtheorie oft zu Unrecht übersehene Maurice Blanchot, der wie Barthes außerhalb der universitären Institutionen stand und den Barthes in seine Reflexion miteinbezogen hatte, scheint dies gespürt zu haben: So beschreibt er im Schlußteil seines Buches *Le livre à venir* unter der Fragestellung »Wohin geht die Literatur?« Barthes' *Am Nullpunkt des Schreibens* als eines »jener seltenen Bücher, in denen die Zukunft der Literatur sich abzeichnet«.[40] Man darf ohne zu zögern inzufügen: auch Barthes' eigene Literatur, und zwar im Sinne jener »orphischen Problematik der modernen *Form*«, jener Problematik der »Schriftsteller ohne Literatur (*des écrivains sans littérature*)« (D I, 171). Ein Schriftsteller ohne Literatur? Barthes' »kommendes Buch« sollte nicht lange auf sich warten lassen und eine verborgene, gleichsam kryptographische Antwort auf diese Frage geben.

---

40 Blanchot, Maurice: *Le livre à venir.* Paris 1959, 301; dt. unter dem Titel *Der Gesang der Sirenen. Essays zur modernen Literatur.* Frankfurt a. M./Berlin/ Wien 1982, 279.

Fig. 2: Roland Barthes 1963 (Calvet 1993, Abb. 1).

Barthes' nächstes Buch erschien bereits ein Jahr nach der Veröffentlichung von *Am Nullpunkt des Schreibens*. Doch wer erwartet hatte, daß sich der noch junge französische Intellektuelle der von ihm entworfenen Geschichte der Schreibweise widmen und damit seine literaturgeschichtlichen Konzeptionen untermauern würde, sah sich getäuscht. In seinem neuen Buch legte er weder eine literarhistorische Analyse der Entwicklung des Schreibens noch eine literaturtheoretische Fortführung jener Überlegungen vor, die er in seinem ersten Buch präsentiert hatte. Bei dem 1954 in der Reihe »Ecrivains de toujours« erschienenen *Michelet par lui-même* handelte es sich vielmehr um eine Beschäftigung mit dem vielleicht berühmtesten französischen Historiker des 19. Jahrhunderts, Jules Michelet, dessen Texte Barthes schon seit Beginn der vierziger Jahre gefesselt hatten.

Erstaunlich an diesem kurz nach *Le Degré zéro de l'écriture* veröffentlichten Werk ist, daß die Begriffe *écriture* und *style* nahezu vollständig aus dem Gesichtsfeld Barthes' verschwunden zu sein scheinen. Wendet man freilich diese Begrifflichkeit auf Barthes' *Michelet* selbst an, so zeigt sich, daß diese Untersuchung sich wesentlich mehr am Bereich des Stils als an der zuvor so zentralen, das Engagement des Schriftstellers verkörpernden Dimension der Schreibweise orientiert. Deutlich erkennbar stehen die »persönliche Mythologie« sowie das »biologische« Element, die Barthes dem Stil zugewiesen hatte (D I, 145 f.), im Vordergrund der Analyse. Körper und Körperlichkeit, wie es sich schon in dem mehrfach erwähnten, 1951 in *Esprit* publizierten Essay »Michelet, L'Histoire et la Mort« (OC I, 91 ff.) angekündigt hatte, beherrschen nun das Untersuchungsinteresse. In *Michelet* dominiert auf eigentümliche, originale Weise die Ausrichtung am Körper des Historikers.

Warum widmet sich Barthes nicht dem Werk eines Literaten, verfolgt nicht die »neutrale Schreibweise« eines Albert Camus[1] weiter, um daraus Schlüsse für seine Konzeption einer »unmöglichen Literatur« ziehen zu können? Ein Hinweis auf eine Antwort könnte in einer Passage von *Am Nullpunkt des Schreibens* erblickt werden: »Daher halten die größten Werke der Moderne so lange wie möglich in einer ans Wunderbare grenzenden Stellung an der Schwelle der *Literatur* inne, in diesem vestibulären Zustand, in dem die Dichte des Lebens gegeben und ausgebreitet ist, ohne bereits infolge der Krönung durch eine Ordnung der Zeichen zerstört worden zu sein.« (D I, 159) Hatte Barthes diese Aussage auch vorrangig auf Schriftsteller wie Proust oder Cayrol bezogen, so ist doch gerade auch Michelets Werk mit dieser Problematik verknüpft. Denn Barthes sieht – wie bereits erwähnt – in dem großen französischen Historiker den vielleicht ersten modernen Schriftsteller, da sich in seinen Texten die Problematik der literarischen Sprache verschärft abzeichne.

Die Fragestellung der *Modernité* – und dies ist bislang nicht oder nicht deutlich genug erkannt worden – bildet daher den gemeinsamen Boden, auf dem Barthes seine beiden ersten Buchpublikationen ansiedelt. Beiden liegt eine Sichtweise, möglicherweise gar im Keim eine Theorie der Moderne zugrunde, die für die Einschätzung seines eigenen Werkes von großer Wichtigkeit ist.

In der Metaphorik des Vestibüls schwingen Bedeutungselemente mit, deren Semantik mir in diesem Zusammenhang von großer Bedeutung zu sein scheint. Denn der *état vestibulaire* meint einen Zwischenzustand, einen Zwischenraum, der weder einem Draußen noch einem Drinnen gänzlich zugehört. Das Vestibül ist zunächst jene Vorhalle, durch die man ein Theater betritt. Es handelt sich um jenen Ort, an dem ein rascher Kleiderwechsel stattfinden kann, der zum einen den Schwellencharakter, das Element des Übergangs, unterstreicht, zum anderen aber auch auf den Wechsel der Garderobe vor dem Eintritt in den Theaterraum selbst hin-

---

[1] Barthes beschäftigte sich durchaus weiter mit Camus; vor allem mit dessen Roman *L'Etranger* (vgl. OC I, 398 ff.). Seine literaturtheoretische Neugier gilt in den Aufsätzen von 1954 aber vorrangig dem Theater. Ich komme darauf im vierten Kapitel zurück.

weist. Insoweit ist das Vestibül auch Vorhof eines Sakralraums, dessen sakraler Charakter – wie vergleichbare Räumlichkeiten in den verschiedensten Religionen – durch die Existenz eines Vorraumes betont und verstärkt wird. Zugleich ist der schon ins Auge gefaßte Raum des Theaters das Reich von Inszenierung, Rolle, Maske. Wenn die Literatur jener Bereich ist, in dem der Autor seine Maske vor sich herträgt und zugleich auf sie deutet, dann könnten wir im Vestibül vielleicht erkennen, welche Maske er wählen oder welche anderen Masken er nicht verwenden wird, obwohl sie ihm zur Verfügung stünden. Hier wählt der Künstler seine Robe, legt die Straßenkleidung ab, ergreift die Rollenmaske seiner *Persona* und schickt sich an, in jenen Bereich der Literatur einzutreten, den Barthes schon in *Le Degré zéro* als geheiligten Bezirk bezeichnet hatte. Das Vestibül ist jener Ort, von dem aus die Grenzen beider Räume erkennbar werden, ohne doch nur von außen gesehen zu sein: Der vestibuläre Zustand ist ein stets prekärer, der Dauer entzogener Zwischenraum. Zählt Michelet wirklich zu den ersten Schriftstellern der Moderne im Sinne Barthes', so können wir hier einen Blick auf die Garderobe dieser Moderne, ihre Kleidungsstücke und Masken, vielleicht aber auch auf ihren Körper (als *gezeigten* Leib) erhaschen.

Der Historiker und seine Geschichte   28

Im Vestibül von Barthes' Text wird der Historiker zunächst seiner Historie entkleidet. Dies geschieht nicht ohne Zeremonie. Der Leser – Barthes weiß es – erwartet, daß gerade der Historiker auf der Bühne der Geschichte gezeigt wird. Diese vermutete Erwartungshaltung wird ent-täuscht. Roland Barthes *miß-achtet* auch hier diese Vorgabe eines an »Leben-und-Werk-Biographien« gewöhnten Lesepublikums, indem er unter dem Titel »Memento« in einem Vorab-Kapitel auf zwei knappen Seiten eine Geschichte jener Fakten darbietet, die er im weiteren Verlauf seiner Untersuchung ebenso souverän wie wagemutig übergehen und aus seinem eigenen Diskurs ausblenden wird. Dem Leser werden gleichsam einige historische Fakten zum Fraß vorgeworfen, mag er damit anfangen, was immer er will. Aus der Geschichte entlassen ist Michelet damit jedoch nicht.

Allerdings hat sich der Geschichtsbegriff, der noch in *Am Null-*

punkt des Schreibens auf den ersten Blick so unumkehrbar linear erschien, wenngleich er – wie wir sahen – hintergründig von anderen Geschichtskonzeptionen bedrängt wurde, in *Michelet* grundlegend gewandelt. Die Geschichte der Zahlen, Fakten und Ereignisse, die sich einer Linie fügen, verblaßt, auch wenn deren Einfluß auf Michelet nicht geleugnet wird. Doch rückt eine andere Geschichte ins Rampenlicht. Welche Geschichte ist dies?

Der Autor warnt seinen Leser schon im ersten Satz, er werde in seinem Büchlein weder eine Geschichte von Michelets Denken noch eine Geschichte von Michelets Leben und weniger noch eine wechselseitige Erklärung beider vorfinden (M I, 245). Es geht also weder um eine Ideengeschichte noch um eine Lebensgeschichte, eine Biographie, obwohl dies den Konventionen der Reihe entsprochen hätte, in der *Michelet par lui-même* erschien. Barthes betont, er sei an der Kohärenz dieses Menschen und damit an der Erhellung der »Struktur einer Existenz«, einer »Thematik oder besser noch eines organisierten Netzes von Obsessionen« interessiert (M I, 245). Es gehe ihm um eine Einheit und nicht um deren Wurzeln in einer Geschichte oder Lebensgeschichte. Barthes nimmt die Metaphern im Schreiben Michelets ernst, geht ihnen im Thematischen Netzwerk der Obsessionen nach und gelangt so auch zu jenen Geschichtskonzeptionen, auf denen Michelets historische Entwürfe fußen. Barthes, der selbst in seinen Aufsätzen der ausgehenden vierziger und beginnenden fünfziger Jahre wiederholt auf verschiedenste Geschichtsmodelle einging, weist darauf hin, daß sich Michelet mit Herders Vorstellung der Geschichte als Pflanze oder mit Vicos Modell der Geschichte als Spirale beschäftigt hat, diesen Konzeptionen aber seine eigene Vorstellung der Historie als Synthese und Chemie entgegensetzte.[2] Allerdings geht es Barthes weniger um die Ingredienzien dieser »Chemie Frankreichs« (M I, 260) als um die *strukturellen* Beziehungen, die sich zwischen den chemischen Reaktionen und dem Chemiker selbst nachweisen lassen.

Für Barthes steht dabei fest, daß der Historiker und die Historie nicht so sehr eine Synthese als vielmehr eine Symbiose eingehen. Genauer noch: Der Körper des Historikers ist mit dem Körper der Geschichte verbunden. Am Beispiel der Migränen des Verfassers

---

2 Freilich zeigen von Barthes später zitierte Passagen, daß Michelet bisweilen sehr wohl auf diese anderen Konzeptionen zurückgriff. Barthes räumt Widersprüche in Michelets Schreiben nicht monologisierend aus.

der *Geschichte der Französischen Revolution* zeigt Barthes seinem Leser und dem Leser Michelets auf: Ist die Geschichte krank, so ist es auch der Geschichtswissenschaftler (M I, 253). Michelet sei »an der *Geschichte* erkrankt«, *malade d'Histoire* (M I, 254). Dies verwundert nicht, bleibt Barthes doch im Bild: Michelet *ißt* die Geschichte, ist – so eine Kapitelüberschrift – ein *mangeur d'histoire* (M I, 253), folglich erkrankt er, ja stirbt er an ihr. Was Barthes schon 1953 in »Michelet, L'Histoire et la Mort« vom französischen Historiker sagte (OC I, 91), gilt auch für seinen eigenen Text: Die Anordnung der Tatsachen ist weder eine chronologische noch eine logische, sondern vielmehr räumlich über den Körper des Autors vermittelt. Barthes schreckt nicht davor zurück, den großen Historiker zu animalisieren: »Wie ißt Michelet die Geschichte? Er ›weidet sie ab‹, d. h. er durchläuft und verschlingt sie zugleich.« (M I, 255). Die Geschichte wird hier zur Weide, der Historiker zur Kuh, welche die Geschichte abweidet und wiederkäut. Wer Geschichte (fr)ißt, *ist* Geschichte. Der Mensch ist, was er ißt? Für dieses Ökoschlagwort könnte man Michelet selbst als Gewährsmann aufrufen: Denn für ihn, so arbeitet Barthes heraus, bestehen die geschichtlichen Figuren nur aus jeweils einer einzigen Substanz, die in Zusammenhang mit bestimmten Nährsubstanzen steht (M I, 296f.). Und der Historiker selbst? Der Geschichtsvertilger verleibt sich die Geschichte ein. Mit anderen Worten: Der Historiker Jules Michelet schreibt sich die Geschichte selbst auf (oder in) den Leib. Der Körper der Geschichte ist von der Geschichte des Körpers nicht mehr zu trennen. Und so verleibt sich Barthes, unter Vermeidung eines oberflächlichen Identifikationsprozesses, »seinen« Michelet ein.

Der Historiker als Schriftsteller der Moderne 29

Schon die Eingliederung unter den Reihentitel »Ecrivains de toujours« läßt keinen Zweifel daran, daß Jules Michelet sehr wohl als Schriftsteller verstanden oder, präziser noch, *gelesen* werden soll. Eine solche Lektüre mag uns heute vertraut sein, auf die Leser der fünfziger Jahre mußte sie provozierend wirken. Sicherlich war man sich der stilistischen Qualitäten der Micheletschen Prosa bewußt, schätzte seine symbolträchtige Sprache und erblickte in ihm das historiographische Pendant zu seinem Zeitgenossen Balzac[3]; doch reichte all dies, um ihn als einen Schriftsteller zu lesen und der Polysemie seiner Metaphorik nachzuspüren, um daraus obsessive thematische Netze abzuleiten? Waren die Grenzziehungen zwischen Literatur und Historiographie nicht unbestritten? Spätestens seit der zweiten Hälfte der sechziger Jahre haben die Forschungen des Historikers Hayden White gezeigt, in welch starkem Maße der historiographische Diskurs rhetorisch, metaphorisch und literarästhetisch aufgeladen ist, so daß die Grenzen zwischen Historiographie und Literatur undeutlich werden. Ungläubigen Skeptikern, die darauf verwiesen, daß die historischen Fakten, die »Realität« der historiographischen Prosa einen völlig anderen Stellenwert garantierten, hält der nordamerikanische Kulturtheoretiker entgegen: »Was etwa Michelet in seiner großen Geschichte der Französischen Revolution in der Form eines Dramas romantischer Transzendenz konstruierte, brachte sein Zeitgenosse Tocqueville in den Plot einer ironischen Tragödie. Keinem der beiden kann eine größere Kenntnis der ›Fakten‹, die die jeweiligen Berichte enthielten, nachgesagt werden; sie besaßen ganz einfach verschiedene Ansichten über die Geschichte, die am besten zu den Fakten, die sie kannten, paßte.«[4] Es ist an dieser Stelle nicht möglich, auf die von Hayden White vorgeschlagenen, jedem Historiker zur Verfügung stehenden vier *modes of emplotment*, nämlich *Romance, Comedy, Tragedy* und *Satire*[5], einzugehen und die Unterschiede zwischen seiner Einordnung von Mi-

---

3 Ein neueres Beispiel, wo eine solche Einschätzung vielleicht am deutlichsten zum Ausdruck kommt, liegt vor in der populären Literaturgeschichte von Lagarde, André/Michard, Laurent: *XIXe Siècle. Les Grands Auteurs Français du Programme*. Paris 1969. Dort erscheint Michelet im Kapitel »Die Geschichte im 19. Jahrhundert«. Unter Bezugnahme auf die im Folgenden erwähnte Bezeichnung Michelets durch Taine als Dichter heißt es dort: »Michelet ist durch seine *Kunst* Dichter. Er besitzt die *lyrische Bewegung, die Gabe von Rhythmus und Bildern*.« (364) Er habe in seiner Prosa selbst auf lyrische Formen zurückgegriffen. Die Risiken einer solchen Sprache aber seien gravierend: »die Einbildungskraft Michelets gerät bisweilen leichtsinnig in Flammen, er vertraut seinem Instinkt«, was ihn oft dazu verleite, widersprüchliche Elemente aus seiner Analyse auszuschließen (363). Diese »Risiken« sind jedoch nur für den Historiker, nicht aber für dessen Einordnung als Historiker gravierend.

4 White, Hayden: »The Historical Text as Literary Artifact.« In: Ders.: *Tropics of Discourse. Essays in Cultural Criticism*. Baltimore/London 1985, 85; der Aufsatz erschien erstmals 1974.

5 Vgl. White, Hayden: »Interpretation in History«. In: Ders.: *Tropics of Discourse, op. cit.*, 70.

chelets Prosa und Barthes' Lektüre herauszuarbeiten.[6] Ebenso wenig ist es aus Platzgründen möglich, die Vorstellungen Hayden Whites auf Barthes' eigene Darstellung Michelets anzuwenden und in ihr – wie es meiner These entspräche – vorwiegend Elemente eines tragischen Plots nachzuweisen. Gleichwohl dürfte bereits erkennbar geworden sein, daß Barthes nicht nur die Schwelle (*seuil*), den Vorhof der Literatur, sondern auch seinen Autor gut gewählt hat. Daher konnte er es wagen, den bereits allgegenwärtigen Vergleich zwischen Balzac und Michelet, der gerade als Vergleich die Grenzen zwischen Geschichtsschreibung und Literatur unangetastet ließ, zu radikalisieren und Balzac als den differenzierteren, gleichsam faktentreueren Geschichtsschreiber darzustellen: »In der ganzen Micheletschen Geschichtsschreibung gibt es nur eine einzige Art zu leben, die eben die Michelets ist: Die ganze Menschheit lebt in einem kleinbürgerlichen Dekor; ganz anders als im Balzacschen Roman, wo die Gesellschaft bis zum äußersten differenziert erscheint, je nach den Besitzverhältnissen der Klassen, und wo das Geld die Art und Weise, wie geredet, gegessen, gewohnt und geliebt wird, peinlich genau bestimmt.« (M I, 348) Gegenüber dem differenzierten Gesellschaftsmodell Balzacs erscheint Michelets Geschichtsentwurf wie eine Projektion der eigenen kleinbürgerlichen Vorstellungen und Lebensverhältnisse. In der Mitte seines Buches hatte Barthes unverblümt auf diese Problematik hingewiesen: »Nimmt man Michelet die existentielle Thematik«, heißt es dort frech, »so bleibt nur ein Kleinbürger übrig.« (M I, 297) Die Lebensgeschichte dieses Kleinbürgers wird von Barthes jedoch schon zu Beginn des Buches verabschiedet; übrig bleiben nur einzelne biographische Fragmente oder, wie Barthes dies später in *Sade, Fourier, Loyola* nennen wird, verstreute »Biographeme« (SFL II, 1045). Zu diesen Biographemen zählt auch ein Brief Michelets an Taine, in dem sich der Autor der *Geschichte Frankreichs* darüber beklagt, von letzterem als Schriftsteller und Dichter gelobt zu werden (M I, 299). Gegen eine solche Einschätzung mußte sich Michelet verwahren, wollte er nicht sein eigenes Selbstverständnis und mehr noch seinen Status als Historiker gefährden.

6 Dies soll in einer in Vorbereitung befindlichen Arbeit zu den Verbindungen zwischen Macht, Text und Geschichte bei Michelet und Barthes geschehen.

Auch Barthes sah freilich in Michelet den Schriftsteller, den er radikal vom kleinbürgerlichen Menschen abgelöst hatte. Auf der Ebene der von Barthes untersuchten Netze von Obsessionen aber wird aus dem Kleinbürger ein Autor, dessen (moderne) Tragik in der Art und Weise der Darstellung parallel zur Problematik des modernen Schriftstellers in *Am Nullpunkt des Schreibens* verstanden werden kann, wo Balzac – dies sei nicht vergessen – noch vor der im übrigen nicht nur von Benjamin und Adorno, sondern auch von Sartre angenommenen Bruchlinie zur Moderne[7] um 1850 plaziert worden war. Bei Jules Michelet scheint sich auf der Ebene des Epochenbewußtseins eine zweite Bruchlinie abzuzeichnen: die der Französischen Revolution. Denn diese wird für Michelet zum zentralen Ereignis der Geschichte, und Barthes folgert daraus konsequent:

»Da die Revolution die Zeiten zur Erfüllung bringt, was kann da noch die Zeit sein, die auf die Revolution folgt, also genau die Zeit, in der Michelet lebt? Nichts, außer einer Post-Histoire. Das 19. Jahrhundert ist ziemlich lästig; warum geht es weiter, wenn es im Kampf um die Freiheit keinen Platz mehr hat? Und dennoch existiert es. Was ist es also? Nur eine Gnadenfrist, eine gnadenvolle oder schreckliche, in jedem Falle aber eine überzählige Zeit, ganz so wie die Zeit der Geduld Gottes, die den Christen zwischen dem Tode Christi und dem Jüngsten Gericht geschenkt ist.« (M I, 281)

Es ist aufschlußreich, daß in dieser Passage gerade die Zeiterfahrung des *Historikers* als die einer Nach-Geschichtlichkeit dargestellt wird, einer Zeit, die der Entwicklungsgeschichte der Freiheit und damit der Geschichtskonzeption als solcher – zumindest jener Michelets – entzogen zu sein scheint. Barthes bringt diese Zeiterfahrung zugleich mit jener des christlichen Zeitalters zwischen dem Tod Christi und dem Jüngsten Gericht in Verbindung, eine Auffassung von Moderne, die – wie wir sahen – nicht im Vordergrund der aktuellen Moderne-Diskussion steht, wohl aber eine Art Unterströmung bildet. In den Modernebegriff, den Barthes hier anlegt, geht die paradoxe Zeiterfahrung eines einfach weiterlaufenden, einen unabgeschlossenen Bereich des Post-Historischen bildenden Zeitraums ein, dessen Beginn zwar benannt werden kann, dessen »Ende« aber offen ist. Was unterscheidet diese Zeit von der geschichtlichen Zeit? Barthes gibt 1951 in seinem Prä-

---

7 Auf diese Übereinstimmung hat bereits Peter Bürger im Schlußkapitel von *Prosa der Moderne, op. cit.*, 440, aufmerksam gemacht.

Text zu dieser Passage seines Michelet-Buches, die er freilich nochmals (leider[8]) stark veränderte, darauf eine Antwort: »Diese *post-Histoire* hat eine andere Struktur als die *Geschichte*: Die Vergangenheit ist wie eine Melodie konstruiert, wie eine Kurve funktioneller Punkte, die sich in einer einzigen Haltung, in der Art einer Pflanze in der Zeit, entwickelt; die *post-Revolution*, die *post-Histoire* bildet ein Ganzes ohne wirkliche zeitliche Dimension.« (OC I, 94) Bei dem historisch und soziologisch so fein differenzierenden Balzac hatte Barthes ein solches Zeitgefühl nicht konstatiert. Jules Michelet aber erscheint als »der vielleicht erste der Autoren der Moderne, dem nur ein unmögliches Wort zu singen blieb (*à ne pouvoir que chanter une impossible parole*)« (M I, 349).[9] Barthes' Rede von der Posthistoire bringt damit zwei historische Momente, die auch heute noch als Epochenschwellen zur Moderne diskutiert werden (die Revolutionen von 1789 und 1848), miteinander in Verbindung und koppelt sie an Cournots 1861 erstmals so benannte (freilich im Sinne der Vollendung der bürgerlichen Gesellschaft gedachte) *posthistorische* Zeiterfahrung. Wird die Moderne von Barthes damit unterschwellig zur Posthistoire erklärt? In bezug auf Michelet zumindest scheint dies der Fall zu sein. Noch entscheidender aber ist für unsere Fragestellung vielleicht die Tatsache, daß wir auch hier die kleine *Verschiebung* nicht

---

8 In »Michelet, l'Histoire et la Mort« läßt Barthes das christliche Zeitgefühl nicht nur zutreffender mit der Geburt Christi beginnen, sondern nennt auch einen Bezugspunkt für den Begriff der Post-Histoire, den Philosophen, Historiker und Zeitgenossen Michelets, Augustin Cournot (OC I, 94), der 1861 in der Tat erstmals von einem posthistorischen Zustand der Gesellschaft gesprochen hatte (vgl. zur Begriffsgeschichte Kamper, Dietmar: »Nach der Moderne. Umrisse einer Ästhetik der Posthistoire«. In: Welsch, Wolfgang: *Wege aus der Moderne, op. cit.*, 166). Diese intertextuelle, nicht etwa zu Hegels berühmtem Satz vom Ende der Kunst führende Spur löschte Barthes in der endgültigen Fassung seines Buches (zur Hegel-Lektüre Alexandre Kojèves im Umkreis dieser Fragestellung vgl. Gumbrecht, Hans Ulrich: Posthistoire Now. In: Ders./Link-Heer, Ursula, Hg.: *Epochenschwellen und Epochenstrukturen im Diskurs der Literatur- und Sprachhistorie*. Frankfurt a. M. 1985, 37). Es wäre lohnend, Barthes' Überlegungen unter diesem Gesichtspunkt mit denen Walter Benjamins »Über den Begriff der Geschichte« zu vergleichen: *Gesammelte Schriften*. Bd. I/2. Hg. von Rolf Tiedemann und Hermann Schweppenhäuser. Frankfurt a. M. 1980, 691-704.
9 Der gesamte Abschnitt »La langue impossible« zeichnet sich durch eine wohl bewußte begriffliche Unschärfe aus: Die Unterschiede zwischen *langue*, *langage* und *parole* sind verwischt, die Grenzen zwischen Mündlichkeit und Schriftlichkeit verschwimmen.

überhören dürfen, die Roland Barthes im Verhältnis zu *Le Degré zéro de l'écriture* in seinen Text eingebaut hat: Es ist nicht mehr die Schreibweise, die nach einer unmöglichen, einer utopischen Literatur strebt, sondern ein unmögliches Wort, das der Autor der Moderne in Gesang umzusetzen versucht: eine *Melodie*. Dieses Wort wird im Gegensatz zur Schreibweise, zum Text, an den Körper des Autors gebunden: der Gesang impliziert die Stimme, die Stimmorgane, impliziert also den Körper. Barthes gelingt es hier erstmals, durch die Verschiebung der Textmetapher zur Gesangsmetaphorik die Dimension des Körperlichen metaphorisch wie begrifflich miteinzubinden und dadurch mitzudenken – auch wenn gleichsam kryptographisch[10] Orpheus' Gesang bereits *Le Degré zéro* leitmotivisch durchzogen hatte. Der Begriff der Moderne, wie er in *Am Nullpunkt des Schreibens* entwickelt wurde, wird in *Michelet* um die Dimension des Lautlichen und damit des Leiblichen erweitert und so in eine neue Spannung versetzt. Michelet siedelt sich als Autor der Moderne nicht nur zwischen Historiographie und Literatur, sondern auch zwischen Wort und Text, Schrift und Gesang an. Die Umwandlung von Wort in Schrift im Vestibül der Literatur läßt die körperliche Dimension dieses Moments der Transition (und Travestie) aufscheinen. Diese Dimension ist spätestens seit *Michelet* in Barthes' Begriff der Moderne eingeschrieben.

Roland Barthes selbst – und dieses »Biographem« ist nicht unwichtig – hatte trotz zahlreicher Unterbrechungen aufgrund seiner Tuberkuloseerkrankung, die ihn zwischen 1934 und 1946 fast acht Jahre lang in verschiedenen Sanatorien festhielt, Gesangsstunden bei dem damals berühmten Charles Panzéra genommen. Aus der leidvollen *Geschichte* seines eigenen Körpers wußte er nur zu gut um die Zusammenhänge zwischen Körper und Gesang, zwischen Stimme und Schrift. Der moderne Text im Sinne des späteren Barthes, der noch nicht geschriebene, vielleicht unmögliche Text – den die abschließende Utopie am Ende von *Le Degré zéro* bereits skizziert hatte – wird sich dieses Zwischenraums bemächtigen und ihn schöpferisch modellieren.

10 Orpheus stünde so nicht zuletzt auch für die Dimension der Stimme, des Gesangs, in einer verborgenen Weise, die auch Saussure in seinen Studien über die Anagramme als »kryptographisch« bezeichnete; vgl. Starobinski, Jean: *Wörter unter Wörtern. Die Anagramme von Ferdinand von Saussure*, *op. cit.*, 53 u. a.

Die existentielle Thematik im Schreiben Michelets bewahrte diesen laut Barthes davor, nichts anderes als ein Kleinbürger zu sein. Woran aber erkennt man ein Thema in den Schriften des Historikers?

Es ist aufschlußreich, daß Barthes bei der Beantwortung dieser Frage im Kapitel »Lecture de Michelet« zuallererst auf die Wiederholung eines Themas im Gesamtwerk verweist. Achtet man in Barthes' Lektüre auf die musikalische, gesangliche Dimension, die den Körper in die schriftstellerische Produktion des Historikers einbringt, so wird erkennbar, daß der Begriff des Themas auch musikalisch verstanden werden könnte als ein Thema, das in Variationen wiederkehrt. In der Tat empfiehlt Barthes seinen Lesern, Michelet »wie eine Polyphonie zu lesen, also nicht nur mit den Augen, sondern auch mit dem Ohr, mit der Erinnerung« (M I, 357). Das wiederkehrende Thema ist daher nicht nur Widerstand gegen die Linearität der (zielgerichteten, unumkehrbaren) Geschichte, es ist auch *Einblendung* im Sinne einer Verbindung von Visuellem und Akustischem. Man könnte sagen, daß Michelets Schriften auf diese Weise wie eine Partitur gelesen werden sollen. Zugleich zeigt sich an dieser Stelle eine weitere Affinität zum Denken Bachtins, dessen Vorstellungen von Polyphonie und Redevielfalt beim Verfasser des *Michelet* eine vor allem musikalisch verankerte Entsprechung finden, die in Barthes' Schriften leitmotivisch wiederkehren wird.

Die Wiederholungen eines Themas verweisen laut Barthes auf einen *choix existentiel*, eine existentielle Entscheidung. Die Wahl des Sartreschen Begriffs macht nicht von ungefähr darauf aufmerksam, daß Barthes Michelets Texte unter anderem einer Lektüre unterzieht, die am Beispiel der existentiellen Psychoanalyse Sartres geschult ist.[11] In einer im September 1953 veröffentlichten Rezension des Hamlet-Buches von Jean Paris machte er bereits Front gegen das, was er eine »verbale Hochstapelei« nannte: die Gleichsetzung der Freudschen Psychoanalyse mit der Psychoanalyse überhaupt. Diese aber sei »eine generelle Methode der Erhellung, der Erklärung« (OC I, 234). Barthes erschien es unstatthaft, eine solche Lektüreweise an das Lehrgebäude eines Sigmund

---

11 Sartre hat seine existentielle Psychoanalyse 1946 am Beispiel Baudelaires vorgeführt; vgl. Sartre, Jean-Paul: *Baudelaire*. Paris 1946 (dt. 1953).

Freud, so grundlegend dessen Erkenntnisse auch immer gewesen sein mögen, zu knüpfen.[12] Einmal mehr zeigt sich Barthes' Abneigung gegenüber jeglicher *Doxa*. Schon auf der ersten Seite seines *Michelet* ließ er keinen Zweifel daran, daß sich das Werk des Historikers verschiedenen Methoden öffne: nicht nur der historischen Kritik, sondern auch der Psychoanalyse Freudscher, Bachelardscher oder existentieller Prägung. Relativierte er seine eigene Untersuchung auch als *pré-critique* angesichts dieser »veritablen Kritiken« (M I, 245), so darf man diese Aussage doch eher als rhetorischen Prätext[13] für den Zugriff auf die verschiedensten Methoden verstehen, ohne einer einzigen verpflichtet zu sein, sich ihr verpflichtet zu fühlen oder – dies gilt es kritisch einzuwenden – an ihr überprüft werden zu können.

Denn Barthes greift nicht nur auf Elemente der existentiellen Psychoanalyse, sondern auch der Methode des Literaturtheoretikers und Philosophen Bachelard zurück, der im übrigen schon früh die Ausrichtung herkömmlicher Methoden an der Autorbiographie kritisiert hatte. Insbesondere die Analyse thematischer Grundelemente[14], etwa des Blutes oder der sexuellen Repräsentationsmuster von Geschichte in Michelets Gesamtwerk, verdankt sich unverkennbar den Anregungen Bachelards, der sich die Begrifflichkeit Freuds in ebenso eigenwillig-eklektischer wie anregender Weise angeeignet hatte. Seine vielgelesene *Psychoanalyse des Feuers* von 1938 hatte zusammen mit anderen, in der Nach-

12 Freud selbst sah dies etwas anders und übte 1910 in seinem Aufsatz »Über ›wilde‹ Psychoanalyse« Kritik an all jenen, die wohl »einige der Ergebnisse der Psychoanalyse kennen«, ansonsten aber nicht über die erforderlichen Grundlagen verfügten; vgl. zu diesem Zitat und der Problematik der »wilden« Psychoanalyse Laplanche, J./Pontalis, J.-B.: Das Vokabular der Psychoanalyse. 2. Bd. Frankfurt a. M.: ⁵1982, 632 ff. Erst seit Ende der zwanziger Jahre setzten in Frankreich erste, noch zögerliche und teilweise medizinisch orientierte Versuche ein, die Psychoanalyse für die Untersuchung literarischer Werke fruchtbar zu machen.

13 Unter Verweis auf Bachelard definiert er den literarästhetischen, ebenfalls der *critique thématique* zuzuordnenden Ansatz von Jean-Pierre Richard, dem er im November 1955 eine überaus wohlwollende Rezension widmete, ebenfalls als *pré-critique*, insoweit sie noch unvollständig sei, aber bereits auf die exakte Bestimmung der Beziehungen zwischen »der *Geschichte* und dem körperlichen Bewußtsein des Schriftstellers« abziele (OC I, 520). Damit formuliert Barthes in dieser Buchbesprechung vor allem seine eigenen Zielvorstellungen.

14 Eine strukturelle Übersicht über die grundlegenden Themen in Michelets Gesamtwerk findet sich am Ende der Untersuchung (M 164).

kriegszeit entstandenen Arbeiten nachhaltigen Einfluß auf die Überlegungen jener Literaturtheoretiker und -wissenschaftler ausgeübt, deren heterogene Ansätze man später verallgemeinernd unter dem Etikett der *nouvelle critique* zusammenfassen sollte. Die *critique thématique*, welche von Bachelards Vorstellung von psychoanalytisch erfaßbaren, der Geschichte aber letztlich entzogenen Themenkomplexen wesentlich geprägt worden war, zählt zu den nachhaltigsten Impulsgebern jener Kritiker, welche die akademische Kritik und die stark positivistisch orientierte, »klassische« französische *explication de texte* zu überwinden trachteten. Hatte sich Barthes in *Le Degré zéro* stärker am literatursoziologisch argumentierenden Pol der *Nouvelle critique*, also in einer gewissen Nähe zu den marxistisch orientierten Studien Lucien Goldmanns situiert, so nähert ihn nun sein *Michelet* einem anderen Pol an, der mit Bachelards Namen verknüpft ist. Es beginnt eine oszillierende Bewegung innerhalb des Felds literaturkritischer Methoden, die Barthes' experimentierfreudige Auseinandersetzung mit verschiedenen (literarischen) Texten sowie mit unterschiedlichen Methoden ihrer Erhellung dokumentiert. Barthes ist bereits zu diesem Zeitpunkt stets auf der Suche nach neuen Sprachen, um andere Sprachen auf neue Weise zum Sprechen bringen zu können.

Thematische Lektüre und dialogisches Schreiben   31

Aus der neuen methodologischen Orientierung Roland Barthes' an themenkritischen Ansätzen ergeben sich geradezu notwendig Konsequenzen für die Lektüre:

>»Man kann Michelet nicht linear lesen, man muß den Text von seinen Grundlagen und seinem Netz von Themen her rekonstruieren: Michelets Diskurs ist ein wahrhaftiges Kryptogramm, es bedarf zu seiner Entzifferung eines Leserasters, und dieses Raster ist eben die Struktur des Werkes. Daraus folgt, daß keine Lektüre Michelets möglich ist, solange sie nicht total ist: Man muß sich entschlossen in das Innere der Abgeschlossenheit begeben.« (M I, 359)

Erneut fällt auf, wie Barthes einen Begriff, der etymologisch von den Bewegungen des Körpers und den Bewegungen im Körper her determiniert ist (*discours*), mit einem auf die Schriftlichkeit verweisenden Konzept (*cryptogramme*) verbindet, um damit

gleichsam unter der Oberfläche Körper und Schrift zusammenzudenken. Der bereits in *Le Degré zéro* verwendete Begriff des
Kryptographen wird hier wieder aufgenommen, verlangt aber
nach einer neuen Zugangsmöglichkeit, um unter die Oberfläche
der Wörter gelangen zu können. Die Formulierung einer »totalen«
Lektüre scheint mir dabei nicht auf eine totalitäre Sinnergreifung
(als Beharren auf einem einzigen Sinn des Textes) hinauszulaufen,
sondern die Notwendigkeit zu betonen, sich zur Durchführung
der Lektüre in die Abgeschlossenheit des Micheletschen Textes zu
begeben: Barthes begründet hier seine immanente, auf historische
»Fakten« weitgehend verzichtende Vorgehensweise, welche sich
so auffällig von der in *Am Nullpunkt des Schreibens* befolgten unterscheidet.

Die Abkehr von der linearen Geschichte bringt eine Abkehr
von der linearen Lektüre mit sich. Diese wiederum führt in *Michelet* zu einer zumindest teilweisen Aufgabe des produktionsästhetischen Ansatzes, der in *Le Degré zéro de l'écriture* noch be-
herrschend gewesen war. Die Hinwendung zur Lektüre, die im
übrigen auf literaturtheoretischer, methodologisch freilich nicht
abgesicherter Ebene bereits in Bachelards von der Psychoanalyse
ausgehenden Arbeiten zu bemerken ist[15], führt ihrerseits zu neuen
Schreibprozessen: Lesen und Schreiben sind aufs engste miteinander verklammert.

In Barthes' Buch werden immer wieder Zitate aus verschiedenen Texten und Zeitabschnitten Michelets, bisweilen ohne jeden
direkten Kommentar, miteinander in Beziehung gesetzt und in einen Dialog gebracht. Man könnte, wie etwa später in der Psychokritik Charles Maurons, von einem Übereinanderlegen der verschiedenen Texte sprechen, einer Art *superposition*, welche die
thematischen Netze und Obsessionen hervortreten läßt.[16] Das
Thema des Blutes erscheint so in seiner Allgegenwart im Werk Michelets: Selbst geschichtliche Perioden werden als Menstruationen
dargestellt. Die Flüssigkeit des Blutes, so könnten wir hinzufügen,

---

15 Bachelard ist in diesem Zusammenhang für Barthes von weit größerer Be-
    deutung als Sartre, obwohl dieser in *Qu'est-ce que la littérature?* die im vol-
    len Wortsinn kreative Rolle des Publikums stark hervorgehoben hat.
    Barthes' Hinwendung zur Lektüre ist zu diesem Zeitpunkt keineswegs in
    einem rezeptionsästhetischen Sinne zu verstehen.
16 Zur psychokritischen Methode Maurons vgl. Lentzen, Manfred: »Charles
    Mauron: Psychokritik«. In: Lange, Wolf-Dieter (Hg.): *Französische Litera-
    turkritik der Gegenwart in Einzeldarstellungen*. Stuttgart 1975, 86-102.

ist aber nicht nur allgegenwärtig und verknüpft die einzelnen Textpassagen Michelets zu einem Netz von Obsessionen, die mit aus-
gewählten biographischen Fragmenten verbunden und im Sartreschen Sinne auf eine existentielle Dimension hin ausgerichtet
werden. Es ist auch jene Flüssigkeit, die sich in Schrift verwandelt
und so das körperliche Element in der Schriftlichkeit aufgehen
(und nicht nur in diese eingehen) läßt. Aus dieser Tatsache, so
scheint mir, resultiert die zentrale Bedeutung dieses Themenkom-
plexes: Das Blut ist nicht nur eine thematische Obsession Michelets, sondern bietet Barthes darüber hinaus die Möglichkeit, das
Element des Körperlichen kryptographisch in die (eigene wie
fremde) Schrift einzuführen.

Aus dieser Perspektive wird verständlich, warum Barthes in seinem dem Themenkomplex des Blutes gewidmeten Kapitel »Fleur
de sang« (Blutblume) ohne weiteren Kommentar eine Manu-
skriptseite Michelets (M I, 309f.)[17] photographisch reproduzieren
ließ, die in den Schriftzügen Michelets das Körperliche der Schrift,
ja mehr noch: die verflüssigte Körperlichkeit der Schrift buchstäblich vor Augen führt. Die themenkritische Lektüre »zeigt« auf
kryptographische, dem Leser des *Michelet* nicht »erklärte« Weise,
wie die Blutblume der Schrift alle Dimensionen von Michelets
Werk, aber auch das von Barthes der Moderne zugeschlagene pro-
blematische Verhältnis von Körper und Schrift durchdringt. Die
Moderne erscheint als ein Zeitraum, in dem nicht nur das Verhältnis des Schriftstellers zur Sprache, sondern auch die Beziehung
zwischen Körper und Schrift problematisch wird und damit ihre
Selbstverständlichkeit einbüßt.

Zugleich weist die Dialogisierung der Texte des französischen
Historikers auf die Vorgehensweise Roland Barthes', der während
der vierziger Jahre Tausende von Karteikarten mit Auszügen aus
Michelets Werken angefertigt hatte.[18] Diese handbeschriebenen Pa-
piere, die Barthes mehr als ein Jahrzehnt lang mit sich herum-

---

17 Diese Reproduktion fehlt in den *Œuvres Complètes*; sie findet sich auf Seite
    90 der Originalausgabe.

18 Barthes' Biograph Calvet weist darauf hin, daß Barthes seine Notizen stets
    auf einem neben dem Buch Michelets liegendem Papier festhielt und damit
    zu einer seiner wichtigsten Arbeitsmethoden fand. Bereits Ende 1945
    scheint Barthes in geduldiger Arbeit tausend Seiten oder Karteikarten mit
    seinen Anmerkungen und Zitaten gefüllt zu haben. Vgl. Calvet, Louis-Jean:
    Roland Barthes. Eine Biographie, op. cit., 96ff. Vgl. hierzu auch Barthes' ei-
    gene Aussagen (OC II, 1312).

schleppte und die ihn während dieser unsteten Phase seines Lebens begleiteten, markieren den Übergang vom Lesen zum Schreiben. Sie bilden die materielle Voraussetzung zur Dialogisierung der Micheletschen Texte, die nicht nur miteinander, sondern auch mit anderen Texten (Barthes' Kommentaren, methodologischen Ansätzen Bachelards oder Sartres oder – wie wir am Ende dieses zweiten Kapitels sehen werden – Darstellungen Michelets in der Malerei) in einen offenen Dialog verwickelt werden. Zugleich bilden sie aber auch das mobile Grundgerüst einer Lektüre, die in der Niederschrift des Buches ihren vorläufigen Abschluß, ihre Umwandlung in ein stets prekäres Schreiben fand: ein Schreiben, daß in kurzen Formen seinen adäquaten (literarischen) Ausdruck suchte.

Fragmentarisches Schreiben, *écriture courte*   32

Am Ende von Barthes' Parcours durch das Gesamtwerk Michelets stehen zwei Leseerfahrungen, die sich in Schreibprozesse verwandelten. Das erste Beispiel ist das eines »falschen« Lesens: Es betrifft die zweite Frau[19] Michelets, die mit der Lebensgeschichte ihres Mannes wohl vertraut war, im Sinne Barthes' aber dessen ungeachtet scheiterte: Sie habe »darum nichts vom Werk ihres Mannes verstanden, weil sie nur dessen rhetorische Oberfläche gelesen und nur die (schwachen) Ideen herausgepflückt hat, ohne die (konstanten) Themen zu sehen.« (M I, 359) Ein Lesen, das an der Oberfläche des Textes verharrt und die tieferliegenden, verborgenen thematischen Netze nicht erkennt, ist für den Autor des *Michelet par lui-même* ein falsches Lesen, das quasi notwendigerweise auch zu einem verfälschenden Schreiben wird. Mit einiger Grausamkeit stellt Barthes der Manuskriptversion Michelets die überarbeitete und »verfälschte« Fassung aus der zerstörenden Feder von Athénaïs Mialaret gegenüber (M I, 359f.). Als einziges Element der zitierten Passage aus dem Nachlaß Michelets sei ihr die »Feuchtigkeit des holländischen Schiffes« entschlüpft (M I, 359), ein Thema, das im übrigen auch zu einem Barthesschen Thema werden sollte.

19 Barthes' (zumeist impliziter) Begriff der Frau ist mehrfach zum Gegenstand feministischer Kritik geworden; vgl. Gallop, Jane: »Criticism and the Pleasure of the Text«. In: *North Dacota Quarterly* (Grand Forks) LIV, 2 (1986), 123 ff. und die dort gemachten bibliographischen Angaben.

Doch stellt Barthes dieser verfehlten sogleich eine blendende Lektüre entgegen: eines der Pastiches aus Marcel Prousts Serie zur »Affaire Lemoine« in seinen *Pastiches et Mélanges*. Für Barthes hatte Proust die grundlegenden Themen Michelets erkannt. Ein doppelter Kreis schließt sich: Die sorgfältige Lektüre führt zu einem gelungenen Schreiben. Und Proust hatte genau jenes literarische Mittel des Pastiche verwandt, auf das der junge Barthes, der mit sechzehn Jahren Proust entdeckt hatte, als Abiturient in seinem sogenannten »Ersten Text« von 1933 ebenfalls zurückgriff. In mehrfacher Weise öffnet sich am Ende dieses Buches die Lektüre hin zu einem Schreiben: Lesen und Schreiben sind eng – bisweilen auch gefährlich eng, wie das Beispiel von Michelets zweiter Frau zeigte – miteinander verklammert. Ein Weg, den Barthes' eigenes Schreiben bereits erprobt hatte, wird hiermit nachgezeichnet.

In »seinem« *Michelet* hat Barthes aber auf eine andere Schreibweise zurückgegriffen, mit der er schon während der vierziger Jahre experimentiert hatte. So heißt es gleich zu Beginn seines im Sommer 1942 in der Zeitschrift *Existences* des Sanatoriums von Saint-Hilaire-du-Touvet veröffentlichten Aufsatzes über das *Journal* André Gides:

»Von der Furcht zurückgehalten, Gide in ein System einzuschließen, von dem ich wußte, daß es mich niemals zufriedenstellen könnte, suchte ich vergeblich nach einem Leitfaden für diese Notizen. Nach reiflicher Überlegung ziehe ich es vor, sie einfach als solche zu präsentieren und nicht zu versuchen, das Diskontinuierliche in ihnen zu maskieren. Die Inkohärenz, so scheint mir, ist einer Ordnung, welche deformiert, vorzuziehen.« (OC I, 23)

Diese intellektuelle Aufrichtigkeit, diese *Leçon de sincérité*[20], von der man sich freilich fragen könnte, ob sich hinter ihr nicht doch eine weitere (literarische) Maske, die nur ein wenig versteckter auf sich zeigt, verbirgt, hatte ihn 1942 zu einer Form des Wechselspiels zwischen Zitaten André Gides und eigenen Notizen und Kommentaren geführt, welche insgesamt verschiedenen Themengruppen zugeordnet wurden. Diese dialogische, unabgeschlossene Schreibweise, die Barthes in noch weiter fragmentierter Form in

---

20 Dies ist der Titel eines Vortrags von 1972 (OC II, 1424-1432), der erst postum veröffentlicht wurde und auch in deutscher Übersetzung vorliegt in Henschen, Hans-Horst (Hg.): *Roland Barthes, op. cit.*, 13-30.

seinen Reisenotizen »In Griechenland«[21] 1944 auf einen stärker literarisierten Bereich hin ausdehnte, bildet ein Schreibmodell, auf das Barthes ein Jahrzehnt später zurückgreifen konnte. In seinem *Michelet* verbindet sich damit die Arbeitsmethode der schreibenden Lektüre (auf den Karteikarten) mit einer *écriture*, welche die Stimme des anderen Autors zu Wort kommen läßt, ohne sie stets mit einem Kommentar zu übertönen oder in ein System zu zwängen. Die kurze Schreibweise, die *écriture courte*, wie Barthes sie später nennen sollte[22], hält den offenen, dialogischen Charakter aufrecht und öffnet sich zugleich spezifisch literarischen Ausdrucksformen.

So führte Barthes in *Michelet* seine Suche nach einer eigenen Schreibweise in verschärfter, gewagterer Form fort. Mißtrauen oder gar vehemente Ablehnung erregten daher trotz der insgesamt positiven Aufnahme des Bandes jene spektakulären Formulierungen, die Michelet als Historiker-Kuh und Gekreuzigten, als Hohepriester der Geschichte (M I, 255) bezeichneten, der an seinem eigenen Körper die Erniedrigungen seines Gottes erleiden müsse (M I, 280), oder den Lehrstuhlinhaber am renommierten *Collège de France* zum Androgynen und Voyeur (M I, 326f.) machten[23] und ihm eine lesbische Grundstruktur bescheinigten (M I, 328f.). Auf Ablehnung stieß die Sprache Roland Barthes: also nicht so sehr seine teilweise provozierenden Ideen als vielmehr jene Dimension, die er selbst als *écriture* definiert und in der er die ethische Bedeutsamkeit, das eigentliche Engagement des Schriftstellers erblickt hatte. Einer seiner Rezensenten brachte dies auf die Formel: »Sagen Sie, was Sie wollen, aber sagen Sie es um Gottes willen auf Französisch.«[24] Nicht die Vorstellungen Sartres oder Bachelards provozierten: Es war die Schreibweise Barthes', die in krassem

---

21 Auf die Bedeutung der frühen Gide-Lektüre für diesen Text hat bereits kurz Monier-Bérenguier, Nadine: »Roland Barthes et le roman«. In: *The French Review. American Association of Teachers of French* LIX, 5 (april 1986), 735, hingewiesen.

22 In seiner 1975 erschienenen Autobiographie *Roland Barthes par Roland Barthes* (RB, 97).

23 Das Micheletsche Thema des Androgynen wird von Barthes dem Buch bereits als Motto vorangestellt: »Ich bin ein vollständiger Mensch, der die beiden Geschlechter des Geistes besitzt.« (M I, 243)

24 Zitiert nach Calvet, Louis-Jean: *Roland Barthes. Eine Biographie, op. cit.,* 165. Weitere Angaben zu positiven wie negativen Reaktionen auf Barthes' zweite Buchveröffentlichung finden sich auch schon in Thody, Philip: *Roland Barthes: A Conservative Estimate, op. cit.,* 21f.

Gegensatz zur universitär-akademischen Ausdrucksweise stand.[25] Die Rede vom Engagement auf der Ebene der *écriture* war keineswegs abstrakt. Sie wird aber bald noch konkretere Formen annehmen. Eine *Querelle* zeichnet sich ab, die ein Jahrzehnt später die Grenzen literarischen und akademischen Schreibens (bzw. des in diesem Rahmen Schreibbaren) neu bestimmen wird.

Text und Bild: Ikonotextualität 33

Noch vor der ersten Textseite von Barthes' *Michelet* findet sich ein Gemälde des Historikers von Couture. Eine weitere Darstellung Michelets schließt den Band, wenn auch noch vor der nachfolgenden Bibliographie. Das Bild ist ein zwar gemäß der Reihenkonzeption von »Ecrivains de toujours« verwendetes, von Barthes aber sehr bewußt eingesetztes paratextuelles[26] Element. So betont er am Ende der ersten Textseite, er habe die »Illustrationen« nicht auf die Lebensgeschichte Michelets oder dessen Zeit beziehen, sondern den Menschen darstellen und »in etwa alle Gesichter Michelets« aufnehmen wollen (M I, 245). Gesichter, dies hatte Barthes in einem überaus lesenswerten und humorvollen Aufsatz von 1953 betont, sind keine Natur, sondern beruhen auf sozialen Konventionen, Moden und vorgegebenen Ausdrucksformen (OC I, 224-232). Die verschiedenen Gesichter Michelets – und die von Barthes in den Band mit aufgenommenen Gemälde zeigen, wie verschieden diese sind – bringen ein körperliches Element ein, das seine eigene Geschichte fernab eines linear-biologischen Alterungsprozesses besitzt. Dabei kann Barthes darauf verweisen, daß auch Michelet sich dieser körperlich-ikonographischen Dimension sehr bewußt war. In einer unauffälligen Fußnote merkt er zu den schriftstellerischen Portraits des Historikers an: »Michelet schrieb niemals etwas über jemanden, bevor er so viele Portraits und Stiche wie möglich zu Rate gezogen hatte. Während seines ganzen Lebens hat er eine systematische Befragung der vergange-

25 Seitenhiebe auf diese Ausdrucksweise und ihre Konventionen finden sich verstreut in vielen Artikeln der fünfziger Jahre. Besonders deutlich zeigen sie sich in der Rezension des Bandes *Théâtre et collectivité* (OC I, 387-388). Auf die Bedeutung dieser Auseinandersetzungen innerhalb des intellektuellen Felds Frankreichs werde ich zurückkommen.

26 Vgl. zur Definition des Paratextes und anderer Elemente an der *Schwelle* des Textes Genette, Gérard: *Seuils*. Paris 1987.

nen Gesichter durchgeführt.« (M I, 294) Dem Schreiben Michelets liegen damit Beziehungen zwischen Bild und Text zugrunde, die auch bei Roland Barthes eine immer wichtigere Rolle spielen werden. Sein literarisches Portrait von Michelet ist hier nur ein Anfang.

Vor wenigen Jahren hat Michael Nerlich den Begriff des *Ikonotexts* für Beziehungen zwischen (photographischen oder anderen) Bildern und Schrifttexten eingeführt. Vor dem Hintergrund seiner eigenen künstlerischen Erfahrungen definiert er diesen Begriff als »unauflösbare Einheit zwischen Text(en) und Bild(ern), innerhalb deren weder Text noch Bild eine illustrative Funktion zukommt, und die normalerweise, wenn auch nicht notwendigerweise, die Form eines ›Buches‹ annimmt.«[27] Ein Ikonotext im Sinne Nerlichs meint also eine bewußt geschaffene, »nichtillustrative, aber dialogische Einheit« von Bild und Text.[28] Von dieser engen Definition von *Ikonotext* – der ich mich anschließe – möchte ich den Terminus *ikonotextuelle Beziehungen* absetzen, der in einem weiteren Verständnis alle Bild-Text-Relationen umfaßt und als ein Parallelbegriff zu jenem der intertextuellen Beziehungen aufgefaßt werden darf.

Einem solchen Verständnis zufolge beruhen etwa Michelets literarische Portraits historischer Figuren sehr wohl auf ikonotextuellen Beziehungen, bilden selbst aber keinen Ikonotext. Michelet griff vielmehr auf Stiche und Gemälde zurück, denen für sein Schreiben ein ähnlicher Status wie der von Schriften anderer Autoren zukam, auf die Michelet intertextuell Bezug nahm. Wie verhält sich dies aber im Falle von Barthes' literarischem Portrait? Bilden die ikonotextuellen Beziehungen einen Ikonotext im definierten Sinne?

Zweifellos findet sich bei Barthes ein sehr bewußter Umgang mit dem ikonographischen Material, das er in sein Buch aufgenommen hat. So sitzt Michelet auf dem an den Beginn des Bandes gesetzten Portrait von Couture in einer Diagonalen an seinem Schreibtisch, die mit einer entgegengesetzten Linie aus über Tisch und Fußboden verstreuten Büchern ein Andreaskreuz bildet. Michelet findet sich in einer Bücherwelt, der Blick auf ein Drau-

---

27 Nerlich, Michael: »Qu'est-ce un iconotexte? Réflexions sur le rapport texte – image photographique dans ›La femme se découvre‹ d'Evelyne Sinnassamy«. In: Montandon, Alain (Hg.): *Iconotextes*. Paris 1990, 268.
28 Ebd.

ßen, etwa durch ein Fenster auf die äußere Welt, fehlt.[29] Der Ort von Michelets Lesen und Schreiben ist von der Außenwelt abgeschlossen und öffnet sich nicht auf sie. Die politische oder soziale Geschichte bleibt außen vor, präsent sind nur die Bücher und Folianten: Texte.

Dies ließe sich mit Barthes' Konzeption des Buches und mit seinen bereits zitierten Äußerungen in Verbindung bringen, weder eine Lebens- noch eine Ideengeschichte liefern zu wollen und das Bildmaterial auf den Menschen Michelet, nicht aber auf dessen Leben oder seine Zeit zu beziehen (M I, 245). Barthes, so zeigt sich bereits in *Am Nullpunkt des Schreibens*, war gegenüber den *Orten* dieses Schreibens sowie dem räumlichen Kontext der Schriftsteller sensibilisiert. In dem Abschnitt *L'artisanat du style* macht er auf die korporative, handwerkliche Dimension bei den Schriftstellern der Moderne aufmerksam und situiert sie in ihrem jeweiligen Raum: »Gautier (untadeliger Meister der Schönen Literatur), Flaubert (der in Croisset seine Sätze poliert), Valéry (der in seinem Zimmer am frühen Morgen arbeitet) oder Gide (der vor seinem Pult steht wie vor einer Werkbank)« (D I, 172). Ähnlich wird Michelet gleich zu Beginn des Bandes an seinem Schreibtisch »verortet«. Sein Ort ist der der Schrift, der Prosa, des Reichs der Zeichen.

Gewiß spricht Barthes von »Illustrationen« (M I, 245), und in der Tat *illustrieren* bestimmte Portraits auch Konzeptionen Michelets oder Barthes'. Gleichwohl ergibt sich ein freier Dialog, der von keinem lenkenden Kommentar dirigiert wird. Bilden die ikonotextuellen Beziehungen in *Michelet* also einen Ikonotext? Sie bilden in jedem Falle ein dichtes Geflecht von Text-Bild-Beziehungen, die man sehr wohl als einen ersten Versuch ikonotextuellen Schreibens, eines Schreibens also, das auf eine unauflösliche Einheit von Text und Bild abzielt, bewerten kann.[30]

Die Geschichte der Gesichter, der stehenden oder sitzenden Körper, bereichert auf subtile Weise jene Beziehungen, die Barthes zwischen Körper und Schrift in seinem schriftlichen Text herstellt.

29 Zur poetologischen Dimension von Autorenportraits am Schreibtisch an der Wende vom 18. zum 19. Jahrhundert und den Beziehungen zwischen Bild und Text vgl. Ette, Ottmar: »La mise en scène de la table de travail: poétologie et épistémologie immanentes chez Guillaume-Thomas Raynal et Alexandre de Humboldt«. In: Wagner, Peter (Hg.): *Icons-Texts-Iconotexts. Essays on Ekphrasis and Intermediality.* Berlin/New York 1996, 175-209.
30 Um so bedauernswerter ist es, daß in die *Œuvres Complètes* nur der Schrifttext einging: Bildmaterial wird allzuoft nur als »Beiwerk« verstanden.

Der Körper des Historikers nimmt die Geschichte in sich auf, wie die Geschichte den Körper des Historikers in sich aufnehmen wird: Auch eine Abbildung des Grabmals Michelets auf dem Friedhof *Père-Lachaise* fehlt nicht. Der Körper und seine verschiedenen Gesichter, die Barthes augenfällig machen wollte, markieren jene Kreuzungspunkte, an denen der Körper der Geschichte den Historiker selbst *zeichnet*.

Fig. 3: Roland Barthes 1970 (RB, 41)·

Drittes Kapitel
Der Semiologe und seine Mythen

Le Degré zéro de l'écriture war mit einer Verzögerung von sechs Jahren in deutscher Sprache erschienen, auf eine Übersetzung von Barthes' *Michelet* mußte der deutschsprachige Leser ganze sechsundzwanzig Jahre warten. Barthes' nächstes Buch, die 1957 veröffentlichten *Mythologies*, erschienen demgegenüber »nur« sieben Jahre später – wenn auch lediglich in einer Auswahl – unter dem Titel *Mythen des Alltags*. Diese zeitlichen Verschiebungen sind bedeutsam. Sie verweisen sowohl auf die Texte selbst als auch auf ihre deutschsprachige Rezeption. Gewiß ist im Bereich der Übersetzungspolitik vieles vom Zufall abhängig. Daß man 1959 Barthes' erstes, nicht aber auch sein zweites, längst vorliegendes Buch übersetzte, hat sicherlich mehrere Gründe, könnte aber nicht zuletzt mit dessen schwierigerer Einordnung zu tun haben.[1] *Am Nullpunkt des Schreibens* war eine originelle Reflexion über die französische Literatur und die Moderne, welche sich an einer Reihe von Texten orientierte, die damals den Kanon moderner französischer Literatur bildeten und zum größten Teil auch heute noch bilden. Auch aus philosophischer Sicht konnte der Band gelesen werden.[2] Wo aber war *Michelet* einzuordnen? Wie war dieses Buch zu lesen? Außer Zweifel stand, daß es sich weder um eine Biographie noch um eine historiographische Untersuchung von Michelets Werk handeln konnte. War es eine literarästhetische Analyse,

---

1 Außerdem war *Am Nullpunkt der Literatur* vor dem Hintergrund der einsetzenden Rezeption des *nouveau roman* in Deutschland deutbar. So enthielt die angeführte deutsche Erstausgabe zusätzlich den Essay »Objektive Literatur«, der Robbe-Grillet galt und bereits 1954 entstanden war.

2 So taucht *Le Degré zéro de l'écriture* keineswegs überraschend in der »Chronologie der philosophisch bedeutsamen Haupttexte des XX. Jahrhunderts« am Ende des von François Châtelet herausgegebenen 8. Bandes der *Geschichte der Philosophie*. Frankfurt a. M./Berlin/Wien 1975, 332 f., zusammen mit u. a. Gilles Deleuze (*Empirisme et subjectivité*), Jacques Lacan (*Fonction du champ de la parole et du langage*), B. F. Skinner (*Science and human behavior*) und Fidel Castro (*Die Geschichte wird mich freisprechen*) auf. Erst mit den *Essais critiques* und *S/Z* wird Barthes wieder Eingang in diese in vielerlei Hinsicht interessante Liste finden.

schien – zumindest aus Sicht der deutschen Verlagshäuser – der Gegenstand, ein französischer Historiker des 19. Jahrhunderts, schlecht bzw. nicht publikumswirksam gewählt. Auch in den Bereich der Belletristik konnte man den zweiten Band von Barthes wohl nicht recht einordnen[3]: *Michelet* war in einem Zwischenbereich anzusiedeln, der seltsam unbestimmt schien. Auch heute noch findet sich der Band, sucht man in Bibliotheken nach ihm, ebenso in den Regalen der Geschichtswissenschaft wie der Literaturtheorie, der französischen Literatur – die Autorfunktion, von der Foucault[4] sprach, zeigt sich hier in ihrer Pragmatik – wie der Kulturwissenschaft. Erst nach Barthes' Tod, nach mehr als einem Vierteljahrhundert tiefgreifender Veränderungen des geistigen Lebens, an denen Barthes selbst nicht unbeteiligt war, konnte dieses Buch offenbar nach der Einschätzung der Verleger auf positive Aufnahme beim deutschsprachigen Publikum hoffen. Die Grenzen zwischen Historiographie und Literaturwissenschaft, zwischen Literaturtheorie und literarischer Praxis waren – so würde ich vermuten, obwohl dies durch gezielte Rezeptionsanalysen erst noch nachzuweisen wäre – so weit durchlässig geworden, daß *Michelet* (vor dem Hintergrund des Gesamtwerks von Roland Barthes) rezipiert werden konnte. Festzuhalten bleibt, daß keine andere Buchpublikation Barthes' so lange auf diesen Zeitpunkt warten mußte.

Das Schicksal war gnädiger mit den *Mythen des Alltags*. Dieser Band wurde zwar nicht vollständig, aber immerhin doch übersetzt und erschien 1964 zu einem Zeitpunkt, als strukturalistisches Denken längst auch in Deutschland – wenn auch nicht unumstritten – die geistige Szenerie und den öffentlichen wissenschaftlichen Diskurs zu beherrschen begann. Barthes galt als einer der führenden Vertreter des Strukturalismus, und die Veröffentlichung der *Mythologies* stellte für viele einen Meilenstein innerhalb dieser Denkrichtung gerade in ihrer Anwendung auf die Gesellschaft dar. Folgerichtig wurde der zweite, theoretische Teil ungekürzt übersetzt, während man den ersten Teil stark kürzen zu können

3 Genau diesem Bereich der *Littérature* wird der Band in der *Collection Points* im Hause Seuil zugeordnet.
4 Vgl. Foucault, Michel: »Qu'est-ce qu'un auteur?« In: *Bulletin de la Société Française de Philosophie* 63 (1969), 73-95; eine deutschsprachige Ausgabe dieses noch näher zu besprechenden Essays findet sich in seinen Schriften zur Literatur. Übersetzt von Karin von Hofer und Anneliese Botond. Frankfurt a. M. 1988, 7-31.

glaubte: Der Schwerpunkt des Bandes wurde somit zur »Theorie« hin verschoben. Auf mögliche Gründe für diese Vorgehensweise komme ich zurück; doch sei jetzt schon angemerkt, daß heute der Zeitpunkt gekommen sein könnte, dem deutschsprachigen Publikum erstmals den vollständigen Band zu präsentieren.[5] Denn heute rückt auch im deutschsprachigen Raum zunehmend das Interesse am Schriftsteller Roland Barthes in den Vordergrund.[6]

Die *Mythen des Alltags* ließen sich im Gegensatz zu *Michelet* leichter zuordnen: auf epistemologischer und methodologischer Ebene dem Strukturalismus, auf thematischer Ebene der Soziologie, Kulturkritik oder – etwas später – der universitären Landeskunde. Sicherlich wäre es notwendig (wenn auch im Rahmen dieser Studie nicht durchführbar), die Rezeption des frühen Barthes im deutschsprachigen Raum ausführlich zu analysieren; doch läßt sich nach meiner Ansicht die Übersetzungspolitik als ein Seismograph für die Texte selbst wie für deren Aufnahme, für das Werk in einem vollständigen Sinne[7] also, verstehen. In jedem Falle gibt uns die Übersetzungsgeschichte Fragen im Sinne einer Hinterfragung der Einordnung auf, die im folgenden erörtert werden sollen.

Die Ausweitung von Forschungsfeld und Forschungsmethoden   35

War Roland Barthes in *Le Degré zéro*, im übrigen ganz wie Maurice Blanchot, einem Kanon großer (oder, denken wir an Camus, künftig großer) literarischer Autoren gefolgt, so weitete er mit seinem *Michelet* nicht nur sein eigenes Forschungsfeld, sondern (implizit) auch den Bereich der Literatur insgesamt wesentlich aus. Mit den *Mythen des Alltags* tut er dies ein weiteres Mal, indem er hier nicht nur den Bereich der Literatur, sondern den des Geschriebenen, der alphabetischen Schrift verläßt und sich mit Phänomenen der Kultur in einem weiten Sinne auseinandersetzt. Zugleich öffnet er mit den Texten des ersten Teils seinem eigenen

5 Dabei sollte man die Gunst der Stunde nutzen und in einem Anhang auch jene Texte mit aufnehmen, die Barthes aus verschiedenen Gründen nicht abdrucken ließ und die in Bd. 1 der *Œuvres Complètes* vorliegen.

6 Vgl. etwa den Aufsatz von Bürger, Peter: »Roland Barthes, Schriftsteller«. In: *Neue Rundschau* 100 (2, 1990), 113-124.

7 Vgl. hierzu den Abschnitt »Der Ort des Lesens« in der Ersten Annäherung.

Schreiben ein neues Experimentierfeld. Was sich in *Am Nullpunkt des Schreibens* bereits als kulturelles Projekt mit ideologiekritischer Stoßrichtung abzeichnete, wird hier auf den gesamten kulturellen Raum übertragen. Dabei sind es nun nicht mehr Marx oder Sartre, Bachelard oder Blanchot, die diese Ausweitung methodologisch absichern; auch wenn diese Bezugspunkte keineswegs vergessen sind, tritt nun ein Pol hervor, der sich bereits im Titel von *Le Degré zéro* angedeutet hatte: die Linguistik in ihrer strukturalistischen Ausprägung.

Barthes hatte während seines Aufenthalts als Lektor in Alexandria einen jungen Forscher, Algirdas Greimas, kennengelernt, dessen Arbeiten ihn vor allem im narratologischen Bereich noch während der sechziger Jahre stark beeinflussen sollten. Durch Greimas kam Barthes ab 1949 erstmals mit dem Werk des Genfer Linguisten Ferdinand de Saussure und dadurch mit den Grundlagen der strukturalen Linguistik in Berührung.[8] Als die *Mythologies* erschienen, lag die erste Bekanntschaft mit Saussure also schon einige Jahre zurück. Doch zeigt sich hier einmal mehr, daß die Projekte Barthes' sich zeitlich stets überlappen oder verschränken, von absolut getrennten Phasen innerhalb seines Werkes also keine Rede sein kann. Und doch kam die strukturalistische Wendung, liest man Barthes' Aufsätze aus der Mitte der fünfziger Jahre, recht überraschend. Vokabeln wie »strukturell« oder »Struktur« finden sich bereits in *Am Nullpunkt des Schreibens* oder deutlich mehr noch in seinem *Michelet*, doch handelte es sich hierbei »nur« um strukturelle Vorstellungen, nicht aber um strukturalistische Konzepte.[9] *Langue* oder *langage* sind in *Am Nullpunkt des Schreibens* in ein konzeptuelles Umfeld eingebettet, das nicht strukturalistisch fundiert ist, obwohl Barthes Saussure zu diesem Zeitpunkt bereits bekannt geworden war. Mit dem zweiten, 1956 verfaßten

8 Vgl. Calvet, Louis-Jean: *Roland Barthes 1915-1980, op. cit.*, 124.
9 Der Begriff der Struktur war nicht nur in Frankreich allgegenwärtig. So gab Hugo Friedrich – nach eigenem Bekunden 1956 keineswegs ein »Avantgardist« – seiner nicht unproblematischen Auseinandersetzung mit der Lyrik seit Baudelaire den Titel *Struktur der modernen Lyrik*, obwohl er – wie sein erstes Vorwort von 1956 zeigt – keineswegs strukturalistische Konzeptionen damit verband. Zehn Jahre später, im Vorwort zur mittlerweile neunten Auflage, merkt Friedrich an, daß er »das Wort ›Struktur‹ lieber vermieden hätte«, da sich dieser Ausdruck »in allen erdenklichen Gebieten als Modewort breit gemacht« habe. Vgl. Friedrich, Hugo: *Die Struktur der modernen Lyrik. Von der Mitte des neunzehnten bis zur Mitte des zwanzigsten Jahrhunderts.* Reinbek [9]1979, 10 u. 12f.

Teil der *Mythologies*, »Der Mythos heute«, wird Barthes nach dem literatursoziologischen und dem themenkritischen jenen dritten methodologischen Pol »besetzen«, der in der *nouvelle critique* von großer und während der fünfziger Jahre stetig wachsender Bedeutung war: den Pol der strukturalistisch fundierten (Literatur-) Analyse.

Barthes bezog diesen Ansatz freilich auf den gesamten Bereich der Kultur. Er bewies damit ein feines Gespür für die Fragestellungen seiner Zeit, ein Gespür, das ihn auch während der folgenden zweieinhalb Jahrzehnte nicht verlassen sollte. Denn er widmete sich nun einem Bereich, der seit den fünfziger Jahren die intellektuellen Auseinandersetzungen der zweiten Hälfte dieses Jahrhunderts prägte und dem insbesondere in der Postmoderne-Diskussion eine grundlegende Bedeutung zukommt: dem Bereich der sogenannten Massenkultur. Die Frage der Beziehungen zwischen »hoher Kultur« und »Massenkultur« prägte in Deutschland schon seit Benjamin und Adorno die Debatten um die Bestimmung der Kultur innerhalb der modernen bzw. modernisierten (europäischen) Gesellschaften wesentlich mit.[10] Was war die Funktion der Kunst »im Zeitalter ihrer technischen Reproduzierbarkeit«, im Zeitalter von Massenkonsum und Massenkommunikation? Barthes versuchte seit Beginn der fünfziger Jahre, die Frage nach der Funktion der Literatur nicht mehr nur von der Literatur her zu stellen oder zu beantworten, sondern die Literatur vor dem Hintergrund ihrer Funktionsweise innerhalb des gesamten kulturellen Systems der Nachkriegszeit zu bestimmen. Von großer Wichtigkeit war für ihn – wie im vierten Kapitel zu zeigen sein wird – das Theater mit seiner spezifischen Form von Öffentlichkeit, seinen verschiedenen Publikumssegmenten, seiner institutionalisierten Kritik, seinen Experimenten, die nach neuen Theaterformen, aber auch nach einem neuen Publikum riefen. Nicht nur in Deutschland, sondern auch in Frankreich wurde unter dem Eindruck des zweiten, strukturalistisch geprägten Teils der *Mythologies* nur allzu schnell vergessen, daß sich für Barthes das Problem der Massenkultur unmittelbar mit der Frage nach der Moderne

---

10 Barthes zitiert Adorno in seinen Schriften gar nicht, Benjamin wohl nur ein einziges Mal (1960) in Zusammenhang mit Brechts epischem Theater. Und doch fällt es schwer, daran zu glauben, Barthes habe Benjamins kulturkritische Arbeiten nicht gekannt. Im folgenden wird auf mögliche Bezüge zu Benjamins Denken aufmerksam gemacht.

verband. So heißt es in einem im Februar 1955 in den *Lettres Nou-velles* veröffentlichten Text, den Barthes später stark verändert und gekürzt in die *Mythen des Alltags* aufnahm:

»Valéry dachte, eine der wichtigsten Daten der Moderne sei so etwas wie 1799 (die Erfindung der elektrischen Batterie durch Volta); aber dies ist noch ein *poetisches* Erstaunen. Die Neon-Leuchtreklame beispielsweise stellt eine weit wichtigere historische Tatsache dar, insoweit sie wirklich den urbanen Habitus der Menschen verändert und sie zu einer neuen Sensibilität gegenüber der Nacht führt. Dasselbe gilt für die Photographie: Das Genie von Niepce und Daguerre ist noch Teil einer Art Hagiographie des menschlichen Geistes, ein episches Datum. Die entsprechende historische Tatsache ist die Geburt des illustrierten Magazins, seiner massiven Verbreitung, seiner Förderung des Visuellen als Vehikel von Mythen – während die Massen jahrhundertelang nur die orale Form ihrer Träume kannten.« (OC I, 460)

Verschwand diese Passage auch aus der endgültigen Fassung von »Spielzeuge« – auch dies ein Benjaminsches Thema – in den *Mythen des Alltags*, so weist sie doch eindringlich auf den Versuch von Roland Barthes, die Moderne nicht nur auf dem Gebiet des Ästhetischen zu begreifen, sondern innerhalb ihres gesamtgesellschaftlichen kulturellen Kontexts auf der Ebene einer Veränderung des Alltagslebens zu erfassen. Hatte Barthes mit seinem *Michelet* den Weg von einer produktionsästhetischen zu einer stärker an der Lektüre orientierten Ästhetik erprobt, so weitet sich nun – parallel zu seinen Untersuchungen zum Volkstheater aus diesen Jahren – sein Forschungsinteresse aus auf den Bereich des Kulturkonsums. Der Verweis auf einen »städtischen Habitus« zeigt, daß es Barthes im wesentlichen um Formen kultureller Aneignung im in der Großstadt mit ihren medialen Möglichkeiten, geht. Nicht mehr die Erfindungen technischer Artefakte (der Batterie, des Photoapparates) stehen im Vordergrund, sondern die von ihnen ausgelösten Veränderungen im Bereich der Massenkultur und ihrer Mythen in der (französischen) Industriegesellschaft. Die Fragestellung ist soziologisch, ideologie- und kulturkritisch bestimmt. Erst in einem zweiten Schritt wird die Analyse sich systematisch strukturalistischer Verfahren bedienen. Barthes' Projekt ist spätestens seit den *Mythen des Alltags* explizit ein kulturelles Projekt: Es fragt nach den Möglichkeiten kulturellen Schaffens und der Aneignung kreativer Erzeugnisse im Kontext der französischen *modernité* der fünfziger Jahre.

Autor, Literatur, Photographie, Massenmedien, Habitus, das Visuelle als Mythenvehikel: All diese Themen erscheinen gebündelt in einem kurzen Text, der am 9. September 1954 in *France-Observateur* unter dem Titel »L'écrivain en vancances« erschien.[11] Barthes nahm diesen ebenso kurzen wie wichtigen Text in seine *Mythologies* auf; in der deutschen Ausgabe fehlt er. Er setzt ein mit dem Hinweis auf André Gide, der auf seiner Fahrt den Kongo hinab Bossuet gelesen habe. Wir erfahren dies aus einer Photoreportage des *Figaro* über das, was Schriftsteller während ihrer Ferien tun. Dieses Bild muß Barthes fasziniert haben, stellt es doch dem Ort von Gides Schreiben (in *Le Degré zéro de l'écriture*) einen Ort des Lesens entgegen, bei dem der Schriftsteller gleichsam statisch in die Lektüre eines französischen Klassikers vertieft ist, während sich die afrikanische Welt, kaum zur Notiz genommen, an ihm vorbeibewegt. Ausgehend von einer kurzen Lektüre der Darstellung von Gides Lektüre, analysiert Barthes die Vermittlung »›moderner‹ Realitäten« (MY I, 580) durch einen Journalismus, der auf den ersten Blick den Schriftsteller zu entmystifizieren und entsakralisieren scheint, in Wirklichkeit aber – so Barthes – den literarischen Autor als Mythos bestätigt: Der Schriftsteller, der nicht »richtig« arbeitet, hat auch keine »richtigen« Ferien. Seine Tätigkeit erscheint als geradezu natürlich, die »literarische Produktion« wird zu »einer Art unwillentlicher und daher tabuisierter Sekretion« (MY I, 581) – eine Enthistorisierung der schriftstellerischen Arbeit, die, so Barthes bereits im Vorwort seiner *Mythologies* (MY I, 565), die grundlegende Funktionsweise des (kleinbürgerlichen) Mythos ist: die Umwandlung von Geschichte in Natur.[12] Diese Operation aber gehe am Schriftsteller nicht spurlos vorüber: Er werde zu einer Art »Übermensch« (*écrivain surhomme*) (MY I, 581) stilisiert, werde »noch ein wenig mehr zum Star« (*vedette*) (MY I, 581) der Massenblätter.

11 Da die bibliographischen Angaben in den *Œuvres Complètes* unvollständig sind, greife ich – wo nicht anders vermerkt – auf die Verweise in Freedman, Sanford/Taylor, Carole Anne: *Roland Barthes. A Bibliographical Reader's Guide*. New York/London 1983 zurück.

12 Daß Barthes selbst 1973 in *Die Lust am Text* die Metaphorik der Sekretion wieder aufnahm, um den Subjektbegriff aus dem Text, der nun zu »konstruktiven Sekretionen« geronnen ist, abzusondern (P I, 1527), wurde bereits in der zweiten Annäherung erwähnt.

Am Beispiel dieses kurzen Textes wird deutlich, daß Barthes sich der neuen Funktion des Literaten im Kontext der Massenkommunikation bewußt geworden ist und in vielerlei versucht, dieser neuen Rolle Rechnung zu tragen: Die Literatur ist kein autonomer Bereich mehr im Horizont der gesamten Kultur einer gegebenen Gesellschaft, sondern der Literat wird von der Maschinerie des modernen Journalismus erfaßt und – ganz im Sinne des obigen Zitats – visualisiert: Nicht seine Texte, sondern seine gewissermaßen übermenschliche Natur – objektiviert in einer bestimmten Haltung, der Barthes größte Aufmerksamkeit widmet – macht ihn zum Star. Das Bildmaterial mit seinem Anspruch auf Wiedergabe von »Wirklichkeit« enthüllt nicht ein wahres Sein, sondern verstärkt gerade das Scheinhafte, den Mythos, der sich des angeblich so informativen Mittels der modernen Printmedien bedient. Gerade eine sich dokumentarisch gebärdende Photographie transportiert den Mythos – und auch dies ist neben der in *Michelet* deutlich gewordenen Thematik ein wichtiger Ansatzpunkt für Barthes' jahrzehntelange Auseinandersetzung mit dem Visuellen. Umgekehrt aber – und dies ist nicht minder wichtig – bedient sich nun der moderne Schriftsteller (Barthes) dieser Printmedien und ihrer spezifischen Möglichkeiten, um dem Mythos entgegenzuarbeiten. Auch ihren Gesetzen muß er damit Rechnung tragen. Er verweist dabei nicht auf bestimmte wissenschaftliche Analysemethoden – dies geschieht erst in der Form des Buches, und auch dort nur im zweiten Teil –, sondern vertraut auf sein Schreiben in der Form der *écriture courte*. Der Schriftsteller, so zeigt sich, hat doch keine Ferien: jedoch nicht wegen seiner Berufung, sondern wegen seines Berufs. Er ist zum Mythenschreiber und zum Mythenkritiker geworden. Die Frage wird freilich sein, ob ihn dies davor bewahrt, seinerseits zum (mythenkritisch zu beleuchtenden) Star zu avancieren.

Die Mythen   37

Barthes als Medienstar? Eine solche Gefahr besteht während der fünfziger Jahre noch nicht. Doch immerhin erschreibt sich Barthes einen nicht unwichtigen Platz innerhalb der französischen Medienlandschaft. Die Texte, von denen er später eine breitgefächerte Auswahl von 54 Beispielen in seine *Mythologies* aufnehmen wird – die deutschsprachige Ausgabe begnügt sich mit einem guten Drittel –, erscheinen in regelmäßiger Folge in verschiedenen französischen Zeitschriften, vor allem aber in Maurice Nadeaus *Lettres Nouvelles*. Kein Thema scheint vor der Feder des Mythenkritikers sicher zu sein: Barthes beschäftigt sich mit einer solchen Vielfalt (nicht nur) damals aktueller Themenstellungen, daß man in der Tat von einem Panorama des Frankreich der fünfziger Jahre sprechen darf.

Gewiß hatten schon seine ersten Aufsätze recht unterschiedliche Fragestellungen behandelt: das Verhältnis von Kultur und antiker Tragödie, Gides Tagebuchschreiben[13], ein Film Robert Bressons oder die Ästhetik des Romans (um nur seine ersten vier Veröffentlichungen zu nennen). Und doch bieten die *Mythologies* ein noch wesentlich breiteres Spektrum von Themen, die – so Barthes hintergründig – »scheinbar am weitesten von jeglicher Literatur entfernt« sind (MY I, 565). Sie spüren den kleinbürgerlichen Mythen nicht nur in Kino und Theater, Literatur und Ästhetik, sondern auch im Bereich von Einsteinscher Wissenschaft und geschirrspülender Sauberkeit, mimetischem Kinderspielzeug und männerlockendem Striptease, kleinbürgerlichem Eheleben und großbürgerlichem Segelleben, kulturbeflissener Reiseliteratur und naturbelassener Nahrung, buntgreller Plastikwelt und wohltemperierter Gesangskultur; politischer Propaganda und kirchlicher Erbauung, kindlicher Inspiration und automobilistischer Raffinesse nach. So verwirrend diese Themenvielfalt auch sein mag: Fast immer versucht Barthes, Phänomene der sogenannten Massenkultur mit der »hohen Kultur« in einen Dialog zu bringen und zugleich zu analysieren. Sein Schreiben, einmal mehr in der Form der *écriture courte*, ist damit literarischen wie kritischen Diskursen gleichermaßen verpflichtet.

Dies zeigt sich schon in seiner ersten »Mythologie«, die im November 1952 unter dem Titel »Le monde où l'on catche« in der Zeitschrift *Esprit* erschien.[14] Sie bildet auch den ersten Text der

13 Auf die Kontinuität der Beschäftigung Barthes' mit Theorie und Praxis des Tagebuchs ist verschiedentlich aufmerksam gemacht worden; vgl. u. a. Sontag, Susan: »Writing Itself: On Roland Barthes«. In: Dies. (Hg.): *A Barthes Reader*. London 1982, vii. Ich komme auf die Problematik des *journal intime* im elften Kapitel zurück.

14 Insoweit stimmt Barthes' Aussage im ersten Satz seines Vorworts, seine Texte seien »im Verlauf der Jahre 1954 bis 1956 aus jeweils aktuellem Anlaß monatlich geschrieben« worden, nicht ganz (MY I, 565). Sein späteres Vorwort von 1970 wiederholt diesen Irrtum.

Buchfassung, fehlt aber – wie bei dem guten Gespür des deutschen Verlages für die wichtigen Texte nicht anders zu erwarten – in der deutschsprachigen Ausgabe. Die »Welt des Catchs«, die nicht nur ein in Frankreich beliebtes billiges Vorstadtvergnügen, sondern auch ein Beispiel importierter Massenkultur ist, wird in ihrer gesellschaftlichen Funktion nicht ohne eine gezielte Provokation mit dem antiken Theater verglichen. Catchen sei kein Sport[15], der Besuch einer solchen Veranstaltung ebenso ehrenvoll wie der Besuch einer Tragödie Racines (MY I, 569). So heißt es auch am Ende dieses mit einem Baudelaire-Zitat eröffneten Textes: »Wenn der Held oder der Schweinehund des Dramas, jener Mann, der nur wenige Minuten zuvor als ein von einer moralischen Raserei Besessener, angewachsen zur Größe einer Art metaphysischen Zeichens, gesehen worden war, den Catch-Saal ungerührt, anonym, ein Köfferchen in der Hand und seine Frau am Arm verläßt, zweifelt niemand daran, daß das Catchen eine Macht der Wandlung besitzt, wie sie Schauspiel (*Spectacle*) und Kult eigen ist.« (MY I, 576) Das Theatralische vereinigt sich in der Moderne wieder mit dem Kultischen – aber gerade nicht dort, wo man es erwartet hätte. Es ist eben nicht das kultivierte bürgerliche Theater, das in der Abgeschlossenheit seines Theaterraums, in der alltäglichen Praxis sich wiederholender Aufführungen eine solche Vereinigung bewerkstelligen könnte, sondern die Welt des »Sports«: mit ihren offenen Arenen, ihren nicht jeden Tag, sondern nur periodisch wiederkehrenden gefeierten und feierlichen Höhepunkten, ihren jeweils einzigartigen, unwiederholbaren spektakulären Abläufen.[16] Hierzu zählen die olympischen Spiele ebenso wie nationale Fußballmeisterschaften oder, in Frankreich mit zweifellos größerem Gewicht, die *Tour de France*, deren Mythos Barthes eine eigene »Mythologie« (MY I, 630ff.) wert ist. Ausgehend von einer Lektüre der Be-

15 Diese Anfangsdefinition wird im Verlauf des Textes freilich – wie häufig bei Barthes – mißachtet, indem Catchen an späterer Stelle sehr wohl als Sportart bezeichnet wird (MY I, 572). Barthes' Vergleich dürfte Maren E. Ormseth in »The Role of Myth in Barthes and Nietzsche«. In: *Constructions* (1986), 5-15, dazu verleitet haben, den Mythos des Catchens mit der Verwendung des Mythosbegriffs bei Nietzsche in Verbindung zu bringen.

16 Von großer Wichtigkeit ist für diesen Zusammenhang der programmatische, 1953 in *Théâtre Populaire* abgedruckte Artikel »Macht der antiken Tragödie« (*Pouvoirs de la tragédie antique*) (OC I, 216-223). Barthes entwirft hier einige der Grundideen nicht nur seiner Theaterkonzeption, sondern auch seiner Lesarten des Mythos.

richterstattung in der großen französischen Sportzeitung *L'Equipe* gerät die radsportliche Bezwingung des provenzalischen Bergriesen bei Barthes – und er wußte sehr wohl um die literarischen und keineswegs nur topographischen Besonderheiten dieses Berges seit Petrarca – zu einer Prüfung des Helden nicht nur im Sinne des bürgerlichen Romans, sondern des antiken Epos. Auch hier also greift Barthes auf die Kultur der Antike zurück: Folgerichtig wird der Bergriese auch nicht »bezwungen«, ihm opfert vielmehr der moderne Held in Radsportkleidung. Und noch eine zweite Gemeinsamkeit drängt sich auf: die Tatsache, daß auch hier dem körperlichen Element eine große Bedeutung zukommt.

Körper, Zeichen: Gesichtlichkeit   38

Die Dimension des leibhaftigen, ins Rampenlicht getauchten Körpers ist in fast allen »Mythologien« von zentraler Wichtigkeit. Im Körper des Catchers etwa bündeln sich jene Zeichen, deren unmittelbare Lektüre zur Voraussetzung einer Einheit zwischen »Bühne« und »Publikum« wird. Der Zeichendeuter selbst, der Semiologe, legt eine kritische Lektüre dieser Zeichen vor: Das Catchen erscheint schon als »diakritische Schreibweise« (*écriture diacritique*) (MY I, 571). Damit ergibt sich ein vielfältiges Beziehungsgeflecht zwischen Bild (des Mythos) und Text (des Kritikers), zwischen Körper (des Akteurs) und Schrift (seines Körpers), zwischen Lesen (des Publikums) und Schreiben (des Schriftstellers). Dieses komplexe Spiel zeigt sich ebenso in den Texten, die Barthes in seine *Mythologies* mitaufnahm, wie in jenen anderen (und gewiß nicht weniger bedeutungsvollen), die keinen Eingang in die Buchpublikation fanden. Das Gesicht erscheint Barthes dabei zumindest während der fünfziger Jahre als jener Teil des Körpers, an dessen Oberfläche und in dessen Falten sich die Zeichen konzentrieren. Das Gesicht ist keine Natur, sondern hat eine Geschichte, es ist eine Form, die gewählt werden kann aus jenem Vorratskeller an Gesichtern, die uns etwa das Kino zur Verfügung stellt – so Barthes in »Visages et figures« (OC I, 224), einer Mythologie von 1953, die leider nur in gekürzter Form in die deutschsprachigen *Mythen des Alltags* aufgenommen wurde. Und an das Gesicht heftet sich mit Vorliebe der Mythos, wie Barthes in einem anderen, dem Gesicht der Garbo gewidmeten Text sehr schön aufzeigt (MY I, 604ff.).[17] Man könnte in den Texten Barthes' freilich schon die Andeutung jenes Prozesses erkennen, den Gilles Deleuze und Félix Guattari in ihrer Untersuchung der Gesichtlichkeit (*visagéité*) Jahrzehnte später erhellten: Das Gesicht erscheint nicht als ein Teil des Körpers; es ist vielmehr als jene Oberfläche aufzufassen, die den Körper gleichsam vergesichtet.[18] Zwischen Körper und Gesicht findet ein mehrfaches Spiel von De- und Reterritorialisierung statt: Die Vergesichtigungsmaschinerie im Sinne Deleuze' und Guattaris erfaßt alle Körperteile und wandelt sie um.[19] In einem der schönsten und anregendsten kurzen Texte der fünfziger Jahre zeigt sich Barthes' Einsicht in derartige Zusammenhänge anläßlich seiner Darstellung des zum Pariser Mythos gewordenen Tempels der Liebe und Erotik, des Geldes und der nackten Haut, den *Folies-Bergère*. In einer langen Passage über die »Gesichter der Girls« lesen wir:

»Dieses menschliche *Gesicht*, das gewöhnlich nie mehr als eine Gegenwart ist, manifestiert sich mir schließlich wie ein Produkt, es kann gekauft werden, nicht nur, weil es ein Gegenstand ist, der alle Stellungen der Verfügbarkeit besitzt, sondern vor allem, weil es ein konstruierter Gegenstand ist, der durch mechanische Verfahren aus dem Nichts gezogen wurde, deren Spur selbst im Lächeln noch sichtbar ist, das doch rein anatomisch, auf den Rang einer Haltung der Zähne reduziert ist [...] dies ist eine stille und unmenschliche Zeremonie, in welcher die Frau mir versteinert erscheinen soll, gegenständlich geworden im Stolz eines Dings.« (OC I, 199)

In eigentümlicher Präzision erscheint hier, in das den Blicken der Voyeurs offenstehende gekaufte Frauengesicht eingeschrieben, die »Spur« jener Maschinerie, die die Stellungen und Haltungen des Körpers auf das Gesicht überträgt, das seinerseits die verfügbar gemachten Körperstellungen – zu denen auch die Haltung der Zähne zählt – vergesichtet. Die Prostitution des Körpers – und die Zähne sind dessen unveränderlichster, »versteinertster« Teil –

17 Das Bild der Garbo wurde dem Text Barthes' 1986 in einer Ausstellung der Stadt Paris gegenübergestellt, wodurch die ikonotextuelle Dimension dieses Schreibens noch deutlicher hervortrat; vgl. den Ausstellungskatalog *Roland Barthes: le texte et l'image*. Pavillon des Arts, 7 mai – 3 août 1986. Paris: Edition Paris Musées 1986, 28f.
18 Deleuze, Gilles/Guattari, Félix: »Das Jahr Null – Gesichtlichkeit«. In: Bohn, Volker (Hg.): *Bildlichkeit. Internationale Beiträge zur Poetik*. Frankfurt a. M. 1990, 434.
19 Ebd., 441f.

wird im Gesicht lächelnd sichtbar. Hat Barthes diesen Text auch nicht in seine *Mythen des Alltags* aufgenommen – die Verwendung der ersten Person Singular mag nicht mehr in die Konzeption des Buches gepaßt haben, nach der die Untersuchungsmaterialien des ersten den Untersuchungsmethoden des zweiten Teils zugeführt werden sollten –, so stellt sein Besuch der »Folies-Bergère«, erstmals im Februar 1953 in *Esprit* veröffentlicht, doch einen grundlegenden Text sowohl für Barthes' semiologische Vorgehensweise als auch für sein brillantes, einfallsreiches und immer wieder überraschendes Schreiben dar. In seiner hybriden, zwischen mehreren Diskursen sich hin und her bewegenden Form beinhaltet dieses Schreiben eine intensive Reflexion über die Dimension des Körperlichen und führt damit die im *Michelet* entwickelte Thematik, nun nicht mehr auf die Moderne des vergangenen, sondern auf jene der fünfziger Jahre unseres Jahrhunderts bezogen, fort.

Es ist also keineswegs so, daß erst der späte Barthes das Körperliche zu einem der Fixpunkte seines Denkens gemacht und mit der Problematik des Schreibens verbunden hätte.[20] In den Gesichtern französischer Schauspieler oder Schriftsteller, des Abbé Pierre oder der Greta Garbo, liest Barthes – wie in den verschiedenen Gesichtern Michelets – eine Körperlichkeit, die ihre eigene Geschichte, die der Figuren wie ihrer Betrachter, besitzt. In der Gesichtlichkeit der Nummerngirls der *Folies-Bergère* lächeln uns, hinter der Maske der Massenkultur, die Gesichter der Moderne im Frankreich der Nachkriegszeit an. Sie verweisen auf die soziale Produktion des Gesichts: Es ist nicht Natur, sondern Geschichte, auch wenn der moderne Mythos, ideologisch gesteuert, aus ihm Natur machen möchte: ein Ding wie – am Ende der oben zitierten Passage – die Frau im Programm der aus aller Herren Länder angereisten Voyeurs. Dies – so könnten wir mit Barthes den Ansatz von Deleuze und Guattari ergänzen – ist die Geschichtlichkeit der Gesichtlichkeit. Wie die beiden französischen Querdenker hätte

20 Dieser Fehleinschätzung begegnet man in der Barthes-Literatur häufig. Sie liegt auch der am Begriff des Körperlichen bei Barthes orientierten Darstellung von Gabriele Röttger-Denker zugrunde, die den frühen Schriften nur wenige Seiten widmet, obwohl sie erkennt, daß die »Kategorie des Körpers« schon in *Michelet* vorhanden ist. Die Behandlung der körperlichen Dimension im »Frühwerk« wird aber dann nur kurz gestreift und zudem auf das »Spätwerk« hin perspektiviert. Vgl. Röttger-Denker, Gabriele: *Roland Barthes zur Einführung, op. cit.*, 29.

auch Barthes sagen können: »Das Gesicht ist Politik.«[21] All dies erklärt die enorme Bedeutung, welche im Kontext der Moderne-problematik dem Gesicht und seiner Zeichenhaftigkeit im Gesamtwerk Roland Barthes zukommt.

Die Dialogisierung der sogenannten Massenkultur mit Formen der sogenannten »hohen Kultur« führt durchaus nicht zu einer Gleichsetzung beider: Barthes hatte schon 1953 betont, wie schmerzhaft und groß im moralischen Bereich die Distanz zwischen antiker Tragödie und modernem Sport sei (OC I, 217). Auf der literarischen Ebene läßt sich die Differenz gerade anhand des zuletzt analysierten Textes zeigen. Denn das Ich, das die *Folies-Bergère* besucht, ist gespalten: Es ist nicht nur »Pferdehändler aus dem *pays d'Auge*, Kaufmann in Brüssel oder Huthändler in Independance (Kansas)« (OC I, 195), sondern zugleich ein Autor, der nicht nur mit literarischen Verfahren, sondern ebenso mit marxistischen Gesellschaftstheorien und soziologischen Konzepten bestens vertraut zu sein scheint und darüber hinaus ein Zeichendeuter ist, dem man die Lektüre Saussures bereits anmerkt.[22] Die Mythen werden so einer direkten und zugleich distanzierten, teilnehmenden und zugleich beobachtenden Analyse geradezu anthropologischen Zuschnitts unterzogen. Hierdurch gelingt es Barthes, den Mythos seiner quasi-natürlichen Selbstverständlichkeit zu entkleiden und die ideologischen Mechanismen der Massenkultur freizulegen, in den *Folies-Bergère* buchstäblich bis auf die nackte Haut. Die »Mythologien« von Roland Barthes, in ihrer Verknüpfung unterschiedlichster Diskurse hybrid angelegt, haben viele Gesichter. Dies mag erklären, warum dieses Buch, über die Phase des Strukturalismus hinaus, zu einem »Klassiker« (der Moderne) werden konnte.

21 Deleuze, Gilles/Guattari, Félix: »Das Jahr Null – Gesichtlichkeit«, op. cit., 451.
22 Die erste Person Singular entspricht hier weniger einem literarischen Verfahren als jenes Ich des Kritikers in der paradoxen Definition, die Barthes 1963 in seinem Vorwort zu den *Kritischen Essays* vorschlägt: »Das Ich des Kritikers« sei »nicht in dem, was er sagt, sondern in dem, was er nicht sagt«, im »Diskontinuierlichen« jedes kritischen Diskurses (E I, 1175).

Wir kennen nun die vielen Gesichter der Mythen, was aber ist der Mythos? Dieser Frage stellt sich Roland Barthes im zweiten, nach der Veröffentlichung der Mythen-Texte verfaßten und auf September 1956 datierten Teil des Bandes unter dem Titel »Le mythe, aujourd'hui«. Die Antwort fällt kultur- und ideologiekritisch aus, sie ist vor allem aber Programm. Denn dieser Text ist nicht einfach ein Text mehr innerhalb dieses Bandes: Barthes hat mit und in ihm die *écriture courte* im doppelten Wortsinn *über-dacht*. Es ist der Versuch, den Texten nicht nur einen gemeinsamen Raum zu verschaffen, sondern auch auf epistemologisch kohärente Art neu zu durchdenken. Barthes wird damit zum Leser seiner eigenen Texte, die »Mythologien«, die (etymologisch verstanden) den Mythos »sprachen«, werden nun von einer neuen Sprache gesprochen: der des Strukturalismus.

All dies geht nicht ohne semantische Vereinfachungen, ohne methodologische Reduktionen vor sich: Der Meta-Text versucht, die vorgängigen Texte zum Material einer neuen, wissenschaftlichen Durchdringung zu machen und damit dem Ziel einer kohärenten Sicht näherzubringen. Den hybriden Formen wird ein System übergestülpt, aus den Mythen wird der Mythos. Und aus dem Mythenschreiber der Strukturalist.

Vielleicht hat bis zu Barthes' Tod kein anderer Text so sehr sein Bild geprägt wie dieser zweite Teil der *Mythen des Alltags*. Und vielleicht gibt es keinen anderen seiner Texte, der so häufig Gegenstand von Darstellungen geworden wäre.[23] Dies erlaubt es uns, den methodologischen Ansatz in der gebotenen Kürze synthetisierend darzustellen, ohne allerdings die Tatsache zu vergessen, daß die bis heute beobachtbare Konzentration auf »Der Mythos heute« stets erkauft wurde durch eine Lektüre, die den Metatext *über* seine Bezugstexte stellt und semantische Reduktionen als ge-

---

23 Vgl. u. a. Calvet, Louis-Jean: *Roland Barthes. Un regard politique sur le signe*, op. cit., Kap. 4; Theis, Raimund: »Roland Barthes«. In: Lange, Wolf-Dieter (Hg.): *Französische Literaturkritik der Gegenwart in Einzeldarstellungen*, op. cit., 252-278; Thody, Philip: *Roland Barthes: A Conservative Estimate*, op. cit., 38-53; Eco, Umberto/Pezzini, Isabella: »La sémiologie des ›Mythologies‹«. In: *Communications* 36 (1982), 19-42; Olsen, Bjørnar: »Roland Barthes: From Sign to Text«. In: Tilley, Christopher Y. (Hg.): *Reading Material Culture: Structuralism, Hermeneutics and Post-Structuralism*. Oxford 1990, 163-205.

rechtfertigt erscheinen läßt.

Der zweite Teil machte in den fünfziger und sechziger Jahren Furore. Er belegte eindrucksvoll, daß eine strukturalistische Lesart nicht nur auf die Sprache, sondern auch auf die Gesellschaft anwendbar ist. Schon in seinem kurzen Vorwort zur ersten Ausgabe hat Barthes betont, daß er den Begriff des Mythos in seinen »Mythologien« zwar noch »in einem traditionellen Sinne« verstünde, aber bereits damals erkannt habe, daß »der Mythos eine Sprache« (*un langage*) sei (MY I, 565). Gleich auf den ersten Seiten des zweiten Teils häufen sich diese Definitionen, die in der schon in *Le Degré zéro de l'écriture* beobachteten Weise immer wieder leicht verschoben anbranden: Der Mythos wird schon auf der ersten Seite als Sprechen (*parole*[24]), als Kommunikationssystem, als Botschaft, als Art der Bedeutung (*signification*) und als sprachliche Form bestimmt. Die Geschichte wird in diesen Definitionen mitgedacht, da der Mythos ein »von der Geschichte gewähltes Sprechen« sei (MY I, 684). Der Mythos könne andere Formen, häufig Bilder, annehmen, die aber dann ebenfalls als Schrift, als Sprache gelesen werden könnten. Folglich wird der Mythos dem Forschungsfeld der Semiologie zugeschlagen, was sehr wohl dem Verständnis Ferdinand de Saussures entspricht, der diese als eine *science qui étudie la vie des signes au sein de la vie sociale* definiert hatte.[25] Die Mythologie könne zugleich von der Semiologie und einer mit ihr dialektisch verbundenen Ideologie untersucht werden, die als historische Wissenschaft, die die *idées-en-forme* (MY I, 685) untersuche, bezeichnet wird.[26]

In seiner sprachlichen Definition des Mythos verwandelt sich Barthes zudem auf schöpferische Weise Hjelmslevs Unterschei-

---

24 In der deutschen Ausgabe wird dies mit »Aussage« übersetzt, was im Französischen wohl eher *énoncé* entspräche. Ich ziehe hier die in der deutschen Übersetzung von Saussures *Cours* gewählte Übersetzung vor; vgl. Saussure, Ferdinand de: *Grundfragen der allgemeinen Sprachwissenschaft*. Übersetzt von Hermann Lommel. Berlin 1967, 13.

25 »Wissenschaft, die das Leben der Zeichen im Schoß des sozialen Lebens untersucht«; vgl. Saussure, Ferdinand de: *Cours de Linguistique Générale*. Publié par Charles Bally et Albert Sechehaye. Avec la collaboration de Albert Riedlinger. Edition critique préparée par Tullio de Mauro. Paris 1975, 33.

26 In dieser Passage bezieht sich Barthes zwar explizit auf Engels, doch scheint mir seine Definition eher auf die Grundidee von Destutt de Tracy zurückzugehen. Eine Verwendung des Ideologiebegriffs im Marxschen Sinne als »falsches Bewußtsein« ließe sich in den *Mythen des Alltags* ebenfalls leicht nachweisen.

dung zwischen Konnotation und Denotation an und bestimmt den Mythos als »*sekundäres semiologisches System*« (MY I, 687), als Meta-Sprache, mithin als Zeichensystem zweiter Ordnung. Aus heutiger Sicht ist trotz aller Unterschiede die Nähe zu den Vorstellungen des russischen Semiotikers Jurij M. Lotman aufschlußreich, der von »Umkodierung im Bereich der Semantik und Umkodierung im Bereich der Pragmatik« spricht und Kunst (wie Literatur) in folgender Weise zu definieren versucht: »Ein sekundäres modellbildendes System vom Typ Kunst konstruiert sein *eigenes* System von Denotaten, das nicht etwa eine Kopie, sondern ein Modell der Welt der Denotate in allgemeinsprachlicher Bedeutung darstellt.«[27] Ein solches sekundäres modellbildendes System, das auf semantischen wie pragmatischen Umkodierungen beruht, ist auch der Mythos im Sinne Barthes'. Die Funktionsweise des Mythos zielt, folgt man dem Verfasser der *Mythologies*, auf eine Umwandlung von Geschichte in Natur, wobei diese Enthistorisierung mit einer Entpolitisierung einhergehe, die stets auf ein »Faktisches« verweisen könne (MY I, 698f.; 707ff.). Funktions- und Verfahrensweise des Mythos sind konstitutive Teile dessen, was Barthes als (klein-)bürgerliche Gesellschaft bezeichnet, deren Vorgeschichte er bereits in den Ideen – wohlgemerkt: nicht in den Themen – Michelets untersucht hatte. Soziologisch bleibt dieses Kleinbürgertum weitgehend unbestimmt, taucht aber – um bei den oben genannten Beispielen zu bleiben – als Publikum der Catcher, Radfahrer und Showgirls, als Zuschauer im Kino oder als Leser bunter Illustrierten, als anonymes Massenpublikum und einer in den Sog der Modernisierung geratenen Gesellschaft auf.

Barthes geht es nicht um eine Gesellschafts*analyse*, sondern um eine Gesellschafts- und Ideologie*kritik*, die unter Rückgriff auf Saussure und Hjelmslev in einer Wissenschaft vom Zeichen fundiert werden soll. Aus dieser Perspektive wird deutlich, daß Barthes eine solche Semiologie nicht nur in hohem Maße auf die Gesellschaft, sondern auch auf verschiedenste Formen der Geschichte (der Politik, der Wirtschaft, des Kulturkonsum, aber auch des Körpers und seinen geschichtlich bestimmbaren Ausdrucksformen) bezogen wissen will. Die Semiologie wird zum Herzstück von Barthes' kulturellem Projekt, das in seiner rationalen, ideologiekritischen Stoßrichtung letztlich ein auch im Habermasschen

27 Lotman, Jurij M.: *Die Struktur literarischer Texte*. Übersetzt von Rolf-Dietrich Keil. München ²1981, 77.

Sinne aufklärerisches, auf eine Demaskierung des (bürgerlichen) Mythos abzielendes gesellschaftskritisches Projekt ist. Das Ziel der Überwindung gesellschaftlicher Entfremdung, das utopisch schon *Le Degré zéro de l'écriture* eingeschrieben war, wird hier auf der Basis strukturalistischer Vorstellungen weiterverfolgt und vom Bereich der Literatur auf den der gesamten Kultur, vom einzelnen Schriftsteller auf dessen Publikum innerhalb des neu hinzugedachten Kontexts der Massenkultur ausgedehnt. Der zweite Teil der *Mythen des Alltags* zeigt Barthes' Fähigkeit, alte Ziele und Fragestellungen mit Hilfe neuer Verfahren und Methoden, hier unter Rückgriff auf das »neue«, im Frankreich der fünfziger Jahre zunehmend vorherrschende Wissenschaftsparadigma des Strukturalismus, hartnäckig weiterzuverfolgen und damit nicht nur bestimmten Themen (oder Obsessionen), sondern auch einem einmal ins Auge gefaßten Projekt treu zu bleiben.

Der Mythos als Sprachendiebstahl und der Diebstahl des Mythos 40

Der Mythos ist nicht nur ein sekundäres semiologisches System, sondern auch Sprache aus zweiter Hand: weniger als gebrauchte und recycelte denn als gestohlene und verstohlen in umkodierter Form in Umlauf gebrachte Sprache, die ihren artifiziellen Charakter nicht zu erkennen gibt, sondern sich natürlich, überzeitlich, überparteiisch und universell gebärdet. Barthes geht dieser Frage im Abschnitt »Le mythe comme langage volé« (MY I, 699–703) nach. Der Mythos, so Barthes, sei in der Lage, jedes andere Sinnsystem zu stehlen, um ihm seine eigenen, quasi-natürlichen Sinnstrukturen überzustülpen. Mit Lotman könnte man dies als einen Umkodierungsprozeß auf semantischer und pragmatischer Ebene terminologisch fassen.

Barthes kennzeichnet die Funktionsweise des Mythos als parasitär. Vor diesem Parasitenbefall, vor diesen Umkodierungsprozessen also, kann keine Sprache sicher sein: Seine Beispiele zeigen, daß dies ebenso für die Sprache der modernen Lyrik wie für die Formelsprache der Wissenschaft gilt. Aus der Sicht seines aufklärerischen, entmythisierenden Kulturprojekts muß sich Barthes zwangsläufig der Frage stellen, ob eine Gegenwehr gegen den ubiquitären, allgegenwärtigen Mythos überhaupt möglich ist. Seine

Antwort ist überraschend eindeutig: Die effektivste Gegenwehr bestehe darin, den Mythos selbst wiederum zu mythisieren, indem man einen künstlichen Mythos schaffe. Wenn der Mythos ein Sprachendiebstahl sei, so Barthes bündig, »warum dann nicht den Mythos stehlen?« (MY I, 702) Als Beispiel nennt Barthes Flauberts Roman *Bouvard et Pécuchet*, in dem er einen experimentellen Mythos, »einen Mythos zweiten Grades« erblickt (MY I, 702).[28] Das Beispiel ist aufschlußreich: Es zeigt, daß die Nähe zur späteren Definition von Kunst und Literatur bei Lotman nicht von ungefähr gegeben ist. Denn die Literatur ist in der Lage, auf einer sekundären (oder tertiären) Ebene Umkodierungsprozesse zwar nicht rückgängig zu machen, aber – und dies ist wesentlich effektiver – selbst wiederum semantisch wie pragmatisch umzukodieren. Genau hier kommt die Literatur ins Spiel, und darum sind die Themen der »Mythologien« auch nur »scheinbar« (MY I, 565) von der Literatur entfernt. Das System der Literatur ist aufgrund seiner von Lotman analysierten semiotischen Strukturiertheit hervorragend dazu geeignet, sich über die analoge Struktur des Mythos zu legen. Barthes hat dies erkannt, wenn er auch daraus zumindest explizit keine Konsequenzen für sein eigenes Schreiben ableitet. Denn seine Mythologien »sprechen« den Mythos, kodieren ihn also um. Der analytische Teil der *Mythen des Alltags* holt diesen Prozeß, unter Rückgriff auf die Begrifflichkeit der strukturalen Linguistik, theoretisch ein und fügt dieser Umkodierung eine neue hinzu; diese erfaßt im übrigen auch *Am Nullpunkt des Schreibens*, das von Barthes nun als »Mythologie der literarischen Sprache« bezeichnet wird (MY I, 701). Hier verbindet sich die Mythendemontage (oder »*Semioklastie*« [MY I, 563]) mit dem Entwurf einer Literatur, die sich jenseits ihres eingegrenzten Sakralraums, jenseits der Institution Literatur also, der von ihr in Gang gesetzten Zeichenprozesse bewußt ist.

Mit der Bewußtmachung der semiologischen Verfahren des Mythos gelangt Barthes wesentlich über dessen bloße Entmythisierung hinaus. Doch unterliegt nicht auch diese Begrifflichkeit (so

28 Die Präsenz von Flauberts letztem Roman im gesamten Werk von Barthes seit *Am Nullpunkt des Schreibens* ist beeindruckend: Als oft zitiertes Beispiel folgt *Bouvard et Pécuchet* Barthes bei allen seinen theoretischen und methodologischen Bewegungen, so daß Barthes' Neologismus der »bouvard-et-pécuché-ité« (MY I, 702) durchaus auf sein eigenes Werk zu beziehen ist.

könnten wir Barthes kritisch mit Barthes fragen) der Gefahr, wie jede Sprache – die wissenschaftliche nicht ausgeschlossen – selbst wieder im Mythos zu enden? Notwendig stellt sich also die Frage, wer die Mythen des Mythenkritikers entmythisiert.

Die Mythen des Mythenkritikers 41

Im Vorwort zur ersten Ausgabe der *Mythologies* hatte Barthes die Problematik einer »Mythologie des Mythologen« (MY I, 565) durchaus erkannt, sah in ihr aber offenkundig noch ein untergeordnetes Problem. Das Vorwort, das Barthes seinem Band dreizehn Jahre später, im Februar 1970, mitgab, ist hier aus der Perspektive der *Tel Quel*-Gruppe um manche Erfahrung reicher und verschiebt den Ort der Debatte weg von einer Befreiung der Kultur von der Entfremdung hin zu einer »Befreiung des Signifikanten« (MY I, 563), ohne daß damit die Entfremdungsproblematik in den bürgerlich-kapitalistischen Gesellschaften des Westens vergessen wäre. Die Veränderung des »theoretischen Ortes« der Semiologie hat meiner Ansicht nach wesentlich mit der Einsicht in die Problematik der »vergangenen Form« (MY I, 563) des Buches zu tun: Und Barthes dürfte hier vor allem an die Aufspaltung in Text und Meta-Text gedacht haben, auch wenn er sich schon im ersten Vorwort geweigert hatte, eine Differenz zwischen der »Objektivität des Wissenschaftlers« und der »Subjektivität des Schriftstellers« anzuerkennen (MY I, 566). Gewiß enthalten die einzelnen »Mythologien« Elemente theoretischer Diskurse – dies macht, wie wir sahen, ja gerade ihre hybride Form aus –, und gewiß enthält die abschließende Analyse eine Vielzahl bewußt eingesetzter spielerischer Elemente, wie eine kritische Auseinandersetzung mit den vielen Neologismen unschwer belegen könnte.[29] Doch die Trennung zwischen Untersuchungsmaterial und systematisierendem Diskurs, mithin die

29 Zu den Neologismen in Barthes' Gesamtwerk vgl. die Analyse von Margarito, Mariagrazia: »Neologismi in Roland Barthes«. In: *Strumenti Critici* XVI, 47-48 (1982), 189-208. Die Autorin untersucht circa 2500 Neologismen Barthes', eine Zahl, die sich mühelos erhöhen ließe, da nur die in Buchform publizierten Texte erfaßt werden. Die Autorin der Studie macht darauf aufmerksam, daß eine Reihe von Neologismen recht erfolgreich waren. Wichtig ist auch ihr Hinweis, daß die Neologismen, ebenso wie ungewöhnliche Orthographie, Interpunktion oder Großschreibungen den Leser zur Herabsetzung seiner Lesegeschwindigkeit zwingen (190).

Problematik der Metasprache, blieb bestehen. Hier mußte Barthes' *engagement de la forme* ansetzen. Die Semiologie, die erst nach 1968 als Wissenschaft institutionalisiert wurde, hat ihren wissenschaftlichen Status durch die Trennung von Objektsprache und Metasprache erkauft. Für Barthes, so zeigt sich in einem 1959 erstmals veröffentlichten Text, den er später in die Sammlung seiner *Kritischen Essays* aufnahm, war dies ein Problem, dem er sich als Schriftsteller stellen mußte. Sartre habe sich ihm mit seinem *Qu'est-ce que la littérature?* nur von außen angenähert (OC I, 1245); Barthes' Ansatz ist in dieser Hinsicht radikaler, da er von »innen« her argumentiert und zudem semiologisch orientiert ist. In der Problematik des Verhältnisses von Objekt- und Metasprache sei der »im eigentlichen Sinne tragische Status« der Literatur begründet. Ihre Konstituiertheit aber als System von Zeichen scheint – so Barthes, der damit ein Leitmotiv von *Am Nullpunkt des Schreibens* semiologisch umkodiert – im Schlußsatz dieses Essays auf: Denn die Literatur sei heute bereits »eine Maske, die mit dem Finger auf sich zeigt« (OC I, 1246). Die intertextuelle ist zu einer vorrangig semiologischen Problematik geworden.[30]

In den *Mythen des Alltags* zeigt Barthes nicht auf seine Maske, sondern vor allem auf Kleinbürgertum und Bourgeoisie, die er in einer denkwürdigen Formulierung als »*jene soziale Klasse*« bezeichnet, »*die nicht benannt werden will*« (MY I, 704). Einer soziologischen Untersuchung, dies wurde bereits betont, halten derartige Analysen nicht stand: Wird Marx auch des öfteren angeführt, marxistisch ist die Herangehensweise Barthes' nur sehr bedingt. Bürgertum und Kleinbürgertum erscheinen in den *Mythen des Alltags* als sich historisch kaum wandelnde Einheiten, die darüber hinaus voneinander nicht wirklich abgesetzt werden. Die »kleinbürgerlichen Normen« erscheinen nicht in einem spezifischen kulturellen Funktionszusammenhang, sondern rein negativ als »Rückstände der bürgerlichen Kultur«, als »degradierte, verkümmerte, kommerzialisierte, bürgerliche Wahrheiten«, die »leicht archaisierend oder, wenn man so will: aus der Mode gekommen (*démodées*)« seien (MY I, 706). Es scheint, als ob nur das Bürgertum kulturelle Werte produzieren könne[31] – aber auch den

---

30 Die theatralische Dimension der Metapher wird, wie das nächste Kapitel zeigen wird, dabei nicht vergessen.
31 Das Kleinbürgertum produziere allenfalls den Faschismus, den das Bürgertum seinerseits wiederum schlau zu benutzen wisse (MY I, 714).

Mythos, der, gebe es auch stalinistische Mythen, in seiner großen Mehrzahl politisch rechts (MY I, 712ff.) angesiedelt sei. Die wirkliche Revolution aber sei mythenzerstörend; in der bürgerlichen Gesellschaft – so Barthes' manichäistische Aussage – gebe es im vollen Wortsinn keine linken Mythen (MY I, 710f.). Zu einem Zeitpunkt, als nur 13 Prozent der Franzosen, aber 49 Prozent der Leser von *Paris-Match* über ein Badezimmer verfügten (MY I, 713), schien es für Barthes keinen Zweifel an Herkunft und gesellschaftlicher Verbreitung des Mythos zu geben. Mit einem Zitat aus Marxens *Deutscher Ideologie* wird jene Unfähigkeit des Kleinbürgertums, sich das Andere vorzustellen, fundiert, eine Unfähigkeit, die Barthes in seinem *Michelet* bereits dem kleinbürgerlichen französischen Historiker attestiert hatte. Das Andere werde stets auf das Selbe reduziert – und Barthes greift damit aus unerwarteter Perspektive eine Problematik auf, die die französische Philosophie des 20. Jahrhunderts grundlegend geprägt hat.[32]

Eine solche »Analyse« ist nicht marxistisch, wohl aber »marxisierend«. Zeigt sie, um mit Barthes zu sprechen, auf ihre eigene Maske? Dies darf bezweifelt werden. Im Schlußteil der *Mythologies* begegnen wir zwar dem artifiziellen Mythos, doch hat sich dieser, seiner selbst gewiß, so weit verfestigt, daß er seine experimentelle Künstlichkeit nicht mehr selbstreflexiv darstellen kann. Der theoretische Diskurs schlägt in den ideologischen um[33], der literarische Diskurs dankt ab: Die Mythen des Kleinbürgertums sind umgeschlagen in den Mythos vom Kleinbürgertum. In einem Interview mit der Zeitschrift *Tel Quel* räumte Barthes 1971 ein, »systematisch *en bloc* eine Art Monstrum geschaffen zu haben«, das er Kleinbürgertum nannte, um daraus einen Mythos herstellen und »unaufhörlich auf diesen Block einschlagen« zu können (OC II, 1313). Die Vorgehensweise ist deutlich, die Selbstreflexion aber kommt (zu) spät. Die *Mythen des Alltags* sind eine brillante Kritik der bürgerlichen französischen Gesellschaft, die in anregender Methodologie dem Strukturalismus neue, historisch bestimmte Räume erschließt. Der Raum des eigenen Schreibens, den sich die

32 Vgl. Descombes, Vincent: *Das Selbe und das Andere. Fünfundvierzig Jahre Philosophie in Frankreich 1933-1978.* Übersetzt von Ulrich Raulff. Frankfurt a. M. 1981.
33 Zur Unterscheidung des theoretischen vom ideologischen Diskurs vgl. Zima, Peter V.: *Ideologie und Theorie. Eine Diskurskritik.* Tübingen 1989, insbes. 215ff.

Texte des ersten Teils eröffnen, wird im zweiten Teil freiwillig eingeschränkt, ja fast preisgegeben, um der Semiologie einen festen, gesellschaftlich verankerten Platz zu schaffen. Fast könnte man Barthes mit jenem Tier vergleichen, in dem er das Bürgertum verkörpert sah: mit jenem Tintenfisch nämlich, der zu seiner eigenen Sicherheit und zur Verdunkelung der eigenen Mythen unablässig Tinte ausstoße (MY I, 716)[34] – um, so könnten wir hinzufügen, seinen eigenen Mythendiebstahl zu verdecken. Der Preis hierfür, dies zeigt sich in den Bemerkungen am Schluß des zweiten Teils, ist hoch: Denn *literarisch* führt das Buch in seiner Gesamtheit in eine Aporie. Eine schöpferische Aporie, zweifellos, die wie in *Am Nullpunkt des Schreibens* in eine (utopische) Suche einmündet, die zugleich Programm ist. Sie richtet sich auf »eine Aussöhnung des Wirklichen und der Menschen, der Beschreibung und der Erklärung, des Objektes und des Wissens« (MY I, 719). Die Aufspaltung in Objektsprache und Metasprache steht dieser Zielsetzung noch im Wege. Und genau damit markiert sie einen anderen Weg, der notwendig zu einer neuen Art des Schreibens, der *écriture*, führen muß und führen wird. Denn zwischen den Grenzen, dies zeigen die Mythologien, liegen – als *degré zéro* – schöpferisch auszufüllende Zwischenräume.

---

34 In der 1975 veröffentlichten Autobiographie, die auf einem erneuten, aufmerksamen Lesen der früheren Texte beruht, wird der Tintenfisch ebenfalls in eine Verbindung mit dem schreibenden Ich gebracht (RB, 166).

Fig. 4: Roland Barthes 1971 (GV, Abb. 5).

Viertes Kapitel

Kritische Versuche über die Moderne

Der Kritiker ist ein Schriftsteller 42

Noch einige Jahre nach Veröffentlichung der *Mythen des Alltags* versuchte Roland Barthes, in neuen Beiträgen für die *Lettres Nouvelles* neue Mythen aufzustöbern, ohne sie in das System von »Der Mythos heute« einzuspannen. Die Texte sind brillant, und wir werden im weiteren Verlauf dieser Arbeit auf einige dieser neuen »Mythologien« zurückkommen. Und doch war dies nur die Fortsetzung eines Schreibprogramms, das er schon während der ersten Hälfte der fünfziger Jahre in die Tat umgesetzt hatte. Die kreativ zu füllenden Zwischenräume mußten sich verändern: unter dem Druck sich wandelnder Kontexte und der Zeit des Schriftstellers, die laut Barthes nicht mit der historischen Zeit gleichzusetzen ist. »Der Kritiker«, so heißt es ebenso provokativ wie programmatisch im Ende 1963 verfaßten Vorwort zu den *Kritischen Essays*, »ist ein Schriftsteller.« (E I, 1169) Seine Basis ist nicht das Geschriebene, sondern das noch zu Schreibende. Und unter Rückgriff auf Proust und die Problematik der verlorenen Zeit siedelt Barthes das (eigene) schriftstellerische Tun – denn das Reich des Kritikers ist das indirekte Sagen – erneut in einem Zwischenraum an: »Ist nicht der Sinn der *Verlorenen Zeit* der, das Bild eines Buches zu präsentieren, das sich ganz allein bei der Suche nach dem *Buch* schreibt? Vermittels einer unlogischen Umdrehung der Zeit nimmt das von Proust geschriebene materielle Werk auf diese Weise in der Aktivität des *Erzählers* einen bizarren Zwischenraum ein und situiert sich zwischen einer Willensanwandlung (*ich will schreiben*) und einer Entscheidung (*ich werde schreiben*).« (E I, 1171)

In Proust, dem für Barthes' eigenes Schreiben ein ständig wachsendes Gewicht zukommt und dessen Œuvre er dauerhaft die Treue hielt, wird die Idee eines Werkes verankert, das sich auf der Suche nach dem Werk selbst schreibe. Vielleicht läßt sich am besten Hermann Burgers Weiterdenken von Kleists berühmtem Aufsatz »Über die allmähliche Verfertigung der Gedanken beim Reden« auf diese Schreibvorstellung anwenden: Sie beruht letztlich auf dem Glauben an die allmähliche Verfertigung nicht nur der Idee, sondern des literarischen Textes insgesamt beim Schreiben.[1] Die Gleichsetzung des Kritikers mit dem Schriftsteller geschieht, dies gilt es zu bedenken, in einem Vorwort, das auf der Lektüre von Texten beruht, die Barthes zwischen 1953 und 1963 verfaßt hatte. Die Lektüre signalisiert damit einen vergangenen Schreibprozeß, und in der Selbstbezüglichkeit der Behauptung wird das Projekt der eigenen *écriture* in die Zukunft verlängert: auf der Suche nach dem eigenen Werk. Der Kritiker ist ein Schriftsteller: Gerade in dieser scheinbaren Identifikation ist die Differenz zwischen beiden eingeschrieben und wird jener »bizarre Zwischenraum« geschaffen, in dem die kritischen Versuche jener Jahre angesiedelt sind.

Barthes hat – wie wir am Ende des Kapitels sehen werden – die Pole dieses Zwischenraums in einem später berühmt gewordenen Essay mit den Begriffen Schriftsteller (*écrivain*) und Schreibender (*écrivant*) etikettiert. 1971 hat er für eine Neuausgabe der *Essais critiques* im Rückblick die literarische, thematische und methodologische Dimension seines eigenen Schreibens wie folgt dargestellt: »all diese Texte sind polysem (so wie es der Autor in dieser Periode – 1954-1964 – war, als er sich zugleich in der literarischen Analyse, der Skizzierung einer semiologischen Wissenschaft und der Verteidigung der Kunsttheorie Brechts engagierte)« (E I, 1168). Kann ein Autor polysem sein, sich gar polysem engagieren? Barthes spricht von sich distanziert in der dritten Person und verleiht sich selbst wie seinen Texten dieses »literarische« Prädikat, das doch in krassem Gegensatz zu dem Begriff steht, der im gleichen Atemzug genannt wird: der Wissenschaft. Die Semiologie erscheint vieldeutig als Wissenschaft, ja als vieldeutige Wissenschaft: eine *contradictio in adjecto*, gewiß. Jedoch nur aus der Sicht eines traditionellen Begriffs sowohl von Wissenschaft als auch von Literatur. Nicht aber für Barthes: Der schöpferische Raum zwischen Literatur und Wissenschaft wird sieben Jahre später[2] denjenigen ergänzen, den er 1963 zwischen Kritiker und Schriftsteller ausgespannt hatte.

1 Zur Auseinandersetzung des schweizerischen *poeta doctus* mit Kleists Aufsatz vgl. Burger, Hermann: *Die allmähliche Verfertigung der Idee beim Schreiben. Frankfurter Poetik-Vorlesung.* Frankfurt a. M. 1986, insbes. 13 ff.
2 Ich werde daher das Verhältnis zwischen Wissenschaft und Literatur erst *nach* einer Analyse der Beziehung zwischen Literaturkritik und Literatur behandeln. Die Entwicklung der Barthesschen Semiologie wird dann im sechsten Kapitel beleuchtet.

Dieser kreative Raum soll im folgenden anhand der kritischen Versuche analysiert werden, die Barthes von Anfang der fünfziger bis Mitte der sechziger Jahre unternahm, in einem Zeitraum also, der durch grundlegende Wandlungen innerhalb des intellektuellen Feldes in Frankreich geprägt ist.[3] Dabei sollen nicht nur die später von Barthes in die *Kritischen Essays* aufgenommenen Texte – auf die sich das Forschungsinteresse zweifellos aus Gründen der leichteren Zugänglichkeit bislang konzentrierte[4] – untersucht werden. Die *Essais critiques* sollen vielmehr zum ersten Mal im Kontext des (um ein Vielfaches umfangreicheren) gesamten Schaffens Barthes' während dieses Zeitraums dargestellt und analysiert werden. Im Hintergrund dieser sich über drei Kapitel erstreckenden Darstellung wird dabei stets die Frage nach dem polysemen Autor stehen.

Ist der Kritiker ein Marxist? 43

Am Nullpunkt des Schreibens, *Michelet* und *Mythen des Alltags* sind zwar durch eine Vielzahl gemeinsamer Themen und Fragestellungen miteinander verbunden, beziehen aber sowohl hinsichtlich der behandelten Gegenstände als auch der angewandten Methoden sehr unterschiedliche Positionen, welche die gesamte Spannbreite der sich formierenden *nouvelle critique* in Frankreich ausmessen. Angesichts dieser Ubiquität von Roland Barthes – ein deutscher Rezensent sprach mit Benjaminschem Unterton zu Recht von einem »Chamäleon im Literaturkampf«[5] – stellte sich vielen seiner Leser die Frage, wo Barthes selbst eigentlich ideologisch einzuordnen sei. Es ist auffällig, daß Barthes diese Frage in den seit Mitte der fünfziger Jahre häufiger werdenden Polemiken immer nachdrücklicher gestellt wurde. Es war offensichtlich, daß

---

3 Ich greife hier auf den Feldbegriff Pierre Bourdieus zurück; eine Zusammenfassung wichtiger Aspekte dieses Begriffs findet sich in seinem Aufsatz »Le champ littéraire. Préalables critiques et principes de méthode«. In: *Lendemains* 36 (1984), 5-20; vgl. auch die Teile 2 und 3 seiner *Choses dites*. Paris 1987.

4 Die nicht in die *Essais critiques* aufgenommenen Texte dieses Zeitraums wurden von der Barthes-Forschung bislang völlig vernachlässigt. Dies mag mit daran schuld sein, daß sich trotz der Fülle an Publikationen, die die neue Werkausgabe mit ihren mehr als viereinhalbtausend Seiten dokumentiert, hartnäckig das Vorurteil hält, Barthes habe wenig publiziert.

5 Vgl. Schaper, Rainer Michael: »Ein Chamäleon im Literaturkampf«. In: *Die Zeit* 40 (1.10.1993), 79.

es keine *Méthode Barthes* gab (Barthes hatte auf den Marxismus, die Psychoanalyse und den Strukturalismus in verschiedenster Weise zurückgegriffen); um so mehr wollte man den Mythologen ideologisch (ver-)orten. Vielleicht, so meinte der Kritiker Jean Guérin nach der Lektüre einiger Mythologien, sei Roland Barthes »ganz einfach ein Marxist«; dann aber möge er es doch bitteschön auch sagen. »Bin ich ein Marxist?« Barthes stellte sich Mitte 1955 in dem gleichnamigen kurzen Text in den *Lettres Nouvelles* dieser Gretchenfrage der Nachkriegszeit offen, um sich ihr aber in für ihn typischer Weise sogleich wieder zu entziehen. Der Marxismus sei »keine Religion, sondern eine Methode der Erklärung und der Tat«, die ihren Vertretern viel abverlange. Ein Blick in die *Nouvelle Revue Française* seines Gegenübers genüge ihm zwar, um sie als reaktionär einzustufen; doch halte er nichts von Deklarationen und sei nicht so anmaßend, sich selbst einer so anspruchsvollen Methode wie dem Marxismus zuzurechnen (OC I, 499).

Deutlicher war Barthes wenige Monate zuvor anläßlich seiner Polemik mit Albert Camus gewesen, der ihn in einem offenen Brief gefragt hatte, in wessen Namen der talentierte Kritiker denn *La Peste* angegriffen habe. Barthes antwortete auf den deutlichen, im Ton aber höflichen Brief mit einer gewollten Heftigkeit: »im Namen des historischen Materialismus« (OC I, 479). War Barthes also doch ein Marxist? Sein Diskurs, dies hatte der Schlußteil der *Mythen des Alltags* gezeigt, bediente sich (zum Teil) einer marxistischen Terminologie, doch drückte Barthes Begriffen wie Bürgertum, Klasse, Entfremdung oder Überbau in den fünfziger Jahre durchaus seinen eigenen Stempel auf und baute sie in andere konzeptuelle Zusammenhänge ein. Es ist eine Terminologie, die Barthes übernommen und zugleich aus ihrem Analysekontext gerissen, deplaziert, »gestohlen« hat: Nicht umsonst definiert er in einer Buchbesprechung von 1955 – einem »Gelegenheitstext über Richards themenkritischen Ansatz – die Literatur als »deformierte Philosophie« (*philosophie déformée* [OC I, 519]). Literatur bringt die Philosophie aus ihrer Form, ihrer strengen Systematik. Seit *Am Nullpunkt des Schreibens* fehlt auch aus diesem Grund die Kritik an der französischen KP und ihren literarischen Vertretern, den kommunistischen Autoren, die für ein kommunistisches Publikum schreiben, in kommunistischen Verlagen publizieren und nur von kommunistischen Zeitschriften besprochen werden, nie (OC I, 469). Er situiert sich außerhalb der *Doxa*, aber innerhalb der Linken, wenn wir auf die *Mythen des Alltags* seinen eigenen Satz von Januar 1953 anwenden, demzufolge das politisch linke Werk jenes sei, »das inmitten der anhaltenden und vielgestaltigen Mystifizierung den Mythen die Luft abdrehe« (*dégonfle les mythes* [OC I, 194]). Insoweit sind die Positionsveränderungen Barthes' innerhalb des intellektuellen Feldes Frankreichs bereits während der fünfziger Jahre durchaus nicht taktischer, sondern strategischer Natur.[6] Einer unveränderlichen Position ließ er sich nicht zurechnen, Etikettierungen entzog er sich. Barthes' Diskurs Mitte der fünfziger Jahre kann als marxisierend bezeichnet werden, marxistisch ist er nicht. Zur Durchsetzung des eigenen kulturellen Projekts im »Literaturkampf« aber zählten für Barthes nicht Etiketten, sondern die Möglichkeit rascher Veränderungen und Platzbesetzungen des Kritikers innerhalb eines sich schnell wandelnden literarischen Feldes, in welchem Sartres eindrucksvolle Hegemonie spätestens seit Ende der fünfziger Jahre zu bröckeln begann.[7] Dies sei zunächst anhand jenes Bereichs aufgezeigt, den Barthes in seinem Vorwort für die *Kritischen Essays* von 1971 zuletzt genannt hatte: für das Reich des Theaters.

6 In einer Antwort auf eine (Um-)Frage, ob der Antisemitismus links oder rechts sei, machte er klar, daß die politischen Parteien in Frankreich längst aus taktischen Gründen ihre Positionen veränderten, bisweilen sogar vertauschten (OC I, 778). Derartigen »Bewegungen« wollte sich Barthes 1958 nicht mehr zuordnen lassen.

7 Vgl. hierzu u. a. Boschetti, Anna: *Sartre et »les Temps Modernes«. Une entreprise intellectuelle.* Paris 1985, z. B. 299ff. Eine feldsoziologische Analyse der Position Barthes', die noch aussteht, kann im Rahmen der vorliegenden Studie freilich nicht geleistet werden. Insbesondere wäre eine Analyse der Publikationen Barthes' im Kontext ihrer Veröffentlichungsmedien wünschenswert: Barthes publizierte bis zur Veröffentlichung seiner *Kritischen Essays* 1964 in Periodika, die von der aus dem antifaschistischen Widerstand (auch Barthes hatte in seiner Schulzeit einer antifaschistischen Gruppe angehört) hervorgegangenen Tageszeitung *Combat* bis zu dem Organ der theoretischen Avantgarde und des Poststrukturalismus der sechziger und beginnenden siebziger Jahre, *Tel Quel* reichten. Er publizierte in so unterschiedlich ausgerichteten Zeitschriften wie *Critique* und *L'Arc*, den *Lettres Nouvelles* oder *Esprit*, in *France-Observateur* und *Europe*, in *Théâtre populaire* und der *Revue Internationale de Filmologie*, in *Arguments* und den *Annales*, in *Clarté* und *Documents*, *Jardin des Arts* und *Le Français dans le Monde*, in *Bref* und der *Revue Française de Sociologie*, in *Modern Language Notes* und dem *Times Literary Supplement*. Auch aus dieser Perspektive läßt sich Barthes keiner scharf umrissenen intellektuellen Gruppen zurechnen: ein Chamäleon.

Schon Barthes' erste Veröffentlichung 1942 war dem (antiken) Theater gewidmet. Während Schulzeit und Studium hatte er sich nicht nur mit dem Theater beschäftigt, sondern auch eine gewisse Erfahrung als Laienschauspieler erworben.[8] Viele seiner Metaphern sind dem Theaterbereich entnommen: Verwiesen sei nur auf den »vestibulären« Raum der Literatur oder deren Charakterisierung durch jene Maske, die voranschreitend auf sich selber deute: *larvatus prodeo*. Umgekehrt bündeln sich in Barthes' Auseinandersetzung mit dem Theater Probleme und Themen, die uns bereits aus anderen seiner Schriften bekannt sind, denken wir nur an die Problematik des Körpers, die Themen Gesicht, Publikum und Öffentlichkeit oder Massenkultur und Mythos. Dem Theater ist eine solche Fülle an Schriften gewidmet, daß es an der Zeit wäre, eine von Barthes zwar geplante, aber nie verwirklichte Sammlung all seiner »Theatertexte« ins Auge zu fassen.

Barthes' Auseinandersetzung mit dem zeitgenössischen französischen Theater geht vom Wissen eines unwiederbringlichen Verlusts aus, jener »komplexen Polyphonie« des auf Natur und Kosmos hin geöffneten antiken Theaters mit der »sich verbergenden Sonne, dem einsetzenden Wind, den wegfliegenden Vögeln, den Geräuschen der Stadt, der frischen Brise«, was im Gegensatz zum Theater der Moderne die wunderbare Einzigartigkeit des dramatischen Ereignisses gewährleistete (OC I, 218).[9] Demgegenüber nimmt sich das bürgerliche Theater, wie Barthes es stets nennt, mit

8 Wenn diese »Theaterpraxis« auch nicht überbewertet werden darf, so bildet die Teilnahme an der Gründung der »Gruppe Antikes Theater« an der Sorbonne 1936 für Barthes einen existentiellen Zugang zum Theater. Noch in seinem Brief anläßlich des fünfundzwanzigjährigen Bestehens der Gruppe an der Sorbonne schwingt das »Glück« der Teilnahme an diesen kollektiven Theateraktivitäten mit (OC I, 961).

9 Diese Sichtweise ist keineswegs an Nietzsche orientiert. Vielmehr weist Barthes in diesem Text von 1953 die Gegenüberstellung von Apollinischem und Dionysischem als etwas zurück, das wohl auf Wagner, nicht aber auf das antike Theater bezogen werden könne (OC I, 220f.). Die negative Bewertung des »Modernen« im Vergleich zur griechischen Antike zeigt sich mehrfach bei Barthes; so klagt er anläßlich einer Sophokles-Aufführung über »diese moderne Manie, diese Rage«, griechische Tragödien, koste es, was es wolle, zu modernisieren und zu exotisieren, dabei aber gerade deren »*griechischen* Charakter« zu verfehlen (OC I, 498). Vielleicht interessanter als die intertextuellen sind die intratextuellen Beziehungen dieser Passage, die Barthes 1965 wörtlich in seinen ausführlichen Lexikonartikel »Das griechi-

seiner Guckkastenbühne wie eine eingesperrte Welt, eine Gruft aus. Barthes interessiert sich für den materiellen Aspekt dieser Form, fragt etwa nach Geschichte und Funktion des Vorhangs (OC I, 517f.).[10] Im Zentrum steht dabei immer die Frage, wie das Theater in einem konkreten (vgl. etwa die offene Bühne des Theaterfestivals von Avignon) wie übertragenen Sinne *geöffnet* werden könnte: im Dienste einer offeneren, nicht mehr entfremdeten Kultur.

Das Theater erscheint bei Barthes also niemals isoliert, sondern ist als künstlerische Repräsentation wie als gesellschaftliche Institution stets auf den gesamten Bereich der Kultur bezogen. Es bildet (zum damaligen Zeitpunkt) einen wesentlichen Baustein des kulturellen Projekts von Roland Barthes. Im Bereich der Bühne äußert sich dies in der Opposition von bürgerlichem Theater und Volkstheater (*théâtre populaire*), wobei sich das letztere mit allen Kräften einem übermächtigen Theater entgegenstemmen müsse, das – so Barthes in seiner scharfzüngigen Kritik an Barraults Inszenierung von Claudels *Christophe Colomb* – zu einem »Spektakel für reiche Leute« verkommen sei (OC I, 237). Das Volkstheater, so Barthes 1954 in einem Leitartikel der Zeitschrift *Théâtre populaire*, sei in seinen künftigen Umrissen zwar noch nicht genau erkennbar; doch wisse man, was man nicht wolle, erbreche man sich doch am »Theater des *Geldes*« (*théâtre de l'Argent* [OC I, 382]).

Mit der Gruppe, die sich um die im Mai 1953 gegründete Zeitschrift *Théâtre populaire* scharte[11], war Barthes zum Fürsprecher und Sprachrohr einer antibürgerlichen Theaterkonzeption geworden. Er scheute keine Polemik und griff nicht nur die von ihm so apostrophierte »große Kritik«, sondern auch deren Vertreter, Kritiker wie Literaturprofessoren (nicht ohne gezielte Seitenhiebe auf die akademische Sprache), namentlich an. Barthes' Name verband sich mit diesen Angriffen, die auch der Institution Kunst wie auch

sche Theater« aufnimmt (OC I, 1551). Barthes zitiert sich hier ohne Anführungszeichen selbst und erweist sich einmal mehr ein aufmerksamer Leser seiner eigenen Schriften.

10 Auf die Materialität der Stoffe und Kostüme und deren semiologische Deutung komme ich im sechsten Kapitel zurück.

11 Vgl. hierzu auch Thody, Philip: *Roland Barthes: A Conservative Estimate*, *op. cit.*, 29. Zu Barthes' Rolle innerhalb der Gruppe vgl. Duvignaud, Jean: »›Théâtre populaire‹: histoire d'une revue«. In: *Magazine littéraire* 314 (octobre 1993), 63-64.

der Institution Literatur selbst galten. Wie in den *Mythen des All-tags* war das Bürgertum eine soziologisch nicht näher definierte Klasse, die aber – und Barthes betonte, daß ihn allein dies interessiere – *kulturell* mit ihren Mythen, ihren literarischen Formen und ihrem Publikum sehr wohl existierte (OC I, 396). Was aber waren die Ziele, die Barthes und seine Mitstreiter (genannt seien Jean Duvignaud, Jean Paris, Guy Dumur, Morvan-Lebesque, Robert Voisin und insbesondere Bernard Dort) im Projekt des *Théâtre populaire* jenseits der »Zerstörung« der Strukturen des bürgerlichen Theaters (OC I, 382) verfolgten?

Brecht übersetzen 45

Es konnte nicht ausreichen, der *Comédie Française* Jean Vilars Theaterpraxis am *Théâtre National Populaire*, die man zunächst stets verteidigte, dann aber zunehmend kritisch begleitete, entgegenzuhalten. Ebensowenig konnte es genügen, Jean-Louis Barrault ein ums andere Mal zu attackieren und das *Théâtre Marigny* oder gar die sakrosankte *Comédie Française* mit den *Folies-Bergère* zu vergleichen, die, so Barthes, in derselben Weise von einer ostentativen Sichtbarmachung des Geldes bestimmt waren (E I, 1208). In die konzeptuelle Leere des französischen Theaters platzte 1954 eine Aufführung des Berliner Ensembles von Brechts *Mutter Courage*. Barthes, der zuvor einige Theaterstücke des deutschen Autors gelesen und auch einige wenige Aufführungen gesehen hatte, war von Brechts Inszenierung fasziniert. Noch im Juli 1954 schrieb er unter dem Titel »Kapitales Theater« in *France-Observateur*: »Ich habe oft die Klage gehört, unsere Zeit habe noch kein Theater geschaffen, das auf der Höhe seiner Geschichte wäre. Nun, dieses Theater existiert: Es ist dasjenige Brechts.« (OC I, 419) Diesem Heureka[12] folgte zunächst die Verteidigung der Theaterkonzeption Brechts gegen den stupiden

---

12 Mit einer gewissen Berechtigung konnte Barthes 1971 in einem Interview mit *Tel Quel* von zwei Perioden des *Théâtre populaire* sprechen, einer ersten vor und einer zweiten nach der Aufführung des Berliner Ensembles (OC II, 1312). Am Ende eines später in die *Kritischen Essays* aufgenommenen Textes von 1955 hatte Barthes schon betont, was man idealiter im *Théâtre populaire* postuliert habe, sei mit dem »nicht entfremdeten Theater« Brechts in Erfüllung gegangen (E I, 1202).

Vorwurf, es handle sich um eine Variante des sozialistischen Realismus. Eine neue Konzeptualisierung des Volkstheaters, die fraglos auf Brecht zurückgriff[13], ließ jedoch nicht lange auf sich warten. In einem Beitrag für *Publi* (Avignon) entwarf er eine Definition des *théâtre populaire*, welches drei miteinander »konkurrierenden Verpflichtungen« gehorchen müsse, die jede für sich nicht neu, zusammengeführt aber revolutionär sein könnten: »ein Massenpublikum, ein Repertoire der hohen Kultur und eine avantgardistische Dramaturgie« (OC I, 430). Damit wandte sich Barthes entschieden gegen die Vorstellung, dem anzusprechenden Massenpublikum müsse man Theaterstücke auf dem Niveau der Massenkultur bieten.

An dieser Stelle wird seine auch den Mythologien zugrunde liegende Auffassung deutlich: Es geht Barthes im wesentlichen *nicht* um eine Öffnung der hohen Kultur für die Massenkultur, auch nicht des Volkstheaters für eine »Volkskultur«, sondern um eine Öffnung der hohen Kultur für das Massenpublikum. Damit sind hierarchische Vorstellungen keineswegs abgeschafft: Nicht die »hohe« kommt zur sogenannten Massenkultur »herunter«, sondern das sogenannte Massenpublikum wird (vom Kritiker angeleitet) zur »hohen« Kultur hinaufgeführt. Die Dramaturgie Brechts schien, um es mit einem Ausdruck Wittgensteins zu sagen, die ideale Leiter zur Verwirklichung dieses Ziels zu sein. Alles, was den Konformismus im Theater bekämpfe, was gegen das bürgerliche Theater des Geldes gerichtet sei, so Barthes, sei auch revolutionär. In einem anderen Beitrag von 1955 betont er, Brecht habe ihm vorgeführt, daß nicht nur das Theaterrepertoire, sondern auch die Theatertechniken der Entfremdung entzogen werden müßten (OC I, 482). Immer wieder zeigte sich Barthes beeindruckt von Brechts Verbindung zwischen theoretischer Durchdringung der Probleme seines epischen Theaters und einer Theaterpraxis, die ohne kleingeistige Belehrungsversuche am Zu-

13 Noch in »Le comédien sans paradoxe« hatte Barthes darauf hingewiesen, daß das Theater Brechts noch nicht in allen seinen Konsequenzen durchdacht sei, wenn er auch bereits im Verfremdungseffekt die Lösung erblickte, die zwischen dem Theater Asiens und Europas vermitteln und für die neuen Konzeptionen entscheidend sein würde (OC I, 427). Im selben Monat noch zog Barthes diese theoretischen Konsequenzen. Jahre später, in einem Interview von 1971, betont er, daß es sich bei Brecht um den seltenen Fall »eines Marxisten, der über die *Wirkungen des Zeichens* nachdachte«, gehandelt habe (OC II, 1312).

schauer ausgerichtet sei.[14] In den Beiträgen von 1955 rückt zunehmend das Element des Genießens und einer mit Luzidität verbundenen Lust in den Vordergrund, die Brechts Theater im Zuschauer hervorrufe (OC I, 496): »das Theater«, so Barthes in einer Besprechung des *Kaukasischen Kreidekreises*, »dient dem Genuß« (*est fait pour réjouir* [OC I, 514]).[15]

Drei weitere Aspekte scheinen mir für Barthes' Begeisterung und theoretische Auseinandersetzung mit Brecht von größter Bedeutung. Erstens sei es Brecht gelungen, so Barthes in einem seiner *Essais critiques* aus dem Jahre 1956, den Marxismus »neu zu schaffen« und »ständig von neuem zu erfinden« (E I, 1229) – eine Sichtweise, die sich sehr gut mit Barthes' eigenem Verständnis der Literatur als aus ihrer Form gebrachter Philosophie verbinden ließ. Zweitens hatte Brecht in den Augen Barthes' jene Verbindung von Ethik und Politik bewerkstelligt (OC I, 1229), die seinen eigenen Konzeptionen spätestens seit *Am Nullpunkt des Schreibens* als Zielvorstellung zugrunde lagen. Und drittens ließ sich die Brechtsche Dramaturgie in ihrer Reflexion über das (theatralische) Zeichen sehr gut auf den semiologischen Ansatz beziehen, den Barthes soeben im Schlußteil seiner *Mythologies* entwickelt hatte. Die Brechtsche Theaterkunst, so heißt es in einem Essay desselben Jahres (1956), sei gegen die Vermischung von Ideologie und Semiologie (E I, 1230) und damit zugleich gegen die Verwechslung von Geschichte und Natur gerichtet, auf der Barthes' Konzeption des Mythos beruht. Mit Brechts Theatertheorie und Theaterpraxis schien Barthes den Schlüssel für die Verbindung von Ethik und Politik, Literaturtheorie und literarischem Schaffen in die Hand zu bekommen. Dies erklärt seine Euphorie: Selten wohl wurden einer einzigen Aufführung (der des Berliner Ensembles von 1954) von einem einzigen Kritiker über mehrere Jahre verstreut so viele und so euphorische Aufsätze gewidmet. War es aber möglich, Brechts Theorie ohne Veränderungen, *tel quel* also, auf die franzö-

---

14 Barthes ordnet Brecht – nicht nur in dieser Frage – mehrfach einem »Zwischenbereich« zwischen »Erklärung und Ausdruck der menschlichen Entfremdung« zu, in welchem er eine »Problematik der Klarsichtigkeit« (*problématique de la lucidité* [OC I, 755]) entwickelt habe. Diese Aussage könnte auch auf Barthes' eigene Versuche bezogen werden.

15 Die Dimension der Lust im *réjouir* scheint mir hier noch nicht in dem Maße vorhanden zu sein, das später die Übersetzung von *plaisir* mit Lust und von *jouissance* mit Wollust rechtfertigt. Diese semantische Dimension ist freilich bereits angelegt.

sischen Verhältnisse zu übertragen?

Barthes mußte sich wiederholt gegen den Vorwurf verteidigen, einem »Brechtschen Messianismus« zu huldigen. Er erkannte bald, daß die Problematik von »Brecht in Frankreich« nicht nur ein Problem der von ihm so apostrophierten bürgerlichen Kritik war. Die Theaterkritiken in Frankreich mußten Barthes zu der Meinung führen, Brecht störe allenthalben: Nicht nur die Kritik der extremen und der gemäßigten Rechten, sondern auch der undogmatischen und der kommunistischen Linken verhalte sich dem deutschen Dramatiker gegenüber ablehnend bis distanziert (E I, 1227f.). Dies forderte Barthes' Begeisterungsfähigkeit nur um so mehr heraus: Es galt, Brecht nach Frankreich zu übersetzen.

Damit war keineswegs eine interlinguale Übersetzung gemeint: Brechts Werke waren zum Teil bereits ins Französische übersetzt, zum Teil waren neue Übersetzungen, die Barthes aufmerksam verfolgte, im Erscheinen begriffen. Das Hauptaugenmerk des Theaterkritikers galt dem, was man als interkulturelle Übersetzung bezeichnen könnte. In einem zusammen mit Bernard Dort verfaßten und 1957 unter dem Titel »Brecht ›traduit‹« in der Zeitschrift *Théâtre populaire* veröffentlichten Aufsatz versucht Barthes, eine kurze Geschichte bisheriger Brecht-Aufführungen in Frankreich nachzuzeichnen und daraus Schlüsse für das anzustrebende französische Theater der Zukunft abzuleiten. Fällt sein Urteil über die bisherigen französischen Inszenierungen Brechtscher Stücke insgesamt auch negativ aus, so glaubt er doch fest daran, »daß das französische Publikum sich selbst des Theaters von Brecht annehmen und die Regisseure dann schon folgen« würden (OC I, 734). Aus der Sicht des *Théâtre populaire* setzt Barthes damit weniger auf die »Macher« des Theaters als auf dessen Publikum – und die Theaterkritik, die den Zugang der Zuschauer zu Brecht erleichtern sollte. »Brecht übersetzen« – damit ist eine interkulturelle Vermittlungstätigkeit gemeint, die das Fremde (den fremden Autor und seine Vorstellungen) gerade nicht im Eigenen aufgehen läßt, sondern vielmehr bemüht ist, eine Fremdheit des Anderen bewußt aufrechtzuerhalten, die erst den Dialog zwischen verschiedenen Kulturen oder Konzeptionen ermöglicht. Aus Brecht sollte kein »französischer« Autor werden; dies erklärt Barthes' Angriffe auf Brecht-Inszenierungen in Frankreich, die ein solches Ziel implizit verfolgten. Die Aufgabe des Kritikers innerhalb eines solchen Übersetzungsprozesses ist es, Verständnisbarrieren, nicht aber die (kulturelle bzw. konzeptionelle) Differenz zu beseitigen.

Theater und Körperlichkeit 46

Ein neues Theater macht für Barthes auch eine neue Theaterkritik nötig; der alten Kritik setzte Barthes seine Vorstellung von einer *critique de structure* entgegen (OC I, 433). Ein Beispiel für eine solche *neue Kritik* ist zweifellos sein 1954 als Vorwort zu den Theaterprojekten Baudelaires in einer Werkausgabe abgedruckter und später in die *Kritischen Essays* aufgenommener Text »Das Theater Baudelaires«. In diesem neologismusfreudigen Essay verknüpft Barthes den Begriff der »Theatralität« – die *théâtralité* wird definiert als »Theater minus Text« – eng mit jenem der »Körperlichkeit« (*corporéité*), ja einer »verwirrenden Körperlichkeit des Schauspielers« (E I, 1195); der Begriff des Körpers wird zu einem Angelpunkt von Barthes' theatertheoretischen Überlegungen. Unter erkennbarem Rückgriff auf Verfremdungseffekt und Distanzierung im Brechtschen Theater hat er bereits im November 1954 bemängelt, die Schauspieler einer Tschechow-Inszenierung Barraults würden nicht ihre Rolle spielen, wohl aber sich selbst so, wie sie diese Rolle spielen (OC I, 440). Barthes jedoch strebt eine Veränderung des traditionellen Spiels der Schauspieler an, eines Spiels, das er nicht nur im bürgerlichen, sondern auch im avantgardistischen Theater ausmacht. Er wendet sich gegen den »Mythos vom besessenen Schauspieler« (so der Titel eines Essays von 1958) ebenso wie gegen den komplementären Vorgang einer Identifikation des Akteurs mit seiner Rolle.[16] Der Schauspieler dürfe »weder ganz er selbst noch ganz seine Figur sein« (OC I, 771). Und diese gegen ein In-die-Haut-Schlüpfen des Schauspielers gerichtete Konzeption Brechtscher Provenienz verbindet sich überzeugend mit seiner eigenen Sichtweise der Literatur als Rollenmaske, die dem Publikum ihre Rolle, zugleich aber sich selbst *als Maske* zeigt.

Im Vergleich zur Literatur ist die Körperlichkeit des Theaters eine andere, direktere, da sie auf der Kopräsenz vieler Körper beruht. »Das Theater«, so Barthes in einer Besprechung zweier

---

16 Dieser Problematik widmet sich auch die unter dem Titel »Die Brechtsche Revolution« in die *Kritischen Essays* aufgenommene Einführung in die Sondernummer von *Théâtre populaire* von 1955.

Shakespeare-Inszenierungen in der Arena von Nîmes, »ist aus menschlichen Körpern und nicht aus plastischen Silhouetten gemacht.« (OC I, 508) Wie andere Essays Mitte der fünfziger Jahre zeigen, denkt Barthes hierbei nicht nur an die Körper der Schauspieler. Das Theater sei keine »archäologische Rekonstituierung«, sondern beziehe die Geschichte seines Publikums mit ein: »unsere Körper von heute«, so Barthes, besitzen eine »wirkliche Geschichte«, in die zum Beispiel die Auseinandersetzung mit Molière oder Sade Eingang gefunden hätten (OC I, 379). Der Körper verfügt, dies zeigt sich hier deutlich, nicht nur über seine eigene Geschichte, sondern auch über eine Art Gedächtnis, das überindividuell und kulturell (literarisch) vorgeprägt ist – wenn dieser Aspekt hier auch (noch) nicht weiterverfolgt wird. Die Körperlichkeit des Publikums ist im Theaterraum präsent, und nicht ohne ein Augenzwinkern macht Barthes an anderer Stelle klar, daß zum Theater die körperliche Wärme des Publikums gehöre, was für avantgardistische Aufführungen angesichts der *maigreur de leur public*, ihrer mageren Zuschauerzahlen also, nicht unbedingt von Vorteil sein müsse (OC I, 436). Die Körperlichkeit der Zuschauer gehört zur *théâtralité* von Aufführung und Werk. So habe der stetig wachsende Erfolg Becketts bewirkt, daß immer breitere Kreise des Publikums Zugang zu seinen Stücken gefunden hätten, so daß diese »soziologisch gesehen« (und wir dürfen hinzufügen: wohl auch am Körperumfang ihrer Zuschauer gemessen) längst nicht mehr der Avantgarde zuzurechnen seien. *Godot*, so Barthes im Juni 1954, sei mittlerweile von fast hunderttausend Zuschauern gesehen worden. Und die soziologische Ausweitung des Publikums habe zu einem immer offeneren Lachen geführt, das sich auch auf die Schauspieler übertragen habe (OC I, 413). Barthes' Beobachtung ist wichtig: Denn die Körperlichkeit des Publikums, die nicht nur im Applaus, sondern vor allem im Lachen ihren Ausdruck findet, hat das Spiel der Schauspieler direkter gemacht und damit das Theaterstück selbst verändert.[17]

Das Theater ist für Barthes, wenn dies in seinen Essays der fünfziger Jahre auch nur als Unterton mitschwingt, ein Experimentierfeld für die Möglichkeiten kreativer Aneignung und eine Chance für Publikum oder Leserschaft, nicht nur Zugang, sondern auch

17 Barthes wird dem Thema von Theatralität, Körper und Kleidung schon bald in einer Serie semiologischer Untersuchungen nachgehen, die sich über mehr als zehn Jahre, von 1957 bis 1967, erstrecken.

Eingang in die Werke der Literatur zu finden. So betont Barthes folgerichtig, daß »der Sinn eines Werkes (oder Textes)« nicht in sich selbst ruhe, sondern daß der Autor nur Formen verfasse, die »von der Welt ausgefüllt« werden müßten (E I, 1169). In diesen Formulierungen von 1963 verknüpfen sich bereits Barthes' Erfahrungen mit dem Theater mit jenen anderen, die er im Umkreis der Zeitschrift *Tel Quel* bereits zu machen begann: Schon das an dieser Stelle beobachtbare Schwanken zwischen Werk- und Textbegriff weist darauf hin.

Zwischen zwei Wellen 47

In den Theaterkritiken der fünfziger Jahre beschäftigt sich Barthes mit einer Fülle von Inszenierungen, zu denen unter anderem Stücke von Balzac, Baudelaire, Beaumarchais, Genet, Goethe, Goldoni, Jarry, Kleist, Labiche, Marivaux, Molière, Shakespeare, Tschechow und Vinaver zählten. Und doch ist die Auseinandersetzung mit Theorie und Praxis des Brechtschen Theaters – um dessen Verbreitung in Frankreich sich Barthes sehr verdient machte – übermächtig. Es ist daher berechtigt, wenn Barthes in seinem Vorwort zu den *Essais critiques* von 1971 lediglich die »Brechtsche Kunsttheorie« namhaft macht (E I, 1168). Es gehört zu den Paradoxien des Barthesschen Schreibens, daß Brecht in gewisser Weise für ihn Anfang und Schlußpunkt seiner kritischen Theaterkonzeptionen darstellt. In einem 1965 in *Esprit* publizierten Text, der als Einleitung in die nie veröffentlichte Zusammenstellung seiner Schriften zum Theater dienen sollte, schreibt Barthes, die Aufführung des Berliner Ensembles sei für ihn wie eine »plötzliche Erleuchtung«, wie ein »Brand« gewesen (OC I, 1530). Doch die »Perfektion« der Brechtschen Dramaturgie sei es auch gewesen, die ihn später vom Besuch anderer, unter privatwirtschaftlichen Bedingungen notwendig »imperfekter« Aufführungen abgehalten habe (OC I, 1531). Nicht nur der Anfang, sondern auch das Ende der Theateraktivitäten Barthes' verwandeln Brecht in einen Mythos – einen Mythos freilich, den Barthes fernab aller Aufführungen in seinen Schriften nicht nur weiter kultivieren, sondern auch weiter befragen wird.

Wir hatten gesehen, daß Barthes die »literarische Analyse« als einen jener drei Bereiche erwähnt, in denen er sich gleichzeitig

»engagiert« habe. Auch hier widmen sich Barthes' Texte der fünfziger und sechziger Jahre, die er zu einem Teil in die *Kritischen Essays* aufnahm, zum größten Teil aber nicht mehr neu veröffentlichte, einer ganzen Reihe von Autoren, von denen nur Voltaire, Velan, Stendhal, Queneau, La Rochefoucauld, La Bruyère, Kafka, Hugo, Cayrol, Camus, Butor und Bataille genannt seien. Übte Alain Robbe-Grillet auch den zweifellos größten Einfluß auf die damalige Konzeption der Literatur bei dem noch jungen Kritiker aus, so zeigt sich doch in Barthes' literarischer Analyse keine Vorherrschaft einer bestimmten Ästhetik oder Schreibpraxis, die mit der Dominanz der Vorstellungen Bertolt Brechts auch nur annähernd vergleichbar wäre. So wird verständlich, warum Barthes in seinem Vorwort für diesen Bereich auch keinen Autornamen hervorhob.

Dies mag mit der Umbruchsituation jener Jahre in Zusammenhang stehen. Der Besprechung eines Franz Kafka gewidmeten Buches stellt Roland Barthes 1960 in *France-Observateur* eine Analyse der damaligen Situation voran:

»Wir verlassen die Zeit der engagierten Literatur. Das Ende des Sartreschen Romans, die unerschütterliche Armseligkeit des sozialistischen Romans, das Nichtvorhandensein eines politischen Theaters, all dies läßt, einer Welle gleich, die sich zurückzieht, ein einzigartiges und einzigartig widerständiges Objekt unbedeckt: die Literatur. Schon wird sie im übrigen wieder von einer Gegenwelle bedeckt, der des erklärten Loslösens, eines *dégagement*: einer Rückkehr zur Liebesgeschichte, eines Feldzugs gegen die »Ideen«, eines Kults des *guten Schreibens*, einer Weigerung, sich um die Bedeutungen der Welt zu kümmern [...]. Sollte unsere Literatur denn ewig zu diesem erschöpfenden Hin und Her zwischen politischem Realismus und *l'art pour l'art*, zwischen einer Moral des Engagements und einem ästhetischen Purismus, zwischen Bloßstellung und Keimfreiheit verurteilt sein?« (E I, 1270)

Das Auslaufen des Sartreschen Literaturmodells – Barthes sah sich angesichts der »Hinrichtung« Sartres durch die bürgerliche Kritik aus Anlaß der Aufführung von *Nekrassov* förmlich dazu gedrängt, Mitte 1955 in *Théâtre populaire* Sartre (wenn auch nicht dessen literarästhetische Ideen) zu verteidigen (OC I, 502ff.) – wird hier nicht nur recht zutreffend konstatiert, sondern sogleich mit einer schon spürbaren Gegenwelle kontrastiert, die freilich noch negativer dargestellt wird: Sie bringe das Alte, überwunden Geglaubte zurück. Barthes benutzt nicht das Bild des unbeirrbar gegenläufigen Pendelschlags, sondern die Metaphorik des Bedeckens und Aufdeckens: Allein zwischen den Wellen, im Wellental gleichsam, wird die Literatur sichtbar in ihrer Einzigartigkeit und ihrem Widerstand. Im zeitlich wie räumlich bestimmten, sich stets aber verändernden Zwischenraum, zwischen (und nach) Sartre und (vor) einem keimfreien Ästhetizismus ist der Blick auf die Literatur frei.

Dieser Blick ist in seiner Metaphorik seinerseits nicht frei von Essentialismus. Scheint hier die Literatur nicht Naturgewalten ausgesetzt, die sie nur verdecken, ihrem innersten Wesen aber nichts anhaben können? Was kann der Schriftsteller inmitten einer Bewegung tun, die nicht zielgerichtet, sondern nur ein stupides Hin und Her ist? Die Antwort des Autors der *Verwandlung* – sagt Barthes, der Kafka säuberlich vom Kafkaismus und vom Kafkaesken getrennt sehen will – war die Antwort einer präzisen literarischen Technik. Aber genügt dies, um dieses »einzigartig widerständige Objekt«, das längst zum Objekt der Barthesschen Begierde geworden ist, ein Strandgut, auf das der Kritiker seine begehrlichen Blicke richtet, zu verstehen?

Barthes' eigene Antwort ist im Bereich der literarischen Analyse in diesem Zeitraum eigentümlich unentschlossen. Es ist eine Umbruchszeit, nicht nur im intellektuellen und literarischen Feld Frankreichs, sondern auch in Barthes' Ästhetik selbst. Noch in einem Vortrag von 1956 hatte Barthes wesentlich simpler den Roman an einem Scheideweg gesehen zwischen einem »Realismus der Tiefe«, der in seiner Struktur sozialistisch, in seiner Form aber bürgerlich sei, und einem »Realismus der Oberfläche«, der in seiner Form frei, in seiner Struktur aber bürgerlich-apolitisch sei. Es gelte (so hieß es damals), nun beides miteinander zu verbinden, um zu einem »totalen Realismus« vorzustoßen (OC I, 551).

Wenige Jahre später läßt die Metaphorik der Wellen keine so schönen Synthesen mehr zu. Die Dinge erscheinen komplexer. Zwar zeigen die Charakterisierungen der beiden Wellen ganz wie in der Anfangszeit des *Théâtre populaire* deutlich an, was *nicht* gewünscht ist. Doch ist im Theater bald schon Brecht, in der Wissenschaft die von Saussure abgeleitete Semiologie das Leuchtfeuer, an dem sich Barthes orientiert. Was aber übernimmt diese Rolle in der literarischen Analyse, in der Literatur?

Gewiß läßt sich bereits seit April 1954, also noch vor der offenen Polemik gegen Camus, die schrittweise Abwendung vom Autor von *La Peste* erkennen, zu deutlich waren die Zwischentöne des Essays über den zum »ersten Klassiker der Nachkriegszeit« avancierten Roman *L'Etranger*, den Barthes einst so bewundert hatte (OC I, 398). Und gewiß war die »objektive Literatur« eines Robbe-Grillet (so der Titel eines anderen Essays von 1954) mit ihrem Beharren auf dem (so Barthes) Heideggerschen *Da-Sein* der Objekte wie der Menschen nicht mehr nur neben die Romane Cayrols (OC I, 417f.), sondern bald unverhüllt an die Stelle des Literaturmodells von Albert Camus getreten, das Barthes noch wenige Jahre zuvor in *Am Nullpunkt des Schreibens* als Ausgangspunkt einer neuen Schreibweise gefeiert hatte. Doch fällt auf, wie häufig Barthes auf Metaphern dieses Buches von 1953 zurückgreift, ohne wie im Theaterbereich wirklich neue Akzente zu setzen. Zweifellos sind die Ausdeutungen der Metaphern und Mythen in ihren Verschiebungen nicht uninteressant, zeigen sie doch, wie Barthes Elemente seiner eigenen Texte auf subtile Weise deplaziert und umkodiert (und sich damit einmal mehr als aufmerksamer, schöpferischer Leser seiner eigenen Schriften ausweist). Dies zeigt ein Blick auf die vielfältigen Abwandlungen des Orpheus-Mythos: So erkennt er wie in *Le Degré zéro*[18] in der Analyse von Queneaus *Zazie dans le métro* 1959 den Gesang (*chant*) als »das Wesen selbst der *Literatur*« (E I, 1263) an. Im 1963 verfaßten Vorwort zu den *Kritischen Essays* interessiert nun jedoch nicht mehr der Gesang des Orpheus als solcher, sondern das Verbot, sich umzudrehen und zurückzusehen: Erst dieses Verbot, »sich zu dem, was beide lieben«, umzuwenden, erzeuge den Gesang des Orpheus wie auch des Schriftstellers (E I, 1174). Hier zeigt sich deutlich Barthes' »Arbeit am Mythos« und seine fast obsessive Hartnäckigkeit bei der Ausdeutung einmal von ihm selbst gewählter Bilder. Es wäre sicherlich lohnend, allen Umakzentuierungen des Orpheus-Mythos im Gesamtwerk Barthes' nachzugehen.[19] Wirklich neue Ansätze aber finden sich in den literarästhetischen

18 Ähnlich auch in der Besprechung von Yves Velans Roman *Je* (E I, 1266).
19 Eine weitere Variante findet sich 1963 in einem Gespräch mit der Zeitschrift *Tel Quel* (E I, 1367), vor allem aber in der gewalttätigen Version, in der der sich umdrehende Schriftsteller sein Liebesobjekt, die Literatur, gezielt zerstört (E I, 1287). In diesem ersten Gespräch mit *Tel Quel* von 1961 scheint Barthes noch stärker einer Ästhetik der Zerstörung anzuhängen. Weitere Hinweise finden sich bei Comment, Bernard: *Roland Barthes, vers le neutre, op. cit.*, 17f. Ich komme auf diesen Problemkreis noch ausführlich zurück.

Studien dieses Zeitraums vor allem in der Einbeziehung strukturalistischer Untersuchungsmethoden, auf die noch zurückzukommen sein wird: etwa in einem Vorwort zu Michelets *La Sorcière*
(Die Hexe), wo Barthes 1959 im Schlußteil die Ergebnisse seines
Michelet in den Kontext der (strukturalen) Anthropologie stellt
und damit vorführt, wie bestimmte themenkritische Impulse im
Dialog mit strukturalistischen Begriffsbildungen weitergedacht
werden können (E I, 1257ff.); oder in jenem kurzen Beitrag aus
demselben Jahr, der die historische Entwicklung der französischen
Literatur deutlich »semiologisiert« und in eine Verbindung mit
der Unterscheidung zwischen Objektsprache und Metasprache
bringt. Dabei zeigen sich Kontinuitäten, aber auch die bereits erwähnte Umbesetzung im Kanon der Moderne Barthes': Flaubert,
Mallarmé, Proust und dem Surrealismus folgt nun nicht mehr die
écriture blanche eines Albert Camus, sondern die *blancheur de
l'écriture* (Weiße des Schreibens) eines Alain Robbe-Grillet (E I,
1245), die immer wieder mit der abstrakten Malerei und dem Film
verglichen wird.[20] Das Ende der fünfziger Jahre erscheint im
Bereich der literarischen Analyse als Zeit der Umbesetzungen,
wenn auch noch nicht eines wirklichen Neuansatzes. Theater und
semiologische Kulturanalyse fesselten die kreativen Energien
Barthes', zogen sie von der Literatur im traditionellen Sinne ab.
Und doch wäre es – wie die folgenden Abschnitte zeigen sollen –
verfehlt, hieraus eine Stagnation im Bereich der literarischen Analyse ableiten zu wollen: Barthes ist vielmehr mit der Suche nach
den Grundlagen einer neuen Ästhetik beschäftigt.

Nach dem letzten glücklichen Schriftsteller   48

Die Reflexion über die literarische Moderne war der gemeinsame Ausgangspunkt der beiden ersten Buchveröffentlichungen
Barthes' gewesen. Sie wird auch in dieser Übergangszeit eine
wichtige Grundlage darstellen. Hatte Barthes das moderne Theater aus dem Bewußtsein eines Verlusts gegenüber dem Theater
der Antike definiert, so wird auch die Problematik des Schreibens
in der Moderne *ex negativo* durch die Skizzierung einer Vorzeit
transparenter (oder plakativer) gemacht. Aus der Perspektivie-

20 Moderne Malerei und Film sind die ständigen Bezugspunkte in Barthes Essay über Robbe-Grillet »Objektive Literatur« (1954) (E I, 1185ff.).

rung auf Robbe-Grillet[21] wird in der Moderne-Sicht Roland Barthes' die Position Flauberts weiter gestärkt, jene literarische Praxis aber, in der Sartre das Engagement des Schriftstellers verkörpert gesehen hatte, noch schärfer aus dem Bereich der Moderne ausgegrenzt. In einem 1958 ursprünglich als Vorwort konzipierten Aufsatz, der später in die *Kritischen Essays* aufgenommen wurde, wird Voltaire als letzter der glücklichen Schriftsteller apostrophiert. Auf die Frage, was wir heute noch mit diesem Aufklärer gemein hätten, scheint die Antwort Barthes' klar: »Von einem modernen Standpunkt aus ist seine Philosophie aus der Mode gekommen (*démodée*).« (E I, 1235) Damit wird Voltaire aus jenem geschichtsphilosophischen und ideengeschichtlichen Verständnis »herausgehalten«, das die Moderne (später) als (unvollendetes) Projekt an die Philosophie der Aufklärung rückbinden sollte. Zugleich, und dies ist (wie wir noch sehen werden) recht hintergründig, wird auf die *Moderne* (und deren Bewertung) der Begriff der *Mode*, des Modischen bezogen. Sollte das Modische für Barthes zu einem Kennzeichen der Moderne geworden sein?

Vor einer Beantwortung dieser Frage gilt es, den Modernebegriff Roland Barthes' während dieses Zeitraums eingehender zu erkunden. Dabei ist charakteristisch, daß Barthes gemäß seiner Eingangsfrage Voltaire stets mit der aktuellen Situation des Schriftstellers im 20. Jahrhundert in Verbindung bringt. Dessen Verfolgung, so Barthes, sei nicht verschwunden, wohl aber »das Theater der Verfolgung« (E I, 1235) – also genau das, was es den Autoren des 18. Jahrhunderts erlaubte, sich selbst in der Rolle der verfolgten Tugend, der *vertu persécutée* zu inszenieren.[22] Angesichts der Vernichtung von sechs Millionen Menschen zwischen 1939 und 1945 allein ihrer jüdischer Abstammung wegen sei die Situation des heutigen Schriftstellers überdies abstrakter geworden: Die Opfer von Mord und Unterdrückung seien im Zeichen dieser historischen Erfahrung nicht mehr namhaft zu machen, seien nicht mehr zu überschauen (E I, 1235) – aber gewiß auch nicht zu über-

---

21 Die Existenz des *nouveau roman* stellt Barthes in Frage, sei Butors Ästhetik doch gänzlich derjenigen Robbe-Grillets entgegengesetzt (E I, 1241ff.).

22 Vgl. hierzu den Beitrag von Gumbrecht, Hans Ulrich/Reichardt, Rolf: »Philosophe, Philosophie«. In: Reichardt, Rolf/Schmitt, E. (Hg.): *Handbuch politisch-sozialer Grundbegriffe in Frankreich: 1680-1820*. Heft 3. München 1985, 7-88.

sehen.[23] Das 18. Jahrhundert habe Voltaire klar umrissene und moralisch leicht zu verurteilende Gegner geschenkt, deren Bekämpfung der Autor so vieler Streitschriften zu einem Fest, zu einer Aufführung gemacht habe.[24] Eine Aufführung, die gewiß keine Tragödie war, denn Voltaire sei nie ein »tragischer Geist« gewesen (E I, 1236), sondern habe sich als Schriftsteller stets auf der richtigen Seite der Geschichte gefühlt: ein glücklicher Schriftsteller also (E I, 1237).

Es wird deutlich, daß es hier nicht um das private Glück (oder Unglück) Voltaires geht, wohl aber um ein strukturelles Verhältnis zur Geschichte und ihren Kräften. Wenn man denn überhaupt von einer Philosophie Voltaires sprechen könne, so Barthes mit unverkennbar provozierendem Unterton, dann sei dies gewiß eine Philosophie der »Immobilität«: Für Voltaire habe es »keine *Geschichte* im modernen Wortsinn gegeben« (E I, 1237). Mit der Leugnung des Evolutionsgedankens wird Voltaire damit jenem stabilen Tableau der Naturgeschichte zugewiesen, das Michel Foucault und vielleicht spezifischer noch Wolf Lepenies untersucht haben.[25] Als Abgrenzung der Moderne dient Barthes hier eine Auffassung von »Geschichte als Prozeß«, der – mit den Worten Reinhart Kosellecks – »von immanenten Kräften entfesselt wird, der nicht mehr aus naturalen Bestimmungen allein ableitbar und damit auch kausal nicht mehr hinreichend erklärbar ist.«[26] Voltaire wird *vor* dieser Denkmöglichkeit, und insofern zweifellos als *Prä*moderner, eingeordnet.

Damit macht Barthes jene andere Abgrenzung stark, die er in seinem *Michelet* aus der Sicht des französischen Historikers als *Beginn* einer Posthistoire verstanden hatte. Zwar nennt er nicht die Französische Revolution, wohl aber einen ihrer Väter, habe Rousseau doch die Geschichte *wieder* in Bewegung gesetzt:

23 Dies macht 1945 für Barthes nicht zu einem Nullpunkt im Sinne des deutschen Geisteslebens, wohl aber zu einem historischen Einschnitt mit weitreichenden Konsequenzen für die Rolle des Intellektuellen.

24 Vgl. dagegen die in vielerlei Hinsicht gegenläufige Einschätzung Voltaires in Sartres *Qu'est-ce que la littérature?*, wo Voltaire zum Ausgangspunkt eines Bewußtwerdungsprozesses gemacht wird, der zu einer Autonomisierung der Literatur führt (*op. cit.*, 130). Für Barthes ist Voltaire kein Ausgangs-, sondern ein Endpunkt.

25 Vgl. Lepenies, Wolf: *Das Ende der Naturgeschichte, op. cit.*

26 Koselleck, Reinhart: *Vergangene Zukunft. Zur Semantik geschichtlicher Zeiten.* Frankfurt a. M. [2]1984, 143.

Rousseau remettait l'Histoire en mouvement (E I, 1239). Die Denkstrukturen überschneiden sich hier in semantisch aufregender Weise: Ist der Beginn der Nach-Geschichte eben jene Moderne, die durch ihren prozeßhaften, offenen Geschichtsbegriff ausgezeichnet ist? Barthes sagt dies nicht, aber alles bei ihm deutet auf eine solch paradoxe Überkreuzstellung der Geschichtsmuster hin. Vor allem aber ist die Moderne die Zeit *nach* jenem letzten der glücklichen Schriftsteller, nach Voltaire – und damit auch in diesem Sinne eine Nach-Geschichte. Wir können in Barthes' Arbeit am Orpheus-Mythos damit eine neue *Wendung* lesen: Der moderne Schriftsteller gleicht nun dem antiken Sänger gerade darin, daß er zum Glück der Prämoderne nicht zurückblicken darf, daß sich sein Gesang aber stets nach dem verlorenen Glück sehnt und wendet. Seine Situation ist – wie die Lage der Moderne überhaupt – daher tragisch: Er ist der aus der Geschichte Geworfene und zugleich paradox an sie Gekettete, er weiß um seinen Weg und seine Lage, aber weiß keinen Weg, der ihn zum verlorenen Glück zurückbrächte. Sein Gesang ist originell, doch auch diesem Begriff ist das Zeichen der Moderne eingestanzt: Voltaire sorgte sich (noch) nicht um ihn (E I, 1238), daran läßt Barthes keinen Zweifel. Der Modernebegriff nimmt damit bei Barthes neue Aspekte auf, nimmt schärfere Konturen an. Wie das moderne Theater, so beruht auch die moderne Literatur insgesamt auf einem Verlust: Betraf im Theater dieser Verlust vor allem das Publikum bzw. die Einbettung der unwiederholbaren Aufführung in den Rahmen einer ins Theater »hineinspielenden« Natur, so ist der Verlust, der die Zeit nach Voltaire prägt, allein vom Schriftsteller zu tragen: In der modernen Literatur ist das Glück des Autors unwiederbringlich verloren.

Versuche über die Moderne   49

Mit der zeitlichen Verschiebung der literarischen Moderne in die Nach-Geschichte Voltaires tut sich zwischen Rousseau und Flaubert ein Zwischenraum auf, der für Barthes' theoretischen Ansatz fraglos problematisch (und folglich interessant) geworden ist. In *Am Nullpunkt des Schreibens* hatte er unter anderem Chateaubriand und Hugo als Zeugen eines Übergangs zu einer Moderne benannt, deren Beginn er jedoch in der Mitte des 19. Jahrhunderts festmachte. Auch in der Beziehung der Literatur auf das Spiel von Objekt- und Metasprache hatte Barthes, wie wir sahen, erst mit Flaubert jenen Prozeß einsetzen lassen, der mit Robbe-Grillet nun in eine neue Phase eingetreten sei. Und doch wird das ausgehende 18. Jahrhundert nun deutlich zum Ausgangspunkt einer modernen Problematik der Literatur. So betont Barthes in seinem Essay über *Zazie dans le métro*, Queneaus Kampf mit der Literatur habe noch immer an jenem Kampf teil, der mit dem Auftauchen des Literaturbegriffs (in einem modernen Sinne) begonnen habe. Seit Beginn dieser Literatur sei es »die Funktion des Schriftstellers, sie zu bekämpfen« (E I, 1260). Die Geschichte des Literaturbegriffs belegt, daß der hier angepeilte Zeitpunkt das ausgehende 18. Jahrhundert ist.[27]

Dies mag erklären, warum Barthes immer wieder diesem Zwischenbereich seines Moderne-Verständnisses eigene Essays widmet und darin stets auf die Problematik der Moderne zu sprechen kommt. Stendhal etwa bescheinigt er einen »geheimen Kampf gegen die Idee der Literatur«, läßt aber offen, ob der Wert des Verfassers der *Spaziergänge in Rom* »in unseren modernen Augen« gerade in der Modernität seines Schreibens oder in der Distanz zu diesem liegt (OC I, 760). Dieses Schreiben wird hier freilich nicht mehr mit der Barthesschen Triade von Sprache (*langue*), Stil und *écriture* oder jener historisch entwickelten Möglichkeit des Schriftstellers, zwischen verschiedenen Schreibweisen *wählen* zu können, in Verbindung gebracht, wie dies noch in *Am Nullpunkt des Schreibens* der Fall gewesen war. Auch Balzac, der 1953 noch deutlich vor der Bruchlinie der Moderne angesiedelt worden war, wird nicht mehr aus dieser begrifflichen Perspektive beleuchtet. Er wird vielmehr in ein direktes Verhältnis zur Moderne gesetzt, was nicht zuletzt auf einer überraschenden Verschiebung des (Sartreschen) Begriffs der *Wahl* beruht. Dies zeigt ein nicht in die *Kritischen Essays* aufgenommener Beitrag über Balzacs Theaterstück *Le Faiseur* für Barthes' *Théâtre populaire*, wo Balzac im Mai 1957

27 Vgl. hierzu Steinwachs, Burkhart: »Epistemologie und Kunsttheorie. Zum Verhältnis von ›arts et sciences‹ im aufklärerischen und positivistischen Enzyklopädismus«. In: Cerquiglini, Bernard/Gumbrecht, Hans Ulrich (Hg.): *Der Diskurs der Literatur- und Sprachhistorie. Wissenschaftsgeschichte als Innovationsvorgabe*. Frankfurt a. M. 1983, 73-110; sowie Caron, Philippe: »Aux origines d'un concept encore flou aujourd'hui, celui de ›littérature‹«. In: Berger, Günter/Lüsebrink, Hans-Jürgen (Hg.): *Literarische Kanonbildung in der Romania*. Rheinfelden 1987, 87-101.

bescheinigt wird, »wie immer« die Vergangenheit (seiner Figuren) zu wählen, die Zukunft aber zu beschreiben; daher sei Balzacs Moral vergangenheitsbezogen, doch »seine Kunst ist modern« (OC I, 739). Gewiß wird dieses späte Theaterstück des Schöpfers der *Menschlichen Komödie* jenem Bereich der »Grenzwerke« (*œuvre-limite*) zugewiesen, von denen der französische Literarhistoriker Thibaudet sagte, daß sie sich bei vielen wirklich großen Schriftstellern fänden, und zu denen Barthes Chateaubriands *Vie de Rancé* oder (einmal mehr) Flauberts *Bouvard et Pécuchet* zählt. Doch läßt Barthes in einem aus demselben Jahr stammenden *Kritischen Essay* keinen Zweifel daran, daß Balzac die Grundprinzipien der Moderne verstanden und literarisch fruchtbar gemacht habe: »Balzac hat die sich ankündigende Moderne nicht mehr als Welt der Güter und Personen (den Kategorien des *Code Napoléon*), sondern als Welt der Funktionen und Werte gesehen: Was existiert, ist nicht mehr das, was *ist*, sondern das, was *miteinander verbunden* ist.« (E I, 1233)

Diese Formulierung des Begriffs der Moderne ist polysem: Zum einen wird die Moderne wie in *Am Nullpunkt des Schreibens* als ein ökonomisch-historischer Prozeß charakterisiert, der mit der Revolution von 1848 zum entscheidenden Durchbruch gelangt sei. Zum anderen erscheint die Darstellung dieser Moderne auf der literarischen Ebene bei Balzac in deutlich strukturalistischen Begriffen, setzt also gleichsam eine *strukturalistische Tätigkeit* – auf diesen Ausdruck komme ich zurück – des Romanciers voraus. Und schließlich wird der literarische Erkenntnisprozeß in die Zeit *vor* dem historischen Umbruch verlegt. *Der Macher*, der Spekulant, mache einem Alchimisten gleich aus dem Nichts ein Etwas (Gold, Geld): Die Spekulation erweise sich hier als »eine demiurgische Operation, welche den modernen Stein der Weisen (*pierre philosophale moderne*) finden soll: das Gold, das keines ist.« (E I, 1232) Das große Thema des Theaterstücks sei daher die Leere. Und diese Leere, dies hat Barthes in seiner Auseinandersetzung mit Queneau gezeigt, sei das Thema der Moderne schlechthin: Denn »die *Literatur*«, so Barthes, »ist der Modus des Unmöglichen selbst, da sie allein ihre Leere sagen kann und mit diesem Sagen von neuem eine Fülle (*plénitude*) begründet.« (E I, 1264)

In den verschiedenen Essays – und diese wollen zusammen gelesen, aufeinander bezogen sein – wird die Moderne historisch (1848), ökonomisch (Börsenspekulation), geschichtsphilosophisch (Geschichte als Prozeß), epistemologisch (strukturalistisch), kulturgeschichtlich (als Gegensatz zu Antike und Aufklärung), institutionell (gegen die *Literatur* gerichtet), sprachlich (als Mord an der zum Problem gewordenen Sprache), thematisch (Leere), ästhetisch (Originalität) und vom Schriftsteller her subjektiv (tragisch) bestimmt. Darüber hinaus habe Franz Kafka mit seiner literarischen Technik einer Ausblendung des *Als-ob* »unsere moderne Literatur« »wirklich begründet« (E I, 1272) – womit gleichsam nebenbei ein anderer, zu Beginn dieses Jahrhunderts angesiedelter Modernebegriff hinzutritt. Was Barthes nicht davon abhält, wenige Seiten später am Ende eines brillanten Essays über La Bruyère, den erklärten Gegner der *Modernes* des ausgehenden 17. Jahrhunderts (dessen Schriften sich überdies jeder modernen Lektüre verweigert hätten), »diese Moderne« mit *Les Caractères* mehr als zweihundert Jahre früher einsetzen zu lassen (E I, 1345). Die Vielzahl definitorischer Versuche führt nicht zu einer »Klärung« des Begriffs der Moderne, sondern zu einer begrifflichen Auffächerung.[28] Ist dies ein Betriebsunfall der Barthesschen Untersuchungen?

Sicherlich nicht. Der Leser *eines* Essays mag den Eindruck konzeptueller Klarheit erhalten. Der Leser mehrerer oder *aller* Essays erhält eine Begrifflichkeit, die die verschiedenen Dimensionen des Modernen zwar ausleuchtet, zugleich aber den Eindruck erweckt, daß die Moderne nicht auf den Begriff zu bringen ist. Barthes hat einige dieser Essays zu einem Buch vereinigt, ohne seine Deutung des Modernen bzw. der Moderne zu homogenisieren. Er hat damit eine gemeinsame Lektüre und so eine Lesart angeregt, deren Ergebnis eine vom Autor selbst provozierte (paradoxe) Polysemie ist. Der Leser verfügt nach der Lektüre nicht über *einen* Begriff der Moderne, sondern über viele – und es ist erstaunlich, daß die so unterschiedlichen, hier genannten Deutungsversuche allesamt in den aktuellen Diskussionen um den Modernebegriff noch immer eine wesentliche Rolle spielen. Man mag Barthes die Vieldeutigkeit seiner Begriffsbildung vorwerfen, ihm Unwissenschaftlichkeit unterstellen. Doch kann man darin auch ein Zeichen intellektueller Redlichkeit erblicken. Vergessen wir nicht, daß wir

---

28 In einer 1960 in den *Annales* erschienenen Rezension der *Histoire de la civilisation française* von G. Duby und R. Mandrou bemerkt Barthes abschließend, daß es allein eine »sehr dichte Synthese« erlauben würde, »die Einheit« der Moderne wiederzugeben (OC I, 888).

auch heute noch nicht über einen konsensfähigen Begriff der Moderne verfügen. Welcher Wissenschaftler aber kann es sich heute erlauben, *gleichzeitig* auf mehrere Modernebegriffe, die zueinander in keinem komplementären Verhältnis stehen, zurückzugreifen? In der Form der verschiedenen (literarischen und literarästhetischen) Versuche, in der Schreibweise einer essayistischen *écriture courte* hat Barthes verschiedenste Ausprägungen des Modernebegriffs beleuchtet und erprobt, ohne sie doch einer beherrschenden Zentralperspektive zuzuordnen. Der Modernebegriff ist dadurch nicht eindeutig, wohl aber reicher geworden. Vielleicht ist Barthes mit seinen *Kritischen Versuchen* – einem polysemen Buch, das um das Moderne und damit um ein leeres Zentrum kreist – selbst zu jenem modernen Alchimisten geworden, der aus der Leere eine (begriffliche, literarische) Fülle produziert. So würde der Modernebegriff auf sein eigenes Werk überspringen und es jener Zeit zuordnen, die nach dem Glück Voltaires, nach Michelets Französischer Revolution, in einer Nach-Zeit angesiedelt ist, die paradoxerweise den prozeßhaften Geschichtsbegriff (und mit ihm unsere modernen Modernebegriffe) entwickelt hat.

Massenkultur und Moderne   50

Barthes' Interesse an »Grenzwerken« ist augenfällig. Am Romancier Balzac fasziniert ihn das Theater, am Lyriker Baudelaire die Theaterprojekte. Die Frage liegt nahe: Welches sind die Grenzwerke der Moderne, des 20. Jahrhunderts?

Neben Georges Batailles *Histoire de l'œil* [29] und Michel Butor, dessen *Mobile* er einen grundlegenden Aufsatz über Literatur und Diskontinuität widmet, sind dies vor allem die Romane Robbe-Grillets, um die Barthes' Schreiben in diesen Jahren ständig kreist. Dabei stehen sowohl produktions- als auch rezeptionsästhetische Aspekte im Vordergrund. Zunächst geht Barthes in einem Essay von 1955 der Frage nach, inwieweit Robbe-Grillet etwa in *Les Gommes* die Geschichte aufgelöst und die Fabel zerstört habe (E I, 1213). Robbe-Grillets Projekt erscheint als Projekt der Grenze:

29 Eine (zweifellos berechtigte) Kritik an der Neutralisierung des Erotischen in Barthes' Lektüre von Batailles Text findet sich in Halley, Michael: »... and a truth for a truth: Barthes on Bataille«. In: *French Literature Series* X (1983), 113-122.

Wie ein Seiltänzer verzichte er immer mehr auf Sicherheit bietende Anhaltspunkte, verknappe die Fabel, *idealiter* gar bis zu einem »Nullpunkt« oder *Manna* im Sinne der Mythenforschungen von Lévi-Strauss (E I, 1216), ein *degré zéro*, der den Grenzwert des Experiments markiere. Der Seiltänzer steht am Abgrund, so wie Barthes die moderne Literatur stets als ein Spielen mit dem Tod, eine Art Leben des Todes, verstanden hatte (E I, 1246) – und es wäre sehr wohl möglich, das Bild des Seiltänzers (in Literatur und Kunst) mit der Moderne selbst und dem Selbstverständnis des modernen Künstlers in Verbindung zu bringen, wie Jean Starobinski dies anschaulich vorgeführt hat.[30] Was aber geschieht mit dem Leser dieser – so der Titel dieses Essays – »Literatur buchstäblich« an diesem neuen Nullpunkt der Literatur?

Eben dies ist die zweite Fragestellung Barthes'. Der Nullpunkt ist als Markierung des zumindest annähernd leer gebliebenen Platzes der Geschichte für den Leser von Robbe-Grillets *Le Voyeur* ein Anhaltspunkt. Dieser Anhaltspunkt verhindert die »allzu brutalen Auswirkungen der reinen Negativität auf den Leser« (E I, 1216). Dieser aber wird für Barthes zu einem wesentlichen Teil des Experiments (und wie wir sehen werden auch des Werks): Er werde zu einer neuen Art von Lektüre geführt, da Robbe-Grillets Romane neue Formen des Lesens erforderlich machten. Die Problematik einer neuen Lektüre war bereits in Barthes' *Michelet* eingehend nicht nur diskutiert, sondern von Barthes selbst vorgeführt worden. Nun aber wird die Lektüre – und dies ist zumeist übersehen worden – in den Kontext einer Avantgardeproblematik im Zeichen der Massenkultur gestellt.

Denn *Le Voyeur*, so Barthes, ziele mit seiner Infragestellung der Fabel, der Form des *récit*, auf eine »Dekonditionierung (*déconditionnement*) des Lesers bezüglich der essentialistischen Kunst des bürgerlichen Romans« (E I, 1217), auch wenn dieses Ziel noch nicht vollständig erreicht werde. Von einer solchen Umgewöhnung des Lesers oder Zuschauers spricht Barthes wenig später auch in einem Essay über das avantgardistische Theater, wobei er keinen Zweifel daran läßt, daß »Gewagtheiten«, die die akademische Kritik noch immer schockierten, »in einer kollektiven Kunst wie dem Kino« für ein junges, breit gefächertes Publikum längst zu Selbstverständlichkeiten geworden seien (E I, 1226). Die Wahr-

---

30 Vgl. Starobinski, Jean: Portrait de l'artiste en saltimbanque. Genève/Paris 1970, 8 ff. u. a.

nehmungsgewohnheiten des Publikums (und nicht nur des Theaterpublikums) erscheinen damit als grundlegend verändert und veränderbar. Was gestern noch Avantgarde war – so scheint diese Analyse anzudeuten –, wird heute kaum noch ein Massenpublikum überraschen oder gar verblüffen. Barthes greift hier implizit auf Vorstellungen von Automatisierungs- und Entautomatisierungsprozessen im Bereich der Kunst zurück, wie sie die russischen Formalisten Jahrzehnte zuvor theoretisch entwickelt hatten.[31] Die Ausführungen von Barthes deuten aber ebenfalls an, daß er diese Überlegungen in zunehmendem Maße mit seiner Analyse von Phänomenen der Massenkultur in Verbindung bringt; vergessen wir nicht, daß im selben Jahr 1956 der theoretische Teil seiner *Mythologies* entsteht.

Im Kontext der Massenkultur wird die »Theorie der Avantgarde« in einem doppelten Wortsinn brüchig. Denn gerade die bewußt vollzogenen Brüche können in die bürgerliche Kultur wieder einbezogen, gleichsam assimiliert werden. Die avantgardistische Kunst unterliegt für Barthes der ständigen Gefahr, von der Massenkultur erfaßt und den anderen (bürgerlichen) Mythen gleichgemacht zu werden. 1958 betont Barthes, es sei »ein alter Trick unserer Kritik, ihre Weitsicht und ihren Modernismus unter Beweis zu stellen, indem sie auf den Namen Avantgarde taufe, was sie assimilieren könne« (E I, 1244). Die Avantgarde, deren Metaphorik letztlich nichts anderes besage, als daß sie die Vorhut der bürgerlichen Armee darstelle (E I, 1224), wird von Barthes in zunehmendem Maße abqualifiziert, indem ihr die Mittel abgesprochen werden, zu einer grundlegenden Überwindung bürgerlicher Kunst und bürgerlichen Kunstverständnisses führen zu können. Sie singe ihren eigenen Tod, und selbst in diesem Tod gehöre sie noch dem Bürgertum an (E I, 1225).[32] Die französische Avantgarde hält daher für Barthes nicht jene Lösungsmöglichkeiten bereit, die für ihn in Brechts Theaterpraxis enthalten waren. Aus-

---

31 Vgl. hierzu insbesondere die Beiträge von Viktor Sklovskij, Roman Jakobson und Jurij Tynjanov in der bereits klassischen Anthologie von Striedter, Jurij (Hg.): *Russischer Formalismus. Texte zur allgemeinen Literaturtheorie und zur Theorie der Prosa.* München [3]1981.

32 Bereits in unserer Untersuchung der *Mythen des Alltags* ist deutlich geworden, daß das Bürgertum keine soziologische, sondern eher eine polemische Kategorie ist, die von Barthes als künstlicher Mythos aufgebaut wird, um die Mythen von Gesellschaft, Literatur und Kunst wirkungsvoller bekämpfen (oder dekonstruieren) zu können.

gehend von Brechts Theatertheorie hatte Barthes die Avantgardetheater zu kritisieren gelernt. Demzufolge übt er auch Kritik an Robbe-Grillets avantgardistischem Projekt: Es gebe keinen Nullpunkt der Form, und jede Negativität sei wieder in Positivität überführbar (E I, 1242). Auf diese Weise tritt jene Bedeutungsebene hervor, die wir bereits in den *Mythen des Alltags* sich abzeichnen sahen: Jede Literatur muß fortan in eine wie auch immer geartete Beziehung zu Massenkultur und Massenkommunikation eintreten.

Massenkommunikation und Mode 51

Roland Barthes hat diese Problematik, die bereits in den Schriften Walter Benjamins theoretisch beleuchtet wurde, wohl als erster hellsichtig im Kontext der französischen Nachkriegszeit erfaßt und durchdacht. Die Autoren des sogenannten *nouveau roman*[33] erreichen zu keinem Zeitpunkt für Barthes jene theoretische Ausstrahlungskraft, die Brechts Theatertheorie, die im Begriff der Dekonditionierung des Publikums noch hörbar mitschwingt, erreicht hatte. Übellaunig vermerkt er, wie die erst von der Kritik zu einer Gruppe gemachten Autoren des *nouveau roman* sich in den Medien breitmachten, sich in radiophoner Geschwätzigkeit ergingen, die ihrer Ästhetik – so wie Barthes sie noch 1955 verstanden hatte – zuwider liefe (und Barthes in der Tat zuwider war). »Schon wieder eine *Table ronde* zum *Nouveau Roman*«, stöhnt er 1959 in den *Lettres Nouvelles* unter der Rubrik »Mythologies« (OC I, 802), und einmal mehr ärgert ihn die Allgegenwart der immer gleichen Autoren und der immer gleichen Etiketten. Er mokiert sich über die bürgerlichen Mythen; doch wird deutlich, daß für ihn der *nouveau roman* längst seinerseits zu einem bewußt geformten Mythos verkommen ist, der unablässig im Radio oder in den Printmedien wiederholt wird. Die Position Barthes gegenüber der Massenkultur ist deutlich negativ, da sie es ist, die jenen Mythenbildungsprozeß erst ermöglicht, von dem Barthes bereits 1956 sagte, daß er alle Sprachen stehlen könne, auch die Sprache der Literatur. 1959 macht er klar: längst auch die Sprache der *nouveaux*

33 Der Begriff ist spätestens seit 1956 belegt; vgl. Wehle, Winfried: »Proteus im Spiegel. Zum ›reflexiven Realismus‹ des Nouveau Roman (Statt einer Einleitung)«. In: Ders. (Hg.): *Nouveau Roman*. Darmstadt 1980, 21, Anm. 1.

romanciers. Verschont bleibt nur ein Aspekt dieser Radiosendungen: So könne man stets etwas aus dem Atmen, aus der Stimme des Romanciers lernen (OC I, 803). Diese Verknüpfung von Stimme, Atmung und Körperlichkeit erscheint hier freilich nur am Rande, bildet aber gleichwohl eine Thematik, die Barthes im folgenden Jahrzehnt theoretisch entfalten wird.

Mythenlektüre und literarische Analyse laufen in der Auseinandersetzung mit dem *nouveau roman* zusammen. Die Literatur wird auf den Kontext der Massenkultur bezogen, muß sich gar durch ihren Bezug zur Massenkommunikation definieren. Es ist erstaunlich, daß diese Erkenntnis kaum zur Kenntnis genommen wurde, obwohl Barthes sie – wenn auch nur am Rande – im Schlußtext der *Kritischen Essays* erläutert hat. So heißt es in einer Passage dieses 1963 in *Tel Quel* veröffentlichten Textes: »heute zum Beispiel – oder auf alle Fälle in naher Zukunft – ist es nicht möglich, oder wird es nicht möglich sein, die ›heuristische‹ Literatur (die suchende Literatur) zu verstehen, ohne sie funktional in Beziehung zu setzen zur Massenkultur, zu der sie in komplementären Beziehungen des Widerstandes, der Subversion, des Austauschs oder des Einverständnisses steht oder stehen wird (unsere Epoche ist beherrscht von der *Akkulturation*, und man könnte von einer parallelen – und zueinander in Beziehung gesetzten – Geschichte des *nouveau roman* und der Herzblatt-Illustrierten träumen).« (E I, 1365) Die Beziehung des *nouveau roman* zur Regenbogenpresse, die hier von Barthes angepeilt wird, bedeutet gewiß nicht eine Gleichsetzung beider kultureller Ausdrucksformen. Im Kontext von Barthes' Schriften aber deuten derartige Formulierungen an, daß Barthes die Literatur nicht nur aus ihrer Beziehung zur Massenkultur, sondern als eine von der Massenkommunikation wesentlich mitgeprägte gesellschaftliche Institution versteht. Das »kollektive Wesen namens Nathalie-Sarraute-Robbe-Grillet-Butor-Simon« (OC I, 802) ist, mit gelegentlichen Anhängseln anderer Autornamen, ein Erzeugnis von Kultursendungen und Presse, ein Produkt, dem Barthes vergebens am Anfang noch die unterschiedlichen Poetiken der einzelnen Autoren entgegenhielt. Die Durchsetzung dieser Literatur (bzw. dieses Konstrukts) – wenn auch nicht diese selbst – trägt Züge jener Durchsetzung von Moden, die Barthes spätestens seit 1957 semiologisch zu erforschen begann. Barthes sieht damit im Bereich der Literatur jenes »Rotieren« verschiedener Möglichkeiten, in dem er die Funktionsweise der Mode erkannt hat (E I, 1365). Aus dieser Perspektive geht das Modische, das Vorübergehende, das Transitorische und Flüchtige, das bereits in Baudelaires Modernebegriff präsent war[34], ein in Barthes' Sichtweise der modernen Literatur. Den Titel einer Untersuchung Barthes' zur Mode variierend, könnten wir sagen: »Der *nouveau roman* ist dieses Jahr in Mode.« Allerdings wird dieses Modische geschichtlich, gesellschaftlich und kulturell verankert: im Kontext von Massenkultur und Massenkommunikation. Und doch ist die Vereinnahmung der Avantgarde, vertreten durch Ionesco, Genet oder den *nouveau roman*, ein Prozeß, den Barthes nicht nur kritisch begleitet, sondern den er für sein eigenes Schreiben auch selbst fürchtet.

Was ist die Kritik? 52

»Eine Reihe von Freundschaften, gemeinsame Vertriebswege und eine Reihe von Gesprächen am runden Tisch«, so Barthes 1961 in seinem ersten Text für *Tel Quel* mit Blick auf den *nouveau roman*, »berechtigen noch nicht zu einer wirklichen Synthese der Werke.« (E I, 1291) Hier, so könnten wir hinzufügen, setzt die Aufgabe der Kritik ein. Von der Entwicklung der Massenkultur ist allerdings nicht nur die Literatur, sondern ebenso die Literaturkritik betroffen. Dies zumindest wäre schon einem Verständnis des Werkes zu entnehmen, das nach Barthes' Ansicht nicht nur von seinem Autor (hier Robbe-Grillet), sondern zugleich auch von Publikum und Kritik gebildet wird: »Wir sind alle ein Teil von Robbe-Grillet«, heißt es in dieser aus rezeptionsästhetischer Sicht bedeutsamen Passage (E I, 1322) – und deutlich sind hier die Erfahrungen des Theaterkritikers eingeflossen, der in der *théâtralité* die Präsenz des Publikums im Werk verankert hatte.

Kritik und Publikum sind damit am Sinnbildungsprozeß des Werkes selbst beteiligt. Wichtig scheint mir hier weniger die Tatsache, daß dies Vorstellungen sind, die die deutsche Rezeptionsästhetik der sechziger und siebziger Jahre, wenn auch innerhalb eines anderen Literaturkonzepts, weiterverfolgen wird. Entscheidend ist für unsere Fragestellung das Zusammendenken von Produktion und Rezeption, von Autor und Kritik, dem im Kontext

---

34 Vgl. Gumbrecht, Hans Ulrich: »Modern, Modernität, Moderne«, op. cit.

der Massenkommunikation eine immer größere Bedeutung zukommt.

Barthes stellt sich in einer Reihe von nur zum Teil in die *Essais critiques* aufgenommenen Texte der Frage, was die Aufgaben und Methoden der Kritik in den frühen sechziger Jahren sein könnten. Von besonderer Wichtigkeit ist ein Essay, dessen Titel »Was ist die Kritik?« Barthes' beliebtes Verfahren zeigt, durch die Titel seiner Texte inter- wie intratextuelle Serien herzustellen: Verweist etwa »Die Literatur heute« auf den theoretischen Teil der *Mythologies*, »Der Mythos heute«, so handelt es sich bei diesem Titel um eine Wiederaufnahme von Sartres berühmter Frage nach dem Wesen der Literatur, die Barthes selbst in *Am Nullpunkt des Schreibens* zur Frage »Was ist die *écriture*?« hin deplaziert hatte. Der Kritik, so könnte man ableiten, kommt eine ähnlich wichtige Funktion in Barthes' kulturellem Projekt zu wie den Begriffen Literatur und *écriture*. Dies verwundert nicht, bildet sie doch einen wichtigen Teil seiner damaligen Auffassung vom literarischen Werk.

»Was ist die Kritik?«, 1963 für das *Times Literary Supplement* verfaßt, versucht, einem nichtfranzösischen Leser zunächst die damalige Situation der französischen Literaturkritik und Literaturwissenschaft darzustellen. Wie schon im Bereich der Theaterkritik geht Barthes auch hier von einer Zweiteilung aus, indem er einer positivistisch geprägten, universitären Kritik, die unverdrossen nach ihren »Quellen« suche und das Kunstwerk stets an etwas ihm Äußerliches anbinden wolle, eine »interpretierende Kritik« gegenüberstellt, die sich von vier philosophischen Strömungen ableite: dem Existentialismus (Sartre), dem Marxismus (Goldmann), der Psychoanalyse (Mauron, Bachelard sowie Poulet, Starobinski oder Richard) und dem Strukturalismus (Lévi-Strauss und Jakobson) (E I, 1357). Unter dem Einfluß der Schriften von Claude Lévi-Strauss sei die »Bewegung« des Strukturalismus in Frankreich derzeit *en vogue*, zu einer Mode geworden, wenn auch noch nicht viele literaturkritische Untersuchungen strukturalistischer Provenienz vorlägen. Dies könne jedoch schon bald der Fall sein, böte doch Jakobsons Unterscheidung von Metapher und Metonymie eine ausgezeichnete Grundlage für neue Forschungen.

Hält man sich vor Augen, daß Barthes mit seinen Arbeiten über La Bruyère und Bataille, die beide in die *Kritischen Essays* aufgenommen wurden, auf Jakobsons Unterscheidung zurückgegriffen hatte, so wird die Strategie des Autors der *Mythologies* deutlich, zunächst ein gesamtes Bild der neuen Ansätze zu liefern, dabei aber unangekündigt zu seinem eigenen Standpunkt überzugehen (E I, 1358). Diese Strategie, die sich auch in anderen Aufsätzen zeigt, macht Barthes zum Vertreter, ja zum Sprachrohr der später so genannten *nouvelle critique*, erlaubt ihm aber zugleich, die eigene Sichtweise von Literatur (geradezu im Namen dieser Gruppe) zu propagieren. Auch seine Aufsätze »Neue Wege der literarischen Kritik in Frankreich« für *Politica* in Belgrad (1959) und »Die beiden Kritiken« für *Modern Language Notes* (1963) folgen dieser Strategie, die überdies den Vorteil bietet, einer einheitlich skizzierten Gegenposition im Grunde heterogene Ansätze gegenüberstellen und so von einer Einheit »neuer« Kritiken von Sartre und Bachelard bis Goldmann und (implizit) Barthes sprechen zu können. Der Verfasser der *Kritischen Essays* räumt zwar ein, daß *die* nichtuniversitäre Kritik keineswegs klar von der universitären zu trennen ist, sei der Status des Intellektuellen doch häufig gleichbedeutend mit einem universitären, professoralen Status (E I, 1358)[35]; doch setzt er dessen ungeachtet die universitäre Kritik mit dem Positivismus der Schule Lansons gleich, der zum damaligen Zeitpunkt in der Tat majoritär war.[36]

Barthes forderte nun, gleichsam im Namen der »neuen« Kritik, vom kritischen Schreiben, daß es zugleich von seinem Gegenstand *und* von sich selbst sprechen müsse. Sie sei Metasprache, errichte sich also über einer Objektsprache, und müsse sich daher mit den Beziehungen zwischen der Sprache (*langage*) der Kritik und jener des Autors, aber auch zwischen der Objektsprache und der Welt auseinandersetzen. Kritik, so Barthes, sei das Reiben (*frottement*) zwischen der Sprache des Kritikers und jener des Autors, zwischen Objekt- und Metasprache (E I, 1359). Der Kritik könne es nicht um Wahrheit, wohl aber, wie in der Logik, um Gültigkeit

---

35 Deutlicher noch wird dies in »Die beiden Kritiken« thematisiert. Barthes' Kritik an Goldmann und Mauron ist von der Tatsache mitgeprägt, daß deren Ansätze von der universitären Kritik einverleibt werden könnten; dies aber sei im Falle einer immanenten Analyse, wie sie etwa die *critique thématique* betreibe, schwieriger (E I, 1369). Diese Einschätzung ist aus heutiger Sicht bemerkenswert.

36 Zur besonderen Geschichte und Stellung des französischen Intellektuellen vgl. auch Jurt, Joseph: »Status und Funktion der Intellektuellen in Frankreich im Vergleich zu Deutschland«. In: Krauß, Henning (Hg.): *Offene Gefüge. Literatursystem und Lebenswirklichkeit*. Festschrift für Fritz Nies zum 60. Geburtstag. Tübingen 1994, 329-345.

(*validité*) gehen. Wie ein Tischler, der zwei komplizierte Möbelstücke miteinander verbinden wolle, passe der Kritiker die Sprachen, die ihm seine Epoche liefere (Existentialismus, Marxismus, Psychoanalyse), der »behandelten« Sprache an.

Der Kritiker als Tischler – die Metaphorik hat es in sich. Sie ist nicht nur konstruktivistisch, sondern zielt auch auf eine Einheit beider Sprachen und damit auf eine Überwindung der Trennung zwischen Objekt- und Metasprache, die Barthes gerade noch zum Kennzeichen der Kritik erhoben hatte. Auch die *Reibung* zwischen beiden Sprachen will nicht ganz zur Tischlermetaphorik passen, lenkt unsere Aufmerksamkeit aber gerade auf jenen Zwischenraum, der sich zwischen Autor und Kritiker auftut.

Wäre diese Metaphorik vielleicht noch von einigen der Vertreter der von Barthes so genannten interpretierenden Kritik akzeptiert worden, so sicherlich nicht mehr die Aussage, der kritische »Beweis«, wenn es ihn überhaupt gebe, hänge »von der Fähigkeit ab, nicht das befragte Werk zu *entdecken*, sondern es im Gegenteil so vollständig wie irgend möglich mit der eigenen Sprache zu *bedekken.*« (E I, 1360). Dies führt uns zu einer der Ausgangsfragen dieses Kapitels zurück: Ist der Kritiker also ein Schriftsteller?

Schriftsteller ist, wer es sein will 53

Peter Bürger hat zu Recht bemerkt, daß Barthes' Definition des Kritikers als Schriftsteller »selbstverständlich eine Provokation« sei.[37] Im Gegensatz zu Bürger bin ich mir freilich nicht sicher, ob die Infragestellung der *Grenze* zwischen literarischem und literaturkritischem Diskurs bereits mit Barthes' späterer Infragestellung des individuellen Schriftstellers, mit seiner Rede vom Tod des Autors und mit der Auflösung des Subjektbegriffs in einzelne Biographeme, wie dies in *Sade, Fourier, Loyola* vorgeführt wird, in eine direkte Verbindung zu bringen ist. Eine solche Argumentationsweise scheint mir zu sehr den Barthes der frühen von dem der späten sechziger Jahre her zu perspektivieren. Barthes' Strategie ist vielmehr die, eine Grenze zwischen Literatur und Literaturkritik, zwischen Objekt- und Metasprache zunächst klar zu ziehen, um in einem zweiten Schritt diese binäre Opposition dann zu hinter-

37 Bürger, Peter: »Roland Barthes, Schriftsteller«, *op. cit.*, 117.

fragen, ja zu hintergehen. Damit kommt es zu einem *Reibungseffekt*, der nicht nur die eigene Begrifflichkeit, sondern auch die konventionelle Grenzziehung zwischen zwei Polen selbstreflexiv in Frage stellt. Das kulturell Selbstverständliche wird verfremdet, zwischen »natürlichen«, »gegebenen« Unterscheidungen wird ein Zwischenraum aufgemacht, der in der Folge neu besetzt wird.

Diese Strategie eines Abreibens der Grenzen, die sich in Barthes' Rede von einem *frottement* bereits ankündigt, findet sich auch in einem anderen der *Kritischen Essays*, der zu den wohl bekanntesten Texten dieses Bandes zählt. Hier hatte Barthes zunächst den Schriftsteller (*écrivain*) vom Schreibenden[38] (*écrivant*) getrennt. Der Schriftsteller wende sich gegen alles Doktrinäre und führe überall eine grundlegende, nicht reduzierbare Mehrdeutigkeit ein; es sei irreführend, vom Engagement des Schriftstellers zu sprechen, denn für diesen sei Schreiben ein intransitives Verb (E I, 1279). Schriftsteller sei, so heißt es in Wiederaufnahme der bereits beleuchteten Proustschen Thematik, wer es sein wolle: *est écrivain, celui qui veut l'être*, so Barthes' ebenso apodiktische wie provokative Aussage (E I, 1280). Für den *ecrivant* dagegen ist die Sprache lediglich ein Vehikel und richte sich auf eine Aktion, stelle sie selbst aber nicht dar (E I, 1280). Der Status des Schriftstellers in der Gesellschaft sei anerkannt; auch werde jeder Schriftsteller, so sehr er auch immer gegen Literatur und Gesellschaft anschreibe, von diesen früher oder später verdaut (*digéré*) (E I, 1280) und einverleibt: Jeder Skandal sei letztlich integrierbar – eine Vorstellung, die (wie wir sahen) Barthes stets Furcht einflößte. Das »Wort« des Schriftstellers sei »eine Ware«, die in jahrhundertealte Kanäle eingespeist werde, der Schreibende dagegen lebe »am Rande der Institutionen« und schreibe etwas, was die Gesellschaft gar nicht von ihm wolle (E I, 1281).

Nach der klaren Unterscheidung aber öffnet Barthes den Zwischenraum zwischen beiden Polen und führt die historisch bedingte Figur des *écrivain-écrivant* ein als einen Bastard, mit dem die Gesellschaft Katz und Maus spiele und der daher gezwungen

---

38 Im Gegensatz zur vorliegenden deutschen Übersetzung dieses Textes, der zu den wenigen zählt, die von den *Essais critiques* in die schmale Sammlung *Literatur oder Geschichte* aufgenommen wurden, bevorzuge ich für *écrivant* den Ausdruck »Schreibender«, da dies nicht nur der Tätigkeitsform besser entspricht, sondern auch den Begriff des »Schreibers« für Barthes' *scripteur* verfügbar läßt.

sei, in Institutionen zu flüchten, die wie die Universität jedoch von der Gesellschaft kontrolliert würden (E I, 1282). Als »Ausgeschlossener, der gerade durch seine Ausschließung integriert wird«, sei er »ein entfernter Erbe« des *poète maudit* (E I, 1282). Der durch sein Ausgeschlossensein Integrierte findet nur bei marginalen Institutionen Schutz (oder zumindest Unterschlupf), und wir werden im nächsten Kapitel sehen, wie sehr dies Barthes' eigener Position entsprach. Damit nimmt er eine oszillierende Position ein, die zwischen den Polen von Schriftsteller und Schreibendem hin und her »wandert«. Daher rührt auch Barthes' Interesse an der Entwicklung Maurice Blanchots, dem schon im *Degré zéro de l'écriture* eine große Bedeutung zukam: Denn Blanchot zeichne sich durch seinen »unentschiedenen Platz zwischen Kritik und Literatur« aus (E I, 1370)[39], und zudem finde sein Projekt eher Parallelen in Musik und Malerei. Ein solcher Typus ist als Schriftsteller ebensowenig der Institution Literatur wie als Schreibender der Institution universitär legitimierter Kritik einzuverleiben. Doch nicht nur dies: Durch seine Bewegungen wird die Grenze selbst in Frage gestellt und brüchig. Im Zwischenraum von Institutionen und Diskursen, die traditionell klar voneinander geschieden sind, siedelt sich Barthes' *écrivain-écrivant* an. Ist der Kritiker, so könnten wir auf den Ausgangspunkt dieses Kapitels zurückkommend fragen, also doch kein Schriftsteller? Ist Barthes' Definition im Vorwort der *Kritischen Essays* – *le critique est un écrivain* – also falsch?

Die willentlich verkürzte, paradoxe Formelsprache, zu der Barthes immer mehr tendiert, zeigt selbst auf ihre sprachliche Maske. In einer seiner »späten« Mythologien hatte Barthes 1959 ideologiekritisch auf einen Gebrauch des Verbs *être* aufmerksam gemacht: Der Aussagesatz »Algerien ist französisch« sei wie ein »Schlag mit dem Zauberstab«, indem mit Hilfe des Wörtchens »ist« eine Wunschvorstellung in eine Evidenz umgewandelt werde (OC I, 811). In der Grammatik der Kriegstreiber stehe der Satz nur dafür, daß Algerien französisch sein *müsse*. Barthes' Aussagesatz »Der Kritiker ist ein Schriftsteller« darf ähnlich terroristisch verstanden werden: Er behauptet eine Evidenz, die es nicht gibt,

---

39 Stärker noch an den Vorstellungen seiner ersten Buchpublikation orientiert ist Barthes' Aussage von 1958, Blanchot siedle sich wie einst Mallarmé im Raum einer unmöglichen Literatur an (E I, 1241). Dies ist jener Raum, den die Utopie am Ende von *Am Nullpunkt des Schreibens* zu öffnen hoffte.

zeigt zugleich aber ein Ziel, das er verfolgt. Der Kritiker *muß* ein Schriftsteller sein, und als solcher muß er auch gelesen werden. Er ist freilich ein Schriftsteller außerhalb der Institution Literatur oder genauer noch: ein Schriftsteller, der seine Versuche im Zwischenraum von Literatur und Kritik ansiedelt und die Grenzziehungen beider von dieser Position aus zu unterlaufen versucht. Die Avantgarde im Sinne Barthes' war stets eine Vorhut, die das Gros der bürgerlichen Armee sich wieder einverleiben konnte. Die Moderne war für Barthes zutiefst geprägt vom Kampf des Schriftstellers gegen die Literatur, und doch droht jedem Autor, der sie zu zerstören sucht, früher oder später die Einverleibung. Damit wird eine grundlegende Strategie modernen Schreibens brüchig – und Barthes stellt sich in seinem Essay über Queneau zu Recht die Frage, ob es »in der Literatur jemals eine unzweideutige Zerstörung« geben könne (E I, 1262). Schon in den *Mythen des Alltags* hatte Barthes erkannt, daß die einzig mögliche Gegenwehr gegen den Mythos nicht dessen Zerstörung, sondern dessen Diebstahl sein müsse. Welche Lösung aber bietet sich im Bereich der Literatur jenseits der Zerstörung an? Das Projekt des *Théâtre populaire* war fraglos noch auf eine Zerschlagung des bürgerlichen Theaters und seiner Strukturen gerichtet. Es ging Barthes darum, das Theater zu politisieren, wenn auch auf eine indirekte Weise, die Brecht *par excellence* zu verkörpern schien (vgl. OC I, 547). Die Pendelbewegung des *écrivain-écrivant* jedoch deutet eine andere Lösungsmöglichkeit an, insoweit die Grenzen der Literatur nicht zerstört, sondern geöffnet werden sollen: »Schriftsteller ist, wer es sein will.« Der Kampf der Literatur der Moderne (im Sinne Barthes') gegen die Literatur ist damit nicht aufgegeben, wird aber nicht mehr offen und zugleich auf einem anderen Kampfplatz ausgetragen. Eine kohärente Strategie ist damit freilich noch nicht entworfen, und das nächste Kapitel wird zeigen, daß der rebellische Kritiker noch auf andere Kampfmittel zurückgreift, die mehr einer Kriegsführung der Avantgarde angehören. Und doch zeichnet sich in den Essays der beginnenden sechziger Jahre eine grundlegende Umorientierung ab. Nicht von ungefähr glaubt Barthes zu erkennen, daß »weder Cayrol noch Robbe-Grillet, noch Simon, weder Butor noch Sollers« fürderhin an einer Zerstörung sprachlicher Zwänge interessiert seien (E I, 1373). Barthes' Essays, die sich oft zu Beginn den Anschein von Gelegenheitstexten geben, gehen stets über ihren vordergründigen Anlaß hinaus und fragen nach den generellen, theoretischen Bedeutungen, welche die befragten Texte enthalten. So zeichnet sich in seinen Schriften zu Beginn der sechziger Jahre zumindest in Umrissen bereits eine Ästhetik ab, die jenseits einer – wie wir sie nennen könnten – Ästhetik des Bruchs und der Zerstörung liegt. Barthes wird sie freilich erst entfalten können, wenn seine Position im intellektuellen Feld Frankreichs genügend gesichert ist. Um diese Position aber muß er kämpfen.

Fig. 5: Roland Barthes 1972 (RB, 43a).

Fünftes Kapitel
Der Kritiker im Feld

Was ist ein Skandal?

Dieser Frage stellte sich Roland Barthes in einer seiner »späten« Mythologien, die unter der gleichnamigen Rubrik 1959 in den *Lettres Nouvelles* erschienen. Seine Antwort, auf gesellschaftliche Skandale gemünzt, fällt originell aus, zumal sie auf die Situation des französischen Mythenkritikers selbst übertragen werden kann. Unterhalb eines gewissen Einkommens, weiß Barthes, bleibt jegliche Affäre ein *fait divers* und damit in der Rubrik »Verschiedenes« stecken (OC I, 784). Auch diese Abteilung hat ihren Reiz, verfügt über eigene Gesetze und eine Struktur, die der Semiologe in einem seiner *Kritischen Essays* untersuchte (E I, 1309ff.). Damit es aber – im Kontext der Massenkultur, wohlgemerkt – zu einem Skandal kommt, braucht es eine »garantierte Mindestdividende« (*Dividende Minimum Garanti*) (OC I, 784) und damit ein Kapital, das die Augen der Öffentlichkeit zuvor schon auf sich gezogen hat.

Dieses Kapital hat sich Barthes während der fünfziger und beginnenden sechziger Jahre erworben bzw. erschrieben. Mit seinen drei Buchpublikationen, vor allem aber mit einer großen Anzahl kürzerer Texte, die er zu einer verwirrenden Fülle von Themen verfaßte, gelang es Barthes, die Aufmerksamkeit der französischen Öffentlichkeit auf sich zu ziehen. Seit Mitte der fünfziger Jahre wird er immer wieder in Umfragen bei Intellektuellen einbezogen, immer häufiger in Polemiken verwickelt, die – siedeln sie sich nun auf literarischem (etwa mit Camus) oder politischem (»Bin ich Marxist?«) Gebiet an – stets dasselbe Ergebnis haben: Sie erhöhen Barthes' Bekanntheitsgrad. Barthes veröffentlichte während dieses Zeitraums in intellektuellen Zeitschriften wie in verbreiteten Tageszeitungen, in wissenschaftlichen Fachorganen wie in Periodika populärwissenschaftlichen Zuschnitts oder im Kommentarteil von Neuauflagen vielgelesener französischer Klassiker. Mit seinem Projekt des *Théâtre populaire* machte er sich bei einem Segment des Theaterpublikums bekannt, mit seinen Mythologien erreichte er ein breites, nicht notwendig an Kunst und Literatur interessiertes Lesepublikum. Er hatte sich wirkungsvoll für eine französische Rezeption des Brechtschen Theaters eingesetzt und viele polemische Angriffe auf bekannte Vertreter der *grande critique* mit seinem Namen unterzeichnet. Er hatte sich in die Debatten um den *nouveau roman* eingeschaltet und dessen publikumswirksame Propagierung kritisch begleitet. Man hatte ihn, wenn auch noch selten, seit seinem *Michelet* aufgrund seines Stils (in einem traditionellen Sinne) angegriffen, doch Barthes wußte sich zu wehren, indem er sich seinerseits über die Sprache einiger namentlich genannter akademischer Kritiker mokierte. An Feinden mangelte es ihm nicht. Doch war all dies nur ein Vorgeplänkel jener Auseinandersetzung, die mit einer Buchpublikation von 1963 beginnen und zu einer Art *Querelle des Anciens et des Modernes* werden sollte. Für das intellektuelle Feld im Frankreich der sechziger Jahre waren diese Auseinandersetzungen von großer Bedeutung.

Barthes hatte also, um mit einem Begriff Pierre Bourdieus zu sprechen, ein nicht unbeträchtliches symbolisches Kapital aufgehäuft[1], das freilich heterogen plaziert und darüber hinaus ständig gefährdet war. Es basierte auf Theaterkritiken, Buchbesprechungen, kulturkritischen Essays, einer Werkstudie, einem Bändchen literaturtheoretischen Zuschnitts sowie einer Reihe semiologisch orientierter Aufsätze, die in französischen Fachperiodika seit der zweiten Hälfte der fünfziger Jahre zu erscheinen begannen. Bekannt war Barthes vor allem als Kritiker und Publizist, weniger als Wissenschaftler. Als Literaten verstand ihn damals niemand. Wie Sartre versuchte Barthes, im intellektuellen Feld Frankreichs auf zwei Klaviaturen zu spielen; doch handelte es sich bei ihm nicht um Philosophie und Literatur, sondern (zumindest vorerst noch) um Literaturkritik (in einem journalistischen Sinne) und um (semiologische) Wissenschaft.[2] Aus feldsoziologischer Sicht hatte er

1 Zusätzlich zu den bereits genannten Publikationen sei hier besonders auf Pierre Bourdieus Analyse des universitären Feldes in: *Homo academicus*. Paris 1984, verwiesen; die spezifischen Formen des symbolischen Kapitals im universitären Bereich werden vor allem im dritten Kapitel (*Espèces de capital et formes de pouvoir*, 97-167) dargestellt. Zu Bourdieus Ansatz vgl. Jurt, Joseph: *Das literarische Feld. Das Konzept Pierre Bourdieus in Theorie und Praxis*. Darmstadt 1995.

2 Barthes war an der Gründung der Zeitschriften *Arguments* (mit Edgar Morin), *Communications* (an der *Ecole Pratique des Hautes Etudes*), aber auch (zusammen mit Maurice Blanchot) *Gulliver* (die freilich im Projektstadium steckenblieb) beteiligt. Diese Zeitschriftenprojekte verweisen deutlich auf das »Schwanken« zwischen Literaturkritik, Semiologie und Literatur, das in ge-

folglich Anteil am Erwerb symbolischen Kapitals in den beiden grundlegenden, antagonistischen Bereichen, die innerhalb des intellektuellen Felds von Bedeutung sind: im Bereich einer eher journalistischen, an einem breiteren Publikum ausgerichteten Tätigkeit, und im Bereich universitärer Forschung innerhalb bestimmter Spezialdisziplinen.

Die sich an Barthes' *Sur Racine* entzündende *Querelle* muß unverstanden bleiben, wenn man außer acht läßt, daß sich Barthes in seinen Forschungen bereits vor Veröffentlichung dieses Bandes 1963 sehr unterschiedlicher Ansätze bedient hatte, die einen wesentlichen Teil des Spektrums der *nouvelle critique* ausmachten. Doch war Barthes nicht nur aus diesem Grund ein idealer Vertreter dieser »neuen Kritik«, zumindest in den Augen ihrer Gegner (die ihrerseits nach einer geeigneten Zielscheibe suchten). Denn Barthes hatte zunehmenden Einfluß auf die Diskussionen in verschiedensten Bereichen und Disziplinen gewonnen. Dies lag an seiner Fähigkeit, geschickt die Medien zur Verbreitung seiner Vorstellungen einzusetzen. Barthes hatte zwar, wie wir sahen, das Zusammenspiel von *nouveau roman* und Presse kritisiert und sich mit den Gesetzen der Massenkommunikation kritisch und theoretisch auseinandergesetzt, selbst aber griff er sehr gezielt auf die Möglichkeiten zurück, die ihm deren Kanäle boten. Zunächst als freier Autor arbeitend, hatte Barthes seit den vierziger Jahren Erfahrungen in verschiedensten Periodika gesammelt, welche ihm in der Affäre um Racine zugute kommen sollten. Die Tatsache, daß sie keine simple Affäre blieb, sondern sich zu einem Skandal mauserte, der die Situation des intellektuellen Felds vor Mai 1968 wesentlich veränderte, ist ohne Berücksichtigung seines geschickten Umgangs mit den Medien – in Aufsätzen, Essays und Interviews – nicht zu verstehen. Barthes hatte sich nicht nur mit den Gesetzen der Massenkommunikation kritisch und theoretisch auseinandergesetzt: Im Gegensatz zu anderen Vertretern der *nouvelle critique* wußte er sich ihrer auch zu bedienen.

wisser Weise das in *Kritik und Wahrheit* angestrebte neue *mapping* des (literarischen) Wissens konkretisiert. Vgl. hierzu den Schlußteil dieses Kapitels.

In einem Artikel über »Brecht und unsere Zeit« für *L'Action Laïque* hatte Barthes im März 1958 nicht nur die Konzeption des Epischen Theaters verteidigt, sondern zugleich auch verkündet, daß nach seiner Ansicht das Theater Racines zumindest auf der Bühne zu drei Vierteln tot sei (OC I, 767). Drei Jahre zuvor bereits hatte sich Barthes in einem denkwürdigen Text mit dem bürgerlichen Mythos von Racine beschäftigt: Er beruhe auf einer »bewundernswerten Sicherheit des Nichts« (*sécurité admirable du néant*) und laufe letztlich immer auf eine Tautologie hinaus, welche dieser in die *Mythen des Alltags* aufgenommenen Mythologie ihren Titel gab: »Racine ist Racine« (MY I, 622). In einer »späten« Mythologie (*Lettres Nouvelles*, April 1959) folgte dann, im Kontext der Abrechnung mit der von André Malraux unternommenen Theaterreform, eine Auseinandersetzung mit dem – wie Barthes ihn nannte – »verhätscheltsten unserer Klassiker« (OC I, 814). Die Theaterreform des von De Gaulle 1958 zum Kultusminister ernannten Schriftstellers laufe nur darauf hinaus, auf den Racine- und Claudel-gesättigten Bühnen französischer Nationaltheater noch mehr Racine und Claudel spielen zu können. Um ein neues, (wie Barthes sagt) revolutionäres Theater (im Sinne eines Volkstheaters) zu entwickeln, genüge es aber nicht, »die Decors neu anzumalen oder die Schauspieler auszuwechseln. Man muß den Mut zum Zerstören haben: im Falle Racines, den jahrhundertelangen Racine-Mythos (*mythe racinien*)« (OC I, 814). Als einer der meistgespielten französischen Klassiker ist Racine nicht nur ein Lieblingsautor, sondern mehr noch ein Symbol des zeitgenössischen bürgerlichen Theaters. Was läge also näher, als einen Angriff auf dieses vom Staat reichlich geförderte Theater mit einer Lektüre Racines zu verbinden, die sich gegen den Mythos Racine – aber wohlgemerkt nicht gegen den Klassiker selbst – richtet?

Deutlich ist diesen Texten der ausgehenden fünfziger Jahre noch die destruktive Strategie anzumerken, welche die Barthessche Phase des *Théâtre populaire* charakterisierte. Doch hat Barthes Racine nicht nur wegen dessen Vorzugsstellung innerhalb des bürgerlichen Theaters gewählt. Denn nach der literatursoziologisch orientierten Arbeit von Lucien Goldmann und der psychoanalytisch (bzw. psychokritisch) ausgerichteten *thèse* von Charles Mauron an der Sorbonne ist der Verfasser von *Phèdre* zu einem jener Autoren geworden, mit denen sich nicht nur die traditionelle universitäre Kritik im Sinne Barthes', sondern auch die sogenannte *nouvelle critique* am intensivsten beschäftigte. An Racine, so heißt es in Barthes' Vorwort, würden derzeit »alle neuen Sprachen (*langages nouveaux*) dieses Jahrhunderts« erprobt (R I, 986).[3] Der französische Klassiker sei damit zu einem »wahren Gemeinplatz (*lieu commun*) unserer Literatur«, zu einem »Nullpunkt (*degré zéro*) des kritischen Objekts« geworden (R I, 986). Der Einsatz war daher hoch, aber höher noch – so darf man aus heutiger Sicht hinzufügen – die garantierte Mindestdividende: Mit Racine hatte Barthes den vielleicht günstigsten Ort für eine grundlegende Auseinandersetzung mit der positivistisch ausgerichteten universitären Kritik gewählt.[4] Die Beschäftigung mit zeitgenössischen Autoren versprach allenfalls Polemiken; die Auseinandersetzung mit dem großen französischen Theaterklassiker aber versprach mehr. Das Vorwort von 1963 zeigt, daß Barthes diese Chance erkannte – und auch nutzte.

Über Racine 56

Bevor wir uns mit den Hintergründen des heraufziehenden Skandals beschäftigen können, gilt es, das skandalträchtige Buch zu untersuchen. *Sur Racine*, 1963 (wie immer bei diesem verlagstreuen Autor) bei du Seuil in Paris erschienen, ist kein durchkonstruiertes Buch, sondern eine Zusammenstellung dreier Texte, die bei ihrem separaten Erstabdruck zudem keinerlei Skandal ausgelöst hatten. Der Band enthielt ein umfangreiches, ursprünglich 1960 für eine Ausgabe der Tragödien mit dem Titel »Der Racinesche Mensch« (*L'Homme racinien*) abgedrucktes Vorwort, eine zuerst im März 1958 in *Théâtre populaire* veröffentlichte Besprechung einer Racine-Inszenierung am TNP (»Racine sagen«), sowie einen 1960 in der wichtigen Zeitschrift der gleichnamigen Historikerschule *Annales* (unter der Rubrik »Débats«) publizierten Artikel mit dem

3 Barthes erwähnt namentlich nicht nur die Arbeiten von Goldmann und Mauron, sondern auch die »biographischen« Arbeiten von Jean Pommier und Raymond Picard sowie die »tiefenpsychologischen« Studien von Georges Poulet und Jean Starobinski (R I, 986).
4 In einem Interview von 1971 spielt Barthes diesen Aspekt später herunter, indem er auf ein eher zufälliges Zustandekommen seiner Beschäftigung mit Racine verweist (OC II, 1315).

Titel »Geschichte oder Literatur«, der in deutscher Übersetzung in die Auswahl der *Kritischen Essays* aufgenommen wurde. Das Buch beruhte folglich auf einer Auswahl, die Barthes – ein Jahr vor der Veröffentlichung seines Essaybandes – sehr gezielt getroffen hatte. Die Reaktionen werden zeigen, wie gut diese Auswahl *traf*. Worin bestand aber das Explosive dieser Mischung?

»L'Homme racinien« setzt mit einer Analyse des Raums in Racines Tragödien ein und unterscheidet zunächst drei tragische Orte: Zimmer, Vorzimmer und Außenraum (*extérieur*). Das Vorzimmer sei zwischen der Außenwelt (als Ort der Handlung) und dem Innenraum (als Ort des Schweigens) jener Bereich, den man als »Raum der Sprache« (*espace du langage*) bezeichnen könne (R I, 992). Die *Anti-Chambre* markiert damit genau jenen Zwischenraum, den Barthes nicht nur für den tragischen Menschen Racines, sondern zuvor schon für eine Literatur im vestibulären Zustand reserviert hatte. An diesem Beispiel mag deutlich werden, wie die Analyse eines literarischen Gegenstands und die Gegenständlichkeit der eigenen Literatur bei Barthes ineinandergreifen: Im Vestibül der Literatur war schon zehn Jahre zuvor jener Schwellenraum zwischen einem Draußen und einem Drinnen erkannt worden, dessen metaphorische Auskleidung im Werk Barthes eine eigene Dynamik entwickelte. Damit wird wohl die Struktur der Tragödien Racines *aufgedeckt*, zugleich aber durch die Sprache des Kritikers wieder *bedeckt*, wie dies provozierend und programmatisch in Barthes' Essay »Was ist die Kritik?« vorgetragen worden war. Die Raumanalyse verbindet sich mit der hartnäckig, ja obsessiv wiederkehrenden Thematik des Barthesschen Schreibens: Die Grenzen zwischen Objekt- und Metasprache zerfließen. Doch ist diese Thematik hier so subtil eingewoben, daß sie bislang weder erkannt noch poetologisch ausgewertet werden konnte. Erst im Kontext des Gesamtwerks wird deutlich, in welcher Weise der Zwischenraum zum eigentlichen Ort des Schreibens geworden ist und damit Barthes' eigene Themen die *vorgegebenen* Objekte seines Schreibens bedecken: Der Kritiker ist ein Schriftsteller, der seine Tarnkappe (noch) nicht abgelegt hat. Und doch läßt sich die Darstellung des Vorzimmers bei Racine als eine Art *mise en abyme*, ein verdichtetes Modell von Barthes' eigenem Schreiben begreifen.

Die metasprachliche Beziehung ist schon dem Titel *Über Racine* augenfällig eingeschrieben. Das erklärte Ziel dieses ersten Teils war es, eine Analyse der Struktur des Racineschen Werkes und seines Menschen(bilds) zu liefern. Und aus der Raumstruktur leitet Barthes eine »erste Definition« des tragischen Helden ab: Er ist der Eingeschlossene, der seinen Raum nicht verlassen könne, ohne zu sterben (R I, 994). Die Raumstruktur wird von Barthes zum Grundmuster der Tragödien Racines erhoben, sei der tragische Konflikt doch letztlich »eine Raumkrise«, die auf ein »vulgäres *pas de place pour deux*« (kein Platz für zwei) hinauslaufe (R 1006).[5] Das Theater Racines sei unverkennbar ein »Theater der Gewalt« (R I, 1006) – und Barthes suggeriert hier ganz bewußt eine Nähe zu Antonin Artauds »Theater der Grausamkeit«, dem er sich in seinen Essays zum Theater verschiedentlich gewidmet hatte.

Er wandte sich damit wohlüberlegt und gezielt gegen das vorherrschende Bild – Barthes würde freilich von einem (klein-)bürgerlichen Mythos sprechen – vom »zärtlichen Racine«. Ihm setzte er den Verweis auf die »Racinesche Grausamkeit«, welche »die Kälte des Henkers« sei, entgegen (R I, 1011) und untermauerte seine These mit sichtlichem Vergnügen durch eine Statistik der Kindsmorde in Racines Tragödien (R I, 1015f.). Parallel hierzu war Racine nun nicht mehr der Dichter von Liebe und Leidenschaft, für den ihn das bürgerliche Theater halte, sondern der Vertreter eines Diskurses der Liebe, die nur auf sich selbst bezogen und intransitiv sei. Die Zerstörung des Mythos (und die damit verbundene Attacke auf Gemeinplätze der Racine-Forschung) scheint hier für Barthes auf einer Behauptung des Gegenteils zu beruhen: Der Vertreter eines Theaters der Liebe erscheint nun als blutrünstiger Theatertyrann.

Diese Tyrannei finde in den Tragödien Racines vor allem in der Figur des Vaters ihren literarischen Ausdruck, und Barthes widmet ihr ein eigenes Unterkapitel nebst Auflistung aller Vatergestalten im Gesamtwerk des französischen Klassikers (R I, 1015). Die

---

5 Ähnlich hatte Barthes bereits 1959 von einer Vulgarität bestimmter Themen Racines gesprochen (OC I, 814f.). Aber auch Victor Hugos Theaterstück *Ruy Blas* beruhe auf einer Situation, die eines Illustrierten-Kummerkastens würdig sei: »›Ich bin Lakai und liebe eine Königin – was soll ich tun?‹ Madame Catherine Gris antwortet: ›Vor allem: Vergiften Sie sich nicht!‹« (OC I, 404) Dies, so Barthes in seinem frechen Artikel von 1954 in *Théâtre populaire*, sei die einzig mögliche Antwort. Hugo aber habe daraus ein Theaterstück gemacht. Barthes' Strategie richtet sich hier auf die »Höhe« der Gefühle: Sie wird in Frage gestellt, banalisiert, um die »hohe Literatur« von der Massenkultur her als (klein-)bürgerlichen Mythos erscheinen zu lassen.

Gestalt des Vaters wird zusammen mit anderen Figurenkonstellationen psychoanalytisch gedeutet. Auch die Problematik der Undankbarkeit wird aus diesem ödipalen Zusammenhang heraus interpretiert und als Versuch einer Befreiung, einer (allerdings fehlschlagenden) Neugeburt verstanden (R I, 1007).[6] »Der ganze Racine«, so Barthes, »ist in diesem paradoxen Augenblick enthalten, in welchem das Kind entdeckt, daß sein Vater schlecht ist, dennoch aber sein Kind bleiben will.« (R I, 1019f.)

Für Barthes besteht die Aufgabe des Kritikers darin, neue Sprachen auf die von ihm untersuchten Texte anzuwenden. Dabei, so in einem Text für *Tel Quel* von 1963, gelte es, eine für das jeweilige Werk pertinente Sprache zu finden. Wie Starobinski habe er zunächst versucht, die Psychoanalyse Bachelards auf Racine anzuwenden, dann aber erkannt, daß die Freudsche Psychoanalyse der Zentralstellung des Vaters für Racine adäquater sei und überdies erlaube, seine Tragödien strukturell zu erfassen und die Figurenkonstellationen als reines Spiel von Beziehungen zu begreifen (E I, 1372). In diesen Formulierungen wird deutlich, wie Barthes in diesem einleitenden Text versuchte, die Psychoanalyse Freuds von strukturalistischer Warte aus zu durchdenken und auf die Tragödien des 17. Jahrhunderts anzuwenden oder – wenn wir in seinem Bild des Tischlers bleiben – diesem Objekt anzupassen. Wenn auf die Rolle Port-Royals (und damit auf den marxistisch inspirierten genetischen Strukturalismus Goldmanns) auch verwiesen wird, so geht es Barthes hier doch um eine immanente Analyse, in welcher er zwei grundlegende »Sprachen« der *nouvelle critique* miteinander zu verknüpfen sucht: die Psychoanalyse Freuds (mit einer themenkritischen Akzentuierung) und einen Strukturalismus, der bereits vom Titel dieses Textes her anthropologische Züge trägt und in der Tat auf die strukturale Anthropologie von Lévi-Strauss explizit zurückgreift.[7]

Damit zeigt sich einmal mehr die Wandlungsfähigkeit und methodologische Flexibilität Roland Barthes', für den Methoden

6 Vgl. dagegen die literatursoziologisch orientierte Deutung der Undankbarkeit in Köhler, Erich: »›Ingrat‹ im Theater Racines. Über den Nutzen des Schlüsselworts für eine historisch-soziologische Literaturwissenschaft«. In: Ders.: *Vermittlungen*. München 1976, 203-218.

7 Dies zeigt sich schon in einem der ersten Abschnitte von »L'Homme racinien«, wo die Tragödien Racines wie indianische Mythen übereinandergelegt werden, so daß »Figuren und Aktionen der primitiven Horde« erkennbar würden (R I, 995).

keine orthodoxen Lehrgebäude, sondern – den Werkzeugen in der Schreinerwerkstatt gleich – dem Kritiker frei zur Verfügung stehende Hilfsmittel sind. Das Engagement des Kritikers, so ließe sich sagen, zeigt sich in der Auswahl aus einer Reihe von Sprachen, die ihm ein geschichtlicher Zeitpunkt zur Verfügung stellt, und nicht in der unbeirrbaren Treue zu einer einzigen von ihnen. Es steht außer Frage, daß eine solche Haltung ebenso von methodologischer wie ideologiekritischer Warte aus angegriffen werden kann. Eine derartige Kritik, die in Ansätzen mehrfach schon vorgetragen wurde und sich auch in der späteren Ablehnung der Barthesschen Herangehensweise als unwissenschaftlich niederschlug, wäre von einem wie auch immer gearteten »orthodoxen« Standpunkt leicht zu führen, zeigt sich doch nur allzu deutlich der eklektische Grundzug eines solchen Methodenpluralismus. Doch wäre eine solch simple Kritik im Grunde unfruchtbar, zumal sie die Basis von Barthes' Überlegungen verkennen würde: Die Wahl einer »Sprache« schließt zu einem bestimmten Zeitpunkt für den Kritiker stets eine Parteinahme mit ein. Diese Parteinahme war in *Sur Racine* überdeutlich.

Eine explosive Mischung 57

Der methodologischen Untersuchung und Standortbestimmung folgen die beiden bereits genannten kürzeren Texte, die Barthes' Racine-Analyse einerseits mit der französischen Theaterpraxis, andererseits aber vor allem mit der *Doxa*, der vorherrschenden literaturwissenschaftlichen Lehrmeinung und deren Verfahren, kontrastieren. Nicht auf den einzelnen Essays, sondern auf deren wohlkalkulierter Mischung beruhte die Explosivität des Bändchens.

Von einem an Brecht ausgerichteten Standpunkt aus kritisierte Barthes nicht nur eine traditionelle Aufführungspraxis, sondern vor allem die Konsumgewohnheiten eines Publikums, das gekommen sei, in Racines *Phèdre* eine Schauspielerin zu bewundern und »den Rest im Namen der Kultur, im Namen der Vergangenheit, im Namen einer poetischen Würze zu ertragen, die geduldig erwartet wird, weil Jahrhunderte des Racineschen Mythos sie ausmachen« (R I, 1079). Publikum, Theaterleitung und Schauspieler (denen ein didaktischer, nicht aber ästhetischer Sprachduktus bescheinigt wird) werden vom Kritiker gleichermaßen in die Verdammung des bürgerlichen Theaters und der bürgerlichen Kunst miteinbezogen, wie wir dies in der Entwicklung der Barthesschen Theaterkritik der fünfziger Jahre schon mehrfach beobachten konnten. Wolle man Racine heute auf die Bühne bringen, so gelte es, nicht die Vertrautheit, sondern gerade seine Fremdheit, seine Distanz zum Ausgangspunkt einer neuen Auseinandersetzung zu machen (R I, 1085) – auch dies ein Gedanke, der bereits im Umfeld der »Übersetzung« Brechts nach Frankreich aufgetaucht war, und der belegt, daß das Dialogische im Denken Barthes' stets auf einer Akzentuierung der Pole beruht.

Den meisten Sprengstoff aber enthielt der abschließende kurze Essay, der nicht einmal ein Fünftel des Bandes ausmachte. Barthes' Angriff galt zunächst der Literaturgeschichte, die von der Geschichte nur den Namen geborgt habe, ansonsten aber lediglich eine Aneinanderreihung von Autornamen und Monographien bilde (R I, 1090). Sie werde dem »paradoxen« Status des Werks nicht gerecht, das »zugleich Zeichen einer Geschichte und Widerstand gegen diese Geschichte« sei (R I, 1090). Daraus folge, daß bislang nicht etwa Literaturgeschichten, sondern Geschichten von Literaten vorgelegt worden seien. Barthes bescheinigt den Quellenstudien, angesichts soziologischer, funktionaler oder entwicklungsgeschichtlicher Probleme »von lächerlichem Interesse« (R I, 1093) zu sein, und attackiert ein grundlegendes »Laster« dieser Art von Kritik: »das ›zentralisierende‹ Privileg, das sie dem Autor zuerkennt« (R I, 1093). Diese Formulierungen deuten auf die beiden vielleicht entscheidenden Angriffsziele, die im weiteren Verlauf der sechziger Jahre die Debatten im Umkreis der *Tel Quel*-Gruppe prägen werden: die Problematik der Intertextualität (Julia Kristeva) und die Autorfunktion (Michel Foucault), die beide mit der Infragestellung einer Subjektphilosophie verbunden sind.

Es ist bezeichnend für Barthes' literaturtheoretische Position an der Schwelle der sechziger Jahre, daß er hierin die Schwachstellen der positivistisch geprägten Literaturwissenschaft erkennt. Doch sollte dies nicht dazu verleiten, in diesem Text bereits eine radikale Infragestellung von Autor- und Subjektbegriff zu erblicken. Barthes hält an Begriffen wie Autor oder Werk sehr wohl fest. Seine Kritik – und dies wird zum Stein des Anstoßes – richtet sich jedoch immer deutlicher nicht mehr nur gegen eine vorherrschende Form literaturwissenschaftlicher Praxis, sondern gegen namentlich genannte Literaturwissenschaftler. Raymond Picard etwa bescheinigt er, Geschichte lediglich für sein Autorportrait zu verwenden und stets mit der Psychologie in Konflikt zu geraten (R I, 1094). Dabei wird Picards Geschichtsbegriff nicht zuletzt vom Standpunkt des wenige Jahre zuvor verstorbenen Lucien Febvre – des Mitbegründers der *Annales* (wo Barthes' Essay zuerst erschien) – her kritisiert; Febvres mentalitätsgeschichtliche Untersuchungen waren zuvor schon als wichtige Anregungen in verschiedene *Kritische Essays* eingegangen. Barthes betont anhand der Arbeiten von Picard und Pommier, wie wenig die etablierte Racine-Forschung ihr eigenes Tun selbst reflektiere und wie sehr sie letztlich als Teil der universitären Strukturen das Relikt einer anachronistischen Verfahrensweise sei. All dies gipfelt in einer Serie polemischer Fragen, die nicht nur die traditionelle Kritik eines banalen und amateurhaften Herumpsychologisierens bezichtigten, sondern einem ihrer Vertreter in der Racine-Forschung, Jean Pommier, etwa bescheinigen, das beste an seiner Belesenheit bestünde darin, daß sie die »lebendige Maske einer Reihe von Obsessionen« sei: »Wird es eines Tages kein Sakrileg mehr sein, die Universität zu psychoanalysieren?« (R I, 1102)

Es blieb ein Sakrileg, und Barthes hatte mit diesem kurzen Text nicht nur die universitäre Literaturwissenschaft als Institution, sondern zugleich die Universität und ihre Literaturwissenschaftler angegriffen. Was 1960 als Artikel in einer Fachzeitschrift noch durchging, konnte in Buchform 1963 nicht mehr toleriert werden. Die Publikation von Büchern – und Barthes war sich dieser Tatsache wohl bewußt – hat ihre eigenen Gesetze. In seinem Vorwort läßt er zu Beginn von *Über Racine* keinen Zweifel daran, daß es ihm um die Infragestellung bisheriger literarhistorischer Praktiken geht (R I, 986). Die Buchform gab nicht nur den Analysen, sondern auch den Attacken Barthes' eine Tragweite, die die Publikationsform der Aufsätze nicht erreichen konnte. Barthes rüttelt am Wahrheitsanspruch der universitären Wissenschaft und hält ihr die Vieldeutigkeit seines Verständnisses von Literatur entgegen: »Schreiben, d. h. den Sinn der Welt erschüttern und dort eine *indirekte* Frage anbringen, deren Beantwortung sich der Schriftsteller in einem letzten Spannungsstau entzieht.« (R I, 986)

Auf diese zu Beginn des Bandes vorgeschlagene Definition von Schreiben antwortet die Einbeziehung des Kritikers in die Literatur am Ende des Buches. Einer Wissenschaft, die Anspruch auf objektive Wahrheiten erhob, konnte eine solche Deutung nicht entsprechen. Für Barthes aber war die Literatur (und zu ihr zählt er die Kritik) »in der allgemeinen Ökonomie unserer Gesellschaft« gerade jener Bereich, wo »Subjektivität sich institutionalisiert«. Der Kritiker müsse daher sein »System der Lektüre«, sein eigenes Verhältnis zum Gegenstand offenlegen: Auf diese Weise »enthüllt sich der vorsichtigste der Kritiker selbst als ein völlig subjektives, völlig geschichtliches Wesen« (R I, 1102f.).

Marginalität und Innovation 58

Nach ersten positiven Besprechungen von *Sur Racine* ließen die Gegenreaktionen nicht lange auf sich warten. Bald schon entstand eine wahre Flut von Stellungnahmen pro und contra in Zeitungen und Zeitschriften, wobei sich unter letzteren ebenso Fachorgane wie Massenperiodika befanden.[8] Dabei kamen die gezieltesten Attacken von einem jener Racine-Spezialisten, die Barthes namentlich angegriffen hatte. 1965 veröffentlichte Raymond Picard einen ersten Artikel unter dem eher neutralen Titel »Racine und die *nouvelle critique*«[9], griff aber dann wie Barthes zum Medium des Buches (auch wenn Barthes in einem angriffslustigen Beitrag für *Le Nouvel Observateur* von einem *libelle* sprach [OC I, 1537]), das noch im selben Jahr unter dem wesentlich polemischeren Titel *Neue Kritik oder neue Hochstapelei* erschien.[10] Dabei ist die Tatsache nicht uninteressant, daß es sich bei Picard um einen Altersgenossen Barthes' handelte, der just in dem Jahr Aufnahme in die *Ecole Normale Supérieure* fand, als ein Rückfall dem tuberkulosekranken Barthes diese Möglichkeit für immer entzog. Dieser »Zufall« ist – fernab immer wieder unterstellter Rachegelüste Barthes' – bedeutsam und wirft ein bezeichnendes Licht auf die Struktur des intellektuellen Feldes bis Mitte der sechziger Jahre.

8 Gerade die letztgenannten waren für die auf den ersten Blick erstaunliche Breitenwirkung dieser Auseinandersetzung entscheidend. Wichtige »Kriegsschauplätze« waren *Le Monde* und *Le Nouvel Observateur.*
9 Picard, Raymond: »Racine et la nouvelle critique«. In: Revue des *Sciences humaines* 30 (mars 1965), 29-49. Erste Stellungnahmen waren in *Le Monde* bereits am 14. und 18. März sowie am 11. April 1964 erschienen. Zu diesen ersten »Schüssen«, die übrigens auch Barthes' *Essais critiques* galten, vgl. Thody, Philip: *Roland Barthes: A Conservative Estimate, op. cit.,* 58f.
10 Picard, Raymond: *Nouvelle critique ou nouvelle imposture.* Paris 1965.

Wie bereits erwähnt, mußte Barthes zwischen 1934 und 1946 nahezu acht Jahre in verschiedenen Sanatorien verbringen, so daß die durchaus mögliche Aufnahme des hochbegabten Abiturienten in die Elitehochschule unmöglich wurde. Die ENS-Karriere stellte den Königsweg eines französischen Intellektuellen dar und ermöglichte in aller Regel den Zugang zu wichtigen Positionen im politischen oder intellektuellen Feld. Da Barthes diese Möglichkeit verwehrt blieb, mußte er einen anderen, weniger geradlinigen und erfolgversprechenden Weg wählen. Wie wir sahen, konnte er zwar bereits in den vierziger Jahren in einigen intellektuellen Zeitungen und Zeitschriften publizieren, sein Lebensunterhalt aber war weder gesichert noch beruflich im akademischen Bereich angesiedelt. Aufenthalte als Hilfsbibliothekar am *Institut français* von Bukarest (1948 bis 1949) sowie – nach (der politisch bedingten) Schließung des Instituts – eine Tätigkeit als Lektor in Alexandria (1949 bis 1950) stellten kurzfristige Entlastungen, aber keine Lösungen des grundlegenden Problems einer angestrebten Professionalisierung innerhalb des intellektuellen Feldes in Frankreich dar.[11] Auch die Tätigkeiten zu Beginn der fünfziger Jahre in der Kulturabteilung des Außenministeriums sowie ein zweijähriges (und nicht verlängertes) Arbeitsstipendium am *Centre National de la Recherche Scientifique* im Bereich der Lexikologie (1952 bis 1954)[12], also zur Zeit der Veröffentlichung von *Am Nullpunkt des Schreibens* und *Michelet*) konnten nicht mehr sein als eine vorübergehende Absicherung seiner finanziell stets prekären Lage. Erst ab 1955 konnte er im Bereich der Soziologie am CNRS einer gesicherten Forschungstätigkeit nachgehen, bevor er dann 1960 in die sechste Sektion der *Ecole Pratique des Hautes Etudes* überwechselte, wo er zunächst als *Chef de travaux* (Bereich Wirtschafts- und Sozialwissenschaften), ab 1962 dann als *Directeur d'études* (im Bereich Soziologie der Zeichen, Symbole und Darstellungen) beschäftigt war.[13] Damit stand Barthes neben dem Er-

11 Bezüglich der biographischen Informationen stütze ich mich auf die bereits angeführte Biographie von Calvet, Louis-Jean: *Roland Barthes. Eine Biographie, op. cit.*
12 Das Stipendium wurde nicht verlängert, weil die Fortschritte von Barthes' lexikologischer Arbeit bemängelt wurden. Barthes' Erfolge mit den ersten beiden Buchpublikationen spielten bei dieser Entscheidung keine Rolle.
13 Von einem für Barthes erstaunlichen Engagement im administrativen Bereich der EPHE berichtet Le Goff, Jacques: »Barthes administrateur«. In: *Communications* 36 (1982), 43-48.

werb symbolischen Kapitals durch spezialisierte Forschungen innerhalb des universitären Felds die zweite grundlegende Möglichkeit offen: die (im Sinne Bourdieus) »eigentlich universitäre Macht«, die auf der Kontrolle jener Mechanismen beruht, die die »Reproduktion des Lehrkörpers« (*corps professoral*) regeln.[14]

Barthes hatte damit eine marginale Position innerhalb des intellektuellen Felds in eine Position innerhalb einer marginalen, aber gleichwohl wichtigen Institution umwandeln können. Die 1948 von Lucien Febvre begründete *VIe Section* der *Ecole Pratique des Hautes Etudes* nahm gegenüber den Elitehochschulen oder der Sorbonne zwar eine Randlage ein, wußte diese aber gerade zu Beginn der sechziger Jahre in Hinblick auf eine Reihe innovativer Impulse zu nutzen: Die eher marginale Situation verlieh dieser Institution einen zumindest potentiell größeren kreativen Spielraum. In seiner Analyse des akademischen Systems in Frankreich weist Pierre Bourdieu auf »das entscheidende Gewicht« hin, »das dieser universitär nachgeordneten Institution innerhalb des universitären Feldes« als Teilfeld (*sous-champ*)[15] zu diesem Zeitpunkt zukam.[16] Diese Einschätzung dürfte kaum übertrieben sein: Die EPHE galt 1967 als »eine prestigeträchtige und dynamische Institution«, wobei insbesondere die sechste Sektion durch ihre weitgespannten Beziehungen und das internationale Renommee ihrer Professoren hervorstach.[17]

Diese Einschätzungen basieren freilich im wesentlichen auf Untersuchungen des Jahres 1967 und sind damit *nach* der Auseinandersetzung entstanden, mit der wir uns in diesem Kapitel beschäftigen. Ja mehr noch: Diese Auseinandersetzungen haben zweifellos viel zum Ansehen dieser Institution und ihrer Sektion, vor allem aber zur nationalen und internationalen Bekanntheit Roland Barthes' beigetragen. Gerade der Beginn der sechziger Jahre, als Barthes in diese Institution überwechselte, war für die EPHE eine überaus aktive und dynamische Phase, die zwischen 1955 und 1970 nicht weniger als 17 wissenschaftliche Zeitschriften

---

14 Bourdieu, Pierre: *Homo academicus, op. cit.*, 106. Einschränkend muß jedoch bemerkt werden, daß die Diplome der EPHE erst seit 1974 offiziell anerkannt und den Abschlüssen der *Université* gleichgestellt wurden; vgl. hierzu Thody, Philip: *Roland Barthes: A Conservative Estimate, op. cit.*, 55.
15 Vgl. hierzu die räumliche Situierung der EPHE in Bourdieu, Pierre: *Homo academicus, op. cit.*, Graphiken 2 und 3, ebd., 107 und 111.
16 Ebd., 145.
17 Ebd., und *passim*.

lancierte.[18] Eine dieser Zeitschriften war *Communications*, die vom neugegründeten Forschungszentrum für Massenkultur an der *Ecole Pratique des Hautes Etudes* ins Leben gerufen wurde. Aufgrund seiner frühen Beschäftigung mit Phänomenen der Massenkultur und seiner semiologisch orientierten Arbeiten war Roland Barthes prädestiniert für die Mitarbeit und Leitung dieser Zeitschrift. Wie im folgenden Kapitel gezeigt wird, ist es nicht zuletzt seiner Mitarbeit (die bereits mit der ersten *Editorial* der ersten Nummer einsetzte) zu verdanken, daß *Communications* zu einem der international meistbeachteten Fachorgane semiologisch bzw. strukturalistisch orientierter Forschungsansätze wurde. Der Freiraum am Rand des universitären Feldes bot einen Freiraum für Experimente, der nicht nur Wissenschaft und Forschung insgesamt, sondern auch Barthes im besonderen zugute kam.

Semiologie als Strategie?   59

Vor diesem Hintergrund wird deutlich, wie gewichtig die Auseinandersetzung war, die durch *Sur Racine* ausgelöst wurde. Es ging nicht nur um die Position eines Theaterklassikers oder um Probleme der Racine-Forschung und kaum noch um die Schaffung eines *Théâtre populaire*, sondern um die Frage nach der Position der *nouvelle critique* innerhalb der französischen Literaturkritik und vor allem um eine neue Definition der wechselseitigen Beziehungen der antagonistischen Pole innerhalb des universitären Felds Frankreichs. In *Sur Racine* ging es Barthes mit der Zusammenstellung bereits veröffentlichter Arbeiten nur vordergründig um Racine: Barthes stellt die Machtfrage nicht mehr nur innerhalb des universitären (Teil-)Felds, sondern auch innerhalb des intellektuellen Felds insgesamt. Dies erklärt die Breite und Dauer, aber auch die Intensität und Vehemenz einer Auseinandersetzung, die verschiedentlich zu Recht als eine neue *Querelle des Anciens et des Modernes*, als eine neue Auseinandersetzung zwischen Traditionalisten und Modernisten, bezeichnet wurde.

Betrachten wir Barthes' beruflichen Werdegang, so fällt nicht nur auf, daß ihm die angestrebte ENS-Karriere verschlossen blieb, die seinen Widersacher Picard an die Sorbonne führte. Erkennbar

18 Ebd., 146.

wird auch, daß sein eigener Weg zunächst außerhalb des akademischen Bereichs in institutionell ungesicherten Bahnen verlief, dann aber zu einer Institution führte, der er bis zu seiner Berufung ans *Collège de France*, an die Spitze der akademischen Hierarchie also, treu blieb. Vor diesem Hintergrund gewinnen Barthes' Überlegungen zum prekären Status des Schreibers (*écrivant*) gegenüber dem Schriftsteller und zur Notwendigkeit des *écrivain-écrivant*, in gesellschaftlich kontrollierten, universitären Institutionen Schutz suchen zu müssen, eine neue Dimension, stammen sie doch aus dem Jahr von Barthes' eigenem Eintritt in die *Ecole Pratique des Hautes Etudes*. Sein Essay von 1960 beinhaltet daher sowohl eine Analyse des damaligen intellektuellen Felds in Frankreich nebst einer daraus abgeleiteten Strategie als auch eine autobiographische Reflexion. Die drei Texte von *Sur Racine* entstanden in einer beruflichen (und, wie wir sahen, auch intellektuellen) Übergangsphase; ihre gemeinsame Veröffentlichung erfolgte jedoch zu einem Zeitpunkt, als Barthes bereits zum *Directeur d'études* avanciert war. Damit soll Barthes nicht etwa Opportunismus, wohl aber ein gewisses Kalkül unterstellt werden, insofern sich zeigt, daß nicht nur der Ort, sondern auch der Zeitpunkt der Auseinandersetzung aus Barthes' Sicht gut gewählt waren. *Am Nullpunkt des Schreibens* lag zehn Jahre zurück und Barthes hatte sich nicht nur einen Namen gemacht, sondern sich auch eine institutionelle Ausgangsposition verschafft, von der aus er eine grundlegende Polemik führen konnte. Barthes war ein Vertreter der *nouvelle critique*, befand sich außerhalb der Universität, aber zugleich innerhalb des universitären Felds, indem er einer Institution angehörte, die innerhalb dieses Felds einen innovativen Pol darstellte. Aufgrund seiner Professionalisierung war Barthes' Ausgangslage exzellent, war das Unternehmen als solches auch gewagt.

Pierre Bourdieu hat der Auseinandersetzung zwischen Barthes und Picard in seinem *Homo academicus* eine ausführliche und brillante feldsoziologische Analyse gewidmet, die auf Grundlagen und Konsequenzen dieser *Querelle* ein erhellendes Licht wirft. Dennoch erfaßt sie weder den Werdegang der beiden Kontrahenten noch die spezifische Ausprägung der Barthesschen Vorstellungen während des Verlaufs der fünfziger Jahre. Mir scheint es daher notwendig, einige Korrekturen an der Analyse Bourdieus anzubringen.

Bourdieu spricht von einer »Komplizenschaft und Komplementarität« der beiden Kampfhähne, welche durch ihre jeweilige Position innerhalb des universitären Felds begründbar sei.[19] Mit Barthes und Picard hätten sich ein Vertreter »des Monopols einer legitimen Auslegung literarischer Texte« (Raymond Picard an der Sorbonne) und »das Sprachrohr der modernistischen Exegeten« (Roland Barthes an der EPHE) gegenübergestanden, wobei es zu einer Mobilisierung innerhalb des Feldes um diese jeweiligen »Champions« gekommen sei.[20] Dies ist zweifellos zutreffend. Doch fügt Bourdieu hinzu, man müsse nur die Position der beiden innerhalb des universitären Feldes kennen, um »das wirkliche (*véritable*) Prinzip« dieses Schlagabtauschs verstehen zu können.[21] Die Warnung Bourdieus, es sei naiv, Picard und Barthes manichäistisch mit »konservativen« und »progressiven« Positionen zu identifizieren, ist sicherlich begründet. Doch scheint mir eine Sichtweise, die an die Stelle dieser »naiven« Opposition eine feldspezifische setzt, viel zu mechanistisch an Machtinteressen und viel zu deterministisch an Polarisierungen ausgerichtet zu sein. Dies führt Bourdieu bisweilen zu simplifizierenden Einschätzungen. So spricht er davon, der »gesellschaftliche Erfolg der strukturalen Anthropologie« habe »auf der Kumulierung der Vorteile (*profits*) der Wissenschaft und des Prestiges von Philosophie und Literatur« beruht, wobei eine solche Kumulierung profitabler Effekte für andere Bereiche geradezu Vorbildcharakter besessen habe.[22] Und er scheut sich nicht, in einer geistreichen Anspielung auf Barthes' Begriff des *effet de réel* von einem *effet de science*, einer Art Wissenschaftlichkeitseffekt zu sprechen, wie er »für die meisten Arbeiten der Semiologie und aller mehr oder minder phantasmagorischen Kombinationen« verschiedenster wissenschaftlicher Begrifflichkeiten »typisch« sei.[23] Die Semiologie: eine Pseudowissenschaft? Derartige Pauschalurteile, so scheint mir, sind nur möglich, wenn man aus großer (soziologischer) Höhe wissenschaftliche Ansätze im wesentlichen nur danach beurteilt, ob sie ihren Vertretern erlauben, wichtige Positionen innerhalb des universitären Feldes zu okkupieren. Immerhin wird eines deutlich: Betrachtet man nur die feld- (oder macht-)strategische

19 Ebd., 149.
20 Ebd., 151.
21 Ebd.
22 Ebd., 154.
23 Ebd., 159f.

Ebene, so war die Vorgehensweise Barthes' überaus erfolgreich.[24] Der Mythenkritiker erwies sich als gewiefter (und künftig gefürchteter) Stratege im Literaturkampf.

Ein integrierter Häretiker? 60

Die Vorgehensweise Roland Barthes' in diesem Konflikt folgte einer Strategie, die er bereits sechs Jahre zuvor erfolgreich angewandt hatte. So konstruierte er ebenso griffig wie angreifbar einen homogenen Feind, die universitäre Literaturwissenschaft, in etwa so, wie er in den *Mythen des Alltags* das Feindbild des Kleinbürgertums konstruiert hatte. Wir haben zwar gesehen, daß er durchaus Verbindungen zwischen *nouvelle critique* und universitärer Wissenschaft, zwischen »neuen« Methoden und »altem« professoralen Status vermerkt, doch rücken in seiner Polemik derartige Nuancierungen rasch in den Hintergrund. Picard hatte daher durchaus Recht, wenn er eine solche Sichtweise kritisierte und – wenn auch in gegenläufiger Übertreibung – auf eine »extreme Methodenvielfalt innerhalb der Universitäten« hinwies.[25] Seinem Konstrukt einer universitären bzw. akademischen Kritik machte Barthes die Monopolstellung streitig, indem er ihre (ideologischen) Selbstverständlichkeiten sichtbar und zugleich fragwürdig machte – auch dies eine Vorgehensweise, die schon die *Mythen des Alltags* ausgezeichnet hatte. Der Universität und ihren Vertretern legte er ein Monopol institutionell verankerter Macht zur Last, das die gesellschaftlich legitimierte Weitergabe kulturellen Wissens unter Ausschluß universitär nicht anerkannter Sprachen regle. Der *nouvelle critique* wird damit ein Feind entgegengestellt, der scheinbar alle Macht besitzt. So rückt Barthes in die Rolle eines Sprechers der Unterdrückten und Ausgeschlossenen und damit gleichsam in die Position jener »verfolgten Tugend«, die für Barthes Voltaires Glück als Schriftsteller ausgemacht hatte. Wie dieser ist er bemüht, die Bekämpfung der Gegner zu einem Fest und zu einer Aufführung werden zu lassen. Bei dieser Inszenierung halfen die Gegner in der »Affäre Racine« freilich kräftig mit. Nur so konnte ein Literaturstreit größere Folgen im intellektuellen Feld Frankreichs zeitigen.

24 Vgl. hierzu auch Supple, Jim: »Pommier versus Barthes: Critique et Contre-vérités«. In: *Seventeenth-Century French Studies* XII (1991), 153.
25 Picard, Raymond: *Nouvelle critique ou nouvelle imposture, op. cit.*, 84.

In seinem im vierten Kapitel untersuchten Essay von 1960 hatte Barthes den *écrivain-écrivant* als fernen Nachfahren des *poète maudit* und als jenen Ausgeschlossenen definiert, der durch sein Ausgeschlossensein integriert sei (E I, 1282). Die Infragestellung der *Doxa*, der herrschenden Lehrmeinung, rückte Barthes in die Position eines Häretikers und Propheten.[26] Seine eigene Position aber war die eines Angehörigen einer zwar marginalen, aber wichtigen und innovatorischen Institution innerhalb des universitären Felds. Die Selbststilisierung zum Verfolgten ist also nur eine Maske, die dem Zwecke der Polemik dient – und wie in den *Mythen des Alltags* ist dies wiederum eine Maske, die *nicht* auf sich selbst deutet. Aus feldsoziologischer Sicht ist Barthes ein integrierter Häretiker.

Es wäre freilich falsch, ihn auf diese Position zu reduzieren. Seine Vorgehensweise war strategisch geplant, reduziert sich aber nicht auf Strategie. Dies zeigt sich in *Kritik und Wahrheit* (1966), das zusammen mit dem im selben Jahr erschienenen *Kritik und Objektivität* von Serge Doubrovsky die zweifellos gewichtigste Antwort in Buchform auf die Verteidigungs- und Anklageschrift Raymond Ricards darstellt.[27] Dabei ist bedeutsam, daß Barthes dieses Buch zwar wie immer im Hause Seuil, aber nicht mehr in der Reihe *Pierres vives*, sondern erstmals in der Reihe *Tel Quel* veröffentlichte. Hier deutet sich eine Verschiebung an, die die zweite Hälfte der sechziger Jahre entscheidend mitprägen wird.

Der erste Teil dieses Bandes setzt ein mit der erwähnten Selbststilisierung Barthes' zum Verteidiger »neuer diskursiver Formen« (CV II, 17) im Kampf mit einer kollektiven Gegnerschaft, die Barthes – mit deutlichem Verweis auf das *Ancien Régime* – nunmehr als *ancienne critique* bezeichnet und deren Pamphlete er in einer langen Fußnote als »Ehrentafel der alten Kritik« auflistet (CV II, 17).[28] Die Angriffe dieser als mächtig beschriebenen Gruppe vergleicht er mit dem Ritus einer archaischen Horde und mit jenen Immoralismusprozessen, die das Zweite Kaiserreich der französischen Literatur von Hugo und Baudelaire bis Flaubert und Zola ge-

26 Bourdieu, Pierre: *Homo academicus, op. cit.*, 151; 154. Vgl. auch Sherak, Constance: »Roland Barthes: critique ou vérité?« In: *Constructions* (1985), 109-117.

27 Doubrovsky, Serge: *Critique et objectivité*. Paris 1966.

28 Zugleich wird Barthes zum gemarterten Stellvertreter der »Neuen Kritik«: »Die ›Hinrichtung‹ der neuen Kritik erscheint als ein Akt öffentlicher Reinigung, der gewagt werden mußte und dessen Erfolg Erleichterung verschafft.« (CV 11).

macht hatte (CV II, 17f.).[29] Die Angriffe der *Anciens* auf seine oftmals als preziös und opak geschmähte Sprache – Angriffe, die Barthes spätestens seit dem Erscheinen seines *Michelet* vertraut waren – belegen nicht nur, wie stark seine eigene *écriture* sich von einer akademischen Normsprache unterschied, sondern dienten ihm zugleich dazu, einmal mehr seine Auffassung der Kritik als Umwandlung »einer ersten Schreibweise des Werkes« in eine »zweite Schreibweise« des Kritikers zu verteidigen (CV II, 19).[30] Barthes erwies sich wieder einmal als geistreicher und wendiger Stratege im Literaturkampf: So listete er nicht nur die von Picard verwendeten Adjektive auf (die durchaus den Tatbestand von Verbalinjurien erfüllen), sondern fügte eine Passage hinzu, die nicht von Picard, sondern aus der Feder Prousts stammte: die »Hinrichtung« Bergottes durch eine Romanfigur im Stile von Sainte-Beuve (CV II, 20). Mit dem mehrfachen Rückgriff auf Proust zur Verteidigung seiner eigenen und zur Brandmarkung der Picardschen Sprache bediente sich Barthes geschickt der Kritik an Positivismus und banaler Psychologie, die bereits der nicht nur von Barthes geschätzte Autor von *Auf der Suche nach der verlorenen Zeit* unternommen hatte. Die »alte Kritik« wisse von Freud im besten Falle nur, was sie in der Reihe *Que sais-je?* gelesen habe (CV II, 24), und ihr Begriff vom Körper beschränke sich auf zwei anatomische Regionen: eine »höherstehend-externe« (von Kopf und Kreation) und eine »niedrig-interne« (von Geschlecht und Instinkt) (CV II, 25). Dem »unglaublich altmodischen« (CV II, 25) Bild der alten Kritik von der Psychoanalyse stellt Barthes die Forschungen von Jacques Lacan entgegen, was nicht verwundern kann, hatte er doch selbst in *Sur Racine* nach einer Möglichkeit gesucht, die Psychoanalyse vom Strukturalismus her neu zu durchdenken.

Einer im Namen von Objektivität, Wahrheit, Klarheit und gutem Geschmack agierenden alten Kritik machte Barthes eine polizeiliche, ja inquisitorische Unterdrückung neuer Sprachen zum Vorwurf. Sie sei noch immer am Gemeinplatz der »französischen Klarheit« orientiert, der längst von der Linguistik wiederlegt sei, und äußere sich auch in der Verehrung für Racine, dem »Mann der

---

29 Vgl. hierzu die noch immer lesenswerte Darstellung von Heitmann, Klaus: Der *Immoralismus-Prozeß gegen die französische Literatur im 19. Jahrhundert*. Bad Homburg – Berlin – Zürich: Gehlen 1970.
30 Auch dies ließe sich als Übersetzungsprozeß intralingualer Natur verstehen.

zweitausend Wörter« (CV II, 26). Nicht ohne einen pathetischen Unterton schreibt Barthes, er verteidige sein Recht auf eine eigene Sprache (CV II, 29), auch wenn er aus der zeitlichen Distanz heraus gewisse Fehler einräume (CV II, 33). Neben Strukturalismus und Psychoanalyse beruft sich Barthes auf Marx, Freud und Nietzsche, aber auch auf Lucien Febvre und Merleau-Ponty. Er mißt damit gerade jene (den Kritikern zufolge übergroße) Spannbreite aus, mit Hilfe derer man (zu Recht) die Existenz einer *nouvelle critique* längst in Frage gestellt hatte.[31] Barthes war vielleicht der einzige Intellektuelle, der durch seine methodologische wie publizistische Ubiquität überhaupt noch für eine solche Vielzahl heterogener Ansätze gleichzeitig sprechen konnte. Er tat dies (in unvermindert polemischer Absicht) im Namen jenes Konstrukts einer *neuen* Kritik und ließ keinen Zweifel daran, daß bald schon die Zeit kommen werde, wo man der *alten* Kritik samt ihrer Schwatzhaftigkeit Lebewohl sagen könne (CV II, 31).

Dafür war es freilich noch zu früh, auch wenn Barthes diese neue *Querelle des Anciens et des Modernes* mit Bravour bestanden und sich selbst eine überaus einflußreiche Position innerhalb des intellektuellen Felds verschafft hatte. Nach dieser Auseinandersetzung war die Dominanz einer traditionellen Wissenschaftskonzeption in Frankreich zwar keineswegs gebrochen, und auch die Kritik an Barthes verstummte nicht. Doch hütete man sich fortan, neue Ansätze (zumindest in aller Öffentlichkeit) pauschal zu verdammen und zum unverständlichen Kauderwelsch zu erklären. Zugleich hatte die *Querelle* die Wichtigkeit des Kulturjournalismus unter Beweis gestellt und damit die Autonomie des universitären Feldes vermindert.[32] Barthes' fortan einflußreiche Position machte deutlich, daß es Alternativen zur universitär reglementierten Karriere (und ihrer Sprache) gab und daß die Universität in ihrem Monopol als Hort und Verbreiterin kulturellen Wissens nicht mehr unangefochten war. Gerade aus dieser Perspektive gibt es gute Gründe, in

31 In einem am 23.10.1965 erschienenen Artikel faßt J. Piatier unter dem Titel »Ist die *nouvelle critique* eine Hochstapelei?« diesen Tatbestand im Bild einer vielköpfigen Hydra. Sie besitze »einen existentialistischen Kopf, einen phänomenologischen Kopf, einen marxistischen Kopf, einen strukturalistischen Kopf, einen psychoanalytischen Kopf usw., je nachdem, welcher Ideologie sich ihre Vertreter zurechneten« (zit. nach Bourdieu, Pierre: *Homo academicus, op. cit.*, 152).

32 So zumindest die Analyse von Bourdieu, Pierre: *Homo academicus, op. cit.*, 157.

dieser *Querelle* ein (kleinmaßstäbliches) Vorspiel zu den Auseinandersetzungen im Umfeld der Ereignisse vom Mai 1968 zu sehen.

Auch im Ausland[33] wurde Barthes nun zu einem der bekanntesten französischen Intellektuellen.[34] In Frankreich selbst ließ sich ein fernes Donnergrollen der *Querelle* noch in den siebziger und achtziger Jahren vernehmen. Jean Pommier, einer der namentlich in *Sur Racine* Angegriffenen, ließ nichts unversucht, in Werken wie *Genug entschlüsselt* oder *Roland Barthes, Schnauze voll!* (und diese Titel sind bereits für das Niveau der Auseinandersetzung bezeichnend) den Vertreter der *nouvelle critique* – die es längst nicht mehr gab – und sein Werk als Gipfelpunkt menschlicher Dummheit darzustellen.[35] Daß er für das erstgenannte Buch immerhin den *Prix de la Critique de l'Académie Française* erhielt, mag belegen, daß die alten Fronten noch Ende der siebziger Jahre neu zu beleben waren.[36] Seine *thèse de doctorat d'Etat*[37] – bemerkenswer-

33 Im Oktober desselben Jahres folgte Barthes – zusammen mit Jacques Derrida, Tzvetan Todorov und Georges Poulet einer Einladung der Johns Hopkins University in die USA; vgl. Calvet, Louis-Jean: *Roland Barthes. Eine Biographie, op. cit.*, 219. Dort hatte eine erste Barthes-Rezeption – wenn auch erst in kleinen Zirkeln – mittlerweile begonnen. Jacques Derrida erinnert an die gemeinsame Flugreise in seinem Essay »Die Tode des Roland Barthes«, *op. cit.*, 31 ff. Diese Tagung an der Johns Hopkins University, die unter dem Thema »The Languages of Criticism and the Sciences of Man« stand, war von enormer Bedeutung für die Durchsetzung des Derridaschen Denkens in Nordamerika: Vgl. hierzu Burke, Seán: *The Death and Return of the Author. Criticism and Subjectivity in Barthes, Foucault and Derrida.* Edinburgh 1992, 165f. Was als Austausch zwischen nordamerikanischen und französischen Theoretikern gedacht war, führte zu einer unübersehbaren »preponderance of French speakers« (165). Auch für die Bedeutung Barthes' als Bezugspunkt für den entstehenden nordamerikanischen Dekonstruktivismus war dieses Forum mit entscheidend.

34 Der Begriff wird in der vorliegenden Arbeit stets im Sinne der französischen Tradition des Intellektuellenstatus verstanden, die sich vom teilweise pejorativen Beigeschmack des »Intellektuellen« im deutschsprachigen oder angelsächsischen Raum abhebt; vgl. hierzu Jurt, Joseph: »Status und Funktion der Intellektuellen in Frankreich im Vergleich zu Deutschland«, *op. cit.*, bes. 329-331.

35 Pommier, Jean: *Assez décodé!* Paris 1978; sowie: Ders.: *Roland Barthes, ras le bol!* Paris 1987.

36 In seiner Rezension des letztgenannten Buches macht Ulrich Schulz-Buschhaus (*Romanische Forschungen* 99 [1987], 293f.) nicht nur auf diesen Umstand aufmerksam, sondern legt auch eine Liste der Beschimpfungen Pommier gegen Barthes vor. Sie liest sich wie jene andere, die Barthes 1966 von seinem Kontrahenten Picard in *Critique et vérité* angelegt hatte.

37 Pommier, Jean: *Le »Sur Racine« de Roland Barthes.* Paris 1988; *Roland Barthes, ras le bol!* ist die auf 148 Seiten gekürzte Kurzfassung dieser Arbeit.

terweise an der Sorbonne[38] verteidigt – beschäftigt sich, wie schon Jim Supple gezeigt hat, auf 425 Seiten nur mit Anfangs- und Schlußteil von Barthes' erstem Teil von *Sur Racine*, bezieht in seine polemische und pauschale Kritik der *nouvelle critique* also nicht einmal die 150 Seiten dieses Bändchens voll ein.[39] Dies sind jedoch nur Nachklänge, die eher anekdotischer Natur sind und die uns nicht weiter zu interessieren brauchen. Roland Barthes hatte sich national wie international endgültig als einer der führenden französischen Theoretiker durchgesetzt.

Ein neues Epochenbewußtsein

Hätte sich Barthes' *Kritik und Wahrheit* auf den ersten Teil beschränkt, so wäre die Sichtweise wohl gerechtfertigt, daß es in dieser Auseinandersetzung nur um die Besetzung und Verteidigung strategisch wichtiger Positionen innerhalb des intellektuellen Felds, nicht aber auch um Inhalte, Überzeugungen und Konzeptionen gegangen sei. Barthes wäre dann ein brillanter Polemiker, der die spezifischen Mechanismen von Wissenschaft und Massenkommunikation zu seinen Gunsten zu manipulieren versteht, nicht aber zugleich ein Neuerer (oder *moderne*), der grundlegend neue Vorstellungen im Bereich von Literatur, Literaturkritik und Literaturwissenschaft erarbeiten will. Genau das aber trifft auf den Autor von *Critique et vérité* zu. Barthes war »ins Feld« gezogen, um sein kulturelles Projekt voranzutreiben und weiterzuentwikkeln.

Während Raymond Picard (oder später auch Jean Pommier) an einer letztlich unhinterfragten, »objektiven« Wissenschaftskonzeption festhielt und damit einen *status quo* erhalten wollte, versucht Barthes, im zweiten Teil von *Kritik und Wahrheit* neue Perspektiven für die Auseinandersetzung mit Literatur zu entwerfen. Es ist aus heutiger Sicht bemerkenswert, daß alle laut Barthes zukunftsweisenden Ansätze – die strukturale Anthropologie eines

---

38 Nicht zu Unrecht sprach Umberto Eco von einem »ostracismo dichiaratogli dalla Sorbona«; Eco, Umberto: »La maestria di Barthes«. In: Fabbri, Paolo/Pezzini, Isabella (Hg.): *Mitologie di Roland Barthes. I Testi e gli Atti*. Parma 1986, 296.

39 Supple, Jim: »Pommier versus Barthes: Critique et Contrevérités«, *op. cit.*, 154ff.

Lévi-Strauss, die Psychoanalyse von Jacques Lacan, die literaturtheoretische Avantgarde um Philippe Sollers' Zeitschrift *Tel Quel*
oder, wenn auch in geringerem Maße, die Konzeption des offenen
Kunstwerks bei Umberto Eco oder die Semiotik im Sinne von Algirdas Greimas – allesamt methodologische Ausgangspunkte darstellen, die in der Tat auch weit über die sechziger Jahre hinaus von
Bedeutung waren. Dasselbe läßt sich auch von jenen Autoren sagen, auf deren *écriture* sich Barthes bezieht: Bataille, Sade, Fourier,
Nietzsche und (in wesentlich geringerem Umfang) Ignatius von
Loyola. Hier deuten sich Umbesetzungen innerhalb des literarischen (und philosophischen) Kanons an, die für die sechziger
Jahre des *avant-mai*, der Zeit vor den Ereignissen von Mai 1968
also, charakteristisch sind.

»Nichts«, so beginnt Barthes den zweiten Teil seines Bandes,
»ist für eine Gesellschaft von größerer Wichtigkeit als die *Klassifikation* ihrer Sprachen (*langages*).« Und er fährt fort: »Diese Klassifikation ändern, das Sprechen verschieben (*déplacer la parole*)
heißt, eine Revolution durchzuführen.« (CV II, 35) Von Anfang
an wird klar, daß Barthes sein grundlegendes kulturelles und kul-
turveränderndes Projekt keineswegs aufgegeben hat, auch wenn er
sich im folgenden dem engeren Bereich der Literatur und ihrer
Kritik zuwendet. Auffällig ist, wie sehr Barthes zu Beginn dieses
zweiten Teils auf Vorstellungen seiner beiden ersten Buchpublikationen zurückgreift: Mallarmé ist einmal mehr Ausgangspunkt einer »wichtigen Veränderung der Orte unserer Literatur« (CV II,
35), und der Schriftsteller wird definiert als der, »für den die Sprache zum Problem wird« (CV II, 35). Der Kritiker sei ein Schriftsteller, und wenn es überhaupt eine Einheit der *nouvelle critique*
gebe, dann beruhe sie auf einer Sichtweise von Kritik als »Akt einer *écriture* im vollen Sinne« (CV 36). In der gegenwärtigen Krise
des Kommentars werde die Trennung zwischen »Schöpfer« und
»einfachem Kommentator« überwunden. Diese Krise, so Barthes,
sei so allgemein und grundlegend, daß sie mit dem »Übergang vom
Mittelalter zur Renaissance« vergleichbar sei. Barthes nimmt hier
einen Gedanken auf, den er in der abschließenden Passage eines
Textes von 1963 für *Tel Quel* erstmals formuliert hatte. In diesem
letzten seiner *Kritischen Essays* hatte er von einer grundlegenden
Veränderung der »Karte menschlichen *Tuns*« und der Entstehung
einer neuen Anthropologie, eines neuen Menschenbildes gesprochen (E I, 1375). Damit aber wird ein Epochenbewußtsein formu-

liert, das in der eigenen Gegenwart den Wechsel historisch-kultureller Großepochen erkennt, wie dies die beiden Referenzpunkte Mittelalter und Renaissance nahelegen. Es handelt sich um Formulierungen, die an Michel Foucaults berühmten Schlußteil von *Die Ordnung der Dinge* erinnern, der nur wenige Monate später erschienen ist und von einer vielleicht bald schon möglichen »Veränderung in den fundamentalen Dispositionen des Wissens« spricht:

»Wenn man eine ziemlich kurze Zeitspanne und einen begrenzten geographischen Ausschnitt herausnimmt – die europäische Kultur seit dem sechzehnten Jahrhundert –, kann man sicher sein, daß der Mensch eine junge Erfindung ist. [...] Wenn diese Dispositionen verschwänden, so wie sie erschienen sind, wenn durch irgendein Ereignis, dessen Möglichkeit wir höchstens vorausahnen können, aber dessen Form oder Verheißung wir im Augenblick noch nicht kennen, diese Dispositionen ins Wanken gerieten, wie an der Grenze des achtzehnten Jahrhunderts die Grundlage des klassischen Denkens es tat, dann kann man sehr wohl wetten, daß der Mensch verschwindet wie am Meeresufer ein Gesicht im Sand.«[40]

Ich werde im folgenden Kapitel auf das bei Barthes sich ankündigende neue Epochenbewußtsein zurückkommen. Doch wäre schon hier die Frage zu stellen, ob Barthes im zweiten Teil von *Kritik und Wahrheit* nicht nur die *Querelle des Anciens et des Modernes* hinter sich läßt, sondern zugleich auch eine Wendung nimmt, die nach neuen Bedingungen des Schreibens innerhalb eines fundamental veränderten kulturellen Kontexts sucht. In *Critique et vérité* geht es Barthes letztlich darum, eine neue Karte menschlicher Aktivitäten im Bereich der Literatur und mehr noch des Schreibens insgesamt zu entwerfen.

Ein neues *mapping*   62

Barthes insistiert auf der Ambiguität des literarischen Kunstwerks, das stets »etwas Zitathaftes« an sich habe (CV II, 39). Eine *Wissenschaft* der Literatur müsse die Pluralität des Sinns akzeptieren. Damit verbunden ist die Aufwertung der Rolle des Lesens. Man müsse »*lesen wie man schreibt*« (CV II, 38) und »gut lesen« bedeute »virtuell gut schreiben« (CV II, 39). Von diesem Punkt

40 Foucault, Michel: *Die Ordnung der Dinge. Eine Archäologie der Humanwissenschaften*. Übersetzt von Ulrich Köppen. Frankfurt a. M. 1974, 462.

aus ordnet Barthes den Bereich des Schreibens und der Literatur neu und teilt ihn auf in die »Wissenschaft von der Literatur«, die »Kritik« und schließlich die »Lektüre«, denen jeweils eigene, erläuternde Kapitel gewidmet werden. Der traditionellen Philologie und Literaturgeschichtsschreibung kommt in diesem neuen *mapping* des Wissens über das Phänomen Literatur, wie nicht anders zu erwarten, nur noch eine marginale, *Science*, *Critique* und *Lecture* gegenüber nachgeordnete Rolle zu.

Das Modell dieser erst noch zu schaffenden *Literaturwissenschaft* ist »selbstverständlich linguistisch« (CV II, 41), wobei Barthes unter anderem auf Ansätze von Roman Jakobson und Noam Chomsky verweist. Als »Diskurswissenschaft (*science du discours*)« (CV II, 41) linguistisch fundiert, könne sie, parallel zu der von Wilhelm von Humboldt und Chomsky postulierten »Sprachfähigkeit«, die Existenz einer »Literaturfähigkeit« erforschen (CV II, 41), jenseits einer Wissenschaftskonzeption, deren sogenannte Objektivität es stets gebiete, mit den Untersuchungen abzuwarten, bis der Autor gestorben sei (CV II, 42). Fernab von Barthes nunmehr belächelten Autorzentrierung erscheint Literatur als anthropologisches, geradezu »angeborenes« Phänomen. Und unübersehbar zeigt sich in der Formulierung dieser Literaturwissenschaft die Wirkung der *Mythologiques* von Lévi-Strauss, deren erster Band 1964 erschienen war. Es gehe hier nicht mehr um eine Autorfigur, sondern um »Werke, die von der großen mythischen Schreibweise *gequert* werden, in der die Menschheit ihre Bedeutungen, d. h. ihre Begierden, ausprobiert« (CV II, 42). Eine solche Wissenschaft sei einzuteilen in zwei Bereiche, die sich jeweils mit den Phänomenen unterhalb bzw. oberhalb der Satzgrenze beschäftigen. Auch hier ist das linguistische, diskursanalytische Vorbild augenfällig. Mit Rhetorik und Erzähltextgrammatik werden wir im folgenden Kapitel Beispiele für beide Bereiche bei Barthes kennenlernen.

Im Gegensatz zu dieser Literaturwissenschaft im Barthesschen Sinne sei die *Kritik* an der Produktion von Sinn ausgerichtet (CV I, 44). Sie siedle sich im Zwischenraum von Wissenschaft und Lektüre an: Dies ist der Ort, dem *Sur Racine* zuzuordnen ist. Barthes hat im Gegensatz zu seinem Buch von 1963 aber bereits erste Lehren aus einer strukturalistisch gedachten Psychoanalyse gezogen, die – wie er in einer Fußnote nicht ohne Selbstironie anmerkt – »ein Echo, sei es auch deformiert, der Lehren des Doktor Lacan in seinem Seminar an der *Ecole Pratique des Hautes Etudes*« seien: »Das Subjekt ist keine individuelle Fülle, die in die Sprache zu entleeren man das Recht hat oder nicht (je nach der gewählten literarischen ›Gattung‹), sondern im Gegenteil eine Leere, die der Schriftsteller mit einem unendlich abgewandelten Wort einkreist, so daß jede Schreibweise, *die nicht lügt*, nicht die inneren Attribute des Subjekts bezeichnet, sondern seine Abwesenheit.« (CV II, 47)

Das Thema des leeren Zentrums, das bei Barthes zum Kennzeichen der Moderne geworden war, wird hier in einen Lacanschen Denkzusammenhang deplaziert – eine Verschiebung, die in Zusammenhang mit der Autorproblematik bereits jene Infragestellung des Subjekts betreibt, die im zitierten Schlußteil von Foucaults *Les mots et les choses* angeklungen war: ein *Echo* der Lacanschen Seminare an der EPHE.[41]

Im dritten Teil, der *Lektüre*, wird deutlich, daß die Auflösung des Autorsubjekts weiter fortgeschritten ist als die Auflösung des Lesersubjekts, könne doch kein Kritiker dem Leser seine Stimme leihen (CV II, 50). Der Kritiker greife auf die Vermittlung der Schrift zurück; schreiben aber heiße »in gewisser Weise, die Welt (das Buch) zu zerspalten und wieder zusammenzusetzen« (CV II, 50). Das Mittelalter[42] habe die vier Funktionen von *scriptor, compilator, commentator* und *auctor* gekannt[43]; um einen Text zu deformieren, brauche man ihm nichts hinzuzufügen, es genüge voll und ganz, ihn einfach zu zitieren (CV II, 50). »Allein die Lektüre«, so Barthes, »liebt das Werk und unterhält zu ihm eine Beziehung des Begehrens« (CV II, 51 f.). Ihr entspreche die Praxis des Pastiche. Der Übergang von der Lektüre zur Kritik wiederum sei mit einer Veränderung des Begehrens verbunden, das nicht mehr auf das Werk, sondern auf die eigene Sprache abziele: »*lesen, schreiben*: von dem einen Begehren zum anderen geht jede Literatur.« (CV II, 51) Und Barthes schließt sein auf Februar 1966 datiertes Buch mit dem Satz: »Die Kritik ist nur ein Moment dieser Ge-

41 Auf die Metaphorik des Echos bei Roland Barthes' komme ich zurück.
42 Zu Barthes' Beschäftigung mit dem Mittelalter vgl. Williams, Gerhild Scholz: »Leseplaisir und Intertext. Roland Barthes' Variationen zur Rezeption des Mittelalters«. In: Grubmüller, Klaus/Hess, Günter (Hg.): *Bildungsexklusivität und volkssprachliche Literatur. Literatur vor Lessing – nur für Experten?* Tübingen 1986, 127-135.
43 Vgl. zu dieser Problematik im Kontext der geschichtlichen Debatte um Wahrheit und Fiktion Assmann, Aleida: »Fiktion als Differenz«. In: *Poetica* 21 (1989), bes. 245 ff.

schichte, in die wir eintreten und die uns zur Einheit führt – zur Wahrheit des Schreibens.« (CV II, 51)

Damit frönt Barthes einmal mehr der Vorliebe, seine Bücher mit einem utopischen Ausblick abzuschließen. Die hier entworfene (lustvolle) Vereinigung verschiedener Schreibprozesse zeigt das Objekt des Barthesschen Begehrens in einer neuen Form, einer Einheit, die letztlich auch die Dreiheit der soeben eingeführten Unterscheidung zwischen Wissenschaft, Kritik und Lektüre wieder zurücknimmt oder zumindest doch überspielt. Die Kritik – und sie stand im Zentrum der Auseinandersetzungen innerhalb des intellektuellen Felds – erscheint zugleich als transitorischer Augenblick, der zu einer Wahrheit des Schreibens überleitet, die gänzlich anders geartet ist als jene Wahrheit, die eine um Objektivität bemühte traditionelle Literaturwissenschaft (wohlgemerkt: im Sinne Barthes') in den von ihr untersuchten Werken aufzudecken vorgibt. *Kritik und Wahrheit* markiert selbst eine neue Etappe auf der Suche nach einer Einheit des Schreibens, die sich paradoxerweise in drei voneinander getrennte Bereiche aufspaltet. Damit entwirft Barthes nicht nur ein Modell neuer Grenzziehungen im Bereich des Literarischen, sondern deutet auch auf jene Aktivitäten, die sich in seiner eigenen Schreibpraxis in jenen Jahren am stärksten ausdifferenziert und voneinander abgespalten haben. Die beiden letzten Kapitel waren der Kritik gewidmet; die beiden folgenden sollen den beiden anderen Tätigkeiten kritisch nachgehen.

Das leere Zentrum   63

»Or la parole et l'écriture ne peuvent s'interchanger ni s'accoupler, car ce qu'il y a entre elles c'est tout simplement quelque chose comme un défi: l'écriture est faite d'un refus de tous les autres langages. Le propos *transcrit* joue hypocritement avec ce refus: si inconséquent qu'il paraisse (ces débats ne sont-ils pas les scories inévitables du métier d'écrivain?), il implique une philosophie naturelle de la Littérature, comme si l'écrivain était habité par la vérité et qu'il pût choisir la façon journalière de l'exprimer, tantôt en style romanesque, tantôt en propos parlés, tantôt en discours écrits, comme une jolie femme choisit son tailleur du matin, selon le temps, l'humeur, les circonstances. On inverse ainsi la structure éthique de la création; on postule qu'il y a *un* contenu et *des* formes, plus ou moins coûteuses (dont le propos transcrit serait l'épisode soldé), alors que la Littérature est fondamentalement inversion du langage, puisque la forme y est singulière et les sens innombrables. Ecrire est à la lettre *paradoxal*: c'est toujours prendre la vérité de biais. Enregistrer une parole, puis l'écrire, c'est tricher avec l'être de l'écrivain, c'est se passer du silence qui occupe son centre comme le noyau un fruit.« (OC I, 803)

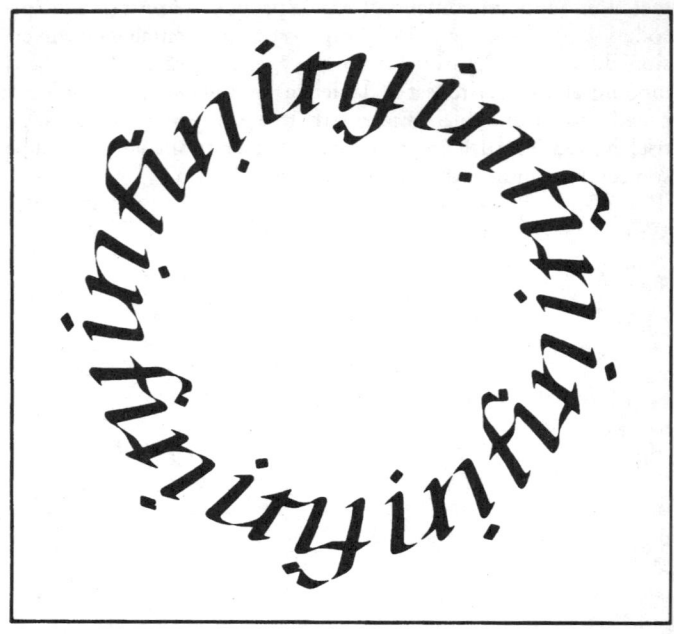

fig. o: Scott Kim, Infinity (aus: Falletta, Nicholas: *Paradoxon.* München: Hugendubel ²1987, 18).

In seinem bereits mehrfach erwähnten Beitrag von 1961 für die Zeitschrift *Tel Quel*, »Die Literatur heute«, unterstreicht Barthes, daß ihn seit dem Nachwort seiner *Mythologies*, »Der Mythos heute«, »Ideen und Themen weniger interessieren als die Art und Weise, wie sich die Gesellschaft ihrer bemächtigt, um daraus die Substanz einer gewissen Zahl signifikanter Systeme (*systèmes signifiants*) zu machen« (E I, 1283). Sein Interesse konzentriert sich damit auf sekundäre (oder tertiäre) Sinnbildungsprozesse, auf die Funktionen, die Bedeutungssystemen wie Nahrung, Kleidung, Bildern, Literatur, Kino, Mode usw. von der Gesellschaft im Kontext der Massenkultur zugewiesen werden. Diesem kulturtheoretischen Projekt Barthes' lassen sich zumindest zwei unterschiedliche Schreibweisen zuordnen, die bestätigen, daß der Autor der *Kritischen Essays* gleichsam auf zwei verschiedenen Klaviaturen zu spielen versucht: einer wissenschaftlich orientierten Semiologie und einer (Kultur-)Kritik, die sich an einem breiteren Publikum ausrichtet und unter Rückgriff auf Ergebnisse semiologischer Forschung Bedeutungen produziert, die gesellschaftsverändernd wirken sollen. Insoweit ist es notwendig, in dem am Ende des vorigen Kapitels skizzierten *mapping* die Bereiche von Wissenschaft und Kritik funktional aufeinander zu beziehen, um zu verhindern, daß die von Barthes unterschiedenen Aktivitäten als voneinander getrennte Bereiche gedacht werden. Sie differieren zwar stark voneinander, zugleich aber sind sie funktional in wechselseitige Beziehungen eingespannt.

Nur aus einer solchen Perspektive wird verständlich, was Barthes in seinem programmatischen Essay von 1963, »Die strukturalistische Tätigkeit«, entwarf. Dort beantwortete er die Frage nach dem Strukturalismus zunächst mit dem Hinweis, daß es sich weder um eine »Schule« noch um eine »Bewegung (zumindest derzeit noch nicht)« handle (E I, 1328). Mißverständlich – und oft mißverstanden – war Barthes' Rat an seine Leser, es genüge, darauf zu achten, wer Begriffe wie Signifikant und Signifikat, Synchronie oder Diachronie verwende, um zu wissen, wer Strukturalist sei (E I, 1328). Derartige Formulierungen wurden nur allzu gerne zitiert, um Barthes einer unwissenschaftlichen Vorgehensweise zu bezichtigen. Wer dies tut, verkennt jedoch den Kontext dieser (und ähnlich pointierter) Aussagen. Nicht von ungefähr hatte der Mythenkritiker unmittelbar zuvor auf polemische Auseinandersetzungen zwischen Strukturalismus und Marxismus (der zum Hauptgegner des ersteren geworden sei) um den Begriff der Geschichte aufmerksam gemacht. Darüber hinaus aber darf nicht übersehen werden, daß Barthes diesen Essay keineswegs in einer Fachzeitschrift veröffentlicht, sondern für die *Lettres Nouvelles* verfaßt hat. Das Zielpublikum – und dies ist hier keineswegs vorrangig die *scientific community* – aber gilt es bei der Beurteilung derartiger Aussagen zu berücksichtigen. Zum Zeitpunkt der Veröffentlichung dieses Essays hatte Barthes längst bewiesen, daß sich seine eigene Auffassung von Strukturalismus keineswegs auf die bloße Verwendung strukturalistischer Begriffe – fast könnte man sagen »Reizwörter« – beschränkte.

Barthes bewegt sich hier nicht im Bereich der (strukturalistisch orientierten) *Science*, sondern der (sinnproduzierenden) *Critique*. Es waren solche Texte, die dem Strukturalismus über wissenschaftliche Fachgrenzen hinweg Gehör verschafften und damit auch für den öffentlichen Diskurs relevant werden ließen. Sie modellierten darüber hinaus auch öffentlichkeitswirksam das Image von Roland Barthes als Strukturalist. Doch beschränkten sie sich keineswegs auf diese Funktion. Die Sichtweise des Strukturalismus war in dem hier zu behandelnden Essay zweifellos höchst subjektiv – und zudem überaus originell.

Denn Barthes sprach nicht vom Lehrgebäude des Strukturalismus, sondern von einer strukturalistischen Tätigkeit, so wie man auch von einer surrealistischen Tätigkeit sprechen könne (E I, 1329). Derartige überraschende Wendungen sind längst zum Bestandteil der Barthesschen Schreibstrategie geworden. Die *activité structuraliste* wird dabei gerade nicht als wissenschaftliches System, sondern als mentales Tun verstanden, so daß es kaum erstaunt, wenn Barthes neben den Wissenschaftlern Trubetzkoy, Dumézil oder Propp Künstler wie Mondrian, Boulez oder Butor als Beispiele anführt (E I, 1329f.). Der Strukturalismus erscheint hier nicht nur als Methode wissenschaftlicher Analyse, sondern auch künstlerischer Kreation. Wissenschaftliches wie künstlerisches Schaffen beruht, so betont Barthes, auf bestimmten Techniken, wobei sich die vom Strukturalismus hervorgebrachten Techniken als künstlerisch wie wissenschaftlich besonders produktiv erweisen. Dabei ist diese Konzeption keineswegs transhistorisch zu verstehen im Sinne eines immer schon strukturalistischen Tuns des Menschen. Der *homme structural*, so der wichtige Schlußsatz dieses Essays, sei sich der Tatsache bewußt, »daß auch der Strukturalismus eine gewisse *Form* der Welt ist, die sich zusammen mit der Welt verändern wird; und wie er ihre Gültigkeit (aber nicht ihre Wahrheit) in ihrer Macht erfährt, die alten Sprachen der Welt auf neue Weise zu sprechen, so weiß er auch, daß aus der Geschichte nur eine neue Sprache, die ihn selbst nun ihrerseits sprechen wird, hervorzubrechen braucht, damit seine Aufgabe beendet ist.« (E I, 1333) Damit aber hat Barthes das sich zum damaligen Zeitpunkt in einem rasanten Ausbau befindliche Lehrgebäude des Strukturalismus – und dies gilt nicht zuletzt auch für die von ihm wesentlich mitgestaltete Semiologie – nicht nur dynamisiert und in eine unabgeschlossene geistige Bewegung des *homo significans* überführt; er hat nicht nur eine radikale Trennung von Künstler und Wissenschaftler bzw. von wissenschaftlicher und künstlerischer Kreativität in Frage gestellt. Er hat zugleich auch versucht, die *Geschichte* – die zu Beginn des Essays als umkämpfter Streitpunkt zwischen Strukturalismus und Marxismus erscheint – genau an jener sensiblen Stelle auf den Strukturalismus selbst zu beziehen, wo die gesellschaftliche Dimension der *activité structuraliste* sichtbar wird: in der eigenen Geschichtlichkeit ihres Tuns. Das Engagement Barthes' in der *Form* der *activité structuraliste* ist somit unzweideutig mit der Einsicht verbunden, daß diese Form selbst geschichtlichen Veränderungen unterliegt, welche die Verantwortlichkeit des »strukturalen Menschen« betreffen. Dieser definiere sich nicht durch seine Ideen oder Sprachen, sondern durch seine Art, die Strukturen geistig zu *leben* (E I, 1329). Hatte Barthes 1953 in *Am Nullpunkt des Schreibens* das Engagement des Schriftstellers auf die Verantwortlichkeit der (bzw. für die) Form bezogen, so tut er dies ein Jahrzehnt später hinsichtlich des Strukturalismus insgesamt wie in Hinblick auf seine eigene strukturalistische Tätigkeit (im wissenschaftlichen wie künstlerischen Sinne) im besonderen. Dies gilt es zu bedenken, wenn man sich – wie dies im folgenden geschehen soll – mit Barthes' semiologischen Forschungen der ausgehenden fünfziger und der sechziger Jahre beschäftigen will. Die Veröffentlichung dieses Textes in den *Lettres Nouvelles* ist daher weit weniger ein Versuch, den Strukturalismus (wissenschaftlich) zu definieren, als vielmehr eine philosophische Reflexion über Voraussetzungen und Grenzen der (eigenen) strukturalistischen Aktivität. Der Strukturalismus wird dabei nicht »der Wissenschaft« überlassen, sondern erscheint als eine für die gesamte menschliche Gesellschaft relevante Kreativität. Die ethische Dimension einer solchen Sichtweise ist unübersehbar.

Kleidung und Kultur 65

Der essayistischen, pointierten und stets überraschenden Schreibweise von »Die strukturalistische Tätigkeit« läßt sich als Beispiel der wissenschaftlichen Schreibweise Barthes' ein Artikel gegenüberstellen, der 1957 unter dem Titel »Geschichte und Soziologie der Kleidung« in den bereits erwähnten *Annales* erschien. Der Titel dieses Beitrags mag an der Ausrichtung dieser wichtigen historiographischen bzw. mentalitätsgeschichtlichen Fachzeitschrift, die weit über den Bereich der Geschichts- und Kulturwissenschaft hinaus von Bedeutung war, orientiert gewesen sein – etwas irreführend war er allemal, da es hier um nichts Geringeres als um die Grundlegung einer Semiologie der Mode ging. Nach einem kurzen Rückblick auf die Geschichte einer wissenschaftlichen Beschäftigung mit Kleidung, die erst seit der zweiten Hälfte des 19. Jahrhunderts eingesetzt habe, macht Barthes auf die fundamentale epistemologische Schwierigkeit aufmerksam, Geschichte und Struktur miteinander zu vermitteln, mithin eine Geschichte der Kleidung zu entwerfen, ohne doch die (mit Saussure ließe sich sagen »synchronische«) Struktur aus den Augen zu verlieren (OC I, 741 f.). Vor diesem Hintergrund stelle insbesondere die Tatsache ein Problem dar, daß Kleidungsstücke ihre Namen ändern könnten, ohne ihre Funktion zu wechseln, daß sich bisweilen aber auch die Funktion von Kleidungsstücken wandle, ohne daß dies in einer Namensänderung zum Ausdruck käme. Barthes weist dabei unter anderem auf die Ergebnisse der zehn Jahre zurückliegenden *thèse* von Algirdas Greimas zur Mode von 1830 hin, die ihm zweifellos Anregungen zur Beschäftigung mit diesem Bereich gegeben hat. Doch haben wir im vierten Kapitel bereits gesehen, wie intensiv sich der Theaterkritiker Barthes mit der Problematik der Kleidung auf der Bühne auseinandersetzt; seine Überlegungen zur Körperlichkeit, die im Grunde von der Kleidung in Szene gesetzt wird[1], hatten ihn gerade in bezug auf die Theaterkostüme zu einer Kritik des bürgerlichen Theaters und zu einer anhaltenden Beschäftigung mit der Rolle der Kleidung in Brechts Theaterpraxis geführt. Die Zeichenhaftigkeit der Kleidung, die wesentlich mehr als eine Hülle des menschlichen Körpers ist, mußte für den Semiologen von grundlegendem Interesse sein und war folglich auch bereits ein Thema verschiedener »Mythologien« – etwa jener über die *Folies-Bergère* – gewesen.

Barthes bemängelt an vorgängigen Untersuchungen aus methodologischer Sicht das Desinteresse gegenüber den Funktionswechseln von Kleidung in der Geschichte und ein ständiges Verwechseln von Signifikant und Signifikat (OC I, 742f.). Die Mode verfügt über ein recht begrenztes Inventar an Formen (OC I, 743f.). Gerade diese Überschaubarkeit prädestiniert sie in den Augen Barthes' zum Untersuchungsobjekt einer strukturalistischen Methodologie. Zusätzlich vermerkt er in einer Fußnote, daß »das generelle epistemologische Postulat« Saussures sich für derartige Untersuchungen wesentlich besser eigne als die Ansätze der nach seiner Ansicht epigonalen Prager Schule (OC I, 746). Analog zu Saussures Unterscheidung zwischen *langue, parole* und *langage* differenziert Barthes zwischen dem »Sprachsystem« des *costume*, der individuellen »Sprachäußerung« des *habillement* und (parallel zum Oberbegriff des *langage*) dem generellen Begriff des *vêtement* (OC I, 746). Während dem individuellen *habillement* eine phänomenologische Analyse entspreche, stünde der Bereich des *costume* einer soziologisch orientierten Analyse offen – und so könnte man geradezu von einer Art »Soziolinguistik der Kleidung« sprechen, zu der Barthes in diesem Aufsatz einige Anregungen gibt. Deutlich ist hierbei sein Bemühen, die Kleidung als System zu erfassen und Umbesetzungen innerhalb dieses Systems durch den Verweis auf die wechselnden historischen Kontexte zu erklären. Der Bereich des *costume*, so Barthes, lebe in wesentlich stärkerem Maße als die *langue* Saussures in einer »engen Symbiose mit ihrem historischen Umfeld« (OC I,

---

1 Daher rührt auch sein Interesse an einer Arbeit Kieners, die die Beziehungen zwischen Körper und Kleidung behandelt; siehe seine 1960 unter dem Titel »Für eine Soziologie der Kleidung« veröffentlichte Rezension (OC I, 853ff.).

749), so daß hier auch Modifikationen des linguistischen Modells erforderlich seien.

Grundlage der Erforschung des so abgegrenzten Kleidungssystems (*système vestimentaire*, OC I, 747) ist für Barthes ohne Frage die Semiologie Saussures. Die Kleidung könne man nicht auf Funktionen wie Schutz oder Schmuck reduzieren; sie stelle vielmehr »ein privilegiertes semiologisches Feld« dar (OC I, 749). Und ähnlich wie das sprachliche Zeichen Saussures beruhe auch das vestimentäre Zeichen auf einer Arbitrarität, die freilich durch historische Entwicklungen relativiert werde (OC I, 750). So wie beim sprachlichen Zeichen könne es auch hier einen *degré zéro*, eine Art Nullpunkt der »vestimentären Zeichen« im Sinne einer *insignifiance du vêtement* geben (OC I, 752). Die Untersuchung des Zeichencharakters der Kleidung ist für Barthes letztlich eingebettet in die Problematik jeglicher kulturellen Analyse, sei Kultur doch zugleich »System und Prozeß, Institution und individueller Akt, Reservoir an Ausdrucksformen (*réserve expressive*) und Ordnung von Bedeutungen«. Und jedes kulturelle Faktum sei gleichzeitig »Produkt der Geschichte und Widerstand gegen die Geschichte« (OC I, 752).

Damit aber verwendet Barthes eine Formulierung, die bereits jene »paradoxe« Definition von Literatur vorwegnimmt, die er (wie wir sahen) 1960 in einem ebenfalls in den *Annales* publizierten und später unter dem Titel »Geschichte oder Literatur?« in *Über Racine* aufgenommenen Artikel in sehr ähnlicher Weise vorgeschlagen hatte. Dort wird das literarische Werk als »Zeichen einer Geschichte und Widerstand gegen diese Geschichte« definiert (R I, 1090). Für Barthes bilden kulturelle Phänomene wie Literatur und Kleidung vergleichbare Zeichensysteme. Mit anderen Worten: Literatur ist eingebettet in einen Kontext kultureller Praktiken, von denen sie sich nicht essentiell unterscheidet. Im Unterschied zur Literatur bietet das System der Kleidung für die strukturalistische Analyse freilich den Vorteil, nur über ein wesentlich begrenzteres und damit überschaubareres Zeichenrepertoire zu verfügen. Damit zeichnet sich ab, daß gegen Ende der fünfziger Jahre das semiologische Projekt Roland Barthes' immer weniger ideologiekritisch und immer stärker kulturtheoretisch akzentuiert wird. Innerhalb dieses Projekts kommt der Kleidung eine besondere Bedeutung zu, stellt sie doch nicht nur ein auch in der Literatur verwendetes Zeichensystem gleichsam zweiter Ordnung dar; sie verbindet vielmehr Barthes' Überlegungen zu Theatertheorie[2] und *théâtralité* mit seinem seit *Michelet* beobachtbaren Interesse an der Körperlichkeit[3] sowie vor allem mit den epistemologischen Überlegungen zum problematischen Verhältnis von Geschichte und Struktur, Historiographie und Literatur.

Die Sprache der Wissenschaft 66

Dieser weitgehend unbeachtet gebliebene Text – und schon dies wäre Anlaß genug für eine nähere Beschäftigung mit ihm – bildet in seiner wissenschaftlichen, reich mit Definitionen und Fußnoten versehenen Schreibweise den Auftakt zum wohl einzigen langfristigen akademischen Projekt, das Roland Barthes auch zu Ende führte. Dabei standen die Zeichen zunächst nicht günstig für den Semiologen. Denn als er 1958 Claude Lévi-Strauss bat, die Betreuung seiner *thèse* über das System der Mode zu übernehmen, lehnte dieser dankend ab, weil er Barthes – so merkt zumindest Louis-Jean Calvet an – für zu literarisch hielt.[4] Man könnte gewiß auch andere Gründe vermuten, warum der künftige Verfasser der *Mythologica* den keineswegs unbedeutenden Verfasser der *Mythologies* als *thésard* ablehnte. Immerhin aber scheint der Anthropologe Roland Barthes nicht nur auf Propps *Morphologie des Märchens* aufmerksam gemacht[5], sondern auch noch den guten Rat gegeben zu haben, den Gegenstandsbereich seiner geplanten Untersuchung auf die »geschriebene« Mode, wie sie in Modezeitschriften usw. erscheine, einzugrenzen.[6] Der Aufsatz von 1957 skizziert offenkundig das ursprünglich noch umfangreichere Projekt, das Barthes aber dann in der Tat auf den Bereich der Mode, wie sie in verschriftlichter Form zum Ausdruck kommt, einschränkte.

In einer 1959 erschienenen Sammelrezension über wissenschaftliche Publikationen zur Mode sieht Barthes »eine wirkliche Semiologie der Kleidung« im Entstehen begriffen (OC I, 796). Im Kon-

---

2 Noch deutlicher wird dies in einem zweiten, noch zu besprechenden Aufsatz von 1959.
3 Von besonderer Bedeutung für diesen Zusammenhang ist der bereits 1955 für *Théâtre populaire* verfaßte Text »Die Krankheiten des Theaterkostüms«, der von Barthes in die *Kritischen Essays* aufgenommen wurde (E I, 1205-1211).
4 Vgl. Calvet, Louis-Jean: *Roland Barthes. Eine Biographie, op. cit.*, 187.
5 Vgl. hierzu Barthes' Aussage in einem Interview von 1971 (OC II, 1315).
6 Ebd.

text unserer Überlegungen zum Verhältnis von Kleidung und Literatur überrascht es kaum, daß Barthes selbst in dieser Rezension nicht umhin kommt, Philosophen und Literaten wie Carlyle, Michelet oder Balzac größere Verdienste bei der Erforschung von Mode zuzuerkennen als etwa den Fachgelehrten des 19. Jahrhunderts (OC I, 793). Barthes greift dann auf seine eigenen Überlegungen zum System der Kleidung zurück, wobei er nun die Problematik hervorhebt, daß die Modephotographie – die er ursprünglich in sein Projekt miteinbezogen wissen wollte – »eine Art idealer Verwirrung zwischen *habillement* und *costume*«, auf der Ebene der Saussureschen Begrifflichkeit also zwischen *parole* und *langue*, darstellt (OC I, 798). Er räumt ein, daß es für eine strukturalistische Analyse der Kleidung insgesamt wohl noch zu früh sei, da allein schon die Datenerhebung nur von einem Team bewältigt werden könne. Barthes schlägt daher die Untersuchung der »künstlichen Kleidung« vor, wie sie als Mode in Zeitungen und Zeitschriften erscheine (OC I, 800). Mit dieser gewichtigen Eingrenzung des Untersuchungsgegenstands auf die gedruckte Mode sind nun die Konturen des Forschungsprojekts sichtbar, das 1967 zur Publikation von *Système de la Mode* führen wird. Es ist jedoch bezeichnend, daß Barthes dieses eingeschränkte Projekt zum einen nur als einen ersten Schritt auf dem Weg zu einer »Linguistik der Kleidung«, zum anderen aber als eine »wirkliche Mythologie der Kleidung« versteht (OC I, 801). Damit ist die ursprüngliche ideologiekritische Verankerung dieses Forschungsunternehmens im semiologischen, ideologiekritischen Projekt der 1957 erschienenen *Mythologies* offenkundig. Im Gegensatz zu diesem ist es jedoch eindeutig im akademischen Bereich, also in jenem Raum, den Barthes in *Kritik und Wahrheit* als *Science* bezeichnete, und innerhalb der für diesen Raum charakteristischen Wissenschaftssprache angesiedelt.

Der Weg bis zum Abschluß dieses Projekts war freilich noch lang. Nach der Absage von Lévi-Strauss fand Barthes 1959 in André Martinet einen renommierten Linguisten, der gerade von einem mehrjährigen Aufenthalt in den USA zurückgekommen und bereit war, die angestrebte *thèse* zu betreuen.[7] Barthes vollzog zwar nie-

---

7 Vgl. Calvet, Louis-Jean: *Roland Barthes. Eine Biographie, op. cit.*, 188. Eine dort erzählte Anekdote über spontane Ausführungen Barthes' über Funktion und Vielfältigkeit des Schals in der weiblichen Kleidung zeigt viel von seiner Begeisterungsfähigkeit für das Thema der Mode, die sich auf Martinet übertragen haben dürfte.

mals die zur Anmeldung seiner akademischen Arbeit notwendigen Formalitäten und reichte das Ergebnis seiner Forschungen, *Système de la Mode* – so der französische Originaltitel, der in der deutschen Übersetzung zu einer *Sprache der Mode* wird – auch niemals als *thèse* ein – was ein bezeichnendes Licht auf seine abhängige Position innerhalb des universitären Feldes wirft, gleichzeitig aber auch vorführt, wie unabhängig er in den sechziger Jahren als Dozent an der *Ecole Pratique des Hautes Etudes* innerhalb des französischen Bildungssystems agieren konnte. Doch ist er fest zur Bearbeitung dieses Themas entschlossen und läßt sich sogar eigens für dieses Unternehmen ein Stehpult bauen.[8] Barthes, der sich – wie wir sahen – schon in *Am Nullpunkt des Schreibens* mit den Orten des Schreibens (und dem Habitus) verschiedener Schriftsteller auseinandersetzte, bleibt damit einmal mehr André Gide treu, dessen Stehpult er in dem Abschnitt »L'artisanat du style« (Stilhandwerk) erwähnte (D I, 172). Der karge Wissenschaftsstil, der von Barthes gemäß der akademischen Normen verlangt wird und über den er sich des öfteren bereits mokiert hatte, wird ein Korsett bleiben, in das er sich eher widerwillig für wenige Jahre einschnüren läßt. Das Stehpult, das – soweit ich sehe – in all seinen späteren Arbeitszimmern fehlt, konstituiert gleichsam einen besonderen Ort des Schreibens, der mit der Veröffentlichung von *Système de la Mode* gleichzeitig seinen Höhepunkt und seinen Abschluß fand.

Ein Aufsatz von 1960, »Blau ist dieses Jahr in Mode«, verfeinert die Analysetechniken in Rückgriff auf das Modell der strukturalen Linguistik, indem etwa analog zu den Morphemen von Barthes die Existenz von Vestemen postuliert wird, in gewisser Weise so, wie Lévi-Strauss in seinen Mythenforschungen von Mythemen gesprochen hatte (OC I, 861). Schon in seinem ersten Aufsatz zum System der Kleidung hatte Barthes von einem Nullpunkt gesprochen, einer Art neutralem Term innerhalb einer (bipolaren) Opposition. Diesen Gedanken führt er nun weiter aus, indem er unter anderem auch am beliebten Linguistenbeispiel der Ampel erläutert, daß der neutrale Term, in diesem Falle die Farbe Gelb, das Rote und das Grüne in ihrer semantischen Opposition letztlich verstärkt (OC I, 864).

Es ist an dieser Stelle nicht möglich, auf die einzelnen von Barthes aufgelisteten Vesteme (oder Kleidungsmorpheme) oder

8 Ebd., 191.

auf seine Unterscheidung einer horizontalen von einer vertikalen Achse der Kleidung einzugehen, also das Nebeneinander und Übereinander der Kleidungsstücke am menschlichen Körper systematisch weiterzuverfolgen. Für die vorliegende Studie scheint es mir von wesentlich größerer Bedeutung zu sein, daß Barthes sich nicht nur Begriffe der strukturalen Linguistik, sondern vor allem die Sprache dieser Linguistik selbst aneignet. Gerade im Kontrast zu den gleichzeitig entstandenen *Kritischen Essays* und ihrer essayistischen Schreibweise macht die Lektüre dieser Aufsätze deutlich, daß für Barthes – analog zum Bereich der *Critique* – die Wissenschaft vor allem auf der Beherrschung einer bestimmten Sprache beruht. Und diese Sprache beherrscht er nun mit größerer Selbstverständlichkeit als noch im Schlußteil der *Mythologies*. Man ginge sicherlich zu weit, bezeichnete man diese Texte als Pastiches der Wissenschaftssprache des Strukturalismus. Doch zeigen sie nicht nur Barthes' Fähigkeit an, neben der Literatur- und Theaterkritik auch die Wissenschaftsklaviatur überzeugend zu bedienen. Sie deuten auch die profunde Anverwandlung und originelle Ausgestaltung einer Sprache an, die Barthes zu einem späteren Zeitpunkt ein weiteres Mal deplazieren wird.

Saussure auf den Kopf stellen   67

Roland Barthes veröffentlichte seine umfangreiche Forschungsarbeit zum *Système de la Mode* im Jahre 1967 und damit zehn Jahre nach der Publikation seines ersten wissenschaftlichen Textes zu diesem Thema. Auf eine ähnlich lange Vorlaufzeit konnten nur *Am Nullpunkt des Schreibens* und, vielleicht mehr noch, sein *Michelet* zurückblicken, wobei Barthes übrigens auch bei dem letztgenannten Projekt kurzzeitig mit dem Gedanken gespielt hatte, aus dieser Arbeit eine *thèse* zu machen. *Système de la Mode* unterscheidet sich freilich von den anderen Buchprojekten Barthes' insoweit, als er zum Zeitpunkt der (zweifellos späten) Veröffentlichung dieses Bandes – wie wir sehen werden – bereits gänzlich andere Fragestellungen anging und aus dem Orbit des Strukturalismus auszubrechen begann. Man darf zweifellos die Behauptung wagen, daß die Publikation des Bandes eine Art Abschluß der im engeren, wissenschaftsgeschichtlichen bzw. epistemologischen Sinne strukturalistischen Arbeit Roland Barthes' bildet.

Bereits ein Blick auf die stets wichtige Textsorte des Inhaltsverzeichnisses zeigt die Natur dieser Arbeit auf: Es erstreckt sich in der deutschsprachigen Ausgabe über nicht weniger als zehn Seiten und wird von einer gnadenlosen, wenngleich mehrdimensionalen Systematik beherrscht, die dem Titel des Buches Rechnung zu tragen scheint.[9] Schon anhand des Inhaltsverzeichnisses läßt sich ablesen, daß Barthes in keinem seiner vielen Texte die Wissenschaftssprache so auf die Spitze getrieben hat wie in diesem. Vielleicht mehr noch als das Vorwort ist dieser zehnseitige »Text« eine Art strukturalistisches Manifest – wenn auch ein (zumindest für Barthes) zu spät gekommenes. Den Tatbestand einer akademischen *thèse*, daran zweifelt der Leser nach der Lektüre des Inhaltsverzeichnisses nicht mehr, hat dieses Buch in jedem Fall erfüllt. Barthes brauchte sie also nicht mehr einzureichen.

Was den zweiten Teil des Buchtitels betrifft, so macht der Autor bereits im Vorwort darauf aufmerksam, daß es sich nicht um die Mode überhaupt, sondern um die verschriftlichte Frauenmode handelt[10], womit Barthes jener Eingrenzung des Korpus folgt, die bereits in seinem Aufsatz von 1959 aus Gründen der Überschaubarkeit des Untersuchungsgegenstands festgeschrieben worden war. Rückblickend ordnet Barthes dabei diese Arbeit einer Semiologie zu, die zu Beginn der Untersuchung kaum mehr als ein Projekt gewesen sei, so daß der »Semiologenlehrling« (*l'apprenti sémiologue*) geradezu zu einer Abenteuerfahrt habe aufbrechen müssen (SM II, 131). Der Autor dieses Buches habe sich in der Zwischenzeit aber verändert, auch wenn er nach wie vor zu diesem Projekt stehe. Und Barthes gibt aus dieser distanzierten Perspek-

---

9 Diese Systematik ist im Inhaltsverzeichnis so komplex, daß Barthes sie im fortlaufenden Text etwas übersichtlicher gestalten mußte. Die ineinandergreifenden Ordnungsprinzipien aber werden nur anhand dieses »Schlußtexts« deutlich. In der deutschsprachigen Ausgabe, die erst 1985, also fünf Jahre nach Roland Barthes' Tod erschien, scheint man den besonderen Status des Inhaltsverzeichnisses als »eigenen« Text erkannt zu haben, stellte man das Inhaltsverzeichnis doch nicht wie allgemein bei deutschsprachigen Publikationen üblich, dem Band voran, sondern stellte es an das Ende dieses Textes. Aber auch kommerzielle Gründe könnten für diese Entscheidung den Ausschlag gegeben haben: Ein derart komplexes Inhaltsverzeichnis besitzt möglicherweise nur für den an Methodologie oder Kleidungsphänomenen interessierten Fachwissenschaftler eine »anziehende« Wirkung.

10 »Gegenstand dieser Untersuchung ist die strukturale Analyse der weiblichen Kleidung, wie sie heute von den Modezeitschriften beschrieben wird« (SM II, 131).

tive seinen Lesern gleich eine Leseanweisung mit: »Man wird diesem Buch hoffentlich nicht die Gewißheiten einer Lehre oder gar zwingende Forschungsergebnisse entnehmen wollen, sondern eher Anschauungen, Versuchungen und Versuche eines Lernprozesses: Darin liegt sein Sinn und folglich vielleicht auch sein Nutzen.« (SM II, 131)

Der ehemalige Zauberlehrling betont gleich zu Beginn, daß sich die Analyse im Grunde weder auf die Kleidung noch auf die Sprache, sondern auf eine »Übersetzung der einen in die andere« beziehe (SM II, 132). Von diesem Übersetzungsprozeß aus kritisiert Barthes das Saussuresche Modell der Semiologie, das die Sprache nur als ein Zeichensystem neben anderen verstand, so daß die Linguistik logischerweise als Teil einer umfassenderen Semiologie begriffen wurde.[11] Barthes hält diesem Konzept die (rhetorische) Frage entgegen, ob es denn ein einziges etwas ausgedehnteres System von Objekten gebe, »das ohne artikuliertes Sprechen auskäme« (SM II, 132). Es gelte daher, die Formulierung Saussures umzudrehen und die Semiologie als einen Teil der Linguistik zu begreifen. Auf den Bereich der Mode angewandt bedeutet dies, daß es außerhalb sprachlicher Zeichen – Barthes spricht hier von Sprechen, also *parole* – keine Mode geben könne. Damit ist aus der Not des Analytikers eine Tugend der Analyse geworden. Denn akzeptieren wir diese Prämisse, ist eine Analyse der »realen« Mode ohne eine vorgängige Untersuchung der geschriebenen und mehr noch der »beschriebenen« Mode schlechterdings nicht möglich. Eine solche Untersuchung stellt aber gerade *Système de la Mode* dar.

Diese Überlegungen im Vorwort werfen ein zweifaches Problem auf: zum einen das der Wahrnehmung von Realität, die stets sprachlicher Natur sei, und zum anderen die Problematik einer Semiologie, welche die Konzeptionen Saussures förmlich auf den Kopf stellt, indem sie die Wissenschaft von den Zeichen zu einem Teilbereich der Sprachwissenschaft macht. Die Konsequenzen beider Problemstellungen sind vielfach, und Barthes begnügt sich in seinem Vorwort damit, auf die ökonomischen Hintergründe der sprachlichen Konstitution von Mode zu verweisen. Gäbe es sie nicht, so argumentiert er, würden wir unsere Kleidung nur im Maße ihrer Abnutzung durch neue Kleidungsstücke ersetzen. Es

11 Vgl. hierzu auch Ponzio, Augusto: »Nel segno di Barthes«. In: *Lectures* 6 (1980), 66.

ist aber die – so ließe sich sagen – sprachliche Konstituiertheit von Mode, die eine solche, für den Käufer ökonomische, für den Verkäufer aber höchst unwirtschaftliche Handlungsweise unterbindet: »nicht das Objekt, sondern der Name weckt das Begehren; nicht der Traum, sondern der Sinn ist verkäuflich.« (SM II, 133) So findet jene ideologiekritische Stoßrichtung ihren Ausdruck, die in den *Mythologies*, aber auch im ursprünglichen Projekt einer Semiologie der Mode, wenn auch in wesentlich bestimmenderer Form, vorhanden war. Die Mode erscheint damit ganz im Sinne der *Mythologien* als ein Phänomen, das in seinen Zyklen keineswegs nur natürlich, sondern zugleich interessen- und sprachgesteuert einen wichtigen Teil der Kultur der Moderne ausmacht.

Die Sprache der Mode   68

Es würde uns zu weit führen, *Die Sprache der Mode* einer eingehenderen Analyse zu unterziehen. Das Buch würde eine eigene, im übrigen recht umfangreiche Untersuchung erforderlich machen, die uns vom Kontext unserer Fragestellung wegführen müßte. Doch läßt sich zweifellos sagen, daß der »strukturale Mensch« in *Système de la Mode* seiner strukturalistischen Tätigkeit in einer teilweise verblüffenden methodologischen Differenziertheit, ja Differenzierungswut nachgeht, indem die geschriebene Mode der Modejournale nach einer Serie binärer Oppositionen klassifiziert, semantisch in Kommutationsproben getestet und nach verschiedenen Codes und Sprachebenen unterteilt wird.[12] Ähnlich wie in den *Mythologies* kommt dabei der Hjelmslevschen Unterscheidung zwischen Inhaltsebene und Ausdrucksebene bzw. zwischen Denotation und Konnotation eine wichtige Rolle zu, wobei, vergleichbar mit der Beschreibung der Funktionsweise des Mythos, ein »realer Code« auf der nächsthöheren Ebene des »terminologischen Systems« als Inhalt aufgefaßt wird, dem ein neuer Ausdruck (bzw. eine neue Konnotation) hinzugefügt wird, um auf einer dritten Ebene, der des »rhetorischen Systems«, selbst in ein umfassen-

---

12 Barthes verliert dabei keineswegs die gesellschaftlichen Funktionen von Mode aus den Augen. Gabriele Röttger-Denker hat versucht, die Situationsabhängigkeit von Mode im Sinne Barthes' am Beispiel des »kleinen Schwarzen« anschaulich zu machen; vgl. Röttger- Denker, Gabriele: Roland *Barthes zur Einführung, op. cit.*, 27.

deres System eingebaut zu werden (vgl. SM II, 158-160).[13] Während in den *Mythen des Alltags* diese Analyseergebnisse ihrerseits ideologiekritisch bewertet wurden, wobei die Ideologiekritik in gewisser Weise in Ideologie umschlug, ist die Verfahrensweise, die Barthes in *Die Sprache der Mode* praktiziert, auch in diesem Punkt wesentlich komplexer und selbstkritischer. Im Schlußteil seines Buches baut er als vierte Ebene die »Metasprache des Analytikers« ein, so daß die kritische Reflexion über das eigene Tun mitgedacht werden kann (SM II, 369). Denn die *écriture* des Forschers kann nicht länger als quasi natürlich oder überzeitlich gelten, sondern muß selbstreflexiv auf den Untersuchungsgegenstand bezogen werden. Barthes bemerkt hierzu nicht nur, daß die »taxonomische Imagination des Semiologen« ihrerseits einer psychoanalytischen wie einer historischen Kritik unterzogen werden kann; er macht auch deutlich, daß auf der Ebene der Metasprache des Analytikers nicht von Wahrheit, sondern nur von »formaler Gültigkeit« (*validité formelle*) gesprochen werden könne (SM II, 370). Hier ist nicht jene Wahrheit zu finden, die als *vérité de l'écriture* den Schlußakkord von *Kritik und Wahrheit* gebildet hatte (CV II, 51). Wir befinden uns vielmehr im Bereich der *Science*. Strukturalismus und Semiologie werden in ihrer historischen Bedingtheit und Begrenztheit markiert, und einmal mehr weist das Ende eines Barthesschen Buches auf einen offenen Raum, in den sich ein künftiges, kollektives Wissen einschreiben kann:

»Der Tag wird kommen, an dem die strukturale Analyse auf die Stufe der Objektsprache übergehen und in ein höheres System einbezogen werden wird, das dann für sie als Erklärung gilt. Diese unendliche Konstruktion ist keine übertriebene Spitzfindigkeit; sie gibt Rechenschaft von der vergänglichen und sozusagen suspendierten Objektivität der Forschung und bestätigt das, was man als den herakliteischen Charakter des menschlichen Wissens bezeichnen könnte; immer aufs neue wird es von seinem Gegenstand dazu verurteilt, Wahrheit und Sprache (*langage*) miteinander zu verwechseln. Darin liegt eine Notwendigkeit, die der Strukturalismus genau zu verstehen, d. h. auszusprechen sucht: In denselben Termini, in denen er die Welt benannt und begriffen hat, kündet der Semiologe von seinem künftigen Tod.« (SM II, 370)

Barthes verkündet im wie so oft recht pathetischen Ausklang seines Buches – eine Tendenz, die ihn mit anderen Denkern wie

13 Vgl. hierzu auch Olsen, Bjørnar: Roland Barthes: »From Sign to Text«, *op. cit.*, 173.

etwa Foucault[14] verbindet – keineswegs den Tod der Semiologie oder seinen eigenen Tod als Semiologe. Er betont aber unzweideutig das Historische, Vergängliche, Ephemere der Methoden menschlichen Wissens, eine Grundtatsache menschlicher Erkenntnis, die der Verfasser von *Die Ordnung der Dinge* ein Jahr zuvor so überzeugend vorgeführt hatte. Nicht nur *Kritik und Wahrheit*, sondern auch *Die Sprache der Mode* gehört damit der Diskussion über die Bedingungen des Wissens und die Anordnung der Wissensgebiete an. Der Erforschung der Mode liegt – und dies ist bislang nicht bemerkt worden – eine epistemologisch-philosophische Reflexion zugrunde, die weit über jene Taxonomie hinausgeht, die in *Système de la Mode* zur Anwendung kommt und vielleicht selbst den vergänglichsten Aspekt dieses Buches darstellt.

Die Mode und der moderne Argonaut 69

Dieser philosophische Ausklang erlaubt es uns, das von Barthes im Bereich der Kleidung untersuchte Phänomen der Mode mit dem Vergänglichen der Untersuchungsmethoden und der *condition moderne* des Menschen, in die spätestens seit Baudelaire das Transitorische und Vorübergehende eingeschrieben ist, zusammenzudenken. Schon in einem der ersten Kapitel seines Buches, »Semiologie und Soziologie«, stellt Barthes die weibliche Mode in den Kontext der Massenkommunikation und begreift ihre Darstellungen in einschlägigen Modejournalen als »soziales Faktum«; wie »Populärromane, Comics oder Kino« – die Zusammenstellung ist bemerkenswert – sei Kleidung ein Phänomen der Massenkultur (SM II, 142). Diese Dimension durchzieht das Buch und mündet im Kapitel über die »Ethische Zweideutigkeit der Mode« am Ende des Buches in das ein, was Barthes als das »ethische Dilemma des modernen Menschen« bezeichnet (SM II, 367). Die ursprünglich am »aristokratischen Modell« orientierte Mode sei in den westlichen Gesellschaften längst in den Sog der Demokratisierung ge-

14 Vgl. insbesondere die oben zitierte Schlußpassage vom Tod des Menschen in *Die Ordnung der Dinge* (frz. *Les mots et les choses*). Daß Barthes das dritte Unterkapitel seines Buches mit *Entre les choses et les mots* überschreibt, darf als ein weiteres Element eines intertextuellen Spiels mit Foucaults Text gewertet werden.

langt und damit zugleich zu einem »Massenphänomen« geworden (SM II, 367). Das Oszillieren der Mode zwischen dem Prestige des aristokratischen Modells und der Welt der angesprochenen bürgerlichen oder kleinbürgerlichen Konsumenten begründe den (insbesondere ethisch) zweideutigen Status der Mode, die sich gleichzeitig als »Verhaltensprogramm« und als »luxuriöses Schauspiel« darstelle (SM II, 368).

Als Teil der Massenkultur ist die Funktionsweise der Mode von grundlegender Bedeutung für das Verständnis der Moderne. Barthes wollte nicht *eine* Mode, sondern *die* Mode – wenn auch »nur« im Bereich der weiblichen Kleidung – in ihrer Systemhaftigkeit untersuchen. Geht es auch um die »Sprache« der Mode – und mit welchem Genuß zelebriert der Semiologe bestimmte Ausdrucksweisen der Modesprache –, so ist doch der Titel des französischen Originals, der diese Systemhaftigkeit unterstreicht, dem der deutschen Übersetzung vorzuziehen. Daß etwas »in Mode« oder »aus der Mode gekommen« ist, wird gerade nicht versprachlicht, sondern bleibt implizit[15] – und dennoch ein wichtiger Bestandteil des Systems der Mode.[16]

Seit seinem Überwechseln an die *Ecole Pratique des Hautes Etudes* im Jahre 1960 konnte sich Barthes in institutionell abgesicherter Weise mit verschiedensten Phänomenen der Massenkultur auseinandersetzen. Im selben Jahr war innerhalb der sechsten Sektion das *Centre d'Etudes de Communications de Masse* (Studienzentrum für Massenkultur, CECMAS) unter der Leitung von Georges Friedmann gegründet worden.[17] Schon im folgenden Jahr wurde die Zeitschrift *Communications* ins Leben gerufen, die – wie erwähnt – zu einem der wichtigsten kulturtheoretischen Fachorgane werden sollte. Roland Barthes war hieran maßgeblich beteiligt. In seiner *Présentation* der ersten Nummer hebt er die Bedeutung von Massenkultur und Massenkommunikation für die moderne Gesellschaft hervor und vergleicht die *communication de masse* mit dem Schiff der Argonauten, das im Zuge des Verschlei-

---

15 Vgl. zur Kommutationsprobe *mode/démodé* u. a. SM II, 153 bzw. 164f.

16 Ich werde daher im folgenden den französischen Titel *Système de la Mode* stets mit *System der Mode* übersetzen, wie ich auch in Abweichung vom Titel der deutschen Übertragung stets von *Am Nullpunkt des Schreibens* spreche.

17 Vgl. hierzu Barthes' kurze Ankündigung in den *Annales*, wo er auf methodologische Unzulänglichkeiten bei der Erforschung der Massenkommunikation aufmerksam macht (OC I, 922f.).

ßes Stück für Stück ersetzt werde, so daß es zwar nicht dasselbe Schiff bleibe, seinen Namen aber beibehalte (OC I, 937). In der Metapher der Argo, die ab 1961 in den Schriften Barthes' auftaucht, wird selbstreflexiv die eigene methodologische Vorgehensweise (und Selbstsicht) Barthes', aber auch das erkennbar, was wir die verschiedenen Bausteine der Semiologie bzw. der Untersuchung der Massenkultur nennen könnten. Und auch hier ergibt sich eine metaphorologische Überschneidung mit dem Bereich der Literatur, den Barthes in seinem Vorwort von 1963 für die *Kritischen Essays* mit der Argo vergleicht, die in ihrer langen Geschichte keine Schöpfung, sondern nichts anderes als eine lange Folge von Kombinationen verkörpere. Vergleichen wir diese beiden Passagen miteinander, so wird deutlich: Literatur und Methode unterliegen im selben Maße dem Spiel der Kombinatorik, genau so, wie für beide im gleichen Maße die strukturalistische Tätigkeit eingefordert worden war. Den verschiedensten kulturellen Praktiken scheint damit eine ähnliche Art von Kombinatorik zugrunde zu liegen.[18] Für Barthes wird die Argo – *fluctuat nec mergitur*, wie es im Pariser Stadtwappen heißt – gleichsam zum Wappen des strukturalen Menschen – und zum Kennzeichen der Moderne. Auf diesem Schiff hat der Semiologenlehrling und moderne Argonaut im Zeichen der Massenkultur für (s)eine Abenteuerfahrt durch die verschiedensten Bedeutungssysteme angeheuert.

Formen der Moderne   70

Die Mode ist nur einer unter mehreren Forschungsbereichen, deren Vielfalt sich bis zum Interesse Barthes' in den *Mythologies* für die unterschiedlichsten kulturellen Praktiken und Ausdrucksformen zurückverfolgen läßt. In seinem selten erwähnten Artikel »Für eine Psycho-Soziologie der zeitgenössischen Nahrung«, der 1961 in der Zeitschrift *Annales* erschien, geht Barthes etwa den un-

---

18 Am deutlichsten klingt dies in »Die Literatur heute« 1961 an: »Beide [Literatur und Mode] gleichen dem Schiff Argo: die Stücke, die Substanzen, die Materialien des Gegenstandes wechseln, so daß periodisch der Gegenstand neu ist, und doch bleibt der Name, d. h. das Wesen dieses Gegenstandes immer das gleiche; es handelt sich also mehr um Systeme als um Gegenstände« (E I, 1284).

terschiedlich präparierten Nahrungsmitteln in Frankreich oder den USA nach, ein Thema, das in gänzlich anderer Schreibweise bereits in den *Mythen des Alltags* behandelt worden war.[19] Die Nahrung wird dabei nicht nur als Lebens-Mittel, sondern auch als Kommunikations-Mittel, ja als »Kommunikationssystem« verstanden (OC I, 926). Barthes geht auf Abhängigkeiten zwischen gewissen Geschmacksvorlieben und Klassenzugehörigkeiten ein, führt geradezu linguistische Kommutationsproben am Beispiel verschiedener Brotsorten durch und verweist auf Ergebnisse der strukturalen Anthropologie von Lévi-Strauss, die hier als Orientierungspunkte dienen.[20] Nicht zuletzt aber interessiert er sich für die Zusammenhänge zwischen Nahrung, Nahrungsaufnahme und Moderne, sei in »unserem Bewußtsein der Funktionen von Nahrung« doch eine »Vorstellung der Moderne« enthalten (OC I, 931). Die Nahrung sei in sehr unterschiedlicher Weise auf die verschiedenen Lebenssituationen (etwa auf den Arbeits- oder Freizeitbereich) bezogen, so daß es möglich sei, diese »Polysemie der Nahrung« als Charakteristikum der Moderne zu verstehen (OC I, 931). In der zeitgenössischen französischen Gesellschaft tendiere die Nahrung dazu, sich in eine Situation zu verwandeln. Während Michelet im Kaffee noch eines der »Anregungsmittel« der Französischen Revolution gesehen habe, werde das Kaffeetrinken heute überwiegend mit Pause und Ruhe (auch in der Werbung) in Verbindung gebracht. Den Grund hierfür sieht Barthes in der Tatsache, daß der Kaffee nicht mehr als Substanz (*substance*), sondern als Moment oder Situation (*circonstance*) verstanden werde: Die Nahrung habe allgemein an Substanz verloren und an Funktionen gewonnen (OC I, 932). Das Grundmuster von Essen und Nahrungsaufnahme (und damit auch des modernen Lebens) werde längst von den Polen Aktivität versus Freizeit gebildet. Moderne wird hier aus dem Lebenskontext des modernen (Großstadt-) Menschen heraus verstanden und – so ließe sich sagen – auf einen bestimmten Lebensrhythmus bezogen, der in einer binären Opposition eingefangen wird.

19 Aber auch in anderen, nicht in die Buchpublikation aufgenommenen »Mythologien« wie der lesenswerten, witzigen Auseinandersetzung Barthes' mit dem Phänomen der Zugrestaurants, »Wagon-restaurant« (OC I, 790-792).
20 Vgl. hierzu auch seinen Aufsatz »Soziologie und Sozio-Logik. Zu zwei neuen Veröffentlichungen von Claude Lévi-Strauss« (OC I, 967-975) aus dem Jahr 1962.

Diese Beispiele verdeutlichen, daß Barthes' Auseinandersetzung mit der Moderne nicht auf den literarischen oder philosophischen Bereich beschränkt bleibt, sondern die ganze Breite kultureller Praktiken zu analysieren und kritisch in seine Reflexion einzubinden sucht. Die unterschiedlichen Bausteine der Semiologie sind für den Strukturalisten zugleich Bausteine der Moderne und Bausteine seines eigenen Verständnisses von Moderne. Kleidung, Nahrung oder Werbung[21], Automobile[22], Film oder Photographie – auf den letztgenannten Bereich werde ich später noch mehrfach eingehen – bilden nicht nur die Gegenstände, an denen Barthes die Analysemethoden seiner Semiologie im Laufe der sechziger Jahre zunehmend verfeinert; sie stellen auch jene Elemente dar, auf die sich Barthes' geradezu totale Reflexion über die Moderne bezieht.

Dies wird auch am Beispiel des Films erkennbar, dem innerhalb der Studien zur Massenkultur eine damals rasch wachsende Bedeutung zukam.[23] Das allgemeine Interesse an einer Visualisierung von Informationen, an einer am Bild ausgerichteten »Civilisation de l'image«[24], war – wie gezeigt werden konnte – schon in den *Mythen des Alltags* überaus präsent. Mit Hilfe der Semiologie verfolgt er diese Neugier in den sechziger Jahren wissenschaftlich weiter, auch wenn er – wie noch gezeigt werden soll – keineswegs das Iko-

---

21 Barthes kannte die Maschinerie der Werbung auch »von innen«. Zu seiner überaus geschätzten Tätigkeit in der Agentur *Publicis* vgl. Calvet, Louis-Jean: *Roland Barthes. Eine Biographie, op. cit.*, 199-206. Barthes beschäftigte sich wissenschaftlich mit der Werbung, scheute sich aber nicht, für die *Régie Renault* – also für Citroën – eine Analyse der Autowerbung zu erstellen. Früher noch als in der Wissenschaft scheint man in der Wirtschaft von der Semiologie und den Forschungen Barthes' begeistert gewesen zu sein. So erstaunt nicht, daß auch in den USA bei der Entwicklung einer Werbekampagne für Damenunterwäsche auf die semiologischen Studien Roland Barthes' zurückgegriffen wurde: Verba, Stephen M./Camden, Carl: Barthes' »›The Fashion System‹: An Exploration at the Recipient Level«. In: Deely, John (Hg.): *Semiotics 1984.* Lanham, Md. 1985, 471-489.

22 Auch dies ist ein Thema der *Mythologies*, wo Barthes u. a. den Mythos der *Déesse*, der göttlichen Citroën DS, gewürdigt hat. Dieser intratextuelle Bezug ist in dem 1963 veröffentlichten Text über die »Mythologie des Automobils« unübersehbar, auch wenn nun – gleichsam dialogisch – der kleine 2 CV ins Zentrum gerückt wird (OC I, 1136-1142).

23 Vgl. hierzu auch seinen Bericht über eine Mailänder Konferenz zur »visuellen Information« (OC I, 953-955).

24 Vgl. Barthes' Rezension des gleichnamigen, 1960 erschienenen Sammelbandes in OC I, 951f.

nische, sondern vielmehr, im Kontext einer Gesellschaft, die mehr denn je auf einer Kultur der Schrift basiere, eine spezifische Verknüpfungsweise von Bild und Text als Kennzeichen der Moderne deutet.

Der Film gehört zweifelsfrei dem Bereich des *œuvre de masse* zu, das für Barthes (in einem Text von 1963) dadurch charakterisiert ist, daß es »für eine massive Verbreitung durch die Massenkommunikationsmittel geschrieben« wurde und, »desakralisiert«, für den unmittelbaren Konsum gedacht ist (OC I, 1109).[25] Häufig beruhe ein solches Werk auf der Mischung nichtsprachlicher und sprachlicher Codes. Die Untersuchungen und Überlegungen Barthes' enthalten darüber hinaus ein – wie mir scheint – auch für die aktuellen kulturtheoretischen Diskussionen wichtiges Element, insoweit er sich zunehmend von einer Auffassung distanziert, derzufolge der Konsum von Produkten der Massenkultur rein passiv sei, daß das Zielpublikum der Konsumenten also nicht über das Konsumierte reflektiere und es sich in aktiver Weise aneigne. Barthes geht dieser Problematik in einer auf Interviews basierenden Analyse des Starkults und seiner Perzeption in Zeitungen, Zeitschriften oder Filmen nach und kommt dabei in dieser Arbeit von 1963 zu dem Schluß, daß die *vedettisation* (OC I, 1111) – dieser Neologismus meint die mediengemachte Starmachung – sehr bewußt wahrgenommen werde. Der Star werde vielmehr doppelt, als Person und als Institution, interpretiert, die *vedettisation* als solche kritisch aufgenommen (OC I, 1131). Für Barthes' Sichtweise der Kultur, die man zu diesem Zeitpunkt durchaus bereits als Kulturtheorie bezeichnen kann, sind diese Beobachtungen wichtig, erlauben sie doch Rückschlüsse auf »das Bild des modernen Menschen« (OC I, 1132). Ohne eine Untersuchung der Massenkultur, dies dürfte anhand der vorliegenden Ausführungen deutlich geworden sein, ist ein solches Bild aber nicht zu erhalten, geschweige denn zu analysieren – was in den zurückliegenden Jahrzehnten allzuhäufig vergessen wurde.

Im Bereich des Kinos ist Barthes' Ziel – und wen würde dies überraschen – eine »Semiologie des filmischen Bildes (*image filmique*)« (OC I, 869). Es ist aufschlußreich zu beobachten, wie der

---

25 Barthes geht es in diesem Aufsatz um die Notwendigkeit, eine neue didaktische Konzeption zu entwickeln, um auch Werke der Massenkommunikation in den Unterricht einbeziehen zu können, sei doch die *modernité* bislang allzu oft vom Unterricht entfernt gehalten worden (OC I, 1110).

Film als mit der Massenkultur verbundenes Phänomen die Beschäftigung mit dem Theater völlig in den Hintergrund drängt, obwohl ja auch die dramaturgische Kunst auf einer Verbindung sprachlicher und nichtsprachlicher »Medien« und Ausdrucksformen beruht. Barthes' Interesse am Theater ist nicht erloschen, wie ein langer Beitrag von 1965 über Geschichte und Struktur des antiken griechischen Theaters zeigt (OC I, 1541-1557). Doch erscheinen ihm die Schauspieler auf den zeitgenössischen Theaterbühnen Frankreichs gegenüber den Figuren des Films – wie es in einem anderen Essay von 1965 heißt – als geradezu »prähistorisch« (OC I, 1532). Mit einiger Berechtigung darf man sagen, daß das Glück des Theaters – wie das des Schriftstellers Voltaire – für Barthes prämodern ist. Moderne als Glücksverlust: Dies ist in Literatur wie in Theater – darauf wurde in den zurückliegenden Kapiteln aufmerksam gemacht – das Signum der *modernité*.

In seinem grundlegenden, 1960 unter dem Titel »Das Problem der Bedeutung im Kino« erschienenen Aufsatz konstatiert Barthes eine »wirkliche Rhetorik des filmischen Zeichens« (OC I, 870) und versucht, Sender wie Empfänger der filmischen Botschaft in sein Modell einzubeziehen. Die Wirkung dieser Botschaft etwa sei überaus verschieden je nach Alter oder Bildungsstand des angesprochenen Publikums: Auch hier ist die soziologische Dimension in die semiologische Analyse integriert. Anfang und Ende eines Films, so Barthes weiter, wiesen eine erhöhte Zeichendichte auf – was durchaus selbstreflexiv gedeutet werden kann, weisen doch die Texte Barthes' ebenfalls eine derartige semiotische Gewichtung auf. Nach dem Vorbild des Saussureschen Zeichenbegriffs unterstreicht er die Heterogenität des filmischen Signifikanten, der in jeweils unterschiedlichem Maße Gesichtssinn und Hörsinn anspreche (OC I, 871). Er spricht dabei von der Polysemie des filmischen Zeichens und der Seltenheit des Polysemen, Vieldeutigen in der westlichen Kultur im Gegensatz zu den Kulturen des Ostens. Die Polysemie existiere in der westlichen Kultur »nur im Zustand der Spur«: So verwiesen etwa Trompetenklänge ebenso auf die Vorstellung des Paradieses wie auf einen militärischen Sieg (OC I, 871). Die Kombinatorik des Signifikanten bilde eine wirkliche Syntax, die untersucht werden müsse (OC I, 872). Ausgehend von einer kurzen Analyse einer Szene aus Claude Chabrols Film *Le Beau Serge* behauptet Barthes, es sei möglich, eine Art Vulgata des filmischen Lexikons aufzustellen, das für tausende schlechter

Streifen gelte. Es folgt ein kurzer Auszug aus diesem Lexikon, der die Signifikate »Pigallität«, »Parisianität« und »Germanität« enthält, wobei die Signifikanten dieses zuletzt genannten Begriffs im französischen Film nicht uninteressant sind: »Eine Figur mit kurzen, platten, in der Mitte gescheitelten Haaren, mit einem Schmiß auf der Wange und die Hacken zusammenschlagend« (OC I, 874). Dieses filmische Abziehbild eines Deutschen sagt zusammen mit anderen Begriffen viel über die Heterostereotypen im französischen Film der Nachkriegszeit aus. Das eigentliche Modell für Barthes' Analyse aber scheint mir trotz der Unterscheidung zwischen Signifikanten und Signifikaten weniger die Linguistik Saussures, als der berühmte Versuch Gustave Flauberts zu sein, die Gemeinplätze seiner Zeit (ohne Rückgriff auf theoretische Modelle) in einem *Dictionnaire des idées reçues* aufzulisten. Dem strukturalistisch-wissenschaftlichen liegt gleichsam ein (verstecktes) literarisches Modell zugrunde.

Diesem ersten, in der *Revue Internationale de Filmologie* veröffentlichten Aufsatz folgt in derselben Zeitschrift noch im selben Jahr ein weiterer Beitrag unter dem Titel »Die ›traumatischen Einheiten‹ im Kino«. Dort geht Barthes von dem Gedanken aus, daß das Kino, wenige Jahrzehnte nach seiner »Geburt«, zum »Modell der Massenmedien« geworden sei (OC I, 875). Wenn er die Saussuresche Begrifflichkeit auf dieses neue Medium anwende, so Barthes, dann wolle er damit keineswegs auf die so häufige Metapher von der »Sprache« des Kinos zurückgreifen oder diese wissenschaftlich untermauern (OC I, 876 f.) – ein deutlicher Beleg dafür, daß Barthes zu diesem Zeitpunkt keineswegs die Semiologie als Teilgebiet der Linguistik, sondern noch im »orthodoxen« Saussureschen Sinne die Sprachwissenschaft als einen Teilbereich der Wissenschaft von den Zeichen verstand. Gegenstand der Analyse Barthes' ist nicht die »Ausstrahlung«, sondern der »Empfang« der filmischen Botschaft: Er untersucht, welche Signifikanten welche Signifikate im Betrachter hervorrufen. Einmal mehr wird das Mittel der Kommutationsprobe eingesetzt, um festzustellen, wie die Verlängerung einer Sequenz – etwa des Blickkontakts zwischen einer jungen Frau und einem jungen Mann – auf die Zuschauer wirkt, wieviele Sekunden also beispielsweise nötig sind, um im Betrachter das Signifikat »Liebe« aufzurufen. Derartige Analysen sollen dann zu einem Inventar filmischer Zeichen führen, was eine gewisse Verschiebung des Forschungsobjekts gegenüber dem bedeutet, was wir ein »Wörterbuch filmischer Gemeinplätze« nennen könnten.

Man muß sicherlich bedauern, daß Barthes ein solches Wörterbuch – aus dem wir einen kurzen Auszug kennengelernt haben – niemals zum Abschluß gebracht hat. Dieses Projekt wäre sicherlich nicht nur zu einem amüsanten, sondern darüber hinaus auch kulturkritisch wirkenden Leseabenteuer geworden. Festzuhalten aber bleibt, daß Barthes seit dem Beginn seiner Untersuchungen über das System der Mode eine Vielzahl von Zeichensystemen einer semiologischen Analyse zuführte. Im Bereich der *Science* steht im Zentrum seines Interesses der sechziger Jahre fraglos die Konstituierung der Semiologie als selbständige Wissenschaft. Man darf sehr wohl behaupten, daß Barthes im Rückgriff auf und nach Saussure die Semiologie als wissenschaftliche Disziplin (neu) begründet oder doch an ihrer Fundierung wesentlich mitgearbeitet hat. Das Ziel von Barthes' wissenschaftlicher Tätigkeit aber ruhte nicht in sich selbst, sondern war – und dies zeigen sowohl seine Forschungen zur Mode als auch zum Film – auf die kulturelle Vielfalt und die charakteristischen Grundstrukturen der modernen Gesellschaft bezogen.

Wissenschaftler oder Schriftsteller? 71

In den *Elementen der Semiologie* versucht Barthes, die gesamte Spannbreite seiner semiologischen Forschungen – oder, wie er später sagte, »semiologischen Abenteuer« – in konzentrierter Form darzustellen und so ein Grundgerüst dieser strukturalistischen Disziplin zu schaffen. Schon der Titel deutet dieses Bemühen an, stellt er sich doch in eine Reihe mit so einflußreichen strukturalistischen Publikationen wie Lucien Tesnières *Eléments de syntaxe structurale*[26] oder mehr noch André Martinets *Eléments de linguistique générale*.[27] Erneut spielt ein Buchtitel Barthes' auf eine quasi intertextuelle Reihe an, in die sich der eigene Text einschreibt. Auch hierin zeigt sich der Anspruch des Bandes, eine wissenschaftliche Disziplin umfassend und klar strukturiert darzustellen.

Dieser Anspruch wird, zumindest wenn man den vorläufigen Status der sich gerade erst entwickelnden Semiologie berücksich-

---

26 Tesnières, Lucien: *Eléments de syntaxe structurale*. Paris 1959.
27 Martinet, André: *Eléments de linguistique générale*. Paris 1960.

tigt, durchaus eingelöst. Daher ist es um so überraschender, daß Barthes – glaubt man dem mit ihm befreundeten Semiologen Umberto Eco – gar nicht an eine Veröffentlichung dieses Textes gedacht haben soll. In einem Vortrag von April 1984 unterstrich Eco, er habe Barthes darum gebeten, diese Materialien, die er für seine Studenten entwickelt und zusammengestellt habe, in der italienischen Zeitschrift *Marcatre* veröffentlichen zu dürfen. Kurz vor Veröffentlichung dieser Arbeitsmaterialien aber sei der Schriftsteller Elio Vittorini gestorben; Freunde aus dem Verlagshaus Einaudi hätten Eco dann angerufen und ihm gesagt, einer der letzten Wünsche Vittorinis sei es gewesen, die *Elementi* in Buchform publiziert zu sehen. Angesichts dieser moralischen Erpressung habe Barthes der Veröffentlichung in Italien zugestimmt.[28] Wenige Monate später erschien der Text, nun im französischen Original, in Nummer 4 der *Communications* von 1964, bevor er im folgenden Jahr dann in Buchform zusammen mit einer Neuausgabe von *Am Nullpunkt des Schreibens* bei Seuil in Paris publiziert wurde.

Se non è vero è ben trovato. Ein Blick in einschlägige Autorenlexika zeigt, daß Vittorini im Februar 1966 verstarb, also lange nach der französischen Veröffentlichung.[29] Die Anekdote Ecos, im Rahmen einer Tagung erzählt, die bezeichnenderweise unter dem Titel »Mythologien von Roland Barthes« stattfand, ist zweifellos aufschlußreich. Sie zeigt, wie rasch sich die Mythenbildung um den Mythenentzifferer ausbreitete. Sie wirft aber auch ein bezeichnendes Licht auf die italienische Barthes-Rezeption, die sich gerade an dem Semiologen förmlich »entzündete«. Barthes pflegte seit den sechziger Jahren engen Kontakt zu mehreren italienischen Kollegen, und so entstand gleichsam nebenbei eine Barthes-Rezeption, die, sieht man einmal von Frankreich ab, innerhalb Europas nicht ihresgleichen hat. Manche seiner Texte erschienen zuerst in italienischer Übersetzung, bevor sie (und auch dies nicht immer) in Frankreich veröffentlicht wurden. Die Anekdote Ecos ist also im aristotelischen Sinne wahrscheinlich, denn der Dichter erzählt im Gegensatz zum Geschichtsschreiber ja nicht, wie es gewesen ist, sondern wie es hätte sein können. Dies ist legitim, wenn auch korrekturbedürftig. Wir wissen nicht, ob Eco als Zeichentheoretiker oder als literarischer Autor sprach. In jedem Falle aber

28 Vgl. Eco, Umberto: »La maestria di Barthes«, op. cit., 300.
29 Die italienische Publikation der *Eléments* fällt ins selbe Jahr; vgl. Barthes, Roland: *Elementi di semiologia.* Torino 1966.

wurden die *Eléments de sémiologie*, ursprünglich also didaktische Materialien, die für Barthes' Seminare an der *Ecole Pratique des Hautes Etudes* gedacht waren, 1964 in Frankreich publiziert und rasch zu einem nicht unumstrittenen, aber doch stets konsultierten Referenzbuch dieser noch jungen, aufstrebenden Provinz des Strukturalismus.

Barthes, so bemerkt Eco, habe die Texte ursprünglich nicht veröffentlichen wollen, weil sie nach seiner Ansicht nicht das Ergebnis einer bewußten *écriture* gewesen seien. Doch zu Recht fügt er hinzu, daß ihre »theoretische Wirkung« wesentlich auf einen *effetto di scrittura* zurückgehe, der etwa in der bereits angesprochenen Umkehrung bzw. kreativen Anverwandlung strukturalistischer Begriffe von Saussure oder Hjelmslev zum Ausdruck komme.[30] Es scheint mir jedoch ein typischer Effekt retrospektiver Projektion zu sein, wenn Eco die Buchpublikationen des Semiologen Barthes als »falsche Handbücher« charakterisiert[31] und ihm einen systematischen Anspruch aberkennt. Gewiß verwandelten sich Begriffe Saussures oder Hjelmslevs unter seiner Feder in eigene Begrifflichkeiten, aber er wollte zweifellos mehr als nur zeigen, daß auch die scheinbar unschuldigsten Zeichen von der Gesellschaft hochgradig semiotisiert sind. Dies hatte er bereits mit den *Mythen des Alltags* geleistet. Mit den *Elementen der Semiologie* oder auch dem *System der Mode* wollte Barthes mehr: die Grundlagen für eine Wissenschaft legen, die den in *Kritik und Wahrheit* entworfenen Raum der *Science de la littérature* methodologisch ausfüllen konnte. Die postmoderne Lektüre Ecos – ihr Typus findet sich häufig vor allem in den nordamerikanischen Publikationen der achtziger und neunziger Jahre – ist fraglos möglich und legitim, greift in bezug auf die semiologischen Aufsätze und Arbeiten der sechziger Jahre aber häufig nicht, wenn sie den »Ernst« der Studien Barthes' hinter dem fraglos vorhandenen »Spiel« seiner Texte zum Verschwinden bringen will. Ohne Frage ist Barthes auch in seinen semiologischen Forschungen ein Sprachendieb. Es wäre aber falsch, ihn hierauf zu beschränken oder die Funktion des Sprachendiebstahls als eine rein ludische zu begreifen. Mit den *Eléments de sémiologie* wendet sich Barthes an ein anderes, »akademischeres« Publikum als noch in den *Mythologies*. Auf dieses intendierte Publikum ist die Sprache dieses Buches be-

---

30 Eco, Umberto: »La maestria di Barthes«, *op. cit.*, 300f.
31 *Ebd.*, 300: »Falsi manuali, essi erano.«

zogen. Die hier gewählte Betrachtungsweise hat gezeigt, daß Barthes verschiedene Schreibweisen entwickelt hat – wenn auch Übergänge zwischen essayistischer und wissenschaftlicher *écriture* selbstverständlich stets möglich bleiben –, die nicht aus der Perspektive von Barthes' Schriften der siebziger Jahre in denselben (postmodernen) Topf geworfen werden sollten. Roland Barthes folgte in den sechziger Jahren recht verschiedenen Wegen gleichzeitig. Die Betrachtung des Gesamtwerks erlaubt es, seine Schriften und ihre verschiedenen Schreibweisen in vielfältiger Weise aufeinander zu beziehen, ohne sie doch in einer mehr oder minder stark homogenisierenden Perspektivierung auf den »späten Barthes« einzugrenzen.

Schriftsteller und Wissenschaftler 72

Damit soll nicht der »Wissenschaftler« vom »Schriftsteller«, der *écrivain* vom *écrivant* getrennt werden. Beide sind – wie wir dies am Beispiel von Barthes wegweisendem (autobiographischen) Essay über Schriftsteller und Schreibenden sahen – sehr direkt aufeinander bezogen.[32] Es wäre irreführend, den *effetto di scrittura*, von dem Eco zu Recht spricht, zu unterschätzen. Barthes' Texte sind sehr bewußte, modellierte Zeugnisse eines Schreib-Willens. Und eben deshalb sind sie voneinander verschieden: Ihre Modellierungen orientieren sich an verschiedenen Funktionen. Die *Mythen des Alltags* sind durch (mindestens) zwei sehr unterschiedliche Schreibweisen charakterisiert; und – um nur noch ein weiteres Beispiel zu nennen – auch der Skandal um *Über Racine* zeigt, wie perfekt Barthes sein Schreiben an verschiedenen »akademischen«, journalistisch-»polemischen« oder »literarischen« Zielen und Funktionen auszurichten wußte. Die *responsabilité de la forme*, jene Verantwortlichkeit der Form, von der Barthes in *Am Nullpunkt des Schreibens* spricht, verschwindet nicht in der wissenschaftlichen *écriture*. Sie besteht auch hier – und gerade hier – in einem ethischen Engagement.

In seinem 1963 für die Zeitschrift *Tel Quel* verfaßten Beitrag »Literatur und Bedeutung« weist Barthes auf die Vergleichbarkeit der (strukturalistischen) Arbeit von Künstler (*artiste*) und Ge-

32 Vgl. hierzu auch Dosse, François: *Histoire du structuralisme.* Bd. I: *Le champ du signe, 1945-1966.* Paris 1991, 281.

lehrtem (*savant*) hin, fügt aber hinzu, daß deren Tätigkeit auf sehr verschiedene gesellschaftliche Rollen bezogen sei (E I, 1374). Dabei handle es sich »um einen Gegensatz, dessen mythische Kraft auf einer vitalen Ökonomie unserer Gesellschaft beruht; denn die Funktion des Künstlers besteht darin, das Irrationale dadurch zu exorzisieren, daß er es innerhalb der Grenzen einer Institution (der ›Kunst‹) fixiert, die gleichzeitig anerkannt und *im Zaum gehalten* wird: Formal gesehen ist der Künstler sozusagen der, dessen *Abtrennung* in ihrer Eigenschaft als Abtrennung selbst assimiliert ist, indes der Gelehrte (der mitunter im Verlaufe unserer Geschichte das gleiche doppeldeutige Statut einer anerkannten Ausgeschlossenheit gehabt hat, so zum Beispiel die Alchimisten) heute eine voll und ganz progressistische Figur ist.« (E I, 1374) Bemerkenswert ist hier die Tatsache, daß Barthes dem Künstler den Status der durch ihr Ausgeschlossensein Integrierten zuerkennt, den er in seinem Aufsatz über Schriftsteller und Schreibenden gerade dem *écrivain-écrivant* zugewiesen hatte. Dies zeigt erneut das deplazierende Verfahren Roland Barthes', der seine eigenen Vorstellungen in andere Kontexte »übersetzt« und zugleich aus ihrer ursprünglichen Verankerung löst. Legt man beide Texte nebeneinander, so ergibt sich gleichsam eine Schnittmenge, die die Grenzen zwischen Künstler und *écrivain-écrivant* zum Verschwinden bringt. Es ist genau diese Grenze, die Barthes dann auch im weiteren Verlauf seines Textes von 1963 für *Tel Quel* in Frage gestellt bzw. in Auflösung begriffen sieht. Nicht aber so die Grenze zwischen Künstler und Gelehrtem. Auch sie werde in Zukunft zwar fallen, da sich gerade die Selbstbezüglichkeit oder Selbstreflexivität als Gemeinsamkeit von künstlerischer und wissenschaftlicher Arbeit herausstelle (E I, 1375); doch besteht sie noch immer fort, auch wenn sich bereits eine »neue Anthropologie mit unvermuteten Aufteilungen« herauskristallisiere und »die Karte des menschlichen *Tuns*« neu entworfen werde (E I, 1375). Wir haben gesehen, daß Barthes sich am Ende von *Kritik und Wahrheit* nachhaltig bemüht hat, am Entwurf dieser Karte mitzuarbeiten. Die von ihm vorgeschlagenen neuen Grenzziehungen zwischen *Science*, *Critique* und *Lecture* deplazieren die Grenzen, bringen sie aber gerade nicht zum Verschwinden. Der Wissenschaft kommt in diesem *Tableau* eine überaus wichtige Rolle zu. Und daraus resultiert auch die spezifische »Verwendung des Verbums *sein*«, auf die wir bei Barthes bereits gestoßen sind[33]: daß nämlich der Wissenschaftler »heute eine voll und ganz progressistische Figur ist«. Erneut signalisiert das *être* ein *devoir*, versteckt sich hinter dem behaupteten Ist-Zustand eine Zielvorstellung: Der Wissenschaftler *muß* diese *figure entièrement progressiste* sein (E I, 1374). Genau hierin aber liegt die ethische Dimension des wissenschaftlichen semiologischen Tuns von Roland Barthes: Sein Engagement innerhalb der Formen (und Grenzen) der Wissenschaft begreift sich als ein wichtiger Teil jener Umstrukturierungen, die die Karte des menschlichen Wissens weiter verändern sollen.[34] Der Semiologie kommt dabei die Rolle eines wissenschaftlichen Hebels zu, der den *status quo* der grundlegenden Denkmöglichkeiten des Menschen aufzubrechen vermag.

In der Sinnküche 73

Hierin liegt die Bedeutung der *Elemente der Semiologie* und ihrer Schreibweise. Sie ist gleichsam die wissenschaftliche Umsetzung jener Bewegung, die Barthes im Dezember 1964 in einem Beitrag für *Le Nouvel Observateur* einfing: »Wenn ich mich auf der Straße – oder im Leben – bewege (*déplace*) und auf diese Objekte treffe, dann wende ich auf alle, möglicherweise ohne dies selbst zu bemerken, ein und dieselbe Aktivität an, die einer gewissen *Lektüre*: Der moderne Mensch, der Mensch der Städte verbringt seine Zeit mit lesen. Er liest zunächst und vor allem Bilder, Gesten, Verhaltensweisen« (OC I, 1430). Es ist bezeichnend, daß Barthes hier die Optik des Flaneurs in der Großstadt wählt, um die Vielfalt und Heterogenität der in seinen Blick geratenen und untersuchten, »gelesenen« Gegenstände zu markieren und dennoch auf eine einzige, die strukturalistische bzw. semiologische Tätigkeit zu beziehen. Der implizite, aber gleichwohl deutliche Rückgriff auf die »klassische« Formulierung der *modernité* bei Baudelaire rückt die Problematik der Moderne in den Vordergrund, geht aber dann rasch von der Straße des Flaneurs zu einer geschlossenen Räumlichkeit über, der *cuisine du sens*, der Sinnküche, in der

---

33 Vgl. die bereits besprochene, 1959 erschienene Mythologie »Über eine Verwendung des Verbs ›sein‹« (OC I, 811-813).

34 Vor diesem Hintergrund erhält die von Kauppi konstatierte »multi-positionnalité« Barthes' einen anderen, weiteren Sinn; vgl. Kauppi, Niilo: *Tel Quel: la constitution sociale d'une avant-garde*. Helsinki 1990, 99.

sich der Semiologe wie der Linguist zu bewegen hätten (OC I, 1431).[35]

In gewisser Weise war die Sinnküche Barthes' sein Semiologie-Seminar an der *Ecole Pratique des Hautes Etudes*. Denn in dem 1963 abgefaßten Bericht des ersten Teils seiner von 1962 bis 1964 stattfindenden und später berühmt gewordenen Lehrveranstaltungen über zeitgenössische Bedeutungssysteme wie Kleidung, Nahrung oder Wohnung hebt er hervor, daß einer Diskussion der Saussureschen Semiologie, ihrer Grundlagen, ihrer Grenzen und der Möglichkeiten, ihre Begrifflichkeit den neuen Lebenskontexten anzupassen, in einem zweiten Schritt die Entwicklung von »Elementen der Semiologie« zu folgen habe, die den Studenten eine Anwendung des erworbenen semiologischen Wissens auf die verschiedensten Bereiche erleichtern solle (OC I, 1153). Dabei soll uns nicht interessieren, daß etwa Algirdas Greimas, der Barthes an Saussure herangeführt hatte, einen Vortrag im Rahmen dieses Seminars hielt, oder daß zu den von Barthes vorgeschlagenen *élèves titulaires* unter anderem ein gewisser Jean Baudrillard zählte, der damit zu den vielen später einflußreichen Intellektuellen gehört, die in Barthes' Seminaren verkehrten und Ideen tankten. Für unseren Fragekontext bedeutsamer ist die Tatsache, daß all jene Objekte, die der Flaneur gleichsam auf der Straße findet, in jene *cuisine du sens* gebracht werden und in mündlicher Form das Seminar, in schriftlicher aber die *Elemente der Semiologie* hervorbringen.

In der Sinnküche Barthes' wird den Zuhörern und Lesern kein Eintopf vorgesetzt, sondern ein Menu in mehreren Gängen (wenn auch in konzentrierter Form) dargeboten. In Anlehnung an Grundbegriffe strukturalistischer Forschung ist das Buch in vier Kapitel – »Langue und Parole«, »Signifikant und Signifikat«, »Syntagma und System« sowie »Denotation und Konnotation« – eingeteilt. Diesen binären Klassifikationen Saussurescher bzw. Hjelmslevscher Provenienz setzt Barthes aber schon am Ende der Einleitung die epistemologisch-philosophische Bemerkung hinzu, daß die Taxonomien der zeitgenössischen Wissenschaften selbst uns viel »über das, was man das geistige Imaginäre (*imaginaire intellectuel*) unserer Epoche nennen könnte«, verraten (ES I, 1470).

---

35 Von der *cuisine du sens* hatte Barthes bereits 1961 in seinem Beitrag »Die Literatur heute« für *Tel Quel* gesprochen, dabei aber vor allem eine Geschichte der literarischen Bedeutungen bzw. eines literarischen Bedeutungssystems *im Sinn* gehabt (E I, 1285).

Selbstreflexion ist die Bedingung des literarischen wie des wissen-schaftlichen Schaffens von Roland Barthes.

Im Schlußteil dieses Kapitels ist es gewiß nicht mehr notwendig, die strukturalistisch-semiologische Vorgehensweise Barthes' nochmals ausführlich darzustellen, ist sie uns doch aus vorgängigen Arbeiten zu den unterschiedlichsten Bereichen der Kultur bekannt, die dann in den *Eléments de sémiologie* wie in einem Brennspiegel eingefangen werden. Hier ist bereits die Umkehrung des Saussureschen Verständnisses der Linguistik als Teil der Semiologie, an dem sich – wie wir sahen – Barthes zu Beginn der sechziger Jahre noch orientierte, vollzogen, eine Inversion, die eine wesentliche Grundlage des *Systems der Mode* bildet und vielleicht am deutlichsten in einem Artikel aus dem Erscheinungsjahr der *Elemente* (1964) zum Ausdruck kommt. In dieser *Présentation* der Sondernummer von *Communications* über semiologische Forschungen, in der auch die *Elemente der Semiologie* dem französischen Publikum erstmals vorgestellt werden, schreibt Barthes, daß auch nichtsprachliche Bedeutungssysteme wie die Photographie stets in sprachliche Strukturen eingebettet, ja von ihnen durchzogen seien (OC I, 1412f.). Die Semiologie müsse daher auf die Linguistik und deren Analysemethoden rückbezogen werden, auch wenn es sich »bei dieser Sprache (*langage*) nicht mehr gänzlich um die der Linguisten« handle. Die Semiologie solle sich, so Barthes, in die Richtung einer »Trans-Linguistik (*trans-linguistique*)« entwickeln, die auf die verschiedensten Objekte anwendbar sein müsse (OC I, 1413). Auf dieses Modell einer Translinguistik[36] wird Barthes – wie wir sehen werden – später zurückkommen.

Barthes versucht nicht nur, Ergebnisse und Perspektiven strukturalistischer Forschung etwa im Bereich der Anthropologie von Lévi-Strauss[37], der Philosophie von Merleau-Ponty, der Psycho-

---

36 Vgl. hierzu auch Theis, Raimund: »Roland Barthes«, *op. cit.*, 273.

37 Die Untersuchung der Beziehungen, die Barthes mit der weit über ihre Fachgrenzen ausstrahlenden strukturalen Anthropologie unterhielt, würde den Rahmen dieser Untersuchung sprengen. Barthes widmete Lévi-Strauss, dessen *Mythologica* ab 1964 zu erscheinen begannen, mehrere Rezensionen und Untersuchungen; darüber hinaus koordinierte er auch eine Reihe von Aufsätzen (u. a. von Lyotard), die ab 1964 vor allem zu *Das wilde Denken* in der Zeitschrift *Annales* erschienen. Diesem intensiven und erfolgreichen Einsatz für die Verbreitung und kritische Aufarbeitung der Vorstellungen Lévi-Strauss' während der sechziger Jahre ist keine Rancune darüber anzumerken, daß dieser die Betreuung von Barthes' *thèse* über das System der

analyse Lacans oder der Geschichtswissenschaft mit ihrem der Opposition *langue – parole* nachgebildeten dialektischen Begriffspaar Struktur und Ereignis (*événement*) nachzugehen (ES I, 1477f.). Er versucht auch in zunehmendem Maße, die unterschiedlichsten Bedeutungssysteme als eine Art Rhetorik zu begreifen. So spricht er nicht nur von einer »alimentären *Sprache (Langue)*«, sondern mehr noch von einer »*rhétorique* alimentaire« (ES I, 1479) und greift damit zunehmend auf das System der antiken Rhetorik und deren Begriffsbildungen zurück, mit denen er sich bereits in seinen Essays über La Bruyère und Bataille in Zusammenhang mit Jakobsons Unterscheidung zwischen Metapher und Metonymie auseinandergesetzt hatte.[38] In den *Eléments* kommen unter anderem die Bedeutungssysteme von Kleidung und Nahrung, Werbung und Wohnung, Automobilistik und Mobiliar »zur Sprache« – Bereiche, denen sich Barthes zumeist schon in Einzelstudien gewidmet hatte. Bei Sprachen, die über ein geringes Inventar an Zeichen verfügen, schlägt Barthes vor, Saussures Auffassung der Sprache als System von Differenzen durch die eine Ebene von »Materie oder Substanz als Träger der Bedeutung« (neben *langue* und *parole*) zu erweitern, da ein Spiel von Differenzen innerhalb einer an Elementen armen Sprache für deren Charakterisierung nicht ausreiche (ES I, 1482) – auch dies eine keineswegs rein spielerische (wie Eco dies sehen wollte) Veränderung am strukturalistischen Grundmodell. Sehr wohl aber unterhält Barthes zu seinem eigenen strukturalistischen bzw. semiologischen Modell eine luzide Distanz aufrecht, da er die metasprachliche Dimension seines Tuns erkennt und für seine Auffassung von Wissenschaft fruchtbar macht. Es handelt sich im vollen, geradezu emphatischen Sinne um eine Theorie[39], die um ihre eigene Geschichtlich-

Mode wenige Jahre zuvor abgelehnt hatte. Barthes interessierte sich nicht nur für die strukturalistischen Forschungsergebnisse, sondern besonders auch für die (von Lévi-Strauss stets negierten oder überspielten) philosophischen Implikationen der Arbeiten seines damals schon berühmten Zeitgenossen.

38 Auf seinen grundlegenden Aufsatz »Rhetorik des Bildes«, der ebenfalls 1964 in der Zeitschrift *Communications* erschien, komme ich noch zurück.

39 Vgl. zur Abgrenzung von Ideologie und Theorie Zima, Peter V.: *Ideologie und Theorie. Eine Diskurskritik, op. cit.*, 56: »*Die Ideologie ist ein diskursives Partialsystem, das von der semantischen Dichotomie und den ihr entsprechenden narrativen Verfahren (Held/Widersacher) beherrscht wird und dessen Aussagesubjekt entweder nicht bereit oder nicht in der Lage ist, seine semantischen und syntaktischen Verfahren zu reflektieren und zum*

keit, um ihre begrenzte »Haltbarkeit« (in einem doppelten Wortsinn) weiß. Wissenschaft erscheint so als Metasprache, die selbst
wiederum vorgängige Metasprachen »spricht« bzw. zu ihrem eigenen Gegenstand macht – und der Leser kann dies auf den vor ihm
liegenden Seiten nachvollziehen: »Die Geschichte der Wissenschaften vom Menschen wäre damit in gewisser Weise eine Diachronie von Metasprachen, und jede Wissenschaft, einschließlich
der Semiologie, würde ihren eigenen Tod in sich tragen, in der
Form der Sprache, die sie sprechen wird.« (ES I, 1519) Die Schlußfolgerung dieses Gedankens, der geradezu obsessiv in Barthes'
Schriften der sechziger Jahre wiederkehrt, auf der Hand: Die Sprachen der Wissenschaft sind sterblich. Oder doch nicht? Gibt es
nicht noch eine letzte List der (Wissenschafts-)Geschichte? Vielleicht: Denn diese nicht mehr »haltbaren« Sprachen leben in der
Metasprache, die sie spricht, mehr oder minder verborgen fort.
Auch Wissenschaftssprachen sind polyphon.

Transhistorisch und transkulturell [74]

Inwieweit Barthes die narrative Struktur seiner semiologischen Arbeiten selbst(kritisch) durchschaute, ist nicht klar. Klar aber ist, daß
er sich zusammen mit anderen französischen Forschern zunehmend für Erzählstrukturen interessierte und in der Folge über den
Einzelsatz hinausgehende *transphrastische* (diskursive) Sprachge-
bilde analytischen Untersuchungen unterzog. Den Höhepunkt
von Barthes' eigenen Bemühungen auf diesem Wissenschaftsfeld
bildete die Koordination und Herausgabe einer Sondernummer
von *Communications* im Jahre 1966. An dieser später legendär[40] ge-

> *Gegenstand eines offenen Dialogs zu machen. [...] Der theoretische Diskurs*
> *geht – wie der ideologische – aus einem oder aus mehreren Soziolekten hervor*
> *und drückt als Partialsystem kollektive Standpunkte und Interessen aus. Im*
> *Gegensatz zum ideologischen Aussagesubjekt stellt das theoretische Subjekt*
> *den Dualismus der ideologischen Rede dialektisch in Frage und reflektiert sei-*
> *nen sozialen und sprachlichen Standort sowie seine semantischen und syntak-*
> *tischen Verfahren, die es in ihrer Kontingenz zum Gegenstand eines offenen*
> *Dialogs macht: Dadurch strebt es eine Überwindung der eigenen Partikulari-*
> *tät durch dialogische Objektivierung und Distanzierung an.«*
>
> 40 Diese berühmt gewordene Nummer 8 der *Communications* erschien 1981
> bei Seuil in Buchform; die Aufnahme der Aufsatzsammlung in die wichtige
> *Collection Points* ist ein deutliches Indiz für Verbreitung und Prestige von
> *Communications*, 8.

wordenen, vom Studienzentrum für Massenkultur an der EPHE mitgetragenen Nummer arbeiteten mit den Erzähltextforschern Algirdas Greimas und Claude Bremond, den Literaturtheoretikern Tzvetan Todorov und Gérard Genette, dem Filmtheoretiker Christian Metz oder dem Semiotiker Umberto Eco nicht nur maßgebliche Intellektuelle aus Frankreich mit. Die alle Beiträger in zweifellos unterschiedlicher Weise vereinigende Zielvorstellung war das Vorhaben, die Erzähltextforschung theoretisch wie praktisch dergestalt voranzutreiben, daß transphrastische Strukturen unterschiedlichster Texte einer konsensfähigen strukturalistischen Untersuchung unterzogen werden konnten, um daraus ein narratologisches Grundmodell zu destillieren. Jede Art von Text – von Mythen und Märchen über Romane und Erzählungen bis hin zu Filmen und Presseberichten – sollte unabhängig von ursprünglichem Kontext oder Gattungseinteilungen, von literarischer Epoche oder intendierter Leserschaft, aber auch von Autorschaft und Subjektbegriff auf ein Grundmodell zurückgeführt werden, dessen Charakteristika in einer Art Erzähltextgrammatik hinterlegt (bzw. von dieser aus generiert) werden konnten. Ausgangspunkt der damaligen Diskussionen waren die Untersuchungen des russischen Märchenforschers Vladimir Propp, auf den – glaubt man der bereits erwähnten, von Barthes' Biograph Calvet kolportierten Legende – Lévi-Strauss den jungen Semiologen aufmerksam gemacht haben soll.

Es dürfte aber kaum dieses Anstoßes bedurft haben, war Propp während der ausgehenden fünfziger und beginnenden sechziger Jahre doch längst kein Geheimtip mehr. Mehr als alle anderen Mitarbeiter an dieser narratologischen Sondernummer hatte Barthes sich bereits mit den verschiedensten semiologisch zu erforschenden Zeichensystemen und ihren Erzählstrukturen – etwa in der Werbung – beschäftigt und war daher prädestiniert dafür, nicht nur diese kollektive Publikation zu koordinieren, sondern auch vorzustellen. Wie schon im Bereich der *nouvelle critique* konnte Barthes aufgrund der Breite seiner Forschungen und der Flexibilität seiner Methodologie als Semiologe und Literaturkritiker die zentrale Aufgabe von Entwicklung und Vermittlung der narratologischen Forschung zugleich wahrnehmen und seine seit seinem Eintritt in die EPHE zunehmend wichtige Position im wissenschaftlichen Teilfeld der strukturalistischen Forschung ausbauen.

Dies kommt zweifellos auch in seiner programmatischen Einleitung zur Sondernummer von *Communications*, »Einführung in die strukturale Erzähltextanalyse«, zum Ausdruck. In deutlicher Anlehnung an Überlegungen der strukturalen Anthropologie und die im Erscheinen begriffenen *Mythologiques* von Claude Lévi-Strauss geht es Barthes hier um die Aufdeckung transhistorischer und transkultureller Strukturen. Literarische Texte besitzen hier keineswegs einen Sonderstatus gegenüber anderen Textformen: Literatur erscheint nicht als Kreation eines Autorsubjekts, sondern als anthropologisches Faktum, das in einem diskursanalytischen Verfahren untersucht wird, das in ebensolcher Weise auch auf kollektive Mythen oder Werbetexte, »gute« wie »schlechte« Literatur[41] bezogen werden kann. Barthes stellt in seiner Einführung nicht nur den damaligen Forschungsstand mit seinen recht heterogenen Ansätzen anschaulich dar[42]; es gelingt ihm darüber hinaus, sprachwissenschaftliche (Jakobson und Benveniste), narratologische (Bremond und Greimas), psychoanalytische (Lacan) und vor allem anthropologische Untersuchungsperspektiven (Lévi-Strauss) kreativ miteinander zu einer neuen Theorie des Erzähltextes zu verbinden und in sein funktional und semiologisch orientiertes Aktantenmodell zu integrieren. Die Fähigkeit Barthes' zur raschen und anregenden Synthese unterschiedlicher methodologischer Ansätze ist immer wieder verblüffend. Dies zeigt sich im Verlauf seiner gesamten Argumentation, vor allem aber im Schlußteil seiner »Einführung«:

»Obwohl man über den Ursprung der Erzählung (*récit*) kaum mehr weiß als über den Ursprung der Sprache (*langage*), so kann man doch vernünftigerweise der Ansicht sein, daß die Erzählung zum selben Zeitpunkt wie der Monolog entstand, eine Schöpfung, die sich – so scheint es – erst nach dem Dialog ansiedelt; wie dem auch sei, und ohne die phylogenetische Hypothese allzu sehr forcieren zu wollen, kann es doch bedeutsam sein, daß zum selben Zeitpunkt (im Alter von drei Jahren etwa) das Junge des Menschen gleichzeitig den Satz, die Erzählung und den Ödipus ›erfindet‹.« (OC II, 103)

---

41 Die Unterscheidung zwischen »guter« und »schlechter« Literatur wird im Zusammenhang mit dem Platz der Literatur innerhalb der Gesellschaft in einem Essay über Lévi-Strauss aber durchaus als bedeutungsvoll angesehen (vgl. OC I, 969).
42 Vgl. Grosse, Ernst Ulrich: »Current trends in French narrative research«. In: *Linguistica Biblica* 40 (1977), 21-54.

Derartige, oft überraschend angeordnete Aussagen prägen den Wissenschaftsstil Roland Barthes'. Man könnte hinsichtlich seines theoretischen Schreibens durchaus von einer Ästhetik der Verblüffung sprechen, die Spannungselemente erzeugt, die im weiteren Verlauf der Argumentationen vom Autor nicht immer aufgelöst werden.

Mit dem Versuch, die genannten Ansätze kritisch aufeinander zu beziehen, scheint der frischgebackene Erzähltextforscher auf die Einbindung jener Ansätze abzuzielen, die jenseits traditioneller und traditionalistischer Methoden das theoretisch-philosophische Denken nach dem Ende der Hegemonie Sartres in Frankreich vor dem Mai 1968 wesentlich mit geprägt haben.[43] Aus feldsoziologischer Sicht stärkte Barthes damit seine wichtige Position im wissenschaftlichen und mehr noch im intellektuellen Feld Frankreichs. Aus methodologischer Sicht aber stellte er erneut seine Kreativität, seine erstaunliche theoretische Energie unter Beweis. Dabei ist es selbst noch aus heutiger Sicht überraschend, mit welcher taxonomischen Leidenschaft Roland Barthes, der literarische Texte auf überaus subtile und differenzierte Weise zu lesen wußte, bereit war, im Sinne des narratologischen bzw. textlinguistischen Experiments die Vielgestaltigkeit des literarischen Texts (zumindest zeitweise) zugunsten einer Reduktion auf das erzähltextgrammatisch Relevante aufzugeben. Alle Differenzen zwischen den unterschiedlichsten Texten oder Textsorten verschwinden. Als guter Strukturalist wußte Barthes aber sehr wohl – und er betonte dies oft, nicht zuletzt in seinem Essay über »Die Sinnküche« –, daß die Zeichen auf Differenzen beruhen. Was aber geschieht, wenn alle Differenzen zwischen einem französischen Roman, einem Mythos der Mayas, einem Werbetext für Spaghetti oder einem Film aus Hollywood verschwunden sind? Wenn ein erzähltechnisches Analysemodell entwickelt ist, das Mehrdeutigkeiten des (literarischen) Textes nicht adäquat in ihrer Offenheit wiederzugeben in der Lage ist? Wenige Jahre später wird Barthes nach einer Antwort auf diese kritischen Fragen suchen.

---

43 Vgl. auch Gutman, Claude: »L'avant-mai des philosophes«. In: *Magazine littéraire* 127-128 (septembre 1977), 15-19.

Vorher aber versuchte er, den auf den ersten Blick nicht allzu geheimen Strukturen von Werbemitteln nachzuspüren, um die Funktionsweise komplexer – heute würden wir sagen intermedialer – Zeichensysteme semiologisch analysieren zu können. Barthes wandte sich schon Anfang der sechziger Jahre kategorisch gegen die »Versuchung«, innerhalb der menschlichen Kommunikation die Sprache als Ausdrucksform des Intellekts vom Bild als »natürlichem Vehikel der Affekte, der Mythen und des Pathetischen, kurzum: des Gefühls« zu trennen (OC I, 951 f.). Wir seien in der modernen Gesellschaft zwar umstellt von Bildern, so heißt es in einem anderen Text, wüßten aber noch wenig über das Bild selbst (OC I, 953). Allerdings sei nicht zu übersehen, so Barthes in einem Essay von 1961 über Lévi-Strauss, daß in der modernen Gesellschaft mehr oder minder alles »über die Schrift« laufe (*passe par l'écriture*, OC I, 970). Das Automobil sei zum einen hervorgebrachte Form oder Struktur, zum anderen aber auch Diskurs über diese Struktur: Das Verstehbare (*intelligible*) präsentiere sich zugleich als Form und als Wort (OC I, 971). Unschwer lassen sich hier jene methodologischen Grundüberlegungen erkennen, die Barthes zu Ausgangspunkten seines *Systems der Mode* machen sollte. In seiner Arbeit über die doppelte, denotierende und konnotierende Struktur der Werbebotschaft unterstreicht Barthes, daß der gute *message publicitaire* es verstehe, eine möglichst reiche Rhetorik vielleicht gar in einem einzigen Wort zu kondensieren, in dem die großen Träume der Menschheit thematisch enthalten seien (OC I, 1145). Diese Rhetorik ist die der Werbebotschaft insgesamt, schließt also Text und Bild gleichermaßen mit ein.

Diesen Ansatz von 1963 wird Barthes in seiner Studie zur »Rhetorik des Bildes« weiterverfolgen und damit auf wissenschaftlicher, semiologischer Ebene jene Problematik der Bild-Text-Beziehungen analysieren, die ihn bereits in *Michelet* auf der Ebene des Schreibens beschäftigt hatte. Grundlage hierfür ist die Einsicht, daß man heutzutage nur sehr bedingt von einer Kultur des Bildes sprechen könne; in unseren modernen Gesellschaften seien die Bilder vielmehr – so heißt es im Vorwort zur Semiologie-Nummer der *Communications* (1964) kategorisch – stets in einer Kultur der Schrift (*civilisation de l'écriture*) verankert (OC I, 1413). In der »Rhetorik des Bildes« greift Barthes auf seine frühere, überaus diskutable Definition zurück, die Photographie sei eine »Botschaft ohne Code«.[44] In der Tat wäre nicht nur zu fragen, ob es überhaupt Botschaften ohne Codes geben kann[45], sondern darüber hinaus auch, ob das »analoge« Verfahren der *Lichtschrift* der Photographie nicht eine Vielzahl künstlerischer Codes in der mehr als ein Jahrhundert langen Geschichte dieser Kunst hervorgebracht hat, fordert doch allein schon der Vorgang der Rahmung oder die Umwandlung einer farbigen dreidimensionalen »Realität« in zweidimensionale Schwarzweiß-Bilder nicht nur mechanische, sondern künstlerische[46] (bzw. künstlerisch nutzbare) Techniken, die eigene Kodierungstraditionen schaffen und ganz im Barthesschen Sinne semiologisch *gelesen* werden müssen.

Barthes geht von der berühmt gewordenen Werbung für Panzani-Spaghetti aus und unterscheidet zwischen drei verschiedenen Botschaften: einer sprachlichen, einer ikonisch kodierten und einer ikonisch nicht kodierten Botschaft (OC I, 1420), wobei die dritte von der zweiten konnotiert werde. Barthes betont dabei, daß die Beziehung zwischen Bild und Text keineswegs ein reines Phänomen der Massenkultur sei, sondern spätestens mit dem Auftauchen des Buches eingesetzt habe. Entscheidend ist, daß die Vieldeutigkeit des Bildes sprachlich »verankert« wird; Barthes spricht von *ancrage*. Dem schriftlichen Text (bzw. der verbalen Botschaft) kommt damit eine oft auch ideologische Orientierungsfunktion zu: Der *Bild-Leser* (wie auch der *Bild*-Leser) wird sozusagen sprachlich ferngesteuert (OC I, 1422). Damit ist, so darf man folgern, eine klare Hierarchisierung der Botschaften gegeben: Sie werden nicht nur direkt aufeinander bezogen (und verselbständigen sich damit nicht), sondern sind zugleich unter den Primat der Sprache ganz so gestellt, wie die Semiologie zu einem Teilgebiet der Linguistik – wenn auch einer Translinguistik – erklärt wurde.

44 Der Aufsatz erschien 1961 in der ersten Nummer von *Communications* unter dem Titel »Die photographische Botschaft« (OC I, 938-948).
45 Vgl. die bisweilen recht assoziative Argumentation in Conley, Tom: »A Message without a Code?« In: *Studies in Twentieth Century Literature* V, 2 (spring 1981), 147ff.
46 Die Literatur zu diesem Gebiet ist gewaltig; verwiesen sei hier nur auf den Themenschwerpunkt der Zeitschrift *Lendemains* 23 (1981) sowie meine Studie »Imagen y poder – poder de la imagen: acerca de la iconografía martiana«. In: Heydenreich, Titus/Ette, Ottmar (Hg.): *José Martí 1895/1995. Literatura – Política – Filosofía – Estética*. Frankfurt a. M. 1994, 225-297. Ich gehe dort mehrfach auf Funktionen von Rahmung ein.

Auf Barthes' Bemerkung, die Photographie erzeuge ein Bewußtsein des *avoir-été-là*, eines Dort-gewesen-Seins und damit eine Art »*realer Irrealität*« (OC I, 1424), werden wir im Kontext von *Die helle Kammer*, Barthes' letztem Buch, zurückkommen. Für die in diesem Kapitel behandelte Fragestellung aber ist es entscheidend, daß Barthes die Signifikanten auf der konnotierenden Ebene als eine Rhetorik begreift, an die die Ideologie gekoppelt sei (OC I, 1427f.). In einer Fußnote verweist er darauf, daß die »klassische Rhetorik« mit Hilfe einer strukturalistischen Begrifflichkeit »neu gedacht« werden müsse (OC I, 1428); und genau hier setzt das neuartige Forschungsinteresse Barthes' ein. Eine strukturalistisch *über-dachte* Rhetorik erscheint dem Zeichentheoretiker so als jene Metaebene, von der aus die anderen Ebenen (oder Botschaften) durch-dacht und strukturiert (oder »strukturalisiert«) werden können.

Es ist interessant, daß Barthes sich hier nicht der Bild-Text-Relation bewußt geworden zu sein scheint, die sein eigener Text mit der »besprochenen« Spaghetti-Werbung herstellt. Denn auch dieser Text selbst ist ikonotextuell, verdeckt aber das Bild unter der Sprache, führt also selbst jene Funktion des *ancrage* (der Verankerung) vor, die den Leser zum ferngesteuerten Bild-Leser macht.[47]

Zum Zeitpunkt der Veröffentlichung dieses Aufsatzes war die »klassische Rhetorik« bereits in die »Sinnküche« gewandert und zum Gegenstand eines Barthesschen Seminars an der *Ecole Pratique des Hautes Etudes* geworden. Dies verwundert nicht, hat die vorliegende Untersuchung doch gezeigt, daß nicht nur die Bildanalyse, sondern auch die Untersuchung der Nahrung auf eine (bildhafte, alimentäre usw.) Rhetorik hinausläuft, deren Umrisse freilich zu Beginn noch unscharf bleiben. Wesentlich deutlicher stellt sich dann 1967 der zweite Teil von *Système de la Mode* als eine Rhetorik dar, die Signifikant und Signifikat der modischen Kleidung als Teil einer vestimentären Rhetorik strukturalistischen Zuschnitts begreift. Die »Rhetorik des Bildes« verwandelte sich in immer stärkerem Maße in ein Bild der Rhetorik, das wohl auch für den Porträtisten selbst überraschende Züge aufwies.

---

47 Die Beziehung zwischen Bild und Text wurde in dem bereits angesprochenen Ausstellungskatalog *Roland Barthes: Le texte et l'image, op. cit.*, 38 f., durch den gemeinsamen Abdruck von Werbeplakat und Bildtext zumindest teilweise wieder bewußt gemacht.

Barthes selbst hat in einem Bericht zu seinem 1964 und 1965 stattfindenden Seminar über die Rhetorik den Einbau dieses Bereichs
in die Abfolge seiner Seminare an der EPHE sowie in sein semiologisches Projekt dargestellt. Nach der Erarbeitung der Elemente
der Semiologie peilte er jetzt die Grundlagen einer künftigen »Semiologie des Sprechens (*sémiologie de la parole*)« (OC I, 1561) an.
Aus dieser Position läßt sich leicht ableiten, daß die Rhetorik für
Barthes gleichsam das Tor zu einer Semiologie des im Vergleich
mit der geschriebenen Mode wesentlich komplexeren Systems der
Literatur sein sollte. Vielleicht ist es gerade aus dieser Perspektive
verständlich, warum zu den von Barthes vorgeschlagenen *élèves
titulaires* unter anderem die für theoretische und experimentelle
Projekte so offenen Literaten Georges Perec und Severo Sarduy
zählten (OC I, 1562).

Das Projekt Barthes' ist dabei deutlich transphrastisch bzw. diskursanalytisch orientiert, zielt es doch auf den Diskurs des Werkes
als oberste Einheit. Aus dieser Perspektive wird verständlich, welche Funktion eine Erzähltextgrammatik innerhalb des methodologischen Ansatzes Barthes' einnehmen sollte: Sie stellte die theoretisch abgesicherte Möglichkeit zur Verfügung, diese obersten
diskursiven Einheiten (und damit auch die literarischen »Werke«)
auf verschiedenen Ebenen in kleinere Einheiten, etwa Funktionen
und Aktanten, zu zerlegen. Parallel hierzu bezeichnet Barthes die
Rhetorik auch als »translinguistisches System« (OC I, 1561).

Bereits 1962 hatte Barthes in einem seiner *Kritischen Essays* die
Bedeutung der Rhetorik für sein Projekt erkannt, als er in einer der
für das Verständnis seiner Schriften so wichtigen Fußnoten die
Abneigung von Literar- und Sprachhistorikern gegenüber der
Rhetorik kritisiert. Er selbst verstand die Rhetorik als »kapitales
Kulturzeugnis (*témoignage capital de civilisation*)« und macht
darauf aufmerksam, daß sie als *découpage mental du monde*, als
geradezu strukturalistische Gliederung der Welt, in letzter Instanz
eine Ideologie sei (E I, 1314). Damit aber wird die Rhetorik nicht
nur als »historische« Strukturierung des (literarischen) Diskurses,
sondern auch als kulturtheoretisches und kulturkritisch zu deu-
tendes Element für Barthes wichtig.

Dies erklärt, warum sein Interesse keineswegs ein nur epistemo-
logisches ist. Ihn interessiert auch die historische Entwicklung der

Rhetorik. Dies kommt nicht nur im Plan seines Seminars zum Ausdruck, das er mit einer Untersuchung der Entstehung der Rhetorik in Sizilien im fünften vorchristlichen Jahrhundert beginnen lassen will, sondern auch in seiner für diese Lehrveranstaltung erarbeiteten »Gedächtnisstütze« *Die antike Rhetorik* (L'ancienne rhétorique. Aide-mémoire). Denn in diesem zuerst in *Communications* im Dezember 1970 veröffentlichten Text – eine bemerkenswerte zeitliche Verzögerung, die mit Vorbehalten Barthes' gegenüber der ursprünglichen Form des *aide-mémoire* zu tun hatte[48] – geht er zunächst auf die Geschichte der Rhetorik im Abendland ein, bevor er sich ihrer Struktur zuwendet. Er versucht also nicht nur, die 25 Jahrhunderte ihrer »Herrschaft« vom fünften vorchristlichen bis ins neunzehnte nachchristliche Jahrhundert in der Form einer »Reise« diachronisch darzustellen, sondern sie zugleich synchronisch als gut konstruierte »Maschine« und als diskursproduzierendes »Programm« (OC II, 904) zu verstehen. In dieser doppelten Darstellung der antiken Rhetorik »als Reise und als Netz« (OC II, 904) entsteht ein Bild der Rhetorik, das Barthes zufolge bezüglich mancher Konzeptionen von einer erstaunlichen *modernité* ist (OC II, 901). Nicht ohne Überraschung dürfte Barthes den gleichsam diskursanalytischen Charakter der antiken Rhetorik konstatiert haben. Man könnte das historische und systematische Bild, das Barthes von der antiken Rhetorik in der »Sinnküche« seines Seminars erprobte und in seinem umfangreichen Beitrag zeichnete, so interpretieren, daß die Rhetorik hier nicht nur als Ideologie, sondern zugleich als ein Verfahren erscheint, jegliche Art von Rede – und damit auch sich selbst als ideologisches Aktantenmodell – diskursanalytisch zu durchleuchten. Sein ursprüngliches Ziel einer alle kulturelle Systeme erfassenden Entwicklung der Rhetorik aus strukturalistischer Sicht hat Barthes in dieser Arbeit ganz ohne Frage verfehlt. Doch stellt *L'ancienne rhétorique* eine anregende Konstruktion der antiken Rhetorik dar, die in ihrem analytischen Teil manche Überraschung bereithält.

Zweifellos: Es handelt sich um ein *Bild* der Rhetorik und – wie wäre dies auch anders möglich? – keineswegs um diese selbst. Die Modernität dieses Bildes ist aber frappierend. Eine Metapher der

---

48 Auch hier übte Eco sanften italienischen Druck auf Barthes zugunsten einer Veröffentlichung aus; vgl. Eco, Umberto: »La maestria di Barthes«, *op. cit.*, 300.

Historikerin Barbara Tuchman[49] aufgreifend, könnten wir sagen, daß dem semiologischen Betrachter in der antiken Rhetorik ein ferner strukturalistisch-diskursanalytischer Spiegel entgegenleuchtet.

Der ferne Spiegel und die Macht der Moderne   77

Es ist ein Spiegel, der die Modernität der Antike in unsere Gegenwart (keinesfalls unschuldig) projiziert. Denn in einer seiner verblüffenden Wendungen spricht Barthes von einem »hartnäckigen Einverständnis« zwischen der aristotelischen Rhetorik und der »sogenannten Massenkultur, als ob der Aristotelismus, der seit der Renaissance als Philosophie und als Logik, als Ästhetik seit der Romantik tot ist, in einem degradierten, diffusen, inartikulierten Zustand in der kulturellen Praxis der abendländischen Gesellschaften weiterlebte« (OC II, 959):

»Alles deutet darauf hin, daß eine Art aristotelische Vulgata noch einen Typus transhistorischen Abendlands definiert, eine Zivilisation (die unsere), welche die der *Endoxa* ist: Wie sollte man die Evidenz vermeiden, daß Aristoteles (Poetik, Logik, Rhetorik) der ganzen narrativen, diskursiven, argumentativen Sprache, die von den ›Massenkommunikationsmitteln‹ benutzt wird, ein vollständiges analytisches Raster (ausgehend vom Begriff des ›Wahrscheinlichen‹) liefert und daß er diese optimale Homogenität einer Metasprache und einer Objektsprache repräsentiert, die eine angewandte Wissenschaft definieren kann?« (OC II, 959)

Das Weiterleben dieser Rhetorik – wenn auch in degradierter Form – in Massenkommunikation und Massenkultur wird hier mit der Problematik der Moderne aus zwei verschiedenen Blickrichtungen zusammengedacht. Einerseits erscheint diese Verfallsform der klassischen Rhetorik in paradoxer Weise als stark genug, die *Endoxa*, also genau das zu bilden, was sich innerhalb der herrschenden Lehrmeinung, innerhalb der unhinterfragten, im Sinne der *Mythologies* »natürlich« gewordenen Doxa befindet. Und andererseits wird diese Problematik auf den abendländischen Diskurs bezogen, der – wie im achten Kapitel gezeigt werden soll – insbesondere innerhalb der *Tel Quel*-Gruppe als Diskurs der

---

49 Tuchman, Barbara W.: *Der ferne Spiegel. Das dramatische 14. Jahrhundert* [1978]. Übersetzt von Ulrich Leschak und Malte Friedrich. Düsseldorf 1987.

Macht kritisiert und herausgefordert wird. Die späte, mehr als fünf Jahre nach dem Seminar zur Rhetorik erfolgte Veröffentlichung der »Gedächtnisstütze« hat es Barthes offenbar erlaubt, die Problemstellung seines Seminars (nachträglich) insoweit zu radikalisieren, als nun die Massenkultur als diskursiv-rhetorisches System gleichsam stellvertretend für die Struktur des abendländischen Diskurses auftritt. Die Rhetorik der Wahrscheinlichkeit erscheint nun nicht mehr nur als *eine* Ideologie: Sie ist zum Rückgrat *der* herrschenden abendländischen Ideologie, zum transhistorisch verfügbaren und von den modernen Massenmedien massiv verbreiteten Diskurs der Macht geworden.

Doch es kündigt sich noch ein anderer Begriff *literarischer* Moderne an. In Zusammenhang mit seinen Untersuchungen zur Massenkultur hatte sich der Modernebegriff Barthes' um 1965 eigentümlich zur Mitte des 20. Jahrhunderts hin verschoben. Das vielleicht erste Beispiel findet sich in einem Text von 1963 über *Œuvre de masse et explication de texte*, wo Beckett als Vertreter der Moderne von Giraudoux abgegrenzt und darauf verwiesen wird, daß die klassische französische *explication de texte* wenig zur Erhellung moderner Texte beizutragen habe (OC I, 1109). Und in einem Nachwort zu Jean Cayrols *Die fremden Körper* findet sich 1964 die Aussage, daß die Texte des französischen Romanciers bereits seit 1950 modern gewesen seien (OC I, 1438). Damit wird der Beginn der Moderne genau zu jenem Zeitraum hin verschoben, in dem *Am Nullpunkt des Schreibens* – wo Cayrols Werk im übrigen ebenfalls, wenn auch in einem anderen Kontext, Beachtung gefunden hatte – angesiedelt ist. So deutet sich eine *Verschiebung* des Begriffs der literarischen Moderne an, die letztlich gleichsam unter der Hand – und, soweit ich sehe, bislang unerkannt – zu einer doppelten Begrifflichkeit führen wird.

Le Degré zéro de l'écriture hatte sich 1953 auf einen utopischen Raum des Schreibens hin geöffnet, der nun in schöpferischer Weise ausgefüllt wird. Dabei überträgt Barthes auf diesen Raum einer Utopie des Schreibens jetzt den Begriff der Moderne. In der Einleitung zur antiken Rhetorik schreibt Barthes gleichsam nebenbei: »Am Ursprung – oder am Horizont – dieses Seminars stand wie immer der moderne Text, d. h.: *der Text, der noch nicht existiert.*« (OC II, 901) Die Floskeln der Selbstverständlichkeit verdecken und affirmieren wie immer bei Barthes das eigentlich Neue einer Aussage, markieren die sachte Sinnverschiebung, die man mit Barthes auch als *glissement du sens* (OC II, 70) bezeichnen kannt. Der moderne Text wird hier in die Zukunft projiziert, er erscheint als das, was es erst zu schreiben (zu erschreiben) gilt. Die Deplazierung des Begriffs ist aufschlußreich. Sie läßt sich zum einen auf das Schreiben Barthes' selbst beziehen, wo eine *écriture* am Horizont erschienen war, die neue Schreibräume öffnete. Dieser Schreibweise gilt das folgende Kapitel. Zum anderen aber wird ein prospektiver Modernebegriff verwandt, der unübersehbar literarhistorisch auf die zweite Hälfte des 20. Jahrhunderts bezogen ist. Der Zusammenhang dieses Modernebegriffs mit Barthes' semiologischen Forschungen zur Massenkultur und zum degradierten Fortdauern einer Rhetorik der Wahrscheinlichkeit, welche zur nicht hinterfragbaren kulturellen Selbstverständlichkeit in den Massenmedien geworden ist, wurde in diesem Kapitel aufgezeigt. Die Semiologie zeigt sich hier in ihrer epistemologiekritischen Funktion, in ihrem Versuch, alte Denkgewohnheiten und Klassifikationsschemata aufzubrechen und zu überwinden. Sie ist an das neue Epochenbewußtsein gekoppelt, das sich Mitte der sechziger Jahre nicht nur bei Foucault andeutet, sondern sich auch in Barthes' Schriften zunehmend Gehör verschafft. Der moderne Text – und die Moderne überhaupt – öffnen sich damit zum Raum einer konkreten Utopie, in die ein neues Schreiben förmlich hineingesogen werden soll. Dieser utopische Raum ist freilich auf einem eingehend sondierten Boden angesiedelt: dem Boden der vielfältigen kulturellen Praktiken und Lebensrhythmen der Moderne. Literatur soll eine diesem Raum entsprechende, wenn auch nicht angepaßte soziale und ästhetische Praxis sein.

Im Schlußteil von *Sur Racine*, dem zuerst 1960 erschienenen Essay »Geschichte oder Literatur?«, hatte Barthes kritisch angemerkt, daß es noch »keine moderne Arbeit über die klassische Rhetorik« gebe (R I, 1094). Barthes nahm sich dieses Projekts an. Die Rhetorik, die als ein wichtiger Bereich schon in den frühen Schriften Maurice Blanchots aufgetaucht war, mit dem sich Barthes in den fünfziger Jahren intensiv auseinandergesetzt hatte und an dessen fehlgeschlagenem Zeitschriftenprojekt *Gulliver* er Mitte der sechziger Jahre beteiligt war, stellt in vielfacher Hinsicht einen Übergang zwischen den wissenschaftlichen Texten des Semiologen und den spezifisch literarischen Experimenten des Kritikers dar. »Die Rhetorik«, so betont Barthes in seinem auf Dezember 1963 datierten Vorwort zu den *Kritischen Essays*, »ist die *verliebte* Dimension des Schreibens (*la dimension ›amoureuse‹ de l'écriture*)« (E I, 1173). Sie führt gleichzeitig zurück und nach vorne, zu neuen (alten) Formen des Schreibens.

Fig. 6. Roland Barthes 1972 (RB, 42).

Auf der Suche nach der Wahrheit des Schreibens   78

Der in Barthes' Essay »Die Sinnküche« durch die Stadt streifende Flaneur ist ein Sinnsucher, der nach den verschiedensten Bedeutungssystemen Ausschau hält (OC I, 1430). Die Semiologie erscheint in diesem Text – wie in vielen anderen – als eine Lektüre; sie beinhaltet zugleich aber auch eine erhöhte Lektürefähigkeit, da sie die Sinne des Menschen für die Wahrnehmung komplexer Bedeutungsprozesse öffnet. In einem anderen, dem zu Beginn des vorigen Kapitels besprochenen Essay über »Die strukturalistische Tätigkeit«, unternimmt Barthes eine Historisierung des Zeichen*bewußtseins* (E I, 1328ff.), so daß auch Strukturalismus bzw. Semiologie sich in einer Geschichte der Zeichenwahrnehmung durch den Menschen wiederfinden. Der Strukturalismus erscheint darin nicht nur als wissenschaftliche Methode oder Vorgehensweise, sondern als Bestandteil des menschlichen Lebens in Strukturen, als menschliche Tätigkeit in umfassendem Sinne. Der strukturalistische Mensch, und hierin ist er dem *nouveau romancier* vergleichbar, fragt: »Auf welche Weise bedeuten die Dinge etwas? (*comment les choses signifient-elles quelque chose?*)« (OC I, 979f.) Beide, Semiologe wie Romancier, erarbeiten und provozieren eine verschärfte Wahrnehmung des Lebenskontexts und der die Menschen umgebenden Bedeutungssysteme.

Die Semiologie ist als Wissenschaft das Reich der Gültigkeit, aber nicht der Warhheit. In *Kritik und Wahrheit* hatte Barthes dies unmißverständlich zum Ausdruck gebracht. Erst im letzten, dem der *Lecture* gewidmeten Teil dieses 1966 veröffentlichten Buches, erscheint »die Wahrheit des Schreibens« (CV II, 51). Sie taucht zwar auf einer anderen Ebene, in einem anderen Bereich menschlicher Tätigkeit auf – und Barthes befand sich in diesen Jahren auf der Suche nach dieser Wahrheit des Schreibens –, doch werden Lesen und Schreiben im Bereich von *Science*, *Critique* und *Lecture* stets zusammengedacht. Auch aus dieser Perspektive ist die Semiologie für Barthes keine bei der Suche verlorene Zeit, und es wäre für ihn als Schriftsteller auch nicht besser gewesen, hätte er sich intensiver mit seiner eigenen Suche nach der verlorenen Zeit beschäftigt.[1] Die Semiologie ist vielmehr jene Aktivität, die nicht nur im Bereich von Wissenschaft und Kritik, sondern auch von Lesen und Schreiben während der sechziger Jahre für Barthes von stetig wachsender, kreativer Bedeutung ist. Sie liefert nicht nur die Grundlage seiner wissenschaftlichen Schreibweise, sondern auch wichtige Bausteine für seine literaturkritisch-essayistische und literarische *écriture*.

Überblickt man die gesamte Breite von Barthes' Schriften der sechziger Jahre, dann erkennt man, wie wichtig für ihn aus feldsoziologischer Sicht die durch *Über Racine* ausgelöste *Querelle* war, die ihm einen fortan nicht mehr ernstlich gefährdeten Status innerhalb des intellektuellen Feldes in Frankreich und damit eine wachsende Freiheit bei der Auswahl seiner Tätigkeitsbereiche und Schreibweisen verschafft hatte. Zugleich wird aber auch deutlich, wie eng der Bereich jener Schriften, die von der *ancienne critique* inkriminiert und vehement bekämpft wurden, innerhalb der gesamten Produktion Roland Barthes' während der sechziger Jahre war. Die Aufteilung der Wissensbereiche und Tätigkeitsfelder am Ende von *Kritik und Wahrheit* sanktioniert im Grunde nachträglich eine Untergliederung oder Differenzierung, die Barthes in seinen Texten bereits seit mehreren Jahren praktiziert hatte. Das neue *mapping* literarischen Wissens ist nicht zuletzt autobiographisch determiniert, ohne sich freilich in dieser Dimension zu erschöpfen.

Der Blick auf Barthes' Schreiben der sechziger Jahre macht aber vor allem die erstaunliche Breite nicht nur seiner Schaffensbereiche und Themen, sondern auch seiner Schreibweisen und Schreibmöglichkeiten bewußt. Die im Einführungsteil des vorliegenden Bandes diskutierte Polarisierung, die in der Sekundärliteratur der achtziger und neunziger Jahre zu einer Unterscheidung und jeweils unterschiedlichen Priorisierung des »frühen« und des »späten« Barthes geführt hat, erscheint aus dem Blickwinkel der sechziger Jahre als impertinent. Die Schriften jenes Zeitraums bieten dem Leser eine derartige Vielfalt, daß sich ihm wohl das Bild verschiedener Wege darbietet, nicht aber das eines einzigen Weges, der, vom frühen zum späten Barthes wie eine Schnellstraße hin-

---

1 Vgl. hierzu auch den Beginn des vierten Kapitels sowie Barthes' dort kommentierte Äußerungen zum Proustschen Romanmodell im Vorwort zu den *Kritischen Essays*.

führend, alle untergeordneten Wegenetze bündeln würde. In der Polarisierung, die stets auch eine Bevorzugung des einen oder anderen Pols beinhaltet, werden die sechziger Jahre im Schaffen Barthes' als Übergangsperiode begriffen und dann oft schnell abgehandelt. Wie schon im Einführungskapitel betont, versucht die vorliegende Arbeit, sich dieser (wie auch immer gewichteten) Tendenz entgegenzustellen und die Schriften Roland Barthes' im vollen Sinne als Gesamtwerk zu begreifen. Hier soll nicht der »späte« gegen den »frühen«, der »postmoderne« gegen den »marxistischen« Barthes, der »Schriftsteller« gegen den »Wissenschaftler«, der *écrivain* gegen den *écrivant* ausgespielt werden. Die untereinander so verschiedenen, stets aber dialogisierenden Schreibweisen, Verfahren und Themen der sechziger Jahre sind daher bewußt in ihrer Breite dargestellt worden. Zwischen den im übrigen diskutablen Polen der frühen fünfziger und ausgehenden siebziger Jahre öffnet sich der kreative Raum der späten fünfziger und der sechziger Jahre als eine Einheit, die in ihrer Vielfalt und Polysemie begründet ist. Die »strukturalistische« Zeit Roland Barthes', die man zwischen dem zweiten Teil der *Mythologies* und dem *Système de la Mode* ansetzen könnte, ist wesentlich mehr als die Anwendung eines bestimmten Wissenschaftsmodells. Und noch fehlt uns in diesem Zwischenraum eine wichtige Dimension: Barthes' Suche nach der Wahrheit des Schreibens. Dieser Suche ist das siebte Kapitel gewidmet.

Spiegelungen des Schriftstellers als Schreibender   79

Seit den sechziger Jahren häufen sich in den Schriften Barthes' die Definitionen des Schreibens. »Schreiben«, so lesen wir im der Lektüre gewidmeten Schlußteil von *Kritik und Wahrheit*, »heißt in gewisser Weise, die Welt (das Buch) zu zerspalten (*fracturer*) und wieder zusammenzusetzen« (CV II, 50). Dieses Spiel einer konstruktiven Fragmentierung von Welt und Buch, von Welt als Buch, wird Barthes in den sechziger Jahren experimentell erproben und schließlich nicht nur ins Werk, sondern auch in Szene setzen.

Vier Jahre nach Barthes' Tod publizierte François Wahl in *Das Rauschen der Sprache* im Abschnitt *Lectures* einen Text mit dem Titel »F. B.«, den Barthes 1964 verfaßt, aber nicht veröffentlicht hatte. Diese »Fragmente eines jungen Schriftstellers«, so Wahl, besäßen einen deutlich spielerischen Grundton, enthielten aber auch ein »System scharfsinniger Aussagen über einen neuen Typ des Romanesken« (BL 255; jetzt OC I, 1439). Es sei möglich, in diesem Text die *pratique ultime*, »die letzten und neuesten Realisierungen« von Barthes als Schriftsteller *in nucleo* zu erkennen (OC I, 1439). Wahl bezieht »F. B.« damit nicht nur auf den »letzten« Barthes, er deutet auch einen Doppelcharakter dieses zuvor unzugänglichen Textes an, dem wir in der Folge größere Aufmerksamkeit schenken wollen, ohne »F. B.« auf eine behauptete *pratique ultime* hin zu perspektivieren. Worin besteht dieser Doppelcharakter?

Es handelt sich bei »F. B.« um einen in acht relativ kurze, durchnumerierte und mit Titeln versehene Teile untergliederten Text, der von einem Schriftsteller, eben jenem F. B., in der dritten Person berichtet. Der erste, mit »Sprachsplitter« überschriebene Text stellt die fragmentarische Schreibweise dieses fiktiven Autors dar. In einer kurzen Apologie des Fragments wird dessen unleugbare »Größe« nicht etwa mit einer Deutung als »Ruine« oder »Versprechen« begründet; das Fragment unterstreiche vielmehr »die Größe des Schweigens, das jeglicher Vollendung folgt« (OC I, 1439). Der Schriftsteller mühe sich nicht in einer Werkstatt des Stils ab; seine Mühe gelte vielmehr der »Entscheidung zum Schreiben« (OC I, 1439). Die Parallelen zu dem auf Dezember 1963 datierten Vorwort zu den *Kritischen Essays* sind augenfällig, wurde dort doch Prousts Werk im Zwischenraum zwischen einem »Ich will schreiben« und einem »Ich werde schreiben« situiert (E I, 1171). »F. B.« inszeniert sowohl das Schreiben-Wollen als auch das Schreiben-Werden.

Dieser von Roland Barthes nie veröffentlichte Text bewegt sich in einem Raum, der durch diese beiden Pole charakterisiert werden könnte. Der zweite Text – und wir wissen nun schon, daß es sich um Fragmente handelt – ist mit *Incidents* (Begebenheiten, Zwischenfälle oder Einschnitte) überschrieben und führt aus, daß diese »Sprachsplitter« zugleich auch »Romansplitter (*éclats de roman*)« seien (OC I, 1440). Spätestens an dieser Stelle wird deutlich, daß sich »F. B.« auf zwei Ebenen bewegt oder (genauer noch) zwischen zwei Ebenen oszilliert: Es ist die kritische Darstellung eines Autors und seines Schreibens, gleichzeitig aber auch die Vorführung dieses Schreibens und damit auch dieses Autors. »F. B.« springt zwischen den Polen von Metasprache und Objektsprache

hin und her und bezieht daraus seine Spannung. Das Kontinuierliche der *écriture* sei eine Frage der Geschwindigkeit, und diese
Geschwindigkeit sei letztlich vielleicht nichts anderes als die der
Schreibhand (OC I, 1440). Das Kontinuierliche innerhalb der einzelnen Fragmente wird damit an einen Rhythmus angebunden,
der vom Körper des Autors her definiert ist. Dieses *Hand*-Werk-
liche der Schreibweise von F. B. gibt auch den Rhythmus der Textfragmente vor, die der Erzähler *über* das Schreiben von F. B. (oder
ausgehend von diesem Schreiben) produziert.

In einem zumindest dreifachen Sinne läßt sich dieser Text als
Autorkonstruktion verstehen. Zum einen wird ein Autor namens
F. B. konstruiert (1), dessen Schriften einer deutlich semiologisch
inspirierten Literaturkritik unterzogen werden. Und zum anderen
wird auch der Autor dieses Textes selbst konstruiert: einerseits als
fiktiver Autor, mithin als textinterne Figur (2), andererseits aber
auch als realer, textexterner[2] Autor (3). Wir können den Gegenstand der erstgenannten Autorkonstruktion (1) F. B., den der an
zweiter Stelle genannten (2) mit dem Spitznamen Barthes' in den
französischen Intellektuellenzirkeln R. B. nennen. Während F. B.
als Schriftsteller bezeichnet wird, darf R. B. in einem wiederum
doppelten Wortsinn als *écrivain-écrivant* verstanden werden. Er
ist zum einen zugleich Schriftsteller und Schreibender in dem von
Barthes definierten Sinne, zum anderen aber auch der Schriftsteller, der sich selbst schreibt, also – wenn diese Verschiebung des
Barthesschen Begriffs erlaubt ist – *l'écrivain s'écrivant*. Der
Schriftsteller als Schreibender des Schriftstellers *und* als schreibender Schriftsteller, der den Fragmente schreibenden Schriftsteller in
literaturkritischen Fragmenten porträtiert: Es ergibt sich hier ein
Spiel verschiedener Spiegelungen, das wesentlich über den von
François Wahl notierten Doppelcharakter hinausgeht.

Es ist sehr wohl möglich, eine solche Schreibweise unendlicher
Spiegelungen mit den *Ficciones* von Jorge Luis Borges in Verbindung zu bringen. In Texten wie »Die Annäherung an Almotasim«
oder »Pierre Menard, Autor des Quijote« werden literaturkritische und literarische Textformen, textinterne und textexterne Instanzen, metasprachliche und objektsprachliche Ausdrucksformen in ständigen Spiegelungen aufeinander bezogen. Ohne eine

---

2 Ich verwende diese Begriffe im Sinne von Link, Hannelore: *Rezeptionsforschung. Eine Einführung in Methoden und Probleme.* Stuttgart u. a. [2]1980,
16-26.

direkte Verbindung zwischen Barthes und Borges herstellen zu wollen, lassen sich strukturelle Parallelen vor allem zwischen »F. B.« und Borges' »Untersuchung des Werks von Herbert Quain« herstellen, da es sich bei dem zuletzt genannten Text um eine literaturkritische Auseinandersetzung mit einem fiktiven Autor handelt, dessen Schriften auszugsweise vorgestellt und in ihrer komplexen Strukturierung kritisch beleuchtet werden. Genau dieses *literarische* Verfahren findet sich auch in »F. B.«.

Durch die Vermittlung von Roger Caillois war Borges' Werk in Frankreich schon wenige Jahre nach Kriegsende bekannt geworden; und in den Kreisen, in denen Barthes sich bewegte, wurde der Verfasser der *Ficciones* rasch zu einem der großen literarischen Bezugspunkte – man denke nur an den von Borges inspirierten Auftakt von Foucaults *Die Ordnung der Dinge* oder Gérard Genettes frühe, an Borges orientierte Infragestellung des Autorbegriffs.[3] Die Werkausgabe liefert jedoch keine direkten Hinweise auf eine Beschäftigung Barthes' mit Borges. Jenseits (noch) nicht belegbarer unmittelbarer intertextueller Beziehungen aber ist die Tatsache signifikant, daß Barthes hier auf ein Verfahren zurückgreift, das spätestens seit Borges von wachsender literarischer Produktivität ist: die Fiktionalisierung nichtfiktionaler, insbesondere literaturkritischer Schreibformen. Der grundlegende Unterschied gegenüber Borges' Texten liegt darin, daß Barthes – wie es in *Kritik und Wahrheit* heißt – »die Welt (das Buch)« fragmentiert und damit auf eine Schreibweise zurückgreift, die sich seit den vierziger Jahren in seinem Werk in anfänglich noch unentfalteter Weise beobachten läßt.

Eine Literatur im vestibulären Zustand   80

Die Schreibweise F. B. s, die von R. B. als *incidents* beschrieben und mit dem Kontinuierlich-Diskontinuierlichen von Schneeflocken verglichen wird, zielt darauf ab, im Leser »eine gewisse Zweideutigkeit und Umkehrbarkeit des Sinnes« hervorzurufen (OC I, 1440). Diese *réversibilité du sens* bezieht sich aber nicht nur auf

---

3 Vgl. Genette, Gérard: »L'utopie littéraire«. In: Ders.: *Figures I*. Paris 1976, 123-132. Der Text war ursprünglich 1964, also im selben Jahr wie »F. B.«, in der einflußreichen, Jorge Luis Borges gewidmeten Sondernummer der *Cahiers de L'Herne* unter dem Titel »La littérature selon Borges« erschienen.

den Sinn, sondern auch auf die Richtung: Die Leserichtung dieser Texte – und dies ist in der Semantik des französischen Wörtchens *sens* als Sinn und Richtung angelegt – kann in gewisser Weise umgedreht werden, auch wenn die Numerierung eine lineare Anlage unterstreicht. Die Texte F. B. s sind, folgen wir R. B., nicht kurz, sondern »haben die *Entwicklung* der unendlichen Metapher (wie man von der Entwicklung eines Rads spricht); haben die Länge und den Elan der Linie (dieser vestimentären Idee); der Autor kann sie sehr schnell anhalten, sie sind *schon* der Atem der Zeit: in der Verweigerung gegenüber der Zeit, handelt es sich doch um eine Schreibweise, *die Zeit hat.* In ihr herrscht nicht die Zweideutigkeit, sondern das Mysterium.« (OC I, 1440) Und schon hält der Erzähler diesen Text (*Incidents*) an, geht zum nächsten Fragment über und belegt damit seinen eigenen Satz. Die von diesen Texten gezeichnete Linie ist, in der Entwicklung der »unendlichen Metapher«, letztlich eine Literatur im vestibulären Zustand, die ständig zwischen den textexternen und den textinternen Markierungen hin und her springt und in dieser Bewegung den Raum für das eigene Schreiben – oder die Entscheidung zum Schreiben, die selbst schon Schreiben ist – schafft.

In gewisser Weise konstruiert sich Barthes in diesem Text als Autor und fällt doch nicht mit jenem von ihm konstruierten Autor zusammen. F. B. ist nicht R. B., und beide sind nicht mit dem realen Autor Barthes gleichzusetzen. Eine autobiographische Lektüre freilich würde die Differenz zwischen F. B. und R. B. tilgen. Sie ist fraglos legitim, überspielt jedoch jene Differenz, die schon im Titel zum Ausdruck kommt: die zwischen F und R. Der *fiktive* Barthes ist aber keineswegs der *reale* Barthes. Die Oszillationen des Textes sind nicht durch eine autobiographische Lesart arretierbar.

In den sich anschließenden Fragmenten werden Romananfänge oder isolierte Szenen notiert, die aus der Feder des fiktiven Autors F. B., »des Schöpfers« (OC I, 1441), stammen sollen. Die Texte von F. B., so weiß der Erzähler, fangen wie Romane an, stellen Simulacra von Romanen dar (OC I, 1441); dann aber werde die Vertrautheit (des Lesers) mit den Formen und Instanzen des (traditionellen) Romans verschoben. Körperlichkeit und (homosexuelle) Erotik sind Themen und Ausdrucksformen dieses Schreibens. Eros wird »zum einzigen Gott des Werkes« ausgerufen (OC I, 1442). Und dies verweist auf eine wichtige Orientierung der

Barthesschen *écriture*, in der vielleicht sein größter Vorbehalt gegenüber dem *nouveau roman* (und insbesondere Robbe-Grillet) zum Ausdruck kommt. Dieser Art von Roman hatte der künftige Verfasser von »F. B.« nämlich bereits 1962 die Frage gestellt, warum die Erotik aus der Literatur verschwunden sei (OC I, 980). Nicht nur die Schreibweise F. B. s, sondern auch die *écriture* Barthes' wird sich bemühen, die erotische Dimension in neuer Weise wieder in die Literatur einzuführen. Das Element des Körperlichen – das auch in der Hand des Schreibenden präsent ist – wird (wenn auch noch zögerlich) mit dem Element des Erotischen, des Lustvollen verknüpft.

Die der Literatur zugrunde liegende Problematik speist sich aus der Tatsache, daß sie – so betont der Erzähler – auf eben jene Sprache (*langage*) der Literatur zurückgreifen müsse, die sie zerstören wolle: Der »Mord« ist ein wesentlicher Bestandteil des literarischen Tuns (OC I, 1444). Barthes greift in »F. B.« auf Vorstellungen zurück, die er 1953 in *Am Nullpunkt des Schreibens* entwickelt hatte. In diesem engen, zwischen Rückgriff und Zerstörung angesiedelten Zwischenraum situieren sich nach Ansicht des Erzählers die Texte F. B. s. So überrascht nicht, wenn dieses Schreiben nicht nur mit der Rhetorik und nicht nur mit dem Gesang, der sich »›zwischen den Dingen und den Worten‹« ansiedle, sondern auch mit dem Orpheus-Mythos in Verbindung gebracht wird (OC I, 1445), der – wie wir sahen – spätestens seit *Le Degré zéro* zu einer ständig bearbeiteten und modifizierten Obsession des Barthesschen Schreibens geworden war. Die »Devise dieser Texte« – und in dieser Formulierung des Schlußsatzes bleibt offen, ob es sich um die Texte von F. B. oder R. B. oder aber von Barthes selbst handelt – könnte das *Signum facere*, das Zeichen-Geben sein. Diese Sätze blieben im Kopf »wie eine künftige Erinnerung, das Sprechen der letzten Moderne vorbestimmend (*prédéterminant la parole de la dernière modernité*)« (OC I, 1445).

Die Anbindung dieses Schreibens an die »letzte Moderne«, ist vieldeutig. Es erscheint als Teil einer Moderne, die an ihr Ende gelangt ist, behauptet aber zugleich, etwas Neues in die Literatur einzuführen. Die letzte Moderne, die auch dem zuletzt (also bis 1964) von Barthes vieldeutig und teilweise widersprüchlich benutzten Modernebegriff zuzurechnen wäre, wird am Ende von »F. B.« einem offenen Raum gegenübergestellt, der als ein künftiges Erinnern, ein künftiges Gedächtnis dargestellt ist. Der moderne Text schreibt sich zweifellos in die Vergangenheit der Zukunft ein. Die Moderne erscheint am Ende dieses Barthesschen Textes in ihrer Janusköpfigkeit. Sie zeigt ein Gesicht, das zurückgewandt ist, und ein anderes, das nach vorne, zu einem Gedächtnis der Zukunft hin blickt. In dieser Janusköpfigkeit ist sie ein Durchgangszeichen, das nach verschiedenen Seiten schaut, und ein Tor, das in verschiedenen Richtungen durchschritten werden kann. Dies ließe sich auch von »F. B.« selbst sagen: Denn dieser Text schaut zugleich auf eine vergangene und eine künftige literarische Form der Barthesschen *écriture*.

Von Insel zu Insel

81

»F. B.« weist zurück auf einen im Juli 1944 erstmals veröffentlichten Text, »In Griechenland«, und voraus auf jene *Incidents*, die erst nach Barthes' Tod publiziert werden sollten, aber bereits in den Fragmenten des Jahres 1964 als künftiges Projekt (nach) der *dernière modernité* bezeichnet werden. »F. B.« ist zugleich eine Reflexion über Literatur und ein Schreiben von Literatur – und gerade in dieser Verbindung ein Experimentierfeld von enormer Bedeutung für die künftigen literarischen und literatur- und kulturkritischen Ausdrucksformen von Roland Barthes.

Die drei genannten Texte (»In Griechenland«, »F. B.« und *Begebenheiten*) verbindet eine für Barthes' literarische Ausdrucksform charakteristische Schreibweise: das fragmentarische Schreiben bzw. die *écriture courte*. Bereits bei der Untersuchung von *Michelet* war darauf verwiesen worden, daß die Reisefragmente, die Barthes 1944 in der Zeitschrift *Existences* des Studentensanatoriums veröffentlichte, wo sich der an Tuberkulose Erkrankte aufhielt, literarische Skizzen sind, die sich durch ihren offenen, dialogischen Charakter auszeichnen. Sie gehen zurück auf eine Griechenlandreise, die Barthes mit der von ihm zwei Jahre zuvor an der Sorbonne mitbegründeten »Gruppe Antikes Theater« 1938 unternommen hatte. Es handelt sich um eine Lektüre des in zweifacher Hinsicht kulturell Anderen: zum einen das »klassische«, antike Griechenland, zum anderen das bereiste, er-fahrene zeitgenössische Reiseland. Die verschiedenen Fragmente sind thematisch, aber auch geographisch bzw. topographisch angeordnet, so daß Stationen einer Reise durch die Fragmente eines Reiseberichts hindurch erkennbar werden. In gewisser Weise enthält der erste Satz des ersten Fragments bereits die immanente Poetik der gesamten Serie: »In Griechenland gibt es so viele Inseln, daß man nicht weiß, ob jede einzelne von ihnen das Zentrum oder der Rand eines Archipels ist. Es ist auch das Land der reisenden Inseln: Man glaubt, ein Stück weiter jene wiederzufinden, die man soeben verlassen hat.« (OC I, 54) Wie die Inseln des griechischen Archipels bilden auch die einzelnen Fragmente kleinere oder größere (Sinn-)Inseln, wobei jede für sich zu einem Zentrum wird, das sogleich wieder verlassen werden kann. Die Lektüre folgt damit dem Weg der Reisenden. Es ist ein Hüpfen von Insel zu Insel, auch wenn der Text gerade *keinen* linearen Reisebericht darstellt, sondern letztlich eine Rundreise bildet: Die Inseln eröffnen den Reigen, und von Delos, der letzten Insel (und dem letzten Fragment) aus ordnen sich die anderen Inselnamen wie um ein (stets transitorisches, im Transit befindliches) Zentrum (OC I, 58).

Auch in diesem »Reisebericht« über Griechenland ist der *sens* (als Sinn und Leserichtung) reversibel. Ein anderes, nicht der linearen Abfolge gehorchendes Hinundherspringen ist möglich, ja wird fast vom Text gefordert. Der Text selbst fluktuiert immer wieder zwischen der griechischen und französischen Gegenwart und der antiken Vergangenheit, die die Mitglieder der Gruppe in ihrer Theaterpraxis ins zeitgenössische Frankreich zu übersetzen versuchten. Kulturelle Alterität wird aus der Distanz wahrgenommen und in Form von Reisenotizen »festgehalten«. Rasieren, Essen, Trinken erscheinen in ihrer Andersartigkeit, die freilich von einem *parfum d'exotisme* (OC I, 54) eingehüllt ist. Oft ist es die große Vergangenheit Griechenlands, welche noch der Gegenwart ihren Stempel aufdrückt oder in ihrem Abglanz aufscheint. Die Lektüre des Anderen erhält stets eine Distanz aufrecht: Es ist die Distanz des Flaneurs, der die Straßen Athens durchstreift und – prä-semiologisch noch – die verschiedensten kulturellen Praktiken notiert. Zugleich aber nimmt der Text die fremden Klänge in der Form der griechischen Bezeichnungen und Ortsnamen auf, wiederholt sie ständig und rhythmisiert damit eine Prosa, die immer wieder in eine Sprache der Lyrik überzugehen scheint. Schon hier aber gilt: Das Reich der Zeichen ist – für Barthes wie für Sartre – die Prosa.

Die »insuläre Schreibweise«, das ständige Hinundherspringen zwischen verschiedenen Textfragmenten, eine Literatur im vestibulären Zustand, die Problematik der Moderne, die Zusammenhänge von Körperlichkeit, Erotik und Schreiben – all dies sind Elemente, die sich auch in Barthes' *Incidents* in nunmehr potenzierter Form finden lassen. Auch diese *Begebenheiten* oder *Zwischenfälle* beruhen auf einer Lektüre des kulturell Anderen, die in eine neue (und wie wir sahen, zugleich alte) Schreibweise überführt. Spätestens seit *Michelet* hat sich gezeigt, daß im literarischen Schaffen Roland Barthes' die kurze Schreibweise eben jene dialogische Verklammerung zwischen Lesen und Schreiben, zwischen Erfahren und Erfahrbar-Machen erlaubt, die für sein literarisches Schreiben prägend, ja konstitutiv ist.

»Die Schreibweise«, so formulierte Barthes 1963 im Vorwort zu seinen *Kritischen Essays*, »ist in der Tat auf allen Ebenen das Sprechen des Anderen (*la parole de l'autre*)«; in ihr könne man das wirkliche Geschenk des Schriftstellers erblicken (E I, 1172). Diese *parole de l'autre* geht in den *Incidents* auf Marokkoreisen Barthes' von 1968 und 1969 und insbesondere auf einen längeren Aufenthalt in Rabat zurück, wo Barthes im September 1969 eine Gastdozentur antrat, die erst im September des folgenden Jahres definitiv zu Ende ging.[4] Im Gegensatz zu den Fragmenten der Griechenlandreise sind die *Begebenheiten* nicht mehr prä-semiologisch, sondern in die Erfahrungs- und Begriffswelt des Semiologen getaucht. Wie im Falle von »F. B.« handelt es sich um Texte, die Roland Barthes nicht veröffentlicht hat; sie wurden Anfang 1987 von François Wahl zusammen mit drei anderen, sehr unterschiedlichen Texten in Buchform herausgegeben.

Die kurze Schreibweise wird in den *Incidents* in wesentlich radikalerer Weise als noch in »F. B.« oder »In Griechenland« praktiziert. Oft bestehen die Fragmente nur aus zwei bis drei Zeilen. In »F. B.« werden *incidents* als Schneeflockenbewegungen bezeichnet, »Dinge, die *fallen*«, ohne in ihrem *continu discontinu* einen Stoß auszulösen (OC I, 1440). In seiner Autobiographie wird Barthes diese damals noch unveröffentlichten Fragmente als »Mini-Texte, Faltungen, Haikus, Notierungen, Sinnspiele (*jeux de*

---

4 In seinem jährlichen Bericht für die EPHE vermerkt Barthes auch ein Gastseminar im November 1965 an der *Faculté des lettres* in Rabat (OC II, 111).

sens), alles was fällt, wie ein Blatt« (RB, 153) bezeichnen.[5] Aufgrund von Barthes' Insistieren auf der fallenden Bewegung werde ich im folgenden im Gegensatz zu der nicht immer überzeugenden deutschen Übersetzung nicht von *Begebenheiten*, sondern von *Zwischenfällen* sprechen.

Was aber sind diese Zwischenfälle? Die kurzen, auf 1969 datierten Momentaufnahmen setzen an einem Bahnhof ein, wo ein Barkeeper eine rote Geranie pflückt und in ein Wasserglas stellt (IN 23). Es ist erstaunlich, wie sehr sich dieses Fragment unmittelbar an die Griechenland-Fragmente anzuschließen scheint, tauchen dort doch ebenso Elemente wie Blume, Geranie, Tische und Stühle eines schmuddeligen Restaurants auf. Der Bahnhof verweist bereits auf die Bewegung des Reisenden, die auch der Anordnung der Fragmente zugrunde liegt. Wie in den Griechenland gewidmeten Texten werden auch hier Fragmente eines Reiseberichts erkennbar, zeichnen sich Fortbewegungsmittel verschiedenster Art ab, vom Eselkarren über Auto, Taxi und Zug bis hin zum Flugzeug. Der Erzähler bewegt sich mit dem Auto über Land, nimmt bisweilen Anhalter mit, Tanger, Rabat und Marrakesch werden zu gleichwohl unbestimmt bleibenden geographischen Referenzpunkten. Im Bild zweier älterer Amerikanerinnen, die einem marokkanischen Blinden gegen dessen Willen über die Straße helfen, deuten sich nicht nur kulturelle Differenzen, sondern auch blankes Unverständnis in den zwischenmenschlichen wie interkulturellen Beziehungen an (IN 24). Marokko wird in ein kulturelles Dreieck zwischen arabischer, europäischer und nordamerikanischer Kultur eingespannt.[6] Im Kontrast zum schmutzigen Café des ersten Fragments preist eine »Frittenbude für Hippies« in englischer Sprache nicht nur ihre Produkte, sondern auch ihre Produktionsweise an: »*Hygien* [sic!] *is our speciality*« (IN 26). Die Brüche zwischen den verschiedenen Kulturen und ihren Wertnor-

5 Wenig später spricht er von einem Buch von Haikus, aus denen bewußt keine »Sinnlinie (*ligne de sens*)« gezogen werden solle (RB, 154). Auch hier findet sich das Spiel mit *sens* in der Bedeutung von Sinn und Richtung.
6 Man sollte sich davor hüten, die Darstellung Marokkos als die eines »glücklichen Anderswo« zu verstehen, wie dies etwa Comment, Bernard: *Roland Barthes, vers le neutre, op. cit.*, 71, in seinem ansonsten interessanten Abschnitt über die Erfahrung der Alterität tut. Marokko bietet zwar ein Gegenbild zum Abendland, ist aber zugleich in dessen Problematik dialektisch eingebunden. Es zeigt sich wohl eine Stilisierung, aber keine Idealisierung des kulturell anderen.

men erscheinen unvermittelt, in ihrer übergangslosen Heterogenität. Die westliche Kultur manifestiert sich in ihrer Expansion, auch und gerade durch die Hippies, die Barthes' Textfragmente ebenso wie der marokkanische Blinde förmlich durchlaufen. Gerade die Hippies erscheinen als sich selbst in Szene setzende Protestler eigentümlich deplaziert. Sie befinden sich nicht mehr in ihrem angestammten Kontext westlichen Reichtums, innerhalb dessen ihre Revolte noch Sinn machen könnte, sondern in einem Umfeld der Armut, wo ihr Protest grotesk wirkt. Sie führen am eigenen, »verkleideten« Leib die Aporien westlicher Zivilisation vor.[7]

Körperlichkeit und Sexualität bilden von Beginn an bei Menschen wie bei Tieren wichtige Elemente für ein Verständnis der von Barthes' Text aufgebauten Spannungen. Sinnlichkeit und Literatur werden in extremer Verknappung paradox zusammengedacht: »Ein Auftakt wie bei Racine: mit einer sanften Zutraulichkeit: ›Sie sehen mich? Sie wollen mich berühren?‹« (IN 34) Die Körperlichkeit des Anderen wird hartnäckig, ja obsessiv präsent(iert).

Körper, Alterität: Körperlogik 83

Die Zwischenfälle reihen sich ohne erkennbare Ordnung aneinander. Sie bilden eine Linie, aber keine Sinnlinie. Die Übergänge zwischen Sehen und Begehren, die Gegensätze zwischen Denken und Handeln sind schroff und unvermittelt:

»Abdellatif – wollüstig – befürwortet ganz entschieden die kürzlich in Bagdad gefällten Todesurteile durch Erhängen. Die Schuld der Angeklagten sei erwiesen, weil der Prozeß ja kurz war: Der Fall lag eben ganz eindeutig. Widerspruch zwischen der Brutalität dieser Dummheit und der milden Frische seines Körpers, der Verfügbarkeit seiner Hände, die ich, ziemlich stumpfsinnig, weiter halte und streiche, während er seinen Rache-Katechismus vorträgt.« (IN 36)

Die Übergänge sind hart, werden aber von einem Erzähler-Ich markiert, das keineswegs neutral ist, sondern das Verhalten des Anderen wertet. Die kulturelle Differenz wird nicht aufgelöst: we-

7 1969 veröffentlichte Barthes in *Communications* einen seiner wenigen Aufsätze jenes Jahres unter dem Titel »Ein Fall kultureller Kritik« (OC II, 544-546). Dort versucht er, die Hippiebewegung in ihren Gegen-Werten, vor allem aber in den Aporien ihrer Kulturkritik aus der Perspektive eines Drittweltlandes wie Marokko zu beleuchten.

der in eine verständnisvolle Erklärung noch in eine wie auch immer geartete Kontextualisierung, die uns die konstatierte *contradiction* verständlich macht. Dabei bezieht sich die Differenz nicht nur auf die verschiedenen Kulturen, sondern auch auf den Widerspruch von Sprechen und Körper des Anderen. Und diese Differenz dringt gleichsam in den Körper des Erzähler-Ichs ein. Auch bei ihm zeigt sich ein unüberbrückbarer Gegensatz zwischen seinem Denken und dem Handeln des eigenen Körpers. Die Alterität des Körperlichen wird so unterhalb der kulturellen Differenz gleichsam versteckt eingeführt. Die Lektüre des Anderen ist auch eine Lektüre des (eigenen) Körpers, der autonom ist und einer anderen Logik gehorcht. Die Hände des Ich-Erzählers fahren in ihrer liebkosenden Bewegung autonom und unabhängig fort, treten nicht in einen Dialog mit den Worten, sondern mit den Körperbewegungen des Anderen ein. Der erotische Körper – und hier ist Barthes' Lacan-Lektüre unübersehbar – ist der fragmentierte, zerstückelte Körper, der nicht wieder in eine Einheit zurückverwandelt wird. In einem 1968 erschienenen Beitrag Barthes' zur Sprache der Werbung heißt es (lacanisierend): »der erotische Körper ist in gewisser Weise nicht mehr zusammengefügt« (OC II, 515).

Damit wird das Erzähler-Ich, das deutlich europäisch (französisch) gezeichnet ist, auf zweifache Weise in seiner eigenen Welt rationaler Vorstellungen und Überzeugungen hinterfragt: durch die Logik des kulturell Anderen und die andere Logik des Körpers. Die Logik des Sinns als kontinuierliche Linie wird ebenso auf der Inhalts- wie auf der Ausdrucksebene durchbrochen und fragmentiert. Auch die Sinneswahrnehmungen selbst werden in dieses Spiel einbezogen. Der vorwiegend optisch orientierten Wahrnehmung des Erzählers wird die Wahrnehmungsweise des marokkanischen Blinden gegenübergestellt, der sich an den Wänden entlangtastet. Die Figur dieses Blinden, die mit dem geblendeten Ödipus verglichen wird, erhält eine nicht nur psychoanalytisch gesehen traumatische Dimension, sondern auch einen unübersehbar allegorischen Rang in ihrer zeitlichen, kulturellen und wahrnehmungsspezifischen Alterität.

Eine Vielzahl narrativer Normen – mit denen sich der Erzähltextgrammatiker wenige Jahre zuvor sehr intensiv beschäftigt hatte – wird subvertiert. So etwa die Konvention einer Kontinuität von Namen, wenn kurz nach dem oben zitierten Zwischenfall ein (anderer, derselbe?) Abdellatif als einer jener Studenten erscheint, die durch ihr Studium in der Schweiz oder in Frankreich teilweise »okzidentalisiert« sind und eine hybride Zwischenposition einnehmen (IN 40f.). Ebenso bewußt wie die Lücken zwischen den einzelnen Fragmenten werden Lücken innerhalb der narrativen Strukturen produziert, gewaltige Leerstellen, die dem »Text des Lesers« im Grunde mehr Platz als dem »Text des Autors« zur Auffüllung übriglassen. Oft bleibt nur der Eindruck von kurzen, blitzartig wahrgenommenen Bewegungen. Der Text verbietet den Rückschluß auf ein einziges, sondern erfordert mehrere narrative Grundmodelle, die sich ständig verschieben. Einer zentralen Logik stellen sich verschiedene Logiken entgegen. Das Sinnzentrum geht verloren, geht unter im Sinn(en)-Wirbel körperlicher Empfindungen und Lust. Der fragmentierte Körper des Erzählers – die Hände, die allen Überlegungen zum Trotz den Körper des Anderen weiter streicheln – geht über in den fragmentierten Textkörper, der durch keine »Einführung in die strukturale Erzähltextanalyse« mehr in den Griff zu bekommen ist. Er gehorcht seiner eigenen Logik. Die Fragmente sind in sich selbst wiederum fragmentiert: zerrissen durch Anführungszeichen, Klammern, Kursivsetzungen, die wiederholte Verwendung des Anakoluth und die häufig Widersprüche markierenden Trennpunkte.

Die in den *Zwischenfällen* aufgezeichneten Liebesbeziehungen sind homosexuell und heterokulturell. Diese doppelte, erotische *und* kulturelle Spannung charakterisiert den Text in seiner Gesamtheit. Der Erzähler (R. B.) ist hier gleichsam zu F. B. geworden. Sein eigener Gott (wie auch der seiner Fragmente eines Diskurses homosexueller Liebe) ist Eros, auch in seiner Gewalttätigkeit im Umfeld der Strichjungen. Dies wird selbst auf der Ebene von Sprachspielen deutlich, wie sie im folgenden Fragment vorgeführt werden:

»Drei junge *Chleus* [Angehörige eines Berberstamms] an der Klippe verlangen eine Französischstunde. ›Wie sagt man ...?‹ Als ich darauf eingehe, werde ich gewahr, daß der ganze Sexualapparat in einem Verschlußlaut-Paradigma steckt: *cul/con/queue*. Die drei, auf der Stelle Philologen, sind selbst darüber verwundert.« (IN 57)

In diesem Fragment erstaunt den Philologen nicht nur das Verschlußlaut-Paradigma, sondern vielleicht mehr noch das sich unter der Lautkette zusammenfügende Lautbild: *quiconque*, »wer auch immer«, »ganz egal wer«. Unter den Wörtern werden andere Wörter hörbar, wie einst in Saussures *Wörtern unter Wörtern*: Die

Theorie wird hier in ein literarisches Sprachspiel umgesetzt.[8] Ein ähnliches Verfahren findet sich in einem anderen Sprachspiel eines anderen Fragments, in dem der Begriff der *dissémination* – auf den im folgenden Kapitel noch ausführlich zurückzukommen sein wird – nicht mehr »nur« dezentrierte Denkstrukturen meint, wie sie in den *Incidents* vorherrschen, sondern in den Kontext gleichgeschlechtlicher Liebesakte gestellt wird (IN 44f.). Unter dem philosophischen Begriff wird nicht mehr nur das Sinn-Sprühende, sondern auch und gerade das Samen Versprühende vernehmbar. Ein Verfahren deutet sich an, das in seinen Konsequenzen erst in den siebziger Jahren in seiner ganzen Tragweite sichtbar werden wird: die Dekonstruktion der Dekonstruktion. Es ist bezeichnend, daß die hier nur angedeutete Dekonstruktion des Disseminationsbegriffs, die letztlich auf einem der von Barthes so geschätzten und häufig praktizierten *glissements du sens* beruht, vom Körper und seiner erotischen Autonomie ausgeht. Die andere Logik, die Logik des Anderen, wird vom eigenen wie vom fremden Körper her be-greifbar. Sie bildet ihr eigenes Beziehungsgeflecht: eine Körperlogik.

Paradoxe Bewegungen 84

Das dem gesamten Text zugrunde liegende Denk- und Schreibverfahren ist das des Paradoxons. Es findet sich in einer Vielzahl von Textpassagen und entsteht überwiegend aus dem Dialog zwischen arabischer und europäischer Kultur:

»›Herr, merke Dir, Du darfst niemals einen Marokkaner (als Anhalter) mitnehmen, den Du nicht kennst‹, sagt mir dieser Marokkaner, den ich als Anhalter mitnehme und den ich nicht kenne.« (IN 55)

Die Paradoxa machen die Grenzen bestimmter (abendländischer) Denkvorstellungen und Ordnungsschemata erfahrbar, dekonstruieren Rationalität und logische Argumentation und führen buchstäblich andere, akausale Denkformen vor, oft in typischer Verkürzung des Satzes. Es ist gerade diese auf jeglichen direkten

8 Im Anschluß an Julia Kristevas Begriff des »Paragrammatischen« beschäftigt sich Barthes seit 1967 zunehmend mit dieser Dimension des Schreibens, u. a. auch in seiner lesenswerten Untersuchung des historiographischen Diskurses (*Le discours de l'histoire*) von 1967 (OC II, 418f.).

Kommentar verzichtende Verdichtung, die das Umschlagen von einer Logik in eine andere ermöglicht, ohne daß beide zu einer wie auch immer gearteten Synthese geführt würden. Das Paradoxon erweist sich als Grenzphänomen. Wie im vorliegenden Beispiel wird zumeist ein Satz (oder Axiom) in einem ersten Teil vorgeführt, im zweiten aber dann gleichsam entführt. Zwischen beiden ergeben sich dann Friktionen, die nicht im Hegelschen Sinne in einer neuen Synthese aufgehoben werden. Diese neue Synthese wäre zugleich eine neue Doxa, die sich von der zuerst aufgerufenen in keiner grundlegenden Weise unterscheiden würde. Man könnte diese Art der von Barthes produzierten Paradoxa auch als eine Variante des seit den *Mythologies* in Betracht gezogenen Sprachendiebstahls deuten. Die gestohlene Sprache wird hierbei nicht zerstört, sondern sozusagen sprachlos gemacht. Diese Sprachlosigkeit verweist auf die nicht zu tilgende, stets kontrastiv vorgeführte kulturelle Andersartigkeit, die – wie wir am Beispiel des Verschlußlaut-Paradigmas sahen – neue Einsichten erzeugt. Diese Einsichten sind in den Schriften Ende der sechziger Jahre bei Barthes häufig an die Bewegung, an das Reisen geknüpft. Der paradoxe Diskurs ist – wenn der Ausdruck erlaubt ist – ein Bewegungsdiskurs, weist doch die *diskursive* Bewegung schon etymologisch auf das Reisen hin.

Barthes' *Incidents* konfigurieren einen Reisebericht[9], und so enden diese kurzen Texte auch mit einem Fragment, das – aus der Perspektive des über Land Fahrenden – das typische Kleidungsstück der Marokkaner als sich entlang der Straße wiederholendes Zeichen darstellt. Wie auch in den Griechenland-Fragmenten wird der Klang der fremden Wörter poetisch eingesetzt und zusammen mit einer starken, nur schwer zu übersetzenden Rhythmisierung in eine lyrische Sprache verwandelt: »*Paix d'une djellaba (de dos) sur un âne, le signe qui se répète de temps en temps dans la campagne.*« (IN 61) Mit diesem Fragment einer lyrischen, nach einer lauten Lektüre verlangenden Sprache brechen die *Incidents* ab. Die fragmentarische, »insuläre«, kurze Schreibweise ordnet sich nicht auf syntagmatischer, sondern auf paradigmatischer Ebene zu einem Textgewebe an. Nicht das lose, akausale und alogische Nacheinander der Fragmente, wohl aber ihre thematischen und poetologischen Be-

---

9 Auf die durchgängige Präsenz von (imaginären) Reisen in den Schriften Barthes' hat – wenn auch unter Auslassung der griechischen Reisefragmente – hingewiesen Higgins, Lynn A.: »Barthes's Imaginary Voyages«. In: *Studies in Twentieth Century Literature* V, 2 (spring 1981), 157-174.

ziehungen ordnen sich zu semantischen Strukturen an, die freilich vorübergehender Natur sind und wie in einem Kaleidoskop stets neue, sich wandelnde Sinnstrukturen bilden. Umgekehrt und zugleich komplementär hierzu findet, ganz im Jakobsonschen Sinne[10], eine Projektion von Äquivalenzen von der paradigmatischen auf die syntagmatische Achse statt: Lautliche, rhythmische oder semantische Rekurrenzen gliedern den Text so, wie im letzten Satz der *Incidents* das Zeichen von Zeit zu Zeit wiederkehrt, wenn sich die Kontexte dieses Zeichens bzw. seiner Wiederholungen auch stets verändern und neue Sinnkonstellationen produzieren. Der Leser kann nach der Lektüre eines Fragments zu anderen Fragmenten springen, ohne die lineare Abfolge zu beachten. Die ständige Umkehrung von Leserichtung und Sinn ist in diesen Texten Programm. Es sind, wenn man so will, *vernetzte* Texte, in etwa so, wie die Inseln der Ägäis ein Netz von Beziehungen aufbauen, in dem jedes Zentrum seine zentrierende Funktion nur provisorisch ausüben darf. Barthes hat die fragmentarische Schreibweise in den *Incidents* zu einer Radikalität geführt, wie sie sich in seinem gesamten Werk wohl sonst nicht mehr findet.

Die Texte waren für eine Publikation in *Tel Quel* vorgesehen; doch scheint Barthes wegen der homosexuellen Passagen mit der Veröffentlichung gezögert zu haben, hat er doch – wenn nicht alle Anzeichen trügen – seiner Mutter (mit der er bis zu ihrem Tod im Oktober 1977 zusammenlebte[11]) stets die eigene Homosexualität

10 Ich beziehe mich hier auf Jakobsons berühmten, 1960 entstandenen Aufsatz »Linguistik und Poetik«. In: Jakobson, Roman: *Poetik. Ausgewählte Aufsätze 1921-1971.* Hg. von Elmar Holenstein und Tarcisius Schelbert. Frankfurt a. M. 1979, 83-121.

11 An Weihnachten 1969 holte Barthes seine Mutter für zwei Monate nach Marokko. Auch in den folgenden Jahren wird er versuchen, seine langsam bekannt werdende Homosexualität zu vertuschen. Als 1972 in Paris *Immédiatement* von Dominique de Roux erschien, wo von einem »Barthes der Knabenbordelle« gesprochen wird, veranlaßt der Verfasser der *Incidents* in Einverständnis mit dem Verleger von de Roux, daß aus allen ausgelieferten Exemplaren die ihn betreffende Seite herausgerissen wurde. Calvet zitiert die entsprechende Passage aus dem 1980 in voller Länge veröffentlichten Buch (*Immédiatement.* Lausanne 1980) in *Roland Barthes. Eine Biographie,* op. cit., 263. Zur überraschenden Veröffentlichung der *Incidents* durch François Wahl vgl. Compagnon, Antoine: »Barthes' Open Secrets«. In: *Times Literary Supplement* (5.2.1993), 5; dort finden sich auch Hinweise auf Auseinandersetzungen, die zur Veröffentlichung der jetzt vorgelegten Werkausgabe Barthes' führen sollten. Die *Incidents* ließen Barthes laut Compagnon zu einem bevorzugten Gegenstand der *Gay Studies* in den USA werden.

verborgen. Die Publikation der *Incidents* nach Barthes' Tod und der im selben Band erfolgte Abdruck von Barthes' zuvor ebenfalls noch unveröffentlichten »Pariser Abenden« mußte zu einem Skandal werden, der dem Verlagshaus Seuil nicht notwendigerweise unangenehm war. Denn die *Soirées de Paris*, eine Folge von datierten Tagebucheintragungen zwischen dem 24. August und dem 17. September 1979, stellen unter anderem homosexuelle Vergnügungen dar, die strikt autobiographisch gelesen wurden und auch die *Incidents* in eine solche Lesart verwickelten.[12] Gewiß hat dies dem Verkauf der Bücher Barthes' nicht geschadet. Allerdings ist es auch hier trotz aller autobiographisch deutbaren Textelemente geboten, vor einer dominant autobiographischen Lesart der *Zwischenfälle* zu warnen, da man sonst leicht die ebenso luzide wie ludische Anlage dieser Texte aus dem Blick verliert. Die *Incidents* provozieren zwar durchaus ein autobiographisches Versteckspiel mit dem Leser; jedoch entziehen sie sich stets einem reduzierenden, *sinn*gebenden Rückbezug auf den realen Autor.[13]

Es ist bezeichnend, daß Barthes seine literarische Schreibweise zunächst bevorzugt anhand einer Lektüre des kulturell Anderen entwickelte und so auf eine sehr persönliche Weise Reise und Literatur eng miteinander verknüpfte. Diese Vorgehensweise wird wenige Monate später zur Veröffentlichung von *Das Reich der Zeichen* führen, einem Buch, das mit großer Sorgfalt Schrift- und Bildtexte in einen kreativen Dialog verwickelt. Bevor wir uns diesem Text widmen, sollten wir noch ein letztes Mal in das Jahr der Niederschrift von »F. B.« zurückkehren.

Der Blick zum Eiffelturm   85

1964 veröffentlichte Roland Barthes unter dem Titel *La Tour Eiffel* einen Band, der neben dem gleichnamigen Essay Photographien von André Martin sowie eine Reihe historischer Aufnahmen enthielt.[14] Zumindest in der Wissenschaft fand diese brillante

---

12 Ein Beispiel aus neuester Zeit bietet Knight, Diana: »Barthes and Orientalism«. In: *New Literary History* XXIV, 3 (1993), 622 und *passim*.

13 Vgl. hierzu auch Ette, Ottmar: »Roland Barthes«, *op. cit.*, 16.

14 Eine schöne deutsche Ausgabe erschien bereits 1970 (s. Bibliographie). Eine französische Neuausgabe des Bandes unter Verwendung neuerer Arbeiten Martins erschien 1989; vgl. Barthes, Roland: *La Tour Eiffel*. Texte de Roland

Publikation ein nur sehr geringes Echo, so daß der Herausgeber der aktuellen Werkausgabe, Eric Marty, in einem Interview zu Recht darauf verweist, daß »dieser große Text« im Grunde noch immer »wenig bekannt« sei.[15] Die von dem französischen Essayisten und Romancier besorgte Ausgabe verzichtet freilich – wie schon bei *Michelet* – bedauerlicherweise darauf, die Bildvorlagen aufzunehmen. Damit aber wird die für dieses Werk grundlegende Bild-Text-Beziehung zerstört, eine editorische (aber möglicherweise nicht dem Herausgeber anzulastende) Nachlässigkeit, die höchstens durch die Aussicht gedämpft wird, daß *La Tour Eiffel* durch die Aufnahme in die Werkausgabe mehr interessierte Leser finden wird, die dann hoffentlich auf andere Ausgaben zurückgreifen.

Die Lektüre, auf der dieser Text beruht, ist nicht die einer anderen Kultur oder eines anderen Landes. Es ist eine andere Lektüre des Eigenen. Gleichzeitig läßt sich auch dieser Text mit der Bewegung des Reisenden in Verbindung bringen. Denn zum einen handelt es sich um eine Reise von Paris auf den Eiffelturm oder, wie man noch präziser sagen könnte, vom Schreibtisch des Erzählers zur Aussichtsplattform des von seinem Wohnungsfenster aus sichtbaren Turms, Rückreise inbegriffen. Und zum anderen wird nicht die Perspektive des Reisenden, sondern die des Bereisten eingenommen, da doch der Eiffelturm ein Besuchermagnet ist, der (zumindest damals noch) doppelt so viele Menschen anzieht wie der Louvre. Roland Barthes begibt sich damit auf eine paradoxe Reise, die zum Eigenen führt und zugleich das Andere oder Fremde im Eigenen aufdeckt. Dies schließt eine Distanzierung ein, die durch die Vertikalität der Reise auf den Eiffelturm gewährleistet wird: Der Turm ermöglicht die Distanz zur Stadt.

Noch in einer weiteren Weise ist dieser Text im Kontext von Barthes' Schriften der sechziger Jahre paradox. Denn die Reise zum Eiffelturm wird auf der Aussichtsterrasse lange Zeit immobilisiert. Es ist nicht die Perspektive des Flaneurs, der durch die Straßen der Großstadt spaziert, um Zeichen zu lesen, die dann in der Sinnküche des Seminars zubereitet werden, sondern ein in gewis-

Barthes, photographies d'André Martin. Paris 1989. Interessant ist dies insoweit, als durch Barthes' Tod 1980 der Bildkünstler in seinem Dialog mit dem Wortkünstler mit neuen Bildern das letzte Wort behielt.

15 Marty, Eric: »Le parcours d'une écriture. Propos recueillis par Marina Graff«. In: *Magazine littéraire* 314 (octobre 1993), 24.

ser Weise unbeweglicher Spaziergänger, der vom Turm aus seinen Blick über die Großstadt schweifen und in der Einsamkeit seines Schreibtischs zunächst in die Bewegung seiner Hand übergehen läßt, die mit einem Bleistift die Vertikalität des Turms in einen Strich, in eine Linie verwandelt, welche den Auftakt zu jener Schreibarbeit bildet, die den Schrifttext erzeugt. Der Text betont die Kontinuität dieser Bewegung. Das Nachzeichnen dieser Bewegung aber scheint mir von größter Bedeutung zu sein, werden doch so jene Übergänge deutlich, die von der Lektüre des Bildes über eine Zeichnung oder Skizze zur Rhetorik der Schrift führen, die ihrerseits den Dialog mit den Photographien André Martins und alten Aufnahmen von der Errichtung des Eiffelturms sucht. Dies ist eine Wanderung zwischen verschiedenen Zeichensystemen, die man als Übersetzung oder, mit einem Begriff Roman Jakobsons, genauer als *Transmutation* (im Sinne einer »intersemiotischen Übersetzung« zwischen verbalen und nichtverbalen Zeichensystemen)[16] bezeichnen kann.

Die alten Aufnahmen, die Barthes in sein Buch integriert hat, zeigen die Entstehung des Werks von Gustave Eiffel. Ihr Betrachter sieht die Fortschritte des Baus und manche der Arbeiter, die die Pläne des Ingenieurs in die Realität umgesetzt haben. Ebenso kann der aufmerksame Leser Elemente einer Entstehung des schriftlichen Essays erkennen, kann entziffern, wie der Blick auf den Turm zu einem Blick auf das Blatt Papier wird, auf dem der Bleistift Linien zeichnet. So entsteht ein impliziter, nirgends direkt angesprochener Dialog zwischen der Entstehung des Turms und der Entstehung des Essays, zwischen alter Photographie und neuer Schrift, entsteht die Einheit einer Zwiesprache, die durch die separate Publikation nur des einen, schrifttextlichen Teils in den *Œuvres Complètes* zerstört wird. Die ikonotextuellen Beziehungen aber sind für ein Verständnis von *Der Eiffelturm* von herausragender Bedeutung.

Der Text setzt ein mit einem langen Zitat aus dem sogenannten »Protest der Künstler«, die sich im Februar 1887 vehement gegen die »Errichtung (*érection*)« des Turms von Gustave Eiffel »im Herzen unserer Hauptstadt« aussprachen (TE I, 1381), weil ein solches Monstrum gegen den französischen Geschmack, gegen die französische Kunst und ihr Bild im Ausland verstoße. Maupas-

---

16 Vgl. Jakobson, Roman: »On linguistic aspects of translation«, *op. cit.*, 261.

sant, der zu den Unterzeichnern des Protestbriefs zählte, habe – so sagt uns der Erzähler, der nicht ungeprüft mit Barthes gleichgesetzt werden sollte – später gerne im Restaurant des Eiffelturms gegessen, weil dies der einzige Platz in Paris sei, von dem aus man den Turm nicht sehen müsse (TE I, 1383). Barthes' Text geht von der Allpräsenz des Eiffelturms aus, dessen Silhouette nicht nur vom Fenster des Erzählers, sondern auch von den Wohnungen seiner Freunde aus stets gesehen werden könne: »Mit ihm zusammen bilden wir alle eine sich bewegende Figur, deren festes Zentrum er ist: Der Turm ist freundschaftlich.« (TE I, 1383) Der Eiffelturm wird zum (anthropomorphen) Zentrum eines Systems von Blicken, die sich auf ihn richten. Der Turm wird gesehen und sieht zugleich auch selbst; er ist aktiv *und* passiv, besitzt »die beiden Geschlechter des Blicks« (TE I, 1384) – eine Formulierung, die nicht von ungefähr an jene *deux sexes de l'esprit* erinnert, die als Motto für *Michelet* gedient hatten (M I, 243). Von Beginn an wird eine intertextuelle Beziehung zwischen *La Tour Eiffel* und jenem Text über den französischen Historiker hergestellt, der 1954 mit seiner Einbeziehung von Abbildungen ein erstes Beispiel ist für das ikonotextuelle Schreiben Barthes.

Der doppelte Blick des Eiffelturms zieht nicht nur den Blick des Betrachters, sondern auch den Besucher selbst an. Paradoxerweise um so mehr, als es sich um ein »leeres Denkmal«, eine Art »Nullpunkt des Denkmals (*degré zéro du monument*)« handelt (TE I, 1386). Rasch also verwandelt sich der Blick auf den Turm in einen Blick vom Turm, wird der Reisende zum Besucher, der von der Aussichtsplattform auf eine Stadt schaut, die sich unter seinem Blick gleichsam in Natur verwandelt (TE I, 1386). Die horizontale ist zu einer vertikalen Reise geworden, die initiatische Züge trägt. Dieser Blick vom Turm vollziehe nach, was im 19. Jahrhundert literarisch in den Werken von Victor Hugo oder Jules Michelet vorgeführt worden sei: das Phantasma eines Panoramas aus der Vogelperspektive.

Der Blick vom Eiffelturm 86

Der Blick des Besuchers ist jedoch nicht nur durch die Lektüre vorperspektiviert, er wird selbst wiederum zur Lektüre: Der Vogelflug »gibt die Welt zu *lesen*« (TE I, 1387). Diese Lektüre ist aber nicht mehr die des 19. Jahrhunderts, sondern eine »strukturalistische Tätigkeit« im Sinne von Roland Barthes' gleichnamigem Essay. Auch der »bescheidene Blick des Touristen« gerät zu einer »Dechiffrierung«, führt eine »neue Wahrnehmung«, eine strukturalistische Perzeption ein (TE I, 1387).[17] In der (Re-)Konstruktion der »Struktur« der französischen Hauptstadt entwirft der Blick des Betrachters ein »Simulacrum von Paris« (TE I, 1387).

Dieses Simulacrum besitzt nicht nur eine synchronische, sondern auch eine diachronische Ebene, taucht unter den Augen des Betrachters doch ein prähistorisches, mittelalterliches, dem Turmbau vorangehendes und schließlich für den Touristen zeitgenössisches, modernes Paris auf, zu dessen Symbol der *modernité* der Eiffelturm geworden ist (TE I, 1387). Die topographische Differenzierung der aktuellen Hauptstadt schließt sich an, eine funktionale Struktur entsteht, innerhalb deren jeweils das Paris der Vergnügungen, des Geldes, des Wissens und des Wohnens verortet wird. Der Blick des Strukturalisten, des »modernen Besuchers«, strukturiert die Stadt, wird aber dann selbstreflexiv, richtet sich auf die eigene Position. Der Besucher von Notre-Dame kann sich in einen Innenraum versenken. Wie aber ist der Besuch eines Denkmals möglich, daß »leer und ohne Tiefe« (TE I, 1390) ist?

Was von jedem Punkt in Paris aus als eine vertikale Linie erscheint, erweist sich aus der Nähe als ein verwirrendes Geflecht divergierender Eisenteile. Diese Konstruktionsweise ist historisch datierbar, fällt mit dem Übergang vom Architekten zum Ingenieur, vom Stein zum Eisen als vorherrschendem Baumaterial zusammen. Der Eiffelturm bringt Metallurgie, Verkehrswesen und Demokratie in seiner Zeichenhaftigkeit zum Ausdruck (TE I, 1392 f.). Die Schönheit des Turms ist die einer »funktionalen Schönheit« (TE I, 1394), die als revolutionäre, als moderne ästhetische Konzeption erscheint. In Barthes' Essays der ausgehenden fünfziger und beginnenden sechziger Jahre war das leere Zentrum als Kennzeichen der Moderne (etwa in literarischen Texten) verstanden worden; und in eben dieser Weise, so dürfen wir schließen, ist der Eiffelturm Signum der Moderne. Er bündelt die Blicke, zentriert eine optische Struktur, doch im Innern ist er leer (auch wenn, so könnte man etwas engstirnig einwenden, Maupassant ge-

---

17 Man könnte von einer neuen Sensibilität des Sehens sprechen; vgl. hierzu Miller, Felicia: »A View from the Tower: Barthes and the Aesthetic Tradition«. In: *Pacific Coast Philology* XX, 1-2 (november 1985), 81.

rade hier den schützenden *Innenraum* eines Restaurants aufsuchte). Gegenüber den vorgängigen Symbolen von Paris bedeutet der Eiffelturm einen Bruch, er läutet eine neue Zeit ein und wird zum »Symbol der Moderne«: einer »modernen Geste, mit der die Gegenwart nein zur Vergangenheit sagt« (TE I, 1397). Und als modernes Zeichen sei er auch von der modernen Malerei (etwa der des Kubismus) verstanden worden.[18]

Zweierlei ist hieran wichtig: Zum einen symbolisiert der Eiffelturm nicht nur die Moderne, er dokumentiert auch ihre Ästhetik, die eine Ästhetik des Bruchs ist. Aus dieser Perspektive gewinnt der »Protest der Künstler« von 1887 eine neue, sozusagen prämoderne Bedeutung. Zum anderen erweist sich der Eiffelturm als »ein leeres Zeichen der Zeit« (TE I, 1397). Die architektonische, materielle Leichtigkeit des Turms bildet hier nur die Grundlage dieser luftigen Leere. Die baulichen Daten (unter anderem das Gewicht), welche im Buch ebenfalls enthalten sind, zeigen dies: Auf ein Tausendstel seiner Größe reduziert, würde der Eiffelturm gerade noch sieben Gramm und damit ebenso viel wie ein Bogen Papier wiegen (TE I, 1398). Ein Blick in die technischen Daten des Turms genügt: Die von Eiffel symbolhaft erreichte Höhe von 1000 Fuß entspräche dann 30 Zentimetern und damit recht genau der Größe eines (erst noch zu beschreibenden) Blattes. Turm und Schreibpapier – so die logische Konsequenz – haben dasselbe Gewicht, im konkreten wie im übertragenen Sinne. Damit wird, am Ende dieses literarischen Essays, der Bogen zurück zur Beziehung zwischen dem Zeichensystem des Turms und dem Zeichensystem der Literatur, zwischen der Dinghaftigkeit architektonischer Konstruktion und der Materialität – dem *support*, würde Barthes sagen – literarischer Imagination gespannt. Die »Durchbrochenheit (*l'ajouré*)« (TE I, 1398) wird mit der Qualität eines Stoffes, eines Gewebes verglichen. Die Textmetapher bildet zweifellos eine weitere Verbindung zwischen den verschiedenen Zeichensystemen. Aber worin kommt das Durchbrochene, das die Leere erst anschaulich macht, im literarischen Text zum Ausdruck?

18 Felicia Miller (ebd., 82ff.) hat in ihrer anregenden Studie auf die Rolle des Flaneurs und auf Bezüge zwischen Barthes' Text und Baudelaires »Le peintre de la vie moderne« zu Recht aufmerksam gemacht, dabei aber außer acht gelassen, daß damit wohl eine Filiation, nicht aber die Zugehörigkeit des Barthesschen Textes zu diesem Paradigma gegeben ist.

Im Gegensatz zu den anderen Texten oder Lektüren, die in diesem Kapitel analysiert werden, basiert *Der Eiffelturm* nicht auf einer fragmentarischen, kurzen Schreibweise, sondern bietet auf den ersten Blick einen zusammenhängenden Text. Und doch ist er »durchbrochen«: von den zahlreichen Photographien, die sich zwischen den Seiten, ja zwischen den Zeilen dieses Textes ansiedeln. Im Verbund der im Sinne Jakobsons »intersemiotischen« Beziehungen, die zwischen verschiedenen Zeichensystemen vermitteln oder übersetzen, nimmt die Photographie in *La Tour Eiffel* eine Mittlerstellung ein. Sie markiert den Übergang von der dreidimensionalen symbolischen Materialität zur zweidimensionalen Zeichenhaftigkeit. Ist sie wirklich, wie der Schrifttext uns glauben machen will, in der Lage, »uns die ganze Wahrheit eines Gegenstandes zu sagen« (TE I, 1398)? In jedem Falle vermag sie, uns *andere* Wahrheiten zu vermitteln, als es die Wahrheit des Schreibens tut. Die Photographie, die erst auf den letzten beiden Seiten des Essays explizit einbezogen wird, zeige das Tierhafte des Turms auf, der, einer Giraffe gleich, Paris überrage (TE I, 1399). Diese Animalisierung erleichtert den Schritt zur (bereits im Gedanken der Freundschaftlichkeit des Turms angelegten) Anthropomorphisierung des Bauwerks: *La Tour Eiffel* – und hier ist das Geschlecht des französischen Ausdrucks wichtig – erscheint als »Frau, die über Paris wacht«. Der »Blick der Photographie« mache sinnfällig, daß die Geschlechtlichkeit des Turms keineswegs nur phallisch, sondern (als Hohlräume bergende Form) gleichsam doppelt angelegt ist. Gegen den Himmel zeichnen sich »die reinen Formen des Sexus« in ihrer Zweigeschlechtlichkeit ab (TE I, 1399). Der Eiffelturm ist ein hybrides, ein Zwitterwesen.

Dieser doppelten geschlechtlichen Markierung entspricht auf der Ebene des Bild-Texts eine doppelte semiotische Kodierung. Beide Codes – und ganz bewußt begreife ich hier im Gegensatz zu Barthes auch die Photographie als Code – treten miteinander in einen unabschließbaren Dialog. Weder kommentiert der Text die Bilder – eine direkte Bezugnahme erscheint nur am Ende des Essays –, noch illustrieren die Bilder den Text. Sie bilden (relativ) autonome Zeichensysteme, die ihre eigene Rhetorik entfalten. Doch sind Bild und Text gleichwohl vieldeutig aufeinander bezogen, widersprechen einander (indem die Photographie Innenräume schafft, die vom Text geleugnet werden), spielen miteinander (indem die Präsenz des Turmes im Ausschnitt des Fensters nun in der Rahmung des photographischen Bilds auflebt) und überbieten einander (indem die so unterschiedlichen Gerüste der eigenen Konstruktion, des eigenen Blicks, unentwegt vorgeführt werden).

In Barthes' »Rhetorik des Bildes« war eine deutliche Hierarchisierung der drei Botschaften des Bild-Texts (eines Werbeplakats) festzustellen gewesen. Das Bild war gleichsam im Text verankert worden, der Leser selbst erschien als sprachgesteuert. In *Der Eiffelturm* hat diese Hierarchie einem offenen Dialog Platz gemacht. Damit erhält das ikonotextuelle Schreiben Roland Barthes' eine neue Dimension. Dies könnte mit der Tatsache zu tun haben, daß in *La Tour Eiffel* zwei Autoren gleichrangig nebeneinander treten: Roland Barthes und André Martin, Wortkünstler und Bildkünstler.[19] Über die Vorgeschichte dieser gemeinsamen Buchpublikation ist wenig bekannt; das Ergebnis aber ist beeindruckend und hat Barthes zu weiteren Experimenten mit Bild-Text-Relationen (ver)führt. Die Lektüre von Paris und »seinem« Eiffelturm, die Barthes 1964 vorlegt, ist deutlich strukturalistisch angelegt. Und doch scheinen in diesem Text die Strukturen in Bewegung gekommen zu sein, Strukturierungen Platz gemacht zu haben, vergleicht man ihn mit den methodologisch reflektierten Aussagen von »Rhetorik des Bildes«. Gewiß liegt zwischen beiden Texten der Unterschied von wissenschaftlicher und essayistischer Schreibweise, der von so grundlegender Bedeutung für die Barthesschen Schriften der sechziger Jahre ist. Doch deutet sich in *Der Eiffelturm* eine Öffnung der Strukturen an, die Ende der sechziger Jahre noch wesentlich deutlicher zutage tritt. Für die hier vorgelegte

19 Eine gleichsam doppelte Vorstufe findet sich in Barthes' zweimaliger Auseinandersetzung mit jenen live mit Hilfe eines Teleobjektivs erzielten Aufnahmen, die der Photograph Pic anläßlich einer erneuten Aufführung von »Mutter Courage« durch das Berliner Ensemble 1957 in Paris machte. In dem für *Théâtre populaire* 1959 verfaßten Bild-Text »Sieben Modellphotographien von ›Mutter Courage‹« (OC I, 833-847) deutet sich erst ein Dialog an, der in einem Artikel des folgenden Jahres, »KommentarVorwort zu Brechts ›Mutter Courage und ihre Kinder‹« (OC I, 889-905) schärfere Konturen annehmen wird. Doch überwiegen deutlich die kommentierenden Elemente, wenn im zweiten Text auch bewußt gegenläufige Akzente der Bild-Text-Beziehungen gesetzt zu werden scheinen. Bei beiden Texten kann man wohl von einem ikonotextuellen Schreiben, nicht aber von Ikonotexten sprechen.

Analyse gilt es festzuhalten, daß sich die ikonotextuellen Relationen weit jenseits von Kommentar oder Illustration bewegen. Sie bilden eine offene, dialogische, aber unauflösliche Einheit, die über ein ikonotextuelles Schreiben hinausgeht: *La Tour Eiffel* ist – im vollen Wortsinn verstanden – der erste *Ikonotext*[20] von Roland Barthes.

Die Verweigerung des Erbes/Erben 88

In gewisser Hinsicht kulminieren die im Verlaufe dieses Kapitels erarbeiteten Elemente einer Lektüre des Anderen in dem von Barthes 1970 veröffentlichten Bild-Text *Das Reich der Zeichen*. Die in der zweiten Hälfte der sechziger Jahre häufiger und intensiver werdenden Aufenthalte Roland Barthes im außereuropäischen Ausland – wobei die Vortragsreisen und Gastdozenturen in den USA aus verständlichen Gründen keine vergleichbare Wirkung entfalteten – führten ihn zu einer immer stärkeren Hinterfragung abendländischer Normen und Wertvorstellungen. Im folgenden Kapitel sollen die philosophisch-texttheoretischen Voraussetzungen dieser Infragestellung erarbeitet und in ihrer schöpferischen Aneignung durch die Texte Roland Barthes' entfaltet werden. Es sind vor allem die diskursanalytischen Forschungen Michel Foucaults zur Epistemologie des abendländischen Denkens, die ausgehend vom Bachtinschen Dialogizitätsbegriff operierende Semanalyse Julia Kristevas sowie der mit Sprachspielen arbeitende und auf eine Dekonstruktion des abendländischen Logozentrismus gerichtete philosophische Ansatz von Jacques Derrida, die Barthes in der zweiten Hälfte der sechziger Jahre zunehmend als Bezugspunkte für sein eigenes Denken und Schreiben dienen. In grundlegender Weise aber geht in Barthes' Überlegungen die konkrete, körperliche Erfahrung der Alterität ein, die sich an seine Aufenthalte von 1968 und 1969 in Marokko und, früher noch, an seine drei Reisen nach Japan zwischen 1966 und 1968 knüpft. Es sind diese Erfahrungen, die nicht nur die Lektüre des Anderen, sondern auch eine andere Lektüre des Eigenen prägen.

In einem erstmals am 30. April 1968 im *Nouvel Observateur* veröffentlichten und später wieder in *Sollers, Schriftsteller* abge-

20 Zur Definition dieses Begriffs vgl. den Schlußteil des zweiten Kapitels.

druckten Beitrag versucht Barthes, diese neuen Erfahrungen in ein Verständnis des Okzidents bzw. des abendländischen Diskurses so umzusetzen, daß sich damit eine neue methodologische Ausrichtung seiner eigenen Arbeiten und mehr noch seines eigenen kulturellen Projekts fundieren läßt. Ausgangspunkt dieser neuen Orientierung ist eine Art kultureller Selbstenteignung:

»Die revolutionäre Vorstellung im Abendland ist tot. Sie ist von nun an *woanders*. Für einen Schriftsteller jedoch ist der politische Ort dieses *Anderswo* (Cuba, China) weniger wichtig als dessen Form: was ihn bei dieser Wanderung direkt, d. h. vom Blickpunkt seiner Arbeit aus (denn auch der Schriftsteller arbeitet) betrifft, ist die Enteignung des Abendlands, die in ihr enthalten ist, das neue Bild, das sie auferlegt: das Bild eines Feldes, in dem das abendländische Subjekt nicht mehr Zentrum oder Blickpunkt ist.« (SE 47)

Der Titel dieses Beitrags, »Die Verweigerung zu erben«, ist in seiner Metaphorik aufschlußreich. Der europäische Schriftsteller – und gerade auch der Schriftsteller auf Reisen – hat nicht die Aufgabe übernommen, das Erbe des Abendlands fortzuführen und zu verbreiten[21], eine Aufgabe, die in den Einladungen an Universitäten und Kulturinstitute in Japan oder Marokko selbstverständlich mitenthalten war.[22] Seine Aufgabe ist es laut Barthes vielmehr, aktiv an einer kulturellen Situation mitzuarbeiten, die nicht mehr eurozentrisch am abendländischen Subjekt ausgerichtet ist. Der Erbe erbt nicht nur ein bestimmtes Gut, er wird von diesem »Erbgut« auch geerbt. Dieser Doppelbewegung versucht sich Roland Barthes zu entziehen. Der Schriftsteller ist damit nicht mehr der Bewahrer eines kulturellen Erbes, sondern ein Erbverweigerer. In

21 Diese Problematik unterscheidet sich grundlegend von der Diskussion um das (politische, kulturelle, literarische) Erbe, wie sie zeitgleich im deutschsprachigen Raum und insbesondere in der DDR geführt wurde. Das kulturelle Erbe wurde dort als ideologisch fundierte Funktionalisierung einer *bestimmten* Tradition innerhalb des Rahmens einer Gesellschaft verstanden; vgl. hierzu u. a. Weimann, Robert: *Literaturgeschichte und Mythologie. Methodologische und historische Studien*. Mit einer neuen Einleitung. Frankfurt a. M. 1977, bes. 12-41 (die Erstausgabe erschien 1971 in der DDR).

22 *L'Empire des signes* ist Maurice Pinguet gewidmet, der als Direktor des *Institut Français* von Tokio Barthes 1966 nach Japan eingeladen hatte. Pinguet unterstrich später die aufrichtige Liebe des französischen Intellektuellen für Japan; vgl. hierzu Jung, Hwa Jol: »The Joy of Textualizing Japan: A Metacommentary on Roland Barthes's ›Empire of Signs‹«. In: *Bucknell Review. A Scholarly Journal of Letters, Arts and Sciences* XXX, 2 (1987), 147.

einem Interview von 1970 für die *Lettres françaises* geht Barthes auf sein gerade erschienenes Buch *Das Reich der Zeichen* ein und radikalisiert seine Position nochmals deutlich, wenn er von einem »Kampf auf Leben und Tod, einem historischen Kampf mit dem Signifikat« spricht. Die Zerstörung des Abendlands müsse aus einer »nihilistischen Perspektive, fast im nietzscheanischen Sinne des Begriffs«, angegangen werden, um so einem neuen Denken, einem neuen Empfinden in einem historischen Prozeß den Weg ebnen zu können (GV, 84). Im selben Jahr erklärt Barthes in seinem Vorwort zu einer Neuauflage der *Mythen des Alltags*, die semiologische Analyse, die für ihn mit dem zweiten Teil dieses 1957 erstmals veröffentlichten Buches eingesetzt habe, sei zum »theoretischen Ort« einer Auseinandersetzung geworden, in der es »in diesem Jahrhundert und in unserem Abendland um eine gewisse Befreiung des Signifikanten geht« (MY I, 563). Diese Befreiung des Signifikanten, des Bedeutenden (*signifiant*), vom Signifikat, dem Bedeuteten (*signifié*), die Betonung der Materialität des geschriebenen Zeichens, des gesprochenen Worts, des gedruckten Buchstabens oder der gemalten Linie wird zu einem der Hauptanliegen einer veränderten Semiologie, deren Elemente Roland Barthes während der siebziger Jahre in immer überraschenderer Weise entfalten wird. Semiologie und Literatur intensivieren ihren Dialog, verändern sich wechselseitig und führen Barthes zu einer neuen Schreibweise, einer neuen Lektüre des Anderen und vor allem: einer neuen Wahrheit des Schreibens.

Ein Reich der Zeichen und seine Gesichtlichkeit   89

Die Auseinandersetzung mit dem kulturell Anderen ist für Barthes der Ansatzpunkt für eine politische, philosophische, vor allem aber kulturelle Dezentrierung und eine Überwindung des abendländischen Logozentrismus. Seit »In Griechenland« (1944) bedient sich Roland Barthes' literarische Auseinandersetzung mit kultureller Alterität einer vielfach fragmentierten, gebrochenen »kurzen« (insulären) Schreibweise. Spätestens seit »F. B.« ist diese literarische Form insoweit fortentwickelt worden, als sie ein ständiges Pendeln oder Oszillieren zwischen Objektsprache und Metasprache, zwischen literarischem und theoretischem Diskurs in ihr Spiel mitaufnimmt. Im selben Jahr 1964 gelingt es Barthes, in

Der Eiffelturm eine für sein Werk neue Art ikonotextueller Beziehungen zu schaffen und dadurch Bild und Text zu einer unauflöslichen Einheit jenseits von Kommentar oder Illustration zusammenzuführen. Die zu Lebzeiten Barthes' unveröffentlicht gebliebenen *Incidents* radikalisieren die fragmentarische Schreibweise nicht nur hinsichtlich ihrer Textgestalt, sondern vor allem mit Hilfe ständig inszenierter Paradoxa, die zwischen der Logik abendländischer Rationalität, der Logik anderer kultureller Systeme und der Logik von Körper und Körperlichkeit dem Leser ständig Grenzerfahrungen vermitteln. Barthes löst damit zugleich eine in »F. B.« erhobene Forderung ein, Eros zum Gott des Textes zu machen und die Lust nicht als Thema, sondern gleichsam als Textmotor in die Literatur, in den *modernen Text*, (wieder) einzuführen. Ein durchgängiges Muster aller Barthesschen »Reiseberichte« ist die »gebrochene« Referentialisierbarkeit einer eher inszenierten als dargestellten Kultur: Die Entdeckung des eigenen Schreibens ist für Roland Barthes wichtiger als die eines kulturell Anderen[23] – eine »Entdeckung«, die stets die Geste europäischen Expansionswillens in sich trug (und trägt). Schon die *Incidents*, die zeitgleich mit Barthes' Japan-Buch entstanden, zeigen nicht eine referentialisierbare kulturelle Alterität, sondern konstruieren ein Textgebilde, das gerade durch eine Befreiung der Signifikanten von einer ihnen auferlegten unmittelbaren Bedeutung abendländischzentrierte Sinnstrukturen ganz bewußt und kämpferisch herausfordern soll. Die ethische Dimension dieser den abendländischen Diskurs dezentrierenden Kampfansage kommt 1968 in der Annahmeverweigerung des kulturellen Erbes, im *refus d'hériter*, explizit zum Ausdruck.

All diese Schreiberfahrungen finden Eingang in die *écriture* von *Das Reich der Zeichen*. Das Buch setzt mit einem Doppelschlag ein:

---

23 Daher geht auch die Kritik an einer mangelnden Kenntnis kultureller Phänomene Japans oder Marokkos ins Leere, berücksichtigt sie doch die von Barthes stets betonte Aussage nicht, daß es ihm in diesen Texten niemals um eine mimetische Darstellung seines Schreibobjekts gehe oder gegangen sei. Stellvertretend für eine derartige, auf einem grundsätzlichen Mißverständnis von Barthes' Schriften der sechziger und siebziger Jahre beruhenden Kritik sei genannt Merquior, José Guilherme: *From Prague to Paris. A Critique of Structuralist and Post-structuralist Thought.* London/New York 1986, 107f188. Dieses Mißverständnis beruht nicht zuletzt darauf, daß Barthes' Texte auf eine angenommene lineare Entwicklung bezogen werden, die sie dann politisch wie methodologisch nicht einlösen.

»Der Text ›kommentiert‹ die Bilder nicht. Die Bilder ›illustrieren‹ den Text nicht: Jedes von ihnen diente mir lediglich als Ausgangspunkt für eine Art visuellen Schwankens, analog vielleicht zu jenem *Sinnverlust*, den der *Zen* als *Satori* bezeichnet; Text und Bilder wollen in ihrer Verflechtung die Zirkulation, den Austausch dieser Signifikanten gewährleisten: Körper, Gesicht, Schrift; und darin das Zurücktreten der Zeichen lesen.« (EM II, 745)

Der Hinweis ist so deutlich, daß ihn selbst der Verlag nicht überlesen konnte und daher auch nicht wagte, wie in *Michelet* oder *Der Eiffelturm* auf einen Abdruck der Bilder zu verzichten. Der erste Teil dieser von Barthes verfaßten und dem Buch vorangestellten Lektüreanweisung liest sich fast wie jene Definition des Ikonotexts, die hier im Rückgriff auf Michael Nerlich am Ende des zweiten Kapitels eingeführt wurde. Und in der Tat: *Das Reich der Zeichen* ist ein Ikonotext im Sinne jener Definition. Die unauflösliche »Verflechtung« von Bild und Text wird dabei nicht nur mit der Befreiung des Signifikanten in seinen vielfältigen Formen, sondern zugleich mit einem Teil der anderen Kultur, mit dem Zen-Buddhismus, in Verbindung gebracht. Dies ist der eigentliche (textuelle und kulturelle) Doppelschlag dieses Eröffnungstextes.

Darüber hinaus – oder komplementär hierzu – kann man eine eigentümliche Verschiebung des Begriffs der *écriture* bemerken, ein geradezu unmerkliches *glissement du sens*, das sich auch in der Übersetzung niederschlagen muß. Denn der Begriff meint hier weniger eine Schreibweise als eine Schrift: Neben das Schreiben tritt das Schrift*bild* in seiner graphischen Gestalt.[24] Das eigentümliche »visuelle Schwanken«, das Oszillieren zwischen Bild und Text, situiert sich damit nicht nur zwischen beiden Zeichensystemen, sondern auch innerhalb der *écriture* selbst: als Schreibweise und Schriftbild.

Barthes' Buch ist »gerahmt« von zwei Bildern eines Mannes, dessen Kleidung auf den europäischen Betrachter »exotisch« wirkt und im Reich der fremden Zeichen noch nicht verortet werden kann. Die zweite Photographie (am Ende des Buches) bildet zwar denselben Mann ab, doch hat er nun ein Lächeln auf den Lippen; handschriftlich ist daneben vermerkt: »bis auf das Lächeln (*au*

---

24 Ein ausdrückliches Interesse am graphischen Erscheinungsbild von Buchstaben bzw. Schrift findet sich in Barthes' Texten relativ spät, zuerst vielleicht in der bereits erwähnten Besprechung einer italienischen Publikation über die *Civiltà dell'immagine* (OC I, 1411). Dieser Beginn im Kontext der Forschungen zur Massenkultur ist bezeichnend, aber noch bescheiden.

sourire près)« (EM II, 824).[25] Der japanische Schauspieler ist zugleich derselbe und doch ein anderer: die »Signifikanten« des Gesichts und der Handschrift machen die Differenz augenfällig.[26] Und überdies wird damit vorgeführt, was eine Erzählerfigur über den »Autor« sagt[27]: »Japan hat ihn in die Situation des Schreibens (*en situation d'écriture*) versetzt« (EM II, 748).

Vom Anfang bis zum Ende des Buches erscheint das Gesicht als Signifikant, in dem sich Körper und Schrift (durch die Zentralstellung ausgedrückt) überschneiden: *le corps, le visage, l'écriture* (EM II, 745). Schon in den Mythologien der fünfziger Jahre war das Gesicht für Barthes als kulturelles und gerade nicht als »natürliches« Zeichen von großer Bedeutung gewesen.[28] Es zeigte sich, daß der von Deleuze und Guattari entwickelte Begriff der Gesichtlichkeit in gewisser Weise von Barthes bereits angedacht worden war. Dies setzt sich auch in *L'Empire des signes* fort. Wird für die beiden französischen Philosophen das Gesicht stets eine Kombination von weißer Wand und schwarzen Löchern sein[29], so entwickelt Barthes seine Konzeption des Gesichts als Kombination von weißem Papier und schwarzer Schrift: »das Weiße des Papiers, das Schwarze der Inschrift (reserviert für die Augen)« (EM II, 807). Es entsteht folglich schon bei Barthes eine Art von »Verge-

25 Die in der deutschen Fassung angebotene Übersetzung (»dem Lächeln nahe«) ist, wie auch an einer Vielzahl anderer Stellen, irreführend; immerhin ist der handschriftliche Zusatz mit abgebildet. In der Werkausgabe ist er nur in gedruckter Form vorhanden, ebenso wie in der 1970 erschienenen Ausgabe (Albert Skira éditeur). Eine mir ebenfalls vorliegende, 1984 erschienene Ausgabe desselben Verlags enthält dagegen die handschriftliche Eintragung. Die räumliche Anordnung von Text und Bild ist in den vier konsultierten Ausgaben jeweils verschieden. Derartige Beispiele ließen sich häufen. Bei vielen Verlagen scheinen Abbildungen oder Bild-Text-Beziehungen noch als Schmuck oder Beiwerk zu gelten. Eine kritische Ausgabe täte not...

26 Auf dasselbe und zugleich doch andere Verfahren hat Vincent Descombes in seiner Darstellung der französischen Philosophie des 20. Jahrhunderts zurückgegriffen, als er das Titelblatt seines Buches zweifach abdrucken ließ, beim zweiten Abdruck aber auf die Differenz durch einen Kommentar hinwies: »Um *dieselbe* zu sein, muß sie eine *andere* sein.« Descombes, Vincent: *Das Selbe und das Andere. Fünfundvierzig Jahre Philosophie in Frankreich 1933-1978, op. cit.*, 5.

27 Das Spiel zwischen Erzählerfigur und Autor bzw. zwischen Metasprache und Objektsprache nimmt die Grundstruktur von »F. B.« wieder auf.

28 Vgl. hierzu das dritte Kapitel des vorliegenden Buches.

29 Vgl. Deleuze, Gilles/Guattari, Félix: »Das Jahr Null – Gesichtlichkeit«, op. cit.

sichtungsmaschine«, wie sie Deleuze und Guattari wesentlich umständlicher zu entwickeln suchen. Das Gesicht wird dabei nicht nur an den Körper, sondern mehr noch an die Schrift angebunden: es ist *le visage écrit* (EM II, 807). Das Verblüffende dabei ist, daß Barthes dies nicht nur an den Zügen des Schauspielers oder anhand anderer Figuren der verschiedenen Theaterformen Japans nachzuweisen sucht, sondern gerade auch auf sein eigenes Gesicht bezieht. Umgeben von japanischen Schriftzeichen, die vom Vortrag eines *conférencier occidental* berichten, erhält sein Gesicht, indem es in den Text *eingeschrieben* wird, geradezu asiatische Züge, während die Buchstabenschrift einem daneben abgebildeten japanischen Schriftsteller im »Gegenzug« westliche Züge verleiht (EM II, 808). Dem Leser wird buchstäblich vor Augen geführt, daß das Gesicht kein Naturprodukt, sondern ein Produkt der Kultur ist, genauer noch: es ist ein (Er-)Zeugnis der Schrift.

Stadt, Text und leeres Zentrum   90

Barthes' Text versucht von Anfang an, den abendländischen Subjektbegriff auszuschalten und parallel dazu die Trennung zwischen Bild und Schrift zu überwinden. Über einer japanische Bild- und Schriftzeichen ikonisch unauflösbar verbindenden Abbildung ist handschriftlich notiert: »Regen, Samen, Dissemination. Raster, Gewebe, Text. Schrift.« (EM II, 751)[30] Derridas Disseminationsbegriff[31] wird einmal mehr spielerisch verwendet und selbst einer Signifikanten-Dissemination zugeführt. Gleichzeitig münden die Elemente der beiden durch einen Punkt voneinander getrennten Sequenzen in den einzeln stehenden Begriff der *écriture*. Der Leser erfährt nichts über die Bedeutungen, die Signifikate der japanischen Schriftzeichen. Genau dies ist die Distanz, die Japan Barthes verschafft. Wie schon die Kleidung auf dem Eröffnungs- und dem

---

30 Auch hier verwendet die Werkausgabe Druckbuchstaben. Die deutsche Übersetzung von *dissémination* mit »Saat« ist erneut irreführend. Hinsichtlich beider Formen editorischer Fehlleistungen werde ich fortan schweigen. In einem 1973 in der Zeitschrift *Critique* veröffentlichten Essay über Philippe Sollers kommt Barthes auf diese Passage zurück und verweist auf die Bezüge zwischen modernen Schreibkonzeptionen und dem in *L'Empire des signes* eingeblendeten japanischen Manuskript des 12. Jahrhunderts (SE 57).

31 Zur Herkunft dieses Begriffes vgl. Zima, Peter V.: *Die Dekonstruktion. Einführung und Kritik, op. cit.*, ix f.

Schlußbild, so erlaubt auch die Abbildung von Schrift dem europäischen Leser nicht, hinter die Oberfläche des Signifikanten zu gelangen: Der ursprüngliche Sinn geht verloren, das Bild der Schrift aber bleibt in seiner Graphie, seiner Bildhaftigkeit. Bei einer anderen Abbildung, in der ein japanisches Gemälde sich mit einem Haiku verbindet, findet sich die Eintragung: »Wo beginnt die Schrift? Wo beginnt die Malerei?« (EM II, 759) Die Grenze zwischen Schrift und Malerei wird als von der abendländischen Kultur gesetzte Grenze kenntlich gemacht und ikonotextuell dekonstruiert.[32] Hier zeigt sich die ästhetische *und* theoretische Sprengkraft des Barthesschen Ikonotexts, der – wenn man so will – an der abendländischen Grenze von Bild und Text *arbeitet*, diese Grenze *friktioniert*: Er stellt sie in Frage, ohne sie doch gänzlich aufzulösen.

Zugleich aber wird Japan (für den abendländischen Leser) zum Reich der *leeren* Zeichen, der reinen Signifikanten. Und daraus ergibt sich eine weitere Verschiebung: Das Signifikat des Buches ist nicht Japan, Barthes konstruiert höchstens eine »Japanität«.[33] Gibt es aber überhaupt ein Signifikat, und wie könnten wir es fassen?

Es wäre falsch zu glauben, daß Barthes' Japan-Buch nicht selbst wiederum auf ein oder mehrere Signifikate verweise. Das Spiel der reinen Signifikanten ist durchaus zeichenhaft, und zum Zeichen gehört nach Saussure nicht nur das Bedeutende, sondern auch das Bedeutete. In diesem Sinne ist der »*Sinnverlust*«, wie er sich im Satori zeige, selbst wieder sinnhaltig: zumindest für den abendländischen Leser. Auch Barthes ist ein solcher Leser. Sein Buch ist eine Lektüre des kulturell Anderen, die sich vor allem an Leser aus der eigenen Kultur wendet. Und auf dieser Ebene ist *L'Empire des signes* nicht nur ein Reich der Signifikanten, sondern paradoxerweise auch und vor allem der Zeichen.

Zunächst aber taucht die Erzählerfigur in einem Fragment mit dem halb linguistischen, halb musikalischen Titel *Sans paroles* ein in die »rauschende Masse einer unbekannten Sprache«, die für den »Fremden« Hülle und Schutz vor der »Dummheit« ist und ihm die

---

32 In der japanischen wie in der chinesischen Tradition sind Schreiben und Malen in der Tat voneinander nicht zu trennende Praktiken; vgl. hierzu Jung, Hwa Jol: »The Joy of Textualizing Japan«, *op. cit.*, 153.

33 Man könnte dies provokativ mit der von Barthes selbst herausgearbeiteten Tatsache in Verbindung bringen, daß etwa in einer französischen Werbung für Tee niemals Großbritannien, sondern die *britannicité* dargestellt werde (OC II, 71).

pure signifiance gewährt (EM II, 750): Das reine, unabschließbare Spiel der Signifikanten, die ständige Sinnverschiebung, die Julia Kristeva als *signifiance* bezeichnet hatte.[34] Selbst ein so referentielles Dokument wie der Stadtplan von Tokio erscheint als Ideogramm, als ein Text, der unabschließbare Bedeutungsprozesse in Gang setzt. Das Stadtzentrum von Tokio wird als leeres Zentrum präsentiert: *centre ville, centre vide* (EM II, 767). Diese »Feststellung« wird explizit auf den Europäer bezogen als Infragestellung der »abendländischen Metaphysik, für die jedes Zentrum der Ort der Wahrheit« sei (EM II, 767). Doch nicht nur die Stadt, auch das »ideale japanische Haus« ist »oft dekonstruiert«: »hier gibt es keinen Ort, der auch nur das geringste Eigentum bezeichnete: weder Sessel noch Bett noch Tisch, von denen aus der Körper sich als Subjekt (oder Herr) eines Raumes konstituieren könnte: Das Zentrum wird verweigert (welch brennende Frustration für den abendländischen Menschen, der überall mit seinem Sessel, seinem Bett versehen, Besitzer eines häuslichen *Platzes* ist). Der Raum ist nicht zentriert und daher auch umkehrbar« (EM II, 821-824). Der Adressat der gezielten Frustration ist auf dieser letzten Textseite des Bandes nochmals genau benannt: *l'homme occidental*. Auf ihn ist das Zentrum bezogen, für ihn ist es förmlich gemacht: denn »das Zentrum unserer Städte ist immer *voll*: ein markierter Ort, an dem sich die Werte der Zivilisation versammeln und kondensieren« (EM II, 767). Dies aber, so weiß der Leser von *La Tour Eiffel*, gilt nur in sehr eingeschränktem Maße: Auch Paris ordnet sich um ein Zentrum an, das laut Roland Barthes leer ist – und eben hierin ist es auch Symbol der Moderne. Eine vergleichende Lektüre zeigt, daß gerade auch hier, bei der augenscheinlich so leichten Referentialisierbarkeit des japanischen Hauses und mehr noch der japanischen Stadt, der Text in seinem Bezug zu anderen Texten Barthes' selbstbezüglich ist. Und dies in einem ganz konkreten Sinne: Das leere Zentrum ist vor allem eine Beschreibung der eigenen Textstruktur; im Zentrum von *L'Empire des signes* findet der erstaunte Leser, als kleine Hommage an den Kopf der *Tel Quel*-Gruppe, einen unkommentierten Text von Philippe Sollers aus dem Jahre 1969.

Das Reich der Zeichen konstruiert nicht nur den Raum einer imaginären Stadt. Der Text konstruiert intertextuell einen literari-

---

34 Vgl. Kristeva, Julia: *Séméiotikè. Recherches pour une sémanalyse*. Paris 1969.

schen Raum[35], der wesentlich von Begriffen und Texten von Derrida, Kristeva und Sollers gebildet wird. Die philosophischen oder texttheoretischen Begriffe wie Dekonstruktion, Dissemination oder *signifiance* wirken eigentümlich verfremdet: Sie sind zugleich theoretische Konzepte und Wortmaterial, das einem literarischen Spiel dient. Sie werden nicht nur geographisch und kulturell, sondern auch auf der Ebene der *écriture* deplaziert und als Wortfügungen bewußt *miß*verstanden. Als Begriffsbildungen einer Theorie sind sie zwar noch erkennbar, in ihrer Form und Konstruiertheit aber literarisch aus ihren konzeptuellen Verankerungen gerissen und dezentriert: Die Grenzen zwischen »Theorie« und »Literatur« werden *bearbeitet*, die Gültigkeit (*validité*) einer Wissenschaft in die Wahrheit eines Schreibens überführt.

Eine Reise auf der Suche nach der Wahrheit des Schreibens

Die intratextuelle Textebene ist in höchstem Maße für ein Verständnis von *L'Empire des signes* bedeutsam. Wie in den anderen »Reiseberichten« Roland Barthes' werden die verschiedensten kulturellen Praktiken – von der »dezentrierten Nahrung« (EM II, 758) über Formen des Bunraku-Theaters bis hin zum berüchtigten Glücksspiel Pachinko – erfaßt und besprochen. Auch hier führt die Lektüre des kulturell Anderen zu einer fragmentierten Schreibweise, deren Weg der Leser folgen oder – von Textinsel zu Textinsel springend – verändern kann.[36] Die Fragmentierungen sind freilich von höherer semantischer (und intersemiotischer) Komplexität als in Barthes' Publikationen der sechziger Jahre. Denn in die Abfolge schrifttextlicher Fragmente sind Photographien, Zeichnungen, Gemälde, Kalligraphien, Postkarten, Zeitungsartikel und handschriftliche Eintragungen eingestreut, wobei dieser Parcours noch dadurch komplexer wird, daß sich handschriftliche Notizen auf Bildern oder Photographien finden, japanische Schriftzeichen pho-

---

35 Zum Begriff des literarischen Raums vgl. Ette, Ottmar: »Rezeption, Intertextualität, Diskurs. Ein Diskussionsbeitrag zur wissenschaftsgeschichtlichen Erforschung der französischen ›Idéologues‹«, op. cit., 15-27.
36 Man könnte mit Jung von einem »cultural *bonsai* cultivated as miniaturized texts« sprechen; vgl. Jung, Hwa Jol: »The Joy of Textualizing Japan«, *op. cit.*, 149.

tographisch in ihrer Verfertigung durch eine den Pinsel führende Hand dargestellt sind oder gedruckte Kommentare an die Seite von Abbildungen treten. Auf diese Weise bilden sich semantische Beziehungen zwischen den verschiedenen Zeichensystemen heraus, die unaufhörlich in neue Dialoge eintreten. Es ist allerdings auch möglich, den einzelnen Zeichensystemen separat auf ihrem Weg durch den Text zu folgen. Sie bilden in gewisser Weise eigene Serien oder – wenn man so will – (japanische) Inselketten. Dies sei anhand des Beispiels handschriftlicher Notizen kurz aufgezeigt.

In Barthes' *Incidents* hatten die Fragmente eine Kette homosexueller Liebesbeziehungen entstehen lassen, die den Ich-Erzähler mit den verschiedensten arabischen Männern – *quiconque* – vereinte. Es darf vermutet werden, daß Barthes aufgrund der Darstellung homosexueller Liebe und der Gefahr einer auto(r)biographischen Lektüre auf eine Publikation, die durchaus beabsichtigt war, verzichtete. In *L'Empire des signes* ist eine solche Kette diskreter in das Textgewebe eingebaut. Man erkennt sie jedoch, folgt man der Spur jener handschriftlichen Eintragungen, die in ihrer Graphie nicht nur ein kalligraphisches Schreiben, sondern auch eine größere »Intimität« konnotieren. Sie sind die Spur der Körperlichkeit des Schreibenden.

Die Kette setzt ein mit dem handschriftlichen Text »Die Verabredung (*Le rendez-vous*)« (EM II, 755), wo die Langweiligkeit der Reiseführern oft beigefügten Wörterbücher beklagt und eine Antwort auf die Frage gegeben wird, was das Reisen eigentlich sei: »Zusammentreffen. Das einzige wichtige Wörterbuch ist das der Verabredung.« (EM II, 755) Diesem Text folgen dann ebenfalls handschriftliche Wortlisten, die allerdings gleichsam progressiven Charakter haben: Zunächst erfahren wir die japanischen Entsprechungen für »Verabredung«, »wo«, »wir zwei« oder »wann« (EM II, 756), dann für »hier«, »heute abend« oder »um wieviel Uhr?« (EM II, 760) und schließlich für »vielleicht«, »unmöglich«, »müde« und »ich möchte schlafen« (EM II, 771). Innerhalb dieses Spannungsbogens sind, nach dem bereits erwähnten Stadtplan Tokios, mehrere handschriftliche Skizzen und Lagepläne angeordnet, die – so heißt es zumindest im Abbildungsverzeichnis – den Plan eines Stadtviertels mit seinen Bars, Restaurants, Kinos oder Kaufhäusern zeigen. Die Einreihung in die »kalligraphische« Serie der Rendez-vous aber verweist schon darauf, daß diese Skizzen die Wortlisten ergänzen und in Handlungen umsetzen. Und in der Tat scheint es sich um die Darstellung eines »Rundgangs durch die homosexuellen Bars von Tokio« zu handeln.[37] Damit soll eine autobiographische Lesart keineswegs priorisiert oder »Barthes« gar der Homosexualität »überführt« werden. Vielmehr zeigt sich, daß die »Fragmente homosexueller Liebe« nicht nur in den *Incidents*, sondern auch im Zeichenreich von *L'Empire des signes* vorhanden sind und den Gott des Textes, Eros, in das Bild-Text-Gewebe einflechten. Die intratextuelle Beziehung verweist uns damit auf eine Textstrukturierung, die nicht nur die Dialogisierung von Text und Bild, sondern auch die Bildung bestimmter semiotischer Serien erkennen läßt. Auch hier werden mithin Fragmente eines (persönlichen) Reiseberichts erkennbar, der sich im Spannungsfeld heterokultureller und homosexueller Beziehungen ansiedelt.

Es ist faszinierend, wie Barthes' faszinierte Japan-Lektüre der in früheren Texten entwickelten Metaphorik stets wieder neue Seiten abzugewinnen versteht. Seit *Am Nullpunkt des Schreibens* war die Literatur (wie auch andere kulturelle Praktiken) als eine Maske verstanden worden, die voranschreitend auf sich selbst deute. Dieses *larvatus prodeo* erscheint nun in östlicher Variation beispielsweise in der Figur des Transvestiten, der im Gegensatz zum westlichen Transvestiten keine wie auch immer geartete Transgression betreibe, sondern ein männlicher Frauendarsteller (wie in Balzacs *Sarrasine*, dessen Analyse Barthes' *S/Z* gilt) *und* ein Familienvater ist. Beide Bilder werden einander auf einer Doppelseite gegenübergestellt, so daß die »Verschiebung (*translation*)« zwischen dem Selben und dem Anderen erkennbar wird. Der japanische Transvestit kopiere nicht die Frau, er gebe »ihre *Weiblichkeit* zu lesen« (EM II, 785).

Von großer Wichtigkeit scheint mir dabei, daß Barthes in *L'Empire des signes* gleichzeitig seine eigenen Themen *und* die fremde Kultur, das Selbe und das Andere zu lesen gibt, wie schon in seinem *Michelet* – freilich noch außerhalb interkultureller Beziehungen – die Themen des Historikers mit denen des jungen Barthes in ein wechselseitiges Deutungsverhältnis traten. Das Selbe und das Andere, die eigene und die fremde Kultur waren vor allem aber in

37 Coste, Claude: »Le secret de l'œuvre«. In: *Magazine littéraire* 314 (octobre 1993), 30. Dies rechtfertigt meiner Ansicht nach jedoch nicht, die Homosexualität als das Geheimnis von Barthes' Werk darzustellen und von den »Pariser Abenden« aus rückblickend Hinweise auf Homosexualität ausschließlich autobiographisch zu lesen.

den verschiedenen Reisefragmenten seit 1944 stets unmittelbar aufeinander bezogen worden. In *Das Reich der Zeichen* geschieht dies in nochmals verstärkter Weise. Ein wichtiges Verfahren besteht darin, Oppositionen der abendländischen Kultur durch das Andere als kulturelle Selbstverständlichkeiten der eigenen Kultur in Frage zu stellen. Dies geschieht nicht nur mit den Grenzen zwischen Schrift und Gemälde oder Bild und Text, sondern auch mit den Oppositionen »belebt«/»unbelebt«, »drinnen«/»draußen« oder »Oberfläche«/»Tiefe«.[38] Die fremde Kultur wird hier in Hinblick auf das eigene kulturelle Projekt Barthes' im Kontext der ausgehenden siebziger Jahre *funktionalisiert*. Es ist ihm deutlich um die kulturelle Enteignung des Abendlands – so wie er dies zwei Jahre zuvor ankündigte – zu tun. Der Vorwurf mangelnder japanologischer Kenntnisse Barthes' scheint mir ins Leere zu gehen, handelt es sich doch nicht um eine ethnologische Rekonstruktion (oder einen Reiseführer), sondern um eine literarische Konstruktion, genauer noch: um eine auf der abendländischen Dekonstruktion beruhende Konstruktion des Lands der aufgehenden Sonne. Die Funktionalisierung des Anderen als Prätext für eine Veränderung des Eigenen in Hinblick auf ein angestrebtes anderes Eigenes aber bedarf der Kritik. Die Offenheit der *ikonotextuellen* Strukturen verhindert nicht, daß das freie Spiel der Signifikanten in Barthes' Text durch die Funktionalisierung des Anderen eingeschränkt wird. Damit gibt Barthes seinem eigenen Text zumindest ein (kulturelles wie ideologisches) Signifikat vor und engt damit die Vieldeutigkeit seines pluralen Schreibens ein, indem er diese Vieldeutigkeit – schon in der eingangs zitierten Leseanweisung – hierarchisiert.[39] Man könnte sagen, daß es sich um eine Form hierarchisierter Polysemie handelt, insoweit die verschiedenen Signifikanten der »Japanität« durch den Erzählerdiskurs immer wieder

38 Eine frühere Fassung des mit *Les trois écritures* einsetzenden schrifttextlichen Abschnitts (EM II, 782ff.) wurde bereits im Sommer 1968 in der Zeitschrift *Tel Quel* unter dem Titel *Leçon d'écriture* veröffentlicht (OC II, 485-490). Die zahlreichen Abweichungen der endgültigen Fassung erklären sich nicht zuletzt durch den besonders intensiven ikonotextuellen Status dieses Textabschnitts.

39 In einem Vortrag von 1970 spricht Barthes von verschiedenen Formen der Polysemie, ohne dies freilich auf seine eigenen Publikationen zu beziehen. Mir scheint jedoch, daß gerade für die Vorworte, die Barthes seinen Büchern voranstellt, jenes *régime* charakteristisch ist, das er als »hierarchisierte Polysemie« (II, 889) bezeichnet hat. Auf die Praxis dieser »Leseanweisungen« komme ich zurück.

auf ein vorrangiges Signifikat, die *dépossession de l'Occident*, bezogen werden. Der Dekonstruktion der Dekonstruktion, die sich in *L'Empire des signes* andeutet, muß daher eine weitere Ebene der »Dekonstruktion« hinzugefügt werden, welche – wie geschehen – nicht nur das Spiel, sondern auch die Spielweise, ihre Regeln und Funktionen kritisch beleuchtet. Im so faszinierenden Reich der Zeichen herrscht eine Ordnung, die schnell in eine *Doxa* umschlagen kann. Dieser Problematik (und diesen Wegverzweigungen) gehen die beiden folgenden Kapitel nach.

Eine Reflexion über diese Problematik fehlt in *Das Reich der Zeichen* – zumindest im Ansatz – keineswegs. Barthes hat im Laufe der Entwicklung seiner Semiologie seit 1957 gelernt, daß nicht nur der Mythos, sondern auch der Mythologe einer Mythenkritik unterzogen werden muß. Diese selbstbezügliche Reflexion geht aus von einer Betrachtung der philosophisch-literarischen Form des Haiku, die mit dem Titel »Der Zwischenfall (*L'incident*)« überschrieben ist. Dort heißt es, die »abendländische Kunst« verwandle die Eindrücke stets in Beschreibungen, während der Haiku niemals beschreibe. Er entspreche vielmehr dem Satori des Zen, der plötzlichen Erleuchtung und der Leere des Sinns (EM II, 799). In *L'Empire des signes* werden zwar Beispiele für Haikus gegeben, die Schreibweise selbst aber orientiert sich keineswegs an dieser Form. Wohl aber die *Incidents*: Ihre Kürze und Flüchtigkeit lassen keine Beschreibungen zu, sondern erzeugen stets eine Offenheit des Sinns, die wesentlich radikaler durchgeführt ist als in Barthes' Buch von 1970. Doch läßt sich dort der Abschnitt über den »Zwischenfall« als immanente Poetik nicht der japanischen, sondern der marokkanischen Reisefragmente lesen. Der japanische Prätext dient hier dem Barthesschen Intratext als willkommener Vorwand. Er wird zum Ausgangspunkt eines interkulturellen Dialogs, der letztlich an der Wahrheit des eigenen Schreibens interessiert ist. Und in der Tat: Mit den Schriften der ausgehenden sechziger Jahre tritt Barthes' *écriture* aus ihrem vestibulären Zustand heraus und versichert sich der Logik ihrer eigenen Schreibbewegungen. Es ist diese Erfahrung einer eigenen Logik der Sprache wie des (Text-)Körpers, die aus der Lektüre des kulturell Anderen entsteht und Barthes' weitere Experimente mit der Wahrheit des Schreibens wesentlich prägen wird.

Barthes' Lektüre des Anderen wird nicht mehr auf die Fragmente einer Reise ins kulturell Andere zurückgreifen. Seiner 1974 zusammen mit anderen Mitgliedern der *Tel Quel*-Gruppe unternommenen Reise nach China folgt kein neues Buch über die Zeichen im Reich der Mitte.[40] Die Lektüre des kulturell Anderen hat anderen Formen der Lektüre Platz gemacht. Sollte Barthes die Gefahren der in *L'Empire des signes* praktizierten Schreibweise erkannt haben? Wie dem auch sei: Uns ist ein sicherlich nicht weniger faszinierendes Buch über das China Roland Barthes' verlorengegangen.

40 Wohl aber der kurze, für Barthes' politische Desillusionen charakteristische Text »Alors, la Chine?« In: *Le Monde* (24.5.1974).

Fig. 7: Roland Barthes beim Klavierspiel (Calvet 1993, Abb. 31).

Von der Wissenschaft zur Literatur?   92

Im September 1967 veröffentlichte Roland Barthes, der spätestens seit seiner Teilnahme an der 1966 an der Johns Hopkins Universität veranstalteten Tagung neben Jacques Derrida (dem eigentlichen »Star«) in den USA als einer der wichtigsten europäischen Intellektuellen galt, im *Times Literary Supplement* einen Beitrag, in dem er unter dem Titel »Von der Wissenschaft zur Literatur« die Heterogenität der so unterschiedlichen Ansätze des Strukturalismus hervorhob und programmatisch eine (radikale) Fortentwicklung strukturalistischen Denkens und Schreibens forderte:

»Die logische Verlängerung des Strukturalismus kann nur in einer Verbindung mit der Literatur nicht mehr als Analyse-›Objekt‹, sondern als Aktivität des Schreibens bestehen, in einer Abschaffung jener von der Logik ausgehenden Unterscheidung, die aus dem Werk eine Objektsprache und aus der Wissenschaft eine Metasprache macht, um auf diese Weise das illusorische Privileg aufs Spiel zu setzen, das von der Wissenschaft dem Besitz einer sklavischen Sprache zugewiesen wird.« (OC II, 431)

In diesen Formulierungen kommt Barthes' Wunsch zum Ausdruck, die *activité structuraliste* in eine *activité d'écriture* einmünden zu sehen, welche die traditionelle Trennung zwischen Objektsprache und Metasprache unterlaufen könnte. Barthes fügt hier Vorstellungen zusammen, die er bereits früher in einigen seiner *Kritischen Essays*, insbesondere in »Literatur und Metasprache« oder »Die strukturalistische Tätigkeit«, erörtert hatte. Dabei werden diese Ansätze von 1959 bzw. 1963 erheblich radikalisiert. Denn nun kündigt sich jener Augenblick an, der in dem letztgenannten Essay – aber, wie wir sahen, auch in anderen Artikeln oder Buchpublikationen wie den *Elementen der Semiologie* – erst am Horizont erschienen war: die Ablösung des Strukturalismus durch eine andere Sprache, welche die Sprache des Strukturalismus in neuer Weise zu sprechen in der Lage wäre. Welche Sprache ist dies?

Die Antwort hierauf fällt nicht leicht. Es wäre sicherlich verlockend, der von Barthes im Titel des Essays von 1967 ausgelegten

Spur zu folgen und von einem Weg von der Wissenschaft zur Literatur oder, parallel hierzu, von einem »Abschied« vom Strukturalismus bzw. von einem Übergang vom strukturalistischen zum poststrukturalistischen Denken zu sprechen. Dieser Versuchung, die bei aller terminologischen »Griffigkeit« der Differenziertheit des Barthesschen Denkens und Schreibens nicht gerecht werden könnte, soll hier nicht nachgegeben werden. Die Analyse von Barthes' Schriften der sechziger Jahre hat gezeigt, daß er überaus heterogene Forschungsbereiche bearbeitete und sehr unterschiedliche Schreibweisen pflegte und daß seine Position der sechziger Jahre nicht mit einer wie auch immer gearteten *science* gleichzusetzen ist. Im vorangehenden Kapitel wurden die Experimentierfreudigkeit des Barthesschen Schreibens und seine Versuche beschrieben, spätestens seit 1964 mit »F. B.«, aber auch schon mit 1954 mit *Michelet*, Metasprache und Objektsprache in eine unabschließbare oszillierende Bewegung einzubeziehen. Weder kann man Barthes bis 1967 eindeutig der *science* noch ab 1967 der *littérature* zuordnen. Die Wege des Roland Barthes sind wesentlich verschlungener, auch wenn sich seit dem Ausgang der sechziger Jahre verstärkt sein Bemühen dokumentiert, den eigenen Werdegang nachträglich zu strukturieren (oder gar zu stilisieren) und in verschiedene mehr oder minder voneinander getrennte Phasen einzuteilen. Barthes als Interpret seiner eigenen Schriften wird uns in einem nachfolgenden Kapitel beschäftigen, wo auch gezeigt werden soll, in welch wirkungsvoller Weise seine (wissenschaftlichen und persönlichen) Selbstdarstellungen den Diskurs über Roland Barthes geprägt haben. Hier aber soll es darum gehen, seine Argumentationsweise präzise nachzuzeichnen und zu analysieren, auf welche Weise er bestimmte Vorstellungen der fünfziger und sechziger Jahre in neue Funktionszusammenhänge einbaut, mit neuen Gedanken und Schreibweisen konfrontiert und dialogisch mit den philosophischen, literarästhetischen oder ideologischen Kontexten dieses Zeitraums in Verbindung bringt. Wie schon in den vorangegangenen Kapiteln stehen dabei die Texte des Semiologen, Kritikers und Schriftstellers im Vordergrund: Roland Barthes soll in die verschiedenen zeitgenössischen Kontexte eingebaut, aber nicht von diesen absorbiert werden. Denn dies hieße auch, die Eigenständigkeit seines Denkens und Schreibens verkürzt darzustellen. Die vorgerückte sprachliche Reduzierung auf Gegensatzpaare wie Strukturalismus und Poststrukturalismus, Moderne und Postmoderne verstellt den Blick auf Barthes' eigene kreative Wege und verzichtet darauf, die Bewegungsenergie seines Denkens zu nutzen.

1967 betont Barthes, daß es keinen Bereich der Wissenschaft gebe, der nicht irgendwann zu einem Gegenstand der Literatur geworden sei: »die Welt des Werkes ist eine totale Welt« (OC II, 428) – ganz im Gegensatz zur Parzellierung der Wissenschaften in vom Erziehungssystem jeweils sanktionierte Einzeldisziplinen. Anders als die Literatur befinde sich die Wissenschaft nicht *in* der Sprache (*langage*): »Die Wissenschaft wird gesprochen, die Literatur geschrieben; die eine wird von der Stimme geleitet, die andere folgt der Hand; es ist nicht derselbe Körper und folglich nicht dasselbe Begehren, das hinter beiden steht.« (OC II, 429) Hieran knüpfen sich Überlegungen, die deutlich von einer Abwertung der Stimme gegenüber der Schrift gekennzeichnet sind. Es fällt nicht schwer, diese Thesen – die Barthes' Aufwertung der Körperlichkeit in gewisser Weise entgegenlaufen – mit Jacques Derridas Verständnis der *écriture* und vor allem mit dessen Kampf gegen einen Phonozentrismus in Verbindung zu bringen. In seinen im selben Jahr erschienenen Schriften *Die Stimme und das Phänomen* und *Grammatologie*[1] hatte dieser, ausgehend von Rousseau und insbesondere Hegel, kritisch vorgeführt, wie die Schrift von einer logozentrischen abendländischen Philosophie als ein bloßes Supplement des gesprochenen Wortes verstanden und damit der Stimme untergeordnet wird, die ihrerseits als dem Ursprung des Sinns, der Idee, näherstehend angesehen werde.[2] Derrida schreibt hierzu im Schlußteil der *Grammatologie*:

1 Vgl. Derrida, Jacques: *La voix et le phénomène*. Paris 1967 (*Die Stimme und das Phänomen. Ein Essay über das Problem des Zeichens in der Philosophie Husserls*. Übersetzt und mit einem Vorwort versehen von Jochen Hörisch. Frankfurt a. M. 1979); sowie: Ders.: *De la grammatologie*. Paris 1967 (*Grammatologie*. Übersetzt von Hans-Jörg Rheinberger und Hanns Zischler. Frankfurt a. M. 1974).

2 Vgl. hierzu Jefferson, Ann: »Structuralism and Post-Structuralism«. In: Jefferson, Ann/Robey, David (Hg.): *Modern Literary Theory: A Comparative Introduction*. London 1982, 105 f.; Zima, Peter V.: *Die Dekonstruktion. Einführung und Kritik, op. cit.*, 41 ff.; sowie – aus etwas anderer Perspektive – Trabant, Jürgen: »Vom Ohr zur Stimme: Bemerkungen zum Phonozentrismus zwischen 1770 und 1830«. In: Gumbrecht, Hans Ulrich/Pfeiffer, Karl Ludwig (Hg.): *Materialität der Kommunikation*. Frankfurt a. M. 1988, 63 f. Zu weiteren gemeinsamen Konzeptionen Derridas und Barthes' im Spannungsfeld von Philosophie und Literatur vgl. Culler, Jonathan: »At the Boundaries: Barthes and Derrida«. In: Sussmann, Herbert L. (Hg.): *At the Boundaries*. Boston 1984, 23-41.

»Wenn die Supplementarität ein notwendig indefiniter Prozeß ist, dann ist die Schrift in einem besonderen Sinne das Supplement, da sie den Punkt markiert, wo das Supplement sich als Supplement des Supplements, Zeichen von Zeichen gibt und den *Ort* eines schon bezeichnenden Worts *einnimmt*: Sie verrückt den *eigentlichen Ort* des Satzes, dieses ein einziges Mal, *hic et nunc*, von einem unersetzbaren Subjekt ausgesprochenen Satzes und schwächt einmal mehr die Stimme.«[3]

Mit anderen Worten: Das orale, gesprochene Zeichen wird (eben phonozentrisch) als Zeichen der Sache verstanden, das graphische, geschriebene Zeichen vertritt dagegen nur das gesprochene Wort und ist somit Zeichen eines Zeichens oder, wie Derrida sagt, Supplement eines Supplements.[4] Soweit diese von Derrida bekämpfte phonozentrische Position abendländischer Philosophie. In der oben zitierten Passage scheint sich Barthes gegen diese Unterordnung der Schrift unter die höhere Sinnpräsenz des Wortes (*parole*) zu wenden. Er schließt sich damit der Position Derridas an, führt mit Stimme und Hand aber zugleich zwei unterschiedliche Orte des Körpers ein, an die die verschiedenen Aktivitäten gekoppelt werden. Diese Deplazierung ist, wie wir noch sehen werden, bedeutsam. Die Verbindung zwischen Wissenschaft und Stimme könnte vor dem Hintergrund der (hier nur sehr verkürzt darstellbaren) Argumentation Derridas insoweit erklärt werden, als sich die bürgerliche Wissenschaftskonzeption mit ihrer Sprache einem Konzept des Wissens zuordnen läßt, das nicht zuletzt die Hegelsche Philosophie – und damit der Phonozentrismus – entwickelt hatte. In der Wissenschaft, so könnten wir überspitzt formulieren, ertönt für Barthes die Stimme des Meisters, *his master's voice*. Dies alles läßt sich jedoch nur anhand von Indizien nachvollziehen: Denn Barthes hat die Spuren der Stimme (oder besser: der Schrift) seines »Meisters« in der eigenen Schrift aufgehen lassen.[5]

3 Derrida, Jacques: *Grammatologie, op. cit.*, 482.
4 Zur Derridaschen Doppelstrategie in *La voix et le phénomène* und *De la grammatologie* vgl. Descombes, Vincent: *Das Selbe und das Andere, op. cit.*, 173-175.
5 In einem im Dezember 1968 erschienenen Vorwort zu einer Sondernummer der Zeitschrift *Langages* zu Linguistik und Literatur zeigt Barthes auf, wie groß der von der Philosophie Derridas und seiner Sichtweise des gesprochenen Wortes (wir können hier vor allem das Kapitel »Linguistik und Grammatologie« der *Grammatologie* anführen) entwickelte Druck auf die Linguistik nach seiner Ansicht geworden ist: »Die Linguistik, die diesen Unterschied niemals gemacht hat, läuft Gefahr, als eine reine Wissenschaft

Stimme und Hand erscheinen als binäre Opposition, zwischen der der *Strukturalist*, wohlgemerkt, wählen müsse. Es habe sich gezeigt – so Barthes –, daß das strukturalistische Projekt als solches nicht ausreiche, weil der Strukturalismus bestenfalls eine weitere Wissenschaft (*une »science« de plus*) sein könne. Der Strukturalist müsse daher zum Schriftsteller werden (OC II, 430f.).[6] Dies ist letztlich eine Option für die Totalität der *écriture*, der Barthes nun die Aufgabe zuweist, die »Autorität des wissenschaftlichen Diskurses in Frage zu stellen« (OC II, 432). Vom Standort der *écriture* aus könne kein Code – auch nicht der wissenschaftliche – als zentral gelten. Allein die *écriture* könne das »theologische Bild« eines vorherrschenden, sinnzentrierenden Wissenschaftsdiskurses durchbrechen (OC II, 432). Damit sind die Akzente gegenüber dem Schlußteil des gerade ein Jahr zurückliegenden Buches *Kritik und Wahrheit* wesentlich verschoben. Es geht nicht mehr um die Infragestellung einer sogenannten *alten Kritik*, die in Barthes' Schriften als Gegnerin wie von der Bildfläche verschwunden zu sein scheint, sondern um die Dezentrierung des wissenschaftlichen Diskurses überhaupt aus seiner »theologischen« Zentralstellung. Auch der Strukturalismus könne nicht länger in der Etappe einer Metasprache verharren. Eine solche »wissenschaftliche Metasprache«, dies machte Barthes im selben Jahr 1967 in einem Interview deutlich, erschien ihm als »eine Form von Entfremdung der Sprache«, man müsse sie daher transgredieren, aber nicht zerstören: *il faut donc la transgresser (ce qui ne veut pas dire le détruire)* (GV, 53).

Welche Alternative bleibt dem Strukturalismus? Er kann, so Barthes, nur zwischen zwei gleichermaßen radikalen Möglichkeiten wählen: zwischen einer völligen Formalisierung seiner Sprache und einer *écriture intégrale* (OC II, 433). Der von der bürgerlichen Wissenschaft inszenierten »Fiktion einer theologischen Wahrheit«, die von der Sprache losgelöst sei, stellt Barthes die »ganze Wahrheit der *écriture*« (OC II, 433) entgegen. Die Radikalisierung von Barthes' Position ist augenfällig, und vielleicht läßt sich von

der mündlichen Kommunikation und nicht der Inschriften (*inscriptions*) dazustehen und in dieser Rolle zumindest kantoniert zu werden« (OC II, 506).

6 In einem Vorwort von 1970 für eine Literaturenzyklopädie nimmt Barthes seine Abgrenzung von Wissenschaft und Literatur wieder auf, betont, daß die Literatur immer einen Diskurs über ihren eigenen Diskurs beinhalte, und spricht von der »enzyklopädischen Macht (*pouvoir encyclopédique*)« der Literatur (OC II, 982).

ihm selbst sagen, was er in einem Artikel von 1963 über die Literatursoziologie Lucien Goldmanns gesagt hatte, daß nämlich die Radikalisierung des eigenen Standpunkts oft der geeignetste Weg ist, um aus einer methodologischen Sackgasse herauszukommen (OC I, 1148).

In dem Essay von 1967 zeigen sich jedenfalls deutliche »Spuren« jener philosophischen und texttheoretischen Ansätze, die sich in Frankreich vor allem im Umfeld der Gruppe *Tel Quel* in den Jahren vor den Ereignissen im Mai 1968 herausgebildet hatten. Diese bewußt programmatische Schrift weist insoweit hybride Züge auf, als Barthes Begriffe und Vorstellungen insbesondere Derridas (nicht nur dessen *écriture*-Begriff, sondern vor allem den Antiphonozentrismus) mit Überlegungen verbindet, die er seit Ende der fünfziger Jahre in einer Vielzahl von Veröffentlichungen entwickelt hatte. Nicht immer sind beide Theorietraditionen miteinander kompatibel: Dies zeigt sich etwa an der Übernahme des (umwertenden) Gegensatzes zwischen Wort und Schrift bei einer gleichzeitigen Beibehaltung des Werkbegriffs, der nicht nur in *Kritik und Wahrheit* (1966), sondern auch in dem hier analysierten Essay von 1967 aufrechterhalten wird. Barthes wendet sich gegen die Logik abendländischer Wissenschaft, behält aber im Gegensatz zu Derrida (oder Kristeva) den Subjektbegriff (noch) bei. Er verwendet den für die *Tel Quel*-Gruppe so wichtigen Begriff des *désir* (Begehren), stellt ihm aber seine sich entwickelnde Konzeption des *plaisir* (Lust) an die Seite, solle die Wissenschaft sich doch endlich auch gegenüber der Lust (und der Lust des Schreibens) öffnen.[7] Die Texttheorie mit ihrer radikalen Infragestellung des hegemonialen abendländischen Diskurses ist hier folglich erst zum Teil »assimiliert« (womit gerade nicht »übernommen« gemeint ist). Dies sollte sich rasch ändern.

Theorie eines Ensembles 93

Seit der 1960 erfolgten Gründung der Zeitschrift *Tel Quel* hatte sich Barthes mit deren literarischem und kulturellem Projekt beschäftigt. Er beobachtete die Aktivitäten der sich langsam um den jungen Romancier Philippe Sollers bildenden Gruppe mit Sympa-

---

7 Auf die nietzscheanischen Untertöne einer solchen Konzeption komme ich im folgenden Kapitel zurück.

thie, aber einiger Skepsis.[8] In einem in der Form des Interviews gehaltenen Beitrag von 1961 (den Barthes später in die *Kritischen Essays* aufnahm) antwortet er auf die Frage, welchen Rat er *Tel Quel* geben könne, er verstehe das Anliegen der Gruppe sehr wohl, halte es aber für paradox (was für Barthes keineswegs eine negative Wertung darstellt). Die Zeitschrift suche ein neues Verständnis und einen neuen Ort der Literatur zu begründen, müsse sich als Zeitschrift aber gerade in der Aktualität bewegen. Die Literatur sei als solche jedoch nicht aktuell; eine »literarische« Zeitschrift könne, wie einst der sich umwendende Orpheus, daher nur die Literatur verfehlen (E I, 1287). Bemerkenswert ist auch, daß Barthes bereits in dieser frühen Stellungnahme versteckt zu erkennen gibt, daß sich ein doktrinärer *tel-quelisme* herausbilden könne (E I, 1288).

Barthes' Kontakte mit der *Tel Quel*-Gruppe, deren Zeitschrift wie seine eigene Buchpublikationen im Verlagshaus Seuil erschienen, intensivierten sich im Verlauf der sechziger Jahre. Seit 1963 war er dem Kopf[9] der Gruppe, Philippe Sollers, freundschaftlich verbunden[10], seit 1966 (der Veröffentlichung von *Kritik und Wahrheit*) mit seinen Publikationen von der Reihe *Pierres vives* innerhalb des Verlagshauses in die *Collection »Tel Quel«* hinübergewechselt. Das dezidierte Interesse der Gruppe an der Forschung im Bereich von Linguistik und Sprachtheorie sowie die allgemeine Zielsetzung der Entwicklung einer materialistischen Texttheorie

8 Zur Geschichte von *Tel Quel* siehe die im April 1995 (nach Manuskriptabschluß der vorliegenden Studie) erschienene Arbeit von Forest, Philippe: *Histoire de Tel Quel 1960-1982*. Paris 1995 (ich danke Karl Kohut für diesen Hinweis); sowie aus gänzlich anderer Perspektive Wunderli, Peter: »Glanz und Elend des Poststrukturalismus«, *op. cit.*, 257 f. Für die Geschichte von Tel Quel und deren Fortsetzung in Sollers' Zeitschrift *L'Infini* vergleiche auch die Doppelnummer von *L'Infini* 49-50 (printemps 1995); darin (neben zwei Beiträgen von Philippe Forest) Rolin, Dominique: »Les débuts de ›Tel Quel‹«, 178-180.

9 Die Position Sollers' als »Kopf« von *Tel Quel* wird sehr schön in einer Photographie vor Augen geführt, die 1965 Denis Roche, Marcelin Pleynet, Jean Thibaudeau, Jean Ricardou, Jean-Louis Baudry, Fernand de Jacquelot du Boisrouvray, Jean-Pierre Faye und – die Gruppe dominierend – Philippe Sollers zeigt. Die phototechnische Selbstinszenierung der Gruppe findet sich neuerdings in Forest, Philippe: *Histoire de Tel Quel 1960-1982, op. cit.*, 368 f., Abb. 6, sowie in einer Rezension dieses Buches in *Le Monde des Livres* (7.4.1995), X.

10 Vgl. hierzu Calvet, Louis-Jean: *Roland Barthes. Eine Biographie, op. cit.*, 195 ff.

schufen notwendig zwischen den *tel-queliens* und Roland Barthes eine Vielzahl von Berührungspunkten, die sich immer mehr in Affinitäten verwandelten. Aus einer Reihe anfänglich recht marginaler Literaten und Intellektueller entwickelte sich in dem seit dem Ende der Hegemonie Sartres gleichsam »verwaisten« (oder besser orientierungslosen) intellektuellen Feld Frankreichs – nicht zu Unrecht hatte Barthes Ende der fünfziger Jahre von einem Augenblick zwischen zwei Wellen gesprochen – eine schlagkräftig argumentierende Gruppe, die unter Ausnutzung vielfältiger publizistischer Möglichkeiten immer druckvoller zu agieren verstand. Spätestens seit der zweiten Hälfte der sechziger Jahre war *Tel Quel* zum einflußreichen Sprachrohr der Avantgarde in den Bereichen von Literatur, Philosophie, Kunst, Wissenschaft und Politik – so der Untertitel der Zeitschrift – geworden, eine Position, die nach den Ereignissen vom Mai 1968 mit der Infragestellung und Neustrukturierung des gesamten Bereichs institutionalisierter Kultur in Frankreich nochmals gestärkt wurde. Die Institutionalisierung, die Barthes in jedwedem Zeitschriftenprojekt bereits 1961 notwendig angelegt sah (E I, 1287), war damit mehr als eingelöst worden: *Tel Quel* wurde zu einem wichtigen Kristallisationspunkt des zeitgenössischen französischen Denkens, insbesondere jener Entwicklungen in Philosophie, Literatur und Wissenschaft, die später zum Teil als poststrukturalistisch, zum Teil als postmodern bezeichnet werden konnten.

Einen Meilenstein innerhalb der Entwicklung von *Tel Quel* – nach dem Ausschluß von Jean-Pierre Faye und vor der Auseinandersetzung mit Jacques Derrida – bildet die 1968 erfolgte Veröffentlichung einer *Théorie d'ensemble*, die das philosophisch-texttheoretische Projekt der Gruppe formulieren sollte. Die Liste der Beiträger zu dieser Sondernummer, die später in Buchform publiziert und in die *Collection Points* aufgenommen wurde, liest sich wie ein *Who's who* jener Intellektuellen, die von Ende der sechziger Jahre bis zumindest Ende der siebziger Jahre – und manche bis in die aktuelle Gegenwart – das geistige Klima nicht nur Frankreichs prägen sollten, finden sich hier doch neben Philippe Sollers unter anderem die Namen von Michel Foucault, Jean Ricardou, Jean-Louis Baudry, Julia Kristeva, Jean Thibaudeau, Jacques Derrida, Denis Roche und – Roland Barthes. Zu keinem Zeitpunkt war die Einheit dieser Gruppe um die Zeitschrift *Tel Quel*, die bis 1971 über sehr gute Kontakte zur Kommunistischen Partei Frankreichs und deren Publikationsorganen verfügte, ab Mitte 1971 dann einen maoistischen (oder vielleicht genauer noch »maoisierenden«) Kurs steuerte und schließlich 1982 endgültig aufgelöst wurde, größer als zum Zeitpunkt der Veröffentlichung der *Théorie d'ensemble*. Die weitere Entwicklung der Gruppe zeigt, daß es sich um die Theorie eines Ensembles von Einzelkünstlern gehandelt hat, die sich später in sehr unterschiedliche Richtungen bewegten.

In seinem eigenen Beitrag[11] »Drame, poème, roman« greift Roland Barthes auf einen bereits 1965 in der Zeitschrift *Critique* veröffentlichten Artikel über Philippe Sollers' *Drame* zurück. Aus der Distanz von drei Jahren entwickelt er nun in ausführlichen Fußnoten einen hochinteressanten Dialog mit seinem früheren Text, in dem wichtige Umakzentuierungen auf eine theoretische Horizontveränderung deuten. Die in dem Text von 1965 beobachtbare anthropologische Sichtweise von Literatur wird unter Hinweis auf die Strukturiertheit historischer Prozesse – sei die Geschichte doch selbst eine *écriture* (29) – ebenso revidiert wie die Mitte der sechziger Jahre von Barthes noch priorisierte Erzähltextanalyse. Zugleich zeigt sich, daß unter dem Eindruck der Erfahrung Japans und seiner Kultur nun auch für Barthes der Subjektbegriff brüchig geworden ist (30). Aus dieser Perspektive erscheint Barthes' Rede vom »Autor von gestern« (27), dessen Text er heute kommentiere, stark ironisch eingefärbt, da Barthes, wie wir im Anschluß sehen werden, den Autorbegriff zu diesem Zeitpunkt bereits massiv in Frage gestellt hatte. Das in Sollers' Text 1965 festgestellte Alternieren zwischen der ersten und der dritten Person Singular (31 f.) wirkt, denkt man etwa an »F. B.« (1964), wie ein Kommentar zu Barthes' eigenem Schreiben und belegt die gemeinsame Orientierung der *tel-queliens* an der Einbeziehung selbstreflexiver theoretischer Diskurselemente. Auch der Autor des Metatextes von 1965 selbst wird von einem neuen Metatext erfaßt, so daß eine Kette aufeinander verweisender Texte entsteht, die nicht allein auf den »Ursprung« des hier besprochenen

11 Ich zitiere hier aus der leicht zugänglichen Ausgabe von Tel Quel: *Théorie d'ensemble (choix)*. Paris 1980. Der Beitrag Barthes' ist aus mir unverständlichen Gründen nicht unter dem Jahr 1968 in die Rubrik *Textes* der Werkausgabe aufgenommen worden. Ebenso seltsam ist die Tatsache, daß »Der Tod des Autors«, der 1967 erstmals in englischer Sprache erschien, erst in der Gruppe der Texte von 1968 veröffentlicht wurde.

Textes von Sollers zurückgeführt werden darf, sondern ihrerseits eine Vielzahl von Lektüren und Schreibprozessen voraussetzt.

So unterschiedlich die philosophischen, literarischen oder kulturtheoretischen Ansätze der verschiedenen Beiträger auch sein mögen, es zeigt sich doch eine deutliche Übereinstimmung bezüglich der Ablehnung bzw. Hinterfragung von Begriffen und Theoremen wie Subjekt, Autor, Ursprung, Identität, Werk oder auch Literatur. Neben Foucault und Derrida übte im literaturtheoretischen Bereich zweifellos Julia Kristeva die größte Wirkung auf Roland Barthes aus.[12] Auf Empfehlung ihres bereits früher nach Paris übergesiedelten Landsmanns Tzvetan Todorov, der ebenfalls im weiteren Umkreis der *Tel Quel*-Gruppe agierte, besuchte die junge Bulgarin seit Ende 1965 die Seminare Roland Barthes' an der *Ecole Pratique des Hautes Etudes*. In Barthes' Seminarberichten taucht ihr Name mehrfach auf, so nicht zuletzt in jenem Seminar von 1966-1967 über den Diskurs der Geschichtsschreibung (der die mit der antiken Rhetorik begonnene Reihe über die literarische Semiologie fortsetzte). Barthes spricht dort ausdrücklich von der methodologischen Wichtigkeit der »Arbeiten von Bachtin und Julia Kristeva« (OC II, 451).

In der Tat stellte Kristeva, die rasch zu einer wichtigen Figur innerhalb der *Tel Quel*-Gruppe wurde, in Barthes' Seminar nicht nur ein Exposé zu dem im Westen damals völlig unbekannten russischen Literaturtheoretiker vor (das unter dem Titel »Das Wort, der Dialog und der Roman« Eingang in ihr bereits erwähntes Buch zur Semanalyse fand); sie war es auch, die Barthes erstmals mit dem Dialogizitätsbegriff Michail Bachtins, dessen Schriften noch nicht ins Französische übersetzt waren, vertraut machte. Die Auseinandersetzung mit dem Denken des lange Zeit in der Sowjetunion marginalisierten, 1975 im Alter von 79 Jahren verstorbenen Forschers, die sich bei Barthes – soweit ich sehe – erstmals in einem Artikel von 1967 über Edoardo Sanguineti und das karne-

---

12 Barthes widmete ihr am 1. Mai 1970 einen euphorischen Artikel, in welchem er »Die Ausländerin« in der »Kraft« ihrer Texte und ihrer »Subversion« monologischer Wissenschaft als zentrale Figur der aktuellen Theorie porträtierte. Barthes erblickte in ihr die Verbindung von *science* und *écriture* (OC II, 861), die wohl höchste intellektuelle Auszeichnung, die er zu vergeben hatte. Noch in seinem 1973 erstmals in englischer Sprache publizierten Lexikonartikel über die Texttheorie dominieren bei weitem die von Julia Kristeva geprägten Begriffe (OC II, 1677-1689): Intertextualität, Signifikanz, Textproduktivität, Phänotext und Genotext.

valeske Schreiben niederschlug (OC II, 410 f.), veränderte nicht nur Barthes' Begriff des Dialogischen, sondern auch seine Konzeption des Romans, den er nun als eine Vielfalt von Stimmen, eine Polyphonie, zu begreifen begann. Bachtins schon in den dreißiger Jahren entwickelter Ansatz wird seiner künftigen Reflexion über die Stimme – in gewisser Weise gegenläufig zu den Überlegungen Derridas – entscheidende Anregungen geben.[13]

Intertextualität und Abschied vom Subjekt 94

Julia Kristeva ihrerseits entwickelte im Rahmen ihres Projekts einer Semanalyse den Dialogizitätsbegriff Michail Bachtins weiter, genauer gesagt: sie radikalisierte ihn. Der von ihr geschaffene Terminus der Intertextualität machte rasch Furore und wurde in den folgenden Jahren zum Brennpunkt einer der interessantesten und folgenreichsten Debatten im Bereich der Literaturtheorie.[14] Kristevas taktisches Ziel war es dabei zunächst, den Begriff der Intersubjektivität[15] durch den der Intertextualität zu ersetzen und dabei unter Rückgriff auf die Lacansche Psychoanalyse einen dynamischen Textbegriff zu erarbeiten, der ihr erlauben sollte, die Position der Freudschen Traumarbeit mit dem Begriff der Textarbeit (*travail du texte*) zu »besetzen«. Am deutlichsten vielleicht zeigt sich die Radikalisierung des Bachtinschen Dialogizitätsbegriffs in dem 1966 entstandenen Artikel »Das Wort, der Dialog und der Roman«, in dem das Wort zunächst als »Überkreuzung von Worten (von Texten), wo man zumindest ein anderes Wort (einen anderen Text) lesen« könne, verstanden wird, um daraus dann zu folgern: »Jeder Text konstruiert sich als Mosaik von Zitaten, jeder Text ist Absorption und Transformation eines anderen Textes. An der Stelle des Begriffs der Intersubjektivität installiert sich jener der *Intertextualität*, und die poetische Sprache wird zumindest als

13 Verwiesen sei insbesondere auf Bachtins Aufsätze »Die Ästhetik des Wortes« und »Das Wort im Roman« in Bachtin, Michail M.: *Die Ästhetik des Wortes, op. cit.*, 91 ff. sowie 154 ff. Auf die Problematik der Stimme komme ich im weiteren Verlauf noch mehrfach zurück.

14 Vgl. hierzu Ette, Ottmar: »Intertextualität. Ein Forschungsbericht mit literatursoziologischen Anmerkungen«. In: *Romanistische Zeitschrift für Literaturgeschichte* IX, 3-4 (1985), 497-522.

15 In seinem Vortrag 1966 an der Johns Hopkins Universität hatte Barthes noch auf diesen Terminus zurückgegriffen (OC II, 977).

eine *doppelte* gelesen.«[16] Der Text konstruiert sich selbst als Mosaik von Zitaten. Vorrangiges strategisches Ziel aber war eine Überwindung des abendländischen Subjektbegriffs, der als bürgerliches Ideologem angesehen wurde und dem, wie wir sahen, bereits von philosophischer und diskursanalytisch-epistemologiekritischer Seite die Angriffe Derridas und Foucaults gegolten hatten. Inmitten dieses theoretischen Umfelds, das immer radikaler die Begrifflichkeit des klassischen Strukturalismus gegen Saussures eigene Terminologie wandte und die Auffassung zentrierter (Sinn-)Strukturen als nicht eingestandene Metaphysik brandmarkte, entwickelte Kristeva sehr eigenständig ihr Konzept einer Texttheorie, innerhalb dessen der (literarische) Text nicht länger als ein statisches, geschlossenes Gebilde erscheint, in dem sich Ausdruck und Intention des Autorsubjekts kundtun. Für Kristeva ist der Text vielmehr selbst eine Produktivität, die zu den verschiedenartigsten Texten von Literatur und Gesellschaft Beziehungen knüpft und so ein (intertextuelles) Netzwerk schafft, das durch den Verweis auf immer neue Relationen und Beziehungsgeflechte unabschließbare Bedeutungsprozesse in Gang setzt. In Kristevas 1967 abgeschlossenem Aufsatz »Die Produktivität namens Text« kommen die philosophischen Implikationen (und Angriffsziele) dieses Ansatzes deutlich zur Geltung: »Die Textproduktion (*production textuelle*) zerstört die Identität, die Ähnlichkeit, die identifikatorische Projektion; sie ist eine NichtIdentität, ein Widerspruch gegenüber dem Werk.«[17] Der Werkbegriff, von der Intentionalität des Autorsubjekts infiziert, wird ebenso abgelehnt wie die Metaphorik von Quellen und Einflüssen, die stets auf einen Ursprung, eine Identität verweist. Die Intertextualität ist in ihrem Angriff auf die Quellenforschung nicht nur ein Angriff auf einen positivistischen Wissenschaftsbegriff, sondern auch auf eine Identitätsphilosophie, die den »Kern« abendländischen Denkens darstellt.

Es würde zu weit führen, an dieser Stelle die in beiden Aufsätzen erkennbare Lektüre nicht nur Bachtins, Foucaults und Derridas, sondern auch die der Schriften Roland Barthes' zu verfolgen, die etwa in Kristevas Auffassung vom Wahrscheinlichen als sinnreduzierendem Element oder in ihrem Verständnis einer Einheit

16 Kristeva, Julia: Le mot, le dialogue et le roman. In: Dies.: *Séméiotikè. Recherches pour une sémanalyse, op. cit.*, 84f.
17 Ebd., 178.

von *lecture* und *écriture* zum Ausdruck kommt. Sicherlich könnte man sagen, daß Kristeva nicht nur Bachtin, sondern auch den Barthes von *Kritik und Wahrheit* radikalisiert hat. Nun, um Barthes' Vorstellungen zu radikalisieren, muß man nicht auf Kristeva zurückgreifen. Barthes' Texte selbst weisen diese theoretische Zuspitzung auf, und die vielleicht stärkste Radikalisierung von *Critique et vérité* (1966) stellt der ein Jahr später erstmals veröffentlichte Text »Der Tod des Autors« dar.

Zusammen mit Michel Foucaults bekannter Frage »Was ist ein Autor?«[18] liegt in Barthes' Essay vom Tod des Autors die fraglos wirkungsvollste und ästhetisch gelungenste Infragestellung des Autorbegriffs vor. Nach der Veröffentlichung des französischen Originals im Jahre 1968 (in der Zeitschrift *Manteia*) wirkte dieser Text wie das Fanal eines neuen Verständnisses von Literatur, von Schreiben und Lesen. »La mort de l'auteur« dürfte sicherlich zu Barthes' meistgelesenen und meistdiskutierten Texten zählen.

Es ist daher um so überraschender, daß zumeist die Tatsache übersehen wurde, daß Roland Barthes diesen Text bereits ein Jahr zuvor in englischer Übersetzung in einer nordamerikanischen Zeitschrift publiziert hatte.[19] In dieser Sondernummer gingen Künstler und Literaten wie Marcel Duchamp, John Cage, Alain Robbe-Grillet oder Merce Cunningham der damals (wie heute) hochaktuellen Frage nach, wie die Kluft zwischen sogenannter hoher und niederer Kunst, zwischen Hochkultur und Massenkultur überbrückt oder gar geschlossen werden könnte.[20] Innerhalb dieses Kontexts – in dem auch Lesley Fiedlers öffentlichkeitswirksames, 1967 programmatisch im *Playboy* veröffentlichtes Postmoderne-Manifest zu sehen ist[21] – sind die Überlegungen von Barthes situiert. Erst nach der Veröffentlichung in Frankreich sollte dieser

18 Vgl. Foucault, Michel: »Qu'est-ce qu'un auteur?«, *op. cit.*
19 Vgl. Barthes, Roland: »The Death of the Author«. In: *Aspen Magazine* 5-6 (autumn/winter 1967); zitiert in der Barthes-Bibliographie von *Communications* 36 (4e trimestre 1982), 150.
20 Vgl. hierzu Burke, Seán: *The Death and Return of the Author, op. cit.*, 178. Der Reigen illustrer Namen deutet auf den Stellenwert Barthes' bereits zu diesem Zeitpunkt in den Vereinigten Staaten.
21 Eine leicht zugängliche deutschsprachige Fassung von Fiedlers berühmt gewordenem polemisch-witzigen Text, der ebenfalls zu einem der »klassischen« Postmoderne-Texte wurde, findet sich unter dem Titel »Überquert die Grenze, schließt den Graben! Über die Postmoderne« in Welsch, Wolfgang (Hg.): *Wege aus der Moderne. Schlüsseltexte der Postmoderne-Diskussion, op. cit.*, 57-74.

Essay dann zu einem kanonischen Text des Poststrukturalismus bzw. einer postmodernen Literaturtheorie werden.[22]

Im Vergleich zu Michel Foucault, der sich in seinem Text der Autorfunktion widmet und insbesondere der Frage nachgeht, auf welche Weise die Verwendung von Autornamen diskursbegründend und lesersteuernd wirkt, verfolgt Roland Barthes ein zugleich umfassenderes und plakativeres Ziel: die Ausschaltung des Autors als sinnzentrierende (und innerhalb des oben erwähnten Kontexts) elitäre Figur. Bei allen Unterschieden ist die Nähe zwischen beiden Ansätzen nicht wegzudiskutieren. Sie verweist auf den gemeinsamen Theoriehorizont, der innerhalb von *Tel Quel* im Vorfeld der *Théorie d'ensemble* (noch) Bestand hatte. Die Idee einer Infragestellung des Autorbegriffs ist dabei keineswegs neu, findet sie sich doch – um nur im 20. Jahrhundert zu bleiben – ebenso in bestimmten Überlegungen des Russischen Formalismus oder, in Reichweite Barthes' sozusagen, 1959 in Maurice Blanchots *Das kommende Buch* oder 1964 bei Gérard Genette, der während der sechziger Jahre ebenso an Barthes' später legendären Seminaren wie an manchen Publikationsprojekten seines älteren Kollegen teilnahm.[23] Was war das Neue an Barthes' Essay, warum erregte er ein so gewaltiges (und langanhaltendes) Aufsehen?

Als Antwort genügt der Hinweis auf die Ereignisse von Mai 1968 sicherlich nicht. Gewiß bildeten die raschen Veränderungen im politischen wie im intellektuellen Feld Frankreichs einen günstigen Kontext für Ansätze und Manifeste, die eine völlige Veränderung traditioneller Wahrnehmungsmuster (in diesem Falle der Literatur) forderten. Doch war Barthes den *événements* bekanntlich fremd geblieben. »Die Strukturen gehen nicht auf die Straße« – dieser Slogan der Pariser Studenten war auch auf Barthes gemünzt, der sich nach eigenem Selbstverständnis als Häretiker sah und kaum verstehen konnte, warum er selbst auch zu den Angegriffenen zählte. Seine Kritik an den Ereignissen ist recht subtil in einem Aufsatz des Jahres 1968 über »Die Schrift des Ereignisses« ausgedrückt. In dieser semiologischen Analyse bezeichnet er in ei-

22 Diese Rezeptionsgeschichte mag mit dafür verantwortlich sein, daß »La mort de l'auteur« in der Werkausgabe fälschlicherweise erst 1968 erscheint.
23 Vgl. Blanchot, Maurice: *Le livre à venir, op. cit.*, u. a. in den Abschnitten zu Borges (139 ff.) und zum Tod des letzten Schriftstellers (318 ff.); sowie Genette, Gérard: »La littérature selon Borges«, zugänglicher publiziert unter dem neuen Titel »L'utopie littéraire«, in: Ders.: *Figures I, op. cit.*, 123-132.

nem ersten Teil die Vorgehensweise der Studenten als Einnahme und Ergreifung des Wortes (wie einstmals der Bastille), um dann in explizitem Rückgriff auf Derrida und dessen strikte Trennung von Wort und Schrift die engen Grenzen des Aufbegehrens der Studenten auf der Straße zu bemängeln. Das Bürgertum habe stets nur ein gedrucktes Wort zu produzieren verstanden, die wirkliche Schrift (*écriture*) aber – und Barthes meint hier ausdrücklich nicht die berühmt gewordenen »Inschriften« der Studenten auf den Mauern und Gebäuden von Paris – sei gewalttätig und revolutionär (OC II, 498 ff.). Damit hat Barthes, wenn auch nur sehr vorsichtig und versteckt, die Ereignisse der Straße als vorübergehendes, nicht wirklich die (symbolische) Ordnung umstürzendes Phänomen abqualifiziert. Barthes ging nicht auf die Straße, sondern ins Ausland.

Die Gastdozentur in Marokko bot Barthes geradezu eine Fluchtmöglichkeit, um der nach seiner Ansicht hysterischen Atmosphäre von Paris zu entkommen. Barthes' Biograph Calvet vermerkt, daß der Verfasser von *Kritik und Wahrheit* sich nach Mai 1968 verändert habe. Seine Begeisterung sei verflogen, »irgend etwas ist zerbrochen, er verspürt den diffusen Wunsch, etwas Abstand zu gewinnen«.[24] Die Gastdozentur erfüllt diesen Wunsch, ist zugleich aber – wie das letzte Kapitel zeigte – ein idealer Ort, um zur Wahrheit des Schreibens, der Literatur jenseits einer Aktualität des Literaturbetriebs zu gelangen.

Doch kehren wir zu »La mort de l'auteur« zurück. Selbst wenn Barthes seinen Essay – wie oft fälschlich behauptet wird – im Kontext vom Mai 1968 geschrieben hätte, könnte dies nicht dessen Wirkung befriedigend klären. So günstig das Umfeld der französischsprachigen Publikation auch gewesen sein mag – wir müssen die Gründe in Barthes' Text selbst suchen.

»Der *Autor*«, so betont Barthes, »ist eine moderne Figur« (OC II, 491). Er leitet diese Figur aus einer historischen Entwicklung ab, die nach dem Mittelalter situiert wird. So wird (zunächst) der Modernebegriff mit dem der Neuzeit gleichgesetzt. Innerhalb dieses

24 Calvet, Louis-Jean: *Roland Barthes. Eine Biographie, op. cit.*, 239.

Prozesses der Autorbildung sei es zu einer Verschmelzung der Stimme des individuellen Autors mit seinem Werk gekommen, die von der traditionellen *explication* des Werkes unentwegt dargestellt und untersucht werde: noch heute herrsche der Autor völlig ungefährdet in Literaturgeschichten wie in Zeitschriften. Der allgemeine Kulturbetrieb sei noch immer »tyrannisch zentriert« auf diese Figur, deren Geschichte, Geschmack, deren Leidenschaften (OC II, 491 f.). Auch die *nouvelle critique* – präzisierte Barthes kaum ein Jahr nach deren Verteidigung – habe dieses Reich des Autors letztlich nur gestützt. Seit Mallarmé – dessen revolutionäre Sprachsicht bereits in *Am Nullpunkt des Schreibens* gewürdigt worden war – habe es jedoch nicht an Versuchen gefehlt, dieses Reich eines Tyrannen zu erschüttern. Neben Valéry nennt Barthes vor allem Proust und den Surrealismus, die er alle einer »Prähistorie der Moderne (*Préhistoire de la modernité*)« zurechnet (OC II, 492) – womit er zugleich einen Gegenbegriff zur ersten Verwendung von Moderne als Neuzeit nach dem Mittelalter[25] einführt. Die *modernité* erscheint somit als das, was sich jenseits des Surrealismus befindet. Erneut rückt hier die Mitte des 20. Jahrhunderts als Beginn dieses »zweiten« Modernebegriffs von Roland Barthes in den Blick.

Die Desakralisierung des Autors, die sich im Surrealismus beispielsweise in der *écriture automatique* und in kollektiven Schreibversuchen zeige, sei von der modernen Linguistik weiterentwickelt worden, insoweit deren Analysen wichtige Instrumente für die Zerstörung des traditionellen Bildes vom Autor geliefert hätten (OC II, 493). »Der moderne Skriptor« habe heute den Autor begraben und glaube im Gegensatz zu seinen Vorgängern nicht mehr, »daß seine Hand zu langsam für sein Denken oder seine Leidenschaft sei« (OC II, 493). An die Stelle des Ausdrucks innerer Gefühle und Leidenschaften tritt die Hand, welche dem Blatt die Schrift in Form eines »Schwarzweiß« überträgt. Das Graphische der Schrift ist hier in seiner Körperlichkeit präsent, allerdings noch nicht wie in *Das Reich der Zeichen* ausgedacht. Jegliche Möglichkeit, die Herkunft, den Ursprung dieser Schrift aus einer Geschichte oder einer Leidenschaft abzuleiten, wird von

25 Ähnlich die Verwendung des Modernebegriffs auch in seiner bereits erwähnten Einführung in eine Sondernummer der Zeitschrift *Langages* von 1968 über Linguistik und Literatur, wo eine solche Verwendung des Begriffs jedoch durch Anführungszeichen gekennzeichnet ist (OC II, 502).

Barthes in diesem metaphernreichen Text geleugnet. Der Text sei keine wie auch immer geartete Botschaft eines »Autor-Gottes (*Auteur-Dieu*)« (OC II, 493), sondern »ein Gewebe von Zitaten, die aus den tausend Brennpunkten der Kultur stammen« (OC II, 494). Und wie schon in *Am Nullpunkt des Schreibens* ruft Barthes Flauberts Kopisten Bouvard und Pécuchet auf, die – so könnten wir sagen – in ihrem unablässigen Schreiben als Ab-Schreiben jenen Typus der Textproduktion verkörpern, in dem Barthes nun die »Wahrheit des Schreibens« angelegt sieht (OC II, 494).

Aus der im vorliegenden Kapitel gewählten Perspektive ist offenkundig, wie sehr Barthes' eigenes Schreiben sich als ein Gewebe von Zitaten erweist. Unverkennbar sind die dichten und homogenen Bezüge zu anderen Vertretern der *Tel Quel*-Gruppe, so deutlich, daß sich der heutige Leser, legte man ihm aus ihrem Kontext gerissene Zitate bestimmter *tel-queliens* vor, nicht sicher sein dürfte, welchem Autor oder besser Skriptor er diese Texte zurechnen müßte. Anders (und vielleicht weniger kritisch) gewendet könnte man in Hinblick auf die parallele Lektüre der *tel-queliens* vielleicht sogar von einem *Texteffekt* sprechen, da die Schriften dieser Gruppe bisweilen nicht nur vom unendlichen Gewebe intertextueller Bezüge programmatisch sprechen, sondern dieses Gewebe auch selbst erzeugen. Die Homogenität dieser Ensemble-Theorie ist jedenfalls streckenweise verblüffend.

Wie beeindruckend die Nähe zwischen Kristevas Texttheorie, Barthes' Tyrannenmord am Autor und Derridas Spiel von *différence* und *différance*, ungeachtet aller metaphorischen Verschiebungen zwischen Geweben und Spuren, zu diesem Zeitpunkt noch ist, mag ein Auszug aus Jacques Derridas Beitrag zur *Theorie d'ensemble* zeigen:

»Von neuem. Die *différance* ist, was bewirkt, daß die Bewegung der Bedeutung nur möglich ist, wenn jedes sogenannte ›gegenwärtige‹ Element, das auf der Bühne der Präsenz erscheint, sich auf etwas anderes als sich selbst bezieht und dabei an sich selbst die Markierung des vergangenen Elements bewahrt und sich schon von der Markierung seiner Beziehung zum künftigen Element prägen läßt, wobei sich die Spur nicht weniger auf das, was man Zukunft, als auf das, was man Vergangenheit nennt, bezieht, und auf diese Weise durch diese Beziehung zu dem, was es nicht selbst ist, eben das, was man die Gegenwart nennt, konstituiert.«[26]

26 Derrida, Jacques: La différance. In: Tel Quel: *Théorie d'ensemble, op. cit.*, 53.

Die von Derrida auch in diesem Essay ins Werk gesetzte Dekonstruktion geht, wie deutlich erkennbar ist, von der Vorstellungswelt und Begrifflichkeit der Saussureschen Linguistik aus und zeigt in derselben Bewegung deren Insuffizienz auf. Die bei Saussure Bedeutung erzeugende Differenz (*différence*) zwischen den einzelnen Elementen wird – durch das Sprachspiel des Neologismus *différance* – zugleich zu einer (zeitlichen) Verschiebung, die die synchronische (und als geschlossen behauptete) Struktur in der Form eines ständigen Differierens der Beziehungen sprengt.[27] Damit aber kommt die Bedeutung nie zur Ruhe, sondern wird – ähnlich wie in Kristevas Texttheorie – in einen niemals abschließbaren Bedeutungsprozeß hineingezogen. Die Gegenwart ist somit zu keinem Zeitpunkt präsent, sondern wird ständig »differiert«: verschoben. Dadurch aber wird gerade infolge der Anlehnung an Vorstellungen des klassischen Strukturalismus dessen von Derrida behauptete logozentrische, noch von der Sinnpräsenz ausgehende metaphysische (Sinn-)Struktur aufgebrochen. *Différance* und »Spur« werden zusammen mit einem radikalisierten Textbegriff zu Grundelementen dessen, was man als poststrukturalistisches Denken – oder jedenfalls als ein Denken jenseits des Strukturalismus – bezeichnen darf.[28]

In »Der Tod des Autors« führt Barthes in wesentlich griffigerer, publikumswirksamerer und – wie zu zeigen sein wird – spielerischerer Metaphorik die Konsequenzen von Kristevas und Derri-

27 Peter Wunderli macht diesem Sprachspiel Derridas aus sprachwissenschaftlicher Sicht den »Vorwurf linguistischer Unbedarftheit«, verkennt aber die philosophischen Implikationen dieses Neologismus; vgl. Wunderli, Peter: »Glanz und Elend des Poststrukturalismus«, *op. cit.*, 270, Fußnote 19.

28 Manfred Frank hat hierfür bekanntlich den Begriff des Neostrukturalismus vorgeschlagen, der mir freilich in seiner Begriffsdeutung als neuer Strukturalismus irreführend zu sein scheint. Seiner Analyse des Derridaschen Begriffs der Spur und des Textbegriffs, die über die Konzeptionen eines Lévi-Strauss weit hinausführt, schließe ich mich jedoch an. Vgl. etwa Frank, Manfred: *Was ist Neostrukturalismus?*, *op. cit.*, 95: »›Texte‹, sagt Derrida, sind immer Transformationen anderer Texte; Zeichen sind immer Umwandlungen anderer Zeichen. Das sagte [...] Lévi-Strauss im *Finale* der *Mythologiques* fast in den gleichen Worten. Aber der Unterschied seiner von der Derridaschen Formulierung ist, daß bei ihm die Transformation die Struktur intakt läßt, während sie sie bei Derrida in Mitleidenschaft zieht. Und warum? Weil für Derrida – durch den Gedanken der Unterschiedenheit – zugleich ausgemacht ist, daß kein Zeichen – wie er sagt – sich selbst unmittelbar gegenwärtig ist.« Genau dies hat die oben zitierte Passage aus der *Théorie d'ensemble* vorgeführt.

das texttheoretischen Überlegungen vor. Vor dem Hintergrund dieser Theoriebildungen wird verständlich, warum auch bei Barthes die *écriture* des »Skriptors keinerlei Halt« mehr kennt (OC II, 494), ist sie doch in die unabschließbaren Bedeutungsbewegungen der Kristevaschen *signifiance*[29] »verstrickt«. Die Untersuchung der theoretischen »Intertexte« Kristevas und Derridas sind insoweit für ein Verständnis von Barthes' Essay unabdingbar, als dieser sich wohl bestimmte Überlegungen, nicht aber deren vollständige argumentative Begründung aneignet. Dies läßt Barthes' Essay *paradoxerweise* zu einem »lesbareren« Gebilde werden, dem freilich jenseits der Metaphorik die stringente Argumentation mitunter abhanden kommt.

Barthes verwirft nicht nur den Werkbegriff, sondern insistiert vor allem auf den revolutionären Implikationen eines Denkens, das den Sinn nicht mehr arretiert, sondern »letztlich Gott und seine Hypostasen, die Vernunft, die Wissenschaft, das Gesetz« verneint (OC II, 494). Das (kalkuliert) Verblüffende hieran ist, daß Barthes im unmittelbaren Anschluß eine Überlegung folgen läßt, die ebenso essentialistisch ist wie – aus Sicht der Texttheorie – textproduktiv:

»So enthüllt sich das totale Wesen der Schrift: Ein Text ist aus vielfältigen Schriften (*écritures*) gemacht, die aus mehreren Kulturen stammen und miteinander in einen Dialog, eine Parodie, eine Infragestellung eintreten; aber es gibt einen Ort, wo diese Vielfalt sich vereinigt, und dieser Ort ist nicht, wie man es bislang sagte, der Autor, sondern der Leser [...]; er ist nur dieser *jemand*, der innerhalb eines selben Feldes alle Spuren vereinigt hält, aus denen das Geschriebene gemacht ist.« (OC II, 495)

Ist der erste Teil dieser Passage an der Metaphorik von Kristevas Texttheorie ausgerichtet, so wechselt im zweiten Teil die Metaphorik hinüber zur Derridaschen Spur. Diese »Bewegung« des Textes hat es in sich, denn Barthes erstickt den Autor nicht nur mit Hilfe des Textgewebes, er folgt zugleich den Spuren der Schrift nicht »zurück« zu ihrem Ursprung, sondern »vorwärts« (im Sinne der zitierten Passage Derridas in der Spur des Künftigen) – und findet den Leser. Damit aber ist das gerade erst in Form des Autors bestattete Subjekt als Leser – wie ein kommender Gott – wiederauferstanden, oder in Barthes' Worten: »Um dem Schreiben (*écriture*) seine Zukunft zurückzugeben, muß man – dies wissen wir – den Mythos

---

29 Kritisch zu diesem Begriff äußert sich Wunderli, Peter: »Glanz und Elend des Poststrukturalismus«, *op. cit.*, 263.

umkehren: Die Geburt des Lesers muß mit dem Tod des *Autors* bezahlt werden.« (OC II, 495) Barthes kehrt in diesem Schlußteil seines Essays – und er weiß dies, so zeigen die Formulierungen, sehr wohl – nicht nur den Mythos vom Autor, sondern (versteckt als Wort unter dem Wort, also kryptographisch in dem bei Barthes bereits mehrfach konstatierten Sinne) auch den Mythos der Schrift um. Barthes unterminiert mit dieser Schlußpirouette nicht nur den bürgerlichen Subjektbegriff und im Zusammenhang damit die nicht hinterfragte Ausrichtung der Literaturwissenschaft an dem, was Foucault die Autorfunktion nennen sollte. Er setzt sich zugleich ebenso elegant wie theoretisch fragwürdig über die Begrenzungen der Derridaschen Philosophie hinweg. Dies mag aus philosophischer Sicht unstatthaft sein, insoweit hier die Spielregeln des philosophischen Diskurses verletzt werden. Das Verfahren aber ist ein erkennbar literarisches und als solches legitim: Es ist ein Ernstnehmen der Metapher, ein Wörtlichnehmen des Begriffs der Spur. Das Spielerische dieses Ernstnehmens und das Ernste dieses Spiels sind gleichermaßen offenkundig: Barthes' Vorstellungen und seine Schreibweise implizieren, wenn auch noch nicht in allen Konsequenzen ausgedacht, eine Dekonstruktion der Dekonstruktion. Man könnte soweit gehen, aus der Perspektive der Übersetzung ins Deutsche dieses Spiel einer begrifflich-metaphorischen Verschiebung – wie geschehen – zu »kommentieren«: Ließ sich zu Beginn der Ausdruck *écriture* wohl am besten mit »Schrift« übersetzen, so wird am Ende des Essays aus der *écriture* wieder ein Schreiben. Damit hat Barthes die Zukunft dieses Schreibens – seines eigenen Schreibens – zurückgewonnen. Bezieht man die hier entfaltete Problematik allein auf die Dimension der *écriture* Barthes', so kehrt der Autor in neuer Form als Leser wieder. Barthes variiert damit eines der großen Themen seines Schreibens: die Verklammerung von *lecture* und *écriture*.

Der geborene Leser 96

Roland Barthes' erstmals 1967 veröffentlichter Essay über den Tod des Autors hatte mit einem Zitat aus Balzacs Novelle »Sarrasine« begonnen. Diesem zuvor wenig beachteten Text aus den *Szenen des Pariser Lebens* um einen französischen Bildhauer (eben Sarrasine), der sich Mitte des 18. Jahrhunderts in den kastrierten Sänger Zambinella verliebte – nicht ahnend, daß der Frauenpart auf Roms Bühnen von Kastraten übernommen wurde –, war in demselben Jahr Barthes' Seminar an der *Ecole Pratique des Hautes Etudes* gewidmet, das von den Ereignissen im Mai 1968 zeitweise unterbrochen war und 1969 dann abgeschlossen wurde. Barthes redigierte die Buchpublikation, die aus diesem Seminar seiner Sinnküche hervorgehen sollte, in sicherer Entfernung von Paris 1969 in Rabat, bevor der Band dann unter dem Titel *S/Z* – der ihm von Sollers vorgeschlagen worden sein soll[30] – 1970 veröffentlicht wurde. In einer kurzen Widmung beschreibt Barthes das Buch als »die Spur« des zweijährigen Seminars und bringt allen Teilnehmern der Lehrveranstaltung seinen Dank zum Ausdruck, sei dieser Text doch »im Hören auf sie geschrieben« worden: *texte qui s'est écrit selon leur écoute* (SZ II, 555). Diese Formulierung scheint mir nach der Erörterung von Barthes' »Umgang« mit den Begriffen Derridas nicht ganz unschuldig zu sein, wird hier doch die *trace* Derridas gerade nicht auf die Schrift, sondern auf das Zuhören bezogen. Zugleich wird der Autorbegriff nicht mehr von der Seite der Schrift, sondern von jener der »Akustik« in einer kollektiven Sprachenvielfalt aufgelöst. Barthes wird mit einer Entfaltung dieser Problematik in *S/Z* beginnen.

Bevor wir auf die Bezüge zwischen Text und Stimme zu sprechen kommen, sollten wir die Entwicklung des Balzac-Projekts etwas näher betrachten. In seinem Bericht von 1968 für die EPHE über den ersten Teil des Seminars weist Barthes auf den methodologischen Ausgangspunkt der Seminararbeit hin: die strukturale Erzähltextanalyse (OC II, 521). Der *directeur d'études* spricht dabei sowohl von Werk als auch von Text, wobei er den letztgenannten Begriff als »Spiel vielfältiger Strukturen« beschreibt, »deren

---

30 Der Titel greift, sieht man einmal von den Figuren der Rahmenerzählung ab, auf die beiden zentralen Gestalten der Novelle zurück und stellt deren Anfangsbuchstaben in eine antithetische Beziehung. Gemeint ist damit jedoch nicht nur die Opposition zwischen stimmlosem S und stimmhaftem Z (eine Differenz, die Barthes Jahre zuvor als anschauliches Beispiel für die Vorgehensweise der »strukturalistischen Tätigkeit« gedient hatte [E I, 1330f.]), sondern auch der Gegensatz zwischen der Graphie der beiden Anfangsbuchstaben in ihren gerundeten und eckigen Formen. Dem »Z« des Kastraten Zambinella weist Barthes jene kastrierende Wirkung zu, die auch auf Sarrasine überspringt: Das »Z« sei »wie eine kastrierende Peitsche, wie ein Insekt der Erinnyen [...]; es schneidet wie eine schrägstehende, verbotene Klinge, streicht durch und zuckt« (SZ II, 626).

Zentrum man nur arbiträr fixieren« könne (OC II, 522).[31] Hier deutet sich schon eine Abkehr vom ursprünglichen Erzähltextmodell an, wie er es noch 1966 in der Sondernummer von *Communications* vorgestellt hatte. Im Zentrum des Seminars, so Barthes, stehe auch eine Reflexion über die »Grenztexte (*textes-limites*)« der Moderne, die gemeinhin als unlesbar gälten (OC II, 522). All diese Elemente werden sich, wenn auch in zugespitzter Form, in *S/Z* finden. Barthes setzen damit um, was in seinem Bericht über den zweiten Teil des Seminars als ein »Versuch pluralistischer Kritik« (OC II, 549) schon etwas deutlicher umschrieben wird.

Gleich zu Beginn von *S/Z* geht Barthes auf seinen wahrlich nicht lange zurückliegenden Traum ein, »alle Erzählungen dieser Welt« in »einer einzigen Struktur« aufgehen zu lassen. Was dabei jedoch verlorenginge, so fügt er nun hinzu, sei »die Differenz« des Textes (SZ II, 557). Zwischen einer Reduktion auf das immer gleiche (*égaliser*) und einem nicht abschließbaren Spiel von Differenzen entscheidet sich Barthes offenkundig für letztere Lösung. Damit ist von Beginn an eines klar: *S/Z* ist jenseits einer strukturalistischen Erzähltextgrammatik angesiedelt. Und doch wurde diese Publikation, zumindest in einer ersten Phase, als strukturalistische Analyse der Novelle Balzacs gelesen. Warum?

Die Gründe liegen in der Strukturierung des Bandes selbst. Roland Barthes hat die Novelle Balzacs, die sich im Anhang in vollständiger Fassung findet, in insgesamt 561 Lexien oder Leseeinheiten unterteilt, die in linearer Abfolge abgedruckt und mit einem der jeweiligen Lexie unmittelbar folgenden Kommentar versehen sind. Die Lexien sind von unterschiedlicher Länge und zeugen von einem strukturalistischen *découpage*, dessen Einteilungskriterien freilich nicht ganz klar sind. In einem 1970 in *Le Figaro littéraire* veröffentlichten Beitrag hat Barthes ebenso anschaulich wie provokativ davon gesprochen, daß eine Leseeinheit jenen Augenblick markiere, an dem der Leser von seinem Text aufblickt, den Kopf hebt. Er habe versucht, diese Bewegungen in *S/Z* zu systematisieren und gleichsam eine Art Balzac-Lektüre in Zeitlupe zu filmen (OC II, 961). Es sei nötig – und damit nimmt Barthes ein wichtiges Element von »Der Tod des Autors« wieder auf –, nach Jahrhunderten

---

31 Zu Recht hat Manfred Frank in seinen Vorlesungen über den »Neostrukturalismus« mehrfach darauf verwiesen, daß die Kritik an zentrierten Strukturen ein gemeinsamer Ausgangspunkt neo- (bzw. post-)strukturalistischer Ansätze ist.

einer Orientierung am Autor, an einem angenommenen Ursprung des Textes, nun nach dem Leser zu fragen und eine Theorie der Lektüre zu entwickeln (OC II, 961). Es ist nicht mehr der Autor, sondern der ins Blickfeld geratene, quasi neugeborene Leser, der die Strukturierung des gesamten Textes bestimmen wird.

Fiktion, Diktion: Friktion 97

Der syntagmatischen Einteilung des untersuchten Textes in eine Abfolge verschiedener Leseeinheiten entspricht, in ebenso strukturalistischer *Manier*, eine Art paradigmatischer Schematisierung und Klassifikation der so voneinander abgetrennten Einheiten nach verschiedenen Codes. Nicht ohne einen kräftigen Schuß Ironie und den Verweis auf den gütigen Zufall stellt Barthes schon nach der dritten Lexie fest, daß er die für den gesamten Text (und damit die nicht weniger als 558 folgenden Lexien) grundlegenden Codes aufgefunden habe. So untersucht er die verschiedenen Leseeinheiten nach einem hermeneutischen, einem semantischen, einem symbolischen, einem handlungsspezifischen und schließlich einem kulturellen Code (SZ II, 567 f.)[32], wobei diese Codes gleichsam die Grundstruktur des Balzacschen Textgewebes bilden und in der Abfolge der Lexien ohne jegliche hierarchische Gliederung gleichrangig untersucht werden.

Dieser an strukturalistischen Analysemodellen orientierte Aufbau von *S/Z* sollte uns jedoch nicht vergessen lassen, daß Barthes' Text zusätzlich aus einer Abfolge von insgesamt 93 mit römischen Zahlen durchnumerierten relativ kurzen Texten besteht, die sich nicht nur zwischen die einzelnen Lexien schieben, sondern auch – sieht man von paratextuellen Elementen wie der erwähnten Widmung oder dem Anhang mit Inhaltsverzeichnis ab – den gesamten Lektüretext Barthes' rahmen.[33] Vor der ersten Lexie sind zehn rö-

---

32 Zur Funktionsweise der einzelnen Codes vgl. Rice, Donald/Schofer, Peter: »›S/Z‹: Rhetoric and Open Reading«. In: *L'Esprit créateur* XXII, 1 (spring 1982), 20–34.

33 Genau dies ist der vielleicht grundlegende Unterschied zu Barthes' späterer »Textanalyse einer Erzählung von Edgar Poe«, die 1973 auszugsweise veröffentlicht wurde. In diesem Versuch, der »traditionellen« Erzähltextgrammatik eine *analyse textuelle* gegenüberzustellen, die nicht zu einer Reduktion und Zentrierung des untersuchten Textes führt (OC II, 1653), hat Barthes auf das Strukturierungselement zwischengeschalteter Kapitel ver-

misch numerierte Teile angeordnet, nach der letzten Lexie schließt sich immerhin noch ein Schlußteil, eben das 93. Kapitel an.

Diese auf den ersten Blick recht einfache Strukturierung von *S/Z* hat eine Reihe von Auswirkungen. Die erste Konsequenz ist, wenn man so will, graphischer Natur. *S/Z* erscheint als eine Folge mehr oder minder kurzer Textsequenzen, die selten mehr als eine Seite, oftmals nur drei bis vier Zeilen einnehmen. Graphischer Natur ist auch die Komplexität des Schriftbilds, das sich aus den fett und klein gesetzten Lexien Balzacs, den klein gesetzten Kommentaren und Code-Analysen Barthes' sowie den römisch numerierten Teilen oder Kapiteln zusammensetzt, die in einer für die Reihe normal großen Schrift erscheinen. Aus grammatextueller Sicht[34], also in Hinblick auf die Anordnung der Schriftzeichen auf der Seite, erscheint *S/Z* als ein recht komplexes Textgefüge, dessen Schriftbild noch dadurch variantenreicher wird, daß die Abfolge der Einheiten von Lexie und Kommentar immer wieder unregelmäßig von einem oder mehreren Kapiteln »unterbrochen« werden. Der Text läßt sich daher als eine Vielzahl von Fragmenten lesen, die selbst wiederum unterschiedlichen Serien angehören, welche separat gelesen werden können. Man könnte folglich *S/Z* als ein Gewebe verschiedener Fragmente begreifen, wobei sich die in arabischen Zahlen numerierten Lexien und die römisch numerierten Kapitel innerhalb des Webrahmens zueinander wie Kettfäden und Schußfäden verhalten. Die Komplexität des Schriftbilds verweist bereits auf die Komplexität der Textanlage – und mehr noch auf das, was im Kapitel XII als das »Gewebe der Stimmen« bezeichnet wird (SZ II, 568). Barthes wird diese Polyphonie des Textes im Bachtinschen Sinne in einem späteren Kapitel schematisiert sogar als musikalische Partitur darstellen (SZ II, 574). Die Gewebemetapher des Textes wird in *S/Z* ständig in ein Gewebe von Stimmen überführt, in dem sich nicht nur die Stimmen des Textes, sondern auch die Stimme des Lesers Gehör zu verschaffen wissen.

zichtet. Der »wissenschaftliche« Diskurs interessierte ihn aber nicht mehr in ausreichendem Maße, die Textanalyse wurde daher nicht vollständig abgeschlossen. Die komplexere Anlage von *S/Z* gab Barthes mehr Möglichkeiten auf der Ebene seiner eigenen *écriture*.

34 Vgl. zur Definition dieses Begriffs Lapacherie, Jean Gérard: »Der Text als ein Gefüge aus Schrift (Über die Grammatextualität)«. In: Bohn, Volker (Hg.): *Bildlichkeit, op. cit.*, 69-88.

Die Vielstimmigkeit des Textes erklärt sich zum einen aus der Tatsache, daß die Novelle Balzacs in vielfach fragmentierter (und in der Folge auf syntagmatischer wie paradigmatischer Ebene von Barthes analysierter) Weise erscheint. Balzacs Text zeigt sich im Gewand (s)einer Lektüre. Die Barthessche Lektüre hat sich sozusagen des Balzacschen Texts bemächtigt und im Rhythmus seiner eigenen Lektüreeinheiten in ein eigenes Spiel literaturwissenschaftlichen Schreibens mit einbezogen. Sie erklärt sich zum anderen aus dem unterschiedlichen textuellen Status der einzelnen Fragmente. Handelt es sich bei den Kommentaren und Analysen in aller Regel um Metatexte, die sich auf die analysierte Novelle beziehen und sich gleichsam *über* sie legen, ist der Status der römisch durchnumerierten Kapitel nur auf den ersten Blick als ebenfalls metatextuell zu beschreiben.

Bevor wir mit dieser Analyse fortfahren können, ist es notwendig, auf die vor wenigen Jahren von Gérard Genette vorgeschlagene terminologische Unterscheidung zwischen Fiktion und Diktion zurückzugreifen:

»Die menschliche Sprache kennt zwei Grundformen von Literarität: die konstitutive und die konditionale. Die konstitutive bestimmt, entsprechend den traditionellen Kategorien, zwei große Typen oder Gesamtheiten literarischer Praxis: die (narrative oder dramatische) Fiktion und die Poesie, wobei über ihr mögliches Zusammengehen bei der Fiktion in poetischer Form hier noch nichts gesagt ist. Da wir meines Wissens in keiner Sprache über einen bequemen und positiven Term zur Bezeichnung des dritten Typs verfügen (außer dem sehr unschönen der *Nicht-Fiktion*) und zudem diese terminologische Lücke ein ständiges Ärgernis darstellt, schlage ich vor, ihn *Diktion* zu taufen – was zumindest den Vorteil, falls es einer ist, der Symmetrie bietet. Fiktionsliteratur ist die, die wesentlich durch den imaginären Charakter ihrer Gegenstände gekennzeichnet ist, während Diktionsliteratur wesentlich durch ihre formalen Qualitäten beeindruckt – wieder ungeachtet der Amalgame und Mischformen.«[35]

Betrachten wir *S/Z* mit Hilfe der von Genette eingeführten Kategorien, so scheint sich dieses Buch auf den ersten Blick mühelos dem Bereich der Diktion zuordnen zu lassen. Der Band ist geprägt von der schrittweisen wissenschaftlichen Erarbeitung eines literarischen Textes, wobei der Umfang des Metatexts – was im Wissen-

35 Genette, Gérard: *Fiktion und Diktion, op. cit.*, 31 f.

schaftsbetrieb keineswegs ungewöhnlich ist – seinen Bezugstext um das Sieben- bis Achtfache übertrifft.[36]

Innerhalb dieser metatextuellen Auseinandersetzung mit Balzac kommt den römisch durchnumerierten Kapiteln in *S/Z* eine entscheidende Bedeutung bei der Erörterung der Frage zu, welchen textuellen Status wir dem gesamten Buch beimessen können. Es handelt sich bei diesen Texten, die jeweils unter eine Überschrift gestellt sind, zum einen um allgemeine Erörterungen methodologischer Probleme oder, oft ausgehend von der Lektüre Balzacs, von theoretischen Fragestellungen, die von der Diskussion des Realitätsbegriffs bis hin zu neuen Definitionen modernen Schreibens reichen. Dies scheint den metatextuellen oder, in Genettes Terminologie, den diktionalen Status von *S/Z* zu bestätigen. Bei einer genaueren Lektüre aber zeigen sich zum anderen Textpassagen, die diese theoretischen Reflexionen ihrerseits wieder verschieben, indem sie bestimmte Begriffe beispielsweise metaphorisch ernst nehmen und in ihrer Metaphorik »ausspielen«, intratextuell mit anderen Bezugstexten Roland Barthes' in Verbindung bringen oder autobiographische[37] Elemente in den Text einstreuen, so daß sich gleichsam oberhalb wie unterhalb der meta-

36 Ich verwende den Begriff der Diktion im Sinne Genettes und greife nicht auf die sporadische Verwendung dieses Ausdrucks bei Barthes zurück. *Diction* meint bei Barthes die Abgrenzung gesprochener von geschriebenen, literarisierten Sprachformen (etwa im Essay über Queneaus *Zazie in der Metro*, vgl. E I, 1261) oder, in konventionellerer Weise, das Ergebnis einer gezielten Sprachformung im Sinne einer Aussprachekultur der Schauspieler (vgl. u. a. OC I, 1530). Gleichwohl ließe sich eine gewisse Verbindung zwischen dem Diktionsbegriff Genettes und dem Barthesschen Verständnis herstellen, insoweit für ihn die Wissenschaft ja nicht schreibt, sondern *spricht* (OC II, 429). Nehmen wir diese Definition von Wissenschaftssprache an, dann gelangen wir ebenfalls zu einer *diktionalen* Bestimmung allerdings nur des *wissenschaftlichen Diskurses*.

37 Zu den autobiographischen Facetten, die für den mit Barthes wenig vertrauten Leser nur schwer auffindbar sind, zählen u. a. Anspielungen auf die Rolle der Mutter (SZ II, 621 f. oder 623), auf den *ragazzo napolitain* (SZ II, 604) oder auf die Gesangstunden bei Charles Panzéra (SZ II, 628). Intratextuelle Bezüge ergeben sich nicht nur zu den bereits publizierten Texten von Barthes, sondern auch zu den erst sieben Jahre später veröffentlichten *Fragmenten einer Sprache der Liebe* (SZ II, 674 f.). Mit dieser Konstruktionsweise seines Buches setzt Barthes in gewisser Weise die Derridasche Vorstellung von Spuren (*traces*) um, die nicht nur immer weiter in die Vergangenheit zurückweisen, sondern auch durch eine ständige Verschiebung (*différance*) in nicht abschließbare Sinnbildungsprozesse der Zukunft verwickelt sind.

textuellen oder diktionalen Ebene kryptographisch (im Sinne Barthes') ein zusätzlicher, imaginärer Gegenstandsbereich ab-zeichnet. In die Analyse von Balzacs »Sarrasine« webt sich so ein Netzwerk textueller Beziehungen ein, das im Sinne Genettes einen zumindest tendenziell fiktionalen Status besitzt. Es handelt sich bei *S/Z* aber nicht um ein »Amalgam« oder eine »Mischform« zwi-schen den Polen von Fiktion und Diktion, sondern um ein ständi-ges Oszillieren des Textes im Zwischenraum zwischen diesen Po-len, für den ich den Begriff der *Friktion* vorschlagen möchte. Hiermit ist nicht ein in irgendeiner Weise statischer Raum ge-meint, sondern ein den unablässigen Bewegungen zwischen Fik-tion und Diktion ausgesetzter Zwischenraum. Friktion ist damit ein dritter Term, der keine Synthese darstellt. Diese Sichtweise ist zu unterscheiden von Barthes' eigener Suche nach einem »dritten Term«, die er etwa in *Die Lust am Text* anstellt, da für ihn ein nichtsynthetischer Term geradezu notwendig einem »exzentri-schen« Ort angehören zu müssen scheint (P II, 1522). Im Gegen-satz zu einer solchen Vorstellung wird der hier vorgeschlagene Be-griff der Friktion als Bewegungsbegriff aufgefaßt, der nicht ein bipolares System in ein ebenso statisches dreipoliges System über-führt, sondern die gesamte Struktur in Bewegung versetzt. Mit an-deren Worten: *Friktionale* Texte sind hybride Texte, die zwischen den Polen von Fiktion und Diktion ständig hin und her springen. *Friktion* ist eine vom Text selbst inszenierte (und den Text selbst inszenierende) Hybridität.

Zwischen Metasprache und Objektsprache 98

Wie funktioniert ein friktionaler[38] Text? Bei Roland Barthes ent-steht die Friktionalität aus der von ihm im Verlauf der sechziger Jahre zunehmend als Ärgernis und schließlich als theoretisches Hauptproblem für sein eigenes Schreiben empfundenen Trennung zwischen Objektsprache und Metasprache. In einer Reihe später in die *Kritischen Essays* aufgenommener und hier bereits analysier-ter Texte hatte er nach einer Kritik verlangt, die zugleich von ihrem

38 Mit dieser Frage habe ich mich erstmals beschäftigt in »›Así habló Próspero‹. Nietzsche, Rodó y la modernidad filosófica de ›Ariel‹«, *op. cit.*, 48-62.

Gegenstand und von sich selber sprechen müsse. Dabei hatte Barthes in einem Essay von 1963 die Sprache der Kritik als eine »Reibung«, ein *frottement* zwischen einerseits der Beziehung zwischen der Sprache des Kritikers und der des Autors und andererseits der Beziehung zwischen der Objektsprache und der Welt aufgefaßt (E I, 1359). Die Sprache des Kritikers solle dabei nicht das »befragte Werk *aufdecken*«, sondern vielmehr »so vollständig wie möglich *bedecken*« (E I, 1360).

Ein Jahr später hatte Barthes in »F. B.« ein ständiges Oszillieren zwischen der Sprache des Kritikers (als Erzählerfigur) und der Sprache eines autobiographisch konstruierten Autors (als fiktiver Objektsprache) in einer Serie von Fragmenten vorgeführt. Aus der Reibung zwischen diesen beiden Sprachen war – wie wir sahen – die Spannung des eigenen literarischen Textes erzeugt worden, wobei darüber hinaus sowohl die Erzählerfigur als auch die Figur des fiktiven Autors mit autobiographischen Zügen ausgestattet wurden. Bereits hier läßt sich die Funktionsweise eines friktionalen Textes erkennen, der ständig zwischen den Polen der Fiktion (den Romananfängen des fiktiven Autors) und der Diktion (den Kommentaren und Erklärungsversuchen der Erzählerfigur) hin und her springt. Dieses, so können wir jetzt sagen, *friktionale Schreibmodell* war von Barthes dann in verschiedenen Varianten erprobt worden, wobei in den *Incidents* und *L'Empire des signes* dem Schreiben jeweils eine Lektüre des kulturell Anderen zugrunde lag. Zeitgleich zu diesen beiden Texten entstand die schriftliche Ausarbeitung des »Sarrasine« gewidmeten Seminars, *S/Z*. Die beiden erstgenannten Publikationen bilden, wie gezeigt wurde, ein unabschließbares Spiel von Spuren kultureller und körperlicher Alterität, von Differenzen zwischen verschiedenen narrativen und ikonotextuellen Sequenzen, die taxonomisch mit Hilfe des Barthesschen Erzähltextmodells von 1966 weder auf den Begriff noch in den Griff zu bringen sind. Diese Kapitulation der strukturalistischen Erzähltextanalyse wird im ersten Kapitel von *S/Z* mit unverhohlener Lust zum Ausgangspunkt der Textanalyse gemacht. Auch diesem Buch liegt eine Lektüre zugrunde. Es handelt sich dabei aber weder um die Lektüre des kulturell Anderen (*Zwischenfälle*, *Das Reich der Zeichen*) noch um die Lektüre eines fiktiven Autors (»F. B.«), sondern um Lesarten einer Novelle, die aus der Feder eines realen Autors des 19. Jahrhunderts, Honoré de Balzac, stammt.

Die im selben Zeitraum in Marokko[39] verfaßten bzw. abgeschlossenen Texte *Incidents*, *L'Empire des signes* und *S/Z* bilden somit verschiedene Variationen eines von Barthes im Verlauf der sechziger Jahre entwickelten Schreibmodells, dessen »Produktionen« sich gleichsam um ein leeres Zentrum anordnen, das als Zentrum markiert und gleichzeitig doch vakant ist: um die Theoriemetapher vom Tod des Autors. Dabei lassen sich diese Texte keineswegs als bloße Inszenierungen eines Theorems – von einem zusammenhängenden theoretischen System läßt sich bei Barthes schwerlich sprechen – verstehen. Es sind vielmehr Variationen einer schreibenden Lektüre, die den Leser fremder Kulturen wie vertrauter Schreibpraktiken in den so geschaffenen Mittelpunkt stellen. Die Verklammerung von Lesen und Schreiben ist evident, ebenso aber auch das ständige Oszillieren zwischen Fiktion und Diktion. Die drei im selben Zeitraum entstandenen Texte ließen sich dann als jeweils unterschiedliche Akzentuierungen dieser oszillierenden Bewegung auffassen: Die *Incidents* weisen eine größere Nähe zum Pol der Fiktion, *S/Z* eher zum Pol der Diktion auf, eine Mittelstellung käme *L'Empire des signes* zu, das sich freilich anderer, ikonotextueller Ausdrucksmittel bedient, die innerhalb des Barthesschen Gesamtwerks in einer anderen Traditionslinie stehen. Allen aber ist jene inszenierte Hybridität gemeinsam, die nicht im Genetteschen Sinne zu einer Mischung, einem Amalgam, führt, sondern als ein stets in Bewegung befindliches, friktionales Schreiben verstanden werden kann.

In seinem der »Lektüre« gewidmeten Schlußteil von *Kritik und Wahrheit* hatte Barthes gleichsam *en passant* eine Unterscheidung eingeführt, die für das Verständnis von *S/Z* nicht unwichtig ist: »Das Mittelalter hatte rings um das Buch vier unterschiedliche Funktionen unterschieden: den *scriptor* (der abschrieb, ohne etwas hinzuzufügen), den *compilator* (der niemals etwas von sich selbst hinzufügte), den *commentator* (der von sich aus in den abgeschriebenen Text nur eingriff, um ihn intelligibel zu machen) und schließlich den *auctor*, der seine eigenen Gedanken wiedergab, wobei er sich immer auf andere Autoritäten stützte.« (CV II, 50) Versucht

---

39 Aus diesen Erörterungen geht hervor, wie wichtig die Monate in Rabat für Barthes' eigenes Schreiben waren. Innerhalb der reichhaltigen Barthes-Literatur liegen hierzu bislang keine genaueren Untersuchungen vor. Calvet gibt nur wenige Angaben zur parallelen Arbeit Barthes' an verschiedenen Texten; vgl. Calvet, Louis-Jean: *Roland Barthes. Eine Biographie, op. cit.*, 247.

man, diese Unterscheidung, die auf dem unterschiedlichen Anteil von Fremdem und Eigenem basiert[40], auf Roland Barthes' *S/Z* zu beziehen, so bemerkt man rasch, daß alle so definierten Funktionen vorkommen. Ein *Scriptor* hat die vollständige Abschrift der Novelle sowie die Abschrift der Lexien besorgt, ein *Compilator* hat andere Bearbeitungen beigefügt, ein *Commentator* steuert durch kommentierende Einschübe Hintergrundwissen bei oder macht verschiedene Codes verständlich, und ein *Auctor* trägt eigene Überlegungen vor, die sich zumindest teilweise auch auf andere »Autoritäten« – wie etwa die Texttheorie und deren Begrifflichkeit – stützt. Diese verschiedenen Funktionen, die – so könnten wir mit Foucault[41] sagen – zu freilich unterschiedlich gewichteten Bestandteilen der »modernen« Autorfunktion werden – reichen jedoch nicht aus, um die Funktionsweise von *S/Z* zu erklären. Man könnte daher zusätzlich die Funktion eines *lector* mit einbeziehen, die paradoxerweise unserem aktuellen Autorbegriff – in der von Foucault definierten Weise – am nächsten kommt. Er wird nicht nur zum Leser seiner selbst, sondern auch zum Leser seiner eigenen Lektüre.[42] Etwas pointierter noch können wir sagen: Der *écrivain-écrivant* ist zunächst zum *écrivain s'écrivant* und jetzt zum *écrivain s'écrivant en lisant* geworden. In diesen Spiegelungen bildet sich das auf den ersten Blick – aufgrund der Lektüregewohnheiten im Umgang mit wissenschaftlichen bzw. diktionalen Texten – nur schwer auszumachende fiktionale Element von *S/Z*.

Balzac das Wort abschneiden 99

Barthes' Balzac-Lektüre ist in mehrfacher Hinsicht provokativ. In einem 1962 für die Zeitschrift *Critique* verfaßten Essay über Michel Butor hebt Barthes hervor, daß einer traditionellen Kritik, die

40 Vgl. zu dieser Unterscheidung und zu ihrer Beziehung zum Fiktionsbegriff Assmann, Aleida: »Fiktion als Differenz«, *op. cit.*, 239-260.
41 Vgl. Foucault, Michel: »Was ist ein Autor?«, *op. cit.*
42 Erstaunlicherweise macht diese doppelte, selbst- bzw. textreflexive Lektüre an der Grenze zum fremden Text halt, werden doch Lektüreprozesse *innerhalb* von »Sarrasine« fast durchgängig überlesen. Ich widme mich dieser Tatsache in: »Macht und Ohnmacht der Lektüre. Bild-Text-Relationen in Balzacs Novelle ›Sarrasine‹«. In: Heilmann, Markus/Wägenbaur, Thomas (Hg.): *Macht Text Geschichte. Lektüren am Rande der Akademie.* Würzburg 1997, 36-47.

eine Hüterin des »geheiligten *Buches*« sei, jedwede analytische Aufspaltung des literarischen Werks in kleine Teile ein Greuel sei (E I, 1301). Genau eine solche Fragmentierung des Bezugstexts führt *S/Z* mit fast penetranter Deutlichkeit vor. Warum wählt er hierfür gerade einen Text Balzacs? Die Wahl von Racine war, wie wir uns erinnern, aus strategischen Gründen erfolgt, und auch diesmal wählt Barthes einen französischen »Klassiker«, dessen Interpretation weitaus größere Resonanz verspricht als die Fragmentierung etwa eines Texts von Cayrol oder selbst Robbe-Grillet.[43] Für die Verkörperung der Autorfigur – jener »etwas verstaubten Gottheit der Alten Kritik« (SZ II, 697) – ist der Autorname Balzac bestens geeignet. Im Umgang mit den Klassikern, so schrieb Barthes schon 1959 in einem Beitrag für das *Théâtre populaire*, plädiere er für eine »*interessierte* Irreverenz« (OC I, 849), eine gezielte Unbotmäßigkeit, mit der jeweils bestimmte Zielstellungen verbunden seien. So heißt es am Ende von Kapitel VIII, »Der gebrochene Text«: »Die Arbeit des Kommentars besteht, sobald er sich einer jeden Ideologie von Totalität entzieht, gerade darin, den Text zu *mißhandeln*, ihm *das Wort abzuschneiden*. Dennoch ist das, was negiert wird, nicht die (hier unbestrittene) *Qualität* des Textes, sondern sein ›Naturhaftes‹.« (SZ II, 564) Dies freilich ist eine Definition eines Kommentars, die weder mit der Rolle des *Commentators* noch mit einer traditionellen Sichtweise von Wissenschaft vereinbar ist. Was ist mit der Wendung, das *naturel* dieses Textes negieren zu wollen, gemeint?

Ein Jahr vor dem Beginn des »Sarrasine« gewidmeten Seminars hatte Barthes eine Lehrveranstaltung über den »Diskurs der Geschichte« abgehalten[44], die sich 1967 unter anderem in der Publikation eines gleichnamigen Artikels niederschlug. Barthes spricht dort hinsichtlich des historiographischen Diskurses von einer »Reibung (*frottement*) zwischen zwei Zeiten« (OC II, 418), die wir etwas vergröbernd als den Unterschied zwischen Erzählzeit

---

43 Barthes' eigene Begründung für die Auswahl von »Sarrasine« (SZ II, 565) ist eine intertextuelle, insoweit er auf seine Lektüre eines Aufsatzes von Jean Reboul verweist, der seinerseits einen Text von Georges Bataille, den Barthes im Anhang auszugsweise abdruckt, gelesen habe. Diese Begründung ist durchaus ernst zu nehmen, erfüllt aber vor allem die Funktion, jedweder »ersten« Lektüre den Boden zu entziehen, indem nicht auf einen Ursprungstext, sondern auf immer weiter zurückliegende Bezugstexte und Lektüren verwiesen wird.

44 Vgl. hierzu seinen Bericht (OC II, 451f.).

und erzählter Zeit übersetzen dürfen. Zugleich stellt er der Zeit der Geschichte die Zeit des Diskurses gegenüber, die er auch humorvoll als »die Papierzeit (*le temps-papier*)« bezeichnet (OC II, 419). Die Formen »objektiver« Diskurse, denen Barthes den historiographischen zurechnet, interessieren ihn nicht zuletzt wegen der in ihnen begründeten Darstellungsformen realistischer Literatur. Barthes entwickelt aus diesen diskursanalytischen Untersuchungen sein Konzept des »Realitätseffekts (*effet de réel*)« (OC II, 426), dem er im folgenden Jahr einen eigenen, recht berühmt gewordenen Artikel über dessen Verwendungsweise insbesondere in der realistischen Literatur widmen sollte (OC II, 479-484). Die Funktionsweise dieses Effekts, so Barthes in seiner weniger bekannten Darstellung des historiographischen Diskurses, beruhe auf einer »referentiellen Illusion«, die dadurch erzeugt werde, daß sich der Signifikant in der Geschichtsschreibung nicht auf ein Signifikat (im Sinne des Saussureschen Zeichenbegriffs), sondern direkt auf einen außersprachlichen Gegenstand zu beziehen scheine. Dieser Wirklichkeitseffekt des historiographischen (und im Sinne Barthes' letztlich auch des realistischen) Diskurses sage im Grunde immer wieder »Dies ist geschehen« (OC II, 426). In *S/Z* wird Barthes diesbezüglich von einem *authentifier la fiction* (SZ II, 570) sprechen. Barthes' Vorgehensweise wird nun, ähnlich wie in seinen *Mythen des Alltags*, darin bestehen, die »Natürlichkeit« eines solchen Diskurses durch eine Lektüre gegen den Strich zu untergraben und den realistischen Diskurs als eine bestimmte Kombination von Codes und damit als ein Artefakt, als etwas Künstliches oder Kunstvolles, vorzuführen.

Dieser Effekt, so Barthes, werde in unserer Kultur in vielfacher Weise – etwa in der Photographie oder im Tagebuch (OC II, 426) – produziert und konsumiert. Aus dem Blickwinkel dieser diskursanalytischen, auch die Dimension der Vermarktung in der Massenkultur einbeziehenden Fragestellung wird deutlich, warum Barthes sich in *S/Z* gegen die »Natürlichkeit« des Balzacschen Textes und zugleich gegen deren Konsum richtet. Und warum darüber hinaus die »Lesbarkeit« eines Textes mit der Problematik der Moderne verknüpft ist. Den »klassischen« bezeichnet Barthes gleich zu Beginn als den »lesbaren (*lisible*)« Text, der – *heute*, so müssen wir hinzufügen – leicht konsumiert werden könne (SZ II, 558). Ihm stellt er – in einer berühmt gewordenen Unterscheidung – den »schreibbaren (*scriptible*)« Text als das, »was heute geschrie-

ben (neugeschrieben) werden könne« gegenüber (SZ II, 557f.).
Das Ziel, das es dabei zu verfolgen gelte, bestehe darin, aus dem
Leser nicht mehr einen Konsumenten, sondern einen »Textprodu-
zenten« zu machen (SZ II, 558).

Es kann an dieser Stelle nicht darum gehen, argumentative Widersprüche innerhalb dieser »Klassifikation« (oder zumindest
doch Opposition) aufzudecken, die schon in der Tatsache begründet sind, daß Barthes aus einem »klassischen«, folglich lesbaren
und nach seiner Definition nicht »schreibbaren« Text einen neuen
Text produziert, den der Leser gerade liest (oder sogar in Form einer anregenden Lektüre konsumiert). Man könnte diese Vorgehensweise mit der bereits mehrfach analysierten paradoxen Bewegung in Verbindung bringen, derzufolge Barthes eine binäre
Opposition aufbaut, um den weiteren Diskurs dann gerade im
Zwischenraum anzusiedeln: hier also im Zwischenraum des (eigentlich nur) lesbaren Texts, der zum neugeschriebenen geworden
ist, weil er sich *zugleich* als schreibbar erweist. Im Problemhorizont der vorliegenden Untersuchung scheint mir an dieser Stelle
die Tatsache bedeutungsvoller, daß Barthes hinsichtlich des »disse-
minierenden« schreibbaren Texts nicht nur Begriffe wie »Struktur« oder »Produkt« zugunsten von Bewegungsbegriffen wie
»Strukturierung« und »Produktion« aufgibt, sondern – wie schon
in seiner Untersuchung des historiographischen Diskurses – explizit auf nietzscheanische Vorstellungen zurückgreift, indem er der
Interpretation gleich zu Beginn die Aufgabe überträgt, dem Text
nicht *einen* Sinn zuzuschreiben, sondern das Plurale seiner Sinnbildungsprozesse herauszuarbeiten (SZ II, 558).[45] Damit tritt
Nietzsche immer vernehmbarer als Bezugspunkt des Barthesschen Schreibens neben Vertreter der *Tel Quel*-Gruppe[46], die wie

45 Nietzsche wird in *S/Z* mehrfach erwähnt, ist aber oft auch nur in Anspielungen, etwa auf seine berühmte Frage »Wer spricht?«, präsent: »Der Ursprung des Satzes ist nicht auszumachen. Wer spricht? Ist es Sarrasine? der
Erzähler? der Autor? der Autor Balzac? der Mensch Balzac? die Romantik?
die Bourgeoisie? die universelle Weisheit? Das Sichkreuzen (*croisement*) all
dieser Ursprünge bildet das Schreiben.« (SZ II, 671). Zur nietzscheanischen
Problematik des »Wer spricht?«, die auch in Foucaults Frage »Was ist ein
Autor?« vernehmbar durchklingt, vgl. auch das 1968 erstmals veröffentlichte Buch von Eco, Umberto: *La struttura assente*. Milano 1983, 328.
46 1971 betont Barthes in einem Interview, ihn verbinde mit dem Denken Derridas »das Gefühl, an einer historischen Phase teilzuhaben (oder teilhaben
zu wollen), die Nietzsche als den ›Nihilismus‹ bezeichnet« (OC II, 1294).
Seit 1970 häufen sich solche Hinweise, was im Kontext damit zu sehen ist,

er die Konzeption eines pluralen[47], reversiblen, ursprungslosen Textes propagieren, der eine Vielzahl von Eingängen besitze und auf verschiedensten Wegen begangen werden könne (vgl. unter anderem SZ II, 559 und *passim*).

Diese Perspektivierung verbindet sich nun bei Barthes einmal mehr mit der Problematik der Moderne. In der aktuellen Konsumgesellschaft sei der Text zum einmaligen Verbrauch bestimmt; nur »marginale Kategorien von Lesern« wie Kinder, Alte oder Professoren läsen Texte mehrfach (SZ II, 565). Die Lektüre muß laut Barthes aber nicht nur mehrfach, sondern ebenso plural wie der plurale, schreibbare Text sein. Barthes radikalisiert mit seinem Begriffspaar lesbar/schreibbar nicht nur seine Unterscheidung zwischen *écrivain* und *écrivant*, er verschiebt auch die Perspektive deutlich zur Leserseite hin, insoweit nun der Leser zum eigentlichen Produzenten des Textes wird. Diesen schreibbaren Text, den Barthes folgendermaßen charakterisiert, werde man aber kaum im Buchhandel finden: »Das Schreibbare, das ist das Romaneske ohne den Roman, die Poesie ohne das Gedicht, der Essay ohne das Dissertieren, die Schreibweise ohne den Stil, die Produktion ohne das Produkt, die Strukturierung ohne die Struktur.« (SZ II, 558)

Schon früh, wenn auch noch versteckt, wird der schreibbare Text mit dem *texte moderne* gleichgesetzt (SZ II, 560). Seine »Umkehrbarkeit« werde von Wahrheit und Empirie blockiert, und »das ist genau das, wogegen – oder wozwischen – der moderne Text sich etabliert« (SZ II, 574). Während der »klassische«, der lesbare Text tonaler Natur sei, erreiche die *écriture* des modernen Textes die »Atonalität« (SZ II, 582). Der »modernen Schreibweise« stelle sich das Problem, wie »die Mauer des Aussagens, die Mauer des Ursprungs, die Mauer des Eigentums« durchbrochen werden könne (SZ II, 584f.). In der Darstellung sich übereinanderlagernder Codes ergebe sich im lesbaren Text ein »metasprachlicher Prozeß«, wobei »das *moderne* Problem« gerade darin be-

daß Nietzsche in den sechziger Jahren in Frankreich zu einem wichtigen Orientierungspunkt des sich entwickelnden poststrukturalistischen Denkmusters wurde. Vgl. hierzu auch Ette, Ottmar: »Der Schriftsteller als Sprachendieb«, *op. cit.*, 176f. Ich komme auf diese Problematik zurück.

47 Der *texte pluriel* sei dem (nur) polysemen Text insoweit entgegengesetzt, als er über dessen begrenzte Vieldeutigkeit radikal hinausführe (SZ II, 559f.). Die polyseme Begrenztheit sei die des »klassischen« Texts. Damit geht Barthes deutlich etwa über Ecos Konzeption des »offenen Kunstwerks« hinaus; vgl. Eco, Umberto: *Opera aperta*. Milano 1962.

stehe, »diesen Prozeß nicht anhalten, die Distanz, die zu einer Sprache eingenommen wird, nicht zum Anschlagpunkt kommen« zu lassen (SZ II, 648).[48] Dieser Durchgang durch Verwendungen des Ausdrucks *Moderne* in *S/Z* zeigt, daß hierbei Bestimmungen vorgenommen werden, denen Barthes' Text selbst entspricht oder doch zumindest zu entsprechen versucht. In den Aussagen über den modernen Text läßt sich eine immanente Poetik von *S/Z* selbst erkennen, die *ex negativo* durch Barthes' Deutungen des *texte lisible* ergänzt wird. Hatte Barthes zu Beginn seiner Darstellung der antiken Rhetorik den »modernen Text« als einen beschrieben, »*der noch nicht existiert*« (OC II, 901), so beginnt nun doch ein solcher Text in Barthes' Schreiben Gestalt anzunehmen. *S/Z* ist eine wichtige Vorstufe des modernen Textes, bildet das eigentliche Experimentierfeld dessen, was Barthes für heute schreibbar hält. Denn Barthes' *relecture*, die in eine *réécriture* einmündet, bezieht sich gerade auf das Gegenmodell des in seiner literarischen Qualität zwar anerkannten, als Schreib- und Denkmodell aber abgelehnten *texte lisible*. Wenn Barthes also Balzac »das Wort abschneidet (*coupe la parole*)«[49], dann zielt diese »*interessierte* Irreverenz« letztlich weniger auf die Provokation oder Bekehrung literaturtheoretischer Andersgläubiger, als auf die Erarbeitung eines neuen, eines noch nicht vorhandenen, eines (im Sinne Barthes') *modernen* Schreibens. Barthes schneidet Balzac die *parole* ab, um an deren Stelle die moderne *écriture* zu setzen.

Abschied von der Linguistik? 100

Im dritten Kapitel von *S/Z* äußert sich Barthes kritisch nicht nur gegenüber der traditionellen Philologie, die jeden Text auf einen einzigen Sinn zurückführe, sondern auch gegenüber einer bestimmten Semiologie und einer Linguistik, deren »Prestige« wir noch immer »unterworfen seien« (SZ II, 559). Während der sechziger Jahre noch hatte Barthes stets auf die fundamentale Wichtig-

---

48 In der deutschsprachigen Fassung sind diese »Spuren« des Modernebegriffs bei Barthes kaum nachzuvollziehen, da *moderne* häufig mit »heute« oder »aktuell« übersetzt wird.

49 Selbstverständlich ist diese Vorgehensweise (philologisch) kritisierbar; vgl. hierzu Petrey, Sandy: »Castration, Speech Acts, and the Realist Difference: ›S/Z‹ versus ›Sarrasine‹«. In: *PMLA* CII, 2 (march 1987), 153-165.

keit der Linguistik hingewiesen und behauptet etwa 1966 in dem Aufsatz über »Situation des Linguisten«, daß die Erforschung des Weltraums und der Sprache die beiden großen Erscheinungen des 20. Jahrhunderts seien (OC II, 63). Ähnlich (wenn auch mit einer leichten, aber signifikanten Verschiebung) äußerte er sich im selben Jahr auch in seinem wichtigen Vortrag an der Johns Hopkins Universität: »Der Erforschung des Kosmos«, so Barthes, »entspricht erneut die Erforschung der Sprache, wie sie von der Linguistik, der Psychoanalyse und der Literatur vorangetrieben wird« (OC II, 980). Die Linguistik, so betonte er noch 1968, strahle auf die anderen Wissenschaften ebenso ab wie auf die Literatur (OC II, 501). Kaum zwei Jahre später aber kritisierte er auch die Linguistik wegen ihrer »Rückkehr zu der Geschlossenheit des abendländischen (wissenschaftlichen, kritischen oder philosophischen) Diskurses, zu einer zentrierten Organisation, die alle Sinngehalte eines Textes kreisförmig um den Herd der Denotation anordnet (der Herd: Zentrum, Hüter, Zuflucht, Licht der Wahrheit).« (SZ II, 559f.)

Nach den raschen Umbildungen im politischen wie im intellektuellen Feld war es in Frankreich im Gefolge von 1968 zu einer Institutionalisierung der strukturalen Linguistik insgesamt wie der von Barthes wesentlich mitgeprägten Semiologie gekommen. Von einigen Vertretern dieser gerade erst institutionalisierten universitären Semiologie, die ihre Wissenschaft als eine solche noch diskursiv festigen und etablieren mußten, ging nun eine Serie gezielter Attacken gegen die Semiologie Roland Barthes' aus. Den Höhepunkt dieser Angriffe der universitär etablierten Linguisten bilden wohl einige Bemerkungen von Georges Mounin in seiner 1970 erschienenen *Einführung in die Semiologie* – eine Art Gegenprojekt zu Barthes' *Elementen der Semiologie* –, wo klipp und klar gesagt wird, es sei unmöglich, über Roland Barthes wissenschaftliche Aussagen zu machen: Er gelte zwar gemeinhin als Theoretiker, sei aber letzten Endes nur ein Essayist, der alles durcheinanderbringe und keine wirkliche Semiologie betreibe.[50] Man kann daher zu Recht, wie Louis-Jean Calvet dies tut, von einer »Ex-

50 Mounin, Georges: *Introduction à la sémiologie*. Paris 1970, insbes. 189-197. Louis-Jean Calvet widmet sich dieser Debatte ausführlicher in seinem Buch *Roland Barthes. Un regard politique sur le signe, op. cit.*, 14-22. Eine Kritik am Semiologie-Verständnis Mounins findet sich in Eco, Umberto/Pezzini, Isabella: »La sémiologie des ›Mythologies‹«, *op. cit.*, 22.

kommunikation durch die Linguisten« sprechen.[51] Doch scheint es mir verfehlt, daraus ableiten zu wollen, Barthes habe sich unter dem Eindruck dieser massiven Angriffe zwischen zwei möglichen Entwicklungen, und zwar gegen *System der Mode* und für *S/Z*, entschieden. Seine Bücher, so Calvet weiter, hätten in der Folge keinerlei Bezüge mehr zum »Erbe Saussures« gehabt, kurz: Barthes habe einmal mehr »die Theorie« gewechselt.[52]

Eine solche Deutung der »Entwicklung« von Roland Barthes verkennt die Tatsache, daß Barthes' Schreibformen und Schreibexperimente während der sechziger Jahre keineswegs auf eine wie auch immer geartete Semiologie strukturalistischer Provenienz beschränkt blieben.[53] Außerdem ist die in *S/Z* vorgetragene Kritik keineswegs bloß eine polemische Replik; die Vorbehalte des Semiologen gegenüber der strukturalen Linguistik sind grundsätzlicher Natur und stellen – mit Derrida[54] – deren Orientierung an (sinn-)zentrierten Strukturen in Frage, wie sie für den »metaphysischen« abendländischen Diskurs (den es zu überwinden gelte) charakteristisch sei. Barthes wechselt auch keineswegs die Theorie. Es hat sich vielmehr gezeigt, daß Barthes – nicht zuletzt unter dem Eindruck kultureller Alterität – seine theoretischen Interessen immer stärker in einen kreativen Dialog mit philosophischen und texttheoretischen Positionen verwickelte, wie sie in der *Tel Quel*-Gruppe vertreten wurden. Dies läßt sich weder als plötzlicher Theoriewechsel noch als Übernahme anderer Theorien verstehen, sondern stellt einen sich über mehrere Jahre entwickelnden Prozeß kreativer Anverwandlung (und Dekonstruktion) von Schreibkonzepten und Theoriebildungen dar, die jenseits des sogenannten klassischen Strukturalismus situiert sind.

Daß Ende der sechziger Jahre in Barthes' Denken kein wie auch immer gearteter Bruch stattfand, zeigen seine Veröffentlichungen im Übergang von den sechziger zu den siebziger Jahren. Verzeichnet das Jahr 1969 auch nur sehr wenige Publikationen, was zum einen vom (kurzzeitigen) Rückzug Barthes' nach den

51 Calvet, Louis-Jean: *Roland Barthes. Eine Biographie, op. cit.*, 257.
52 Ebd., 259.
53 So läßt sich bezüglich *S/Z* auch nicht von einem »Bruch in Barthes' eigener Schreibweise« sprechen, wie dies Brigitte Schlieben-Lange tut; vgl. ihren Besprechungsaufsatz »Die Entscheidung des späten Barthes für den ›Essai‹. Zu Réda Bensmaïas ›Barthes à l'Essai‹«. In: *Lendemains* 63 (1991), 76.
54 Zur Kritik Derridas an Lévi-Strauss vgl. auch Eco, Umberto: *La struttura assente, op. cit.*, xxi und 350f.

Ereignissen vom Mai 1968, zum anderen aber auch von seiner intensiven Beschäftigung mit *L'Empire des signes, Incidents* und *S/Z* zeugt, so sind diese Jahre über die genannten Buchprojekte hinaus doch von einer beeindruckenden Publikationstätigkeit geprägt. Barthes gibt eine Reihe früherer Veröffentlichungen der fünfziger und sechziger Jahre – wie etwa *Am Nullpunkt des Schreibens, Mythen des Alltags, Kritische Essays* und *Neue Kritische Essays* – zum Teil im Verbund mit neueren Publikationen, stets aber mit neuen Vorworten heraus, die Kontinuitäten und Wandlungen seines Schreibens gleichzeitig betonen. Barthes beherrschte die Technik sowohl retrospektiver als auch prospektiver Vorworte in brillanter Manier und verstand es ebenso gut, seine früheren Texte auf neue Kontexte zu beziehen, wie neue Projekte zu skizzieren, auf die der Leser dann die früheren Publikationen beziehen sollte. In diesem Sinne spricht Barthes in seinem Vorwort für die *Kritischen Essays* von 1971 sowohl von einer Übersetzungsarbeit als auch von einer (erwünschten) Deformierung der Texte durch den neuen Blick anderer Leser (E I, 1168). Nicht anders wirkte sein eigener Blick.

Barthes' Kunst des Vorworts, verbunden mit der intensiven (und offensichtlich lukrativen) Publikationstätigkeit des Hauses Seuil in Sachen Barthes, führte im Übergang zu den siebziger Jahren zu einer Art Vergleichzeitigung des bis zum damaligen Zeitpunkt entstandenen Barthesschen Gesamtwerks. Barthes besaß hinsichtlich seines eigenen Œuvre wohl Präferenzen und setzte Prioritäten, zugleich aber legte er Wert darauf, den Zusammenhalt seines sich ständig verändernden Intratexts zu unterstreichen. Indem er die Beziehungen zwischen seinen eigenen Texten hervorhob, brachte er auch deren jeweilige Kontexte – genannt seien die Philosophie Sartres, die Themenkritik Richards oder die Linguistik Saussures, Hjelmslevs oder Jakobsons – mit den neuen theoretischen Ansätzen, wie sie sich etwa in der *Tel Quel*-Gruppe manifestierten, in einen fruchtbaren Dialog.

Dies zeigt außerdem, daß *S/Z* nicht den Abschied von *der* Linguistik, sondern nur von einer bestimmten, am klassischen Strukturalismus festhaltenden Sprachwissenschaft bedeutete, und daß dieser Abschied sich auf jedes Denken bezog, das sinnzentrierender Strukturen verdächtigt werden konnte und das Barthes seit seinem Vortrag von 1966 an der Johns Hopkins Universität, an der auch Derrida vorgetragen hatte, mit dessen Begriff als »logozentrisch«

brandmarkte (OC II, 975).[55] Und wenig später betonte er, daß »die Schriftsteller der Gruppe *Tel Quel*« eine zugleich Texte und deren Theorie entfaltende Aktivität praktizierten, die für die wechselseitige Verbindung von Literatur und Linguistik von grundlegender Bedeutung seien (OC II, 503). In der *Tel Quel*-Gruppe sah Barthes das gemeinsame Ziel einer Arbeit, die die Überwindung der Trennung von Metasprache und Objektsprache, von Theorie und Schreibpraxis, von *lecture* und *écriture* ins Werk setzen konnte. Barthes' Schriften der ausgehenden fünfziger und sechziger Jahre belegen, daß er diese Vorstellungen keineswegs den *tel-queliens* verdankte. Insbesondere die Texttheorie Kristevas und die Philosophie Derridas boten ihm seit der zweiten Hälfte der sechziger Jahre wohl aber neue und anregende Kontexte für das eigene Schreiben in seiner praktischen wie theoretischen Fortentwicklung.

Barthes aber war niemals ein dogmatischer *tel-quelien*. Die Gruppe bot ihm die Möglichkeit, wie schon in der ersten Hälfte der sechziger Jahre theoretische Positionen einer Minderheit gegen eine *Doxa*, eine vorherrschende Lehrmeinung, vortragen zu können. Im Gegensatz zur *nouvelle critique*, die noch die Auseinandersetzungen um *Über Racine* und *Kritik und Wahrheit* bestimmt hatte, wies die Gruppe um die Zeitschrift *Tel Quel* eine wesentlich größere Homogenität auf, so daß sie, begünstigt durch die Ereignisse im Mai 1968, wesentlich schlagkräftiger und effizienter das intellektuelle Feld in Frankreich mitbestimmen konnte. In einem Fernsehinterview von 1970, das aber erst 1988 ausgestrahlt wurde, betonte Barthes, daß die Gruppe für ihn »lebenswichtig« geworden sei. Am Ende seiner Äußerungen bekräftigte er aber seine Auffassung, »daß die Arbeit von *Tel Quel*, obwohl und gerade weil sie gewissenhaft durchgeführt wird, ein, sagen wir, großes Spiel, eine große Fiktion im Nietzscheschen Sinn des Wortes ist.«[56] Hierin

---

55 Der Abschied vom Strukturalismus deutet sich auch in einem Interview von 1967 mit Raymond Bellour an. Dieser Abschied leitet am Ende zu einer neuen Handlungsstrategie über, die im folgenden Kapitel näher dargestellt wird: zum Sprachendiebstahl. Barthes betont: »Es gibt nur eines, das der Schriftsteller dieser Gesellschaft wegnehmen kann: ihre Sprache; aber bevor er sie zerstören kann, muß er sie ›stehlen‹; genau dieser Diebstahl definiert, so scheint mir, die neuen Wege der Transgression, welche zeitgleich und in einem unaufhörlichen Austausch begriffen der intellektuelle und der literarische Diskurs einschlagen.« (OC II, 461).

56 Zitiert nach Calvet, Louis-Jean: *Roland Barthes. Eine Biographie, op. cit.*, 261 f.

kommt jene spielerische Distanz zum Ausdruck, die Barthes bereits Ende der sechziger Jahre unter anderem in den *Incidents*, 1970 dann in *Das Reich der Zeichen* und *S/Z* unter Beweis gestellt hatte, indem er philosophische und texttheoretische Begriffe als Metaphern behandelte, die er in ein literarisches Spiel verwickelte. Die Theorie wird zur Fiktion, die Fiktion aber ist Theorie. Die Lektüre, die Barthes seit Mitte der sechziger Jahre entwickelt, findet in ihrer oszillierenden Bewegung im Zwischenraum zwischen Diktion und Fiktion statt: Sie ist ständige *Friktion*. Die Position Roland Barthes' im intellektuellen Feld Frankreichs war nunmehr so gesichert, daß er auf jene Reibungen, die durch die Angriffe von Linguisten wie Mounin erzeugt werden sollten, nicht einmal mehr zu antworten brauchte: Es entstand kein Skandal, sondern nur ein *fait divers*. War der Kritiker zu Beginn der sechziger Jahre kämpferisch ins Feld gezogen, so hatte er sich am Ende dieses Jahrzehnts jene Freiheit erobert, die ihm für sein eigenes Schreiben einen neuen Spiel-Raum verschaffte, innerhalb dessen den Friktionen der Lektüre eine enorme kreative Bedeutung zukommt. Der neue moderne Text – jenseits einer Trennung zwischen dem Autor als »Gott« und dem Kritiker als dessen »Priester, dem die Entzifferung der *Schrift* des Gottes obliegt« (SZ II, 672) – ist in Entstehung begriffen. Barthes verabschiedet sich nicht von der Linguistik, wohl aber von einer bestimmten »Semiurgie« (SZ II, 672). Doch auch nach dem »Tod des Autors« wird es einen Semiurgen geben.

Fig. 8: Roland Barthes (Sondernummer *L'Arc*).

Neuntes Kapitel
Der Historiker des Körpers

Körperlichkeit, Lesen und Schreiben

In einer Besprechung der gerade erschienenen französischen Ausgabe von Severo Sarduys *De donde son los cantantes* beschäftigte sich Roland Barthes 1967 mit der Verbindung zwischen literarischer Sprache und Lust. Sarduy, der 1960 dank eines Stipendiums der noch jungen Revolutionsregierung Kuba verlassen hatte und bis zu seinem Tod nicht mehr in sein Heimatland zurückkehren sollte, war in Paris früh schon zur *Tel Quel*-Gruppe gestoßen und hatte unter anderem auch an Barthes' Seminaren an der *Ecole Pratique des Hautes Etudes* teilgenommen. Barthes' Rezension des sprachakrobatischen und experimentierfreudigen Textes hebt insbesondere hervor, daß Sarduys Text in Erinnerung rufe, daß es eine »Lust der Sprache« gebe, die »aus demselben Stoff, aus derselben Seide« gemacht sei wie die »erotische Lust«, und daß »diese Lust der Sprache (*plaisir du langage*) ihre Wahrheit« sei (OC II, 408). Sarduys Buch komme nicht aus Kuba, weder aus der kubanischen noch aus der castristischen Folklore, sondern aus der »Sprache (*langue*) Kubas« (OC II, 408). Barthes spart nicht mit überschwenglichen Adjektiven bei der Vorstellung dieses neobarocken Textes, streicht aber vor allem die Tatsache heraus, daß es sich hier um einen hedonistischen und gerade deshalb revolutionären Text handle (OC II, 409).

Sarduy, der zu Barthes' kleinem Freundeskreis zählte, hatte sich stets jeder direkten Kritik an Castros Revolution enthalten; es fällt jedoch nicht schwer, zwischen den Zeilen von Barthes' Besprechung auch seine Stimme herauszuhören; deutlich wird das politische Experiment mit der Folklore gleichgesetzt (und damit abgewertet), während die Experimente auf der Ebene der Sprache als wirkliche, als eigentliche Revolution erscheinen. In diesem Bereich überschneiden sich Sarduys und Barthes' Anschauungen innerhalb einer Avantgarde, die sich nicht nur als eine literarische oder philosophische, sondern zugleich auch als eine politische und kulturtheoretische verstand. Barthes, der in den fünfziger Jahren und noch zu Beginn der sechziger Jahre in seinen Theaterkritiken mehrfach den Begriff der Avantgarde in Frage gestellt hatte – da doch eine Avantgarde nichts anderes als die Vorhut einer *bürgerlichen* Armee sein könne, die sie stets wieder in ihre Reihen aufnehme, so »fortschrittlich« und revolutionär sie sich auch gebärde –, zeigte sich sehr wohl bereit, die Gruppe um die Zeitschrift *Tel Quel* in einem ungetrübt positiven Sinne als Avantgarde zu bezeichnen. Noch in einem Text von 1970 lobt er »eine gewisse Avantgarde« (die der *tel-queliens*), weil sie sich mit dem Spiel des Signifikanten und einer »Freistellung *(exemption)* vom Sinn« beschäftige. Die Arbeit dieser Gruppe sei an »einer Art Zerstörung der Lesbarkeit, des Lesbaren« ausgerichtet (OC II, 891).

Dies ist der Problemhorizont, in dem auch Sarduys Text angesiedelt wird. Die Problematik der Lesbarkeit, so hat unsere Untersuchung von *S/Z* gezeigt, ist aufs engste mit Barthes' Entwurf des noch nicht existierenden *modernen* Textes verbunden, eines Textes, der sich jeglichem Konsum versperrt und nicht auf Lesbarkeit, sondern Schreibbarkeit zielt. Doch nimmt Barthes bereits in die Besprechung von 1967 ein weiteres Element auf, das seine Ästhetik der siebziger Jahre grundlegend prägen wird und das ihn in der Folge nicht nur über die Texttheorie und Semanalyse Kristevas hinaus-, sondern auch von der Derridaschen Philosophie immer weiter wegführen wird: die Dimension von Lust und Körperlichkeit. Schon die oben zitierte Stelle läßt keinen Zweifel daran, daß mit *plaisir* keinesfalls ein wie auch immer geartetes »Vergnügen«, ein Pläsier eben, sondern eine erotische Erfahrung gemeint ist, die mit dem Schreiben, der Schrift, verknüpft ist. Diese Verknüpfung von *écriture* und *plaisir* ist sowohl von der Seite des Schreibens als auch von der des Lesens her gegeben. Im Schlußsatz von *Kritik und Wahrheit* hatte Barthes die *vérité de l'écriture* (CV II, 51) in einer Einheit gesucht, die Lektüre und Kritik einschließen sollte. Mit der Hinzunahme des »Lustprinzips« gerät diese Einheit geradezu zu einer lustvollen Vereinigung. Damit aber nimmt er ein Element auf, das ihn in der Folge nicht nur über die Texttheorie und Semanalyse Kristevas hinausführen, sondern auch von der Derridaschen Philosophie immer weiter wegführen wird: die Vereinigung von Lust und Körperlichkeit.

Die Dimension erotischer Lust schließt die Dimension des Körperlichen mit ein, mit der sich Barthes schon früh in immer neuen Versuchen auseinandergesetzt hatte. Dabei ist die Körperlichkeit nicht nur ein grundlegendes Element seiner Analyse Michelets.

Auch in seinen Theaterkritiken ist sie präsent. Theater und Körperlichkeit, so hatte sich im vierten Kapitel gezeigt, waren für ihn nicht voneinander zu trennen. In einer 1954 veröffentlichten Besprechung einer Aufführung von Molières *Dom Juan* hatte er betont, daß die Körperlichkeit des Theaters nicht nur die Schauspieler, sondern auch das Publikum miteinschließe und daß »unsere Körper von heute« ihre eigene Geschichte besäßen. Sade und Molière hätten Eingang in diese Geschichte gefunden (OC I, 379) – und damit in unsere eigene Körperlichkeit.

In der Analyse der *Incidents* hatte sich darüber hinaus gezeigt, daß der Körper nicht nur seine eigene Geschichte, sondern im Sinne Barthes' auch seine eigene Logik entwickelt. Nicht nur die kulturelle, sondern zugleich auch die körperliche Alterität war ein wesentliches Element von Barthes' marokkanischen *Zwischenfällen* gewesen. Körpergeschichte und Körperlogik sind Vorstellungen, die Roland Barthes zunehmend in seinen Begriff der *écriture* integrieren wird – nicht im Sinne einer Derridaschen *écriture* als Schrift, sondern einer körperlichen, an die Hand gebundenen Tätigkeit: der des Schreibens. Das Lesen wird seinerseits mit bestimmten Körperstellungen in Verbindung gebracht. Am Ende seines bereits erwähnten Artikels von 1970 über *S/Z* läßt Barthes keinen Zweifel daran, daß auch die Lektüre mit »verschiedenen Stellungen (*postures*) des menschlichen Körpers« verbunden sei[1] und daß auch wir dem Text »beim Lesen« bestimmte »Stellungen« »aufprägten (*imprimons*)« (OC II, 963). Der Text wird damit als ein Körper verstanden, der in ein Spiel mit den Körpern von Lesenden wie Schreibenden tritt. Diese hier noch etwas undeutliche Vorstellung wird in einer doppelten, textuellen wie körperlichen Kodierung dann 1973 in *Die Lust am Text* entfaltet:

»Der Text hat eine menschliche Form, er ist eine Figur, ein Anagramm des Körpers? Ja, aber unseres erotischen Körpers. Die Lust am Text wäre nicht reduzierbar auf sein grammatisches (phäno-textuelles) Funktionieren, so wie die Lust des Körpers nicht reduzierbar ist auf das physiologische Bedürfnis.« (P II, 1502)

---

1 Der berühmte Auftakt von Italo Calvinos *Wenn ein Reisender in einer Winternacht* mit seiner Aufzählung verschiedenster Lesestellungen läßt sich als eine Replik auf derartige Überlegungen zur Verbindung zwischen Lektüre und Körperposition lesen.

Die Doppelkodierung des Text-Körpers als erotischer Lustort von Körper und Text, von Körper als Text und Text als Körper, ist hier intertextuell auf die Begrifflichkeit Saussures (Anagramme) und Kristevas (Phänotext) bezogen und macht damit auf seine eigene Geschichte, vielleicht sogar seine eigene Logik aufmerksam. Bevor wir der *Lust am Text* frönen dürfen, ist es jedoch notwendig, Barthes' Aufarbeitung einer Geschichte des Körpers weiterzuverfolgen.

Grenztexte (in) der Moderne 102

War Barthes 1954 in seinem *Michelet par lui-même* dem Körper der Geschichte und vielleicht mehr noch dem Körper des Historikers nachgegangen, so verwandelt er sich nun in einen Historiker des Körpers oder, in Anlehnung an die Methodologie von *Système de la Mode*, des *geschriebenen* Körpers. Dabei beschäftigt er sich vor allem mit »Grenztexten«, jenen *textes-limites, décrétés illisibles, de la modernité* (OC II, 522), die er in seinem Bericht über den ersten Teil des »Sarrasine«-Seminars anspricht. Aus der Perspektive von *S/Z* und der dort eingeführten Unterscheidung zwischen lesbaren und schreibbaren Texten erweist sich die oben zitierte Formulierung als ambivalent. Die Grenztexte erscheinen als Teil der Moderne, sind aber auch Texte der Grenze zur Moderne, im Sinne jener Vorgeschichte der *modernité*, die sich für Barthes – zumindest gemäß seiner Äußerungen in »Der Tod des Autors« – bis zu den Surrealisten erstreckt (OC II, 492). Aus dieser Zweideutigkeit (und zugleich zweifachen Motivation) erklärt sich das Interesse Barthes' am Schreiben von Georges Bataille, dessen *Histoire de l'œil* er 1963 einen seiner *Kritischen Essays* gewidmet hatte.[2] Bataille ist für Barthes – das zeigt sich in dem 1971 veröffentlichten Essay »Vom Werk zum Text« – der Prototyp des unklassifizierbaren Schriftstellers, von dem man nicht wisse, ob er Romancier, Dichter, Essayist, Ökonom, Philosoph oder Mystiker sei (OC II, 1212). Mangels griffiger Klassifizierungen habe die Literaturgeschichte daher auch lieber auf Bataille verzichtet. Sein Schreiben aber bilde (in Barthes' emphatischem Sinne) einen *Text*,

---

2 Auf den 1972 als Vortrag gehaltenen und 1973 veröffentlichten Fragment-Text »Die Ausgänge des Textes« über Georges Bataille komme ich in diesem Kapitel noch mehrfach zurück.

und als ein Phänomen der Grenze stoße der Text stets »zur Grenze der Regeln des Aussagens (Rationalität, Lesbarkeit usw.)« vor (OC II, 1213). Dieser Vorstoß richtet sich gegen die *Doxa*, gegen all jene Selbstverständlichkeiten, die in den Demokratien durch die Massenkommunikationsmittel verbreitet würden. So erklärt sich, warum der Text als Grenzphänomen im Sinne Barthes' mit jenem anderen Phänomen der Grenze, dem *Paradoxon*, verbunden ist.

Es kann nicht überraschen, daß am Ende der Auseinandersetzung mit diesem Batailleschen Grenztext der Moderne, der die erotische Signifikanz des Mediums und Objekts Auge mehrfach vorführt, die intertextuellen Beziehungen noch weiter zurückverfolgt werden, so daß sich nicht nur eine »Geschichte des Auges«, sondern eine im doppelten Sinne bruchstückhafte Geschichte des Körpers abzuzeichnen beginnt. Barthes macht in seinem 1963 verfaßten Essay nicht nur auf Fourier, sondern vor allem auf den von den Surrealisten so hochgeschätzten Marquis de Sade als notwendigen Bezugspunkt des Batailleschen Schreibens aufmerksam:

»Es ist wahr, daß die *Erzählung* Batailles viel derjenigen Sades verdankt; aber Sade hat vielmehr jegliche erotische Erzählung begründet in dem Maße, wie sein Erotismus essentiell syntagmatischer Natur ist; aus einer gegebenen Anzahl erotischer Orte leitet Sade *alle* Figuren (oder Konjunktionen von Personen) ab, welche diese mobilisieren können; die grundlegenden Einheiten sind von begrenzter Zahl, denn nichts ist begrenzter als das erotische Material; sie sind jedoch zahlreich genug für eine scheinbar unbegrenzte Kombinatorik (wobei die erotischen Orte zu Stellungen (*postures*) und die Stellungen zu Szenen kombiniert werden), deren Vervielfachung die gesamte Sadesche Erzählung bildet. [...] Die erotische Sprache (*langage*) Sades hat keine andere Konnotation als jene ihres Jahrhunderts, sie ist eine Schreibweise; jene Batailles ist vom Wesen Batailles selbst konnotiert, sie ist ein Stil; zwischen diesen beiden ist etwas geboren worden, das jegliche Erfahrung in eine *umgeleitete* Sprache (um nochmals ein surrealistisches Wort aufzugreifen) verwandelt: die Literatur.« (OC II, 1351)

Es ist aus heutiger Sicht beeindruckend, wie sich am Ende dieses Essays von 1963 schon jenes Projekt abzeichnet, das im Dezember 1971 zur Veröffentlichung von *Sade, Fourier, Loyola* führen wird, daß dieses zugleich aber an die Barthessche Begrifflichkeit der fünfziger Jahre rückgebunden wird: *écriture* und *style*, Schreibweise und (körperlicher) Stil erscheinen hier ganz in jener Begriffsbestimmung, die ihnen Barthes 1953 in *Am Nullpunkt des*

Schreibens gegeben hatte. Dies belegt sowohl die bemerkenswerte und oft übersehene Kontinuität im Denken von Roland Barthes als auch seine erstaunliche Fähigkeit, bestimmte Gegenstände seiner Arbeit mit Hilfe neuer Sprachen auf neue Weise zum Sprechen zu bringen. Denn Barthes versteht es in seinem Essay von 1963 nicht nur, die Stellungen der Körper in Sades Texten als eine Schreibweise *und* (in ihrer syntagmatischen Abfolge) als eine Rhetorik darzustellen und damit seinen Ansatz der fünfziger Jahre auf seine strukturalistisch überdachte Erforschung des Systems der Rhetorik zu beziehen. Ihm gelingt es auch – wie noch zu zeigen sein wird –, diese strukturalistische, semiologische Position der ersten Hälfte der sechziger Jahre auf jene Überlegungen zu beziehen, die er im Dialog mit der *Tel Quel*-Gruppe in der zweiten Hälfte der sechziger Jahre entwickelt hatte. »Bei Sade«, so heißt es 1970 in *S/Z*, »alterniert der Erzähler systematisch, wie bei einem Kaufakt, eine Orgie gegen eine Abhandlung, d. h. gegen Sinn (die Philosophie ist das Geschlechtliche, das Boudoir *wert*)« (SZ II, 614). Damit werden Sinn und Sinnliches, Wissensdurst und erotische Lust auf einen Tauschhandel bezogen, den der Text selbst zugleich inszeniert und leistet. Die Rhetorik dargestellter Körperstellungen wird mit einer Ökonomie verbunden, welche die einer Lust am Text sein wird. Nicht von ungefähr erscheinen schon in *S/Z*, wenn auch noch am Rande, die Begriffe *plaisir* und *jouissance* (SZ II, 634), die am treffendsten wohl mit Lust und Wollust zu übersetzen sind.[3]

Die auf Juni 1971 datierte *Préface* zu *Sade, Fourier, Loyola* kombiniert die Vorzüge retrospektiver und prospektiver Vorworte und schafft einen dichten, wohlkalkulierten Text, der erneut die Bemühungen Barthes' verdeutlicht, seinem Leser stets eine Orientierung an die Hand zu geben. Sade, Fourier und Ignatius von Loyola, so wird diesem Leser erklärt, besäßen »die gleiche Schreibweise«, »die gleiche Klassifizierungslust«, »die gleiche Besessenheit des Zerlegens« oder auch »die gleiche Zählmanie« (SFL II, 1041). Auch seien die verschiedenen, zwischen Winter 1967

---

3   Wie noch zu zeigen sein wird, ist nicht nur der Begriff der *jouissance* – wie Olsen fälschlich annimmt –, sondern auch jener des *plaisir* erotisch konnotiert; vgl. Olsen, Bjørnar: Roland Barthes: »From Sign to Text«, op. cit., 187. Zur Körperlichkeit des *plaisir* äußert sich auch Josipovici, Gabriel: »The Balzac of M. Barthes and the Balzac of M. de Guermantes«. In: Lerner, Laurence (Hg.): *Reconstructing Literature*. Oxford 1983, 98.

und Herbst 1970 erschienenen Essays neben dem abschließenden zweiten Essay über Sade, der noch unveröffentlicht war, von Beginn an auf dieses 1971 schließlich vorgelegte Buch hin konzipiert worden, jenes »Buch der Logotheten, der Begründer von Sprachen (*langues*)« (SFL II, 1041), wie Barthes seine drei »Protagonisten« nun nennt. Er behauptet damit nicht nur die Einheit eines Buches, sondern auch seiner drei so unterschiedlichen Gestalten in der Praxis ihrer *écriture*. Wie schon in *Michelet* geht es ihm nicht um die Ideologie des »göttlichen Marquis« und Libertin, des utopischen Sozialisten oder des Gründers der Gesellschaft Jesu. Die Zusammenstellung dieser drei Figuren – die Philip Thody einmal frech als *trinity of the bad, the mad and the sad* bezeichnete[4] – gehorchte der Überzeugung Barthes', es handle sich bei allen dreien um *Logothètes*. Was aber sind *Logothètes*?

Die Frage ist, konsultiert man allein das von Barthes vorgelegte Buch, nicht leicht zu beantworten. Denn es trägt zur begrifflichen Transparenz und Präzision nicht unbedingt bei, wenn dieser Begriff von Barthes in dem Fourier gewidmeten Text nicht mehr mit *fondateur de langues*, sondern mit *fondateur de langage* (SFL II, 1109) »übersetzt« wird. Die Differenz zwischen *langue* und *langage* ist doch so beträchtlich, daß es geboten erscheint, Barthes' terminologischen Vorschlag mit einer Begriffsbildung Michel Foucaults, die ihrerseits auf den Diskursbegriff rekurriert, in einen dialogischen Bezug zu setzen. In seinem bereits erwähnten Vortrag »Was ist ein Autor?« hatte der Autor von *Die Ordnung der Dinge* den Terminus »Diskursivitätsbegründer« in der folgenden Weise eingeführt: »Es scheint mir aber, daß man im Laufe des 19. Jahrhunderts in Europa recht eigenartige Autortypen hat in Erscheinung treten sehen, die man nicht mit den ›großen‹ literarischen Autoren, nicht mit den Autoren kanonischer Texte der Religion und auch nicht mit den Begründern von Wissenschaften verwechseln sollte. Nennen wir sie etwas willkürlich ›Diskursivitätsbegründer‹.«[5] Foucault räumt zwar in der Folge ein, daß seine Bestimmung einer »Diskursivitätsbegründung« »sehr schematisch« sei[6], doch zeigt er am Beispiel etwa von Marx und Freud auf, daß es sich bei diesen Autoren nach seinem Verständnis um Verfasser handelt, die »nicht nur die Autoren ihrer Werke, ihrer Bü-

4 Thody, Philip: *Roland Barthes: A Conservative Estimate, op. cit.*, 127.
5 Foucault, Michel: »Was ist ein Autor?«, *op. cit.*, 24.
6 Ebd., 29.

cher«, sondern vor allem jener »Bildungsgesetze« sind, auf denen andere Texte beruhen.[7] Nun ist es – wie Manfred Frank gezeigt hat – sicherlich so, daß allein schon die Verwendung des Diskursbegriffes bei Foucault recht schwankend und keineswegs auf einen einzigen terminologischen Nenner zu bringen ist.[8] Doch ist Foucaults Vorstellung von einer Fundierung von Diskursen, die durch andere Texte später übernommen, diskutiert und modifiziert, aber letztlich diskursiv als Bezugspunkte anerkannt werden, meiner Ansicht nach deutlich genug, um ihrerseits als theoretisches Konzept akzeptiert (bzw. modifiziert) werden zu können.[9] Anders liegen die Dinge bei Barthes. Setzen wir seinen Begriff des Logotheten jedoch in Beziehung mit Foucaults Diskursivitätsbegründern, so erkennen wir rasch eine gewisse Komplementarität. Denn er hat sich gerade jenen Bereich ausgesucht, den Foucault aus seinem Konzept der »Diskursivitätsbegründung« ausgeschlossen hatte.[10] Die Trinität von Ignatius von Loyola, Sade und Fourier verläuft chronologisch wie inhaltlich quer zu jener Foucaults (Marx, Freud und Nietzsche). Sie verläuft vor allem quer zu jener Opposition, die Foucault zwischen Diskursivitäts- und Wissenschaftsbegründern eingeführt hatte. Ohne seinen Bezugstext oder den Namen seines Verfassers zu nennen, »spielt« Barthes mit der Foucaultschen Begrifflichkeit und verschiebt sie. Barthes' Sprachenbegründer wollen letztlich keine analytischen Konzepte mehr anbieten, ja sie wehren sich gerade dagegen, wie schon die (meiner Ansicht nach gezielte) »Verwechslung« von *langue* und *langage* zeigt. Die Besonderheit der drei von Barthes gewählten Logotheten beruht

7 Ebd., 24.
8 Vgl. Frank, Manfred: »Zum Diskursbegriff bei Foucault«. In: Fohrmann, Jürgen/Müller, Harro (Hg.): *Diskurstheorien und Literaturwissenschaft.* Frankfurt a. M. 1988, 25-44. Frank macht dort auch auf das Paradox aufmerksam, daß es Barthes war, der 1966 in seiner »Einführung in die strukturale Erzähltextanalyse« wohl am klarsten die Arbeitshypothese einer Diskurslinguistik formulierte (30).
9 Vgl. hierzu auch Ette, Ottmar: »Rezeption, Intertextualität, Diskurs«, op. cit.
10 In einem Aufsatz von 1973 zeigt Barthes, daß er Foucaults Ansatz sehr wohl verstanden hat. Dort verweist er auf Foucaults Beispiele Marx und Freud, verschiebt aber Foucaults Begriff, indem er von einer *mutation de discursivité* spricht (OC II, 1608). Das Prinzip der ständigen Deplazierung, des dauernden Sprachendiebstahls, bei dem entweder »fremde« Begriffe mit »eigenen« Vorstellungen oder »fremde« Vorstellungen mit »eigenen« Begriffen versehen werden, manifestiert sich auch hier in aller Deutlichkeit.

nicht auf der Begründung einer wie auch immer gearteten Diskursivität, sondern eines spezifischen Verhältnisses von Körper und Schreiben. Sie erzeugen nicht ihre eigene diskursive Reproduktion in der Form anderer Texte, die sich auf ihre Begrifflichkeit beziehen, sondern stellen (fast) schreibbare Texte dar, die den Leser nicht zum Konsumenten oder Reproduzenten, sondern zum Textproduzenten machen. Und so heißt es auch unmißverständlich in Barthes' Vorwort: »Die Lust einer Lektüre garantiert ihre Wahrheit.« (SFL II, 1045) Die Schriften von Sade, Fourier oder Ignatius von Loyola werden in dieser Hinsicht als Grenztexte der Moderne, als Grenztexte zur noch zu schreibenden Moderne gelesen. Und als solche können sie eine Sprache begründen, die sich zum modernen Text im Sinne Barthes' hin öffnet. Die drei so unterschiedlichen Autoren befinden sich für Barthes nicht in jener unüberbrückbaren Distanz der nur lesbaren, aber nicht schreibbaren Texte, die für ihn seine *eigene* Moderne ausmacht. So heißt es am Ende des Essays »Vom Werk zum Text« 1971, daß die »Entfernung« von diesen nur lesbaren »Werken« »meine eigene Moderne (*modernité*) begründet (modern sein, heißt das nicht wirklich wissen, was man nicht von neuem anfangen [*recommencer*] kann?)« (OC II, 1217). Die Reflexion über *die* Moderne leitet seit Ende der sechziger Jahre immer stärker über zu einer Reflexion über die *eigene* Moderne von Roland Barthes.

Lector in fabula – der Dieb im Text 103

Den Namen von Ignatius von Loyola, Donatien-Alphonse-François, Marquis de Sade und Charles Fourier wird schon auf der Titelseite – und wie sollte dies anders sein – ein weiterer Autorname hinzugefügt: der von Roland Barthes. Doch was nach aller Konvention eine metasprachliche Beziehung signalisiert – »ein gewisser Barthes schreibt *über* die bezeichneten Autoren« – verwandelt sich von Beginn an in eine Art Zusammenleben, nistet sich der Autor als Lesender und Gelesener doch bereits im Vorwort in »seinen« Text und die Texte seiner Sprachbegründer ein:

»Wäre ich Schriftsteller und tot, wie sehr würde ich mich freuen, wenn mein Leben sich dank eines freundschaftlichen und unbekümmerten Biographen auf ein paar Details, einige Vorlieben und Neigungen, sagen wir: auf ›Biographeme‹, reduzieren würde, deren Besonderheit und Mobilität außerhalb jeden Schicksals stünden und wie die epikuräischen Atome irgendeinen zukünftigen und der gleichen Auflösung bestimmten Körper berührten; ein durchlöchertes Leben, so wie Proust das seine in seinem Werk zu schreiben verstand« (SFL II, 1045).

Damit führt Barthes – wieder im Zeichen Marcel Prousts – die selbstreflexive, autobiographische Ebene seiner Lektüre von Sade, Fourier und Loyola ein. Es ist der *écrivain s'écrivant en lisant d'autres textes*, ein Schriftsteller also, der sich in seiner Lektüre anderer Texte selbst schreibt. Wir können ihn auch, einem theoretisch ausgearbeiteten Sprachspiel Umberto Ecos folgend, den *lector in fabula* nennen.[11] Dieser Leser, dessen Lektüre-Lust die Wahrheit seiner Lektüre garantiert, macht gleichsam den vierten Protagonisten des Buches aus. Genau an diesem Punkt stellt sich wieder, wenn auch in einer neuen Variation, das eigentümliche Pendeln zwischen Metasprache und Objektsprache, zwischen Diktion und Fiktion ein. Auch *Sade, Fourier, Loyola* ist ein friktionaler Text, der sich wie *S/Z* aus einer Lektüre von Texten anderer Autoren intertextuell entwickelt. Und der reale Autor Barthes wird zu jenem freundschaftlichen Biographen, der nur einige wenige Biographeme des fiktiven Lesers an die Textoberfläche gelangen läßt.

In einem letzten Teil seines Buches, das mit *Vies* (Lebensläufe) überschrieben ist, führt Barthes ein solches Verfahren vor, indem er einzelne Biographeme aus dem Leben Sades und Fouriers auflistet. Der Leser erfährt dort von der Leidenschaft Sades für Theaterkostüme, von seiner Abneigung gegenüber dem Meer oder von bestimmten Szenen seiner Verfolgung. Stets stelle sich dabei der Eindruck ein, daß der Libertin »ein wenig von seinem Werk in sein Leben übertragen« habe (SFL II, 1167).[12] Dürftiger noch sind die Angaben zu Fourier, dessen »Intertexte« aufgelistet werden und dessen letztes Biographem lautet: »Fourier hatte Sade gelesen.« (SFL II, 1173) Dieser letzte Satz des Buches weist nicht nur auf Beziehungen zwischen beiden Autoren, sondern öffnet sich gleichsam auf ein evidentes Biographem von Roland Barthes; denn dieser hatte, so darf man annehmen, Sade, Fourier und Igna-

11 Vgl. Eco, Umberto: *Lector in fabula*. Milano 1979.
12 Ähnlich äußert sich Barthes in seinem Essay »Vom Werk zum Text« im selben Jahr hinsichtlich der Texte von Proust oder Genet, die das Leben dieser Autoren als Texte lesbar machen (OC II, 1215).

tius von Loyola gelesen.[13] Es erscheinen nicht nur Lebensbruch-stücke der drei »behandelten« Autoren, sondern auch Biogra-pheme des Ich-Erzählers. Wir erfahren so, daß er (der sich ironisch bisweilen »der Autor dieser Zeilen« nennt) zu einem Couscous mit ranziger Butter eingeladen und zugleich durch einen marokkanischen Freund mit einer Theorie des Ranzigen konfrontiert wurde (SFL II, 1097), daß er als Gastdozent an einer nordamerikanischen Universität, der lokalen Sitte folgend, mit seinen Studenten (die nach einem festen System um seinen Sitz-platz kreisten) die Mahlzeiten einzunehmen hatte (SFL II, 1116) und daß im Mai 1968 ein Fourier gewidmetes Seminar über »Die häusliche Utopie« von Studenten an der Sorbonne verworfen wurde, weil das Thema zu ausgesucht bürgerlich erschien (SFL II, 1102). Es gibt auch manchen Hinweis auf sexuelle Erfahrun-gen im Ausland, etwa wenn der Ich-Erzähler darauf hinweist, daß es in unterentwickelten Ländern sehr einfach sei, Partner für ero-tische Ausschweifungen zu rekrutieren (SFL II, 1135). Es ist ohne Zweifel möglich, diese Fragmente mit Barthes' Aufenthalten in Marokko in Verbindung zu bringen. Barthes hat über seinen Text – stärker noch als in *S/Z* – eine Vielzahl von Biographemen ausgestreut. Und doch sollten wir, wie schon bei den *Incidents*, vorsichtig sein, diese Fragmente allein autobiographisch zu lesen, besitzen doch auch sie eine textinterne Funktion, die nicht auf die mögliche, ja förmlich aufgedrängte autobiographische Lesart be-schränkt werden darf.

Barthes hatte in seinem Essay über Bataille 1963 – wie wir sahen – sein Projekt zu Sade mit Hilfe der Begriffe *style* und *écriture* noch in der Traditionslinie von *Am Nullpunkt des Schreibens* for-muliert. Es ist aufschlußreich (und weist Barthes als aufmerksa-men Leser seiner eigenen Texte aus), daß er schon in seinem Vor-wort die Begriffe »Stil« und »Schreiben« aufgreift, nun aber in anderer, deutlich von Lacan geprägter Weise *um-schreibt* und schließlich in die folgende Aussage faßt:

»In dem Maße, wie der Stil im Schreiben aufgeht, löst sich das System im Systematischen auf, der Roman im Romanesken, das Gebet im Phantas-matischen: Sade ist kein Erotiker, Fourier kein Utopist und Loyola kein Heiliger mehr: Von jedem bleibt nur noch ein Szenograph übrig, einer, der

13 Ignatius von Loyola ist keine *Vie* zugeordnet; doch stellen zweifellos die großen, oft tränengefüllten Augen des Heiligen für Barthes das wichtigste Biographem dar (SFL II, 1092).

sich in den Streben, die er aufbaut und bis ins Unendliche fortführt, verliert.« (SFL II, 1043)

Der 1953 noch an den Körper gebundene Stilbegriff geht so in den nun von Barthes verwandten Begriff der *écriture* ein, Körper und Schreiben sind damit nicht mehr voneinander getrennt, sondern unauflösbar miteinander verbunden. Angesichts der intensiven Verbindung, die Barthes stets zwischen Theater und Körperlichkeit gesehen hatte, überrascht es nicht, daß die drei benannten Protagonisten des Buches als Szenographen verstanden werden, beruht ihr Schreiben doch auch auf der Fähigkeit des Theatralisierens. Und die Auflösung des Systems im Systematischen bzw. des Romans im Romanesken belegt, daß in dieser Passage unverkennbar jener schreibbare Text ins Visier genommen wird, den Barthes in ähnlichen, teilweise sogar wörtlich wiederaufgenommenen Wendungen bereits in *S/Z* definiert hatte.[14] So wird verständlich, warum »Zentrum, Gewicht und Sinn verabschiedet« werden (SFL II, 1043): Ihre Statik löst sich in den unabschließbaren Bewegungen des Schreibens (des schreibenden Körpers) auf. Sie werden, wie dem Leser versichert wird, lustvoll und »buchstäblich« disseminiert – die »Dissemination« wird im Zeichen des göttlichen Marquis *à la lettre* genommen (SFL II, 1043).[15]

Durch die »Lust am *Text (plaisir du Texte)*« wird auch die Figur des Autors aufgelöst. Doch ist sie, im Gegensatz zu Barthes' Essay über den Tod des Autors, nicht einfach gestorben, sondern kehrt gleichsam freundschaftlich in den Text zurück: »nicht als (juristische oder moralische) Person, sondern als Körper« (SFL II, 1044).[16] Die Problematik aber, die sich aus der Lust des Lesens, aus dem in *Sade, Fourier, Loyola* gewählten »Ort der Lektüre« ergibt, erinnert an die in *Am Nullpunkt des Schreibens* fast zwei Jahr-

14 Barthes verweist hierauf in dem Fourier gewidmeten Teil (SFL II, 1119).

15 In einem offenen Brief an Jean Ristat, in dem sich Barthes dafür entschuldigt, nicht an einer Sondernummer der *Lettres Françaises* über Derrida teilnehmen zu können, hebt er im März 1972 vor allem hervor, daß Derrida »neue Worte, aktive Worte« ins Spiel gebracht habe (OC II, 1417). Das »Wort« Dissemination wirkte auf Barthes besonders aktivierend.

16 An anderer Stelle, in dem Essay »Vom Werk zum Text« (1971), kehrt der Autor als Gast in seinen Text zurück: ohne jede Besitzansprüche. Der Autor ist zu einem *auteur de papier* geworden (OC II, 1215). Die metaphorische Differenz ist bei Barthes bisweilen beachtlich und gehorcht oft eher ästhetischen als argumentativen, »theoretischen« Aspekten.

zehnte zuvor beschriebene Tragik des Schriftstellers, der aus der von ihm selbst zerstörten literarischen Tradition das Neue erbauen und gewinnen müsse:

»Im Grunde gibt es heute keinen Ort der Sprache, der außerhalb der bürgerlichen Ideologie wäre: Unsere Sprache geht aus ihr hervor, kehrt zu ihr zurück, bleibt in ihr eingeschlossen. Die einzig mögliche Antwort darauf ist weder Angriff noch Zerstörung, sondern ganz einfach der Diebstahl: den alten Text der Kultur, der Wissenschaft, der Literatur fragmentieren und dann seine Merkmale bis zur Unkenntlichkeit disseminieren, so wie man gestohlenes Gut kaschiert.« (SFL II, 1045 f.)

Aus der Perspektive des Gesamtwerks von Roland Barthes ist es beeindruckend nachzuvollziehen, wie in dieser Passage die tragische Situation des Schriftstellers aus *Le Degré zéro* mit der Problematik verknüpft wird, die in den *Mythologies* den Mythologen dazu geführt hat, als Gegenmittel gegen den (klein-)bürgerlichen Mythos zur Schaffung eines künstlichen Mythos zu greifen, der, analog zu Flauberts *Bouvard et Pécuchet*, wie eine gestohlene Sprache zu funktionieren habe. Am Ende des vierten Kapitels haben wir gesehen, daß Barthes zu Beginn der sechziger Jahre in seinen *Kritischen Essays* diese Einsichten auf die Literatur zu übertragen versuchte, da sich nach seiner Ansicht eine Strategie der Zerstörung im Bereich des Literarischen als unwirksam erweisen mußte. Barthes hatte insbesondere das Konzept einer literarischen Avantgarde kritisiert, die stets als Vorhut vom Bürgertum wieder vereinnahmt werden könne. Die sechziger Jahre, die vom ständigen Kampf innerhalb des intellektuellen Felds geprägt waren, hatten, insoweit Barthes seine marginale Position erst langsam festigen und schließlich ausbauen konnte, keine Entwicklung einer Strategie zugelassen, die sich jenseits einer Ästhetik des Bruchs, der Zerstörung situieren konnte. Noch während der sechziger Jahre war die Ästhetik Barthes' im Umkreis der avantgardistischen *Tel Quel*-Gruppe vorherrschend an einer Zerstörung sogenannter bürgerlicher, traditioneller Auffassungen von Literatur, Kritik und Wissenschaft ausgerichtet gewesen. Begriffe wie Subjekt, Identität, Werk oder Literatur sollten aus dem Weg (aus dem Text) geräumt werden. Eine solche Ästhetik der Zerstörung unterschied sich (noch) nicht grundlegend von der Ästhetik der Moderne, die vom Verfasser der *Kritischen Essays* in recht fluktuierender Weise zwischen Voltaire und den Surrealisten angesiedelt worden war. Für jene Moderne aber, der sich Barthes seit Ende der sechziger Jahre *verschrieb*, für jenen *modernen* Text, den es erst noch zu schreiben galt, konnte eine Ästhetik des Bruchs keine adäquate und ästhetisch überzeugende Lösung mehr darstellen. »Sprachendiebstahl« und Textfragmentierung erscheinen nunmehr als die einzigen Möglichkeiten, um der »bürgerlichen Ideologie« und ihren Sprachmustern zu entrinnen. Barthes entwickelt nunmehr eine Ästhetik, die jenseits der Ästhetik der Moderne liegt, jenseits einer Ästhetik des Bruchs, wie sie noch in den Schriften der Surrealisten – folgt man in diesem Punkt Peter Bürgers Theorie der Avantgarde – ihre Formulierung und ihren künstlerischen Ausdruck fand. »*Schreiben*«, so heißt es schon in einem Vortrag von 1969, »das ist, die Modelle auf sich zukommen lassen und sie *transformieren*.« (OC II, 1269) Auch Barthes' Umgang mit seinen eigenen Texten weist keine Brüche auf. Keine Phase seines Schreibens wird von ihm selbst nachträglich unterschlagen. Dies zeigte nicht nur seine späte Veröffentlichung von *System der Mode* oder dem »System der antiken Rhetorik«; dies zeigt vor allem die Vergleichzeitigung seines Gesamtwerks durch die gezielte Neuherausgabe bestimmter »früher« Texte wie *Le Degré zéro*, *Mythologies* oder *Essais critiques*, auf die Barthes nun mehr denn je verweisen kann. Die Strategie, die er im Umgang mit seinen eigenen Texten betreibt, ist die einer ständigen Deplazierung und Verschiebung eigener Begriffe und Vorstellungen, des unablässigen Versuchs, die alten Texte in neue, flüchtige Kontexte einzubauen und so stets an jener Bewegung teilhaben zu lassen, die seit dem Schlußteil von *Am Nullpunkt des Schreibens* auf den utopischen Raum einer noch zu schaffenden Literatur gerichtet war. Dieser Raum ist der einer Moderne in jenem spezifischen Sinne, den Barthes der Vokabel seit Ende der sechziger Jahre gab. Wir sollten zugunsten einer größeren terminologischen Klarheit einen *retrospektiven*, eher literarhistorischen Modernebegriff von einem *prospektiven*, eher schreiborientierten Modernebegriff im Denken Roland Barthes' unterscheiden. Der noch zu schreibende moderne Text, der an einer intimen Verbindung von Körper und Schreiben ausgerichtet ist, beruht gerade nicht auf einer Ästhetik des Bruchs, beginnt nicht an einem *Nullpunkt des Schreibens*. Der moderne Text sucht seine Vorläufer oder, um es mit einem Wort von Jorge Luis Borges zu sagen: er *schafft* sich seine Vorläufer selbst.[17] Aus dieser Perspektive wird erkennbar, wie wichtig die

17 Auf Borges' Essays über Kafka und Hawthorne wurde bereits in der zweiten Annäherung des Einleitungsteils aufmerksam gemacht.

(Vor-)Geschichte des Verhältnisses von Körper und Schrift ist, die Barthes in *Sade, Fourier, Loyola* nicht rekonstruiert, sondern *konstruiert*.[18] Roland Barthes kreiert seine Vorläufer (seine Logotheten) in einem ebenso literaturkritischen wie schriftstellerischen Akt selbst. Aus diesem Grunde muß ein Ich-Erzähler auch der vierte Protagonist dieses Buches sein. Der *lector in fabula* bringt die Texte dieser vier Autoren (oder, im Sinne Barthes', dieser vier Körper) in einen Dialog, der den modernen Text, die eigene (prospektive) Moderne – *ma modernité* – von Roland Barthes hervorbringen soll.

Vier Diskursuniversen   104

In seinem ersten Essay über Sade, der als Vorwort für eine Werkausgabe entstand und unter dem Titel »Der Baum des Verbrechens« ebenfalls 1967 in *Tel Quel* erschien, richtet Barthes, ähnlich wie im ersten Teil von *Über Racine*, seinen Blick auf die Konstruktion des Raumes durch den Text. Und ähnlich wie im Vorwort zu Racine entwirft Barthes eine Art Anthropologie des Sadeschen Menschen, untersucht seine Nahrung (welche die körperlichen Anstrengungen ausgleichen müsse), seine Kleidung (die stets funktional sei) oder sein Alter (die »Rasse der Libertins« beginnt erst mit 35 Jahren) (SFL II, 1055). Dem folgt geradezu eine Soziologie der Population in Sades Texten, eine Untersuchung der sozialen Herkunft der Libertins und ihrer Opfer sowie der hierarchischen Strukturen der Sadeschen Stadt (SFL II, 1056-1059). Die Analyse der verschiedenen Körperstellungen sowie der Regeln ihrer Kombination und Komposition manifestiert sich als strukturalistisch zu untersuchende Abfolge von Relationen, welche in die Bäumchenschemata der Linguisten – Barthes denkt offensichtlich an die Klassenstammbäume etwa der Konstituentenstrukturgrammatik bzw. der Dependenzgrammatik – übersetzbar sei. Genau dies wäre dann der »Baum des Verbrechens« (SFL II, 1060). Den häufig geäußerten (und oft vorgeschobenen) ästhetischen Vorwurf der Monotonie von Sades Darstellungen läßt Barthes nicht gelten,

18 Die drei Autoren werden in keine chronologische Abfolge, ihre Körperbilder in keine historische Filiation eingereiht. Dies signalisiert auch der Titel des Buches, der weder auf die Chronologie noch auf die Abfolge der Texte im Band selbst verweist. Der Buchtitel scheint eher klanglichen bzw. rhythmischen Aspekten zu folgen.

könne sich ein solcher Eindruck doch nur einstellen, wenn man diese Beschreibungen auf die Realität beziehe; das einzige Universum Sades aber sei das »Universum des Diskurses«. Als Schriftsteller plaziere sich Sade immer auf der Seite der Semiosis, nicht aber der Mimesis (SFL II, 1065).[19] Damit kappt Barthes bewußt die bislang oft direkt hergestellte Beziehung zwischen dem Signifikanten und außersprachlichem Referenten – also genau jene Beziehung, die er zum selben Zeitpunkt in seiner Untersuchung des historiographischen Diskurses für den »Realitätseffekt«, die »referentielle Illusion«, verantwortlich gemacht hatte. Innerhalb des so *geschaffenen* Universums des Diskurses wird verständlich, daß Barthes mit Erzähltextgrammatik und Rhetorik eben jene Analysemethoden in Anschlag bringt, die sich schon am Ende des Bataille-Essays als Vorgehensweisen abgezeichnet hatten. Diese Methoden, die Barthes auch dem Bereich der Translinguistik zuordnete, insoweit sie die Grenze des Einzelsatzes überspringen, sollen an dieser Stelle nicht weiterverfolgt werden, haben wir ihre strukturalistische Anlage doch schon in ihrer Anwendung auf verschiedenste, Barthes' Semiologie der sechziger Jahre zugängliche Bereiche (wie Mode, Nahrung, Werbung usw.) analysiert. Auch Georges Batailles *Geschichte des Auges* hatte eine solche Analyse, gestützt durch die Jakobsonsche Unterscheidung zwischen Metapher und Metonymie, gegolten.

Bataille bot Barthes nicht nur einen Zugang zu Sade (oder Balzacs »Sarrasine«), sondern auch, mit einem Text, auf den Barthes selbst verweist (SFL II, 1070), zu Ignatius von Loyola. Barthes schlägt in seinem, erstmals 1969 in *Tel Quel* veröffentlichten Vorwort für eine Ausgabe der *Exerzitien* eine Analyse vor, die den vier seit Dante vertrauten Lesarten eines Textes mit ihrer Unterscheidung zwischen einem wörtlichen, einem allegorischen, einem moralischen und einem anagogischen Schriftsinn folgt.[20] Ignatius von

---

19 Barthes versteht hier Mimesis offenbar nur als Darstellung bzw. Nachahmung einer außersprachlichen Wirklichkeit, nicht aber vorgängiger Texte.

20 Auch hier kann es Barthes, der sich mehrfach mit Dante und dem vierfachen Schriftsinn beschäftigt hat, nicht unterlassen, diese spätestens seit dem Mittelalter geläufige Terminologie insoweit zu verschieben, als er selbst zwischen einem wörtlichen, einer semantischen, einer allegorischen und einer anagogischen Ebene unterscheidet (SFL II, 1071). In den sechziger Jahre kam der von Dante verbreiteten Unterscheidung im Kontext der Diskussion um die Polysemie literarischer Werke eine recht aktuelle methodologische Bedeutung zu; vgl. hierzu auch Eco, Umberto: *Opera aperta, op. cit.*, 37f.

Loyola sei es letztlich um die »Erfindung einer Sprache (*langue*)« gegangen (SFL II, 1075). Die von ihm entwickelte Imagination – die Barthes vom Begriff des Bachelardschen und Lacanschen *imaginaire* absetzt – habe vor allem eine »apotropäische Funktion« gehabt, insofern sie darauf gerichtet gewesen sei, fremde Bilder abzuweisen (SFL II, 1077). Barthes versucht auch hier, anhand einer Zerlegung in begriffliche Oppositionen ein Baumschema eines Teils der *Exerzitien* zu entwerfen, das dem Text strukturalistisch bis in die verschiedensten Verästelungen folgt. Er betont darüber hinaus, daß die Hierarchie der Sinneswahrnehmungen sich historisch gewandelt habe und daß etwa im Mittelalter der Hörsinn für den Kontakt mit der Welt als weitaus wichtiger angesehen wurde als die ihm folgenden Sinne des Tastens und Sehens (SFL II, 1086). Dies aber, so Barthes, sei von enormer Bedeutung für die Religion gewesen, insoweit die Kirche den Hörsinn als Grundlage des Glaubens weiter priorisiert und ihre Autorität auf das Wort gegründet habe, bis hin zu Luthers Beharren auf dem Ohr als dem eigentlichen Organ des Christen (SFL II, 1086). Auf das (sicherlich nicht generalisierbare) Mißtrauen der Kirche gegenüber dem Ikonischen habe Ignatius mit einem »radikalen Imperialismus des Bildes« geantwortet, an welchem seine *Exerzitien* ausgerichtet seien (SFL II, 1087). Die von Ignatius von Loyola entworfene Sprache, die auch eine Art Tränencode einschließt, erweist sich als ein geschlossenes System, da sie letztlich das ersehnte, aber stets ausbleibende göttliche Zeichen, das Schweigen Gottes also, wiederum zum Zeichen erklärt: dieser *degré zéro* des Zeichens, so Barthes, ermögliche es dem Heiligen, die drohende Leere in eine göttliche Fülle umzudeuten (SFL II, 1093). Die *écriture* Loyolas ist dadurch Kommunikation mit Gott. So groß auch der Unterschied zwischen einer durch Exerzitien zu unterwerfenden Körperlichkeit und einem an sehr unterschiedlichen Sinneswahrnehmungen orientierten Schreiben sein mag: Ähnlich wie beim Diskursuniversum Sades bildet sich auch hier eine geschlossene Sprache (und *écriture*), die sich in ihrer Regelhaftigkeit vom Außersprachlich-Referentiellen abkoppelt – oder zumindest doch abkoppeln läßt. Sprachbeherrschung steht in engem Verbund mit Körper-Beherrschung. Dies gilt auch für den dritten im Bunde.

Die moderne Massengesellschaft, so Barthes in seinem dritten, teilweise 1970 erstmals veröffentlichten Text, habe sich längst bestimmter Elemente der Fourierschen Utopie bedient, sie – wie etwa das Reisen – aus ihrem Zusammenhang gerissen und einem »Lustkalkül (*calcul de plaisir*)« unterworfen (SFL II, 1099). Die Lust sei der »Beweggrund der ganzen Fourierschen Konstruktion« (SFL II, 1099) – und ihm stellt Barthes den »modernen *Staat*, in dem das fromme Organisieren der Freizeit einer unerbittlichen Zensur der Lustbarkeiten (*plaisirs*) entspricht«, gegenüber (SFL II, 1101). Erneut zeigt sich hier – wie in der Verwendung des Modernebegriffs während der fünfziger und sechziger Jahre –, daß für Barthes der *retrospektive*, historische Begriff einer Moderne stets auf einem Verlust – hier demjenigen der Lust – beruht. Um so verständlicher ist es dann, wenn sein *prospektiver* Begriff einer zu schaffenden (literarischen, kulturellen) Moderne diesen Verlust wieder wettmachen und die Lust wieder zu einer Dimension des Textes (des Lebens) machen will. Genau an diesem Punkt setzt Barthes' Kritik an den Ereignissen von Mai 1968 an, hätten doch auch die aufmüpfigen Studenten die Lust als bürgerliche Vorstellung verdammt (SFL II, 1103).[21] Die Lust ist aber nicht nur der Beweggrund Fouriers, sie macht auch das freie Spiel der Signifikanten in seinem Schreiben und die lustvolle Lektüre seiner Texte aus. Und auch hier, wie schon in den Essays über Sade und Ignatius von Loyola, kappt Barthes die Beziehung zum außersprachlichen Referenten sowie, radikaler als in den beiden ersten und früher entstandenen Teilen des Buches, auch die kontextuellen, die »die Flügel des Signifikanten« stutzenden Beziehungen: »Besteht nicht die ganze ›Poesie‹ gerade darin, daß das Wort von seinem Kontext befreit wird? Und die ganze ›Philologie‹ darin, es wieder dorthin zurückzubringen?« (SFL II, 1106) Es versteht sich von selbst, daß Barthes in seiner rhetorischen Frage auf der Seite der Poesie steht.

Bei Fourier darf ein »Fetischbaum der Klassifikatoren« ebensowenig fehlen wie bei Sade und Ignatius von Loyola, wenn es auch nicht der Baum des Verbrechens oder der Exerzitien, sondern der Baum der 810 von Fourier für jedes Geschlecht errechneten Leidenschaften ist (SFL II, 1113). Bei dem utopischen Sozialisten jedoch suche man vergeblich nach einem System; man finde nur ein »Spiel des Systems«, eben das »Systematische«, das »offene, unendliche Sprache (*langage*), frei von jedweder referentiellen Illusion (Prätention)« sei (SFL II, 1119). Das Systematische sei ein

---

21 Dieser Vorwurf wiegt für Barthes schwer und wird von ihm, wie noch gezeigt werden wird, ausgeweitet.

Diskurs ohne Objekt, beruhe auf keiner Entfaltung, sondern auf einer Zerstäubung, einer Dissemination im »Goldstaub des Signifikanten« (SFL II, 1119). Barthes untersucht dabei die Verfahren, mit denen Fourier das System hintergeht. Dies gelinge ihm dadurch, daß er eine definitive Zusammenfassung stets auf später verschiebe und darüber hinaus »das System in das Systematische einschreibt als ungewisse Parodie, Schatten und Spiel« (SFL II, 1119). Diese Aussage aber läßt sich auf Barthes' eigenen Umgang mit Systemen beziehen. Kann man den Schriften der fünfziger und sechziger Jahre zumindest teilweise keineswegs den Versuch absprechen, auf die Erstellung eines Systems abzuzielen, dessen definitive Ausformulierung dann aber immer wieder verschoben wird, so läßt sich das zweite Verfahren, die Parodie des Systems, auf eine Vorgehensweise beziehen, deren sich Barthes seit Ende der sechziger Jahre vermehrt bedient: die Aufstellung systemhafter Oppositionen, die immer wieder unterlaufen, immer wieder friktioniert werden.[22] Schon bei der Definition des Modernebegriffs in den *Essais critiques* haben wir gesehen, daß sich innerhalb eines Essays sehr wohl eine gewisse terminologische Klarheit ergibt, daß eine vergleichende Lektüre verschiedener Essays aber stets so grundlegende Verschiebungen aufweist, daß wohl ein gewisser *Spiel*raum, nicht aber ein System zu erkennen war. Diese Subversion des Systems wird nun, aus der Lektüre Fouriers heraus, mit der Lust am Text gekoppelt. So schließt sich an die Diskursuniversen der drei »beschriebenen« Autoren ein viertes an: das von Roland Barthes. Auch dieses Universum versucht, sich vom Referentiellen zu befreien und ein Spiel der Signifikanten einzuführen. Man könnte sich die Frage stellen, ob Roland Barthes in diesem Spiel nicht ebenfalls als ein Sprachenbegründer, ein Logothet in einem begrifflich niemals genau zu fassenden Sinne, gewirkt hat. Der Schriftsteller schafft seine Vorläufer, doch die Vorläufer schaffen auch ihren Schriftsteller. Barthes wird zu einem Zögling der von ihm selbst geschaffenen Trinität.

---

22 Ähnlich ist Barthes' Aussage zur Fragwürdigkeit wissenschaftlicher Methoden in seinem 1971 veröffentlichten Text »Schriftsteller, Intellektuelle, Professoren« zu bewerten. Methoden seien ebenso wie ihre Ergebnisse fragwürdig, das einzig wirkliche Resultat einer Methode sei der Text (OC II, 1201).

Ein grundlegender Unterschied besteht jedoch zwischen Sade, Fourier, Ignatius von Loyola und Barthes, und vielleicht ist es gerade dieser Unterschied, der die Schriften der drei erstgenannten Autoren für Barthes zu *schreibbaren* Texten macht. Ist in diesen Texten der Körper stets einer Regel, einer Gewalt, einer Ordnung unterworfen, so versucht Barthes, den Körper in ein neues Verhältnis zum Schreiben zu setzen und aus der Körper-Beherrschung zu entlassen. Wie aber kann dies geschehen? Der Schriftsteller muß auf vorgängige Schreibweisen und ihre Kodierungen zurückgreifen, eine Zerstörung erscheint daher als wenig sinnvoll. Eine mögliche Antwort findet sich zu Beginn des eigens für den Band geschriebenen abschließenden Essays (»Sade II«): »Besteht die beste der Subversionen nicht darin, die Codes zu entstellen (*défigurer*), statt sie zu zerstören?« (SFL II, 1129)

Dieses Defigurieren[23], dieses Aus-der-Figur-Bringen, bildet den Ausgangspunkt für Barthes' subversive Ästhetik der siebziger Jahre. Eine solche Subversion richtet sich vordringlich gegen jegliche Sinnzensur in der Form einer *Endoxa*, deren Funktionsweise nicht dadurch charakterisiert werde, was sie zu sagen verbiete, sondern durch das, was sie zu sagen zwinge. Die Subversion muß sich daher als paradoxer Diskurs konstituieren (SFL II, 1131), der den *endoxalen Diskurs*[24] nicht zerstört, sondern in sich aufnimmt und verschiebt. Die Subversion beruhe auf der »Begründung einer neuen Sprache (*langue*)«, und Sades Größe bestehe nicht etwa in der Darstellung des »Verbrechens«, sondern in der »Erfindung eines unermeßlichen Diskurses« (SFL II, 1131). Womit Barthes, gleichsam *en passant*, der »Verwechslung« von *langue* und *langage* nun auch noch die zwischen *langue* und *discours* hinzufügt. Die von ihm in früheren Schriften recht präzise voneinander abgesetzten Begriffe werden hier vorsätzlich miteinander vermischt. Die Subversion der Codes wird bei der strukturalen Linguistik begonnen.[25]

23 Barthes spricht im selben Jahr auch von *tricher, dérober, subtiliser, parodier* und *simuler* (OC II, 1285).

24 Bereits in *S/Z* wird der »Diskurs der anderen« als *vérité endoxale* bezeichnet (SZ II, 679).

25 Gewiß könnte man die von Barthes selbst erwähnte Tatsache, daß sein häufigster Tippfehler darin bestand, das französische Wort für Struktur als *sturcture* zu schreiben, als einen Widerstand gegen den Strukturalismus deuten

Zu Beginn der siebziger Jahre führte Barthes eine Unterscheidung zwischen enkratischen und akratischen Diskursen ein, deren wohl griffigste Definition sich im Bericht über sein Seminar über Idiolekte an der *Ecole Pratique des Hautes Etudes* von 1970-1971 findet. Spricht er dort auch nicht von Sprachen oder Diskursen, sondern von *sociolectes* **encratiques** und *sociolectes* **acratiques** (OC II, 1275), so zeigt seine Begriffsbestimmung doch, daß es ihm in einem weiten Sinne um diskursive Formen geht, die sich innerhalb des Herrschaftsbereichs der *Doxa* ansiedeln oder sich gegen diese richten. Der Gegensatz zwischen beiden lasse sich nicht in der Begrifflichkeit von politischer Macht fassen; er wird daher von Barthes auch auf der Ebene der Sprache (*langage*) angesiedelt: »Die Opposition ist vielmehr jene zwischen einer erklärten, radikalen, terroristischen Sprache (dem akratischen Soziolekt) und einer vermischten, diffusen, angeblich spontanen, erstickenden, repressiven Sprache (dem enkratischen Soziolekt).« (OC II, 1276) Damit führt Barthes einen Gegensatz ein, der nicht einen »mächtigen« von einem »machtvollen« Diskurs scheidet, sondern beiden diskursiven Formen einen unterschiedlichen Anteil an der Macht sowie gegensätzliche Interessen zuordnet. In einem Artikel von 1973 wird Barthes diese Verbindung zwischen Macht und Diskursivität weiterentwickeln und verdeutlichen, daß der »akratische Diskurs« zum enkratischen werden kann, sobald beispielsweise eine Revolution sich erfolgreich durchsetzt. Während der noch andauernden Kämpfe könne der akratische Diskurs noch aufrechterhalten werden, verwandle sich aber dann aus der »alten revolutionären Sprache (*langage*)« in eine »Doxa, in den enkratischen Diskurs« (OC II, 1606). Die sich hier abzeichnende Machttheorie des Diskurses entwirft eine Art Pendelbewegung, die – wenn auch von Barthes noch nicht zu Ende gedacht – den grundsätzlichen Unterschied zwischen akratischen und enkratischen Diskursen wieder verwischt. Jeder akratische Diskurs, erst einmal an die Macht gekommen, wird zur herrschenden Meinung, zur *Doxa*, wird also enkratisch. Wenn Barthes hier das Politische auf die Ebene der Sprache hebt, dann bedeutet dies keineswegs, daß er etwa die Machtproblematik depolitisiere.[26] Er fällt nur nicht

---

(OC II, 1234). 1971 legt er eine solche Interpretation nahe, was ja nicht weniger aussagekräftig ist.

26 Die *écriture* stellt für Barthes die Verbindung zwischen dem Diskursiven und dem Politischen her (vgl. OC II, 1582).

der Versuchung anheim, das Politische mit der Politik zu verwechseln.

Aus der Perspektive des Linguisten und Semiologen ist es verständlich, wenn in den oben aufgezeigten begrifflichen Verschiebungen gleichsam kryptographisch eine Macht ins Visier genommen wird, die ihre Herrschaft gerade im Bereich der Sprache errichtet hat: die strukturale Linguistik, die während der sechziger Jahre innerhalb des wissenschaftlichen Teilfelds zu einer Art methodologischer Leitwissenschaft avanciert war.[27] Auch wenn Barthes seine Machttheorie nicht explizit auf die Linguistik (und teilweise auch die universitär gerade erst institutionalisierte Semiologie) anwendet, so läßt diese sich doch als ein akratischer Diskurs verstehen, der sich – innerhalb des Teilfelds der Wissenschaften in Frankreich – spätestens seit Mitte der sechziger Jahre in einen enkratischen Diskurs verwandelt hat. Kein akratischer Diskurs, so ließe sich sagen, ist gegen ein solches Umschlagen gefeit. Zwischen den Sprachen, zwischen den Diskursen herrscht also Krieg.[28] Barthes' Vorgehensweise ist jedoch weniger »erklärt« als »terroristisch«[29]: Die Vermischung so unterschiedlicher Begriffe wie *langue*, *langage*, *sociolecte* oder *discours* läßt sich eher als Sabotage denn als frontaler Angriff verstehen. Wir wohnen einer Entstellung (oder Verstellung) der Codes bei. Barthes zerstört die von ihm weiterhin *verwendete* Begrifflichkeit nicht, aber er *entwendet* sie, *verstellt* sie. Er wird zum Sprachendieb nicht nur der Philosophie – was wir bereits in der sich abzeichnenden Dekonstruktion dekonstruktiver philosophischer Begriffe gesehen haben –, sondern auch zu einem Sprachendieb der Linguistik. Er führt in seine Sprache sozusagen gestohlenes Diebesgut – zum Teil aus eigener Produktion – ein und setzt sich damit über die sprachlichen Normen (des Diskurses[30] der Philosophie wie der Linguistik) hinweg. Barthes begründet seine eigene Sprache – eine Sprache freilich, die ohne ihre Bezugstexte, ohne ihre

27 Am Ende des vorangegangenen Kapitels wurde darauf hingewiesen, daß Barthes gegen Ende der sechziger Jahre zunehmend Angriffen der nach Mai 1968 institutionalisierten universitären Semiologie ausgesetzt war.

28 In einem 1973 in Italien erschienenen Beitrag erläutert Barthes seine Definition von akratischen und enkratischen Diskursen unter dem Titel »Der Krieg der Sprachen (*langages*)« (OC II, 1610-1613).

29 Zur Problematik eines »terroristischen Diskurses« vgl. aber auch »Schriftsteller, Intellektuelle, Professoren« (OC II, 1206).

30 Vgl. hierzu auch ebd., 1205.

ursprünglichen Begriffsbesitzer, nicht leicht zu verstehen ist. Es sind daher nicht nur die zahlreichen Neologismen, der durch häufige Einschübe, Kursivierungen, Großschreibungen, wiederholte Doppelpunkte und Klammern sehr individuell rhythmisierte Sprachbau und eine rhetorisch oft brillant durchgeführte Argumentationsstruktur, sondern vor allem die unangekündigte *Entführung* von Begriffen, die an völlig unvermuteter Stelle wieder auftauchen, die Barthes' Sprache charakterisiert. In diesem Sinne kann der Autor von *S/Z* als ein Begründer von Sprachen und – sicherlich auch – Gruppensprachen (Soziolekten) verstanden werden, wenn er auch kein Diskursivitätsbegründer im Sinne Foucaults war. Wie der Rückgriff auf die Schreibweise von Ignatius von Loyola, Fourier oder Sade sein eigenes Schreiben prägt, so werden diese Logotheten für ihn auch zu Bezugspunkten einer eigenen Sprachenbegründung. Damit deutet sich schon 1971 in *Sade, Fourier, Loyola* ein wichtiger Wechsel an. Waren es zuvor die von Barthes mitgestaltete Texttheorie und eine poststrukturalistische Philosophie gewesen, die die Grundlage jener neuen Sprache gelegt hatten, die die alte Sprache des Strukturalismus neu zu sprechen vermochte, so wird Barthes nun seine eigene Sprache so weiterentwickeln, daß sie ihrerseits diese anderen Sprachen, Diskurse oder Soziolekte in sich aufnehmen und neu sprechen kann. Das Spiel des Signifikanten, das Barthes im Rahmen der *Tel Quel*-Gruppe stark gemacht hatte, erreicht die Terminologie und entwickelt damit jene Ästhetik der Verblüffung weiter, die Barthes' Essays der sechziger Jahre bereits ausgezeichnet hatte. Die Befreiung des Signifikanten wird in *Sade, Fourier, Loyola* an die Befreiung vom einengenden, den exzentrischen Text in gewisser Weise rezentrierenden Kontext geknüpft. Diese Befreiung von Barthes' philosophischen, linguistischen und texttheoretischen Kontexten ermöglicht auch jenes Spiel mit terminologischen Signifikanten, auf dem seine neue Sprachenbegründung aufruht. Der produktive Leser begnügt sich nicht mehr mit »literarischen« Texten, auch wissenschaftliche Texte können für ihn zu Bezugspunkten einer transformierenden, defigurierenden Tätigkeit werden. Der Sprachendieb ist überall.

Die verschiedenen Stellungen der Körper in Sades Texten lassen sich nach Barthes in die verschiedenen Figuren der antiken Rhetorik übersetzen. Metapher, Asyndeton, Anakoluth: Die Körperfiguren Sades fügen sich in Wort- und Gedankenfiguren ebenso, wie Ertés Frauenkörper sich in die Zeichen des Alphabets fügen.[31] Die Personen in Sades Texten erscheinen so in mehrfachem Sinne als »Sprachakteure« (SFL II, 1143). Um ihre Bewegungen (und jene des Romans) nachvollziehen zu können, müßte eine neue *grammaire narrative*, eine neue Erzähltextgrammatik geschaffen werden (SFL II, 1143), sei es doch die Vielfalt an Sprachen, die den Roman auszeichne (womit Barthes einen Gedanken Bachtins aufnimmt). In Sades »Pornogrammen« komme es wie in einem Hitzekessel zur »Fusion« von Diskurs und Körper (SFL II, 1153). So überrascht es nicht, wenn die »erotische Kette« der Körper mit einer transphrastischen Struktur in Verbindung gebracht wird, wenn also die Linguistik des Körpers nicht an der Satzgrenze haltmacht, die im erotischen Bereich dem *couple*, dem Liebespaar entspreche (SFL II, 1157f.). Barthes legt eine Diskursanalyse des geschriebenen Körpers, seiner Figuren und Stellungen und seiner Fusion mit dem literarischen Diskurs vor.

Es ist daher keineswegs so, daß Barthes mit der Wahl Sades einen Skandal hätte provozieren wollen. Der *divin marquis*, der den französischen Autoren des 19. Jahrhunderts als ständiger, wenn auch oft verborgener Bezugspunkt diente, war längst von den Surrealisten in eine Art Gegenkanon aufgenommen worden. In der Nachkriegszeit hatte eine steigende Zahl literaturkritischer und wissenschaftlicher Publikationen – unter ihnen auch eine Veröffentlichung von Maurice Blanchot[32] – nicht nur das Interesse an Sade dokumentiert, sondern zugleich zu einer »Normalisierung« oder, wie man auch sagen könnte, »Literarisierung« der Texte Sades geführt. Der Weg Sades aus dem Giftschränkchen und obersten Regalreihen über Literaturgeschichten und Anthologien in

31 Barthes widmet Ertés Buchstaben und Zahlen eine intelligente Studie, die 1971 in einer Erté-Ausgabe zunächst in Italien erschien (OC II, 1222-1240).
32 Neben Blanchots 1949 erschienenem Buch *Lautréamont et Sade* sei vor allem Pierre Klossowskis *Sade mon prochain* von 1947 aus der unmittelbaren Nachkriegszeit angeführt. Von Barthes explizit genannt wird das für die Sade-Rezeption wegweisende Buch von Lely, Gilbert: *Sade. Etudes sur sa vie et sur son œuvre*. Paris 1967.

die Schulbücher französischer Gymnasiasten war damit vorge-
zeichnet.[33] Erneut markierte das Jahr 1968, wenn den *événements*
sicherlich auch keine entscheidende Rolle zukam, einen gewissen
Wendepunkt. Barthes' Beschäftigung mit Sade ist also keine Pio-
niertat, förderte aber zweifellos seine Rezeption und schließliche
Kanonisierung in Frankreich. Ihre eigentliche Bedeutung erhält
Barthes' Auseinandersetzung mit dem Libertin durch den Versuch, Körper und Schreiben in ihrem Zusammenwirken zu analysieren, auch wenn gerade das körperliche Element zuvor von jeglicher außersprachlichen Referentialität gereinigt, *textualisiert*
wurde. Diese Vertextung war gleichsam der Preis, den Barthes für
die diskursanalytische Dekonstruktion der Körperfiguren Sades,
für die Fusion von Körper und Diskurs in der Schrift, zu entrich-
ten hatte. Mag der Preis, den die Texte Sades für ihre De-Referen-
tialisierung und nachfolgende Kanonisierung zahlen mußten,
noch höher gewesen sein – Barthes eignete sich nicht zuletzt durch
den Rückgriff auf den »göttlichen Marquis« einen literarischen
Vorläufer und mit ihm einen Teil der Geschichte von Körper und
Schreiben in ihren wechselseitigen Beziehungen an.

Die Beziehung zwischen Körper und Schreiben bildet aber nur
eine Dimension des Verhältnisses zwischen Körperlichkeit und
écriture. Barthes geht nicht nur der Geschichte von Körper und
Schreiben, sondern auch der Geschichte von Körper und Schrift
nach. Er komplettiert damit das semantische Auseinanderdriften
des *écriture*-Begriffs in Schreiben und Schrift, das wir bezüglich
seiner Auseinandersetzung mit den Schriften Jacques Derridas
festgestellt hatten.[34] Die Beziehung zwischen Körper und Schreiben, vor allem aber zwischen Körper und *Schrift* war 1970 eine der
grundlegenden Bedeutungsebenen in *Das Reich der Zeichen* gewesen, wo Barthes ikonotextuelle Beziehungen nicht nur zwischen
Photographie und Druckerschrift, sondern auch zwischen Kalligraphie und Zeichnung, Handschrift und Gemälde entfaltet hatte.
Eine der großen Überraschungen des im November 1994 erschienenen zweiten Bandes der *Œuvres Complètes* ist der Abdruck

---

33 Vgl. hierzu Delon, Michel: »La normalisation scolaire: Sade dans les manuels français (1960-1985)«. In: Berger, Günter/Lüsebrink, Hans-Jürgen
(Hg.): *Literarische Kanonbildung in der Romania. Beiträge zum Deutschen
Romanistentag 1985.* Rheinfelden 1987, 225-246.
34 In seinem Essay über das Alphabet Ertés macht Barthes explizit auf die Verbindung seiner Beschäftigung mit der Materialität des Buchstabens und
Derridas *Grammatologie* aufmerksam (OC II, 1230).

eines zuvor unveröffentlichten, im Februar 1973 verfaßten Textes mit dem Titel *Variations sur l'écriture* (»Variationen über die Schrift«). In diesem Text, der manche seiner Buchpublikation an Umfang übersteigt, entwirft Barthes *auch* eine Geschichte des Verhältnisses von Körper und Schrift. Ursprünglich für eine Publikation in Italien vorgesehen, die dann aber offenbar nicht zustande kam, sind die in der Folge erstmals analysierten »Variationen über die Schrift« für die hier behandelte Problematik von großer Bedeutung.

Auf der Ebene der *écriture* als Schreibweise Barthes' ist dieser Text in einen Vorspann und vier römisch numerierte Kapitel unterteilt. Jedem Kapitel sind wiederum mehrere Unterkapitel (oder Fragmente) zugeordnet, wobei ihre Abfolge im Text wie in einer Enzyklopädie der alphabetischen Reihenfolge ihrer Überschriften entspricht. In einem 1962 verfaßten Essay über Michel Butors *Mobile* hatte Barthes bereits verschiedene Anordnungsmöglichkeiten innerhalb eines Textes diskutiert und dabei auf die »taxonomische Einbildungskraft« Fouriers verwiesen. Jegliche Klassifikation oder Anordnung gebe den Formen fatalerweise einen Sinn, und daher verteidigt er Butors teilweisen Rückgriff auf die Reihenfolge des Alphabets als Ordnungsprinzip, lasse sich das Alphabet doch als ein *degré zéro des classements*, eine Art neutraler Nullpunkt der Klassifizierungen verstehen (E I, 1302).[35] Wieder einmal führt eine Spur zurück zu den *Kritischen Essays* der sechziger Jahre, und in diesem Falle zugleich zu einer im Kontext des *nouveau roman* entwickelten Schreibpraxis. In den siebziger Jahren überträgt Barthes dieses Verfahren auf seine Darstellung der Schrift – ein ästhetisch fraglos glücklicher Einfall, da so das Alphabet zugleich den Gegenstand und die Anordnung des eigenen alphabetischen Schreibens stellt.

Barthes geht zu Beginn seiner »Variationen« auf die zwanzig Jahre zurückliegende Entwicklung des *écriture*-Begriffs ein, den er damals in einem metaphorischen Sinne verstanden habe. 1953 habe er *écriture* noch als »Varietät des literarischen Stils« aufgefaßt (OC II, 1535), eine Deutung, die seiner eigenen Definition in *Am Nullpunkt des Schreibens* in keiner Weise gerecht wird. Hier zeigt sich

35 In einem Essay über Bataille bezeichnet Barthes ein Jahrzehnt später – und um eine texttheoretische Radikalisierung reicher – die alphabetische Anordnung seiner eigenen Fragmente als *degré zéro de l'ordre*, die dazu diene, jegliche Entwicklungsrhetorik vom eigenen Text fernzuhalten (OC II, 1614).

nicht nur, daß Barthes gegenüber seinen eigenen Texten und Begriffen das Verfahren einer ständigen terminologischen Verschiebung praktiziert; es zeigt sich auch, daß Barthes auch als Leser seiner eigenen Texte nicht zu trauen ist. Es gehe ihm, so Barthes 1973, mehr um eine *scription*, den »muskulären Akt«, die Art und Weise, wie die Hand »regelmäßige, rekurrente und rhythmisierte Formen« bildet (OC II, 1535). Pointiert gesagt: Nicht der Schriftsteller interessiert hier, sondern der Skriptor – und so verwundert nicht, daß Barthes in der Folge mehrfach auf die Protagonisten von Flauberts *Bouvard et Pécuchet* zu sprechen kommt. Barthes widmet sich der handgeschriebenen Schrift und ihrer Beziehung zum Körper, zu einer »Praxis der Wollust (*jouissance*), die mit den pulsionellen Tiefen des Körpers verbunden« sei (OC II, 1535).

Den Abschluß des Vorspanns bilden Elemente einer Geschichte der Schrift seit den ersten Inskriptionen, die Menschen vor 35000 Jahren an den Wänden der von ihnen bemalten Höhlen hinterlassen haben, bis hin zur Schreibmaschine, die, 1714 erfunden, ihren Siegeszug 1875 antrat (OC II, 1536f.). Barthes läßt keinen Zweifel daran, daß er dies nicht als eine lineare Fortschrittsgeschichte versteht; er stigmatisiert vielmehr die Auffassung, derzufolge die Entwicklung von Schriftsystemen während der gesamten Menschheitsgeschichte ihren Höhepunkt in unserem Alphabet gefunden hätte, mit einem seiner Neologismen nicht nur als ethnozentrisch und logozentrisch, sondern zugleich als *alphabéto-centriste* (OC II, 1547 sowie 1548). Einem solchen Denken setzt er zum einen die Vielzahl tatsächlicher Entwicklungen innerhalb verschiedener Kulturen und zum anderen die Betrachtung der Materialität des Schreibakts entgegen. Er diskutiert in der Folge nicht nur verschiedene Formen alphabetischer und nichtalphabetischer Schrift, fragt nach den Schriftträgern (Stein, Haut oder Papier) und den Schreibwerkzeugen (Federkiel, Pinsel oder Hammer), bringt Schriftgrößen und -formen in Verbindung mit sich wandelnden ökonomischen oder sozialen Kontexten – Bereiche, die in der von Barthes zitierten Literatur längst aufgearbeitet waren –, sondern beschäftigt sich vor allem mit der Frage, wie sich in den verschiedenen Kulturen und Zeiten die Beziehungen zwischen dem Körper des Schreibenden und der von ihm produzierten Schrift entwickelten. Die Relation zwischen Körper und Schrift ergänzt so jene andere zwischen Körper und Schreiben, der das Interesse von *Sade, Fourier, Loyola* gegolten hatte. Damit geht Barthes über die

intertextuellen Beziehungen, die im Vordergrund der texttheoretischen Ansätze der sechziger Jahre standen, weit hinaus.

Kryptographische Variationen über die Schrift

Barthes nimmt seine Untersuchung im ersten Kapitel auf mit dem
Kampf gegen das nach seiner Ansicht von Archäologen, vor allem
aber von Linguisten[36] aggressiv vertretene Vorurteil, die Schrift
diene ausschließlich oder vorherrschend der Kommunikation.
Dieser These hält er in der Folge nicht nur die Entwicklung der
rituellen chinesischen Schrift, sondern eine Vielzahl historischer
Beispiele einer gezielten »Verdunkelung« (*opacité*) der Schrift
entgegen. So läßt er gleich zu Beginn keinen Zweifel daran, daß
»die Kryptographie« für ihn die »eigentliche Berufung der Schrift
(*la vocation même de l'écriture*)« sei (OC II, 1537). Die Stoßrichtung dieses Gedankens ist unverkennbar. Ziel ist der Signifikant
der Schrift, nicht aber das von ihr Bedeutete oder ihre Botschaft.
Zugleich aber könnte Barthes an eine im ersten Kapitel der vorliegenden Arbeit analysierte Passage aus *Le Degré zéro* gedacht haben, wo der Schriftsteller als Kryptograph erscheint (vgl. auch D
I, 148). So schreibt sich auch hier, in gewohnt kryptographischer
Manier, die Reflexion über das eigene Schreiben und die eigenen
vorgängigen Gedanken in den aktuellen Text ein. Unter der
Oberfläche des gegenwärtigen Textes zeichnet sich eine Geschichte früherer Texte und all jener Begriffe ab, die Barthes in
sehr verschiedener Weise definiert hatte. Die Wörter entwickeln

36 In den »Variationen« finden sich erstaunlich viele Angriffe gegen »die« Linguistik oder namentlich nicht genannte Linguisten. Doch wird die Linguistik keineswegs als ganze verworfen. Barthes' eigene Überlegungen zur Unterscheidung verschiedener »Grapheme« bei den Schriftzeichen sind
deutlich strukturalistisch geprägt und beziehen sich namentlich mehrfach
auf Roman Jakobson (OC II, 1547). Barthes greift häufig auf strukturalistische Verfahren zurück, versucht aber dann, sie in einem zweiten Schritt
über die Grenzen einer bestimmten (zentrierten) Struktur, etwa der des Alphabets, hinauszuführen, um so einem generellen Ethnozentrismus zu entgehen. Diese Vorgehensweise läßt sich mit dem im vorliegenden Buch analysierten Essay »Die Weigerung zu erben« (1968) in Verbindung bringen.
Eine linguistische Beschäftigung mit Literatur, wie sie Jakobson pflegte,
schien Barthes diese Offenheit zu gewährleisten; darum erhob er in einem
Text von 1972 den ehemaligen Formalisten neben Aristoteles und Valéry
auch zum dritten Patron der Poetik (OC II, 1433).

ihre eigene Geschichte, die von ihren Skriptoren nur in Bewegung gesetzt, nicht aber kontrolliert werden kann. Nun aber erscheint die Kryptographie nicht mehr als das im Text Verborgene, das man – wie einst Saussure in seinen Anagrammstudien – ans Tageslicht befördern könnte, sei doch die Dichtkunst (wie es in einem Essay von 1971 heißt) »Faden über Faden, Buchstabe über Buchstabe, Wort über Wort, Signifikant über Signifikant« (OC II, 1231). Sie erscheint jetzt vielmehr als eine Selbstbezogenheit der Schrift, die sich nicht als Botschaft, als Medium einer Kommunikation *verdingt* (und verdinglicht werden kann). Doch interessiert sich Barthes – was so manchen seiner Leser überraschen könnte – nicht so sehr für das freie Spiel der Signifikanten, für eine Textualität, die stets nur wieder auf andere Textualitäten verweist und keiner »abschließenden« Bedeutung zuzuführen ist; sein Hauptinteresse gilt einem anderen, ebenfalls unabschließbaren Spiel: dem Spiel zwischen Körper und Schrift in seiner Geschichtlichkeit. Ihn interessiert diese Geschichte nicht als Prozeß oder Entwicklung (und weniger noch als schrittweise Entfaltung der menschlichen Vernunft), sondern als *contretemps*, als eine Gegenzeit zur Gegenwart, die nichts über ihre eigene Schrift wisse, sondern in der Paläographie nur eine historisierende Auseinandersetzung mit vergangenen Schriftsystemen führe (OC II, 1539f.). Dem Imperialismus der Philologie im Bereich der *belleslettres* stehe der Imperialismus der Paläographie im Bereich der Lettern in nichts nach (OC II, 1540). Die Geschichte ist für Barthes eher ein Reservoir an Alterität; andersartige Praktiken und Wahlmöglichkeiten aber seien »von höchstem Interesse für die Moderne« (OC II, 1540), und daher müsse man die Zeit des Bürgertums überspringen, um jene »Gegenzeit« zu finden, die in ihrem *savoir-vivre* ihre (für uns) »utopischen Modelle« bewahre (OC II, 1540).

Wie in *Am Nullpunkt des Schreibens* geht es um eine Utopie der *écriture*. Doch handelt es sich 1973 nicht mehr um eine Utopie des Schreibens, sondern um eine Utopie der Schrift, und wir können diesen Text als einen zweiten *Degré zéro de l'écriture* begreifen (nicht umsonst benutzt Barthes auch hier eine auf den ersten Blick »historische« Darstellungsweise). Diesmal jedoch handelt es sich um einen *Nullpunkt der Schrift* und nicht des Schreibens.

Die Vielzahl von Schreibweisen, Informationen, Themen und

Theoremen, die in Barthes' »Variationen über die Schrift« enthalten sind, verdient eine ausführliche Einzelstudie. Im Kontext der vorliegenden Untersuchung ist es jedoch keinesfalls überraschend, daß Barthes seine Reflexion über die Verbindung von Körper und Schrift mit einer Überlegung einführt, die die von der Handschriftenkunde behauptete Beziehung von Schrift und Persönlichkeit auf eine sehr persönliche Weise in Frage stellt: »Die Schrift als Ausdruck der Persönlichkeit? Wirklich? Ich selbst habe drei Arten von Schrift, je nachdem, ob ich Texte schreibe, Notizen mache oder meine Korrespondenz erledige.« (OC II, 1545 f.) In ähnlicher Weise versucht Barthes, die Schrift nicht nur von der Persönlichkeit, sondern auch von einer Funktion als »Prothese« des Gedächtnisses abzutrennen; sie sei nicht auf eine Graphie zu reduzieren, sondern als *écriture* stets das »Feld einer unendlichen *signifiance*« (OC II, 1551). Eine solche Schrift aber sei nicht vom Wort, von der gesprochenen Sprache (*parole*) abzuleiten (OC II, 1552), womit Barthes deutlich seine an Derrida ausgerichtete Kritik am Phonozentrismus abendländischen Denkens wiederaufnimmt. *Ecriture*, so Barthes, lasse sich je nach Verwendung und Philosophie »als Gestus, als *Gesetz* oder als Wollust« begreifen (OC II, 1556); diesem letztgenannten Bereich der *jouissance*, die er in eine Reihe mit dem Kristevaschen[37] Begriff der *signifiance* stellt und in einen Gegensatz zum Begriff der *écrivance*[38] bringt, widmet sich Barthes im vierten und letzten Kapitel seiner »Variationen über die Schrift«.

Der Mensch des Abendlands habe im Verhältnis zum Orientalen weder denselben Körper noch dieselbe Beziehung zur Schrift. Während es im Osten (Barthes denkt vor allem an Japan und

---

37 Vgl. ihre Definition von *signifiance* in »Der Text und seine Wissenschaft«: »Wir bezeichnen als Signifikanz jene Arbeit der Differenzierung, Schichtung und Gegenüberstellung, die in der Sprache (*langue*) praktiziert wird und die auf der Linie des sprechenden Subjekts eine kommunikative und grammatikalisch strukturierte Signifikantenkette deponiert.« Kristeva, Julia: »Le texte et sa science«. In: Dies.: *Séméiotikè, op. cit.*, 9. Im weiteren Verlauf dieses Kapitels wird deutlich werden, in welcher Weise Barthes diesen Begriff umdeutet bzw. *deplaziert*.

38 Der Gegensatz zwischen *écriture* und *écrivance* verweist auf jenen zwischen *écrivain* und *écrivant*, den Barthes in seinem gleichnamigen, 1960 verfaßten und in die *Kritischen Essays* aufgenommenen Text eingeführt hatte. In einem 1973 in der Zeitschrift *Critique* veröffentlichten Artikel unterscheidet Barthes die *écriture* von der *écrivance*: Nur von der letzteren könne man ein Resümee anfertigen (SE 68).

China) zunächst darum gehe, »Herr«[39] über den Körper zu werden, um ihn dann auf die Wollust vorzubereiten, gehe es im Westen zunächst um eine Beherrschung des Körpers, die dann zu einer Emanzipation führen könne (OC II, 1562). Aus dieser schon in *Das Reich der Zeichen* sorgfältig konstruierten Opposition entwickelt Barthes dann jenes utopische Modell einer Körperlichkeit, deren Beziehung zur Schrift auf einer *jouissance* beruht. »Von meiner eigenen Schrift«, so schreibt Barthes, »kann ich nur das kennen, was ich von meinem Körper kenne.« In dieser Erfahrung aber gehe es »um einen Druck, einen Trieb, ein Gleiten (*glissement*), einen Rhythmus: um eine Produktion, nicht um ein Produkt, um eine Wollust, nicht um eine Verstehbarkeit (*intelligibilité*).« (OC II, 1562) Diese Formulierungen zeigen, wie sehr sich hier die Schrift als körperliche Erfahrung, als Skription, dem Entwurf des modernen Textes, des *schreibbaren* Textes, wie ihn Barthes in *S/Z* definiert hat, annähert. In das Schreibbare geht so auch die Erfahrung der Skription, die Wollust des körperlichen Schreib-Akts, des Kritzelns, Krakelns und Kratzens, ein. Aber auch auf der Seite des Lesers, die in den »Variationen« eher zweitrangig erscheint – und auch dies mag die Nähe zu *Am Nullpunkt des Schreibens* bestätigen – kommt der Körper »ins Spiel«: Beim lauten Lesen, das aus der Gegenwart verbannt sei, gehe »der Text unvermeidbar durch die Kehle, den Kehlkopf, die Zähne, die Zunge, durch den Körper in seiner Dichte an Muskeln, Blutbahnen, Nervensträngen« (OC II, 1565 f.). So wie das Schreiben zum Schreib-Akt wird, wird auch das Lesen zum Lese-Akt. Barthes wird, wie wir im letzten Teil dieses Kapitels sehen werden, diese Dimension einer Lektüre des Körpers noch wesentlich stärker (und lustvoller) akzentuieren.

Am Ende der »Variationen« kann man ein *glissement*, ein unmerkliches Hinübergleiten von der Schrift zum Schreiben bemerken, das sich etwa in Barthes' Äußerungen zum Palimpsest zeigt. Barthes geht zunächst von der Materialität einer Schreibfläche aus, die – zumeist aus Kostengründen – beschrieben, gelöscht und immer wieder neu beschrieben wurde, so daß sich auf ihr gleichsam

---

39 Ich entscheide mich für diese Übersetzung von *maîtriser*, weil es in Barthes' Schreiben nach meiner Ansicht vordringlich um den männlichen Körper geht. Dies bedeutet freilich nicht, daß seine Überlegungen nicht in einen Dialog mit dem weiblichen Körper gebracht werden könnten. Ich beabsichtige, dieser Problematik in einer separaten Arbeit nachzugehen, die sich dem Zusammenhang von Lesen, Liebe und Schreiben bei Autorinnen und Autoren des 19. und 20. Jahrhunderts widmen wird.

mehrere Schriften »übereinander« anordnen. Dann aber wird das Palimpsest von Barthes, kaum zehn Jahre, bevor Gérard Genette es in einem vielbeachteten Buch zur Leitmetapher der Intertextualitätsforschung machte[40], zum *emblème de toute l'écriture* und steht schließlich für den »Text, so wie ihn die *Modernen* konzipieren« (OC II, 1568). Damit gelangt Barthes von der Schrift zum Schreiben und vom Schreiben zum Text, genauer: zum Text einer Moderne im prospektiven Sinne. Die Lust (an) der Schrift leitet über zur Lust am Text.

Die friktionale Lust am Text   108

1967 hatte Barthes in seiner Severo Sarduy gewidmeten Rezension, deren Analyse dieses Kapitel eröffnete, den hedonistischen als den eigentlich revolutionären Text verstanden. In seinem Essay »Vom Werk zum Text« hatte er dann 1971 bezweifelt, daß es jemals eine hedonistische Ästhetik im eigentlichen Sinne gegeben habe (OC II, 1216). In gewisser Weise stellt das 1973 veröffentlichte Bändchen *Le Plaisir du texte* eine solche Ästhetik dar oder versucht zumindest, Grundlagen für eine derartige Ästhetik zu erarbeiten. Dabei treten nun deutlich jene Orientierungspunkte hervor, um die Barthes' Schriften seit dem zweiten Teil von *Kritik und Wahrheit* immer wieder kreisen: Sein Entwurf einer »Lust am Text« siedelt sich zwischen Sade und Sollers, zwischen Fourier und Lacan, zwischen Bataille und Sarduy, zwischen Kristeva und vor allem Nietzsche an.[41] Der schmale Band besteht aus einer Folge kurzer, teilweise aphoristischer Fragmente, die in einzelne Gruppen eingeteilt sind, die sich aber erst durch eine Lektüre des Inhaltsverzeichnisses einer bestimmten Logik zuordnen lassen: der Logik des Alphabets, das den Leser von »Affirmation«, »Ba-

40 Vgl. Genette, Gérard: *Palimpsestes. La littérature au second degré*. Paris: Seuil 1982; dt.: *Palimpseste. Die Literatur auf zweiter Stufe*. Übersetzt von Wolfram Bayer und Dieter Hornig. Frankfurt a. M. 1993.

41 Man kann daher keinesfalls – wie dies etwa Calvet, wenn auch relativierend, tut – davon sprechen, daß Barthes in *Le Plaisir du texte* der Theorie den Rücken zugewandt habe; vgl. Calvet, Louis-Jean: *Roland Barthes. Eine Biographie, op. cit.*, 285. Bei Barthes geht es nicht um eine Abkehr oder Trennung von der Theorie, sondern um deren Friktionalisierung. Zur Bedeutung Nietzsches für Dekonstruktion und Postmoderne vgl. Zima, Peter V.: *Die Dekonstruktion. Einführung und Kritik, op. cit.*, insbes. Kap. I.5.

bel« und »Babil« bis zu »Théorie«, »Valeur« und »Voix« führt.[42]
Barthes wählt damit eine Lösung, die jener der »Variationen über
die Schrift« verwandt ist. Und in der Tat lassen sich beide Texte
auch komplementär zueinander lesen.

Im Vordergrund von *Die Lust am Text* steht das Problem der
Logik. Bacon und Valéry sind hierbei die ersten Bezugspunkte,
wobei von der »Fiktion eines Individuums« ausgegangen wird,
das wie eine Art umgekehrter Monsieur Teste (aus Paul Valérys
gleichnamigem Buch) resistent wäre gegen jeglichen Vorwurf von
Unlogik, um so »dieses alte Gespenst: *den logischen Widerspruch*« abschütteln zu können (P II, 1495). Valérys Figur, die
auch Autoren wie Borges oder Calvino zu eigenen Schöpfungen
anregte und nicht von ungefähr die Seme »Test« und »Kopf« in
seinem Namen trägt, werden andere logische Ordnungen entgegengestellt: nicht nur die Logik des Alphabets, die gleichsam den
Textkörper selbst bildet, sondern mehr noch die Logik des Körpers. Sie ist keine Gegen-Logik (als solche wäre sie leicht auf eine
vorherrschende rationale Logik rückzubeziehen), sondern eine
Art *ver-rückte* Logik. Dies kommt im Schlußfragment des Abschnitts »Körper« deutlich zum Ausdruck: »Die Lust am Text,
das ist jener Moment, wo mein Körper seinen eigenen Ideen folgt
– denn mein Körper hat nicht dieselben Ideen wie ich.« (P II,
1502) Wir finden hier jene Verbindung von Körper und Alterität
wieder, die wir, ausgehend von einer Analyse der marokkanischen
Zwischenfälle, im siebten Kapitel als Körperlogik bezeichnen
konnten. Es ist dieser Augenblick eines Auseinandertretens
zweier Logiken – wie er auch in der raum-zeitlichen Metaphorik
der zitierten Passage zum Ausdruck kommt –, der mit der Erfahrung von Lust gekoppelt wird. In den *Incidents* war diese Erfahrung mit den Händen verbunden gewesen, die allen rationalen
Überlegungen zum Trotz den geliebten Körper weiter liebkosten.
Die Hand aber ist zugleich jener Körperteil, der den Körper zur
Materialität des Schreibens »führt«. Die Hand des Schreibenden
wird somit zu jener Verbindungsstelle zwischen Körper, Schrift
und Schreiben oder, bezogen auf Barthes, von *Incidents*, *Sade*,

42 Die deutsche Übersetzung kann dieses alphabetische Spiel nicht mitspielen
und verzichtet daher auf jegliche Inhaltsangabe. Dies ist verständlich, doch
bleiben dem deutschsprachigen Leser damit die jeweiligen Fragmentüber-
schriften und das dem Buch zugrunde liegende Ordnungsschema verborgen.

Fourier, Loyola, den »Variationen über die Schrift« und *Die Lust am Text*. Der Text wird nicht mehr als körperloses Artefakt, unabhängiges Gebilde von Zeichen präsentiert, sondern mit dem Körper verbunden. So findet sich schon in der ersten Fragmentgruppe das Gewirr von Stimmen als Dimension der *jouissance* des Subjekts: »Der Text der Lust (*plaisir*), das ist das glückliche Babel« (P II, 1495). Schrifttext und körperliche Stimme verschmelzen hier miteinander, so wie sich auch *plaisir* (Lust) und *jouissance* (Wollust) nicht klar voneinander trennen lassen.[43] Der Text »affirmiert« sich schon in der ersten Fragmentgruppe in seiner eigenen Logik, jenseits einer widerspruchsfreien analytischen Terminologie. Welche Bezugspunkte aber bietet der Text für diese »andere« Logik?

Die erwähnten intertextuellen Verweise öffnen von der ersten Seite an jenen Raum, in den sich *Le Plaisir du texte* selbst begibt: zwischen Philosophie und Literatur. Identifizierbare philosophische Begriffe, literaturtheoretische Überlegungen und literarische Verfahren durchziehen, ja bilden den gesamten Text, ohne daß dieser doch als philosophischer, literaturtheoretischer oder literarischer Diskurs *identifizierbar* wäre. Der Text entzieht sich derartigen Klassifikationen, mehr noch: er greift (in einem ganz materiellen Sinne) ihre Grenzen an. In einem Gérard Genette gewidmeten Text von 1972 hat Barthes betont, die heutige Hochtechnologie bestehe vielleicht darin, aus der Textanalyse eine »ausgearbeitete Fiktion (*fiction élaborée*)« zu machen. So könne man das Romaneske, *le grand romanesque critique* (OC II, 1434) erzeugen. In *Die Lust am Text* erzeugt Barthes diese Art von Fiktion, eine Art Gegenentwurf zu Valéry oder, wenn man so will, einen »Monsieur Corps«. Das »Romaneske ohne den Roman«, das für Barthes in *S/Z* den schreibbaren, modernen Text ausgemacht hatte, bringt zugleich Philosophie und Texttheorie in sein literarisches Spiel mit ein. *Le Plaisir du texte* ist die erste Realisierung des modernen Textes in jenem umfassenden Sinne, den Roland Barthes seinem projektiven Modernebegriff verliehen und seit den

---

43 Der in Klammern hinzugesetzte Abschluß der ersten Fragmentgruppe macht dies klar: »Die Unterscheidung wird nicht zu sicheren Klassifizierungen führen, das Paradigma wird knirschen, der Sinn wird prekär, revozierbar, reversibel, der Diskurs wird unvollständig sein« (P II, 1495). Im »Supplement« zu *Le Plaisir du texte* wird der Gegensatz zwischen Lust und Wollust als »Attrappe« bezeichnet (OC II, 1589).

sechziger Jahren in seiner Theorie wie in seiner Schreibpraxis (insbesondere seit »F. B.« [1964]) entwickelt hat. Aus eben diesem Grunde bildet dieser kurze, dichte Text einen Punkt, an dem sich verschiedene Wege Roland Barthes' überkreuzen und von dem aus sein Schreiben neue Orientierungen erhalten wird, die jenseits von den Theoriebildungen anderer Autoren liegen. Das friktionale Schreibmodell, an dem Roland Barthes spätestens seit »F. B.« immer wieder arbeitete, wurde hier in einer »Variation über das Schreiben« verwirklicht, die in der Tat einen pluralen, letztlich unklassifizierbaren Text entstehen ließ.

Nietzsche contra Texttheorie?   109

Dies bedeutet freilich nicht, daß dieser Text nur aus der eigenen Begrifflichkeit Barthes' erklärbar, einer interdiskursiv nachprüfbaren Analyse also nicht zugänglich wäre. Verfolgen wir die begonnene Untersuchung des literarischen Raums weiter – also jenes Raumes, der durch Anspielungen, Zitate oder Verweise auf andere Texte und Autoren textintern projiziert wird –, so zeigt sich bald, daß die inszenierten Friktionen unterschiedlicher (literarischer oder philosophischer) Diskurse oder Diskursformationen durch eine Vielzahl von Verweisen und nicht verorteten Zitaten auf ein konkretes Schreibmodell deuten, das sich leicht mit der von Barthes ins Auge gefaßten hedonistischen Ästhetik in Verbindung bringen läßt: die Schriften Friedrich Nietzsches. Im Schlußteil eines 1973 ursprünglich in englischer Sprache veröffentlichten Lexikonartikels über die Texttheorie hatte Barthes explizit versucht, die Philosophie Nietzsches in die *théorie du texte* zu integrieren und zugleich seine Auffassung von der Lust am Text nietzscheanisch zu fundieren (OC II, 1689). Die Integration Nietzsches in die Begriffswelt der *Tel Quel*-Gruppe gelang Barthes in einem längeren, mit der Philosophie Derridas verbundenen Prozeß, der sich seit Ende der sechziger Jahre beobachten läßt, in einer so verblüffend nachhaltigen Weise, daß man mit Peter V. Zima von einer »nietzscheanischen Ästhetik des Signifikanten«[44] bei Barthes sprechen darf. Kaum ein Text in diesen Jahren, in dem nicht mehrfach

44 Vgl. Zima, Peter V.: »Roland Barthes' nietzscheanische Ästhetik des Signifikanten«. In: Ders.: *Literarische Ästhetik. Methoden und Modelle der Literaturwissenschaft.* Tübingen 1991, 267–282.

auf Nietzsche aufmerksam gemacht würde. Die *Übersetzung* Nietzsches in die Terminologie der französischen Texttheorie mag nicht zuletzt auch deshalb so gelungen sein, weil Barthes – wie die Sekundärliteratur gezeigt hat – den deutschen Philosophen nicht »unvermittelt«, sondern in grundlegender Weise durch Gilles Deleuze und Pierre Klossowski vermittelt las.[45] Wie wir sahen, hatte Barthes bereits in den vierziger Jahren auf Nietzsche verwiesen. Seine Beschäftigung mit dem Autor von *Also sprach Zarathustra*[46] während der ausgehenden sechziger und siebziger Jahre ist nun aber durch die Rezeption texttheoretischer und dekonstruktivistischer Ansätze sowie aufgrund seiner eigenen Erfahrungen mit der Semiologie grundlegend verändert. Eine Scharnierfunktion kommt hier der *écriture* zu. War Nietzsche während der vierziger Jahre für Barthes *ein* Philosoph gewesen, so wird er während der siebziger Jahre zu einem Orientierungspunkt (nicht zu einem Korsett) des eigenen Philosophierens. Nietzsche bietet Barthes eine akratische Philosophie, die sich – jenseits ihres eigenen Willens zur Macht – vermittels literarischer Verfahren stets ihrer enkratischen Fixierung entzieht. Sie ist für Barthes vor allem eines: *écriture*.

Die Beziehung zwischen Nietzsche, *Tel Quel* und Barthes ist eine doppelte: Nietzsche wurde einerseits in die Texttheorie integriert, führte andererseits aber Barthes auch aus der Texttheorie der *tel-queliens* heraus. Dies zeigt sich auch in dem hier behandelten Text von 1973. *Le Plaisir du texte* spielt mit einer Vielzahl von Theoremen der Texttheorie. So wird etwa die Auflösung des Subjektbegriffs, wie zu Beginn dieser Studie bereits erwähnt, in biologisch etwas halsbrecherischer Metaphorik als Auflösung einer Spinne in ihrem Netz, in ihrem Gewebe inszeniert. Insoweit erweise sich »die Texttheorie als eine *Hyphologie* (*hyphos* ist das

---

45 Vgl. u. a. Bensmaïa, Réda: *Barthes à l'Essai, op. cit.*, 47ff. sowie 100ff.
46 In Cerisy-la-Salle gab Barthes 1977 an, den gesamten Nietzsche mit Ausnahme des *Zarathustra* gelesen zu haben, da dieses Werk sein Interesse an der fragmentarischen Schreibweise Nietzsches am wenigsten befriedigt habe; vgl. die Aussage Barthes' in Compagnon, Antoine (Hg.): *Prétexte: Roland Barthes, op. cit.*, 238. Man sollte dem Verfasser der *Mythologies* in solchen Dingen nicht immer glauben. Ohne einen Verweis auf diese Aussage Barthes' hat Gabriele Röttger-Denker zu Recht auf intertextuelle Beziehungen zu *Also sprach Zarathustra* aufmerksam gemacht, die vor allem die Problematik der Körperlichkeit betreffen; vgl. Röttger-Denker, Gabriele: *Roland Barthes zur Einführung, op. cit.*, 44.

Gewebe und das Spinnennetz)« (P II, 1527).[47] Auch der Tod des Autors, 1967 von Barthes selbst proklamiert, darf in dieser neuen Ästhetik nicht fehlen: »Als Institution«, so heißt es, »ist der Autor tot« (P II, 1508), er sei längst »enteignet« und habe seine Vaterschaft, die man ihm im Erziehungswesen, in der öffentlichen Meinung oder in der Literaturgeschichte zuerkannt habe, verloren. Es soll uns hier weniger die Verwendung des Verbums *être* interessieren, das wie so häufig bei Barthes keine Beschreibung eines Ist-Zustandes, sondern eines Wunsches oder einer Absicht darstellt. Aufschlußreicher ist, daß der Autor nun nicht mehr als ein *auteur de papier*, als ein Gast oder ein Körper in den Text zurückkehrt, sondern als ein Begehren des Ichs: »ich brauche seine Figur« (P II, 1508), eine Formulierung, die uns in den beiden folgenden Kapiteln noch beschäftigen wird. Auch Julia Kristevas Begriff des Intertexts findet Eingang in den neuen Text, wenn auch in einer deutlich radikalisierten Fassung: »[...] und genau dies ist der Inter-Text: die Unmöglichkeit, außerhalb des unendlichen Textes zu leben – gleichviel, ob dieser Text nun Proust, die Tageszeitung oder der Fernsehbildschirm ist: Das Buch macht den Sinn, der Sinn macht das Leben.« (P II, 1512)[48] Die Verschiebung des Intertextualitätsbegriffs ist eine doppelte: Zum einen wird der Intertext in seiner Unendlichkeit radikal dekontextualisiert[49], also aus jedem »die Flügel des Signifikanten« stutzenden Kontext gerissen, zum anderen aber auf die verschiedensten kulturellen Praktiken bezogen, die als Texte das Leben selbst zum sinnfälligen Text machen. Das Subjekt kann sich diesem Text

47 Zur Hyphologie vgl. auch Logan, Marie-Rose: »Texte, Textus, Hyphos«. In: *L'Esprit créateur* XXII, 1 (spring 1982), 69-78; einen »Bruch« (74) gegenüber der Texttheorie vermag ich hier nicht zu erkennen. Auch in dem englischen Lexikonartikel über Texttheorie wird Barthes im selben Jahr auf seinen Begriff der *Hyphologie* verweisen (OC II, 1684). Barthes' Spiel mit der Metaphorik ist in diesem Artikel recht hintergründig: Während er Kristevas Terminologie (bei aller Verschiebung) akzeptiert, wird Derridas Begriff der Dissemination als ein produktives »Bild (*image*)« kommentiert (OC II, 1683). Foucault und Derrida treten in diesem Text ganz hinter der alles beherrschenden Begrifflichkeit Julia Kristevas zurück.

48 Unmittelbar zuvor wird Proust wieder einmal als Orientierungspunkt des eigenen Schreibens und Denkens ausgemacht, ja als »*Mandala* aller literarischen Kosmogonie« bezeichnet (P II, 1512).

49 In einem Interview mit *Tel Quel* deutet Barthes Kristevas Intertextualitätsbegriff so, daß dieser sich vor allem polemisch gegen den Begriff des Kontexts gerichtet habe (OC II, 1318). Dies wird weniger Kristevas Ansatz als Barthes' eigenen Absichten gerecht.

nicht entziehen, da es sich längst in seinem Netz aufgelöst hat und selbst zu einem Teil dieses Textes geworden ist. Theorie wird zur Fiktion[50], Dekonstruktion wird dekonstruiert, Begriffe werden zu Spielmarken, ohne daß es bei dieser Bewegung bliebe, gerät die Fiktion doch auch schnell wieder zur Theorie: Der friktionale Text inszeniert seine eigene Hybridität. Er oszilliert zwischen Metasprache und Objektsprache, zwischen Literaturwissenschaft und Autobiographie, zwischen kreativem Schreiben und philosophischer Reflexion.

Die Einbeziehung von Tageszeitung und Fernsehprogramm bedeutet freilich keine Öffnung gegenüber Massenkultur und Massenkommunikation, die seit dem Eintritt Barthes' in den Orbit der *Tel Quel*-Gruppe zunehmend aus seinem Interessenbereich verschwunden waren. Die unter den *tel-queliens* verbreitete Ablehnung von Phänomenen der Massenkultur, die Barthes hinter Positionen zurückführte, die er durch seine Untersuchungen *nach* der Veröffentlichung der *Mythen des Alltags* im kulturtheoretischen Bereich längst erarbeitet hatte[51], findet sich auch in diesem Buch, wenn auch mit einer neuen Akzentuierung: »Keine Signifikanz (keine Wollust) kann, davon bin ich überzeugt, in einer Massenkultur entstehen (die von der Kultur der Massen zu unterscheiden ist wie das Wasser vom Feuer), denn das Modell dieser Kultur ist kleinbürgerlich.« (P II, 1514) Dies sind Positionen, die in einer merkwürdigen Allianz die Angriffe gegen die kleinbürgerliche Kultur in den *Mythologies* mit bestimmten Positionen *Tel Quels* und einer nietzscheanischen Ästhetik verbinden, für die Volkskultur oder die gerade entstehende Massenkultur (geschweige denn eine Kultur der Massen) niemals gleichwertige oder auch nur denkbare kulturelle Alternativen darstellten. Barthes fällt damit, wenn man so will, in die Zeit vor der Überwindung des großen Schisma, in die Zeit des

50 Barthes verweist auch in anderen Texten des Jahres 1973 immer wieder auf Nietzsches Verständnis von Theorien als Fiktionen.
51 Zur Problematik der Massenkultur bei Barthes vergleiche den Aufsatz von Moriarty, Michael: »Barthes: ideology, culture, subjectivity«. In: *Paragraph. A Journal of Modern Critical Theory* XI, 3 (november 1988), 189f. Dort wird freilich Barthes' Haltung der siebziger Jahre unzulässig verallgemeinert; weder die Arbeiten der fünfziger Jahre noch Barthes' geschickter Umgang mit den französischen Massenkommunikationsmitteln finden Berücksichtigung. Betrachten wir das Gesamtwerk, so läßt sich keineswegs von einer monolithischen Vorstellung Barthes' von Massenkultur oder Volkskultur sprechen.

Great Divide[52] zwischen Massenkultur und Volkskultur und hoher Kultur zurück. Die Massenkultur wird pauschal als kleinbürgerlich und daher lustfeindlich stigmatisiert, eine Verallgemeinerung, die Barthes' Einsichten in die komplexen Sinnsysteme massenkultureller Phänomene oder seine Beobachtungen hinsichtlich einer keineswegs passiven, sondern kreativen Aneignung von Elementen der Massenkommunikation in überraschend undialektischer Weise ausblendet. Barthes hat hier ohne Not kulturtheoretische Positionen aufgegeben, die er während der sechziger Jahre entwickelt hatte.[53] Doch dient dieser »Rückschritt« auch einem strategischen Ziel, einem »Fortschritt«: der Entwicklung einer hedonistischen, an der Lust und am Körper orientierten Ästhetik. Für eine solche Ästhetik schienen Barthes die Massenkommunikationsmittel nicht das geeignete Medium zu sein. Daher griff er auf den schon vergessen geglaubten Mythos vom Kleinbürgertum zurück. Massenkultur ist kleinbürgerlich, das Kleinbürgertum ist lustfeindlich, also ist die Massenkultur lustfeindlich. Die Mythologie des Mythologen scheint vergessen. Barthes' Diskurs inszeniert sich selbst als akratisch, gegen die *Doxa* (wieder einmal) des (Klein-)Bürgertums gerichtet. Eine Veränderung gegenüber den *Mythologies* ergibt sich aber insofern, als dort noch der Mythos politisch rechts verortet werden konnte, nun aber die Lustfeindlichkeit ebenso die Rechte wie die politische Linke umfaßt. Alle haben Teil an der Frigidität der Gesellschaft. Darüber hinaus habe es die Lust nicht nur mit dem »politischen«, sondern auch mit dem »psychoanalytischen Gendarmen« (P II, 1523) zu tun. Gegen diese Lustunterdrückung sei kein philosophisches Kraut gewachsen: »fast alle Philosophien« hätten »den Hedonismus verdrängt« (P II, 1523). Dies schließt eine für Barthes' Verhältnis zu Nietzsche aufschlußreiche Kritik am Autor der *Fröhlichen Wissenschaft* ein, der in diesem Punkte nicht weit genug gegangen sei; allein so marginalen Denkern wie Sade oder Fourier sei es gelungen, bei der Erforschung der Lust weiter vorzustoßen.[54] Ein epistemologischer Status werde nur dem Be-

52 Vgl. hierzu die zweite Annäherung im Vorspann sowie Huyssen, Andreas: *After the Great Divide. Modernism, Mass Culture, Postmodernism*, op. cit.
53 In seinem grundlegenden, 1970 veröffentlichten und in den folgenden beiden Kapiteln noch zu diskutierenden Essay »Der dritte Sinn« erwähnt Barthes zwar kurz den Photoroman und Comics, um sie dann aber einem Bereich der »Unterkultur«, der *sous-culture de consommation*, zu überantworten (OC II, 883).
54 Vgl. hierzu auch Ette, Ottmar: Der Schriftsteller als Sprachendieb, *op. cit.*, 185.

gehren – dem *désir*, das auch in der *Tel Quel*-Gruppe zu einem grundlegenden (Text-)Begriff avancierte und zu einem der Lieblingsterme poststrukturalistischen Denkens wurde – zuerkannt (P II, 1524). Die Lust aber, das erotische, körperliche *plaisir*, werde verdrängt. Seit *Le Plaisir du texte* versucht Barthes, in diese seiner Ansicht nach tabuisierte und dadurch gleichsam doppelt erogene Zone vorzudringen.

Schon der Schlußteil von Barthes' Lexikonartikel zur »Texttheorie« (1973), und vielleicht mehr noch sein Versuch über die »Ausgänge des Textes« bei Georges Bataille, der im selben Jahr veröffentlicht wurde, deuten es an: Vom Impuls Nietzsches ausgehend (wenn auch in der Folge nicht nur auf ihn gestützt), versucht Barthes, aus der Theorie des Textes eine Erotik des Textes, eine Ästhetik der Textlust, zu entwickeln.[55] Von diesem Punkt aus werde auch die »Geschichte unserer Moderne« (P II, 1504) – eine überaus ambivalente Formulierung, die auch als Ausweitung von Barthes' eigener Moderne (*ma modernité*) verstanden werden kann – neu bestimmt. Die neue Perspektive macht auch eine neue Definition der *écriture* notwendig: Sie ist nun »die Wissenschaft von der Wollust (*jouissances*) der Sprache, ihr Kamasutra« (P II, 1496). Erogene Zonen kenne der Text zwar nicht, doch sei wie im Falle der Kleidung der Zwischenraum zwischen zwei Kleidungsstücken verführerisch (P II, 1498) – eine Erotisierung des Zwischenraums, die bereits in *L'Empire des signes* ikonotextuell in der Abbildung einer Geisha bzw. eines sich öffnenden Vorhangs (im Fragment »L'interstice«) vorgeführt wurde (ES II, 762 ff.). Die Schreibweise von *Die Lust am Text* präsentiert dem Leser eine Vielzahl derartiger Zwischenräume.[56] Und auch hier ist Nietzsche

55 Vgl. hierzu auch Leitch, Vincent B.: »Versions of textuality and intertextuality: contemporary theories of literature and tradition«. In: Ders.: *Deconstructive Criticism. An advanced introduction.* New York 1983, 102 ff. Dort finden sich auch Hinweise auf die Abgrenzung nordamerikanischer Dekonstruktivisten gegenüber der stärker politisierten Gruppe um die Zeitschrift *Tel Quel.*

56 In einem »Supplement« zu *Le Plaisir du Texte* schreibt Barthes, daß sich die Produktivität im Zwischenraum entfalte, könne doch aus den Zwischenräumen eines Textes immer etwas Neues entstehen (OC II, 1588). Das Supplement von 1973 führt genau diese Bewegung der Unabschließbarkeit vor. Mein Exemplar von *Die Lust am Text* endet ohne einen Schlußpunkt; ich bedaure sehr, daß dies in allen anderen zu Rate gezogenen Ausgaben einschließlich der Werkausgabe nicht der Fall ist. Die Bewegung der *signifiance* hätte einen Schlußpunkt überflüssig gemacht.

ein wichtiger Dialogpartner des Barthesschen Schreibens. Für die *Gaya Scienza*, die Barthes jetzt nicht mehr nur entwickelt, sondern auch in Szene setzt, sind nicht nur bestimmte Vorstellungen – in Barthes' Sprache könnte man von »Philosophemen« sprechen – wichtig, sondern vor allem auch die fragmentarische, betont künstlerische, die Grenzen des philosophischen Diskurses bewußt sprengende Schreibweise. Wie Nietzsches Fragmente erlauben auch die Fragmente in *Die Lust am Text* eine ständige Veränderung der Leserichtung. Die Lektüre, deren Theorie Roland Barthes in diesen Jahren immer wieder einfordert[57], wird zu einem wesentlichen Element des *modernen* Texts, des »Grenz-Texts«: Einen Roman Zolas dürfe man nicht langsam lesen, während eine schnelle Lektüre die Lust des modernen Textes zerstöre. Barthes greift hier völlig unerwartet eine Metapher aus *Michelet* auf: Ein solcher Text dürfe nicht »verschlungen«, er müsse »abgeweidet« werden (P II, 1500) – genau wie Michelet die Geschichte abgeweidet habe.

Auch *Michelet par lui-même* (1954) war schon ein Text gewesen, der durch seinen fragmentarischen Charakter eine *moderne*, die Leserichtung wechselnde Lektüre gefordert hatte. Und so verwundert es nicht, daß Barthes in seinem 1973 veröffentlichten Essay »Michelet heute« nicht mit der Lektüre des Historikers einsetzt, sondern seine eigene Lektüre von 1954 in neuer Weise liest (OC II, 1575). Viele Äußerungen Barthes' lassen sich mehr auf sein eigenes Schreiben als auf den vorgegebenen Gegenstand seiner Überlegungen beziehen. Und man könnte mit Fug und Recht von einer *mise en abyme* sprechen, wenn Barthes ausführlich eine Passage aus Michelets Schriften zitiert, in der sich der französische Historiker beim Schreiben zuschaut, sich gleichsam selbst liest (OC II, 1578f.). Genau so ist Barthes zu einem Schriftsteller geworden, der sich selbst lesend schreibt.

Nietzsche und *Tel Quel* sind für *Le Plaisir du texte* sicherlich wichtige Bezugspunkte; dasselbe gilt von Sade und Sarduy, Valéry und Sollers für Barthes' Schreiben insgesamt. Die Vielzahl intratextueller Verweise, von denen hier nur einige aufgegriffen wurden, zeigt aber auch, daß Barthes' *écriture* in immer stärkerem Maße selbstreflexiv wird. Nietzsche contra *Tel Quel*? Nietzsche

---

57 So etwa 1972 in einem Tagungsbeitrag unter dem Titel »Für eine Theorie der Lektüre«, wo Barthes zu Recht das gänzliche Fehlen einer derartigen Theorie beklagt (OC II, 1455).

bot Barthes den Vorteil, kein philosophisches oder ästhetisches System entworfen zu haben, das sich für ihn in eine *Doxa* hätte verwandeln können. Genau dies aber war mit der Theorie von *Tel Quel* geschehen. *Le Plaisir du texte* zeigt, daß Nietzsche für Barthes bei seiner schrittweisen Entfernung von den *tel-queliens* ein wichtiger Gesprächspartner ist, ohne daß er zur legitimierenden Instanz oder – mit den Worten Foucaults – zum Begründer der eigenen Diskursivität würde. Ohne die Diskussionen der siebziger Jahre zu vergessen, orientiert sich Barthes zunehmend am Kamasutra seines eigenen Schreibens. In *Le Plaisir du texte* deutet sich eine neue Figur des Autors an: *l'écrivain s'écrivant en lisant ses propres textes.*

Lustort Ohr: Diktion, Friktion, Phonotextualität 110

Das Schlußfragment der »Variationen über die Schrift« war der Vokalschreibung im griechischen Alphabet gewidmet gewesen. So öffnete sich dieser wichtige Text an seinem Ende auf »den Triumph des *Vokals*, also der *Stimme*, also des *Worts*. Die Markierung unserer Zivilisation besteht darin, *vokalisch* zu sein.« (OC II, 1571) Auch das letzte Fragment von *Die Lust am Text* beschäftigt sich mit dieser Dimension von Sprache und Text. Dies belegt, daß die alphabetische Anordnung beider Texte als *degré zéro de la classification* keineswegs »sinnlos«, alphabetisch »zufällig« ist. Hinter dieser Ordnung verbergen sich andere Ordnungsprinzipien, was nicht überrascht, hatte Barthes doch bereits 1961 in seinem wegweisenden Essay »Die strukturalistische Tätigkeit« das »Kunstwerk« als das definiert, »was der Mensch dem Zufall entreißt« (E I, 1331). »Die Kunst«, so heißt es weiter, sei stets »eine gewisse Eroberung des Zufalls« (E I, 1331). Und in einigen bis vor kurzem unveröffentlichten Fragmenten von 1964 liest man, daß das Kunstwerk vom Intelligiblen, vom Verstehbaren lebe und am Zufall sterbe (OC I, 1407). Darüber hinaus aber zeigt dies auch, daß Barthes dem Akustischen, der Stimme eine enorme Bedeutung innerhalb seiner *esthétique du plaisir textuel* (P II, 1528) zumißt.

Im November 1972 erschien ein erster Essay über den während der Zwischenkriegszeit in Frankreich berühmten Sänger Charles Panzéra, bei dem der junge Barthes zusammen mit einem Freund

Gesangsstunden genommen hatte[58], unter dem Titel *Le grain de la voix*. Dieser Titel ist nicht leicht zu übersetzen, die deutsche Übersetzung mit »Die Rauheit der Stimme« ist im Grunde unbefriedigend. Was ist mit *le grain* (zu deutsch »Korn«) gemeint? Ausgehend von Kristevas Gegensatzpaar von Phänotext und Genotext[59], auf das Barthes auch wenig später in *Die Lust am Text* zurückgreifen wird, unterscheidet Barthes zwei verschiedene Ebenen des Gesangs, für die er stellvertretend Charles Panzéra und Dietrich Fischer-Dieskau nennt. Im Falle des letztgenannten Sängers hätten wir es mit einem »Phäno-Gesang« zu tun, insoweit Fischer-Dieskau die Expressivität, das Dramatische in seinem Gesang möglichst klar zum Ausdruck bringen und verständlich machen wolle (OC II, 1438 f.).[60] Für den »Geno-Gesang« wiederum stehe stellvertretend Charles Panzéra, der die Materialität des Gesangs, die körperliche Dimension herausgearbeitet habe. Diese Materialität der gesungenen Sprache könne man auch als »Diktion« bezeichnen, womit Barthes auf einen Begriff zurückgreift, den er – wie ge-

58 Vgl. Calvet, Louis-Jean: *Roland Barthes. Eine Biographie, op. cit.*, 74 ff. Zu Barthes' anhaltender Bewunderung für Panzéra vergleiche auch sein Interview von 1971 in *Tel Quel* (OC II, 1308). Dort findet sich auch schon der Gegensatz zwischen Panzéra und dem »indiskreten« Fischer-Dieskau.

59 Julia Kristeva hatte diese Terminologie bereits in ihrem hier mehrfach angeführten Artikel »Der Text und seine Wissenschaft« definiert. Eine vielleicht noch deutlichere Begriffsprägung findet sich in ihrem zuerst 1974 erschienenen Buch *La Révolution du langage poétique. L'Avant-garde à la fin du XIXe siècle: Lautréamont et Mallarmé*. Paris 1974; dt.: *Die Revolution der poetischen Sprache*. Übersetzt von Reinold Werner. Frankfurt a. M. 1978. In der Einleitung des Übersetzers wird zwischen »zwei Zeiten der Texttheorie« unterschieden: »In der ersten, der Zeit des *Genotextes*, findet die oben bezeichnete Arbeit der Oberflächenzersetzung statt, die das ›Eintauchen‹ in die Kommunikationssprache und die Bearbeitung des signifikanten Materials ermöglicht. In einer zweiten Zeit, der des *Phänotextes*, führt der Text die Resultate seiner Arbeit auf die Ebene der Bedeutung« (12). Ich führe diese Hinweise an, um zu zeigen, wie erheblich die Abweichungen von Barthes' eigenen Definitionen der Kristevaschen Begrifflichkeit sind. Auch an anderen Beispielen ließe sich darlegen, wie Barthes sich unter der Oberfläche der texttheoretischen Begrifflichkeit kryptographisch längst anderen Forschungs- und Schreibinteressen zugewandt hatte. Kristevas Begriffe sind hier nur mehr Spielmarken. Vgl. auch Barthes' Rückgriff auf Kristevas Begrifflichkeit in seiner 1973 publizierten Darstellung der Texttheorie (OC II, 1682 f.).

60 In den Schriften der fünfziger Jahre hatte Barthes die Emphase deutlich positiv bewertet, da sie gleichsam als Maske verstanden wurde, die auf sich selbst bzw. ihre eigene Zeichenhaftigkeit deute. Von dieser Betrachtungsweise scheint Barthes hier abgerückt zu sein.

zeigt wurde – bisweilen auf die Sprachkunst der Theaterschauspieler (in eher konventionellem Sinne) angewandt hatte (OC II, 1438). Während sich in der expressiven Diktion Fischer-Dieskaus die Seele manifestiere, zeige sich in Panzéras Gesangskunst der Körper: nicht die Lunge, die ein »stupides Organ« sei – und Barthes weist hier *nicht* darauf hin, daß er wegen dieses dummen Körperteils, wegen seiner Tuberkuloseerkrankung, die Gesangsstunden bei Panzéra einst hatte abbrechen müssen –, sondern die Kehle (OC II, 1438). Erst hier breche die *signifiance* hervor, welche durch die sinnliche Präsenz von Zunge, Glottis, Zähnen und Nase die Wollust (*jouissance*) erzeuge (OC II, 1438f.). Die Nähe dieser Formulierungen zu jenen der »Variationen über die Schrift«, die oben angeführt wurden, wird dadurch verstärkt, daß Barthes die Wahrheit der Sprache nicht in ihrer Kommunikationsfähigkeit, sondern in ihrer Materialität, ihrer wollüstigen Signifikanz erblickt, womit er den Kristevaschen Begriff der *signifiance* zusätzlich erotisch auflädt. Die Stimmkultur Fischer-Dieskaus sei auf die Bedürfnisse von Massenkultur und Massenkommunikation abgestimmt, jene von Panzéra dagegen müßte in einer solchen (lautstarken) Mittelmäßigkeit untergehen: »Das ›Korn‹ der Stimme ist nicht – oder nicht nur – sein Timbre; die von ihm eröffnete Signifikanz kann eben nicht genauer definiert werden als durch die Friktion der Musik mit etwas anderem, nämlich der Sprache (und ganz und gar nicht der Botschaft). Der Gesang muß sprechen oder, besser noch, *schreiben*, denn was auf der Ebene des Geno-Gesangs hervorgebracht wird, ist schließlich eine *écriture*.« (OC II, 1440) Damit sind wir, gänzlich unvermutet, bei Barthes selbst auf den Begriff der *friction* gestoßen. In dieser Passage, in der Barthes, soweit ich sehe, zum ersten (und zugleich zum zweitletzten[61]) Mal diesen Ausdruck verwendet, wird der Friktionsbegriff grundlegend anders als in der im achten Kapitel vorgeschlagenen Weise verwendet. Hier ist es das körperliche Element, das die Reibung hervorbringt, die ihrerseits eine lustvolle Wahrnehmung ermöglicht. Und doch kann auch der von Barthes hier nur gestreifte Ausdruck für unseren Begriff der Friktion fruchtbar gemacht werden. Denn das körperliche Element, das sich in der Friktion von Musik und Sprache, von Stimme und Schreibakt ma-

---

61 Ich komme gegen Ende des elften Kapitels kurz auf eine weitere Verwendung dieses Ausdrucks bei Barthes zu sprechen, der *friction* allerdings niemals zu einem Teil seines begrifflichen Denkens gemacht hat.

nifestiert, öffnet einen Zwischenraum, der – wie wir in *Die Lust am Text* und *Das Reich der Zeichen* sahen – für Barthes erotisch (friktiv) besetzt ist. Seit *Am Nullpunkt des Schreibens* ist der Gesang des Orpheus in Barthes' Schreiben gegenwärtig. Wie die Analyse im zweiten Kapitel gezeigt hat, hatte Barthes im Umfeld seiner Arbeit an *Michelet* die Utopie der *écriture* seiner ersten Buchpublikation dahingehend »verschoben«, daß der Autor der Moderne nicht eine »unmögliche Literatur« zu schreiben, sondern ein »unmögliches Wort« in Gesang, in eine Melodie umzusetzen versucht. Hatte Barthes in den fünfziger Jahren mit seiner Verschiebung von der Gewebe- zur Gesangsmetaphorik den Körper des Autors in dessen Schreiben einbezogen, so war diese körperliche Dimension der Schrift im Kontext der Texttheorie und des Anti-Phonozentrismus Derridas (wenn auch nicht ganz *spur*los) verschwunden. Nun aber kehren Stimme und Körper in die Schrift zurück – nicht als sinnzentrierendes Element, wie vom Autor der *Grammatologie* befürchtet, sondern als ein wesentlicher Bestandteil einer Erotik des Textes – und bilden, wie schon in *Michelet*, ein Grundelement von Barthes' nun nicht mehr retrospektivem, sondern prospektivem Verständnis der Moderne.

Zugleich wird deutlich, daß die (friktionale) Verbindung von Musik und Schreiben, die in Barthes' Schriften seit den fünfziger Jahren präsent ist, zu einer gegenüber der *Tel Quel*-Gruppe deutlich zentrifugalen Entwicklung führt. Barthes, der noch vor dem Lesen Klavierspielen gelernt hatte[62] und der musikalischen Praxis regelmäßig einen Teil seines Tagesablaufs widmete[63], entfernte sich zunehmend von den *tel queliens*, mit denen er gleichwohl freundschaftlich verbunden blieb. Diese zunehmende Entfernung manifestiert sich nicht zuletzt in einer neuerlichen Umbewertung des Avantgardebegriffs: »Die Avantgarde, das ist jene widerspenstige Sprache (*langage*), die vereinnahmt werden wird« (P II, 1522). Bereits 1971 zeichnet sich ab, daß Roland Barthes aus der Avantgarde desertieren und sich »nach hinten« absetzen würde, wenn er die von ihm eingenommene (und bevorzugte) Position als die einer

---

62 1971 betont er in einem Interview, daß er nicht nur Noten lesen, sondern auch kleine Stücke komponieren konnte, bevor er mit dem Lesen von Büchern begann (OC II, 1308).

63 Selbst während seiner Auslandsaufenthalte: So scheint er in Japan jeden Morgen ein bis zwei Stunden lang Klavier gespielt zu haben; vgl. Ishikawa, Yoshiko: »La passion du Japon«. In: *Magazine littéraire* 314 (octobre 1993), 72.

»Nachhut der Vorhut (*l'arrière-garde de l'avant-garde*)« beschreibt (OC II, 1319).[64] Auch im Bereich der Malerei wird der
Avantgardebegriff wieder brüchig: Réquichot etwa unterscheide
sich genau darin von der »häufig nicht wollüstigen (*jouisseuse*)«
(oder Wollust erregenden) Avantgarde, (OC II, 1637)[65], daß er ein
»Maler der Wollust« sei – das vielleicht höchste Lob, das Barthes
zum damaligen Zeitpunkt aussprechen kann.[66] Diese Passagen
erinnern an die spitze Bemerkung der fünfziger Jahre, die Avantgardetheater seien durch die (auch körperlich zu verstehende)
maigreur de leur public charakterisiert (vgl. OC I, 436). Körperlichkeit scheint nicht die Stärke der Avantgarde zu sein, auch außerhalb des Theaters. Mit der Rückkehr zu seiner dezidierten Ablehnung des Avantgardebegriffs in den *Kritischen Essays* deutet
sich jene Abwendung von der sich selbst als Avantgarde begreifen-
den Gruppe um Sollers und die Zeitschrift *Tel Quel* an, die sich
zuerst in der spielerischen Dekonstruktion dekonstruktiver Terminologie geäußert hatte. *Tel Quel* war in gewisser Weise zu einer
Doxa geworden; der akratische Diskurs hatte sich, wenn er auch
Diskurs einer (allerdings einflußreichen) Minderheit blieb, in einen enkratischen verwandelt.

Körper und Stimme werden, wie schon angedeutet, zu jenen
Elementen, mit deren Hilfe Barthes Texttheorie und Dekonstruktion dekonstruiert. Bereits in *S/Z* war der Text, wohl unter dem
Einfluß der Lektüre Bachtins, von einem Text- zu einem Stimmengewebe »verschoben« worden. Das Subjekt löste sich in *Die Lust*

64 Folgt man dem Selbstverständnis der *Tel Quel*-Gruppe als Avantgarde der
Avantgarde, so befände sich Barthes dann immer noch in der Vorhut französischer Literaturtheorie und Literaturpraxis. Kontinuität, Radikalisierung und Bruch zwischen *Tel Quel* und *nouveau roman* thematisiert Ricardou, Jean: *Pour une théorie du Nouveau Roman.* Paris 1971, Kap. X; in
deutscher Übersetzung wieder abgedruckt in Wehle, Winfried (Hg.): *Nouveau Roman, op. cit.*, 117-151. Zur Rolle von Ricardou innerhalb der Entwicklung des *nouveau roman* vgl. Josipovici, Gabriel: »Le texte et la voix«.
In: Bony, Alain (Hg.): *Poétique(s): Domaine anglais.* Actes du Congrès de
Lyon 1981. Lyon 1983, 7-30.
65 Ein »Rückzugsterrain« eines positiven Avantgardebegriffs in der Malerei
(ich wähle bewußt diesen angesichts der Metaphorik von »Avantgarde« paradoxen Ausdruck) wird von Barthes noch in jener *extrême avant-garde*
ausgemacht, die nicht klassifizierbar sei (OC II, 1639). Auf den sich hier andeutenden Begriff des A-Topischen komme ich in den folgenden beiden Kapiteln zurück.
66 Die Texttheorie könne, im Sinne Barthes' nietzscheanisch fundiert, auch zur
»Wissenschaft von der Wollust« werden (OC II, 1689).

am Text in einem Spinnennetz auf, nicht aber der Körper. Und während in den »Variationen über die Schrift« der Körper des Schreibenden, des Skriptors, im Vordergrund stand, wendet sich Barthes in *Le Plaisir du texte* dem Körper des Lesers zu. Dies zeigt sich auch im letzten Fragment dieses überaus dichten Textes, das mit der *écriture* einsetzt und mit einer besonderen Art der *lecture* endet:

»Wenn man sich eine Ästhetik der Textlust vorstellen könnte, müßte sie *das laute Schreiben* einschließen. Dieses vokale Schreiben (das keineswegs das Reden [*parole*] ist) wird nicht mehr praktiziert [...]. *Das laute Schreiben* ist dagegen nicht expressiv; es beläßt den Ausdruck beim Phäno-Text, beim regulären Code der Kommunikation; es selbst gehört vielmehr zum Geno-Text, zur Signifikanz; es wird nicht von den dramatischen Modulationen, den boshaften Intonationen, den gefälligen Akzenten getragen, sondern vom *Korn* der Stimme, das eine erotische Mischung aus Timbre und Sprache ist und daher seinerseits, ebenso wie die Diktion, Material einer Kunst sein kann [...]; es sucht vielmehr (im Streben nach Wollust) die Triebregungen, die mit Haut bedeckte Sprache, einen Text, bei dem man die Rauheit (*grain*) der Kehle, die Patina der Konsonanten, die Wonne der Vokale, eine ganze Stereophonie der Sinnlichkeit hören kann: die Artikulation von Körper und Sprache (*langue*), nicht von Sinn und Sprache (*langage*).« (P II, 1528)

Damit wird, wenn es eines solchen Beweises noch bedurfte, die wechselseitige intratextuelle Komplementarität von *Die Lust am Text*, »Variationen über die Schrift« und »Das Korn der Stimme« überdeutlich erkennbar. Die gesungene Sprache, die vokalische Stimme des Körpers findet Eingang in eine *écriture à haute voix*, die jegliche Reduktion auf einen schrifttextlichen *écriture*-Begriff vereitelt. Die Lust entsteht nicht nur aus der Umsetzung des Körpers in die Graphie, sondern vor allem aus der Realisierung der Schrift durch die Stimme des Körpers. So wird der Körper zum Klangkörper, der Hörsinn zum Sinn der Lust. Daher führt auch der Schlußsatz dieses letzten Fragments zum Lustort Ohr, das den Körper des anderen in sich aufnimmt:

»Der Film braucht nur den Ton der Sprache *von ganz nah* aufzunehmen (das ist im Grunde die verallgemeinerte Definition der ›Rauheit‹ des Schreibens) und in ihrer ganzen Materialität, in ihrer Sinnlichkeit den Atem, die Rauheit, das Fleisch der Lippen, die ganze Präsenz der menschlichen Schnauze hören zu lassen (die Stimme, das Schreiben müssen nur frisch, schmiegsam, fettglänzend, leicht rauh und vibrierend sein wie die

Schnauze eines Tieres), und schon gelingt es ihm, das Signifikat ganz weit weg zu rücken und den anonymen Körper des Schauspielers sozusagen in mein Ohr zu werfen: Das knirscht, das knistert, das streichelt, das schabt, das schneidet: Wollust.« (P II, 1529)

Das gleichsam dionysische Ohr, das sich hier auftut und den Körper des anderen umfängt, steht ganz in jener langen literarischen Tradition, die das Ohr zu einem bevorzugten, dem Sinn wie dem Sinnlichen geöffneten Ort der Lust macht.[67] Schon in seinem Essay über Loyola hatte Barthes nicht nur die unterschiedlichen Hierarchien der Sinne in Mittelalter und Moderne hervorgehoben, er hatte zugleich auch darauf verwiesen, daß der antike Mythos der Verführung jener des Gesangs der Sirenen gewesen sei, einer »melodiösen Versuchung« (SFL II, 1086) also, die im Ohr den eigentlichen Lustort ausmachte. Gewiß wäre es auch hier möglich, eine Verbindung zu Maurice Blanchots Buch *Le livre à venir*, das nicht umsonst in der deutschen Übersetzung *Der Gesang der Sirenen* heißt, zu ziehen.[68] Wichtiger scheint mir, daß es Barthes zwanzig Jahre nach seiner ersten, noch zögernden Auseinandersetzung mit den Verbindungen zwischen Körper und Schreiben, Stimme und Text gelang, durch eine gezielte Ausweitung des Begriffs der *écriture* die Dimension des Körperlichen als erotische Erfahrung sowohl auf der Produktions- als auch auf der Rezeptionsseite in seine Ästhetik einzubeziehen. Hatte sich im ikonotextuellen Bereich mit *Michelet*, *Der Eiffelturm* und *Das Reich der Zeichen* eine Vielzahl von Schreibmöglichkeiten aufgetan, die, von einer Infragestellung der Grenzen von Bild und Text ausgehend, neue Formen bildtextlichen Schreibens erkundeten, so deutet sich nun mit *Die Lust am Text* eine ähnliche Bewegung an, welche die Beziehungen zwischen Text und Ton, zwischen Schreiben und Klingen, zwischen Lesen und Hören auf neue Weise untersucht und erprobt.

Ich schlage für diesen Bereich, parallel zum Begriff der Ikonotextualität, den Terminus Phonotextualität vor. Auch hier würde

67 Vgl. hierzu die Vielzahl anregender Beispiele in Kuhn, Robert/Kreutz, Bernd (Hg.): Das Buch vom Hören. Freiburg 1991; sowie Charles, Daniel: »La langue dans l'oreille«. In: *Revue d'Esthétique* II (1981), 97-103.
68 Eine vergleichende Studie zu Roland Barthes und Maurice Blanchot befindet sich in Vorbereitung. Eine eingehende Diskussion würde Rahmen und Zielstellung dieser Arbeit sprengen.

ich eine grundsätzliche Unterscheidung zwischen Phonotext und phonotextuellen Beziehungen für sinnvoll halten. Bezeichnen die phonotextuellen Beziehungen jegliche Art eines Dialogs zwischen Schrifttexten und Hörtexten, so meint der Begriff Phonotext eine sich in einem Kunstwerk konkretisierende schöpferische und unauflösliche Einheit zwischen akustischen und schrifttextlichen Elementen, ohne daß diese sich wechselseitig »erklärten« oder nur »zu Gehör« brächten. Phonotextuelle Beziehungen betreffen die unterschiedlichsten Arten akustischer Phänomene. Sie reichen von der Beziehung zwischen Libretto und Musik in der Oper über die »Vertonung« von Literatur oder die »Vertextung« von Musik bis hin zum lauten Lesen innerhalb einer Lesegruppe; sie schließen etwa die Kontrolle des geschriebenen Textes durch das gesprochene, ja geschriebene Wort (man denke nur an Flauberts *gueuloir* in Croisset) ebenso ein wie zum Beispiel den Einbau von Geräuschen, dem Zischen und Pfeifen eines vorbeifahrenden Zuges, in einen literarischen bzw. schriftlichen Text. Auch der Schriftsteller, der seinen Roman diktiert, bedient sich phonotextueller Relationen, ohne doch einen Phonotext zu schaffen.

Ein neuer Textbegriff, eine neue Sensibilität   111

Die Sensibilität Barthes' für diesen Bereich zeigt sich in vereinzelten, in den Schriften der fünfziger und sechziger Jahre verstreuten Bemerkungen, etwa in seinen kritischen Anmerkungen zur »Vermarktung« des *nouveau roman* in einer Unzahl von Radiogesprächen, die – so Barthes 1959 – immerhin jedoch den Vorteil hätten, durch die Wahrnehmung des Atmens eines Romanciers neue Erfahrungen gewinnen zu können (OC I, 803). Und in einem Nachwort von 1964 zu einem Roman Jean Cayrols lesen wir, daß »die Stimme, löst man sie von ihrer Quelle, stets eine Art fremder Vertrautheit (*familiarité étrange*)« begründe. Jegliche Stimme sei bedroht als eine »Substanz des menschlichen Lebens, an deren Ursprung es stets einen Schrei und an deren Ende es ein Schweigen gibt; zwischen diesen beiden Augenblicken entwickelt sich die zerbrechliche Zeit eines Sprechens (*parole*); als eine flüssige und bedrohte Substanz ist die Stimme das Leben selbst«. (OC I, 1433) Derartige Hinweise faßt Barthes 1973 am Ende von *Le Plaisir du texte* in ein ästhetisches Programm, das den Bereich der *écriture* nun nicht mehr nur schrifttextlich und ikonotextuell, sondern auch phonotextuell bestimmt. So erfolgt eine Erweiterung des Textbegriffs, in den – so heißt es in »Die Texttheorie« – »alle sinnbildenden Praktiken« eingehen können, insbesondere Malerei, Musik und Film (OC II, 1686). Aus dieser Perspektive ist es kein Zufall, wenn Barthes in dem zitierten Schlußsatz von *Die Lust am Text* gerade das Beispiel des Kinos bemüht. Denn hier lassen sich im Sinne Jakobsons intersemiotische Übersetzungsprozesse entfalten, die mit Barthes' erzähltextanalytischem Ansatz der sechziger Jahre in keiner Weise adäquat zu erfassen waren. Die Einbeziehung phonotextueller Phänomene ist damit eine späte Erweiterung von Barthes' semiologischem Modell, eine Erweiterung, die sowohl die Seite des Autors oder Produzenten als auch die Seite des Lesers oder Hörers einbezieht. Der Lustort Ohr ist also mehr als eine erogene Zone des Textes: Die in *Die Lust am Text* angedeutete theoretische Einbeziehung des Ohres und des Hörsinns ist sowohl für die Schriften Barthes' als auch für die Entwicklung einer Ästhetik, die den verschiedenen multimedialen Mischformen der aktuellen Kunst im Kontext von Massenkultur und Massenkommunikation gerecht zu werden versucht, von größter Bedeutung. Das Schlußfragment dieses schmalen Bandes ist also nicht nur künstlerisch gelungen, sondern auch poetologisch relevant.

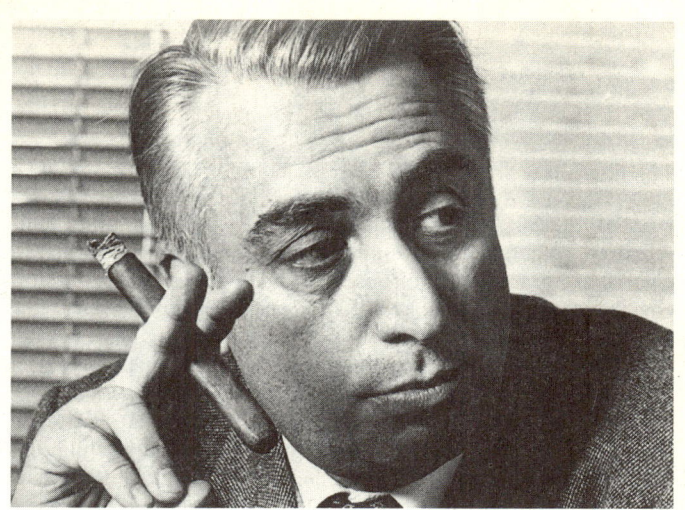

Fig. 9: Roland Barthes 1970 (GV, Abb. 4).

Zehntes Kapitel
Portrait des Schriftstellers als Künstler

Barthes' Präsenz im öffentlichen Diskurs, in Zeitungen und Zeitschriften, später in Radio und Fernsehen, war seit der erfolgreichen und insgesamt sehr positiv aufgenommenen Veröffentlichung von *Am Nullpunkt des Schreibens* stetig gewachsen. Seine »Mythologien« hatten ihn Mitte der fünfziger Jahre noch vor der Buchpublikation der *Mythen des Alltags* auch bei einem breiteren Publikum erstmals bekannt gemacht, eine Bekanntheit, die seit der *Querelle* um *Über Racine* zwischen »alter« und »neuer« Kritik ab Mitte der sechziger Jahre infolge der breiten, durch die Feuilletons der französischen Zeitungen gehenden Debatte »notorisch« wurde. Auch im Ausland, insbesondere in Italien und den Vereinigten Staaten, war man längst auf Barthes aufmerksam geworden – dies hatten Gastvorträge und Seminare in den USA, Italien, Marokko und Japan gezeigt –, wenn sich hier auch seit Beginn der sechziger Jahre vor allem ein eher universitäres Publikum für seine Schriften interessierte. Seit Ende der sechziger Jahre reduzierte Barthes zwar merklich die Publikation seiner Berichte, Rezensionen und Essays in auflagenstarken französischen Periodika, doch tat dies seiner *notoriété* keinen Abbruch, wurde diese Lücke doch durch eine Vielzahl von Interviews geschlossen, die er freimütig den unterschiedlichsten französischen (und teilweise auch ausländischen) Zeitungen und Zeitschriften gab. Eine 1981 erstmals unter dem Titel *Die Rauheit der Sprache* (*Le grain de la voix*) von François Wahl herausgegebene Zusammenstellung seiner Interviews zeigt, daß Barthes in so unterschiedlichen Zeitungen und Zeitschriften wie *Le Figaro littéraire*, *Cahiers du cinéma*, *France-Observateur*, *Les Lettres françaises*, *France-Forum*, *Sept Jours*, *L'Express*, *Politique-Hebdo*, *Tel Quel*, *Le Monde*, *Le Nouvel Observateur*, *Les Nouvelles littéraires*, *Magazine littéraire*, *Le Quotidien de Paris*, *Art Press*, *Playboy*, *Elle*, *Lire* und *Le Matin* seit Anfang der sechziger Jahre zunehmend präsent war. Die Aufnahme einer Vielzahl anderer Interviews in die neue Werkausgabe dokumentiert, daß sich diese Liste beträchtlich verlängern ließe.

Barthes' Präsenz in der französischen Öffentlichkeit – sprich: in den Massenmedien – blieb nicht auf die Printmedien beschränkt, sondern umfaßte – neben seinen Vorträgen und Seminaren – in den siebziger Jahren auch Auftritte in Radio- und Fernsehsendungen. Kein Zweifel: Man muß von einer sehr bewußten, gezielten Arbeit Roland Barthes' mit den Medien sprechen – nicht nur im Umfeld der *Affaire Racine*. Er präsentierte sich in seinen Rezensionen, Polemiken und Essays als Gesellschaftskritiker, Linguist, Vertreter der *nouvelle critique*, Strukturalist, als *tel-quelien*, Literaturtheoretiker und Schriftsteller. Er stellte nicht bloß seine eigenen Arbeiten über den Mythos vor, er »bastelte« auch – im Sinne von Lévi-Strauss' *bricolage* – emsig an seinem eigenen Mythos – auch wenn diese Arbeit erst seit Ende der siebziger Jahre Früchte trug. Dabei veränderte sich sein Bild in der Öffentlichkeit, soweit es aus den Interviews bzw. den Barthes gestellten Fragen erschließbar ist, merklich. Interessierte man sich in den sechziger Jahren vor allem für den Gesellschaftskritiker, Strukturalisten und Kulturtheoretiker, so wuchs seit Ende der sechziger Jahre das Interesse am Literaturkritiker, Theoretiker und Publizisten, bis schließlich seit der zweiten Hälfte der siebziger Jahre Barthes immer stärker als Literat und Philosoph befragt wurde. An dieser Entwicklung sind selbstverständlich die Publikationen von Barthes wesentlich beteiligt; doch zeigt sich zugleich eine bemerkenswerte Steuerung des eigenen Bildes in der Öffentlichkeit. Es wäre also naiv zu glauben, das Bild von Barthes in der *opinion publique* Frankreichs sei allein durch Barthes' Publikationen geprägt. Zur Erhellung dieses komplexen Prozesses möchte das vorliegende Kapitel – über die Analysen seiner im eigentlichen Sinne »schreibenden« Tätigkeiten hinaus – einige Elemente[1] beisteuern.

Das zunehmende Interesse an Roland Barthes, ja seine Kanonisierung als einer der führenden französischen Intellektuellen, schlug sich nicht zuletzt in einer Vielzahl ihm gewidmeter Sondernummern verschiedener Zeitschriften nieder, beginnend 1971 mit *Tel Quel*.[2] Mit zwei wichtigen Beiträgen, darunter auch einem

---

1 Bislang liegen zu dieser Problematik noch keine gezielten Untersuchungen vor. Diese Lücke kann und soll im vorliegenden Band nicht geschlossen werden, wäre hierzu doch eine umfassende soziologische und medientheoretische Analyse notwendig.

2 Paul de Man merkte dazu launig an, man könne den Eindruck gewinnen, hier werde einem Mann ein Denkmal errichtet »who is about as monumental as

»Interview«, des Geehrten, und Essays von Philippe Sollers, Julia Kristeva, François Wahl, Marcelin Pleynet und Severo Sarduy feierte die Zeitschrift mit Barthes auch sich selbst. Es folgten im weiteren Verlauf der siebziger Jahre Sondernummern der Zeitschriften *L'Arc* (1974), *Magazine littéraire* (1975 und 1993), *Visible Language* (1977), *Journal of Practical Structuralism* (1979) sowie – nach Barthes' Tod und daher für die hier behandelte Problematik sekundär – *Lectures* (1980), *Poétique* (1981), *Revue d'Esthétique* (1981), *Critique* (1982), *Communications* (1982), *L'Esprit créateur* (1982), *Textuel* (1984), *Paragraph* (1988), *La Règle du jeu* (1990) und *La Revue photographique* (1992). Im Juni 1977 befaßte sich eines der renommierten und öffentlichkeitswirksamen Kolloquien von Cerisy-la-Salle unter dem Titel »Prétexte: Roland Barthes« mit dem französischen Essayisten und Schriftsteller[3], der längst schon zu einer literarischen Institution geworden war und sich keineswegs scheute, ebenso aktiv wie enthusiastisch an den von seinen Schriften ausgehenden Diskussionen teilzunehmen. Nicht zuletzt konnte Barthes in der Reihe *Ecrivains de toujours*, in der er 1954 seinen *Michelet* veröffentlicht hatte, als erster Schriftsteller noch zu seinen Lebzeiten eine Autobiographie veröffentlichen. *Roland Barthes par Roland Barthes*, das im Mittelpunkt des zehnten Kapitels stehen wird, läßt keinen Zweifel daran, daß Mitte der siebziger Jahre die Konsekration Barthes' eine Tatsache war, noch bevor er Ende 1976 auf den eigens für ihn geschaffenen »Lehrstuhl für literarische Semiologie« am *Collège de France* berufen und damit in die höchsten Höhen der französischen Bildungshierarchie katapultiert wurde. Die höheren akademischen Weihen, die ihm hier zuteil wurden, und die Vielzahl universitärer Ehrungen und ihm gewidmeter Publikationen sollten jedoch nicht den Blick dafür trüben, daß Barthes' Präsenz in den Medien, die sich seit Mitte der sechziger Jahre verstärkt hatte, an dieser Entwicklung einen großen, in Frankreich vielleicht sogar entscheidenden Anteil hatte.

a Cheshire cat«; Man, Paul de: »Roland Barthes and the Limits of Structuralism«, *op. cit.*, 189.
3 Die Tagungsakten erschienen schon im folgenden Jahr in der Taschenbuchreihe 10/18; vgl. Compagnon, Antoine (Hg.): *Prétexte: Roland Barthes, op. cit.*

Der Schriftsteller, Publizist, Photograph und *ancien tel-quelien*
Denis Roche, der 1971 im Verlagshaus Seuil die Reihe *Ecrivains de
toujours* übernommen hatte, erzählte später in einem Interview,
daß die Idee zu einer Autobiographie von Barthes geradezu beiläufig entstanden war. 1973 hatte dieser an einem der traditionellen
Freitagsessen teilgenommen, zu denen im Hause Seuil jeweils ein
Schriftsteller mit eingeladen wurde. Roches Idee, die bei den Kollegen auf sofortige Zustimmung stieß, wurde Barthes später unter-
breitet und soll, glaubt man dem Herausgeber der Reihe, nicht nur
auf keinen Widerstand gestoßen, sondern geradezu erwartet worden sein.[4]

Dies überrascht nicht. Eher überrascht das in gewisser Weise zu-
fällige Zustandekommen des Projekts. Es war für Barthes in mehrfacher Hinsicht bedeutsam. Einerseits konnte er in einer Autobiographie auch für ganz traditionelle Leser zu einem Schriftsteller
avancieren, andererseits schloß sich für ihn nach etwas mehr als
zwanzig Jahren mit seiner Rückkehr in jene Reihe, für die er mit seinem *Michelet par lui-même* eines seiner eigenen Lieblingsbücher[5]
geschrieben hatte, ein Kreis. Eine literarische Auseinandersetzung
mit sich selbst zu führen, mußte für Barthes Genugtuung und Herausforderung in einem sein. War auch die Autobiographie als Gattung für ihn neu, so war es das autobiographische Schreiben doch
keineswegs.[6]

Wir hatten gesehen, daß Barthes in *Sade, Fourier, Loyola* eine
Reihe von »Biographemen« ausgestreut (oder »disseminiert«)
hatte, die sich zu jenen der von ihm dargestellten Figuren gesellten.

---

4 Vgl. Roche, Denis: »Un discours affectif sur l'image. Propos recueillis par
   Bernard Comment«. In: *Magazine littéraire* 314 (octobre 1993), 65.
5 1977 bezeichnet er dieses Buch als dasjenige, von dem am wenigsten gesprochen werde und das er am besten ertrage; vgl. seine Bemerkung in Compagnon, Antoine (Hg.): *Prétexte: Roland Barthes, op. cit.*, 260.
6 Es wäre denkbar, zwischen Autobiographie und autobiographischen Beziehungen eine analoge Differenz zu erkennen wie zwischen Ikonotext und
   ikonotextuellen Beziehungen bzw. zwischen Phonotext und phonotextuellen Beziehungen. Während es sich beim adjektivischen Gebrauch der Begriffe um eine tendenziell »verstreute« Schreibpraxis handelt, zielt der sub-
   stantivische Gebrauch (Autobiographie, Ikonotext, Phonotext) jeweils auf
   die *Produktion* einer Einheit ab. Damit wird die Frage der jeweiligen Gattungen nicht ausgeklammert, sondern auf andere Weise beleuchtet. Ich
   komme auf diese Problematik zurück.

Autobiographische Elemente finden sich auch in *S/Z* sowie, in noch wesentlich stärkerem Maße, in *Das Reich der Zeichen* und den *Incidents*, die allesamt aus den Jahren 1969 und 1970 stammen. Die Problematik eines selbstbezüglichen Schreibens findet sich aber bereits in *Der Eiffelturm*, in »F. B.« und, wenn wir aus den sechziger in die fünfziger und vierziger Jahre zurückgehen, unter anderem in *Michelet* sowie den Reiseskizzen aus Griechenland. In all diesen Schriften lassen sich autobiographische Elemente und Reflexionen über ein selbstbezügliches Schreiben finden. Dieser Linie von Schreiberfahrungen kann man eine andere Art autoreflexiver Schreibtätigkeit, die sich als »Selbst-Studium« umschreiben ließe, gegenüberstellen, auch wenn beide eng miteinander verbunden sind. Es handelt sich bei dieser zweiten Linie weniger um eine schreibende Auseinandersetzung mit dem eigenen *Leben* als vielmehr um eine Reflexion über das eigene Schreiben, das eigene *Werk*. Sie findet ihren stärksten Niederschlag zunächst in einer Reihe von Interviews, in denen der zu seinem Werk Befragte sich notwendig in ein Verhältnis zu den eigenen Texten und Aktivitäten setzen mußte. Einen gewissen Übergang zwischen der Form des Interviews und den späteren schriftlichen Auseinandersetzungen mit dem eigenen Werdegang stellt der Beitrag »Antworten« dar, der 1971 in der erwähnten Sondernummer von *Tel Quel* abgedruckt wurde. Es handelte sich um ein Spiel von Fragen und schriftlich ausformulierten Antworten, ein Spiel, das bereits in den *Tel Quel*-Interviews von 1961 und 1963, die in die *Essais critiques* aufgenommen und hier schon besprochen wurden, Anwendung gefunden hatte. Dabei ist die Tatsache von geringer Bedeutung, daß dieses »Zwiegespräch« ursprünglich 1970 im Rahmen jener Fernsehaufnahmen stattfand, die – wie ebenfalls erwähnt – erst 1988 ausgestrahlt wurden. Wichtiger ist: Eine Autobiographie beginnt sich abzuzeichnen, die im vollen Sinne ein autoreflexives Schreiben darstellt, das nicht nur die Reflexion über das eigene Werk, sondern auch den gerade entstehenden Text einbezieht. Und so verwundert es nicht, daß Barthes in seinem mit R. B. signierten Vorspann zu dem im Herbst 1971 veröffentlichten Text bemerkt, daß »jegliche *naiv* referentielle Aussage« im Grunde in Anführungszeichen gesetzt werden müßte: »Jede Biographie ist ein Roman, der seinen Namen nicht zu sagen wagt« (OC II, 1307). Jenseits einer rein metasprachlichen Beziehung schließt die Reflexion über das eigene Leben, über das eigene Werk eine Spiegelung des Schreibvorgangs selbst mit ein, die den friktionalen Status dieser *écriture* erkennen läßt, ja inszeniert. Barthes' autobiographische Texte sind stets hybride Texte.

Die Form des Interviews spielt schon mit der einer (fiktiven) *Auto*biographie, die gleichfalls ihren Namen noch nicht sagt. Barthes beginnt mit der Eröffenungsformel »Ich bin geboren... (*Je suis né*...)« (OC II, 1307) und gibt dem Leser eine Reihe autobiographischer Anhaltspunkte zu seiner Kindheit und Jugend. Dann zeichnen die ebenso präzisen wie (fast) überflüssigen Fragen von Jean Thibaudeau (die Barthes schon vor der Fernsehaufzeichnung bekannt waren) einen chronologischen, skizzenhaften Weg durch die Publikationen Barthes' vor, dem er in seinen Antworten geduldig »folgt«. Es entsteht ein linearer Parcours, der *aus der Position von 1971* – der schriftlichen Ausformulierung des Interviews – das zuvor veröffentlichte Werk perspektiviert und klassifiziert.[7] Auf diese Weise zeichnet sich bereits in diesem Text eine Periodisierung der eigenen Schriften ab, die im Laufe der folgenden Jahre von Barthes selbst weiterentwickelt bzw. variiert wurde und die ihre Wirkung auf seine Leserschaft im allgemeinen und die Sekundärliteratur im besonderen nicht verfehlte.

Zu diesen Veröffentlichungen zählt auch ein zuerst in Italien als Vortrag gehaltener und im Juni 1974 in *Le Monde* veröffentlichter Text mit dem Titel »Das semiologische Abenteuer«, der zu Barthes bekanntesten Schriften zählen dürfte.[8] Barthes betont dort, er könne sich nicht selbst »als ein *Bild*, die *Imago* der Semiologie, leben (*me vivre*)«, da er sich hinsichtlich einer solchen (psychoanalytischen) Imago der semiologischen Arbeit gleichzeitig »in einem Zustand der Disponibilität und der Flucht« befinde (AS 10). Die Semiologie sei »keine Wissenschaft, Disziplin, Schule oder Bewegung, mit der ich meine eigene Person identifiziere«, sondern ein

---

7 Diese Perspektivierung wird anhand einer zusätzlichen Klassifizierung, die Barthes quer zur chronologischen Entwicklungslinie anlegt, wenn auch nur kurz, in Frage gestellt: »*Mythen des Alltags* und *Das Reich der Zeichen* sind Romane *ohne* Geschichte, *Über Racine* und *S/Z* Romane *über* Geschichten, *Michelet* eine Para-Biographie usw.« (OC II, 1319). Damit wird zugleich das eigene »Werk« dem Bereich des Romanesken, des schreibbaren und folglich *modernen* Textes, zugeordnet. *Michelet par lui-même*, Barthes' Lieblingstext, würde den Auftakt dieser »Linie« bilden.

8 »L'aventure sémiologique« wurde auch der von François Wahl nach Barthes' Tod zusammengestellten Auswahl »semiologischer« Texte vorangestellt und gab dem gesamten Band seinen Namen. Vgl. Barthes, Roland: *L'Aventure sémiologique*. Paris 1985, 9-14.

»Abenteuer«, das sich in »drei Momente« aufgeteilt habe (AS 10). Der erste sei der einer »Verwunderung« gewesen – und Barthes rechnet hier *Le Degré zéro de l'écriture* offenkundig dieser ersten Phase zu (AS 10). Erst nach seinen »Mythologien« habe er Saussure gelesen (AS 11), eine Aussage, die – wie seine Lektüre des Genfer Linguisten in Alexandria zeigte – keineswegs zutrifft.[9] Jede Ideologiekritik müsse semiologisch fundiert werden – dieser im Nachwort zu den *Mythen des Alltags* gemachten Überzeugung, so Barthes rückblickend, hänge er auch heute noch an (AS 10). Der zweite Moment sei der der Wissenschaft oder mehr noch der *scientificité* gewesen (AS 11). Hierzu rechnet er *Système de la Mode* und *Eléments de sémiologie*. Es sei die »Lust« am »Systematischen« gewesen, eine Art »kreativer Trunkenheit« wie jene der »großen Klassifikatoren« Sade und Fourier, die ihn damals beflügelt habe (AS 12). Bücher habe er stets um seiner eigenen »Lust« willen geschrieben (AS 12). Damit habe sich ein Übergang zu jenem dritten Moment herausgeschält, der dem Text gewidmet sei. Barthes nennt Propp, Kristeva, Derrida, Foucault, Lacan und schließlich *Tel Quel* als Bezugspunkte dieser Phase (AS 12). Nach seiner Ansicht erstreckte sich »diese Periode« (AS 12) zwischen seiner »Einführung in die strukturale Erzähltextanalyse« von 1966 bis zur Gegenwendung mit *S/Z* (1970). Seine »drei semiologischen Erfahrungen«, so bringt Barthes die Periodisierung seines eigenen Werkes auf den Punkt, seien »die Hoffnung, die *Wissenschaft* und der *Text*« gewesen (AS 13). In seiner derzeitigen Arbeit versuche er, den »Saft« der früheren Untersuchungen – Barthes greift zu gastronomischen Vergleichen, auf die ich im folgenden zurückkomme – einzubeziehen (AS 13). Er sieht also in seinem Schaffen keinen Bruch, betont aber gleichwohl, daß die neuen Kontexte (der Texttheorie) zu einer Überprüfung des Ortes, von dem aus die Semiologie spreche, führen müsse: Die Semiologie habe sich zu ihrer *écriture* zu bekennen (AS 14). Längst gehe es nicht mehr nur um die kleinbürgerliche Ideologie, sondern um das symbolische und semantische System des Abendlands, so wie er dies in seinem

9 Barthes wiederholte diese Aussage recht häufig, u. a. auch in seinen Diskussionsbeiträgen des ihm gewidmeten Kolloquiums in Cerisy-la-Salle, das er scherzhaft in Brume-sur-Mémoire umgetauft hatte. Vgl. seinen Diskussionsbeitrag in Compagnon, Antoine (Hg.): *Prétexte: Roland Barthes, op. cit.*, 250. Diese »Nebel über seinem Gedächtnis« sind bisweilen eher Vernebelungen.

»Text über Japan« aufzuzeigen versucht habe (AS 14). Und Barthes vergißt am Ende seiner Periodisierung nicht, darauf aufmerksam zu machen, daß es sich beim »Ich« des vorangegangenen Textes »im psychoanalytischen Wortsinn« um eine imaginäre Person gehandelt habe (AS 14).

Dieser Hinweis auf den autoreflexiven Status des Textes ist allzu oft überlesen worden. Der ordnende Blick zurück auf das eigene Werk rekonstruiert nicht das Vergangene, sondern konstruiert das Geschriebene in Hinblick auf das noch zu Schreibende. Man könnte hier von einer Fiktionalisierung des eigenen Beobachterstandpunkts sprechen, die nicht als rhetorisches Beiwerk mißverstanden und ausgeblendet werden darf, weil man die »Fakten« von der »Form« trennen zu können glaubt. Das Oszillieren zwischen Fiktion und Diktion ist aber konstitutiv für diesen in *Le Monde* veröffentlichten Essay und damit auch für die in ihm entworfene Periodisierung. Der retrospektive Blick ist dem prospektiven zugeordnet: Barthes konstruiert den Körper seines Gesamtwerks, um damit seine aktuelle Position fundieren (und weiter radikalisieren) zu können. Hier zeichnet sich bereits ab, daß an die Stelle von Bezugstexten anderer Autoren (die Barthes auflistet) seine eigenen Schriften treten.

Dieses unabschließbare Spiel der Friktion entfaltet Barthes in wesentlich komplexerer Weise in seiner Autobiographie. Auch *Roland Barthes par Roland Barthes* enthält den Versuch einer Periodisierung seines Schaffens bis zum Erscheinen dieses Textes im Jahre 1975. In einem geradezu strukturalistisch sich gerierenden Tableau versuchte er, unter der Überschrift »Phasen« sein damaliges Gesamtwerk nach »Intertexten«, »Gattungen« und »Werken« zu periodisieren (RB, 148).[10] Der übersichtlichen Zusammenstellung war auf der gegenüberliegenden Seite jene bereits erwähnte Karikatur Maurice Henrys aus *La Quinzaine littéraire* beigefügt, die Barthes im Kreis der auf einer Urwaldlichtung lagernden Strukturalisten Lévi-Straus, Foucault und Lacan zeigt. Barthes fügte dieser Karikatur einen Text über »Die strukturalistische Mode« hinzu, der sich in mehrdeutiger Weise auf die Baströckchen der karikierten Strukturalisten, die Mode des Strukturalismus und die Dimension der Körperlichkeit bezieht: »Die Mode erreicht den Körper. Über die Mode kehre ich in meinen Text als

10 Abweichend von der in der Bibliographie angeführten Ausgabe zitiere ich im folgenden aus *Roland Barthes par Roland Barthes*. Paris 1980.

Farce zurück, als Karikatur. Eine Art kollektives ›Es‹ setzt sich an die Stelle des Bildes, das ich von mir zu haben glaubte, und ›das‹ da bin ich.« (RB, 149)

Die Reflexion über die reproduzierte Karikatur führt zur Reflexion über das Auseinanderklaffen zwischen dem fremden und dem eigenen Bild vom »Ich«. Die »Mode« des Strukturalismus, dies zeigt sich, ist wesentlich mehr als eine vorübergehende Verkleidung: Sie befällt den Körper des Porträtierten und prägt sein Bild, sein Image, in der Öffentlichkeit. Und dieses Bild, dies wußte der Verfasser der *Mythologies* sehr wohl, war 1975 noch immer nachhaltig vom »Strukturalisten Barthes« bestimmt. Kryptographisch ist in den Ausdruck »Farce« aber auch eine Kritik an der Massenkultur, der diese Karikatur entstammt, eingeschrieben. Denn, so heißt es in den »Antworten« von 1971, »die sogenannte Massenkultur« verwandelt das Vergangene und seine (bürgerliche) Kultur stets so, daß es in der Form einer Farce zurückkehrt (OC II, 1314).[11] Genau dies widerfährt dem Strukturalismus, aber auch dem Körper Barthes' in diesem Fremdbild.

Bevor wir diese Überlegungen über das in der Öffentlichkeit geschaffene und entstandene *Image* weiterverfolgen können, gilt es, die ambivalente und spielerische Beziehung zwischen diesem Bild des Strukturalisten und dem strukturalistischen Tableau herauszuarbeiten. Barthes unterscheidet dort in Ausweitung früherer Periodisierungen fünf verschiedene Phasen, die er auf der Ebene der *Genres* als Wunsch zu schreiben, soziale Mythologie, Semiologie, Textualität und Moralität bezeichnet. Der ersten Phase entspricht als Intertext der in Klammern gesetzte Gide, ein Werk existiert noch nicht. Der zweiten Phase sind Sartre, Marx und Brecht als Intertexte und als eigene Texte *Le Degré zéro*, die Schriften über das Theater und die *Mythologies* zugeordnet. Der Semiologie entsprechen Saussure bzw. die *Elemente der Semiologie* und *System der Mode*, der Phase der Textualität Sollers, Julia Kristeva, Derrida und Lacan bzw. *S/Z, Sade, Fourier, Loyola* und *Das Reich der Zeichen*. Doch auch diese Phase scheint nun der Vergangenheit anzugehören, schließt sich doch nun eine fünfte und (zumindest

11 In der Autobiographie wird auf die »Herkunft« dieser Vorstellung, nämlich Marxens Satz, in der Geschichte würde die Tragödie bisweilen als Farce wiederkehren, verwiesen (RB, 92). Barthes zitierte dieses Bild mehrfach, weil es sich mit seiner Lieblingsmetapher für die Geschichte, Vicos Spirale, verbinden ließ.

vorläufig) letzte an, für die der in Klammern gesetzte Nietzsche intertextueller Bezugspunkt ist. Dieser letzten Phase entsprechen *Die Lust am Text* und *R. B. par lui-même*. Damit wird auch der aktuelle Text schon klassifiziert, wenn er auch mit einer kleinen Verschiebung zitiert wird (*par lui-même*), die nicht nur auf den in der Reihe üblichen, sondern auch auf den früher von Barthes in dieser Reihe veröffentlichten Text *Michelet par lui-même* hinweist (RB, 148). Macht Barthes damit auf die Lücken seines Tableaus aufmerksam? Diese Lücken sind jedenfalls ebenso groß und wichtig wie die von Barthes gemachten Angaben zur Periodisierung. Wo wären denn *Michelet* und *Über Racine*, wo die *Kritischen Essays* oder *Der Eiffelturm*, wo »F. B.« oder die »Incidents« einzuordnen? Kein Zweifel: Barthes konstruiert hier ein Textkorpus, das ebenso viele Körperteile wie Fehlstellen aufweist. Sowohl der kontextuelle Status des Tableaus, das sich auf einer Doppelseite mit der Karikatur der Strukturalisten findet, als auch einige Elemente des Tableaus selbst weisen auf die ambivalente Bedeutung dieses Konstrukts hin[12], verwendet Barthes doch mit den Klassifikationen »Gattungen« und »Werke« zwei Begriffe, die er seit 1966 – wie wir sahen – heftig bekämpft hatte.

So zeigt sich, daß diese metatextuelle Strukturanalyse seiner eigenen Schriften zugleich eine Struktur und die Parodie einer Struktur darstellt. Bringen wir die hier vorgeschlagenen verschiedenen Phasen in Verbindung mit den »Momenten« oder »Perioden«, die Barthes 1974 in »Das semiologische Abenteuer« vorgeschlagen hatte, so bemerken wir nicht nur eine Reihe von Verschiebungen, sondern auch die Möglichkeit, dieses Tableau in einer anderen Weise zu lesen. Louis XVIII, so hieß es in der besprochenen Periodisierung von 1974, ließ sich als Feinschmecker von seinem Koch die Fleischstücke übereinanderbraten, wobei er stets nur das unterste aß, das auf diese Weise den Saft der anderen Stücke in sich aufgenommen hatte (AS 13). Verräumlichen wir Barthes' Tableau in diesem Sinne, so zeigt sich, daß sich *R. B. par lui-même* am unteren Ende der Barthesschen Stücke befindet. Dieser Text hat somit die anderen Texte – oder zumindest deren

12 Dies wird häufig übersehen; so wurden der deutschsprachigen Ausgabe der *Elemente der Semiologie* diese Angaben aus der Autobiographie anstelle eines Abrisses von Leben und Werk des Autors vorangestellt. Der spielerische Charakter geht durch diese Dekontextualisierung weitgehend verloren.

Saft – in sich aufgenommen. Mit Barthes gegen den Strich gelesen, ordnet dieses Tableau also nicht nur dem aktuellen Text seinen Platz in einer Abfolge anderer Intertexte und Intratexte zu, sondern verdeutlicht auch den Mechanismus der Barthesschen Autobiographie selbst. Der ludische Grundzug dieser immer wieder ausschließlich referentiell gelesenen Doppelseite führt vor, was bereits auf der zweiten Umschlagseite, also noch vor dem »eigentlichen« Text, in Barthes' Handschrift vermerkt ist: »All dies muß als etwas betrachtet werden, was von einer Romanfigur gesagt wird.« Dies gilt auch für Barthes' ordnenden Blick zurück.

Bilder von Barthes 114

Die handschriftliche Eröffnung der Autobiographie, die eine weitere Variante der für Barthes längst unverzichtbar gewordenen Leseanweisungen seiner Buchpublikationen darstellt, setzt gleichsam die Bedingungen des Pakts[13] mit dem Leser fest. Die Bedingungen dieses Vertrags sind freilich in verschiedener Weise deutbar. Denn zum einen wird dem Leser mitgeteilt, er solle das gerade erst aufgeschlagene Buch wie einen Roman, wie eine Fiktion lesen. Zum anderen bekräftigt gerade die handschriftliche Notierung die »Authentizität« des in der Folge »Gesagten«, die Autorität des Autors und Gewährsmanns. Auch der Titel des Buches, *Roland Barthes par Roland Barthes*, spielt mit den Gattungsmerkmalen der Autobiographie, insoweit sich ein Auseinandertreten in eine erzählte und eine erzählende Figur, in eine erzählte Zeit und eine Erzählzeit andeutet. Barthes hat aber nicht den für die Reihe charakteristischen Titel *par lui-même* gewählt, sondern sich für eine Verdoppelung seines Namens schon im Titel entschieden, die gleichsam das Prinzip der Derridaschen *différance* vorführt: Die Wiederholung erweist sich als Verschiebung, das Selbe erweist sich als das Andere, die Identitätsbeziehung zwischen beiden Namen wird brüchig. Mit anderen Worten: Der erste, der »beschriebene« Roland Barthes, ist mit dem zweiten, dem schreibenden Roland Barthes nicht identisch, ist nicht derselbe (*lui-même*); es kommt auf der textinternen Ebene nicht zu der in der Autobiographie gegen Ende der Erzählung häufig beobachtbaren »Verschmelzung« zwischen

13 Vgl. zu diesem Begriff Lejeune, Philippe: *Le Pacte autobiographique*. Paris 1975.

erzählter und erzählender Figur, die zudem beide zumindest scheinbar mit dem textexternen Autor ineins fallen. Barthes' fragmenthafte Autobiographie sperrt sich gegen eine solche Lesart. Aus diesem Grund ist der Titel der deutschen Ausgabe, *Über mich selbst*, unbefriedigend. In der französischen Originalausgabe deutet sich dagegen bereits auf paratextueller Ebene ein Spiel mit den Gattungskonventionen von Autobiographie und Biographie an, das im weiteren Verlauf des Buches mit spielerischer Lust weitergeführt wird.

Das erste Viertel des Buches wird von einer Zusammenstellung von Bildern eingenommen, die man als ein kommentiertes Photoalbum bezeichnen könnte. Dieser photographische Teil setzt noch vor der Titelseite mit einer etwas unscharfen Photographie der jugendlichen Mutter[14] ein und wird mit einer Aufnahme der Stadt Bayonne, wo Roland Barthes den größten Teil seiner Kindheit verbrachte, fortgeführt. Dann beginnt eine kursiv gesetzte Schrift mit den folgenden Worten: »Zu Anfang einige Bilder: sie gehören zu jener Lust, die der Autor sich selbst beim Beenden seines Buches schenkt.« (RB, 5) Die Bilderreihe, so fährt dieser »Autor« fort, wirke »wie ein Medium und bringt mich in Beziehung zu dem ›Es‹ meines Körpers« (RB, 5). So taucht gleich zu Beginn des Buches jenes Auseinandertreten zwischen dem Ich und seinem Körper auf, das später am Beispiel der Karikatur Henrys wieder aufgegriffen wird. Der eigene Körper wird so in der Photographie (und sogar in der Karikatur) einer Lektüre unterzogen, die sich den »Figurationen einer Vorgeschichte (*préhistoire*) meines Körpers« widmet (RB, 6). Entgegen den Beteuerungen dieses »Autors« hört die Bilderreihe aber keineswegs mit dem Beginn des »produktiven Lebens«, das nach dem Sanatorium eingesetzt habe, auf (RB, 6). Zweifellos herrschen die Bilder der eigenen Kindheit und Jugend vor und bilden zusammen mit Photographien von Familienangehörigen und längst historisch gewordenen Örtlichkeiten das Gros dieses etwas nostalgisch eingefärbten Albums, das den Leser zum Blättern anregt (und zu einem Bild-Leser macht). Doch finden sich vereinzelt auch einige Photographien, die Barthes bei Tagungen (*Détresse: la conférence; Ennui: la table ronde* [RB, 29]) zeigen oder einen Blick auf jene Schreibtische erlauben, an denen Barthes in den siebziger Jahren, also grob wäh-

14 Im Abbildungsverzeichnis wird diese Photographie auf 1932 datiert; sie zeige »die Mutter des Erzählers« (RB, 190).

rend des Zeitraums der Abfassung seiner Autobiographie, arbeitete. Barthes' Text klassifiziert sich nicht nur selbst, er zeigt auch die Orte seiner Genese.

Es wäre zweifellos möglich, die Vielzahl von Parallelen zur Biographie und Bilderwelt Prousts herauszuarbeiten, die in diesen Bildteil des Buches sehr bewußt eingeführt wurden.[15] Selbst die Kommentare zu den Photographien, in denen nun nicht mehr von einem »Autor«, sondern von einem *Narrateur*, einem Erzähler wie in der von Barthes so häufig untersuchten *Recherche*, die Rede ist, könnten diese Bedeutungsebene belegen. Als ob dies noch nicht deutlich genug wäre, hat Barthes einem Photo, das ihn als kleinen Jungen in – so würden wir heute sagen – »Mädchenkleidung« zeigt und damit an die berühmten Photographien des jungen Marcel erinnert, den folgenden Kommentar an die Seite gestellt: »Ich begann zu laufen, Proust lebte noch und beendete seine *Suche nach der verlorenen Zeit*.« (RB, 27) Die Bilder verweisen daher nicht nur auf ein Leben und seine Kontexte, sondern binden die Bildtexte sogleich in ein Spiel mit literarischen Texten ein. Doch möchte ich an dieser Stelle nicht so sehr der bereits mehrfach diskutierten Koppelung des eigenen Schreibens mit dem Proustschen Romanmodell nachgehen, sondern vielmehr danach fragen, wie sich der Schriftsteller *als solcher* selbst »ins Bild« setzt. Oder anders ausgedrückt: Ähnlich wie bei der Untersuchung des »strukturalistischen« Tableaus der »Phasen« frage ich nicht vorrangig nach den intertextuellen Beziehungen, sondern versuche, den intratextuellen Relationen nachzugehen, stehen diese doch im Mittelpunkt dieser Auseinandersetzung eines Schriftstellers mit seinen eigenen Texten: denen seines Lebens, seiner Bilder und seines Schreibens.

15 Barthes orientierte sich zweifellos an Claude Mauriacs in derselben Reihe bei Seuil erschienenen Biographie Prousts; eine deutschsprachige Ausgabe liegt vor: Mauriac, Claude: *Marcel Proust in Selbstzeugnissen und Bilddokumenten*. Übersetzt von Eva Rechel-Mertens. Hamburg 1958. So ergeben sich innerhalb derselben Reihe neben den intratextuellen Beziehungen zu *Michelet par lui-même* intertextuelle Relationen zu *Proust par lui-même*, wobei letztere vor allem ikonotextueller Natur sind. Weitere Hinweise auf Parallelen zu Proust finden sich in Planes, Jean-Marie: »Il n'est pays que de l'enfance«. In: *Magazine littéraire* 314 (octobre 1993), 34 (vgl. auch die dort wiedergegebene Photoreportage). Röttger-Denker, Gabriele: *Roland Barthes zur Einführung, op. cit.*, 145 f., hat auf Beziehungen zwischen Barthes' Auswahl der Photographien und der Konzeption des Imaginären bei Lacan hingewiesen.

Auf einer Doppelseite, die vor der den Bildteil abschließenden Photographie einer marokkanischen Palme plaziert ist, die den Übergang zum Schreiben und damit zum nicht mehr kursiv gesetzten Schrifttext der Autobiographie markiert, finden sich drei Bilder von Barthes am Schreibtisch. Sie zeigen ihn beim Schreiben, beim Ordnen und beim Malen 1972 in Paris bzw. 1974 im Haus eines Freundes in Juan-les-Pins. Zugleich kann man den folgenden Text, der in der im Bildteil verwendeten Kursivschrift gesetzt ist, lesen: »Mein Körper ist nur dann von allem Imaginären frei, wenn er den Raum seiner Arbeit wiederfindet. Dieser Raum ist überall der gleiche, mit Geduld eingerichtet für die Wollust am Malen, am Schreiben, am Klassifizieren.« (RB, 42) In der Tat scheint Roland Barthes, glaubt man seinem Biographen Calvet, immer wieder denselben Raum für die eigene Arbeit aufgebaut zu haben. Die Arbeitsräume in Paris oder in der *Province*, in seinem Häuschen in Urt unweit von Bayonne, sind stets nach demselben Muster eingerichtet: »der Arbeitstisch, an dem er schreibt, links das Telephon, rechts ein Tischchen, auf dem er seine Karteikarten ausbreitet, ein wenig entfernt davon eine Arbeitsfläche, auf der er zeichnen kann, und das Klavier...«[16] In der Autobiographie werden die beiden »Arbeitsräume« in Paris und in der Provinz mit dem Schiff Argo in Verbindung gebracht, ein Bild, das – wie wir sahen – in den sechziger Jahren zum Wappen des Strukturalisten Roland Barthes geworden war. Beide weisen sie dieselbe Struktur auf, beide Orte sind »identisch. Warum? Weil die Disposition der Werkzeuge (Papier, Schreibfedern, Schreibpulte, Standuhren, Aschenbecher) dieselbe ist: Es ist die Struktur des Raumes, die die Identität herstellt. Diese private Erscheinung würde genügen, Licht auf den Strukturalismus zu werfen: Das System steht über dem Sein der Gegenstände.« (RB, 51) Das Stehpult, das sich Barthes für die Abfassung von *System der Mode* hatte anfertigen lassen, ist auf keiner der Photographien auszumachen. Es scheint, um mit Barthes zu sprechen, mit jener vergangenen Phase einer Wissenschaftslust und Klassifizierungswut untergegangen zu sein, der jenes Buch von 1967

---

16 Vgl. Calvet, Louis-Jean: *Roland Barthes. Eine Biographie, op. cit.*, 211. Auf den im folgenden Unterkapitel zu analysierenden Photographien zeigen sich freilich Abweichungen von diesem Schema. Eine interessante Zusammenstellung von Äußerungen Barthes' zur Struktur seines Arbeitsraums sowie zu seinen Arbeitstechniken findet sich bei Calvet, 271 ff.

angehörte.[17] Barthes, soviel ist klar, schreibt und malt im Sitzen.

Nicht nur zwischen den verschiedenen Publikationen, sondern auch zwischen den Bild-Texten Roland Barthes' lassen sich intratextuelle Beziehungen herstellen. Ich möchte mich im folgenden Unterkapitel auf die Photographien konzentrieren, die Barthes an seinem Schreibtisch zeigen. Denn diese Bilder lassen sich zu einer Reihe mit drei verschiedenen Serien anordnen, die in einem überaus komplexen und aufschlußreichen Bezug zu Barthes' Schrifttexten steht.[18] Vergessen sei aber nicht die am Ende des zweiten Kapitels untersuchte Tatsache, daß Barthes schon in *Michelet par lui-même* nicht nur den Bildtexten, sondern gerade auch den Darstellungen des französischen Historikers am Schreibtisch ein besonderes Gewicht gab. Insoweit ist es in der Tat aufschlußreich, daß in *Roland Barthes par Roland Barthes* der Photographie der Mutter jener (paratextuelle) Ehrenplatz noch vor Beginn des eigentlichen Textes zuerkannt wird, den im Buch über Michelet ein Porträt des Historikers am Schreibtisch einnimmt.

Schreibtisch, Küche: Ort des Schreibens 115

Unter den veröffentlichten und allgemein zugänglichen Bildern von Roland Barthes kommt den Schreibtischbildern eine besondere Funktion zu.[19] Der Schreibtisch kann als Ort eines inszenierten Schreibens auf eine lange literarische und ikonographische Tradition zurückblicken.[20] Er ist der Ort, an dem das eigene Schreiben

17 Oder sollte es nun zu jener transportablen Malfläche geworden sein, die eine Photographie von 1978 (*Magazine littéraire* 314 [octobre 1993], 71) zeigt?

18 Die Photographien nehmen daher in Barthes' Gesamtwerk – auch nicht in *Roland Barthes par Roland Barthes* – »die Stelle konkreter Erfahrung ein«, wie Bürger dies in seiner scharfsinnigen Studie behauptet; vgl. Bürger, Peter: »Roland Barthes, Schriftsteller«, op. cit., 124.

19 Barthes' Interesse am Schreibtisch und seinen Bestandteilen schlägt sich in einer »späten« Mythologie von 1959 nieder, in der der Besuch eines Autosalons mit dem einer Büroausstellung kontrastiert wird (OC I, 828f.).

20 In zwei Studien habe ich versucht, den Funktionen des Schreibtischs und seiner Darstellung anhand von Texten des 18. und 19. Jahrhunderts nachzugehen; vgl. Verf.: »La puesta en escena de la mesa de trabajo en Raynal y Humboldt«. In: *Cuadernos Americanos* VIII, 46 (julio/agosto 1994), 29-68; sowie »Imagen y poder – poder de la imagen: acerca de la iconografía

sich vollzieht; er markiert zugleich die Beziehung des Schriftstellers zu seinem Schreiben und die Beziehung, die dieses Schreiben mit dem Leser, mit dem Bildbetrachter, einzugehen versucht. Hier setzt sich der Körper des Schriftstellers bzw. des Schreibenden ins Bild und versucht, darüber hinaus auch den (impliziten) Leser nach eigenem Gutdünken ins Bild zu setzen. Der Schreibtisch ist von seiner Ikonographie her ein in hohem Maße poetologischer Ort, allein schon, weil sich an ihm ein Machen, ein Tun, vollzieht, das sich dem Betrachter als solches zu erkennen gibt.

Die erste der mir bekannt gewordenen Photographien am Schreibtisch führt uns zurück in das Jahr 1962 (Fig. 1).[21] Sie zeigt den jungen Barthes mit einer brennenden Zigarette in der linken Hand an seinem Schreibtisch. Sein Blick geht an der Kamera vorbei und scheint auf einen Gesprächspartner gerichtet zu sein. Papier und verschiedene Schreibwerkzeuge sowie eine Brille liegen in Reichweite des jungen Kritikers, der einen dunklen Anzug mit Krawatte trägt. Barthes genoß aufgrund seiner Interventionen in Zeitungen und Zeitschriften zum damaligen Zeitpunkt bereits einen gewissen Bekanntheitsgrad in der französischen Öffentlichkeit[22] und arbeitete seit wenigen Jahren an der *Ecole Pratique des Hautes Etudes*, wo diese Photographie aufgenommen sein könnte. Verschiedene Arbeitsmedien, Hefter, Ordner und aufgeschlagene Bücher lassen einen wohlgeordneten Arbeitsbereich erkennen. Die rechte Hand schreibt nicht, sie öffnet sich zu einer Geste, die dem Gesprächspartner gelten könnte: Es ist das Portrait eines jungen Intellektuellen, der sich nicht beim Schreibakt, sondern im öffentlichen Gespräch zeigt.

Geradezu verblüffend ist die Ähnlichkeit mit dem ikonischen Schema einer aus dem Jahr 1963 stammenden Photographie, die Barthes, diesmal in eine Wolljacke gekleidet, offenkundig am selben Schreibtisch sitzend präsentiert (Fig. 2).[23] Erneut hält er eine

martiana«, *op. cit.*, 225-297. Vgl. auch ders.: »Dimensiones de la obra: iconotextualidad, fonotextualidad, intermedialidad«. In: Spiller, Roland (Hg.): *Culturas del Río de la Plata (1973-1994). Transgresión e intercambio.* Frankfurt a. M. 1995, 13-36.

21 Sie findet sich in GL, Abb. 1.

22 Das erste in der neuen Werkausgabe verzeichnete Interview wurde im selben Jahr 1962 (mit *Le Figaro littéraire*) geführt. Danach wird es kein Jahr mehr geben, in dem Barthes nicht zum Interview gebeten worden wäre.

23 Calvet gibt das Jahr 1963 an, doch dürfte die zeitliche Differenz zwischen beiden Photographien größer sein, da Barthes wesentlich älter zu sein

Zigarette in der linken Hand und scheint in eine Konversation vertieft, die freilich einem anderen Gesprächspartner gilt: Barthes blickt direkt in die Kamera, die ihn nicht mehr aus der Position des Gesprächspartners, sondern aus einer erhöhten Beobachterposition fokussiert. Der Schreibtisch ist fast aus dem Blick gerückt; an seiner Stelle sind nun Karteikästen, Hefter und Notizen deutlicher sichtbar. Auch hier ist ein wohlgeordneter Arbeitsraum deutlich erkennbar: Es ist der Arbeitsplatz eines Wissenschaftlers.

Den Übergang von dieser ersten zu einer zweiten Serie innerhalb der Schreibtischbilder stellt eine Photographie dar, die Barthes in seiner Autobiographie auf das Jahr 1970 datiert (Fig. 3).[24] Erneut blickt der nun mit einem Pullover bekleidete Autor in die Kamera, doch ist sein Körper nun halb zum Schreibtisch gewendet, auf dem seine rechte Hand, die ein Schreibgerät hält, ruht. Die hier gewählte Pose ist die eines bei seiner Schreibarbeit unterbrochenen Schriftstellers. Im Kontrast zur hellen, ausgeleuchteten Gesichtsfläche bleibt der Hintergrund mit Schreibtisch, Regalen und Büchern weitgehend im Dunkeln. In einer neuen Kombination erscheinen die verschiedenen ikonischen Elemente in einer vierten, auf das Jahr 1971 datierten Photographie (Fig. 4).[25] Barthes sitzt an seinem Schreibtisch und arbeitet. Er trägt Anzug und Krawatte sowie eine Brille, die in der ersten Photographie noch auf dem Schreibtisch lag. Seine von einem Bücherstapel verdeckte Hand führt einen Federhalter, dessen Kappe gerade noch erkennbar ist. Seine Zigarette hat Barthes nun beim Schreiben im Mund. Mit diesem Bild beginnt unsere zweite Serie von Schreibtischbildern, die einen *schreibenden* Roland Barthes zeigen.

Dieser zweiten Serie gehört eine weitere der von Barthes in die Autobiographie aufgenommenen Photographien an; Barthes datiert sie auf das Jahr 1972 (Fig. 5).[26] Sie zeigt den Schriftsteller aus erhöhter Beobachterperspektive von halbrechts an seinem Schreibtisch sitzend und schreibend, wobei nun eine ganze Schreibtischlandschaft erkennbar wird. Mehrere Beistelltische umgeben Barthes in der Form eines U, Regalböden mit Ordnern

4 scheint; vgl. Calvet, Louis-Jean: *Roland Barthes. Eine Biographie, op. cit.,* Abb. 1.

24 Vgl. RB 41. Auch hier sind Zweifel an der Jahresangabe angebracht. Doch ist die Datierung durch Barthes ein gegenüber dem tatsächlichen Zeitpunkt der Aufnahme gewiß nicht minder wichtiges klassifikatorisches Element.

25 Vgl. GV, Abb. 5.

26 Vgl. RB 43 a).

und einem Radiogerät reichen oberhalb des zentralen Schreibtischs über den Bildrand hinaus; Karteikästen, aufgehängte Merkzettel, Schreibutensilien, Uhr und Schreibtischlampe runden das Bild ab. Es ist das Bild einer Werkstatt, die nichts von der beschaulichen Stille und Ordnung des Schreibtischs in Urt hat, wo auf einer kleinen Schreibtischfläche neben einem wohlgefüllten, aber nicht überfüllten Bücherregal Schreibutensilien, Wecker, Ordner und Papier auf den Schriftsteller zu warten scheinen.[27]

Werkstattcharakter besitzt auch das erste Bild der erwähnten Doppelseite in *Roland Barthes par Roland Barthes* (Fig. 6).[28] Es wurde laut Angabe ebenfalls in Barthes' Pariser Wohnung 1972 aufgenommen, zeigt aber nun den Schriftsteller als Maler oder Kalligraphen. Eine schräggestellte Malfläche, Pinsel und verschiedene Farbtöpfe befinden sich in Reichweite des sitzenden und herumhantierenden Barthes, der Brille und Pullover trägt. Die Kontinuität hinsichtlich der Bilder der zweiten Serie (mit Ausnahme von Fig. 4), die einen schreibenden Barthes zeigen, ist bemerkenswert. Allein die künstlerische Aktivität hat sich gewandelt: Aus dem Schriftsteller ist ein Maler geworden.

In einem geistreichen Essay von 1973 über einen damals wenig bekannten französischen Maler, »Réquichot und sein Körper«, weist Barthes auf den doppelten Ursprung der Malerei hin, die sich von der Schrift *und* von der Küche herleiten könne (OC II, 1627). Ohne an dieser Stelle auf diese etwas verblüffende Argumentation eingehen zu können, scheint mir doch wichtig, daß es der Küchencharakter ist, der Barthes in seiner Darstellung von Réquichots »Arbeitstisch (*table de travail*)« besonders fasziniert, der von einer »Küchenwerkbank« nicht zu unterscheiden sei (OC II, 1633). Der französische Ausdruck *table de travail* meint hier die Arbeitsfläche des Malers, entspricht aber auch der deutschen Bezeichnung »Schreibtisch«. Wie die »Variationen über die Schrift« bereits gezeigt haben, sind Schreiben und Malen ineinander übergehende Praktiken der *écriture*, ganz so, wie Barthes dies 1970 in *Das Reich der Zeichen* ikonotextuell vorgeführt hatte. Daher betont er in seinem Réquichot-Essay von 1973 auch, daß nicht das Auge, sondern die Hand die »Wahrheit der Malerei« sei (OC II, 1627). Und es ist genau die den Pinsel führende Hand, die – wie schon in *L'Empire des signes* – in den Mittelpunkt dieser Photo-

---

27 Die Photographie findet sich in *Magazine littéraire* 314 (octobre 1993), 33.
28 Vgl. RB 42.

graphie des malenden Barthes gerückt ist. Sie ist, wenn man so will, der Ort des Schreibens *als Körper*. Schreiben und Malen, dies zeigt die ikonographische Kontinuität der Doppelseite in *Roland Barthes par Roland Barthes*, sind zu einer Einheit geworden. Die Zusammenstellung dieser Schreibtischbilder bringt damit eine immanente Poetik zum Ausdruck, die an eine bewußte Inszenierung des Ortes des Schreibens und Malens geknüpft ist. Zugleich aber ist aus dem Kritiker ein Künstler geworden, der in einer Werkstatt, in einer Küche arbeitet.

Barthes im Bild 116

Barthes' Interesse an den Werken einzelner Maler wie an der Malerei selbst läßt sich bis in die vierziger Jahre zurückverfolgen. Doch erst seit 1971 beginnt er selbst zu zeichnen und zu malen. Die Photographie stammt folglich aus der ersten Zeit von Barthes' praktischer Beschäftigung mit der von ihm zuvor theoretisch untersuchten »Sprache« der Malerei.[29] Er stellt in seiner Autobiographie diese neue Aktivität, mit der wir uns im weiteren Verlauf des Kapitels noch mehrfach auseinandersetzen werden, gleichberechtigt neben die Tätigkeit des Schreibens, eine Äquivalenz, die in *Roland Barthes par Roland Barthes* buchstäblich vor Augen geführt wird. Aus dieser Perspektive ist es erstaunlich, daß Barthes keine Photographie in dieses Buch aufnahm, die ihn beim Klavierspielen zeigt. Auch auf diesen Bildern läßt sich eine deutliche ikonische Kontinuität feststellen (Fig. 7)[30], nicht nur, was Habitus bzw. Kleidung betrifft, sondern auch hinsichtlich der Raumaufteilung: Barthes sitzt nicht am Schreibtisch, sondern am Klavier, an die Stelle des geschriebenen Texts sind die Noten getreten, doch sonst bleibt der Raum unverändert. Er ist von der Nähe der *table de travail* (hier der Klaviatur) zu Regalen mit Heftern und Papieren geprägt. Die Hände, die schrieben und malten, spielen nun Klavier. Der Blick ist nicht auf den Betrachter oder auf einen Gesprächspartner, sondern – wie zuvor auf Schreib- oder Malfläche – auf die Noten geheftet.

Und doch findet sich in diesem Bild ein ikonisches Element, das diese Photographie gleichzeitig einer dritten Serie zuordnet oder,

---

29 Vgl. hierzu u. a. seinen 1969 erschienenen Beitrag »Ist die Malerei eine Sprache?« (OC II, 539–540).

30 Vgl. Calvet, Louis-Jean: *Roland Barthes. Eine Biographie, op. cit.*, Abb. 31.

wenn man so will, einen Übergang zwischen der zweiten und der dritten Serie herstellt: Es ist die Lektüre, die in eine eigene Produktion, ein eigenes Produzieren übergeht. Diese dritte Serie kommt etwa in jener Photographie zum Ausdruck, die 1974 für den Umschlag der Barthes gewidmeten Sondernummer von *L'Arc* verwendet wurde (Fig. 8).[31] Diese Aufnahme zeigt einen offenkundig im Freien an einem Tisch sitzenden und ein geöffnetes Buch in den Händen haltenden Barthes. Mit seiner Linke blättert er in den Seiten, die Rechte hält einen Bleistift, die brennende Zigarette hat er im Mund. Eine nicht weniger akrobatische Variante dieses Photos ist dem zweiten Band der Werkausgabe vorangestellt. Hier hält der lesende Barthes unverändert seinen Bleistift in der Rechten, während sich die Zigarette nun zwischen Zeige- und Mittelfinger der linken Hand befindet. In beiden Photographien sind Lesen und Schreiben[32] eng miteinander verbunden. Und diese enge Verbindung von *lecture* und *écriture* ist in ihrer poetologischen Dimension gerade anhand der Barthes gewidmeten Sondernummer von *L'Arc* augenfällig, da diese Ausgabe Barthes' »Ersten Text« enthält. Dieses 1933 verfaßte »Pastiche eines Pastiche«, das im ersten Kapitel der vorliegenden Arbeit besprochen wurde, stellte den Schlußteil von Platons *Kriton* auf den Kopf und führte damit vor, wie die Lektüre (des damaligen Gymnasiasten) sich in das eigene Schreiben in der Form einer *réécriture* verwandelte.[33] Nicht nur Barthes' Kommentar zum eigenen Text, auch seine Photographie als schreibend Lesender entfaltet die enge, unauflösbare Verbindung zwischen Lesen und Schreiben. Barthes' Photographie läßt sich als immanente Poetik dessen lesen, was sein erster Text sowie sein eigener Kommentar auf der Ebene von Objektsprache und Metasprache vorzuführen versuchen. Unabhängig von der Intentionalität von Photographiertem und Photograph, über die keine Aussagen gemacht werden können, läßt sich die Gestaltung der ersten Umschlagseite der Sondernummer als eine optische Inszenierung dessen verstehen, was von Barthes zur Einheit von *lecture*

31 *L'Arc* 56 (1974).

32 Glaubt man Susan Sontag, dann zählte Barthes zu jener Kategorie von Lesern, die das Gelesene nicht unterstreichen; vgl. Sontag, Susan: »Remembering Barthes«. In: Dies.: *Under the Sign of Saturn*. New York 1980, 173.

33 Barthes gab 1971 an, er habe diesen »texte zéro« 1946 Maurice Nadeau gezeigt; eine Veröffentlichung dieser einzigen Publikation, die Barthes nach eigener Angabe weder auf *demande* noch *commande* verfaßte (OC II, 1321), erfolgte erst in der Sondernummer von *L'Arc*.

und *écriture* in dieser Sondernummer und in anderen Schriften wie den *Kritischen Essays* oder *S/Z* festgehalten wurde. Die ikonotextuellen Beziehungen sind hier unverkennbar in eine Poetik eingewoben.

Sowohl der Tisch, der mit seiner kleinkarierten Tischdecke den größtmöglichen Gegensatz zur Werkstatt des eigenen Schreibtischs bildet, als auch die Kleidung von Roland Barthes signalisieren in dieser Photographie eine gewisse Ausnahmesituation. Im Gegensatz zu den anderen Schreibtischbildern, die stets einen Innenraum von bisweilen geradezu bedrohlicher Enge präsentieren, ist diese Photographie im Freien aufgenommen worden. Hat der Schriftsteller Ferien? Dekor und Habitus scheinen darauf hinzuweisen. Im dritten Kapitel hatten wir gesehen, daß sich Barthes in einer »Mythologie«, die im September 1954 in *France-Observateur* erschien und später in die *Mythen des Alltags* aufgenommen wurde, intensiv und hellsichtig mit dem Habitus des Schriftstellers und seiner Mythisierung durch die Massenkultur – und insbesondere die Photographie – auseinandergesetzt hatte. Die große Bewußtheit, mit der Barthes diese Prozesse während der fünfziger Jahre verfolgte und ideologiekritisch begleitete, sollten uns für Barthes' eigene Ikonographie sensibilisieren. 1954 beschäftigte sich der Verfasser der *Mythologies* in »L'écrivain en vacances« mit der photographischen Darstellung André Gides und mit dem Ort des Lesens, während er sich ein Jahr zuvor, in *Am Nullpunkt des Schreibens,* kurz mit dem Ort des Schreibens bei Gide (und dessen Stehpult) beschäftigt hatte. Fast scheint es, als ob Barthes diese beiden Bilder von Gide zwanzig Jahre später zumindest tendenziell in einem einzigen Bild vereinigt hätte: Der Ort des Lesens ist zum Ort des Schreibens geworden. Der Schriftsteller in den Ferien verweist kryptographisch auf die 1954 veröffentlichte »Mythologie« vom »écrivain en vacances«. Barthes arbeitet auch im Medium der Photographie sehr bewußt an seinem eigenen Bild, seinem Image[34] – fast müßte man sagen: an seinem eigenen Mythos.

34 In seinem eigenen Vortrag 1977 in Cerisy-la-Salle kommt seine eigene Betroffenheit, ja Bestürzung, die Fremdbilder als Teil seines öffentlichen Images in ihm auslösten, zum Ausdruck; vgl. Barthes, Roland: »L'image«. In: Compagnon, Antoine (Hg.): *Prétexte: Roland Barthes, op. cit.,* 298-308. Mit dieser Angst hinsichtlich seines Bildes in der Öffentlichkeit läßt sich auch seine Gewohnheit verbinden, die eigenen Texte im Vorwort mit einer Leseanweisung zu versehen.

Bevor wir mit einem anderen Beispiel von Schreibtischbildern dieser dritten Serie fortfahren, sollten wir doch die Zigarette in Barthes' Mund oder linker Hand nicht vergessen. Sie ist, vergleicht man diese Photographien mit denen anderer französischer Intellektueller der fünfziger bis siebziger Jahre, ein fast unverzichtbarer Bestandteil der Selbstdarstellung des französischen Intellektuellen schlechthin. Paul de Man hat in dem bereits zitierten Essay von 1972 auf die Veränderungen im Habitus der französischen Intellektuellen gegen Ende der sechziger Jahre hingewiesen, seien an die Stelle von Pernod und Baskenmütze doch längst Milch und Kaschmirpullover getreten.[35] Die Zigarette blieb von diesen Veränderungen zunächst noch unbehelligt. Als Alain Robbe-Grillet 1977 in Cerisy-la-Salle Roland Barthes witzig darauf aufmerksam machte, man verstehe ihn schlecht, weil er stets beim Sprechen eine Zigarette zwischen den Lippen habe, was »vom Standpunkt der Phonetik her« nicht ohne Konsequenzen bleiben könne, antwortete der durch das Kolloquium Geehrte spontan: »Du hast dieselbe Feindschaft gegenüber der Zigarette wie in den USA: die Amerikaner ertragen es nicht, wenn man mit einer Kippe im Mund spricht... Es ist französisch, das zu tun...«[36] Diesem Intermezzo zum Trotz ist die Zigarette im Falle Roland Barthes' kein rein französisches Intellektuellenrequisit – zumindest, wenn wir sie »etymologisch« als Verkleinerungsform eines anderen Objekts begreifen. Am Ende eines 1975 veröffentlichten Essays zum Thema »Brecht und der Diskurs« kann man lesen: »Die Zigarre ist ein kapitalistisches Emblem, wohl wahr; aber *wenn sie eine Lust ist*? Darf man sie dann nicht mehr rauchen, ganz in der Metonymie der sozialen Sünde verfangen, muß man sich also weigern, sich im *Zeichen* zu kompromittieren? Wenig dialektisch wäre es, so zu denken: Es hieße, das Kind mit dem Bade ausschütten.« (BL 253) Ohne daß er dies in der zitierten Passage erwähnt, ist doch offensichtlich, daß Barthes an den stets Zigarre rauchenden Brecht denkt, der sich auf ungezählten Photo-

35 Vgl. De Man, Paul: »Roland Barthes and the Limits of Structuralism«, *op. cit.*, 177f. Auch de Mans Bemerkung bezüglich der internationalen Ausstrahlung des Habitus französischer Intellektueller dürfte berechtigt sein, da zu seiner Zeit ein richtiger Romanistikstudent ohne den Griff nach einer bestimmten Zigarettenmarke sein Studium schlechterdings nicht aufnehmen konnte. Auch hier hat sich der Habitus geändert.
36 Vgl. Compagnon, Antoine: *Prétexte: Roland Barthes, op. cit.*, 262.

graphien mit diesem Lustobjekt ablichten ließ. Auch für Barthes ist die Zigarre, mehr noch als ihre Verkleinerungsform, offensives *Zeichen* der Lust.[37] Und so überrascht es nicht, daß auch er sich mit Zigarre photographieren ließ. Ein überaus gelungenes Bild zeigt ihn 1970 bei einem Besuch in den Räumen der französischen Zeitschrift *L'Express* (Fig. 9).[38] Doch die Nahaufnahme, in der Barthes die Zigarre zwischen gespreiztem Zeige- und Mittelfinger in Höhe von Augen und Mund präsentiert, hält auch eine Überraschung bereit. Nach Durchsicht aller mir zugänglichen Photographien – und es waren nicht wenige –, die einen rauchenden Barthes zeigen, befindet sich das Lustobjekt entweder in Barthes' Mund oder in seiner linken Hand. In der Photographie von 1970 aber sind es Zeige- und Mittelfinger der *rechten* Hand, welche in extremer Spreizung die Zigarre festhalten. Ein Zufall? Wohl möglich, aber ein recht bedeutungsvoller. Denn Barthes hält in dieser Hand stets sein Schreibinstrument. Gleichgültig, ob es sich um eine bewußte Inszenierung oder nur eine Folge der Körperlogik handelt: Zigarre und Schreibgerät können ihre Plätze tauschen, sie sind – so wie Barthes dies bei Brecht verstand – im gleichen Maße lusterzeugende Objekte.[39] Die Zigarre geht so eine Verbindung mit der von Barthes propagierten Erotik des Schreibens ein.

Abschließend sei noch eine letzte Photographie näher beleuchtet. Bei der auf der Umschlagseite der Interviewsammlung *Die Rauheit der Stimme* verwendeten Farbaufnahme schließt sich in gewisser Weise ein Kreis. Wie bei der ersten Photographie von 1962, die der ersten Serie angehört, blickt der Betrachter in das offene Gesicht des an seinem Schreibtisch sitzenden Schriftstellers (Fig. 10).[40]

---

37 Zum »Ritual« des Zigarrenrauchens bei Barthes vgl. u. a. Scarpetta, Guy: »Flashes«. In: *La Règle du Jeu* (Paris) 1 (mai 1990), 76f.

38 Vgl. GV, Abb. 4.

39 Es wäre zweifellos möglich, diese Beobachtung in den Rahmen einer kulturgeschichtlichen Traditionslinie zu stellen, die nicht nur die Verbindung zwischen Zigarre und Lust, sondern auch zwischen Rauchen und Schreiben belegen könnte; verwiesen sei an dieser Stelle auf Publikationen zweier kubanischer Autoren: *Contrapunteo cubano del tabaco y el azúcar* von Fernando Ortiz (La Habana 1940) und *Holy smoke* von Guillermo Cabrera Infante (London 1985; dt.: *Rauchzeichen*. Frankfurt a. M. 1990).

40 Vgl. GV, Umschlagseite 1. Die Wendung zur Kamera findet sich bei den späten Schreibtischbildern häufiger, etwa in einer Photographie von 1975 in der Form eines sich vom Schreibtisch umdrehenden (*Magazine littéraire* 314 [octobre 1993], 67) oder eines beim Schreiben zur Seite blickenden Schriftstellers (1979, ebd., 59).

Der Blick des nun wesentlich älteren Autors ist direkt auf das Objektiv der Kamera gerichtet. In seiner rechten Hand hält Barthes ein Schreibgerät, mit dem er gerade die vor ihm liegende Seite geschrieben zu haben scheint. Die Pose ist die eines Schriftstellers, der von seiner soeben abgeschlossenen (oder vielleicht auch nur unterbrochenen) Arbeit mit einem leichten Lächeln auf den Lippen aufblickt. Es handelt sich um eine Photographie, die vielleicht am ehesten der komplexen Problematik gerecht wird, die Roland Barthes in seinem letzten Buch, *Die helle Kammer*, 1980 *entwickelt* hat:

»Doch sehr oft (zu oft, wie ich finde) wußte ich, daß ich photographiert wurde. Sobald ich nun das Objektiv auf mich gerichtet fühle, ist alles anders: Ich nehme eine ›posierende‹ Haltung ein, schaffe mir auf der Stelle einen anderen Körper, verwandle mich bereits im voraus zum Bild. Diese Umformung ist eine aktive: Ich spüre, daß die *Photographie* meinen Körper erschafft oder ihn abtötet, ganz nach ihrer Lust [...] Ich beschließe also, auf meinen Lippen und in meinen Augen ein leichtes Lächeln ›spielen‹ zu lassen‹, das ›undefinierbar‹ wirken und mit den mir eigenen Qualitäten zugleich zu lesen geben soll, daß ich das ganze photographische Zeremoniell amüsiert über mich ergehen lasse: Ich gehe auf das Gesellschaftsspiel ein, ich posiere, weiß, daß ich es tue, will, daß ihr es wißt, und doch soll diese zusätzliche Botschaft nicht im mindesten das kostbare Wesen meiner Individualität verfälschen (fürwahr die Quadratur des Kreises): Das, was ich bin, unabhängig von jedem Bildnis [...]. Vor dem Objektiv bin ich zugleich der, für den ich mich halte, der, für den ich gehalten werden möchte, der, für den der Photograph mich hält, und der, dessen er sich bedient, um seine Kunst vorzuzeigen« (CC 24-29).

Die Photographien, so Barthes, sollen also *gelesen* werden. Dies bedeutet zum einen, daß die verschiedenen Posen, die uns Barthes in seinen Bildern präsentiert, in ihrer »Natürlichkeit« als Inszenierungen wahrgenommen werden sollen. Es sind konstruierte, durchdachte Bilder, mit denen er seinen schriftlichen Texten ikonische Texte an die Seite stellt. Zum anderen aber können wir in diesen Bildern lesen, was Barthes uns nicht bewußt zu lesen gab. Denn der Porträtierte »beherrscht« nur einen Teil seines Bildes, das – wie Barthes in *La Chambre claire* darlegt – von sehr unterschiedlichen Kräften geformt wird. Die vorliegende Analyse versucht erstmals, der Komplexität dieser Kräfte gerecht zu werden und zusätzlich zu einer wie auch immer gearteten Intentionalität von Porträtierendem und Porträtiertem die komplexe Lesbarkeit der Barthesschen Photographien zu untersuchen. Barthes' Bilder sind Formen immanenter Poetik: Sie weisen nicht nur auf ihre eigene Strukturiertheit und deren notwendige Dechiffrierung, sie stehen auch in einem symbiotischen Verhältnis zur *écriture* des Kritikers, Wissenschaftlers, Schriftstellers oder Malers, der uns in ihnen entgegentritt.

Dies zeigt sich auch in der letzten hier untersuchten Photographie. Vor dem in die Kamera blickenden Barthes liegt nicht nur ein beschriebenes Blatt Papier, sondern auch ein gerahmtes Bild, das nicht genau zu erkennen ist. Aber vielleicht ist es auch gerade das, was es darstellen soll: *ein* Bild. Barthes hat hier nicht mehr einen musikalischen Text (Klaviernoten) oder einen Schrifttext (ein geöffnetes Buch) vor sich, sondern einen Bildtext. Damit schließt sich der Kreis vollends: Bild und Text bilden wie *lecture* und *écriture* eine unauflösliche, stets unabschließbar dynamische Einheit, die ständig neue Texte erzeugt. In den Spiegelungen von Bild und Text findet sich nicht nur eine *mise en abyme* des eigenen Portraits; es bildet sich auch ein ständiges Oszillieren heraus, das den neuen, den gegenwärtigen Text (auch und gerade jenen der Autobiographie) erzeugt. *Roland Barthes par Roland Barthes* ist, wie *Das Reich der Zeichen*, im vollen Sinne ein Ikonotext. Photographie und Schrift erzeugen in ihren Spiegelungen zugleich den Text und seine Poetik. Beide bleiben jedoch nicht auf die ikonotextuelle Dimension beschränkt.

Von der Schrift zum Widerhall 118

Folgen wir W. J. T. Mitchell in seinem anregenden Essay über das, was ein Bild zu einem Bild macht, dann können wir niemals ein Gemälde, eine Zeichnung oder eine Photographie verstehen, wenn wir nicht begreifen, auf welche Art sie uns zeigen, was man nicht sehen kann.[41] Umgekehrt weist uns eine Karikatur Orlics, die am 27. September 1973 in *Le Monde* erschien, genau auf das hin, was die Photographien Barthes' im Dunkeln lassen: das Schreiben auf der Schreibmaschine. Die Verbindung von Körper und Schrift, von Hand und Handschrift, blendet auch in der Au-

---

41 Vgl. Mitchell, W. J. T.: »Was ist ein Bild?« In: Bohn, Volker (Hg.): *Bildlichkeit, op. cit.*, 50. Ähnlich beschreibt Barthes in seiner Analyse einer Erzählung Poes 1973 das Lesen als ein Imaginieren dessen, was verschwiegen wird (OC II, 1659).

tobiographie zumindest optisch diesen Bereich aus. Barthes' Interesse an den Zusammenhängen zwischen Körperlichkeit, Körperlogik und Schriftlichkeit als Kalligraphie und Schriftbild könnte diese Selbstzensur bedingt haben (und auch dies wäre Teil einer immanenten Poetik). So sehen wir Barthes nie wie in Orlics Karikatur an der Maschine sitzen und, Bleistift, Federhalter und Malstift hinter die Ohren geklemmt, mit den Händen die Mechanik der Maschine bearbeiten.[42] Und doch schrieb Barthes nicht nur mit Federhalter und Bleistift, sondern tippte seine Texte – in einer sich an die (wie er sich selbst ausdrückte) kalligraphische Phase anschließenden typographischen Phase[43] – auf der Maschine »ins Reine«. Von seinem häufigsten Tippfehler – der Verunstaltung von »Struktur« – wurde bereits berichtet. In diesem Zusammenhang widmet sich ein Fragment der Autobiographie den Tippfehlern: »Mit der Maschine schreiben: Nichts wird zur Spur: Es existiert nicht, und wird dann plötzlich zu einer Eintragung: keine *Produktion*: keine Annäherung; es gibt keine Geburt des Buchstabens, sondern nur das Ausstoßen eines Stückchens Code.« (RB, 100)

Die Schreibmaschine verwandelt den Text in ein abgeschlossenes Produkt, zertrümmert die Produktion, die Spur der Schrift, unter dem unerbittlichen Hämmern ihrer Mechanik. Spur, Graphie, Schreiben, Produktion: All diese Kernbegriffe der Barthesschen, mit den Begriffen Derridas und Kristevas spielenden Texttheorie scheinen von der Maschine ausgeschlossen zu werden. Der Ausschluß der Schreibmaschine aus der Bilderreihe ist also poeto-

---

42 Die Karikatur findet sich leicht zugänglich als Abb. 28 im Illustrationsteil von Calvet, Louis-Jean: *Roland Barthes. Eine Biographie, op. cit.* Dort wird bereits auf einen Teil des in der Folge zitierten Textes aus der Autobiographie hingewiesen. Die Karikatur erschien erstmals in Zusammenhang mit dem von Jean-Louis de Rambures durchgeführten Interview mit Barthes in *Le Monde* am 27. September 1973 und wurde mehrfach, u. a. am 14. Februar 1975, wieder abgedruckt. (Ich danke Joseph Jurt für den Hinweis auf den Erstabdruck.) Das für die hier behandelte Fragestellung wichtige, in der Serie »Comment travaillent les écrivains« realisierte Interview – in dem Barthes auch seine etwas abfälligen Äußerungen über den »style bic« (1711) der Kugelschreiberautoren plaziert – findet sich in OC II, 1710-1713.

43 Barthes unterscheidet zwei Phasen und zwei damit verbundene Gegenstände, das »objet calligraphique« und das »objet typographique«: »Zunächst schreibe ich den gesamten Text mit dem Füllfederhalter. Danach tippe ich ihn von einem Ende zum anderen wieder mit der Maschine ab (und zwar mit zwei Fingern, denn ich kann nicht tippen).« (OC II, 1711).

logisch bedeutsam. *Machine à écrire* und *écriture* scheinen einander auszuschließen. Und dennoch gewinnt Barthes, der seine handschriftlichen Texte zumeist selbst in Typoskripte verwandelte, am Ende dieses Fragments auch dieser Tätigkeit interessante Aspekte ab: »Mit der Maschine schreibt das Unbewußte sehr viel sicherer als die natürliche Schrift, und es läßt sich eine *Graphanalyse* vorstellen, im höheren Grade pertinent als die fade Graphologie; allerdings irrt sich eine gute Schreibkraft nicht: Sie hat kein Unbewußtes!« (RB, 101)

Die Maschinenschrift wird quasi zur *écriture automatique* der Surrealisten: Sie fördert das Unbewußte zu Tage und damit eine andere Schrift, in welcher sich das sprachlich strukturierte (Lacansche) Unbewußte manifestiert.[44] Die Differenz zwischen Handschrift und Schreibmaschinenschrift ist damit pertinent. Sie zeigt sich in diesem Fragment ebenso wie in der Bildlücke der Barthesschen Schreibtischphotographien. Zwischen Photographie und Druckerschwärze findet sich, wie schon in *L'Empire des signes*, die Handschrift in einer Vielzahl von Formen. Sie wird nicht nur in ihrer Entstehung am Schreibtisch porträtiert, sondern erscheint auch in verschiedenen Handschriftenproben. So ließ Barthes drei unterschiedliche Formen seiner Handschrift auf photographierten Karteikarten in sein Buch aufnehmen, wo einmal seine Handschrift beim Schreiben im Bett, ein andermal im Freien und schließlich »am Schreibtisch (*à une table de travail*)« abgebildet ist (RB, 79). Doch nicht nur dies. Der aufmerksame Leser entdeckt zugleich, daß die dritte Karteikarte eine Vorstufe der wenige Seiten zuvor abgedruckten Fassung des Fragments »Die Göttin H.« (RB, 68) ist. Ein Vergleich zwischen beiden Texten, zwischen beiden Schriften ergibt, daß beim Übergang von der Handschrift zur Druckerschrift in einem doppelten Sinne die Körperlichkeit verlorengegangen ist. Denn hinter der Göttin H., so zeigt die Karteikarte, »verbirgt« sich die Göttin Homosexualität. Nicht im Bett oder im Freien entstand diese Karteikarte, sondern am poetologisch relevanten Lustort Schreibtisch.

44 Diese Zugangsmöglichkeit besteht für Barthes auch bei der Handschrift, wenn es sich dabei um (von ihm stets goutierte) Orthographiefehler handelt; vgl. hierzu seinen Aufruf zur Überwindung staatlicher Orthographienormen, der 1976 in *Le Monde de l'éducation* erschien (BL 58). Zur zeitweiligen Sonderstellung, die eine 1973 von ihm gekaufte elektrische Schreibmaschine einnahm, vgl. das erwähnte Interview mit Jean-Louis de Rambures (OC II, 1711).

Die Problematik der Körperlichkeit findet sich auch auf einer anderen Ebene, der innerhalb von Barthes' Ästhetik ein stetig wachsendes Gewicht zukommt. Kehren wir in diesem Zusammenhang ein letztes Mal zum Fragment »Phasen« zurück. Es enthält nicht nur das erwähnte Tableau mit seiner Periodisierung, sondern auch eine Reihe von Anmerkungen, deren erste von besonderem Interesse ist: »Der Intertext ist nicht unbedingt ein Feld von Einflüssen; er ist vielmehr eine Musik von Figuren, Metaphern, Wort-Gedanken; es ist der Signifikant als *Sirene*« (RB, 148).

In dieser Deplazierung oder Umdeutung des Kristevaschen Intertextualitätsbegriffs klingt ein wichtiges Element an. Die Bezugstexte des Tableaus werden zwar als Intertexte bezeichnet, doch hat Barthes nun den Textbegriff musikalisch gefaßt. Verschiebung, *glissement du sens*, Sprachendiebstahl oder Entstellung der Codes erschienen bislang als grundlegende Verfahren der Barthesschen *écriture*. Doch zeigt sich nun, daß bei diesem Autor, der mitunter als *obsédé textuel*[45] bezeichnet wurde, die Relation zum defigurierten, deplazierten Bezugstext keineswegs notwendig eine Beziehung zwischen Schrifttext und Schrifttext sein muß. Der Sprachendieb spielt nicht zuletzt mit den Klängen der von ihm entwendeten *pensées-mots*, mit der Begrifflichkeit in ihrer akustisch wahrnehmbaren Dimension. Der Sirenenruf des Signifikanten deutet unüberhörbar die Dimension der Lust an, die in dieser Art der Aneignung fremder Begriffe erfahren wird. Es ist – wie wir im neunten Kapitel sahen – der Lockruf des leeren Zeichens, der seit *Sade, Fourier, Loyola* und stärker noch in *Die Lust am Text* auf den Lustort Ohr aufmerksam macht.

Die sachte, aber vernehmbare Abwendung vom skripturalen Intertextualitätsbegriff dokumentiert sich aber auch in einem anderen Fragment von *Roland Barthes par Roland Barthes*, das stellvertretend ist für die Abwendung vom telquelianischen Textualitätsdogma. Es handelt sich um das Fragment »Der Echoraum«:

»Was ist er im Verhältnis zu den Systemen, die ihn umgeben? Eher ein Echoraum: Er gibt schlecht die Gedanken wieder, er folgt den Worten; er stattet Besuch ab, d. h. erweist seine Ehre den Vokabularien, er *ruft* Begriffe *an* und wiederholt sie unter einem Namen; er bedient sich dieses Namens wie eines Emblems (und prak-

---

45 Vgl. u. a. Merquior, José Guilherme: *From Prague to Paris, op. cit.*, 107ff. Eine derartige Sichtweise von Barthes schwingt noch deutlich mit bei Josipovici, Gabriel: »Le texte et la voix«, *op. cit.*, 27.

tiziert so eine Art philosophische Ideographie), und dieses Emblem entbindet ihn davon, das System vertiefen zu müssen, dessen Signifikant es ist (ein Signifikant, der ihm einfach nur ein Zeichen gibt). [...] Die ›mauvaise foi‹ kommt aus dem Sartreschen System und geht zur mythologischen Kritik über. ›Bourgeois‹ erhält das ganze marxistische Gewicht, geht jedoch immerfort zum Ästhetischen und zum Ethischen über. Auf diese Weise werden sicherlich die Wörter hin- und herbewegt, die Systeme kommunizieren miteinander, die Modernität wird ausprobiert (so wie man alle Knöpfe eines Radios ausprobiert, dessen Bedienung man nicht kennt), doch der Intertext, der hier geschaffen wird, ist buchstäblich *oberflächlich*: Es wird *liberal* zugestimmt: Der (philosophische, psychoanalytische, politische, wissenschaftliche) Name behält mit seinem Herkunftssystem eine Nabelschnur, die nicht abgeschnitten wird, sondern verbleibt: hartnäckig und schwimmend.« (RB, 78)

Terminologische Begriffe werden zu Namen, philosophische Systeme zu gut gefüllten Speichern von Signifikanten. Im Bild einer *modernité*, die wie ein unbekanntes Rundfunkgerät ausprobiert wird, erscheint der moderne Text als Experimentierfeld, das deutlich akustisch bestimmt ist. Der Vergleich der Modernität mit einem noch nicht richtig manipulierten Radiogerät soll uns im Ausklang dieser Arbeit nochmals beschäftigen. Aber schon jetzt ist klar: Die eigene, die moderne Schreibweise wird nicht so sehr skriptural als vielmehr akustisch-auditiv bestimmt. Barthes' Texte sind nach der in der obigen Passage verwendeten Metaphorik geradezu Hör-Texte. Dies erinnert nicht zuletzt an die Widmung von *S/Z*, die den nachfolgenden Schrifttext auf ein Hören, eine *écoute*, zurückführt und damit zugleich den Autorbegriff im kollektiven Hörraum aufgehen ließ. Auch dies ist eine Dimension, die in Barthes' Autobiographie einging, insoweit er seine Arbeit in den Seminaren an der EPHE in sein Selbstbild einbezog. Er tat dies auch im wörtlichen Sinne, fügte er doch fast am Ende seinem Text ein Gruppenbild seiner Seminarteilnehmer ein (RB, 173). An dieser Stelle soll darauf verzichtet werden, diese Photographie (intratextuell) in die Reihe weiterer Bilder zu integrieren, die in Barthes' Seminaren entstanden und ein geradezu intimes Bild dieser Lehrveranstaltungen nach außen vermitteln. Doch scheint mir die Präsenz des Seminars in der Autobiographie wichtig für ein Verständnis jener akustischen und körperlichen Dimension, die

Barthes' Seminare für sein eigenes Schreiben zu einer Werkstatt, zu einer wirklichen Sinnküche werden ließ.

In mehreren stark autobiographisch ausgerichteten Essays, etwa in »Schriftsteller, Intellektuelle, Professoren« (1971) oder »Dem Seminar« (1974), hat sich Barthes mit der Bedeutung von Lehrveranstaltungen im intellektuellen Leben Frankreichs allgemein wie auch im Leben an der *Ecole Pratique des Hautes Etudes* im besonderen auseinandergesetzt. Längst waren seine Seminare legendär geworden. Vor dem Ansturm in- und ausländischer Studenten, die den offenen und folglich überfüllten Lehrveranstaltungen des zu internationaler Berühmtheit gelangten Meisterdenkers folgen wollten, wußte Barthes stets die Lehrform des »kleinen« Seminars zu schützen, das ihm jene *écoute*, jene *körperliche*[46] Präsenz und Nähe bot, die für sein eigenes Selbstverständnis als Schriftsteller, Intellektueller und »Professor« von größter Bedeutung war. Es ging ihm um die Schaffung eines intimen, gemeinschaftlichen Raumes (OC II, 1471)[47], um einen »glücklichen Raum«, ein Fouriersches »Phalanstère der Arbeit« (OC II, 1694)[48], wie es in zwei Seminarberichten der Jahre 1971 bis 1973 hieß. Die Sinnküche des Seminars war für Barthes mehr als nur ein Experimentierfeld für spätere Publikationen: Es stellte für ihn die körperliche Erfahrung einer intellektuellen Gemeinschaft dar.

Echo und Stimme   119

Im Echoraum – oder vielleicht sollten wir in Analogie zur »hellen Kammer« seines letzten Buches besser von »Echokammer« sprechen? – werden philosophische, politische, psychoanalytische und wissenschaftliche Systeme ihres Systemcharakters beraubt, indem ihre zentralen (oder zentrierenden) Begriffe wie inmitten eines Stimmengewirrs nur als Wortfetzen »aufgeschnappt« werden. Es

---

46 Barthes' Didaktik – wenn man von einer solchen überhaupt sprechen kann – gründet auf der körperlichen Kopräsenz aller Teilnehmer innerhalb einer kleinen, geradezu intimen Gruppe; vgl. hierzu seinen Essay »Au séminaire« (BL 369-379).

47 Kritische Anmerkungen zu seinen Seminaren finden sich, soweit ich sehe, nur bei Véron, Eliseo: »... Qui sait?« In: *Communications* 36 (1982), 69.

48 Der handschriftliche Zusatz zu dem in der Autobiographie wiedergegebenen Photo der Seminarteilnehmer präzisiert dies: *L'espace du séminaire est phalanstérien* (RB, 173).

ist jenes Stimmengewebe, das sich bereits in Barthes' *S/Z* findet
(SZ II, 568). Mir scheint, daß der akustischen Dimension in
Barthes' Ästhetik und Poetik angesichts der – im Rahmen der *Tel
Quel*-Gruppe konformen – Ausrichtung Barthes' an Textualität
und Schrift bisher zu wenig Gehör geschenkt wurde.

Es ist aber gerade diese Dimension, von der aus Barthes eine
Dekonstruktion der Texttheorie startet, sobald er ihres Systemcharakters innegeworden ist und verstanden hat, daß sich diese
Theorie zumindest in Teilen des intellektuellen Feldes längst zu einer neuen Doxa verfestigt hat.[49] In diesem Sinne sollten wir
Barthes' Ratschlag beherzigen, der 1971 in *Tel Quel* »Schriftsteller,
Intellektuelle, Professoren« dazu aufforderte, stets nachzuprüfen,
»gegen welche *Doxa* ein Autor sich wendet (das kann bisweilen
eine sehr minoritäre *Doxa* sein, die über eine kleine Gruppe
herrscht)« (OC II, 1200). Zweifellos auch *Tel Quel* selbst. Der Autor Barthes, der 1975 im Tableau seiner Autobiographie die Phase
der Textualität als einen abgeschlossenen Zeitraum darstellt, stellt
gegen den Systemcharakter des Textualitätsdogmas die Bewegung
von Echo, Stimme und Körper.

Die Verbindungen von Stimme und Körper sind im neunten Kapitel, insbesondere in der Analyse von *Die Lust am Text*, bereits
herausgearbeitet worden. Auch Barthes' eigene Beziehung zu
Stimme und Gesang war dort schon betont worden, hatte Roland
Barthes in den dreißiger Jahren doch just bei jenem Charles Panzéra
Stimmbildung und Gesangsunterricht genommen, der ihm in »Die
Rauheit der Stimme« buchstäblich als *Verkörperung* der unauflös-
baren Beziehung zwischen Gesang und Sprache, Stimme und Körperlichkeit galt. In gewisser Weise läßt sich sagen, daß Barthes jene
Spirale[50], in der er in den fünfziger Jahren das Grundmuster der Geschichte schlechthin erblickte, ein Stück weit zurück- oder weiter-
drehte. Hatte Julia Kristeva den Bachtinschen Dialogizitätsbegriff
insoweit radikalisiert, als sie Bachtins stimmliche Polyphonie in ein
vielschichtiges Textgewebe überführte, um so die Stimme als Ur-

49 Dies gilt im übrigen nicht nur für Frankreich, sondern auch für die Vereinigten Staaten, wo die Dekonstruktivisten im universitären Bereich seit den
siebziger Jahren zu den Erben der *new critics* geworden sind; vgl. hierzu
Zima, Peter V.: *Die Dekonstruktion. Einführung und Kritik, op. cit.*, 92, wo
zu Recht von einer »Vorherrschaft der Dekonstruktivisten« gesprochen
wird.

50 »Alles kehrt wieder, aber kehrt als *Fiktion* wieder, d. h. in einer anderen
Umdrehung der Spirale.« (RB, 73)

sprung von Autorschaft und Sinn auszuschalten, so kehrte Barthes nun zu Stimme und Vielstimmigkeit zurück, nicht etwa, um den Autor ins Leben des Textes zurückzurufen, sondern um die körperliche Dimension und damit auch und vor allem die Dimension der Lust in den Akt des Lesens und den Akt des Schreibens wieder einzuführen. Taucht Bachtin auch nicht als Intertext in Barthes' Tableau auf – seinen Platz hatte Julia Kristeva eingenommen –, so läßt sich doch von ihm eine Verbindung zu Barthes insoweit ziehen, als sein Dialogbegriff nun nicht mehr textualisiert, sondern »verkörperlicht« und erotisiert[51] wird. In diesem Sinne ist die Umdeutung des Intertextualitätsbegriffs durch Barthes radikal: Sie geht zu den dialogischen Wurzeln von Kristevas Textarbeit zurück. Damit tritt Barthes in jene letzte »Phase« ein, die er mit dem Begriff der *moralité* bezeichnet hat und als »das Denken des Körpers im Zustand der Sprache (*la pensée du corps en état de langage*)« (RB, 148) verstand. Wie wir im letzten Kapitel sahen, ist diese Position in einem breiten Sinne an Nietzsche orientiert und gegen eine lust- und körperfeindliche Moral gerichtet.[52]

Der Intertext als Musik, der Signifikant als Sirenengesang: Ort dieser Umwandlung ist die *chambre d'échos*. Die hier von Barthes gewählte Metaphorik ist bedeutungsvoll und verdient, näher ausgelotet zu werden.[53] Ein Echo entsteht bekanntlich aufgrund der Reflexion von Schallwellen an einem Widerstand; soll es wahrgenommen werden, so ist eine gewisse Distanz des Hörers unabdingbar. Sowohl Übertragung als auch Wahrnehmung unterliegen stets einer Verzögerung und Verzerrung, wobei die deplazierten Klänge über große Entfernungen übermittelt werden können. Bruchstücke und Fragmente, nicht gesamte Strukturen sind wahrnehmbar, wobei bestimmte Klangeffekte durch künstlich geschaffene Räume – Echokammern – vervielfacht und gesteuert, ja künstlich erzeugt werden können. Im Widerhall verliert sich die

---

51 In seiner Autobiographie zog Barthes dem Begriff der Erotik nun jenen der Erotisierung vor (RB, 66).

52 Vgl. hierzu auch den Beginn des Fragments »Die Freunde«: »Er sucht eine Definition für diesen Ausdruck ›Moralität‹, den er bei Nietzsche gelesen hat (die Moralität des Körpers bei den alten Griechen) und den er der Moral gegenüberstellt« (RB, 68). Die Herkunft des Begriffs aus Nietzsches *Die Geburt der Tragödie aus dem Geiste der Musik* wird auch in einem der *moralité* gewidmeten Fragment von 1974 deutlich (BL 372).

53 Ich habe dies bereits in »Der Schriftsteller als Sprachendieb«, *op. cit.*, 182, versucht.

Klangquelle gerade aufgrund ihrer Vervielfachung. Der Ursprungsort des einmal erzeugten Klanges ist nicht mehr feststellbar. Zumeist werden nur bestimmte Klänge oder Wörter von einer Echowand zurückgeworfen; ein Effekt, der in bestimmten Echogewölben schon in prähistorischer Zeit, etwa zu kultischen Zwecken, genutzt wurde. Verschiedenste Klangquellen und Schallwellen überlagern sich oft so, daß später weder ein Ursprung noch eine Botschaft herausgehört werden können: Es bleibt ein wellenartiges Rauschen der Sprache. Insbesondere in der Vokalmusik sind Echoeffekte ein häufig genutztes künstlerisches Mittel; doch führt die Echowirkung vor allem zu einer Orientierung am Klang der Sprache, an ihrem Signifikanten. Dies mag erklären, warum wir »Botschaften«, die wir einem Echo anvertrauen, oftmals bei einer direkten Kommunikation als »sinnlos« ausschließen würden. In seiner Entbindung vom Sinn ist das Echo, dessen Adressatenkreis – ähnlich wie beim Rundfunk, bei dem es immer »Schwarzhörer« geben wird – niemals begrenzt werden kann, von einer spielerischen Verwandlung, Verzerrung und Verstellung geprägt.

Diese Bedeutungselemente belegen, in welch beträchtlichem Maße die Echometaphorik Barthes' Umgang mit anderen Texten »wiederzugeben« vermag und wie sehr seine Ästhetik der siebziger Jahre als eine gezielt auf Echowirkungen basierende Polyphonie verstanden werden kann. Zugleich wird deutlich, daß Barthes' Dekonstruktion der Dekonstruktion keineswegs eine Rückkehr zu dem mit sich bringt, was Derrida als Phonozentrismus des abendländischen Denkens charakterisieren würde. Autor, Subjekt, Individuum, Stimme oder Ursprung sind nicht einfach zurückgekehrt: sie verschwimmen im Klangbild[54] der Echowirkungen – ebenso wie die Kritik, die diesen als »logozentrisch« gebrandmarkten Begriffen galt. Barthes wendet sich nicht radikal von der *Tel Quel*-Gruppe (in einem weiten Sinne) und ihren Theoremen ab. Er deplaziert vielmehr ihre zentralen Begriffe, defiguriert ihre Codes, unterläuft ihre Sprache, ohne an deren Stelle ein neues System zu errichten. Im *Klangkörper* des Textes verschwimmen die Systeme, die zu Systemen werden mußten, um sich an die Stelle der alten *Doxa* setzen zu können. Barthes' Diskurs ist philosophisch, schlägt aber nicht in einen (systematisierten) philosophischen Diskurs um.

54 In dem 1975 veröffentlichten Essay »Das Rauschen der Sprache« spricht Barthes von einem »immensen Klanggewebe, in welchem der semantische Apparat irrealisiert wäre« (BL 94).

Die Phonotextualität in den Schriften Roland Barthes' ist nicht phonozentrisch. Weder Stimme noch Körper geben dem Text einen Ursprung oder ein Sinnzentrum, von dem aus sich *die* Bedeutung (etwa der Autobiographie) erschließen ließe. In dem 1972 bei einem Kolloquium in Cerisy-la-Salle erstmals vorgetragenen und im folgenden Jahr veröffentlichten Text über Georges Bataille nimmt Barthes dessen Frage auf, wo der menschliche Körper eigentlich beginne (OC II, 1616). Während beim Tier der Körper stets einen Anfang, das Maul, habe, besitze der Körper des Menschen, so Barthes, eine solche Vektorisierung nicht. Erneut spielt Barthes hier mit der doppelten Bedeutung des Wörtchens *sens* als Sinn und Richtung. Wichtiger aber scheint mir, daß man diesen Gedanken auch auf den Textkörper selbst übertragen darf, der ebenfalls keinen Anfang, aber auch kein Ende hat.

In Barthes' Verhältnis zur Musik ist die Beziehung zum Körper von grundlegender Bedeutung. In einem kurzen, 1970 in der Zeitschrift *L'Arc* erschienenen Text, »Musica Practica«, unterscheidet Barthes grundsätzlich zwischen der Musik, die man hört, und jener, die man selbst spielt oder hervorbringt (OC II, 835). Diese letztere – und Barthes denkt hier an das Klavierspiel – sei manuell und daher sinnlich, eine »muskuläre Musik« (OC II, 835). Ähnlich verlangt Barthes auch eine aktive Praxis der Lektüre, solle »die Lektüre des modernen Textes« doch nicht ein »Empfangen«, sondern ein »Neuschreiben« sein in dem Sinne, daß die Schrift des Textes von einer neuen »Inschrift (*inscription*) gequert« wird (OC II, 837).

Postuliert Barthes hier eine Nähe der Lektüre von Musikstücken zur Lektüre von Schrifttexten, so löst er doch die Differenz zwischen musikalischen und skripturalen Texten keineswegs auf. In dem 1964 abgefaßten Bericht über sein Semiologieseminar an der *Ecole Pratique des Hautes Etudes* schreibt er die Musik einem Bereich des »Vorsinns«, des *pré-sens*, zu; sie sei »semiogen«, aber nicht »semantisch« (OC I, 1449). Diese semiogene Dimension der Musik scheint für Barthes auch deren erogene Wirkung zu begründen. In einem denkwürdigen Essay über Schumanns *Kreisleriana* schreibt er 1975, er höre im Grunde keine einzige Note, verstehe keine grundlegende Struktur des Werkes, sehr wohl aber »das, was im Körper schlägt, was den Körper schlägt, oder besser noch: den Körper, der schlägt« (OO, 265). Er höre den Körper Schumanns, aber zugleich – wie sich im weiteren Verlauf des Textes zeigt – auch seinen eigenen Körper. Interessant ist hier nicht zuletzt die Tatsache, daß Barthes' Text, der in der deutschen Übersetzung den Titel »Rasch« erhalten hat, wie schon in *Die Lust am Text* diese Körpererfahrung als ein (im doppelten Sinne zu verstehendes) *Aufnehmen* des anderen Körpers darstellt. Allerdings hebt Barthes hier nicht den Lustort Ohr hervor, sondern scheint den ganzen Körper als jenes Medium zu verstehen, das die Musik des anderen Körpers (in diesem Falle Schumanns) in sich eindringen läßt. Die von Barthes gewählte Metaphorik sinnlicher oder künstlerischer Lusterfahrung verbindet sich häufig mit dieser Bewegung einer Aufnahme, eines Umschließens und Umfangens.[55] Signifikant ist aber auch, daß Barthes sich energisch gegen jegliche Kritik wendet, derzufolge Schumann nicht fähig gewesen sei, größere musikalische Formen zu *entwickeln*. Vielleicht, so kehrt Barthes radikalisierend diesen Vorwurf um, gebe es bei Schumann »nichts anderes als Intermezzi: Was unterbricht, wird seinerseits unterbrochen, und so fängt es von neuem an« (OO, 266). Es fällt nicht schwer, diese Lust am ständigen Neubeginn mit Barthes' eigener *écriture courte*, mit seiner Lust am Fragment, am Zwischenraum oder, wie wir nun sagen könnten, am skripturalen *Inter-mezzo* in Verbindung zu bringen. Es sind stets diese Zwischenräume in der Mitte, die für das Barthessche Schreiben anziehend, ja erogen sind.

Wie in Saussures Anagrammen sei »unterhalb« von Schumanns musikalischem Text ständig ein anderer Text zu hören (OO, 268). Die »Schläge« der *Kreisleriana* werden in der Form von Notenbeispielen förmlich in den Essay eingeblendet; sie unterbrechen den Text und beschränken sich keineswegs darauf, ihn zu »illustrieren«. Mit dem Einbau von Notenzeilen beginnt auch eine Schreibweise, die zwischen längere Absätze ein- oder zweizeilige Abschnitte einfügt. Der Schrifttext setzt sich so in eine Beziehung zu Schumanns Komposition, rhythmisiert seine eigene Abfolge. Man könnte hier auch von einer *Phrasierung* der Sätze Barthes' sprechen. Die No-

---

55 Die Schlußpassage von *Die Lust am Text* präsentiert das Ohr in einer solchen *aufnehmenden* Bewegung; deutlich zeigt sich dies auch in dem 1976 zusammen mit Roland verfaßten Enzyklopädie-Artikel »Ecoute« (insbes. OO 219); dort wird die Form des Ohres mit dem Eindringen in Verbindung gebracht.

tenbeispiele bringen zugleich auch ein graphisches Element in den Text ein, der nicht nur durch die Notenschrift, sondern auch durch ihr Bild fragmentiert wird: Der Leser kann bei seiner Lektüre zwischen Schreibtisch und Klavier alternieren, den Notenbeispielen also nicht nur folgen, sondern diese auch in »musica practica« umsetzen. Es entsteht so ein vielstimmiger Text, der auf der Seite des Lesers in einem vollen Sinne als Phonotext realisiert werden kann. Auf der Seite des Buches, im künstlerischen Artefakt also, kann dies nur als Virtualität eingeschrieben sein. Der Text selbst klingt nicht, kann nicht zum Tönen gebracht werden. Er ist aber Schrift, Graphie und Note oder, wenn man so will, eine Verbindung ikonotextuellen und phonotextuellen *Schreibens*. Auch in der Autobiographie findet sich diese Vorgehensweise. Einem von Barthes mit der Hand geschriebenen Notenblatt wird »kommentierend« hinzugefügt: »Graphische Wollust: vor der Malerei die Musik« (RB, 61). Schreiben, Malen, Musizieren: Die künstlerische Praxis ist immer an den Körper, an dessen erotische Dimension, als von der Hand hervorgebrachte Musik, Graphie oder Schrift gebunden.

Ähnlich wie in der skripturalen Texttheorie, dies verdeutlicht eine Passage aus »Rasch«, gibt es auch in der Musik »einen Ort des musikalischen Textes, wo jegliche Unterscheidung zwischen Komponist, Interpret und Hörer aufgelöst wird« (OO, 269). Von größter Bedeutung seien hier »die subtilen Körperbewegungen«, die Barthes als eine *cénesthésie* bezeichnet (OO, 269), eine Begriffsprägung, unter der er – wie es in einem Beitrag über die gastronomische Lust von Brillat-Savarin heißt, eine Art sechsten Sinn versteht: die »globale Empfindung unseres inneren Körpers« (BL 287). Der Körper, so Barthes in seinem Essay über Schumann, begibt sich in den Zustand der Sprache, *quasi parlando*, wie man bei Beethoven lesen könne (OO, 271 f.). Diese intensive, ja orgiastische Körperlichkeit erscheint unangemeldet: Das Intermezzo »kommt immer *wie ein Dieb*« (OO, 271). Ein Dieb, so könnten wir hinzufügen, der nun nicht den Mythos, nicht die Sprache stiehlt, sondern die körperliche Erfahrung des (musikalischen) Texts schenkt. An der Musik Schumanns (wie an jeder Musik) interessiert Barthes das Vermögen, eine »musikalische Signifikanz«, also den aus der Texttheorie bekannten unabschließbaren Bedeutungsvorgang hervorzubringen und den Körper des Hörers zu »berühren«: »Wir wechseln daher die Logik.« (OO, 276) Diese Logik der Musik ist zugleich auch eine Körperlogik –

offensichtlich sowohl von der Seite des Komponisten wie von jener des Interpreten oder des Hörers her. Es ist eine Logik »des Körpers im Zustand der Musik« (OO, 277), die eine eigene Semanalyse erforderlich mache. »Durch die Musik«, so schließt Barthes seinen Essay, »verstehen wir den *Text* als Signifikanz besser.« (OO, 277) Zwischen Schrifttext und musikalischem Text, dies zeigte der Ausklang von *Die Lust am Text*, siedelt sich sozusagen als Bindeglied die *écriture à haute voix* an. Auch sie ist eine praktizierte Musik.

In »Musica Practica« schrieb Barthes 1970, Beethoven sei der erste freie Mann der Musik gewesen; erstmals sei es einem Künstler als Ehrentitel angerechnet worden, verschiedene Ausdrucksformen, unterschiedliche »Codes« nacheinander erprobt zu haben. Dem großen Komponisten sei »das Recht auf Metamorphose« (OC II, 836) zugestanden worden. Dieses Recht auf eine ständige Verwandlung klagt Barthes auch für sich selbst ein, auch wenn er dies nicht explizit so sagt. *Roland Barthes par Roland Barthes* läßt sich jedoch verstehen als ein sich selbst in Szene setzendes Recht auf ständige Metamorphose, gefaßt in das uns bereits bekannte Bild des sich unablässig verändernden, aber stets seine äußere Form wahrenden Schiffes Argo (RB, 50). Es ist – wie schon die Schreibtischphotographien gezeigt haben – das Portrait des Kritikers, der sich als Wissenschaftler, Schriftsteller, Musiker und Maler zu erkennen gibt (oder genauer noch: als solcher präsentiert). Das Motto dieser Autobiographie könnte mit dem Schlußsatz des Fragments »Doxa/paradoxa« – wie schon zu Beginn unserer Annäherung an Barthes betont – lauten: *Où aller? J'en suis là.* (RB, 75) Text und Produktion sind die unablässige Bewegung des Denkens, des Schreibens, des Körpers eingeschrieben.

Photographien, Karikaturen, Schrifttexte, Musikstücke, Kalligraphien, Manuskriptseiten, Karteikarten, Biographeme[56], Graphismen, Zeichnungen, Gemälde, ja selbst die Photokopie des Textes einer staatlichen Prüfung, die einen Auszug aus *Le Degré zéro de*

---

56 Die kurzen Biographeme aus der Kindheit, wahre Kindheitsmuster, sind teilweise gruppiert und durch ihre Kursivsetzung von anderen Fragmenten abgehoben (RB, 111ff.).

l'écriture[57] zum Gegenstand hatte: Roland Barthes' Autobiographie präsentiert ihrem Leser ein ständiges Oszillieren zwischen den verschiedensten Ausdrucksformen. Intratextuelle, intertextuelle, metatextuelle, ikonotextuelle und phonotextuelle Dimensionen verwandeln dieses Buch in ein überaus dichtes Gewebe verschiedenster Texturen, welche die Gattungsnormen oder doch zumindest Gattungsformen in ihr Spiel sehr wohl einbeziehen, die Grenzen der Autobiographie aber bewußt miß-achten und auch weit über den Spielraum autobiographischen Schreibens hinausreichen. *Roland Barthes par Roland Barthes* ist durch ein ständiges Hinundherspringen zwischen dritter und erster Person Singular geprägt, eine Bewegung, die gleichsam die Fiktion eines Individuums erzeugt, das sich auf der Ebene von erzählter und erzählender Figur ständig neuen Spiegelungen überläßt, die durch die Einbeziehung fiktiver Gesprächspartner immer weiter vervielfacht werden. Außensicht und Innensicht, Innensicht als Außensicht: Es entsteht eine optische wie akustische Brechung, die vielfache Echoeffekte und damit ein nicht zu »durchschauendes« Stimmengewebe erzeugt. Die Beschäftigung von Roland Barthes mit dem *écrivain de toujours* R. B., ein Kürzel, das spätestens seit Beginn der siebziger Jahre[58] zu seinem Markenzeichen geworden war, basiert nicht nur auf dem Oszillieren zwischen verschiedenen Textformen und -ebenen, sondern versucht auch, eine Ästhetik ins Werk zu setzen, die sich deutlich jenseits einer Ästhetik des Bruchs ansiedelt. Insoweit läßt sich die Modernität dieses Textes im prospektiven Sinne Barthes' in der Tat als ein Spiel mit verschiedensten Knöpfen eines Radiogeräts[59] (oder einer Textmaschine) verstehen, dessen Konsequenzen nicht absehbar sind. Der moderne Text, von dem Barthes 1970 in seinem Auftakt zu »Die antike Rhetorik« behaupten konnte, er existiere noch nicht, existiert jetzt als ständig verändertes Experiment. Und doch greift Barthes auf Verfahren zurück, deren er sich bereits während der fünfziger Jahre bedient hatte, was verdeutlichen mag, daß diese Versuche auch ein ständiges Experimentieren mit dem eigenen, »vergangenen« Schreiben mit einschließen.

57 Barthes' *Am Nullpunkt des Schreibens* war auf diese Weise zu einem »Klassiker«, zu einem *en classe* gelesenen Text geworden; dem Abdruck der Photokopie wird in der Autobiographie ein einziges Wort beigefügt: *Récupération* (RB, 158).
58 Vgl. Sollers, Philippe: R. B. In: *Tel Quel* 47 (1971), 19-26.
59 Die Metaphorik lag nahe, befand sich an Barthes' heimischem Schreibtisch doch stets ein Radiogerät in Reichweite.

Roland Barthes verwendet 1975 Technik und Schreibweise jener Karteikarten, mit deren Hilfe *Michelet par lui-même* fragmenthaft entstand und 1954 in derselben Reihe bei Seuil in den Satz gehen konnte. Wir haben bereits gesehen, daß diese Karteikarten oder Zettel auch in ihrer Materialität, in ihren unterschiedlichen, vom jeweiligen Ort des Schreibens abhängigen Handschriften in die Autobiographie photographisch aufgenommen sind. In der Anordnung der Bestandteile seines Zettelkastens griff Barthes auf eine andere, in seinen Publikationen der siebziger Jahre recht häufig verwendete Technik zurück, indem er die Fragmente jeweils mit einem Titel versah und die Zettel in der alphabetischen Reihenfolge ihrer Titel – von *actif/réactif* bis *Le monstre de la totalité* – aufeinander folgen ließ. Um auch diese alphabetische Ordnung – den *degré zéro* der Klassifikation – nicht zu einer monströsen Totalisierung werden zu lassen, wurden alphabetisch bisweilen nicht passende Titel mit ihren zugehörigen Fragmenten in diesen Ablauf eingeschoben. Und doch scheint hinter dieser doppelt durchbrochenen Sinnzentrierung eine »ursprüngliche« Ordnung auf, die allerdings – so erklärt uns eine Erzählerfigur (RB, 151)[60] – verlorengegangen sei. Die Figur dieser Ordnung ist im Text selbst präsent. Barthes verfaßte die wesentlichen Teile seiner Autobiographie im Sommer 1974 in Juan-les-Pins[61], eben dort, wo wir ihm beim Klassifizieren und Ordnen von Papieren und Zetteln auf dem letzten Schreibtischbild (RB, 43) über die Schulter schauen können (Fig. 11).[62] Die Autoreflexivität des Textes erfaßt auch die inszenierte Genese seiner eigener »Ordnung«.

In *Roland Barthes par Roland Barthes* wird der Schriftsteller zum *écrivain s'écrivant en lisant ses propres textes*. Die Schriften von R. B. werden sozusagen zu Intertexten und einer überaus aufmerksamen Lektüre unterzogen, die in diesem Prozeß selbst zur Schrift,

---

60 Der Titel des Fragments lautet »Die Ordnung, an die ich mich nicht mehr erinnere«. Dieses »Ich« ist im Fragment selbst ein »Er«. Selbst der Ursprung des Vergessens wird verwischt.

61 Vgl. hierzu Calvet, Louis-Jean: *Roland Barthes. Eine Biographie, op. cit.*, 289.

62 Es findet sich auch eine zeitliche Ordnung, ist das zuletzt entstandene und im ersten Drittel des Buches befindliche Fragment doch auf den 3. September 1974 datiert (RB, 69). Am Ende des Textes wird diese Datierung wieder aufgenommen und der Entstehungszeitraum auf die Zeit vom 6. August 1973 bis zum 3. September 1973 angegeben. Die Angabe der Erzählzeit gehört zu den Konventionen der Autobiographie.

zum Text wird. Die Reflexion (im Sinne auch der Spiegelung und des Widerhalls) ist hier zu einer fruchtbaren, schöpferischen Obsession geworden. Barthes schreckte auch nicht davor zurück, diesen Spiegelungen, Brechungen und Echoeffekten eine weitere Dimension hinzuzufügen. Auf Bitten von Maurice Nadeau, der (wie wir sahen) bereits den Weg zu Barthes' Publikationen im Vorfeld von *Am Nullpunkt des Schreibens* geebnet und auch einen großen Teil der *Mythen des Alltags* in seiner Zeitschrift abgedruckt hatte, verfaßte er eigenhändig eine Rezension seiner Autobiographie, die unter dem Titel »Barthes hoch drei« im März 1975 in *La Quinzaine littéraire* erschien. Mit dem ihm eigenen Humor kritisiert er dort seinen eigenen Text, wirft ihm vor, doch etwas altmodisch und hinter die Ästhetik von *Die Lust am Text* zurückgefallen zu sein. Es ist zu bedauern, daß Barthes (aber welcher Barthes?) diese wahrlich borgesianischen Spiegelungen nicht fortführte und darauf verzichtete, beispielsweise eine von ihm selbst geführte Polemik um seine eigenen Texte entbrennen zu lassen.

Die schon in den Fragmenten der vierziger Jahre beobachtbare, in »F. B.« offen diskutierte, anhand von Schumanns Intermezzi verteidigte und in *Roland Barthes par Roland Barthes* vorgeführte Lust am ständigen Neuanfang eines Textes in der Form des Fragments mündet am Ende – denn auch dieses Buch ist, der Offenheit und Unabschließbarkeit seiner Sinnbildungsprozesse zum Trotz, eben »nur« ein Buch – auf der dritten Umschlagseite ein in einen handschriftlich fixierten fiktiven Dialog: »<u>Und nun?</u> – Was jetzt schreiben? Könnten Sie noch etwas schreiben? – Man schreibt mit seinem Begehren, und ich höre nicht auf zu begehren.« Mit der fiktiven Interviewsituation verweist der Text auf *einen* möglichen, in diesem Kapitel skizzierten »Anfang« des eigenen autobiographischen Schreibens: auf den Dialog, auf das Interview. Die Fragmente des R. B. gründen so in einer Polyphonie der Stimmen, die durch vielfältige Echowirkungen verstärkt, verzerrt, verstellt werden, um in der Stimmenvielfalt der fragmentierten skripturalen und pikturalen, graphischen und akustischen, ikonotextuellen und phonotextuellen Phänomene jenes Objekt der Leserbegierde verschwimmen zu lassen, das den »Reiz«[63] der Gattung Autobiographie ausmacht: den Autor.

---

63 Dennoch oder gerade darum wurde Barthes' Autobiographie zu einem großen Medienerfolg. *Le Monde* widmete dem Buch eine ganze Doppelseite. Vgl. hierzu Calvet, Louis-Jean: *Roland Barthes. Eine Biographie, op. cit.*, 287.

Die von Roland Barthes während der siebziger Jahre praktizierte
Ästhetik läßt sich in einem auch das Akustische und Musikalische
einschließenden Sinne als eine Ästhetik der Dekomposition verstehen, die die aus den fünfziger und teilweise den sechziger Jahren
bekannte Taktik der Zerstörung, nicht aber ihr strategisches An-
griffsziel, die Bourgeoisie, aufgegeben und aus den Augen verloren hat. Die politische Dimension des Barthesschen Denkens, die
ständig in seinen Schriften präsent ist[64] und in seiner Antrittsvorlesung am *Collège de France* in eine Reflexion über die Macht ein-
fließen wird, manifestiert sich auch in *Roland Barthes par Roland
Barthes*:

Nehmen wir an, daß die geschichtliche Aufgabe des Intellektuellen (oder
des Schriftstellers) heute darin besteht, die *Dekomposition* des bürgerlichen Bewußtseins in Gang zu halten und zu verstärken. Dann muß dem
Bild auch seine ganze Genauigkeit erhalten bleiben; d. h., daß man bewußt
so tut, als bliebe man innerhalb dieses Bewußtseins, und daß man es genau
an diesem Platz dem Zerfall, dem Einsturz und dem Zusammenbruch
überlassen wird, wie bei einem Stück Zucker, das in Wasser getaucht wird.
Dekomposition steht hier im Gegensatz zu *Destruktion*: Um das bürgerliche Bewußtsein zu *zerstören*, muß man außerhalb von ihm bleiben, und
dieses Außensein ist nur in einer revolutionären Situation möglich (RB,
67).

In den *Kritischen Essays* war der Ausdruck *décomposition* mehrfach, in unterschiedlicher Bedeutung, verwendet worden. In dieser
Passage bemüht sich Barthes, seine Metaphorik zu präzisieren und
auf einen Zerfall, ein Sich-Auflösen *in situ* festzulegen. Zweifellos
ist aber auch eine gemeinsame Bedeutungsebene mit dem parallel-
len Begriff der Dekonstruktion vorhanden, den Barthes in seiner
Autobiographie ebenfalls des öfteren verwendet, etwa wenn er davon spricht, daß es sich bei der in diesem Buch entworfenen Subjektivität um eine dekonstruierte handle: Die Subjektivität sei an
einem anderen Platz der Spirale wiederaufgetaucht und sei »dekonstruiert, entzweit, deportiert, ohne Verankerung« (RB, 171).
Diese Art einer Dekonstruktion *in situ* läßt sich mit Barthes' Bild
vom Schiff der Argonauten in Verbindung bringen, dessen ein-

64 Vgl. hierzu auch die überzeugende Argumentation in Moriarty, Michael:
    »Barthes: ideology, culture, subjectivity«, op. cit., 204.

zelne Bestandteile unablässig ausgetauscht werden, ohne daß sich die Form des Schiffes oder sein Name verändert. Das Zusammengesetzte dekomponieren hieße folglich, unmerkliche Veränderungen an der ins Auge gefaßten Komposition anzubringen, eine Vorstellung, die sich nicht nur auf den literarischen Text, sondern ebenso auf den Bereich der Musik wie auf den der Bildenden Künste anwenden ließe. In diesem erweiterten Sinne, der die Begriffsbestimmung Barthes' aufnimmt und mit der Derridaschen Dekonstruktion verknüpft, aber auch auf Bereiche ausdehnt, die außerhalb des skripturalen Textes liegen, kann man von einer Ästhetik der Dekomposition sprechen, die jenseits der von Barthes nun endgültig verabschiedeten Ästhetik des Bruchs, der Zerstörung, liegt. In dieser *Ästhetik der Dekomposition* wäre jene politische und ethische Dimension aufgehoben, die Barthes' *écriture* von Anfang an, seit seiner Verschiebung des Sartreschen Engagementbegriffs in den Bereich einer »Verantwortung der Form«, auszeichnet. Sowohl die Körperlichkeit als auch die Dimension der Lust, wie Barthes sie seit Beginn der siebziger Jahre immer stärker in den Vordergrund rückte, wären in eine so verstandene Ästhetik eingebunden.

Dies zeigt sich, wenn wir Roland Barthes' Antrittsvorlesung am *Collège de France* aus dieser Perspektive lesen. Gleich zu Beginn dieser am 7. Januar 1977 vorgetragenen *Leçon* (Lektion), nach einer Danksagung, die in die schriftliche Fassung nicht aufgenommen wurde, macht Barthes auf seine universitäre Karriere aufmerksam, die ihn nicht zu jenen Titeln führte, die normalerweise eine Voraussetzung für den Zugang zu diesem illustren Kreis darstellten. Er selbst habe sich zwar mit der Wissenschaft beschäftigt, letztlich aber »nur Essays hervorgebracht, eine ungewisse Gattung, in der die Schreibweise mit der Analyse im Streit« liege (L, 7). Es handelt sich in diesen Eröffnungssätzen keineswegs um ein Beispiel intellektueller Koketterie: Barthes macht vielmehr in subtiler und eleganter Weise auf Veränderungen im intellektuellen Feld Frankreichs aufmerksam, die ihm – wenn auch nur mit einer Stimme Mehrheit – die Wahl in das *Collège de France* »seines« Michelet (den er als ersten zu Beginn seines Textes würdigen wird) ermöglicht haben. Damit wird eine fundamentale Überlegung sichtbar, die Barthes – wie wir zu Beginn dieser Studie bereits sahen – auf den Bereich der Literatur übertragen wird (L, 41). Denn wie die Literatur ist nun, so lesen wir zwischen den Zeilen, auch die hierarchische Spitze französischer akademischer Institutionen nicht mehr »bewacht«. Barthes' Karriere zeigt, daß ein Zugang auch auf anderen Wegen, die nicht mit ENS-Diplomen und wissenschaftlichen Publikationen gepflastert sind, möglich ist. Verbinden wir diesen Auftakt der Antrittsvorlesung mit der oben zitierten Passage zur Dekomposition, so verstehen wir, daß Barthes' Eintritt in diese prestigeträchtige Institution keine gesellschaftliche Eingliederung, keine *récupération* eines *enfant terrible* ist, sondern die Veränderung dieser Institution selbst *in situ* bezeichnet und vorantreiben soll.

Es ist daher symptomatisch, wenn Barthes auf die »exzentrischen Kräfte der Moderne« (L, 8) – die er mit der Zeitschrift *Tel Quel* und keineswegs mit der Wissenschaft verbindet – in genau in dem Augenblick verweist, in dem er ins Zentrum des wissenschaftlichen Prestiges vorrückt. Dieses Zentrum aber, so Barthes, sei *hors-pouvoir*, »außerhalb der Macht stehend«, und stelle eine »List der Geschichte« dar (L, 9). Von diesem Ansatzpunkt aus entwickelt Barthes nun seinerseits listig eine Rückschau auf sein eigenes »Werk« und eine Vorschau auf die Ziele, die er sich nun in noch größerer Freiheit setzen durfte.

Barthes' Kritik an der naiven Vorstellung von einer einheitlichen, quasi greifbaren Macht und seine Konzeption einer pluralen, vielfach verstreuten und sprachlich fundierten Macht bzw. von Machtdiskursen (L, 11) wird kryptographisch in die Lektüre seines ersten Buches, *Am Nullpunkt des Schreibens*, eingebaut, wo er 1953 die *langue* als das beschrieben hatte, was dem Schriftsteller gegeben, ja auferlegt sei, dem er seinen eigenen Stempel nicht aufdrücken könne und das daher nicht der Ort einer Wahl sei.[65] Unter Verweis auf Jakobson, nicht aber auf sein eigenes Buch, wird die Sprache als diejenige Kraft bezeichnet, die nicht zu sagen erlaube, sondern zu sagen zwinge: Die Sprache sei daher faschistisch (L, 14). Sie stelle jenen Bereich dar, in dem Unterwürfigkeit und Macht verschmelzen (L, 15). Angesichts eines so machtvollen, ubiquitären Gegners gebe es nur die Möglichkeit, die Sprache zu hintergehen, sie zu täuschen: »Dieses heilsame Überlisten, dieses Umgehen, dieser großartige Trug, der es möglich macht, die außerhalb der Macht stehende Sprache im Glanz einer permanenten Revolution des Sprechens zu hören, nenne ich: *Literatur*.« (L, 16) Ange-

65 Vgl. das erste Kapitel der vorliegenden Arbeit.

sichts dieser recht überraschenden Definition von Literatur, an deren Stelle man die *écriture* erwartet hätte, überhört man nur allzu leicht das Wort *entendre*, das »Hören«. Als »Praxis des Schreibens« definiert, wird der Begriff der Literatur nun »unterschiedslos« zu *écriture* und Text verwendet (L, 16f.). Die körperliche, lustvolle Praxis dieser außerhalb der Macht stehenden Sprache klingt hier schon an – vernehmbar freilich nur, wenn wir zuvor Barthes' Entfernung vom Textualitätsdogma verfolgt haben. Barthes betont ausdrücklich die *responsabilité de la forme* und nimmt damit eine Grundüberzeugung seines ersten Buches wieder auf, verschiebt aber dessen Begrifflichkeit, indem er seine Vorstellungen nicht mehr an der *écriture*, sondern an der Frage der Macht orientiert. An die Stelle der Politik ist das Politische getreten. Aus dieser Perspektive werden die zuvor so sorgsam voneinander getrennten Begriffe Text, *écriture* und Literatur – ein Ausdruck, der aus der Sprache der *tel-queliens* weitgehend verbannt worden war – unterschiedslos verwendbar. Barthes' Terminologie entzieht sich wieder einmal jeglichem Systemcharakter: Nach seinem eigenen Verständnis der ausgehenden sechziger und siebziger Jahre ist sie systematisch, bildet aber kein System. Nietzscheanisch fundiert, versucht sie, keine Macht – auch nicht die des *Collège de France* – an sich zu binden, um jegliches Umschlagen in einen endoxalen Diskurs zu vermeiden.

Wie schon in mehreren Essays dieser Jahre unterscheidet Barthes drei Kräfte der Literatur, *Mathesis*, *Mimesis* und *Semiosis*, die aber in der Folge ebenso unterlaufen werden wie die Unterscheidung zwischen *langue* und *discours*. Diese Differenzierung, so Barthes, sei historisch fruchtbar gewesen, man müsse ihr aber nun abschwören. Erst aus der »Dekonstruktion der Linguistik« (L, 30), so der frischgebackene Inhaber des eigens für ihn geschaffenen Lehrstuhls für literarische Semiologie, gehe seine eigene Auffassung von Semiologie hervor. Für ihn sei die Zeit gekommen, »in einer Art fortschreitender Taubheit nur noch einen einzigen Klang zu hören, in dem sich Sprache und Diskurs mischten« (L, 31). Dieses bewußte Überhören ist, wie sein sehr persönlicher Rückblick auf die Entwicklung seines eigenen Verständnisses der Semiologie seit 1954 zeigt, der Versuch, dem Umschlagen in das Dogmatische zu entgehen: jener Bewegung also auszuweichen, die er mit dem im vorangehenden Kapitel bereits analysierten Begriffspaar als das Umschlagen des akratischen in einen enkratischen Diskurs hätte bezeichnen können. Die Semiologie dürfe weder Metasprache noch wissenschaftliche Disziplin sein (L, 36f.): eine fürwahr wagemutige Aussage für jeden Professor, der seine Disziplin bei einer Antrittsvorlesung vorzustellen, zu definieren und zu vertreten hat. Barthes verweigert sich all diesen Auflagen. Sein eigener Diskurs, der dieses Mal keineswegs fragmentarisch ist, führt selbst vor, wie die Dekomposition nicht nur seine eigene Terminologie erfaßt, sondern auch die diskursiven Grundlagen jener keineswegs machtlosen Institution spielerisch unterspült, die ihn an jenem Tage offiziell aufnahm. Damit soll Barthes keineswegs zum Revolutionär des Wissenschaftsbetriebs stilisiert werden, der er niemals war. Am 7. Januar 1977 wird kein Marsch durch die Institutionen proklamiert. Seine Aktivität ist subtiler (wenn auch vielleicht nicht effizienter). So will er auch keineswegs die Grenzen der akademischen Disziplinen zerstören; es geht ihm vielmehr darum, seinen Lehrstuhl, der ganz und gar statischen Metaphorik dieses Begriffs zum Trotz, in eine *chaire mobile* zu verwandeln, die wie ein »Joker des Wissens von heute« (L, 38) in allen Disziplinen auftauchen solle. Barthes, so könnten wir sagen, will mit seiner Semiologie alle akademischen Disziplinen queren, sie durchlaufen, ohne doch in ihnen heimisch zu werden: ein Nomade der Wissenschaften?

Unzählige Male hatte sich Barthes zuvor über Begriff und Praxis der Interdisziplinarität mokiert, die in Frankreich (und nicht nur dort) seit 1968 zu einer der Leitvorstellungen bei der Restrukturierung der universitären Landschaft geworden war. Bereits in einem Beitrag von 1969 über die Beziehung zwischen Literatur und Malerei wird spöttisch darauf hingewiesen, daß das Interdisziplinäre zum Lieblingskind, zur *tarte à la crème* der neuen universitären Kultur geworden sei. Es gelte aber, nicht die Disziplinen zu einem wechselseitigen Austausch zu führen, sondern deren Gegenstände selbst (OC II, 540). In einem Beitrag von 1971 kritisierte er darüber hinaus, daß es doch nicht um »eine simple Konfrontation von Spezialwissen« gehen könne (OC II, 1211). Eine wirkliche Interdisziplinarität könne erst entstehen, »wenn die Solidarität der alten Disziplinen auseinanderbricht, vielleicht sogar gewaltsam durch die Erschütterungen der Mode« (OC II, 1211). Und ähnlich heißt es 1972 zu Beginn eines Beitrags über eine künftige Theorie der Lektüre, daß ein Übereinanderlegen verschiedener Disziplinen nicht genügen könne, sondern daß eine wirkliche

Interdisziplinarität darin bestehen müsse, »dialektisch jede etablierte Disziplin zugunsten einer unerhörten Disziplin« zu zerstören (OC II, 1455). Fünf Jahre später bekamen es die Zuhörer in
Barthes' Antrittsvorlesung am *Collège de France* mit dieser »unerhörten« Disziplin zu tun. Doch war deren Ausgangsbasis nun
nicht mehr auf eine Zerstörung der einzelnen etablierten Disziplinen gerichtet, sondern verstand sich offensichtlich als eine ständige Bewegung zwischen diesen Disziplinen. Um eine solche Bewegung auszudrücken, ist der Begriff des Interdisziplinären, den
Barthes 1977 nicht mehr verwendet, gänzlich ungeeignet. Vor wenigen Jahren hat der in Mexico lebende argentinische Anthropologe Néstor García Canclini für eine derartige Vorgehensweise
den Begriff der Transdisziplinarität gewählt[66] und mit der Metaphorik von »nomadischen Wissenschaften«[67] verbunden. Diese
Begrifflichkeit scheint mir für eine Vorgehensweise adäquat zu
sein, die die existierenden Grenzziehungen zwischen den einzelnen Disziplinen nicht zu zerstören versucht – Nomaden pflegen
sehr schonend mit den von ihnen durchzogenen Gebieten umzu-
gehen –, sondern miß-achtet. Sie verzichtet darauf, einen neuen
wissenschaftlichen Raum entweder als zusätzliche Disziplin oder
als übergeordneten Wissensbereich, als Suprawissenschaft, abzu-
stecken. Für Saussure, der die Linguistik als Teilbereich einer Wissenschaft von den Zeichen verstanden hatte, war die Semiologie in
gewisser Weise in der Tat eine noch zu entwerfende Suprawissenschaft gewesen. Für Barthes wird sie ganz einfach transdisziplinär
sein. Sein »beweglicher Lehrstuhl«, sein »Joker-Wissen« ist als ein
ständiges Durchqueren verschiedenster wissenschaftlicher Bereiche und Sprachen konzipiert. Barthes' Semiologie soll transdisziplinär und literarisch sein.

66 Vgl. hierzu u. a. García Canclini, Néstor: »Los estudios culturales de los
    ochenta a los noventa. Perspectivas antropológicas y sociológicas en
    América Latina«. In: *Iztapalapa. Revista de Ciencias Sociales y Humanida-
    des* XI, 24 (1991), 9-24; sowie das fast schon zum Klassiker avancierte Buch
    desselben Verfassers *Culturas híbridas. Estrategias para entrar y salir de la
    modernidad.* México 1990, 15 und passim.
67 Ebd.

Längst gehöre es zum guten Ton, so Barthes, die Opposition zwischen den Wissenschaften und der Literatur in Frage zu stellen (L, 19) – eine Feststellung, die verdeutlicht, daß spätestens um die Mitte der siebziger Jahre grundlegende konzeptionelle Veränderungen im Wissenschaftsdiskurs spürbar geworden sind, an deren Vorbereitung der Autor von *Kritik und Wahrheit* wesentlichen Anteil hatte. Grund genug für Barthes, Differenzen wieder einzuführen, enthalte die Literatur doch ein immenses Wissen über alle Bereiche der Realität, das sich vom spezifischen Wissen der Wissenschaften grundlegend unterscheide (L, 19). Alle Wissenschaften seien im »literarischen Denkmal« gegenwärtig (L, 18). Im Gegensatz zu den Wissenschaften werde dieses Wissen aber nicht fixiert und fetischisiert. Die Literatur arbeite »in den Zwischenräumen der Wissenschaft« (L, 18), auch dies eine räumliche Metaphorik, die auf eine ständige Bewegung hinweist. Die Transdisziplinarität bezieht daher die Literatur in ihre Bewegungen als ständig korrigierendes und dynamisierendes Element mit ein. In einem Beitrag von 1973 hatte Barthes die *écriture* als jene Aktivität bezeichnet, die allein in der Lage sei, die verschiedenen Bereiche des Wissens zu mischen und so zu einer »Heterologie« vorzustoßen (OC II, 1613). Die dabei zutage tretende karnevaleske Dimension läßt keinen Zweifel daran, daß auch das Konzept der Heterologie auf Bachtins Vorstellung von Polyphonie verweist. Doch allein die *écriture*, so Barthes, entfalte sich ohne Ursprungsort und widerspreche jeglicher Systematik: Sie ist »atopisch (*atopique*)« (OC II, 1613). Dieser atopische Charakter des Schreibens erlaubt nicht nur, den Namen Bachtins auszusparen; er ist auch die Voraussetzung dafür, daß sich das Schreiben frei bewegen kann und keinem Bereich, keiner Grenze, keiner Disziplin zugeordnet ist.

Es geht nicht mehr um die Zerstörung von Grenzen (etwa jener zwischen Wissenschaft und Literatur), sondern um ein ständiges Queren der Diskurse und Gegenstandsbereiche. Einer Ästhetik der Dekomposition entspricht daher die Transdisziplinarität in der hier definierten Form in vollem Umfang. Eine transdisziplinäre, literarische Semiologie ist keine »Semioklastie« (L, 39), keine Zeichenverwüstung mehr. Hier hat der Semioklast der *Mythen des Alltags* (und insbesondere des Nachworts von 1956) die Konsequenzen aus der Unmöglichkeit einer reinen Zerstörung des Mythos gezogen. Der Semiologe ist nun zum »Künstler (*artiste*)« geworden: »er spielt mit den Zeichen wie mit einem bewußten Trug, dessen Faszination er auskostet, auskosten lassen und begreiflich machen möchte« (L, 39). Das Spielfeld dieser Semiologie ist die nicht mehr bewachte, »desakralisierte« (L, 40) Literatur, deren alten Sakralraum man betreten (und auch wieder verlassen) kann. Das Barthessche Schreiben ist aus seinem vestibulären Zustand herausgetreten. Nicht etwa, daß es den Zwischenraum nicht mehr bevorzugte. Im Gegenteil nutzt es die Chance, mit ständig neuen, wechselnden Zwischenräumen zu spielen, die nomadisch durchzogen werden: Wissenschaft und Wollust, Philosophie und Photographie, Musik und Malerei, Graphie und Gastronomie, Liebeskunst und Literatur.

Am Ende der zweiten Annäherung wurde bereits darauf aufmerksam gemacht, daß Barthes die Diskursivität einer solchen literarischen Semiologie oder semiologischen Literatur mit dem Hinundherlaufen eines Kindes verglich, das in seinen Bewegungen um die Mutter ständig neue Gegenstände findet und in dieser Abfolge zentrifugaler und zentripetaler Bewegungen einen Spielraum absteckt, der im vollen Wortsinne diskursiv ist. Man könnte in diesem »Diskurs« auch schon die Figuren der Liebe erkennen, die zu Beginn des elften Kapitels untersucht werden sollen.

Die Wissenschaft, die Roland Barthes in dieser Antrittsvorlesung skizziert, erscheint gleichsam als ein Kinderspiel, das sich freilich die Unbeschwertheit der kindlichen Neugier erst wieder erschließen, erarbeiten muß. Die Kraft, die dazu benötigt wird, um den Körper zu verjüngen, um wie Michelet – und vor ihm Dante – eine *Vita Nova* zu beginnen, ist das Vergessen:

»Es gibt ein Alter, in dem man lehrt, was man weiß; doch danach kommt ein anderes, in dem man lehrt, was man nicht weiß: Das nennt man *Forschen*. Es kommt jetzt vielleicht das Alter einer anderen Erfahrung: der des *Verlernens*, die nicht vorhersehbare Umarbeitung wirken zu lassen, durch die das Vergessen die Ablagerung des Wissens, der Kulturen, der Glaubensüberzeugungen, durch die man hindurchgegangen ist, prägt. Diese Erfahrung hat, glaube ich, einen berühmten und altmodischen Namen, den ich hier ohne Komplexe am Kreuzungspunkt seiner Etymologie aufzugreifen wage: *Sapientia*: keine Macht, ein wenig Wissen, ein wenig Weisheit und soviel Würze wie möglich.« (L, 45 f.)

Ohne Zweifel hat sich Barthes für den Beginn dieses Schlußpunkts seiner *Lektion* einmal mehr von seinem illustren »Vorgänger« am *Collège de France* inspirieren lassen. In seinem »Dem Seminar« gewidmeten Essay von 1974 hatte Barthes einen Ausspruch Michelets zitiert, der von sich sagte, er habe stets nur das unterrichtet, was er nicht wußte (BL 378). Barthes, der seine Antrittsvorlesung mit einer Reverenz an Michelet beginnt und beschließt, ging dann aber einen wesentlichen Schritt weiter, indem er ein Verlernen zur Voraussetzung macht, um eine andere Art von Wissen erreichen zu können. In dieser berühmt gewordenen Schlußpassage seiner Antrittsvorlesung laufen im Begriff der *sapientia* die zuvor ausgelegten Fäden von Macht, Literatur und Wissenslust zusammen; Barthes spricht von einer Weisheit, die mehr am Wissen der Literatur als an jenem der Wissenschaft partizipiert. Das *désapprendre* bildet auf diese Weise eine neue, eine eigentümliche Konstellation mit der *décomposition*: Beide werden nun auf das Subjekt selbst zurückgelenkt. Man darf dies so deuten, daß fortan nicht mehr nur die Semiologie und ihre Lehre, sondern auch der Lehrende selbst als Träger eines Herrschaftswissens *hors-pouvoir* gesetzt, *ent-machtet* werden soll. Dies aber scheint nur geschehen zu können, indem den (wissenschaftlichen, politischen, philosophischen) Machtdiskursen ihre Basis entzogen wird. Sie werden verlernt, entstellt, dekomponiert. Damit rückt das Literarische, das Künstlerische in den Vordergrund. Der Schriftsteller, durch die Wahl ins *Collège de France* als Semiologe, als Theoretiker und Wissenschaftler geehrt, nimmt sich nun jenes »Recht auf Metamorphosen«, das – so hieß es in »Musica Practica« – den freien Künstler ausmacht. Die Antrittsvorlesung am *Collège de France* vollendet das Portrait des Wissenschaftlers als Künstler.

Fig. 10: Roland Barthes (GV, Umschlagseite 1).

Elftes Kapitel
Die Liebe und der Tod

Auf der Suche nach dem verlorenen Roman   124

Mit seiner Antrittsvorlesung im Januar 1977 am *Collège de France* erklimmt Roland Barthes, dem zuvor keine höheren akademischen Weihen zuteil geworden waren, die Spitze der in Frankreich möglichen universitären Laufbahn. Wenige Wochen später gelingt ihm ein überraschender, ja sensationeller Bucherfolg, der ihn in den Augen der breiten Öffentlichkeit endgültig in einen Schriftsteller verwandelt. Ihm widerfährt, was sonst nur einigen wenigen Romanciers, kaum aber einem Semiologen oder Literaturtheoretiker zu gelingen pflegt: Mit seinen *Fragments d'un discours amoureux* landet er im Frühjahr 1977 einen wirklichen Bestseller. Nach einer rasch vergriffenen Startauflage von immerhin 15 000 Exemplaren läßt der Verlag noch im selben Jahr sieben weitere Auflagen drucken und verkauft 79 000 Exemplare des Bandes allein im Erscheinungsjahr.[1] Der Erfolg übertrifft alle Erwartungen. Barthes kann sich vor Interviewanfragen nicht nur bei Zeitungen und Zeitschriften, sondern auch in Rundfunk und Fernsehen kaum retten. Mehrere Fernsehsendungen werden produziert, im April 1977 tritt er (unter anderem zusammen mit Françoise Sagan) in der renommierten und beliebten Literatursendung *Apostrophes* von Bernard Pivot auf.[2] Spätestens jetzt ist der Durchbruch geschafft: Barthes ist zu einem vielgefragten *écrivain* (und nicht mehr »nur« *écrivant*) geworden. Wiederum nur wenige Wochen später, im Juni 1977, findet das bereits erwähnte Kolloquium von Cerisyla-Salle statt, das sich seinem bisherigen, teilweise aber auch bereits seinem künftigen Schaffen widmet. Roland Barthes ist auf dem Höhepunkt seiner Karriere.

Dabei scheint mir bedeutsam, daß er, dem eine Laufbahn über

---

1 Nach Angaben Calvets erreichte der Band 1989 die sechzehnte Auflage bei insgesamt 177 000 verkauften Exemplaren; vgl. Calvet, Louis-Jean: *Roland Barthes. Eine Biographie, op. cit.*, 304f.

2 Vgl. zum Erfolg der *Fragments* auch den Beitrag von Stephen Heath, der zusätzlich auf eine Bühnenfassung des Barthesschen Buches aufmerksam macht; Heath, Stephen: »Barthes on Love«. In: Sub-Stance: *a Review of Theory and Literary Criticism* XI-XII, 37-38 (1983), 100.

die *Ecole Normale Supérieure* versperrt geblieben war und der keine mit der deutschen Habilitation vergleichbare *Thèse d'Etat* eingereicht hatte und der noch 1968 den Tod des Autors verkündet und niemals literarische Werke im traditionellen Sinne publiziert hatte, im selben Jahr als Wissenschaftler *und* als Schriftsteller Triumphe feiern konnte. Dies belegt nicht nur von Barthes selbst angesprochene und zuvor miteingeleitete Veränderungen innerhalb des intellektuellen Feldes in Frankreich, sondern auch die Existenz synergetischer Effekte zwischen seiner »wissenschaftlichen« und »publizistischen« bzw. »literarischen« Tätigkeit. Barthes, der auch in Cerisy auf den Erfolg seines wenige Monate zuvor erschienenen Buches angesprochen wird, ist der Ansicht, daß sich »die Leute« in seinem Buch über die Liebe »wiedererkennen würden nicht etwa, weil es wahr wäre, sondern weil es geschrieben« sei: »Weil ich an der Schreibweise dieses Buches gearbeitet habe, verkauft es sich, und nicht, weil es wahr ist.«[3]

Diese überraschend naive Bemerkung, so charakteristisch sie für Barthes' Sichtweise der *écriture* auch sein mag, erklärt das Phänomen aber ebensowenig wie der witzige Einwurf Robbe-Grillets, bei den *Fragmenten einer Sprache der Liebe* handle es sich keineswegs um den ersten Roman von Barthes, sei der Autor des *Michelet* doch schon bei seinem fünften oder sechsten angelangt.[4] Doch wirft gerade die letztgenannte Anmerkung ein Schlaglicht auf den plötzlich so überwältigenden Erfolg eines Intellektuellen, dessen Sprache seit dem Erscheinen von *Am Nullpunkt des Schreibens* unablässig der Vorwurf gemacht wurde, preziös, unlesbar, unfranzösisch oder intellektualistisch zu sein. Barthes, der gegenüber derartigen Vorwürfen empfindlicher denn je war und es nicht unterlassen konnte, in seinem Beitrag zum Kolloquium von 1977 vorwurfsvoll aus einem besonders frech formulierten Verriß seiner *Fragmente* zu zitieren (BL 394), räumte selbst ein, daß er immer häufiger gefragt werde, ob er gerade an einem Roman schreibe. In einem Diskussionsbeitrag sprach er gar von einer »journalistischen Offensive«, die aus ihm – koste es, was es wolle – einen Schriftsteller machen wolle gemäß der Formel »aber ja, Barthes ist ein Schriftsteller, das wissen wir schon seit langem«.[5] Distanziert

---

3 Vgl. Barthes' Bemerkung in Compagnon, Antoine (Hg.): *Prétexte: Roland Barthes, op. cit.*, 219.

4 Ebd., 259.

5 Ebd., 414 sowie 251.

sich Barthes auch von derlei »Offensiven«, so darf man doch nicht vergessen, daß er in ganz wesentlicher Weise an solchen Entwicklungen beteiligt war. Selbst in Cerisy gab es kaum eine Diskussion, in der die Teilnehmer nicht auf seine *schriftstellerische* Zukunft gekommen wären.

Barthes hat jene Erwartungshaltung, die in ihm einen Schriftsteller erkennen mochte, selbst provoziert. Es waren nicht nur die ständigen Experimente mit einer sehr individuellen (und daher auch leicht zu parodierenden[6]) Sprache, sondern mehr noch seit den sechziger Jahren konstante Anspielungen auf sein eigenes Selbstverständnis als Schriftsteller, die derartigen Vorstellungen beständig Nahrung gaben. Nicht nur die Definition des Kritikers als Schriftsteller, wie sie sich quer durch die *Kritischen Essays* zieht, sondern mehr noch die Bücher und Texte der siebziger Jahre waren es, die den Erwartungsdruck vergrößerten. Ein vielleicht entscheidendes Gewicht kommt dabei seiner Zusammenarbeit mit den Medien zu. Barthes hat die im zehnten Kapitel anhand seiner Schreibtischphotographien analysierte Entwicklung seines öffentlichen Bildes vom Wissenschaftler und Kritiker zum Schriftsteller und Künstler sehr bewußt gesteuert. Buchpublikationen wie *Die Lust am Text* und vor allem die in der Reihe *Ecrivains de toujours* erschienene Autobiographie präsentieren Barthes immer mehr als einen Schriftsteller, ja mehr noch: als einen verhinderten Schriftsteller, der gerade aus dieser Verhinderung das eigene schriftstellerische Dasein entfaltet. Es fällt nicht schwer, das Modell dieser *Autorfigur* im Ich-Erzähler von Prousts *Auf der Suche nach der verlorenen Zeit* zu sehen, die sich als Darstellung des schwierigen Wegs Marcels zum Schreiben lesen läßt. Bereits in den *Kritischen Essays* hatte Barthes – wie wir sahen – mehrfach sein eigenes Schreiben mit dem von ihm bewunderten Proust in Verbindung

6 Den zweifellos gelungensten Versuch stellt der Band von Burnier, Michel-Antoine/Rambaud, Patrick: *Le Roland Barthes sans peine, op. cit.*, dar. Barthes reagierte mit Verbitterung auf derartige Parodien, die zugleich ein Schlaglicht nicht nur auf die Roland-Barthes-Sprache, sondern auch deren Bekanntheitsgrad werfen. Das 1978 erschienene Buch ist eine weitere Bestätigung für Barthes' »Durchbruch« ein Jahr zuvor. So verwundert es auch nicht, daß – wie bereits im fünften Kapitel erwähnt – im selben Jahr mit René Pommiers Buch *Assez décodé!, op. cit.*, ein anachronistischer Nachtrag zur *Affaire Racine* veröffentlicht wurde. Daß der einst so geschmähte Roland Barthes in den Olymp des *Collège de France* hatte einziehen können, scheint für einige eine nur schwer zu akzeptierende Tatsache gewesen zu sein.

gebracht. Im Bildteil von *Roland Barthes par Roland Barthes* sind die Anspielungen auf den Erfinder von Combray nicht zu übersehen. Und auch in Cerisy-la-Salle kam Barthes, in gespielter Schüchternheit, nicht umhin, sein eigenes Schreiben erneut mit dem großen französischen Romancier in Verbindung zu bringen. Die von Barthes in seinem Diskussionsbeitrag scheinbar »spontan« entworfene Szene ähnelt jenen Illuminationen, die ohne Vorankündigung den Erzähler in *Auf der Suche nach der verlorenen Zeit* in der Form der »unwillentlichen Erinnerung«, der *mémoire involontaire*, in einen euphorischen Glückszustand versetzen und ihm den künftigen Weg zum eigenen Schreiben weisen:

»Ich war, ich sage das frei heraus, in einem Zustand großer Müdigkeit, ja aus mancherlei Gründen in einem Zustand der Verwirrung, als ich an jenem Abend plötzlich auf eine geradezu wunderbare, euphorische Weise von dem Einfall aufgerichtet wurde, daß ich endlich einen Roman schreiben würde, daß ich endlich alle Geschäfte verschieben, den ganzen Rest wegräumen und endlich in eine Art große Askese eintreten würde, wie Proust dies tat – ich entschuldige mich für diesen Vergleich, der eine Praxis, nicht aber einen Wert betrifft –, auch ich würde in den Roman eintreten wie man in eine Religion eintritt, und darum habe ich neulich den Ausdruck ›einen Sprung machen‹ gebraucht. Und ich habe mich plötzlich, inmitten dieser Müdigkeit, auf wunderbare Weise wiederhergestellt gefühlt [...].«[7]

Was Barthes in einer Diskussion so freimütig formuliert, ist am literarischen Vorbild modelliert. Die Metapher des Eintretens in den Roman ist aufschlußreich, ist für Barthes doch erst der Roman Höhepunkt jenes Reichs der Zeichen, das schon für Sartre allein die Prosa gewesen war. Erst mit dem Eintritt in die religiöse Askese des Romans scheint für Barthes jener vestibuläre Zustand beendet zu sein, der sich schon früh in seinen Schriften als jener schöpferische Zwischenraum herausgebildet hatte, in dem sich das eigene Schreiben ansiedeln konnte. Auf dem Höhepunkt seiner wissenschaftlichen Anerkennung und seines schriftstellerischen Erfolgs setzt Barthes sich explizit ein neues Ziel: Der Kritiker will nicht mehr »nur« Schriftsteller, sondern Romancier sein. Die *Suche nach der verlorenen Zeit* wird endgültig zum Leitbild einer *Vita Nova*, die Barthes sehr bewußt an Michelet, aber auch an

---

7 Compagnon, Antoine (Hg.): *Prétexte: Roland Barthes, op. cit.*, 366. Das Originalzitat findet sich unter dem Vermerk »(Cerisy 366)« im Anhang.

Dante ausrichtete. Inmitten einer großen »Verwirrung« – wie in den ersten Versen der göttlichen *Commedia* – wird ein neuer, ein gerader Weg erkennbar. Das Romaneske erscheint als die bei der Suche verlorene Zeit, das Verlernen öffnet den Weg zur Würze des Schreibens. Die Suche nach dem »verlorenen« – oder verlorengeglaubten – Roman hat begonnen.

Eine Liebe zur Sprache in Fragmenten

Mit seinen *Fragmenten einer Sprache der Liebe*, die wie schon *S/Z* auf ein eigenes, 1974 begonnenes Seminar an der EPHE zurückgehen, hat Barthes noch nicht den von ihm ersehnten Roman geschaffen, aber doch den Durchbruch als Schriftsteller erreicht. Der bemerkenswerte Erfolg des Buches läßt sich allein mit dem Verweis auf die gezielte Veränderung von Barthes' »Erscheinungsbild« in der Öffentlichkeit und die Erwartungen, die durch *Le Plaisir du texte* und *Roland Barthes par Roland Barthes* geweckt worden waren, nicht ausreichend erklären. Welches sind die textimmanenten Elemente, die dieses Buch für sein Publikum so interessant machten?

Wie in seiner Autobiographie blieb Barthes auch in den *Fragments d'un discours amoureux* seiner Liebe zur *écriture courte*, zum Fragment, treu. Nun wird allerdings nicht mehr eine Autorfiktion konstruiert, sondern nach der Eröffnungsformel ist es »ein Liebender, der hier spricht und sagt« (F, 13). Es handelt sich folglich um einen *discours amoureux*, den Diskurs eines Liebenden, womit gleichzeitig ein Diskurs im transphrastischen und narratologischen Sinne und ein Sprechen, eine mündliche Rede gemeint sind, die »ein Liebender« auf den folgenden Seiten artikuliert. So, wie der Autor von Barthes zunächst aus dem Text vertrieben wurde, um dann – in *Roland Barthes par Roland Barthes* – als Autorfiktion wieder zurückkehren zu dürfen, kehrt nun auch das Subjekt wieder in den literarischen Text »heim«: als eine Fiktion oder genauer noch, als eine *Figur*. In *Die Lust am Text* hatte Barthes den Autor als eine »Figur« (P II, 1508) bezeichnet, deren Notwendigkeit spätestens in der Autobiographie erkennbar wird, da nur so ein Spiel wechselseitiger Spiegelungen zwischen »Subjekt(en)« und »Objekt(en)« des Schreibens geschaffen werden konnte. Ähnlich verwendet Barthes nun das Subjekt des Liebenden als eine Figur, in der sich die verschiedenen Fragmente eines Diskurses bündeln lassen. Der Liebende wird daher nicht als Individuum mit einer psychologischen »Tiefe« dargestellt, sondern in den Strukturierungen seines Sprechens inszeniert.

Vorüberlegungen zu einem solchen Text finden sich bereits in Kapitel LXXV von *S/Z*. Dort war Barthes ausgehend von Balzacs Novelle *Sarrasine* auf die Variationen von Liebesschwüren und Liebesverweigerungen eingegangen: »Nur eine historische Inventur der Formen der Liebessprache (*parole amoureuse*) könnte diese Variationen ausnutzen und uns den Sinn des *›Parlez-moi d'amour‹* aufzeigen, wenn dieser Sinn sich weiterentwickelt hat usw. Die Unendlichkeit kommt ihrerseits von der Wiederholung: die Wiederholung, das ist genau, daß es keinen Grund gibt aufzuhören.« (SZ II, 674)

Hier ist noch nicht von Diskurs, wohl aber von einem mündlichen Sprechen die Rede. Dieses Sprechen soll nun im realisierten Projekt der *Fragments d'un discours amoureux* in Szene gesetzt (dafür benötigt Barthes die Figur eines Subjekts), zugleich aber auch auf ein historisches Inventar hin geöffnet werden, und dies wäre im Gegensatz zur individuellen Ebene der *parole* die intersubjektive, »kollektive« Ebene des Diskurses. Aus diesem Grunde wird im folgenden die Übersetzung *Fragmente eines Diskurses der Liebe* vorgezogen.

Der Diskurs dieses (»eines«) Liebenden greift auf ein heterogenes, historisch wie individualgeschichtlich aufgehäuftes Material zurück, das keineswegs historisiert, sondern in der Figur des Sprechenden aktualisiert, vergegenwärtigt wird. In einer dem Buch nachgestellten »Tabula gratulatoria« werden Bezugspunkte dieses Diskurses genannt. In einer ersten Gruppe finden sich mit Barthes befreundete Schriftsteller (wie Sollers oder Sarduy), Mitstreiter oder Teilnehmer seiner Seminare. Die zweite Gruppe wird von einem Einzelwerk ausgefüllt, Goethes *Die Leiden des jungen Werthers*, dessen französische Übersetzung Roland Barthes zum zweifellos wichtigsten Intertext seines Buches machte. In einer dritten Gruppe dieser Ehrentafel finden sich so unterschiedliche Autoren und Texte wie Balzac, Bataille und Baudelaire, die bereits mehrfach erwähnten Nietzsche-Studien von Deleuze und Klossowski, die Schriften Freuds und Lacans, Diderots und Flauberts, sowie Novalis und Proust, Denis de Rougemont und Sartre, Stendhal und Szondi. In der vierten und letzten Gruppe schließlich finden sich

Komponisten wie Wagner, Mozart und Schubert; aber auch auf Buñuels Film *Der diskrete Charme der Bourgeoisie* wird verwiesen. So wird ein breiter literarischer Raum abgesteckt, der Literatur und Musik, Freundeskreis und Film, Philosophie und Psychoanalyse umfaßt; ihm werden in den Fragmenten eine Vielzahl von leicht erkennbaren Biographemen Barthes', von Dialogen mit Freunden und schließlich ein Ausschnitt aus dem Gemälde »Tobias und der Engel« aus der Werkstatt von Andrea del Verrocchio beigegeben, das die vordere Umschlagseite des Bandes schmückt.[8] Dieser Ausschnitt macht bereits auf der Ebene des Paratextes das Fragmentarische, das vom Titel des Buches angekündigt wird, *anschaulich*.[9]

Wie schon bei *Roland Barthes par Roland Barthes* wird auch bei diesem Buch auf die Gestaltung der paratextuellen Elemente große Sorgfalt verwendet. Erneut kommt dem Titel eine große Wichtigkeit zu. Dies betrifft nicht nur die bereits erwähnte Benutzung des Begriffes »Diskurs«. Der Titel signalisiert, daß es nicht um *den* Liebesdiskurs schlechthin, sondern um *einen* Diskurs (eben dieses *einen* Liebenden) geht. Diese Singularisierung besitzt aufgrund der Einstreuung von Biographemen Barthes' einen personalisierenden Effekt. Schon der Titel läßt eine autobiographische Lesart zu, ohne sie doch zu bestätigen. Man kann daher sehr wohl in den *Fragments* eine Fortsetzung der Autobiographie (mit anderen Textmitteln) erblicken. Von großem Gewicht ist aber auch das, was Barthes in seiner 1973 vorgelegten Analyse einer Erzählung Poes recht anschaulich als die »aperitive Funktion« des Titels bezeichnete: Der Text sei eine »Ware« und es komme darauf an, »beim Leser den Appetit anzuregen« (OC II, 1657). Genau dies gelingt Barthes mit dem Zusammenspiel von Titel, Autorname und Bildfragment bereits auf der ersten Umschlagseite. Der Buchtitel macht Appetit.

Barthes' Arbeit am Paratext setzt sich auf der vierten Umschlagseite fort. Dort wird dem Leser ein Schriftbild präsentiert, in dem

---

8 Barthes gestaltete seine Bücher stets sehr aufmerksam, nicht zuletzt auch im paratextuellen Raum. Schrieb er früher stets die Klappentexte selbst, so wählte er als Umschlagmotiv für *Roland Barthes par Roland Barthes* ein eigenes Gemälde. Auch für die *Fragmente* beabsichtigte er, eine eigene Zeichnung zu verwenden; erst spät entschied er sich für ein Gemälde aus der Werkstatt des florentinischen Malers. Vgl. zum letztgenannten Aspekt Calvet, Louis-Jean: *Roland Barthes. Eine Biographie, op. cit.*, 295.

9 Dem kurzen, spielerischen Kontakt zwischen den Händen der Liebenden ist im Buch eine eigene Figur gewidmet (F, 81 f.).

er eine menschliche Figur erkennen kann. Es wird von einer Reihe kurzer, alphabetisch angeordneter Ausdrücke gebildet, in deren »Zentrum« das in seiner Zeile allein stehende *Je-t-aime* (sic!) steht. Barthes hat hier als optischen Blickfang jene Stichworte angeordnet, denen die einzelnen Fragmente des Liebesdiskurses zugeordnet sind. Sie werden im Buch selbst als »Figuren« bzw. als »Argumente« bezeichnet.

Barthes hat seine Fragmente in eine Abfolge voneinander abgetrennter Figuren (die sich nur auf der vierten Umschlagseite zu einem zusammenhängenden »Bild« formieren) eingeteilt, um auf diese Weise jegliche Geschichte, jegliche Erzählung zu vermeiden. Der Diskurs der Liebe, der »heute *von einer extremen Einsamkeit*« sei (F, 5), wird nicht narrativ erlöst. Das Subjekt bleibt auf sich selbst zurückgeworfen, ohne daß sich hierdurch eine psychologische Tiefendimension des Liebenden eröffnen würde: »Die Einsamkeit des Liebenden ist keine Einsamkeit einer Person (die Liebe wird gestanden, spricht, wird erzählt), es ist eine Einsamkeit des Systems« (F, 251). Die Vereinzelung des Liebessubjekts erweist sich als »eine ›philosophische‹ Einsamkeit, da die Liebe als Leidenschaft heute von keinem größeren Denksystem einbezogen« werde (F, 249). Der Diskurs des Liebenden wird von keiner Philosophie, weder christlicher noch marxistischer Herkunft, gestützt und abgesichert. Schon im orientierenden Vorwort, das auch in diesem Buch nicht fehlen darf, wird jedoch betont, daß es »monströs« gewesen wäre, diese Leerstelle mit einer eigenen Philosophie der Liebe zu füllen (F, 12), dürfe hier doch nur eine »Affirmation«, eine Bejahung und Bekräftigung erwartet werden (F, 12). Nicht nur die Erzählung, sondern auch die Metasprache, auf der jegliches philosophisches System beruht, wird sorgfältig vermieden. Barthes gibt sich damit erneut seiner Liebe zur Sprache in Fragmenten hin.

Figuren der Liebe   126

Das von Barthes inszenierte und zum Sprechen gebrachte Subjekt ist aus Bruchstücken literarischer und philosophischer, musikalischer und filmischer, schriftlicher und mündlicher, autobiographischer und fiktionaler Provenienz montiert. Die dramatische Erfahrung der Machtlosigkeit und Ungeschütztheit des Liebesdiskurses kommt in den insgesamt 80 Figuren im vollen Wortsinn *theatralisch* zum Ausdruck. Die Zuordnung der Fragmente zu einer Figur hält diese quasi in einer Serie akausal angeordneter *Standbilder* fest: Sie sind zugleich Statuen und in ihrer ständigen Bewegung festgehaltene Momentaufnahmen des liebenden Subjekts. So ist die an den Leser gewandte Erklärung zu verstehen, sie nicht als rhetorische, sondern eher als gymnastische oder choreographische Figuren aufzufassen (F, 7f.). Diese Choreographie der Liebesfiguren greift auf zwei in vorausgegangenen Kapiteln bereits untersuchte Verbindungen von Körper und Schrift zurück: erstens auf jene Körper, die sich in den Texten des Marquis de Sade zu rhetorischen Figuren anordneten, und zweitens auf das Alphabet von Erté, dessen grazile und geschmückte Frauenkörper sich in die Graphie der Buchstaben fügen. Körperlichkeit und Bildlichkeit sind den Figuren damit doppelt, auf der Ebene des Textes wie auf der intratextuellen Ebene, eingeschrieben.

Wie schon in *Leçon* wird der Begriff des Diskurses als eine Bewegung, als ein Hinundherlaufen verstanden. Insofern zeichnet bereits in Barthes' Antrittsvorlesung das zwischen seiner Mutter und irgendwelchen zufällig erblickten Gegenständen hin- und herlaufende Kind bereits Figuren der Liebe nach. In den *Fragmenten eines Diskurses der Liebe*, wo die Liebe der bzw. zur Mutter – »der wohltuende Ruf, die Rückkehr der *Mutter*« (F, 49) – gleichfalls präsent ist, ist diese Bewegung jedoch tänzerischer und erinnert an das, was Barthes in seinem 1965 erschienenen Lexikonartikel über »Das griechische Theater« den Griechen nachsagte: Sie hätten die Figuren oder Schemata des Tanzes als Kodierungen gelesen (OC I, 1552). In einer im Oktober 1972 in *La Quinzaine littéraire* erschienenen Rezension von Gérard Genettes Buch *Figures III* beschreibt er dessen Verständnis von Figuren als »logische Formen, Ausdrucksarten (*manières*) des Diskurses, deren Feld nicht bloß eine kleine Gruppe von Wörtern, sondern die Struktur des Textes in seiner Gesamtheit« sei (OC II, 1433). Gegenüber dieser narratologischen, diskursanalytischen Definition zeichnet sich der Barthessche Figurbegriff durch seine Körperlichkeit, Plastizität und Sinnlichkeit aus. Eine »Geschichte der Quellen«, so heißt es in *Roland Barthes par Roland Barthes*, müsse ersetzt werden durch eine »Geschichte der Figuren«, die in der Folge als Posturen, als Körperstellungen verstanden werden (RB, 103). Seit unserer Beschäftigung mit *S/Z* wissen wir, daß auch der

Lektüreakt eine Abfolge von Körperstellungen ist, die der Leser dem Text gibt. In diesem Sinne sind die Figuren der *Fragmente* Roland Barthes' *choreo-graphische* Figuren der Liebe, die auch den Leser in ihr Spiel einbeziehen. Es könnte gerade diese leseraktivierende Dimension gewesen sein, die zusätzlich zu den bereits genannten Gründen zum Erfolg der *Fragmente eines Diskurses der Liebe* – auch in Deutschland[10] – geführt hat.

Die einzelnen Figuren sind innerhalb des Textes stark untergliedert, so daß – ähnlich wie in *S/Z* – eine recht komplexe graphische (bzw. grammatextuelle) Strukturierung des Schriftbilds ins Auge fällt. Jeder Überschrift (oder »Figur«) folgt ein »Argument«, das im Gewand der Definition[11] in ein Wechselspiel mit dem Titel der jeweiligen Figur, aber auch mit den nachfolgenden, zur Figur gehörenden durchnumerierten Fragmenten tritt. Allen drei Bestandteilen einer *figure* sind unterschiedliche Schriftgrößen zugeordnet. Hinzu kommt, daß wie in Lehrbüchern Bezugstexte in einer Kommentarkolonne neben den Fragmenten aufgeführt werden, so daß der Leser den jeweiligen Gesprächspartner bzw. Intertext leicht ausfindig machen kann. Durch Fußnoten werden zusätzliche, graphisch abgesetzte Verweise gegeben. Dieses Verfahren führt zu einem recht komplexen Aufbau der einzelnen Figuren, wobei Titel, Argumente und Fragmente oft in einen Kontrast gebracht werden, der auf die Willkür der Benennungen aufmerksam macht. So entspricht zwar der Figur »Geisterschiff« (womit Barthes ein schon in seinem *Michelet* anklingendes Thema erneut variiert) das Argument »Herumirren« ; doch werden etwa den Figuren »Laetitia« bzw. »Unaussprechliche Liebe« als Argumente »Eingrenzen« bzw. »Schreiben« an die Seite gestellt. Nicht nur die

10 In der deutschen Übersetzung wurde nicht die Abfolge der einzelnen Textfragmente Barthes', sondern das Ordnungsprinzip der alphabetischen Ordnung übernommen. Damit wird zwar die ursprüngliche Ordnung des Bezugstexts zerstört; dafür aber entsteht ein eigener Text, in dem die einzelnen Fragmente, gemäß ihrer deutschen Titel angeordnet, neue Beziehungen eingehen, die belegen, daß auch in den *Fragments d'un discours amoureux* die Leserichtung auf vielfache Weise umkehrbar ist.

11 Barthes' Spiel mit der Definition ist unverkennbar parodistisch. Fügte man die einzelnen Argumente zusammen, so entstünde, in Anspielung auf Flauberts »Wörterbuch der Gemeinplätze«, eine kleine Enzyklopädie des Liebesdiskurses. Die Parodie erfaßt dabei sehr wohl auch Barthes' eigenen Text und stellt dessen Grundlagen in Frage. Im weiteren Verlauf des Kapitels werden wir sehen, daß Barthes noch im selben Jahr an anderer Stelle auch von der *bêtise amoureuse* sprechen wird.

zahlreichen Zitate, sondern auch die semantischen, diskursiven und graphischen Brüche signalisieren die bewußte Fragmentierung nicht allein des Textes oder des Diskurses der Liebe, sondern auch des liebenden Subjekts selbst.

Es entsteht so ein Figurenfeld, das sich einer strikten Klassifizierung ebenso entzieht wie einer notwendig einzuhaltenden Leserichtung. Die Beziehungen sind variabel, bilden ständig sich wandelnde Konstellationen. Der Leser kann zwischen den einzelnen Figuren hin- und herspringen und damit dem Text eigene Figuren, eigene *postures* übertragen. Es steht ihm frei, aus den Fragmenten eine Philosophie der Liebe abzuleiten; das Buch selbst entwickelt eine solche Philosophie nicht. Jeglicher Systemcharakter wird dekonstruiert oder, wie man noch besser sagen könnte, choreographiert, in Figuren und Körperkonstellationen aufgelöst. Freilich könnte man gerade dies wiederum als eine *andere* Philosophie der Liebe interpretieren. Ein logisches und kausal aufgebautes Denksystem läßt sich damit aber nicht errichten. Die Liebe entzieht sich – zumindest deuten dies die *Fragmente* an – jeglicher diskursiven Herrschaft. Sie steht mit dem Körper im Bunde.

Die Figuren des Liebestänzers gehorchen ihrer eigenen Logik. Sie tauchen im Kopf jedes Subjekts ohne erkennbare Ordnung nacheinander auf:

»Bei jedem dieser Zwischenfälle (das, was ihn ›überfällt‹, ›befällt‹) schöpft der Liebende aus dem Vorrat (dem Schatz?) der Figuren, je nach den Bedürfnissen, den Weisungen oder den Lüsten seines Imaginären. Jede Figur blitzt auf, vibriert allein wie der aus einer Melodie herausgelöste Klang – oder wiederholt sich bis zum Überdruß wie das Motiv einer in sich kreisenden Musik.« (F, 10)

Dies läßt sich als Anspielung auf jene *Zwischenfälle* lesen, die Barthes 1969 in Marokko abgefaßt hatte. Dort war die Lektüre des anderen mit einer Lektüre des eigenen Körpers verbunden worden und hatte zu einer rationalen Erklärungsmustern nicht mehr zugänglichen Logik geführt. Diese Konstellation findet sich auch in den *Fragmenten eines Diskurses der Liebe*. So hatten wir im siebten Kapitel bereits darauf hinweisen können, daß sich die *Incidents* als Fragmente eines Diskurses der homosexuellen Liebe lesen lassen. In dem Buch von 1977, das sich ebenfalls einer fragmentarischen, aber wesentlich komplexer strukturierten Schreibweise bedient, ist die Dimension der Körperlichkeit jedoch in weit vielfältigerer Weise gegenwärtig, wobei auch hier der homosexuellen Liebe (wenngleich viel diskreter) eine wichtige Funktion im Sprechen des Subjekts zukommt.

Das oben angeführte Zitat belegt, daß der Körper des liebenden Subjekts auch durch die Dimension der Musik repräsentiert wird. Nicht umsonst hatte Barthes den letzten Teil seiner »Tabula gratulatoria« vor allem den Komponisten vorbehalten. So stoßen im Diskurs der Liebe die verschiedensten Logiken aufeinander. Der *discours amoureux* erscheint als zutiefst paradoxer Diskurs, der nicht einer bestimmten Logik – auch nicht der Körperlogik – überantwortet werden kann. Er entzieht sich der Macht und jedem System, das sich seiner bemächtigen könnte. Sein Ende findet er erst dort, wo der Diskurs, wo die Sprache endet: in der geschlechtlichen Vereinigung (F, 121).

Das Schreiben des Liebenden *hintergeht* die Mode, ist »altmodisch« und »anachronistisch im Verhältnis zum modernen Text« (F, 112). Damit wird ein Motiv aufgenommen, das schon im ersten Satz des Vorworts anklang: Es geht darum, »das hören zu lassen, was in seiner Stimme an Unzeitgemäßem, d. h. an Unbehandelbarem mitschwingt« (F, 7). Bereits in einer Radiosendung von *France-Culture* über den romantischen Gesang hatte Barthes 1976 betont, daß ihn gerade das Inaktuelle, das »unverblümt Altmodische« interessiere, insofern darin eine »subtile Provokation« liege (OO, 253). Der nietzscheanische Grundton dieser unzeitgemäßen Betrachtungen ist unüberhörbar. Damit zeichnet sich eine neue Dialektik ab. Barthes versucht, das Unzeitgemäße und Altmodische – in seinem Sinne etwa die Musik von Schumann und Schubert[12] – gegen das Modische und Moderne auszuspielen, um daraus eine neue Aktualität zu gewinnen. Der »moderne Text«, dies hatte er schon 1972 festgestellt, führe sein eigenes Zerbersten in verschiedenste Fragmente herbei; da könne man den »alten Text« durch eine neue Lektüre viel effektvoller zur Explosion bringen: »je älter ein Text ist, umso besser explodiert er« (OC II, 1431). Der moderne Text beginnt aber vor allem, als das bereits Realisierte und darum auch nicht mehr Begehrenswerte zu erscheinen. Der utopische Raum, der sich am Ende des ersten Buches von Roland Barthes geöffnet hatte, ist realisiert. Der moderne Text, der 1970 noch als inexistent galt, existiert. Die *Fragments d'un discours*

12 Maurice Blanchot, der sich mit den Tagebüchern Schuberts beschäftigte, könnte erneut ein wichtiger Anreger gewesen sein.

amoureux repräsentieren das Romaneske ohne den Roman, jene Formel, die für Barthes in *S/Z* zum Inbegriff des schreibbaren, des modernen Textes geworden war. Die Ästhetik der frühen siebziger Jahre ist ins Werk gesetzt, ja mehr noch: Sie hat zu einem bemerkenswerten Bucherfolg geführt. Damit aber, so ließe sich folgern, ist das Romaneske zum Lesbaren geworden. Roland Barthes wird nicht versuchen, diesen Erfolg mit Hilfe eines ähnlich gestalteten fragmentierten Textes zu wiederholen.

Jenseits des Schreibbaren

Alain Robbe-Grillet stellte 1977 in Cerisy den Roman Balzacschen Typs als »eine runde Sache mit einem soliden Kern von Sinn und Wahrheit« dar, während »der moderne Roman« nur Fragmente präsentiere, »die überdies immer dasselbe beschreiben«.[13] Auf den Einwurf Barthes', daß er mit einer solchen Sichtweise einverstanden, Robbe-Grillet aber (und nicht er selbst) der »moderne Romancier« sei, bezeichnete sich dieser als »Romanschriftsteller der sechziger und siebziger Jahre, während es vielleicht Du bist, der der moderne Romancier von morgen sein wird«.[14] Die Szenerie entbehrt nicht der Komik, zumal Barthes beschwichtigend schloß, man mache ja letztlich dasselbe. Der als »Romancier von morgen« Apostrophierte zeigte sich hinsichtlich einer solchen Zukunft keineswegs abgeneigt. »Das Romaneske«, erklärt er in einer anderen Diskussion, »ist schon geschrieben«; so bleibe ihm also »buchstäblich« nur übrig, »einen Roman zu schreiben, und das ist es in der Tat, was vor mir liegt«.[15] Wie aber sollte dieser Roman aussehen?

Die von Robbe-Grillet benutzte Metaphorik einer Frucht mit Kern war auch Barthes nicht fremd. In einer bereits zitierten Passage sprach er ausgehend vom *nouveau roman* 1959 vom Schweigen, das sich im Zentrum des Schriftstellers befinde »wie der Kern in einer Frucht« (OC I, 803). Zehn Jahre später schloß er einen Vortrag über den Stil mit dem Hinweis, daß der Text nicht wie eine Aprikose aus Fruchtfleisch und Kern, sondern wie eine Zwiebel aus mehreren übereinandergelagerten Schichten aufgebaut sei, die

13 Vgl. die Diskussion in Compagnon, Antoine (Hg.): *Prétexte: Roland Barthes, op. cit.*, 257f.
14 Ebd., 258.
15 Ebd., 366.

»kein Herz, keinen Kern, kein Geheimnis, kein unauflösbares Prinzip« umschlössen, sondern »das Unendliche seiner Umhüllungen, die nichts anderes umhüllen als die Gesamtheit ihrer Oberflächen« (OC II, 1271). Damit charakterisierte Barthes 1969, ähnlich wie dies Robbe-Grillet in Cerisy tun wird, den traditionellen Roman als Kernfrucht, dem sich der moderne Text als dezentriertes System einander überlagernder Oberflächen entgegenstellt. Der lesbare Text wäre dann die Aprikose, der schreibbare die Zwiebel, der Roman besäße einen Kern, das Romaneske dagegen eine unendliche Abfolge von Oberflächen. Wenn Barthes nun das Romaneske verläßt und damit der Zwiebel Lebewohl sagt, welches Modell wird er dann für seinen Roman wählen?

Er scheint als erstes das fragmentarische Schreiben aufgeben zu wollen, das nicht nur seine Texte der siebziger Jahre charakterisierte. Der schreibbare Text seiner *Fragmente* ist zu einem lesbaren geworden; es erscheint daher aufgrund der unsteten, nomadisierenden Bewegung seines Schreibens nur als folgerichtig, wenn er sich nun mit dem Lesbaren auseinandersetzt. Die zu Beginn dieses Kapitels zitierte Passage zeigte, daß Barthes sein Schreiben 1977 mehr denn je mit Hilfe Prousts (oder dessen Imago) modelliert. Diese Ausrichtung am Proustschen Schreibmodell radikalisiert sich im folgenden Jahr. Die Gründe hierfür liegen nicht allein im ästhetischen Bereich.

Im Sommer 1977 war Barthes' Mutter, mit der er – abgesehen von kurzen Auslandsaufenthalten – zeit seines Lebens unter einem Dach gewohnt hatte, erkrankt. Eine Reihe von Tagebuchaufzeichnungen aus dieser Zeit, die Barthes 1979 in *Tel Quel* veröffentlichte, führen eindringlich vor Augen, wie er im Jahr seiner großen Erfolge ständig zwischen Angst und Hoffnung schwankte: »Dunkle Gedanken, Ängste, Angstzustände: ich sehe den Tod des teuren Wesens« (BL 402). »Mam geht es heute besser. Sie sitzt im Garten, mit einem großen Strohhut.« (BL 404) Doch Henriette Barthes verstarb am 25. Oktober 1977. Roland Barthes verlor damit noch im selben Jahr jenen geliebten Menschen, der in seiner Antrittsvorlesung im Januar 1977 als das Zentrum erschien, an dem sich das hin- und herlaufende Kind in seinen »Diskursen« orientierte. Das Nachdenken über den Tod, das sich in der zweiten Hälfte der siebziger Jahre bereits verstärkt hatte, erhält nun eine gänzlich andere, bittere Färbung, die auch für das kreative Schreiben nicht folgenlos bleiben sollte.

Proust wurde nachdrücklicher als jemals zuvor zu einem Modell – und zugleich zu einem Vorbild stilisiert. Dies zeigt sich in aller Deutlichkeit in einem Vortrag am *Collège de France*, in dem Barthes gleich zu Beginn darauf hinweist, daß es sich nur zum Teil um einen Vortrag *über* Proust handle. »Proust und ich« wäre, so Barthes, der zutreffendere Titel (BL 313). Als er den Text wenig später, im November 1978, in New York als Vortrag hielt[16], wählte er in der Tat diesen provokativeren, publikumswirksameren Titel und nicht den zweifellos schöneren, »*Longtemps je me suis couché de bonne heure*«, den ersten Satz von Prousts *Recherche*, den er seinem Pariser Vortrag vorangestellt hatte. Barthes hob freilich hervor, daß er sich nicht mit dem großen Romancier vergleichen, sondern mit ihm identifizieren wolle. Das *désir d'écrire*, »das Begehren zu schreiben« (BL 313), wie es im Proustschen Romanwerk zum Ausdruck komme, bildet den Ansatzpunkt dieser Identifikation. Lange habe Proust nicht gewußt, daß sich die beiden Seiten seines Schaffens, zum einen Essay und Kritik und zum anderen der Roman, miteinander vereinigen ließen. Was Proust vor seinem Romanwerk verfaßt habe, sei »romanesk und intellektuell zugleich« gewesen; *Auf der Suche nach der verlorenen Zeit* sei weder Essay noch Roman, sondern eine »dritte Form«, auf deren Suche sich Proust nach dem Tod seiner Mutter gemacht habe (BL 315 f.). Damit sind die Grundelemente von Barthes' Identifikation mit oder treffender: seiner Projektion auf Proust benannt. Wenn Barthes *über* Proust spricht, spricht er von sich selbst. Doch genügt dies noch nicht: »Es ist *das Intime*, das in mir sprechen, im Angesicht des Allgemeinen, der Wissenschaft, seinen Schrei hören lassen will.« (BL 320) In diesem Schrei kommt nicht nur die Stimme und damit das Körperliche zum Ausdruck; es ist mehr noch jener Geburtsschrei, von dem Barthes – in einer bereits zitierten Passage – 1964 in einem Nachwort zu Jean Cayrols Roman *Die fremden Körper* sprach (OC I, 1433). Es ist ein Schrei, der ein neues Sprechen ermöglichen soll, das erst mit dem endgültigen Verstummen sein Ende finden wird.

Das Alter, so führt Barthes in der nachfolgenden, lebensphilosophisch reflektierten Passage aus, sei kein Fortschreiten, sondern ein Sich-Verändern. Ihn treibe die Frage um, »welche realen Kräfte sein Alter mit einschließen und mobilisieren« wolle (BL 320). So

---

16 Vgl. Calvet, Louis-Jean: *Roland Barthes. Eine Biographie, op. cit.*, 318 f.

sei, und Barthes greift nun explizit auf den ersten Vers von Dantes *Commedia* zurück, der gegenwärtige Augenblick zur »Mitte des eigenen Lebenswegs« geworden (BL 320). Jetzt sei eine Zeit gekommen, aus deren Perspektive das Vergangene als ständige Wiederholung erscheint: »Wie? Bis zu meinem Tod werde ich immer Artikel schreiben, Seminare veranstalten, Vorträge halten über Themen (*sujets*), die sich allein, und so wenig, verändern! [...] ich sehe meine Zukunft, bis zum Tod, wie einen ›Zug‹: Wenn ich diesen Text, diesen Vortrag beendet habe, dann habe ich nichts anderes zu tun, als einen anderen anzufangen?« (BL 321) Mit dem Tod der Mutter habe – biographisch nicht ganz korrekt – Prousts neues Werk eingesetzt. Wie schon in seiner Antrittsvorlesung von Januar 1977 nimmt Barthes das Thema von Michelets (und implizit auch Dantes) *Vita Nova* auf, nun aber aus einer existentiell gänzlich anderen Situation heraus. Barthes' Mutter ist tot, und wie ein »Schrei«, der durch »die Trennung weit weg vom geliebten Wesen« ausgelöst wird, klingt die sich anschließende Frage: »welcher Lucifer hat *zur selben Zeit* die Liebe und den Tod geschaffen?« (BL 323)

Wie Proust setzt Barthes dieser Erfahrung das Schreiben entgegen: den Roman. Unter Roman wird »aus Bequemlichkeit jegliche *Form*, die gegenüber meiner früheren Praxis, meinem früheren Diskurs neu ist«, verstanden (BL 324). Schon in der Form dieses Vortrags, so läßt sich hinzufügen, kommt dieses Neue zum Ausdruck. Barthes wählt einen durchgängigen, nicht fragmentierten Diskurs. Die Liebe zur Sprache in Fragmenten, zur fragmentierten Sprache, verschwindet nicht vollständig aus den Schriften dieser letzten Schaffensphase von Roland Barthes. Doch wird die *écriture courte* zunehmend von einer Schreibweise in den Hintergrund gedrängt, die wohl gegliedert, aber nicht fragmentiert ist. Es ist eine Schreibweise, die am Pathos interessiert, ja mitunter orientiert ist und die Kraft des Pathetischen für die Wirkung des eigenen Diskurses nutzbar machen will. Der Roman wird zur noch »ungewissen«, »nicht kanonischen«, vor allem aber »begehrten« Form (BL 324). Die neue Form dieses noch nicht konkretisierten Romans siedelt sich, dies dürfen wir folgern, jenseits jener Textualität an, in der Barthes in *S/Z* den schreibbaren, den modernen Text erblickt hatte. Man darf aber daraus nicht die Schlußfolgerung ziehen, Barthes hätte nun einen Roman im traditionellen Sinne schreiben wollen. Er beabsichtigte keineswegs, *S/Z* aufzugeben und dafür *Sarrasine* zu schreiben. Auf der Suche nach diesem »utopischen *Roman*« hat Barthes seine »Methode« gefunden:

»Ich begebe mich in der Tat in die Position desjenigen, der etwas *macht* und nicht mehr in die Lage dessen, der *über* etwas spricht: Ich studiere kein Produkt, ich übernehme eine Produktion; ich hebe den Diskurs über den Diskurs auf; die Welt kommt nicht mehr in der Form eines Objekts zu mir, sondern in der Form einer Schreibweise, mithin einer Praxis: Ich gehe zu einem anderen Typus von Wissen über (dem Wissen des Amateurs), und genau hierin bin ich methodisch.« (BL 325)

Sicherlich erfolgt hier eine bewußte Stilisierung des aktuellen Schaffens als ein neuer Abschnitt, als eine neue Phase, die sich den früheren Periodisierungen hinzufügen ließe, die Roland Barthes in den siebziger Jahren am Korpus seines Werkes anbringen zu können glaubte. Es ist keineswegs so, daß Barthes sich bis zu diesem Zeitpunkt ausschließlich auf der Metaebene, auf der Ebene des *parler sur*, bewegt hätte. Wir hatten vielmehr gesehen, daß seit den fünfziger und verstärkt seit den frühen sechziger Jahren sein Schreiben, seine Produktion auf eine Subversion der Trennung zwischen Objektsprache und Metasprache gerichtet war. Doch zeigt sich nun, daß Barthes neue Prioritäten setzt und – angesichts seiner Position am *Collège de France* wie innerhalb des intellektuellen Felds insgesamt – auch setzen kann: Es ist die Praxis eines Wissens oder einer Kunst, die körperliche Ausübung einer »Musica Practica«, die sich von einem Wissen *über* die Musik grundlegend unterscheidet. Die künstlerische Praxis wird sozusagen durch ein »Verlernen« des wissenschaftlichen Diskurses ergänzt. Aus dem professionellen Zeichendeuter ist ein Liebhaber, ein Amateur der Künste geworden, der sich seinem Schaffen lustvoll hingibt.

Der Amateur 128

Im Verlauf der siebziger Jahre hatte sich Barthes immer wieder mit dem Status des Amateurs beschäftigt. In seinem Vortrag von 1972 über Bataille wies er bezeichnenderweise in dem Abschnitt »Codes des Wissens« darauf hin, daß der Amateur – als Vielschreiber – von der traditionellen Kritik verachtet würde (OC II, 1615). Allein die »Spezialisten« würden geachtet. »Die wirtschaftlichen, sozialen und institutionellen Bedingungen«, so hieß es 1973 in Barthes' Lexikonartikel über Texttheorie, »erlauben weder in der Kunst noch in der Literatur die Anerkennung jenes eigentümlichen Praktikers, der der *Amateur* war – und in einer befreiten Gesellschaft wieder sein könnte« (OC II, 1687). Damit zeichnet sich bereits ab, daß für Barthes der Amateur eine außerhalb der *Doxa* und der Macht stehende Figur ist, deren Liebe zu Kunst und Literatur *als Praxis* zu einer Zielvorstellung der *Fragmente eines Diskurses der Liebe* wird. Sein ebenfalls 1973 veröffentlichter Essay über Réquichot enthält ein enthusiastisches Lob des Amateurs. Dieser verfüge nicht etwa über ein geringeres Wissen oder eine weniger perfekte Technik; er sei vielmehr *»jener, der nicht zeigt*, der sich nicht hören läßt«: »Der Amateur sucht nur seine eigene Wollust zu produzieren«; diese *jouissance* aber höre jenseits des Amateurs auf (OC II, 1638). Der Künstler dagegen zeige sich, bringe sich zu Gehör, lasse sich verstehen – und dies bedeutet, daß »der Andere« einen Diskurs, ein Bild von ihm konstruieren könne. Réquichot habe seine Bilder und Objekte nie öffentlich gezeigt. Seine Kunst – und darum könne man ihn auch in einem positiven Sinne mit dem veralteten Wort »Künstler« bezeichnen – präsentiere sich wie ein »bescheidenes Hobby, das man nicht zeigt« (OC II, 1639).

Barthes hatte zu diesem Zeitpunkt seine eigenen künstlerischen Aktivitäten vom Bereich des Schreibens auf jenen der Malerei ausgedehnt. Er war seit Beginn der siebziger Jahre (im Sinne seiner Umprägung des Begriffs) zu einem Amateur der Malkunst geworden. Die Photographien in *Roland Barthes par Roland Barthes* hatten ganz bewußt den Bildern des Wissenschaftlers und Kritikers jene des Schriftstellers und vor allem des Künstlers hinzugefügt. Eines seiner Gemälde, »Erinnerung an Juan-les-Pins«, diente dem Band als Umschlag. Man kann darin ein erstes öffentliches Zeigen, eine erste »Ausstellung« eines seiner Gemälde erblicken.

Louis-Jean Calvet weist in seiner Biographie darauf hin, daß die Malerei im Leben Barthes' einen immer größeren Raum einzunehmen begann. Noch 1973 bezeichnete er sich in einem Interview als »Sonntagsmaler«.[17] Doch wird er während der siebziger Jahre über fünfhundert Gemälde und Zeichnungen schaffen, die er stets datierte und – wohl ebenso sorgfältig wie seine Publikationen – in

17 Vgl. Calvet, Louis-Jean: *Roland Barthes. Eine Biographie, op. cit.*, 268.

einem Werkverzeichnis auflistete. Er weigerte sich keineswegs, seine Aquarelle, Tuschezeichnungen und Pastellbilder zu »zeigen«, ja auszustellen. Bei Ausstellungen von 1976 und 1977[18] präsentierte er jeweils eine Auswahl aus seinem Schaffen und vergaß auch nicht, sich vor einem seiner Bilder photographieren zu lassen – selbstverständlich mit einer brennenden Zigarre in der Hand.[19]

Es trifft daher nicht zu, wenn der mit Barthes befreundete kubanische Romancier Severo Sarduy in einem Essay über den Maler Barthes davon spricht, dieser habe zu Lebzeiten keine Ausstellungen durchgeführt.[20] Ebenso fragwürdig ist Sarduys Aussage, Barthes habe nach dem Tod seiner Mutter mit der Malerei aufgehört.[21] Glaubwürdiger ist da schon die Bemerkung, Barthes habe nach seiner Rückkehr aus Japan, wo er sich auch mit Papier und Stiften versorgt habe, mit der Malerei begonnen.[22] Er zeichnete und malte auf verschiedensten Arten von Papier, mit Vorliebe aber *alla prima* auf dem Briefpapier von Institutionen wie dem *Collège de France*. Das Barthes' Malstil kennzeichnende Spiel mit Graphismen, mit rasch hingeworfenen Pinselstrichen und tachistischen Malflächen scheint zu bestätigen, daß er sehr schnell und geradezu seriell arbeitete.[23] Hand und Körper führen in Barthes' Malszenen Regie, wie er dies auch in einem Essay von 1973 von der »Semiographie« André Massons behauptete (OC II, 1597 f.).[24] Immer wieder treten Formen der *écriture* auf: nicht nur die Briefköpfe der von Barthes verwendeten Bögen, sondern auch handschriftliche, aus größerer Entfernung wie Schriftzüge wirkende, aber nicht dechiffrierbare »Zeichen« oder rhythmisch angeord-

---

18 Nach Barthes' Tod kam es 1980 und 1981 zu zwei weiteren Ausstellungen (ebd., 270).

19 Die Photographie von Sophie Bassouls findet sich auf dem Umschlag der Kassettenausgabe von Chancel, Jacques: *Roland Barthes. Radioscopie de Jacques Chancel le 17 janvier*. Paris: Cassettes Radio France 1975.

20 Vgl. Sarduy, Severo: »Portrait de l'écrivain en peintre, le matin«. In: *La Règle du Jeu* 1 (mai 1990), 73. Man könnte in dieser Aussage eher die Übertragung von Barthes' Schriften, etwa der Äußerungen zum Status des Amateurs, auf sein eigenes Leben sehen; die Grundzüge des Mythos Barthes sind in seinen Veröffentlichungen angelegt.

21 Der weitere Verlauf des Kapitels wird zeigen, daß dies mit Barthes' eigenen Aussagen nicht übereinstimmt.

22 Ebd.

23 Ebd., 75.

24 Vgl. hierzu auch Biasi, »Pierre-Marc de: Barthes et la peinture: le désir de l'illisible«. In: *Magazine littéraire* 314 (octobre 1993), 68-70.

446

nete Linien, die seiner seit *L'Empire des signes* oft geäußerten Vorstellung von Übergängen zwischen Malerei und Schrift auf künstlerisch überzeugende Weise Ausdruck verleihen. Blieb er auch nicht der Maxime des Amateurs treu, das Geschaffene nicht zu zeigen, sondern nur um der eigenen Lust willen zu produzieren, so zeigt sich doch, daß Barthes in seinen Gouaches und Zeichnungen den Bereich der *écriture* nicht nur theoretisch, sondern auch praktisch zur Malerei hin öffnete. Seine Arbeiten sind keineswegs amateurhaft, wohl aber die eines Amateurs.

Diese »praktische« Auseinandersetzung mit der Malerei schlägt sich auch in seinen Essays über eine Reihe von Malern, insbesondere in seinen Arbeiten über André Masson, Réquichot und Cy Twombly nieder. Die Affinität zu diesem nordamerikanischen Künstler, dem Barthes 1979 zwei Essays widmet[25], deutet sich bereits in jenen Begriffen an, die ihm zu Beginn des ersten Essays »spontan« einfallen und die ebenso auf Twomblys Malerei wie auf seine eigenen Arbeiten gemünzt sein könnten: »Zeichnung«, »Graphismus«, »Kritzelei«, »linkisch« und »kindlich« (OO, 145).[26] An Twombly fasziniert ihn vor allem dessen Umgang mit Schrift und graphischen Zeichen. Eine Reihe von Formulierungen belegt, daß Barthes bei seiner Darstellung des künstlerischen Werks von Twombly auf manche seiner damals noch unveröffentlichten Ausführungen in den »Variationen über die Schrift« zurückgreift. Der Künstler – nach Barthes könne man dieses etwas kitschige Wort durchaus noch beibehalten (OO, 148) – versuche, die Schrift zu dekonstruieren, während Mallarmé zuvor eine Dekonstruktion des Satzes versucht habe (OO, 149). Twomblys Graphismen seien darauf gerichtet, die Beziehung zwischen Auge und Hand zu kappen und dadurch die Herrschaft des Rationalen und der Kontrolle, die sich in der Malerei im Auge verkörpere, zu brechen (OO, 150f.). Diese Bemerkung wirft ein Licht auf Barthes' eigene Maltechnik, möglichst schnell, ohne Überlegung zu malen und zu zeichnen, sich also ganz den Bewegungen der eigenen Hand zu überlassen. Nicht die abstrakte Beziehung zwischen Auge und Leinwand, sondern

---

25 Beide Essays liegen zusammen mit einer kleinen Auswahl aus dem Schaffen Twomblys in einer deutschsprachigen Buchausgabe vor; vgl. Barthes, Roland: *Cy Twombly*. Deutsch von Walter Seitter. Berlin 1983.

26 Das Bindeglied zwischen Barthes und Twombly ist die *écriture*; bereits 1970 schrieb Barthes in seinem Essay »Der Geist des Buchstabens«: »Die Schrift ist *eins*: Das sie stets begründende Diskontinuierliche macht aus allem, was wir schreiben, malen, zeichnen einen einzigen Text.« (OO, 98)

der körperliche Kontakt der Hand mit Stift und Papier beherrscht seinen Zugang zur Malkunst. In den Äußerungen über Twombly stoßen wir auf Barthes' eigene Poetik.

In Barthes' Äußerungen über Twombly stoßen wir jedoch nicht nur auf seine eigene Poetik. Er unterscheidet hier zwischen verschiedenen Subjekten, die in einen Dialog mit der Malerei des nordamerikanischen »Minimalisten« treten. Das fünfte und letzte Subjekt ist dabei »jenes der Produktion«, das »Lust darauf hat, das Gemälde zu re-produzieren«:

> »Etwa heute morgen, am 31. Dezember 1978, es ist noch Nacht, es regnet, alles ist still, als ich mich an meinen Arbeitstisch setze. Ich betrachte *Herodiade* (1960) und habe wirklich nichts dazu zu sagen, außer der gleichen Platitüde: daß es mir gefällt. Aber plötzlich taucht etwas neues auf, ein Begehren: das Begehren, *das gleiche zu machen*: zu einem anderen Arbeitstisch zu gehen (nicht mehr dem Schreibtisch), Farben zu nehmen und zu malen, Striche zu ziehen.« (OO, 176)

Das Zeichnen und Malen scheint, wie von Sarduy behauptet, in der Tat eine morgendliche Praxis zu sein. Doch wird ihm nicht nur ein bestimmter Zeitraum, sondern auch ein spezifischer Ort zugewiesen. Die theoretische, skripturale Beschäftigung geht – erneut in einer Art plötzlicher Erleuchtung[27] – über in eine Malpraxis. Es zeigt sich nicht nur ein möglicher »Einfluß« von Twombly auf das zeichnerische Werk von Roland Barthes, sondern vor allem eine neue Art von Dialog mit den Objekten anderer Künstler. Der Übergang von einem »studierten Produkt« zu einer »übernommenen Produktion« – wie es 1978 im Vortrag »über« Proust hieß – wird an dieser Stelle räumlich in Szene gesetzt: als Übergang vom Arbeitstisch der *écriture*, an der offensichtlich auch das Werk Twomblys betrachtet, gelesen wird – zum Arbeitstisch der Malerei. Diese Inszenierung ist bedeutsam, führt sie doch gleichsam jene Bewegung vor, die wir anhand der Abfolge verschiedener Schreibtischphotographien hatten nachvollziehen können. Roland Barthes wechselt zwischen dem Schreibtisch des professionellen Kritikers bzw. Schriftstellers und jenem anderen Schreibtisch, an dem der Amateur, der Künstler, Platz nimmt. Diese

27 Man könnte dies nicht nur mit Proust, sondern auch mit der von Barthes seit *Das Reich der Zeichen* häufig beschworenen Erfahrung des japanischen Satori in Verbindung bringen. Für Barthes bedeutet dieser Begriff weniger eine »Erleuchtung« als ein Aufwecken (*éveil*) (OO, 172).

Bewegung läßt sich sowohl innerhalb einzelner Essays der siebziger Jahre – über die »Musica Practica«, über Schumann und Schubert, über Twombly und Réquichot – als auch zwischen den verschiedenen Publikationen von Roland Barthes während dieses Zeitraums nachzeichnen. Man könnte die »Gänge« zwischen Schreibtisch, Klavier und »Staffelei« mit jener zu Beginn der zweiten Annäherung dieser Studie evozierten Bewegung des Lesers in Verbindung bringen, der sich auf der Suche nach Büchern von Roland Barthes von Regal zu Regal, zwischen den verschiedensten Abteilungen einer Buchhandlung hin- und herbewegen muß.

Wege zur neuen Form, Abschied von der Moderne?

Nicht nur auf der Ebene von Malerei, Gesang oder Klavierspiel, sondern auch auf jener des Schreibens stellt sich Barthes bisweilen als ein Amateur dar und erzielt damit (wohl bewußt) einen Kontrast zur hohen Professionalität und Komplexität der Schreibmuster von *tel-queliens* und *nouveaux romanciers*. In einem 1979 in *Tel Quel* veröffentlichten Text, der die bereits erwähnten Tagebuchauszüge des Jahres 1977 enthält, stellt Barthes eine Reihe von Überlegungen zur Führung eines Tagebuchs an.[28] Seine Erörterungen gelten dabei nicht dem Tagebuch als Beschäftigungsfeld der Literaturkritik; sie dienen vielmehr dem Ziel, eine eigene neue Schreibpraxis zu begründen und die Frage zu stellen, ob die Tagebuchaufzeichnungen für eine eventuelle Publikation verfaßt werden können (BL 400). Der Beitrag selbst setzt dieses Vorhaben bereits »ins Werk«: Mit den Überlegungen zum Tagebuch wird auch dieses selbst zumindest in Auszügen veröffentlicht. Zugleich aber hat Barthes die Frage der Publikation seiner »Pariser Abende« zumindest bis zu seinem Tod negativ beantwortet. Diese Aufzeichnungen, die unmittelbar nach dem in *Tel Quel* veröffentlichten Text verfaßt wurden und nun nicht seine morgendlichen, sondern die abendlichen bzw. nächtlichen Praktiken in ein schillerndes Licht setzen, erschienen erst sieben Jahre nach seinem Tod. François Wahl gab sie zusammen mit den marokkanischen *Zwischenfällen* heraus, mit denen sie nicht nur die allgegenwärtige Dimension homosexueller Liebe, sondern

28 Vgl. hierzu auch Genette, Gérard: »Tagebuch, Anti-Tagebuch«. In: Henschen, Hans-Horst (Hg.): *Roland Barthes, op. cit.*, 115-128.

auch eine fragmentarische Schreibweise teilen. Sie stellen »Pariser Zwischenfälle« dar. Und wie diese lassen sie sich auch dem Projekt der *Fragmente eines Diskurses der Liebe* zuordnen. Waren die *Incidents* die Vorhut der *Fragments*, so bilden die »Soirées de Paris« deren Nachhut. Man könnte sie damit als Nachtrag zum Buch von 1977 lesen, so wie Barthes auch ein »Supplément« zu *Die Lust am Text* verfaßt hatte. Barthes suchte nach eigener Aussage nach neuen Formen seines Schreibens, und es kann nach meiner Auffassung kein Zweifel daran bestehen, daß diese neuen Formen einen stark autobiographischen Zuschnitt haben sollten. Dies belegen unter anderem sowohl die sich häufenden Verweise auf Marcel Proust als auch Aussagen in den veröffentlichten Tagebuchauszügen. So bemerkt Barthes in einer Eintragung vom 22. Juli 1977, daß er bislang seine egoistische und seine verliebte Dummheit »gesagt« habe; es sei nun an der Zeit, eine Art *»politisches Tagebuch«* zu führen, um durch ein Buch über die eigene politische Dummheit »diese kleine Trilogie« abzurunden (BL 406). Doch es kam nach *Roland Barthes par Roland Barthes* und den *Fragments d'un discours amoureux* nicht zu einem dritten Band, der in gleichfalls fragmentarischem Schreiben die Dimensionen des Autobiographischen nochmals erweitert hätte. Es ist fraglich, ob Barthes die Tagebuchform tatsächlich jener neu zu füllenden Form des Romans zugerechnet hätte, mit deren Realisierung er sich nach dem Erfolg der *Fragments*, nach dem Tod seiner Mutter, beschäftigte. Vielmehr zeigt sich eine späte Bevorzugung »gebundener«, nichtfragmentierter Formen, wie etwa in dem 1980 erschienenen Essay über Stendhals (und R. B.'s[29]) Liebe zu Italien »Man scheitert stets daran, von dem zu sprechen, was man liebt«. Denn dort deutet sich eine neue Verbindung zwischen einem autobiographischen Schreiben und literarischen wie literaturkritischen Ausdrucksformen an, eine Verschränkung, die sich – wenige Monate zuvor – schon in Barthes' letztem Buch, *Die helle Kammer*, beobachten läßt. In den Tagebuchaufzeichnungen seiner italienischen Reise sei es Stendhal nicht gelungen, von dem zu sprechen, was er liebe; dies sei erst, wesentlich später, mit der Niederschrift von *Die Kartause von Parma* geschehen. Man darf den Grund für dieses Gelingen auf Barthes' eigenes Schreiben übertragen, bietet der Text doch ständig eine referentielle und eine autobiographische Lesart an. Die Gründe für die Überwindung dessen, was

29 Higgins, Lynn A.: »Barthes's Imaginary Voyages«, *op. cit.*, 163, stellt den Text in den Zusammenhang der (imaginären) Reisen Barthes'.

Barthes zuvor in deutlicher Anspielung auf Stendhals Thematisierung der Impotenz als ein kontinuierliches Fiasko des Schreibens umschrieb, sind einfach: »Weil Stendhal vom *Tagebuch* zum *Roman*, vom *Album* zum *Buch* (um eine Unterscheidung Mallarmés wiederaufzunehmen) überging und die Empfindung, die lebendige, aber unkonstruierbare Parzelle aufgab, um diese große vermittelnde Form aufzunehmen: die *Erzählung* oder, besser noch, den *Mythos*.« (BL 341)

Auf die Ebene von Barthes' eigenem Schreiben bezogen, läßt sich dies als eine deutliche Absage an die Form des Tagebuchs (*journal*) als eigene Praxis *literarischen* Schreibens verstehen. Schon zu Beginn seiner Publikationstätigkeit[30] hatte sich Barthes mit den Tagebüchern Gides auseinandergesetzt und in dieser Auseinandersetzung seine eigene *écriture courte* erprobt; aus der Perspektive der späten siebziger Jahre erscheint aber nun nicht das *Journal*, sondern das Leben Gides als ein »Werk« (BL 410). Das Tagebuch ist stets nur ein Album, dessen einzelne Blätter beliebig entfernt werden können. Bleibt Barthes' Haltung in dieser Frage auch ambivalent[31]: Er sucht nach einer größeren, gebundenen Form. Es entbehrt nicht der Tragik, daß es gerade dieser Text war, mit dessen Abtippen Barthes zu jenem Zeitpunkt beschäftigt war, als ein Verkehrsunfall seinem Schreiben ein Ende setzte. Der Text blieb buchstäblich in der ungeliebten Schreibmaschine stecken. Doch das Ende seines letzten Satzes, noch nicht in die endgültige maschinenschriftliche Fassung übertragen[32], sondern (im Barthesschen Sinne) noch in der Bewegung der Handschrift festgehalten, spricht in eindringlichen Worten von Stendhal – und zugleich von der Passion des eigenen Schreibens: »[...] er wußte noch nicht, daß es eine Lüge gab, die romaneske Lüge, die zugleich – oh Wunder – Umweg der Wahrheit und endlich triumphierender Ausdruck seiner italienischen Leidenschaft sein würde.« (BL 342)

30 Die Beschäftigung mit der Tagebuchproblematik ist im Gesamtwerk Barthes' von erstaunlicher Kontinuität. In einer Rezension zu Alain Girards Buch *Le Journal intime* (Paris 1963) bezeichnet er das Tagebuch als eine paradoxe Form, die für ihn zusätzliche Attraktivität dadurch gewinnt, daß sie nicht eine »verborgene Wahrheit« aufdecke und insoweit auch keine »Hermeneutik« sei (OC II, 58).

31 Dies zeigt auch der Schlußsatz von Barthes' »Erörterungen«: Es könne sein, daß die Arbeit am Tagebuch zu einer dem Tagebuch gänzlich unähnlichen Form führen könne (BL 413).

32 Vgl. die Anmerkung zur Textedition von François Wahl (BL 341).

Wie ein erratischer Block wirkt inmitten der vielfältigen Versuche, eine neue Form des »Romans« zu erarbeiten, ein 1979 erschienener Band, *Sollers, Schriftsteller*. Er enthält eine Serie von sechs teilweise recht kurzen Texten über den Kopf der Gruppe um die Zeitschrift *Tel Quel*. Aufgrund ihrer Entstehungszeit zwischen der Mitte der sechziger und dem Ende der siebziger Jahre zeichnen diese Texte nicht nur ein Bild des avantgardistischen Schriftstellers und Theoretikers; infolge der chronologischen Anordnung der verschiedenen Essays – sieht man vom 1979 bereits in *Le Nouvel Observateur* abgedruckten Eröffnungstext ab – zeichnen sich zugleich Stationen des eigenen Weges von Barthes in die von ihm besprochenen Texte Sollers' ein. Dies belegt schon der dem Eröffnungstext unmittelbar folgende Essay »Drame, poème, roman«, den Barthes erstmals 1965 veröffentlicht hatte und mit dem er anläßlich eines Neuabdrucks in der programmatischen »Théorie d'ensemble« von *Tel Quel* mit Hilfe substantieller Fußnoten in einen (selbstkritischen) Dialog eingetreten war.

Die Veröffentlichung von *Sollers écrivain* war im Grunde rückwärtsgewandt. Es wurde keine neue Schreibpraxis erprobt, sondern die Positionsbestimmung der französischen Avantgarde in der sich wandelnden Machtkonstellation im intellektuellen Feld am Beispiel Sollers' bekräftigt. Der schmale Band dokumentiert Barthes' Treue zu einer Position, die in der zweiten Hälfte der siebziger Jahre nicht nur zunehmenden Angriffen ausgesetzt, sondern innerhalb des intellektuellen Felds in Frankreich entscheidend geschwächt worden war. Die von Philippe Sollers offenkundig nachdrücklich gewünschte[33] Veröffentlichung dieser Essaysammlung im Hause Seuil bestätigt, daß Barthes sich zwar im Verlauf der siebziger Jahre zunehmend von den Positionen der *tel-queliens* entfernt hatte, sich zugleich aber mit der Zeitschrift und ihrem Chef solidarisch erklärte.[34] Denn Sollers war auch im Hause Seuil in Bedrängnis geraten: Barthes' Publikation sollte in diesen Auseinandersetzungen von taktischem Nutzen

33 Vgl. Calvet, Louis-Jean: *Roland Barthes. Eine Biographie, op. cit.*, 320.
34 Bereits 1973 hatte er sich in einem Beitrag für die Zeitschrift *Critique* dagegen verwahrt, gegen Philippe Sollers und Julia Kristeva ausgespielt zu werden, und allen Versuchen, eine »gute« von einer »schlechten« Avantgarde zu unterscheiden, eine Absage erteilt. Durch die Aufnahme dieses Essays in den Band *Sollers, Schriftsteller* bekräftigte er diese Haltung (SE 73).

sein.[35] Darum kann man in diesem 1979 erschienenen Sammel-
band zugleich eine Verteidigungsschrift für Sollers und einen
freundschaftlichen Abschied von der Avantgarde erkennen, von
der sich Barthes wohl distanziert, aber schon aufgrund seiner persönlichen Beziehungen zu mehreren (auch ehemaligen) *tel-queliens* nie vollständig gelöst hatte. Die Problematik der Moderne,
wie sie sich ihm im Umkreis der Gruppe *Tel Quel* gestellt hatte,
war in den Hintergrund getreten. So lesen wir in einer 1979 bezeichnenderweise in *Tel Quel* veröffentlichten Tagebucheintragung vom 5. August 1977:

»Plötzlich ist es mir gleichgültig geworden, nicht *modern* zu sein.
(... und wie ein Blinder, dessen Finger über den Text des Lebens tastet und
hier und dort das erkennt, ›was schon gesagt worden ist‹.)« (BL 408)

Der Zeitpunkt dieser Tagebucheintragung ist nicht zufällig. Spätestens mit dem großen Erfolg von *Fragmente eines Diskurses der
Liebe* dürfte bei Barthes die Einsicht gereift sein, daß der Raum jener Moderne, die wir dem prospektiven Modernebegriff zuge-
rechnet hatten, nicht nur ausgelotet und »abgetastet«, sondern
jetzt auch ausgefüllt war. *Sollers écrivain* deutet hier keine neue
Bewegung, keine Suche nach einer neuen Form an, sondern markiert den Abschluß einer Epoche, in der das ursprünglich in *Am
Nullpunkt des Schreibens* formulierte Projekt einer »unmöglichen
Literatur« innerhalb neuer philosophischer und texttheoretischer
Zusammenhänge umformuliert worden war. *S/Z, Sade, Fourier,
Loyola*, vor allem aber dann *Die Lust am Text* und *Fragmente ei-
nes Diskurses der Liebe* hatten dieses Projekt, in wachsender Di-
stanz zu den *tel-queliens*, in die Realität des eigenen Schreibens
umgesetzt. Der *texte moderne* hatte Gestalt angenommen – und an
Lusterzeugung bzw. Zeugungslust verloren. Barthes' Abschied
vom »Modern-Sein«[36] ist der Abschied von seinem prospektiven
Moderneprojekt.

35 In diesem Sinne äußerte sich selbst Sollers gegenüber Calvet und verwies
darauf, daß man im Hause Seuil die Zeitschriften *Change* und *Poétique* gegründet habe, um *Tel Quel* den Boden zu entziehen; vgl. Calvet, Louis-Jean:
Roland Barthes. Eine Biographie, op. cit., 320.
36 Charakteristisch hierfür ist auch seine Äußerung 1977 in Cerisy, er hätte wie
vor ihm Brecht ein Organon verfassen sollen: ein »Organon der Moderne«.
Dafür aber sei es nun »zu spät«. Vgl. Compagnon, Antoine (Hg.): *Prétexte:
Roland Barthes, op. cit.*, 149.

Ein Leitmotiv der in *Sollers, Schriftsteller* versammelten Essays ist die vom Chef-*tel-quelien* angepeilte Hervorbringung eines neuen Typs von Lektüre und vor allem eines neuen Typs von Leser.[37] Diesem Thema hatte Barthes in *S/Z* breiten Raum gewidmet, stellt dieses Buch doch selbst einen Versuch dar, seine Theorie der Lektüre in die Tat umzusetzen. Der künftige Leser sollte aus seiner Abhängigkeit von einer bloß konsumierenden Lektüre befreit und in einen selbst (text-)produzierenden Lektor verwandelt werden. In *S/Z* tritt der Leser (*ein* Leser) an die Stelle des totgesagten Autors. Auch jenseits des telquelianischen Textualitätsdogmas verändert Barthes' Lektüre stets traditionelle Lesemuster und macht diese damit zugleich als historische Kodierungen diskursiv verfügbar. Unbewußte Lektüreverfahren werden damit ins Bewußtsein gehoben und als »kulturelle Selbstverständlichkeiten«, als historisch bestimmte Sinnbildungsprozesse beleuchtet. Spätestens seit *Michelet par lui-même*, bewußter und semiologisch fundierter aber dann seit den sechziger Jahren, macht Barthes die verschiedensten Leseprozesse keineswegs nur literarischer Texte transparent und führt damit eine Dekonstruktion der Leserrolle vor, die sich auch auf die Beziehungen zwischen Text und Musik (als Teilbereich der Phonotextualität) sowie zwischen Text und Bild (und damit auf den Bereich der Ikonotextualität) erstreckt. Sowohl den phonotextuellen als auch den ikonotextuellen Beziehungen kommt in den Schriften der siebziger Jahre eine fundamentale Bedeutung zu. Im Schlußteil dieses elften Kapitels soll sich unsere Aufmerksamkeit noch einmal verstärkt auf den Bereich der Ikonotextualität richten.

In seinem 1978 zuerst in Italien veröffentlichten Essay über »Arcimboldo oder Rhetoriker und Magier« geht Barthes von einer linguistischen Unterscheidung zwischen Sprache und Malerei aus. Während die Sprache eine zweifache Gegliedertheit, eine *double articulation*, besitze, sei dies bei der Malerei nicht der Fall. Ohne dies näher zu erläutern, greift Barthes hier auf linguistisches Grundlagenwissen und insbesondere auf die Forschungen Martinets zurück, der zwischen den kleinsten bedeutungstragenden

---

37 Eine solche Zielstellung läßt sich dem *nouveau roman* in seiner Gesamtheit unterstellen; vgl. Wehle, Winfried: »Proteus im Spiegel. Zum ›reflexiven Realismus‹ des Nouveau Roman«, *op. cit.*, 18 f.

Einheiten, den Monemen, die Einheiten aus Inhalts- und Ausdrucksebene darstellen, und den nächstkleineren Einheiten, etwa den Phonemen, unterschieden hatte, die keine Bedeutung mehr tragen.[38] Barthes wendet diese gängige Unterscheidung – er spricht freilich nicht von Monemen, sondern linguistisch weniger zutreffend von »Wörtern« – auf recht originelle Weise, indem er verdeutlicht, daß Arcimboldos Malkunst, im Gegensatz zur Malerei im allgemeinen Sinne, diese zweifache Gegliedertheit kennt. Bekanntlich malte Giuseppe Arcimboldo im 16. Jahrhundert seine allegorischen Portraits, indem er in aus heutiger Perspektive surrealistisch anmutender Manier Köpfe oder Gestalten aus Früchten, Gemüse, Blumen oder Tieren zusammensetzte (also »komponierte«). Damit griff er, so analysiert Barthes, auf bereits bedeutungstragende Einheiten (etwa Pflaumen, Rosen, Karotten oder Fische) in derselben Weise zurück, wie ein Satz sich aus einer Abfolge von »Wörtern« konstituiert (OO, 126), und verwandle die Malerei paradoxerweise in eine wirkliche Sprache.[39] Zwischen den beiden Ebenen dieser Sprache, so Barthes, komme es nun zu »einer *Friktion*, einem Knirschen«, wie man es auch bei Leonardo da Vinci »zwischen der Ordnung der Zeichen und jener der Bilder«, zwischen Schrift und Malerei feststellen könne (OO, 127). Auch in diesem zweiten (und zugleich letzten) Auftauchen des Ausdrucks *friction* im Gesamtwerk Barthes' kommt es nicht zu einer wirklichen Begriffsprägung. Interessant aber scheint mir doch, daß Barthes diesen Ausdruck zwar nicht in der hier eingeführten Weise verwendet, wohl aber auf jene beiden Beziehungsgeflechte bezieht, die wir als Phonotextualität und Ikonotextualität bezeichnet haben. Seine Vorstellung ist nicht die eines Oszillierens, sondern die einer körperlichen, ja akustisch wahrnehmbaren Reibung: als Reibung zwischen den kleinsten bedeutungstragenden Einheiten und dem aus diesen zusammengesetzten Kopf bei Arcimboldo, zwischen Malerei und Sprache bei Leonardo da Vinci, oder – wie Barthes dies 1972 in seinem Essay über »Die Rauheit der

---

38 Vgl. Martinet, André: *Eléments de linguistique générale, op. cit.*; die wohl zugänglichste Darstellung dieser Problematik findet sich in Pelz, Heidrun: *Linguistik für Anfänger.* Hamburg 1975, 101 ff.
39 Während sich die Literatur jedoch eines noch nicht selbst ästhetisch bedeutenden (Wort-)Materials bedient, um diesem ästhetische Bedeutung abzutrotzen, kommt den Grundelementen der »Sprache« Arcimboldos – also den *gemalten* Kürbissen, Karotten oder Fischschwänzen – als vom Künstler geschaffenen Artefakten bereits eine ästhetische Dimension zu.

Stimme« formulierte – zwischen Musik und Sprache bzw. Gesang und Schreiben bei Charles Panzéra (OC II, 1440).

Gegen Ende seines Essays über Arcimboldo zeigt Barthes die »Zersetzung« dieser »zusammengesetzten Köpfe (*Têtes Composées*)« auf: »die Dekomposition produziert Pulverisierungen (›Blumen‹ aus Schwefel) und Schimmelflecken, die Blumen ähneln; die Hautkranken gemahnen oft an tätowierte Blumen.« (OO, 136) So ist den Bildern des italienischen Malers ihre Dekomposition förmlich auf die Haut geschrieben. Sie öffnen sich einer dekomponierenden Lektüre, wie sie Barthes auf den verschiedenen »Sprachebenen« von Arcimboldos Gemälden entfaltet. Die Friktion zwischen den verschiedenen Ebenen läßt sich dergestalt mit der Dekomposition *in situ* in Verbindung bringen. Barthes' schreibende Lektüre der Sprache Arcimboldos ist nicht nur dekonstruktionistisch, sondern auch dekomponierend. Aus der Dekomposition der Bildersprache entstehen neue, faszinierende Sprachbilder, die eine *triple articulation*, eine (zumindest) dreifache Gegliedertheit, zur Voraussetzung haben.

Der dritte Sinn und die Körperlichkeit   131

Im März 1979 bereitet sich Barthes auf die Arbeit an jenem Buch vor[40], das sein letztes werden sollte: *Die helle Kammer. Bemerkung zur Photographie.*[41] Es entstand während weniger Wochen – Barthes gibt am Ende des Bandes den Zeitraum vom 15. April bis zum 3. Juni an – und erschien wenige Wochen vor Barthes' Tod.[42] Es hielt, wie Jacques Derrida in seinem Nachruf auf den Verfasser formulierte, »wie nie zuvor ein Buch seinem Autor die Totenwache.«[43]

40 Vgl. Calvet, Louis-Jean: *Roland Barthes. Eine Biographie, op. cit.*, 322.
41 Im Sommer 1977, also noch vor dem Tod seiner Mutter, hatte Barthes davon gesprochen, über die Photographie (wie auch die Musik) erst dann schreiben zu können, wenn er eine gewisse »Weisheit« erreicht habe, scheitere man doch stets beim Sprechen über das, was man liebe; vgl. Compagnon, Antoine (Hg.): *Prétexte: Roland Barthes, op. cit.*, 126f.
42 In einem am 20. April 1980, also fast einen Monat nach Barthes' Tod in *Le Nouvel Observateur* abgedruckten Interview betont Barthes, er hoffe, mit diesem Buch zu seinem kleinen, liebgewonnenen Publikum zurückfinden zu können (GV, 338).
43 Derrida, Jacques: »Die Tode des Roland Barthes«, *op. cit.*, 33.

In diesem Band, der auf den ersten Blick eine Untersuchung über die Photographie zu sein scheint, wird zwischen drei verschiedenen Praktiken unterschieden, die sich um das Photo gruppieren: »tun, geschehen lassen, betrachten« (CC 22). Da er selbst, so Barthes, die Erfahrung des Photographierens (das »Tun«) nicht besitze, könne er nur auf das Betrachten und das Betrachtet-Werden eingehen. Nach den bereits im zehnten Kapitel analysierten Äußerungen zur Pose, zur Verwandlung des eigenen Körpers durch die Photographie, wird ein weiterer, für das Buch grundlegender Unterschied eingeführt, jener zwischen *Studium* und *Punctum*. Während beim Studium die Aktivität generell vom Betrachter ausgeht, der sich mit dem Objekt Photographie auf eine allgemeine oder wissenschaftliche, stets aber wohl metasprachliche Weise auseinandersetzt, unterscheidet sich das Punctum bereits hinsichtlich der Bewegungsrichtung zwischen Photographie und Betrachter: »Diesmal bin nicht ich es, der es aufsucht (wohingegen ich das Feld des *Studiums* mit meinem souveränen Bewußtsein ausstatte), sondern das Element selbst schießt wie ein Pfeil aus der Szene hervor, um mich zu durchbohren.« (CC 49) Das *Punctum* einer Photographie sei daher »jener Zufall an ihr, der *mich besticht* (mich aber auch verwundet, trifft)« (CC 49).[44] Die Ebene des Studiums spielt fortan nur noch eine untergeordnete Rolle bei der Auseinandersetzung zwischen Bild-Text und skripturalem Text; das Punctum wird zum beherrschenden Element des gesamten Buches. Dies verwundert nicht, ließ Barthes am Ende seiner Vorlesung »über« Proust doch keinen Zweifel daran, daß es ihm nicht mehr um das Studium eines Produkts, sondern um die Übernahme einer Produktion gehe. Damit deutet sich bereits an, daß *La Chambre claire* nur vordergründig eine theoretische Abhandlung über die Photographie – oder wie wir etymologisierend sagen könnten: über das Schreiben mit Licht – ist. Gleichwohl soll

---

44 Die bemerkenswerte Aufwertung des Zufalls in dieser Konzeption läßt den *hasard* freilich nicht als ein Element des »Textes-an-sich« (als künstlerisches Artefakt), sondern des »Textes-für-mich« erscheinen. Barthes' Abwertung der Rolle des Zufalls bei der künstlerischen Produktion bliebe davon unberührt. Vgl. zur Problematik des Kontingenten in der Literatur auch Köhler, Erich: *Der literarische Zufall, das Mögliche und die Notwendigkeit.* München 1973. Zur Bedeutung des zufällig erblickten Details Burgin, Victor: »Diderot, Barthes, ›Vertigo‹«. In: Burgin, Victor/Donald, James/Kaplan, Cora (Hg.): *Formations of Fantasy.* London/New York 1986, 90ff.

versucht werden, die theoretischen Grundlagen zu klären, auf denen dieses Buch gründet.[45]

Von ausschlaggebender Bedeutung für ein Verständnis von Barthes' Ansatz scheint mir eine Unterscheidung zu sein, die in einem Essay eingeführt wird, der im Juli 1970, also fast zehn Jahre vor der Veröffentlichung von *La Chambre claire*, in den *Cahiers du Cinéma* erschien: »Der dritte Sinn. Bemerkungen zur Erforschung einiger Photogramme von S. M. Eisenstein«. Die beiden Texte werden schon durch die intratextuelle Markierung der von Barthes sonst selten gebrauchten Bezeichnung *note* in eine Serie gestellt.[46] Ausgehend von einem Bild – man wäre fast geneigt, wie in den *Fragmenten eines Diskurses der Liebe* von einem Standbild zu sprechen – aus Eisensteins Film *Iwan der Schreckliche* unterscheidet Barthes zwischen drei Sinnebenen: erstens eine informative Ebene, die Ebene der Kommunikation; zweitens eine symbolische Ebene, die ihrerseits wiederum in verschiedene Teilebenen »geschichtet« ist und als Ebene der Bedeutung bezeichnet wird; und schließlich die Ebene eines »dritten Sinns«, der sich »erratisch und dickköpfig« in Erinnerung rufe (OC II, 867). Im klassischen Paradigma der Sinne sei der dritte Sinn dem Hören vorbehalten, und es handle sich in der Tat um ein Hören, um eine *écoute*, bezüglich deren Eisenstein bisweilen auch von einer Orchestrierung gesprochen habe (OC II, 867f.). Barthes fragt sich freilich, ob die »Lektüre« dieses dritten Sinnes verallgemeinert werden dürfe (OC II, 868). Es handelt sich, so dürfen wir mit einem von ihm geprägten Ausdruck sagen, um eine Heterologie, insoweit zwei Termen ein dritter, exzentrischer hinzugefügt wird, der weder einen neutralen Punkt noch eine Mischung markiere (vgl. OC II, 1619). Die beiden zuvor unterschiedenen Ebenen werden ver-lagert, mithin in ihrer Lage durch den dritten Sinn verschoben. Angesichts unserer eigenen Lektüre der Barthesschen Texte der frühen siebziger Jahre erstaunt es nicht, daß den Ebenen von Kommunikation und

45 Damit soll zugleich der Versuchung widerstanden werden, Barthes' Projektionen auf Proust einfach zu übernehmen und *Die helle Kammer* schlicht als einen Roman zu verstehen, wie dies verschiedentlich geschehen ist. Den vielleicht frühesten Ausdruck einer solchen Deutung findet man bereits 1980 in Lentengre, Marie-Louise: »Le cercle de l'écriture«, *op. cit.* 57, Robbe-Grillet hätte freilich nicht vom ersten, sondern – wie gesehen – vom sechsten Roman Roland Barthes' gesprochen.

46 Dieses Verfahren wurde in der vorliegenden Arbeit bereits mehrfach in seinen Schriften konstatiert.

Bedeutung als dritte Ebene die der Signifikanz (*significance*) entgegenstellt und mit Julia Kristevas »Textsemiotik« in Verbindung gebracht wird (OC II, 868). Nur mit den beiden letztgenannten Ebenen, denen der Bedeutung (*signification*) und der Signifikanz, beschäftigt sich Barthes im weiteren Verlauf seines Essays »über« (oder besser »ausgehend von«) Eisenstein.

Den zweiten Sinn, den der *signification*, bezeichnet Barthes als den *sens obvie*, den entgegenkommenden Sinn. In ihm erkennt er jenen Sinn – und hier aktualisiert Barthes wieder einmal die Bedeutung von *sens* als »Richtung« –, der sich dem Leser gleichsam natürlich präsentiert, der also auf ihn zukommt (OC II, 868). Man könnte auch sagen, daß dieser Sinn *obvious* ist. Im Gegensatz hierzu bezeichnet Barthes den dritten Sinn als den *sens obtus* und wählt so, wie auch später bei *studium* und *punctum*, einen lateinischen Begriff, dessen Etymologie sich der gewünschten »Richtung« fügt. Es sei ein stumpfer, abgerundeter Sinn, der dem entgegenkommenden Sinn eine Rundheit gebe und die eigene Lektüre gleiten lasse (OC II, 869). Auf diese Weise öffnet sich das Feld unabschließbarer Bedeutungsprozesse, einer *significance*, die wir mit dem an anderer Stelle von Barthes verwendeten Begriff des *glissement du sens* in Verbindung bringen dürfen.

In den Filmen Eisensteins, so Barthes, sei der entgegenkommende Sinn stets die Revolution (OC II, 872). Der stumpfe Sinn aber, dies zeigen die Formulierungen, »drängt sich«, ausgehend von bestimmten Bildfragmenten, einem Kopftuch, einer Haartracht, einer Hand oder ihren Fingernägeln, dem betrachtenden Ich auf (OC II, 872). Die Metaphorik wird von Barthes allerdings nicht durchgehalten: Auch hier, beim stumpfen Sinn, scheint dem Betrachter etwas vom Bild her »entgegenzukommen«, sich ihm aufzudrängen. Der stumpfe Sinn sei jedoch Träger einer »gewissen Emotion« (OC II, 873). Der dritte Sinn erscheint stets auch als ein Nachtrag zum zweiten. »Strukturell« aber sei der stumpfe Sinn »nicht zu situieren«: »ein Semantologe würde seiner objektiven Existenz nicht zustimmen« (OC II, 878). Barthes vergleicht ihn mit jener Stimme, die Saussure in seinen Anagrammen[47], den *Wör-*

---

47 Barthes teilt mit den *tel-queliens* eine gewisse Überschätzung der Bedeutung der Anagramme für Saussure; dies zeigt sich u. a. in einigen Formulierungen seines Essays über das Alphabet von Erté (OC II, 1231). Diese Überschätzung (und weniger Saussures Anagramme selbst) wirkte anregend und »textproduktiv«.

tern unter Wörtern, aus allen von ihm untersuchten Gedichten herausgehört habe (OC II, 878). Jegliche Metasprache werde durch den *sens obtus* verwirrt (OC II, 880).

Ohne an dieser Stelle auf alle von Barthes genannten Unterscheidungsmerkmale zwischen dem zweiten und dem dritten Sinn eingehen zu können – wie schon in *Am Nullpunkt des Schreibens* branden die Definitionen unablässig an und erzeugen ständige Verschiebungen, die wir uns auch metaphorisch als Strandverschiebungen (und damit Grenzverschiebungen) vorstellen können –, bleibt doch festzuhalten, daß er diesem dritten Sinn nicht die Aufgabe der Zerstörung, sondern der Subversion überträgt (OC II, 881). Auf der Ebene von Eisensteins Schaffen manifestiere sich so die Differenz zwischen dem Filmischen und dem Film, eine offenkundige Parallele zu der im selben Jahr in *S/Z* vorgeschlagenen Unterscheidung zwischen Romaneskem und Roman[48] bzw. Systematischem und System.

Damit aber stellt sich die Frage, welche Umbesetzungen die Unterscheidung zwischen dem *sens obvie* und dem *sens obtus* parallel zu jenen Veränderungen erfährt, die Barthes' Schreiben und seine Theoriebildung nach *S/Z*, im weiteren Verlauf der siebziger Jahre also, erfaßten. In welcher Form gestaltet Barthes jene Überlegungen um, die er 1970 noch selbstkritisch als »theoretisches Gestammel« – der deutsche Übersetzer wählt für die *balbutiements* den eleganteren, aber entschärfenderen Ausdruck »Gehversuche« – bezeichnet hat?

Eine Möglichkeit späterer Umdeutung findet sich in einer Fußnote des letzten Abschnitts, wo Barthes von der »Dummheit« von Photoromanen spricht, die ihn »berühre« (*qui me touche*). Dies könne »eine Definition des stumpfen Sinns« sein (OC II, 883). Damit führt Barthes, wenn auch noch unterschwellig und kaum vernehmbar, die Dimension des Körpers ein, die – wie wir sahen – sein Schreiben der siebziger Jahre zunehmend prägen sollte. Vom Problemkreis der Körperlichkeit her entwickelt Barthes in der Folge eine präzisere Antwort auf die oben gestellte Frage. Sie findet sich in aller wünschenswerten Deutlichkeit in dem bereits mehrfach diskutierten, 1972 veröffentlichten Essay »Die Rauheit der Stimme«. Dort hatte Barthes, im Rückgriff auf das von Kristeva eingeführte Begriffspaar »Phänotext/Genotext«, eine Unter-

---

48 Ähnlich wie der (moderne) *Text* existiere auch das Filmische (*le filmique*) noch nicht oder doch zumindest sehr selten (OC II, 882).

scheidung zwischen Phäno-Gesang und Geno-Gesang vorgeschlagen, die mit der Problematik des dritten Sinns in Verbindung
zu bringen ist.[49] Die erste der beiden Ebenen sei jene der Expressivität, der Verständlichkeit, die im Gesang (etwa Fischer-Dieskaus) zum Ausdruck komme. Diese expressive Transparenz läßt
sich dem entgegenkommenden Sinn zuordnen. Ihr stellt Barthes
die Ebene des Geno-Gesangs gegenüber, auf der sich die Materialität des Körpers, der gesungenen Sprache, manifestiere. Diese
zweite, der *jouissance* vorbehaltene Ebene, ließe sich dem dritten
Sinn, der Ebene der *signifiance*, zuordnen. Wir beobachten folglich
eine *Verschiebung* der Begrifflichkeit zum Körperlichen und zur
Wollust hin, wie dies 1973 in *Die Lust am Text* zum Ausdruck
kommen sollte.

Diese Unterscheidung zwischen der Ebene der Signifikation
und jener der Signifikanz (1970)[50], zwischen dem expressiven, um
Deutlichkeit bemühten Phäno-Gesang und dem körperlichen,
lustvoll wahrgenommenen Geno-Gesang (1972) findet sich in einer neuen Variation 1980 wieder in Barthes' Differenzierung zwischen Studium und Punctum. Der vielleicht grundlegende Unterschied besteht nun nicht nur darin, daß sich der stumpfe Sinn
(nicht zu verwechseln mit Stumpfsinn) in einen überaus scharfen
(aber nicht unbedingt Scharfsinn) verwandelt hat, sondern in der
Bewegungsrichtung der beiden »Sinne«. Kam der *sens obvie* dem
Betrachter entgegen, sprang er ihm förmlich ins Gesicht, so ist die
Bewegungsrichtung beim Studium umgekehrt: Der Betrachter
wendet sich dem Bild zu und versucht, sein »souveränes Bewußtsein« darauf anzuwenden. In dieser ausschließlich mentalen Dimension ist sie wissenschaftlich, im Sinne Barthes' also unfähig,
den Körper mit einzubinden.[51] Der *sens obtus* kehrt seinerseits in
der Form des Punctum wieder: Ein Detail des Bilds löst sich wie
ein Pfeil aus der Szenerie und »trifft«, ja »verletzt« den Betrachter.
Die Erfahrung schließt die körperliche Dimension ein. Studium
und Punctum sind keineswegs grundlegend neue Vorstellungen,

49 Wie gezeigt, war schon 1970 die »Stimme« in Saussures Anagrammen auf
den dritten Sinn bezogen worden. Doch fehlte dieser Stimme noch ihre
Körperlichkeit.
50 Es sei nicht vergessen, daß der Schlußteil dieses Essays sich nicht mehr mit
Eisensteins Film, sondern mit seinen »Photogrammen«, den »Standbildern«
dieses Films, auseinandersetzt. So entsteht eine zusätzliche Verbindung zu
Die helle Kammer.
51 Vgl. hierzu den bereits untersuchten Essay »Rasch« (OO, 273).

sondern nehmen die in vorigen Begriffsbildungen und Oppositionen gespeicherten Bedeutungselemente in sich auf. Die Semiologie der *signifiance* und *jouissance*, die Barthes zuvor entwickelt hat, wird auf *ein* Ich, das Ich des Betrachters, bezogen. Es ist, so könnte man formulieren, eine Semiologie des »Zeichens-für-mich«. Die Konsequenz dieser partikularisierten Semiologie, die die Ebenen von Kommunikation und Bedeutung einer Erforschung durch die (universitäre) Linguistik und Semiotik überläßt, kann auf literarischer Ebene nur die Verwendung der ersten Person Singular sein.

Liebe, Mutter, Tod 132

Der semiologisch begründeten Verwendung der ersten Person Singular läßt sich noch eine zweite, literarische Begründung hinzufügen.[52] *Die helle Kammer* setzt mit einem »proustianischen« Akzent ein, der – wie wir sehen werden – im Anfangssatz des zweiten Teils aufgenommen und verdeutlicht wird: »Eines Tages, vor recht langer Zeit, stieß ich auf eine Photographie des jüngsten Bruders von Napoleon, Jerôme (1852).« (CC 13) In diesem *incipit* ist die Thematik des gesamten Buches ebenso gegenwärtig wie die von der Theorie bedingte Form und deren literarische Modellierung am Vorbild Prousts. Es ist die Auseinandersetzung eines Betrachters, der sich über eine Reihe von Photographien und damit über die (eigene) Vergangenheit beugt, wobei das Element des Zufalls (*je tombai*), des Unwillentlichen, eine große Rolle spielt.[53] Das dem fortlaufenden Text vorangestellte paratextuelle Element der Photographie eines nicht ganz zugezogenen Vorhangs von Daniel Boudinet (1979), die in der deutschen Ausgabe fehlt, führt –

52 Auf die affektiven Bindungen zur Photographie komme ich noch ausführlich zu sprechen. Erwähnt sei aber schon jetzt, daß Barthes sich auch unabhängig vom Bildnis seiner Mutter für diese Dimension interessierte. Einem Freund in Rabat, der 6 000 Photographien von seinem Sohn gemacht hatte, gab er den Rat, sich mit den Gefühlsbindungen in der Photographie in einer *thèse* zu beschäftigen; vgl. hierzu CC 30 sowie Calvet, Louis-Jean: *Roland Barthes. Eine Biographie, op. cit.*, 246f.

53 Die intertextuellen Verbindungen lassen sich nicht nur zu Proust, sondern auch zu Michelet und der von Barthes geschätzten Vorstellung einer »Wiederauferstehung« der Geschichte ziehen; hierauf hat zu Recht hingewiesen Lombardo, Patrizia: »Le dernier livre«. In: *L'Esprit créateur* XXII, 1 (1982), 85f.

wie bereits der in *Das Reich der Zeichen* verwendete leicht geöffnete Vorhang mit einer Geisha – intratextuell die Verbindung von Zwischenraum, Textgewebe, Liebe und Erotik ein. Die Textelemente literarischer Modellierung legen es nahe, das vom ersten Satz an präsente »Ich« nicht mit dem textexternen Autor Roland Barthes gleichzusetzen, sondern als Erzählerfigur und damit als textinterne Instanz zu verstehen. Im ersten Kapitel des in zwei Hälften geteilten und in eine Abfolge von insgesamt 48 numerierten Kapiteln untergliederten Buches geht die Erzählerfigur von einer existentiellen Dimension der Photographie aus: »Was die *Photographie* unendlich reproduziert, hat nur ein einziges Mal stattgefunden: sie wiederholt mechanisch das, was sich existentiell nie mehr wiederholen kann.« (CC 15) Damit wird ein Thema aufgenommen, das Barthes als Wissenschaftler in seinen Artikeln über die Photographie während der sechziger Jahre herausgearbeitet hatte. In seinem grundlegenden, im sechsten Kapitel analysierten Aufsatz »Die Rhetorik des Bildes«, der 1964 in *Communications* erschien, blieb der Primat der Sprache in den Bild-Text-Beziehungen noch unangetastet, werde das Bild doch stets im Text »verankert«. Doch hatte Barthes schon dort fast nebenbei ein Grundelement des photographischen Bildes »entwickelt«, das sechzehn Jahre später in verändertem Kontext in *La Chambre claire* wieder »aufgenommen« werden sollte: das *avoir-été-là* (OC I, 1425) der Photographie, weniger in ihrer Eigenschaft als Zeugnis (heideggerianisch gesprochen) eines Da-Seins, sondern eines Da-Gewesen-Seins, als *vergangene Präsenz*.

Ohne auf die bereits im sechsten Kapitel erörterten problematischen Implikationen von Barthes' damaliger Sichtweise der Photographie eingehen zu können, gilt es doch festzuhalten, daß das Element des *Da-Gewesen-Seins* von größter Bedeutung für Barthes' letztes Buch werden sollte. Denn »in jeder Photographie«, so heißt es nun, »ist jene ein wenig schreckliche Sache vorhanden: die Rückkehr des Toten.« (CC 23) Kurz zuvor schon war die für den Ich-Erzähler existentielle Bedeutung dieses Gedankens blitzartig aufgeleuchtet:

»Jedesmal, wenn ich etwas über die *Photographie* las, dachte ich an jenes geliebte Photo, und das brachte mich in Rage. Denn *ich* sah immer nur den Referenten, das begehrte Objekt, den geliebten Körper; doch eine lästige Stimme (die Stimme der Wissenschaft) sagte mir dann in strengem Ton: ›Kehr zur Photographie zurück. Was Du hier siehst und was Dich leiden macht, fällt unter die Kategorie ›Amateurphotographie‹, das ein Soziologenteam behandelt hat [...]‹«. (CC 19)[54]

In diesem Text wird zum ersten Mal nicht *die* Photographie als wissenschaftlicher Gegenstand (der mit einer Majuskel versehen wird), sondern *eine* bestimmte Photographie eingeführt, die im ersten Teil des Buches stets kleingeschrieben wird. Die »Stimme der Wissenschaft«, einem wissenschaftlichen Über-Ich gleich, wendet sich der *Photographie* zu, der Untertitel des Buches aber kennzeichnet sich als *Note sur la photographie*. Damit wird schon im Untertitel angedeutet, daß der Band nicht der Stimme der Wissenschaft folgt: *La Chambre claire* ist eine Bemerkung – fast könnte man im musikalischen Sinne Adornos von einer »Note« sprechen[55] – zu einer bestimmten Photographie in ihrer existentiellen Bedeutung für den Ich-Erzähler. Auch vor diesem macht »die Rückkehr des Toten« nicht halt. Das vom Photographen ins Bild gesetzte Ich ist zum »*Ganz-und-gar-Bild*«, zum »*Tod* in Person« geworden (CC 31). Wir finden hier auf einer anderen Ebene jene Angst wieder, die Barthes in seinem Vortrag »Das Bild« in Cerisy-la-Salle zum Ausdruck brachte, nämlich zum ausgelieferten Objekt, zum Bild der anderen verdinglicht zu werden.

Ein längeres Zitat (CC 38 f.) aus Jean-Paul Sartres 1940 erschienenem Essay *Das Imaginäre*, dem Barthes – sozusagen zum vierzigsten Jubiläum seiner Veröffentlichung – *La Chambre claire* widmete[56], verdeutlicht die existentielle Dimension der Photographie[57], macht zugleich aber auch auf die Betonung der (Bild-)Leserseite aufmerksam, hatte Sartre doch das Kunstwerk nur als das äußere, materielle Analogon verstanden, als jenes (tote) Objekt, das vom Leser oder Betrachter zu einem inneren Bild, das erst das eigentliche Kunstwerk ausmache, umgeformt werde.[58] Die Wid-

---

54 Barthes spielt hier an auf Bourdieu, Pierre u. a. (Hg.): *Un art moyen. Les usages sociaux de la photographie*. Paris 1965.

55 Barthes' mehrfacher Vergleich der Photographie mit einer Sonate weist in dieselbe Richtung.

56 Bereits 1964 hebt Barthes die Bedeutung von Sartres Essay für ein Verständnis der »Zivilisation des Bildes« hervor (OC I, 1410).

57 Vgl. Sartre, Jean-Paul: *L'Imaginaire*. Paris 1940, 39 (dt.: *Das Imaginäre*. Übersetzt von Hans Schöneberg. Reinbek 1971).

58 Vgl. hierzu Kohut, Karl: Jean-Paul Sartre, *op. cit.*, 104. Auf zusätzliche Beziehungen zwischen *La Chambre claire* und *L'Imaginaire*, insbesondere das Spiel von Absenz und Präsenz, weist Halley, Michael: Argo sum. In: *Diacritics* XII, 4 (winter 1982), 73 ff.

mung ist gut gewählt: Denn es ist genau dieses Kunstwerk, das Roland Barthes mit *La Chambre claire* und seiner Verwandlung der Photographien in »innere Bilder« wie einst Marcel Proust *gegen den Tod* errichtet.

Die in *Die helle Kammer* wiedergegebenen, sehr unterschiedlichen Photographien verschiedener Photographen werden nicht dem Studium unterworfen: Weder dienen sie als »Illustrationen« für eine bestimmte Theorie, noch kommentiert der skripturale den Bildtext in metasprachlicher Weise. Der Ich-Erzähler setzt sich absolut: »Ich verabschiede alles Wissen, jegliche Kultur, ich verzichte darauf, einen anderen Blick zu beerben« (CC 82). Wir finden hier den *refus d'hériter*, die Erbverweigerung wieder, die im Gegensatz zu dem mehrfach zitierten Essay von 1968 nicht auf den abendländischen Diskurs, sondern – in einer geradezu nietzscheanischen Geste – auf die Kultur überhaupt bezogen wird. Die Beziehung zwischen Bild und Text ist nicht die einer wie auch immer gearteten »Verankerung« des Ikonischen im Skripturalen. Beide Zeichensysteme bilden eine prekäre Einheit: Auch *La Chambre claire* ist im vollen Sinne ein Ikonotext.

Das Punctum ist, wie schon der dritte Sinn, eine Heterologie, »ein Supplement: Es ist das, was ich dem Photo hinzufüge und *was dennoch schon da ist*« (CC 89). Es sind kleine Bildelemente, Details, die wie in Eisensteins Film den Betrachter treffen, ihn verletzen: Ein Blick, ein Schnürsenkel – wie bereits in einem Gemälde Réquichots (OC II, 1629) – oder eine Halskette springen dem Betrachter ins Auge, lösen das Punctum, das lustvolle Verletzung ist, aus. Doch weder muß diese Verletzung lustvoll erfahren werden, noch müssen die Bild-Text-Relationen von Photographien ausgehen, die im Band selbst wiedergegeben sind. Dies entwickelt der zweite Teil des Buches, auf den der ausgestreckte Arm der letzten Photographie (R. Mapplethorpe, CC 94) des ersten Teils in »körperlicher« Weise bereits deutet.

Dieser zweite Teil, der ebenfalls 24 Kapitel umfaßt, beginnt stärker noch als der erste in Proustscher Modellierung: »Nun, an einem Novemberabend, kurz nach dem Tod meiner Mutter, ordnete ich Photos. Ich hoffte nicht, sie ›wiederzufinden‹, ich versprach mir nichts von ›diesen Photographien einer Person, durch deren Anblick man sich weniger an diese erinnert fühlt, als wenn man nur an sie denkt‹ (Proust).« (CC 99) Das Proustzitat setzt nicht nur die eigene Modellierung in Szene, sondern auch Metasprache und Objektsprache ineins. Das Autobiographische verschmilzt mit dem Literarischen, das Intratextuelle mit dem Intertextuellen, und erweist sich angesichts des allgegenwärtigen Todes analog zum Vorbild als ein Anschreiben gegen den Tod der Mutter und gegen den eigenen Tod. Das Erzähler-Ich erweist sich als Autorkonstruktion, die literarischen Gesetzmäßigkeiten gehorcht. Die lichtvolle Helle der Augen der Mutter durchzieht – wie ein nicht aufgelöstes *punctum*, eine innere, intimste Verletzung – jene Photographien (CC 104), die dem ordnenden Ich zu Gesicht kommen. Das Ich sucht nach der »Wahrheit des Gesichts, das ich geliebt hatte« (CC 106). Es ist die Gesichtlichkeit, die seit den Texten der fünfziger Jahre immer wieder für die Wahrheit, für die Totalität des Menschen steht. Diese Warheit der Gesichtlichkeit wird in einer alten Photographie zugänglich, die die Mutter als fünfjähriges Mädchen zusammen mit ihrem zwei Jahre älteren Bruder im Wintergarten zeigt (CC 106). Aus der Lektüre des Bilds der Mutter als kleines Mädchen entsteht der Tod der Mutter, aber auch der eigene Tod; es ist eine Lektüre der Liebe der Mutter und der Liebe zur Mutter, die sich – ganz im Proustschen Sinne – zum Schreibprojekt gegen den Tod verbinden:

»Nun, da sie tot war, hatte ich keinerlei Grund mehr, mich dem Gang des Höheren Lebens (der Gattung) anzupassen. Meine Singularität würde sich nie mehr ins Universale wenden können (es sei denn, utopisch, durch das Schreiben, das Projekt, das seitdem zum alleinigen Ziel meines Lebens werden sollte). Ich konnte nur noch auf meinen vollständigen, undialektischen Tod warten.

Das war es, was ich in der *Photographie* aus dem Wintergarten las.« (CC 113)

Hier ist die Photographie der Mutter, im Gegensatz zum ersten Teil, zur Photographie schlechthin geworden. In dieser Aufnahme verbinden sich Liebe und Tod[59] mit dem Projekt des eigenen Schreibens. Im Gegensatz zu Proust führt die willentliche Suche, das Ordnen der Photographien, zur »Entdeckung« des eigenen Wegs zum Schreiben. Doch wie bei Proust wird das Projekt dieses Schreibens durch eine sinnliche, eine körperliche Wahr-Nehmung ausgelöst, *punktiert*. Die sinnliche Erfahrung »trifft« den Ich-Erzähler und läßt die Vergangenheit in ihrer Totalität gegenwärtig

---

59 Häufig ist auf die Todessehnsucht Barthes' nach dem Tod seiner Mutter verwiesen worden; vgl. etwa Morin, Edgar: Le retrouvé et le perdu. In: *Magazine littéraire* 314 (octobre 1993), 29.

werden. Leistete dies bei Proust der Geschmackssinn (ein Gebäck-stück) oder der Tastsinn (ungleich hohe Pflastersteine), so wird dies in Barthes' Text durch den Blickkontakt bewerkstelligt. Und die Struktur des Auges wird auch zur Struktur des Buches.

Der Diskurs der Liebe fand seine sprachliche Grenze in der kör-perlichen Vereinigung, dem »kleinen Tod«. Der Diskurs der Liebe zur Mutter findet seine Grenze im Tod des geliebten Wesens: »ich habe keinen anderen Rückhalt als diese *Ironie*: darüber zu spre-chen, daß es ›nichts zu sagen gibt‹.« (CC 145) Hier ist die Grenze des Sprechens, des Philosophierens[60], des Schreibens erreicht. Es ist das Schweigen im Zentrum des Schriftstellers, jenes Schweigen, das bereits in *Am Nullpunkt des Schreibens* thematisiert wurde. Jetzt ist es ein leer gewordenes, ein leeres Zentrum, das doch im-mer wieder neu zum Sprechen gebracht werden muß.

Wie *Das Reich der Zeichen* ist auch *Die helle Kammer* um ein leeres Zentrum gebaut. Im Reigen all jener Photographien, die von Barthes in dieses Buch aufgenommen wurden, fehlt eine einzige: die Photographie des fünfjährigen Mädchens im Wintergarten.[61] In *L'Empire des signes* war dieses leere Zentrum durch einen Text von Philippe Sollers »gefüllt« und gerade dadurch als leer markiert worden. In *La Chambre claire* weist der ausgestreckte Arm des jungen Mannes nicht nur auf den zweiten Teil des Buches, sondern auch auf die nächste Photographie. Anstelle des jungen Mädchens im Wintergarten sehen wir eine Photographie von Nadar, die eine alte, weißhaarige Frau zeigt. Die Photographie trägt den im Kon-text des Buches vielfach beziehbaren Titel »Mutter oder Frau des Künstlers« (CC 108). Um als leeres Zentrum wahrgenommen

60 Kurze Zeit nach dem Erscheinen des Buches sprach Roland Barthes in ei-nem Interview von einer »Philosophie, welche die Photographie und den Tod miteinander in Verbindung bringt« (GV, 333). Zu dieser philosophi-schen Dimension vgl. auch Verf.: *Der Schriftsteller als Sprachendieb, op. cit.*
61 Gabriele Röttger-Denker hat in Anschluß an eine Bemerkung Derridas auf erstaunliche Parallelen zwischen dieser Szenerie und Walter Benjamins Be-schäftigung mit einer Photographie des sechsjährigen Kafka in einer Win-tergartenlandschaft hingewiesen. In Benjamins *Berliner Kindheit um Neun-zehnhundert* tritt an die Stelle des jungen Kafka der Autor selbst. Vgl. Röttger-Denker, Gabriele: *Roland Barthes zur Einführung, op. cit.,* 108 f.

werden zu können, muß dieses Zentrum markiert sein: Die Grei-sin signalisiert das Fehlen des Mädchens, dessen Bild uns nur durch die bruchstückhafte Ekphrasis des Erzählers »vor das in-nere Auge« geführt wird. Zugleich deutet dieses Fehlen, deutet diese Photographie Nadars auf die künstlerische, die literarische Dimension des gesamten Bandes. Im Fehlen des biographisch auf den textexternen Autor beziehbaren ikonischen Elements affir-miert sich der Text in seiner Verfertigung, in seinem Gewobensein, und entzieht sich einer strikt autobiographischen Fixierung: Wir *sehen* die Mutter von Roland Barthes nicht. Hat nicht die Bildbe-schreibung, die Ekphrasis, ein Bild in uns evoziert? Gewiß. Doch dieses in uns heraufbeschworene Bild des Gesichts mit den hellen Augen, diese Hypotypose, ist – glauben wir einer Jahre zuvor ge-machten Bemerkung Roland Barthes' – nicht mehr als »eine Täu-schung« (OC II, 1432). Das letzte Bild des ersten und das erste Bild des letzten Teils verweisen wechselseitig auf das leere Zen-trum und auf dessen Inszenierung. Im Gegensatz zu *Das Reich der Zeichen* wird in *Die helle Kammer* dem ikonischen (und nicht dem schrifttextlichen) Element des Ikonotexts die Aufgabe über-antwortet, die Leere des Zentrums zu re-präsentieren.

Roland Barthes scheint gezögert zu haben, bevor er die Photo-graphie im Wintergarten aus seinem Text herauslöste.[62] Doch gab er damit seinem Buch über die Photographie (der Mutter) die Struktur eines Auges, in dessen Zentrum – leicht verschoben – sich ein blinder Fleck befindet.[63] Der Ikonotext nimmt die Struktur des Auges in sich auf, wird zum Auge. Der blinde Fleck im letzten Buch von Roland Barthes markiert nicht nur den leer gewordenen Platz, den die Mutter seinem Leben hinterlassen hat. Er deutet auch auf das leere Zentrum in seinem Werk.

In unserem Parcours durch dieses Werk sind wir immer wieder auf das Thema und die Struktur des leeren Zentrums gestoßen. In seinen *Kritischen Essays* der fünfziger und sechziger Jahre etwa deutet er das leere Zentrum bei Balzac als ein Zeichen der Mo-derne und spricht in einem Essay über Queneau 1959 davon, daß allein die Literatur befähigt sei, »ihre Leere zu sagen«, und genau damit »von neuem eine Fülle begründen« könne (E I, 1264). Die *Essais critiques* kreisen immer wieder um die Moderne und damit

62 Vgl. Calvet, Louis-Jean: *Roland Barthes. Eine Biographie, op. cit.*, 324.
63 Vgl. auch Melkomian, Martin: *Le corps couché de Roland Barthes*. Paris 1989, 38; Calvet weist auf diese Stelle hin.

um ein leeres Zentrum, dessen Bestimmung in immer neuen Versuchen beständig deplaziert wird. »Das Subjekt«, so heißt es 1966 in *Kritik und Wahrheit*, sei keine »individuelle Fülle«, sondern vielmehr »eine Leere, um die herum der Schriftsteller ein unendlich umgeformtes Wort« flechte (CV I, 47). Damit ist schon jene Leere angedeutet, die der Tod des Subjekts bzw. des Autors im Zentrum des Textes hinterlassen sollte und die nur unvollständig und prekär durch die 1968 verkündete Geburt des Lesers ausgeglichen wird. *Incidents*, *S/Z* und *L'Empire des signes* ordnen sich um das Theorem vom Tod des Autors als leerem Zentrum an. Auch topographisch und architektonisch wird die Moderne mehrfach mit dem leeren Zentrum assoziiert. 1964 wird das »leere Denkmal« des Eiffelturms zum Signum der Moderne erklärt, 1970 erscheint die Stadtlandschaft von Tokio, darin dem japanischen Haus strukturell verwandt, als leeres Zentrum. Das Fehlen einer Philosophie der Liebe wird durch die *Fragmente eines Diskurses der Liebe* nicht etwa beseitigt, sondern als ein nicht auszufüllendes leeres Zentrum kenntlich gemacht. Und so ist auch die *Camera lucida*, deren Bildprojektionen vermittels eines offenen, leeren Zentrums entstehen, in *La Chambre claire* mit einem blinden Fleck versehen, der den eigentlichen Mittelpunkt des Buches ausmacht: ein Zentrum freilich, das die Bedeutung nicht (etwa autobiographisch) zentriert, sondern diffundiert und vervielfacht.

Im Bild der Moderne als leerem Zentrum lassen sich daher sowohl auf der Ebene der Thematik als auch auf der Ebene der strukturellen Anlage des Barthesschen Schreibens der retrospektive wie der prospektive Modernebegriff fokalisieren. Die Moderne stellt sich *retrospektiv* als leeres Zentrum etwa bei Balzac oder beim Eiffelturm dar. Sie erscheint *prospektiv* in der Rede vom Tod des Autors und der Auflösung des Subjektbegriffs, in der Projektion des noch nicht existierenden modernen Textes und im Versuch, diesen in einem Kraftakt der Fragmentierung, der kontinuierlichen Durchlöcherung, zu realisieren. Im leeren Zentrum fallen beide Perspektiven zusammen. Dies geschieht in *La Chambre claire*, jenem luziden Buch, das sich nicht mehr dem Projekt des Modern-Seins verschreibt und gerade darin die (Post-)Modernität Barthes' zum Ausdruck bringt. Moderne und Postmoderne bilden sich hier zugleich in ihrer Kontinuität und in ihrer Differenz ab – eine Problematik, die im abschließenden Teil dieser Arbeit aufgegriffen werden soll. Im Zentrum jener Spirale, die das Gesamtwerk Roland Barthes' darstellt, jener Reflexion und Praxis einer janusköpfigen Moderne, die zugleich zurück und nach vorne blickt, findet sich die prekäre Einheit der Leere, die in der Vielfalt der zentrifugalen Bewegungen des Bartheschen Werkes zu einer Fülle wird.

Fig. 11: Roland Barthes 1974 (RB, 43b).

III Ausklang:
Moderne und Postmoderne

*Jeder große Mensch hat eine rückwirkende Kraft:
alle Geschichte wird um seinetwillen wieder
auf die Waage gestellt, und tausend Geheimnisse
der Vergangenheit kriechen aus ihren
Schlupfwinkeln – hinein in* seine *Sonne.*

Nietzsche, *Die fröhliche Wissenschaft*, 34

Am Ende unseres Parcours durch die Schriften Roland Barthes'
und seine verschiedenen kulturellen Praktiken steht keine Zusammenfassung, sondern der Versuch, die beschrittenen Wege auf zusätzliche Perspektiven hin zu öffnen.[1] »Die Vorstellung eines Rei-
sewegs«, so schrieb Barthes 1958 in einem seiner *Kritischen Essays*
über Robbe-Grillet, werde von diesem *nouveau romancier* zu
Recht der Lächerlichkeit preisgegeben, »weil der Reiseweg, die
Enthüllung, ein tragischer Begriff« sei (EC I, 1242). Wir sind nicht
am Ende unseres Weges angekommen, sondern an einem möglichen neuen Anfang.

Die Bewegungen Roland Barthes' wurden nicht dem narrativen
Muster eines Fortschritts unterworfen; wir haben in ihnen vielmehr
ein ständiges Fortschreiten erkannt, das in seinem gesamten Verlauf
von transdisziplinären Aspekten begleitet wurde. Es wäre gewiß
verlockend, den Weg von *Am Nullpunkt des Schreibens* bis zum
letzten Buch, *Die helle Kammer*, als eine Abfolge notwendig aufeinander aufbauender Phasen eines Gesamtwerks zu lesen. Die vorliegende Darstellung versperrt sich keineswegs einer solchen Lektüre, die auf der fortschreitenden Enthüllung eines Denkens, eines
intellektuellen Werdegangs, eines Lebens beruht. Doch sollte dies
nur eine von mehreren Lesarten sein. Der Endpunkt des *itinéraire*
soll nicht als Zielpunkt, ja nicht einmal als Fluchtpunkt verstanden
werden, von dem aus sich rückwärtsgewandt die Perspektiven bündeln ließen und einen einzigen, das Gesamtwerk zentralisierenden
Sinn hervorbrächten. Ebenso wenig ist *La Chambre claire* das Be-
legstück für ein erst im Werden begriffenes neues Werk, daß durch
einen tragischen Tod – den Tod eines Kindes, wie Tzvetan Todorov
treffend bemerkte[2] – noch vor seiner Vollendung abgebrochen
wurde und uns damit einen anderen Sinn vorenthielt, den es nun zu
rekonstruieren gälte. Die Publikation zuvor unveröffentlichter
Materialien im dritten Band der Werkausgabe wird zweifellos derartigen Formen von Spekulation und Perspektivierung neuen Auf-
trieb geben. Wir sollten jedoch die Offenheit des Barthesschen

---

1 Ich werde im folgenden Formulierungen verwenden, die der Leser leicht im
  Inhaltsverzeichnis auffinden kann.
2 Todorov, Tzvetan: »Der letzte Barthes«. In: Henschen, Hans-Horst (Hg.):
  Roland Barthes, op. cit., 133: »Und ist nicht sein Tod der eines Kindes: beim
  Überqueren der Straße?«

Schreibens respektieren und bewahren. So wichtig die Untersuchung der unveröffentlichten Schriften und Werkskizzen sein mag: Hüten wir uns davor, die *Vita Nova* Barthes' so zu »rekonstruieren« – und diese Arbeit der Rekonstruktion wird stets die einer Konstruktion bleiben müssen –, als hätte sich erst in ihr sein Œuvre vollenden können. Nicht nur das Ende von Barthes' Leben markiert den Ausgangspunkt möglicher Neuanfänge. Es lassen sich vielmehr von allen Punkten seines Werkes ausgehend Anregungen für neue Ansätze aufzeigen, die in der Lage wären, die Erkundungen und Vorstellungen Barthes' weiterzudenken und für neue Problemfelder fruchtbar zu machen. In der hier vorgestellten Arbeit sollten derartige Ansatzpunkte signalisiert werden. Im Gegensatz zu den Schriften anderer Vertreter des französischen Denkens der fünfziger, sechziger und siebziger Jahre scheinen mir die Überlegungen Barthes' noch am wenigsten *aus-gedacht* zu sein. Es gilt daher, Barthes' Denken nicht auf einige wenige Punkte zu reduzieren, sondern in seiner gesamten Breite für die aktuellen Diskussionen verfügbar zu halten.

Diese noch nicht aufgenommenen Denkanstöße betreffen nicht nur die siebziger, sondern ebenso die sechziger und fünfziger Jahre. Gemeint sind hier etwa, um nur drei Beispiele aus den untersuchten Themenkomplexen herauszugreifen, seine Ausführungen zu jenem Bereich, der in der vorliegenden Studie mit dem Begriff der Phonotextualität belegt wurde; von ebenso großer Bedeutung für künftige Ansätze sind seine kulturtheoretischen Überlegungen zur Massenkommunikation und, noch früher, die Beziehungen, die Barthes bereits zu Beginn der fünfziger Jahre zwischen dem Körper des Historikers und der Geschichtsschreibung beleuchtet hatte. Bisherige Perspektivierungen haben stets den »frühen« oder, weitaus häufiger, den »späten« Barthes ins Rampenlicht gerückt. Gerade die sechziger Jahre aber bieten eine solche Fülle an Themen, Methoden und Schreibweisen, daß sie nicht als Durchgangspunkt eines wie auch immer definierten Reiseweges mißverstanden und damit unterschätzt werden sollten – gleichgültig, ob man den Weg vom Kritiker zum Schriftsteller, vom Strukturalisten zum Poststrukturalisten oder gar vom Wissenschaftler zum Spieler aufzeigen möchte.[3]

3 Die letztgenannte, die seit Ende der sechziger Jahre zu beobachtende »Exkommunizierung« Barthes' aus den Wissenschaften, gilt es besonders zu bekämpfen, insofern sie wichtige Vorschläge zur Umgestaltung unseres Wissenschaftskonzepts polemisch unterschlägt.

Vielleicht stellen die Essays, Aufsätze, Fragmente, Notizen, Ikono-
texte, Lehrbücher und Forschungsarbeiten der sechziger Jahre gar
den faszinierendsten Teil seines Œuvre dar, ohne in irgendeiner
Weise ein Zentrum zu bilden, was narrativ unausweichlich einen
Aufstieg und einen Niedergang voraussetzen würde. Das friktionale Schreiben Barthes' entlockt den wechselnden Kontexten und
Diskursen stets neue Spannungen. Die Spannung der ständigen Bewegung sollte aufrechterhalten und nicht nachträglich in einem wie
auch immer gearteten narrativen Schema[4] zugleich dramatisiert
und entschärft werden.

Der Raum der Moderne   135

Wir haben uns, dies war unsere Ausgangsbasis, auf eine intensive
Lektüre der Texte Roland Barthes' eingelassen – wohlgemerkt:
nicht nur der in Buchform publizierten, sondern soweit irgend
möglich *aller* bislang bekannt gewordenen und veröffentlichten
Texte. Die Rede vom Gesamtwerk sollte ernstgenommen werden.
Wir haben versucht, die verschiedensten intertextuellen, intratextuellen, kontextuellen, ikonotextuellen oder phonotextuellen Beziehungen zu beleuchten und mit Barthes' vielfältigen künstlerischen Praktiken in Beziehung zu setzen. Es wäre irreführend und
unredlich, die im Verlauf der Arbeit erzielten Ergebnisse auf einige
wenige Begriffe und Klassifikatoren zu reduzieren, und seien es
die von Moderne und Postmoderne. Und doch soll Barthes'
Schreiben und Denken in diesem Schlußteil ein letztes Mal in den
Problemkreis der Moderne gestellt werden, den sein Werk unablässig bearbeitete.

4 Zusätzlich zu den bereits genannten narrativen Grundformen denke ich an
   andere *Modes of Emplotment*, zu denen Hayden White *Romance, Comedy,
   Tragedy* und *Satire* zählt; vgl. White, Hayden: *Tropics of Discourse, op. cit.,*
   70. Für all diese Formen lassen sich in der Forschungsliteratur Belege finden:
   Barthes und die Liebe zur Literatur; die Lebensgeschichte des Kritikers, der
   nach langen Jahren der Anfeindung mit seiner Aufnahme ins *Collège de
   France* sein Glück (und sein *happy end*) findet; der tragische Tod, der das als
   allein wichtig erachtete Spätwerk nicht mehr zur Entfaltung kommen läßt;
   und schließlich die Satire, zu deren Formen Roland Barthes in *Kritik und
   Wahrheit* selbst Stellung bezog. Selbstverständlich muß jede Arbeit, auch die
   wissenschaftliche, auf bestimmte Arten des *emplotment* zurückgreifen. Ich
   habe versucht, dies in bewußter und für den Leser transparenter Weise zu
   tun.

»Modern sein«, schreibt Barthes 1973 in einem Essay über den Maler Réquichot, »heißt wissen, *was nicht mehr möglich ist*.« (OC II, 1640) Damit wird selbstverständlich nicht eine vom Künstler akzeptierte, sondern eine diesen herausfordernde Grenzziehung bezeichnet. Die sich verschiebenden Grenzen des in Kunst, Literatur und Wissenschaft nicht mehr Möglichen hat Barthes zeit seines Lebens bisweilen provokativ, bisweilen klammheimlich überschritten, ohne doch in einer puren Transgression zu verharren. Nicht die Überschreitung von Grenzen interessierte ihn, sondern deren Friktion. Grundlage hierfür war stets die Analyse der gesamten kulturellen Entwicklung. In einem Essay über Kafka von 1960 konstatiert Barthes, daß die Zeit der engagierten Literatur vorbei sei. Sartres Hegenomie im intellektuellen Feld Frankreichs brach in eben jenen Jahren zusammen. Barthes sah in diesem Zeitpunkt den Augenblick *zwischen zwei Wellen*; keine der beiden war nach seiner Ansicht wünschenswert, fürchtete er doch ein »erschöpfendes Hin und Her zwischen politischem Realismus und *l'art pour l'art*, zwischen einer Moral des Engagements und einem ästhetischen Purismus, zwischen Bloßstellung und Keimfreiheit« (E I, 1270).

Genau zehn Jahre später, nach dieser Umbruchzeit, die auch für Barthes' eigenes Schaffen eine wichtige Zeit der Neuorientierung war, wählt er in einem Vortrag in Bordeaux wiederum die Metaphorik der Welle, um eine neue Situation zu charakterisieren. Die »Problematik des Sinns« – Barthes denkt an den Strukturalismus und vor allem an die Semiologie – sei allen Unkenrufen zum Trotz keine Modeerscheinung: Seiner Ansicht nach »ist die Aktualität der Sinnprobleme sehr viel mehr als eine Aktualität. Es handelt sich um eine Grundwelle (*vague de fond*) der Kultur in der zweiten Hälfte des 20. Jahrhunderts.« (OC II, 886)

Zu Beginn jener zweiten Jahrhunderthälfte, in seinem 1953 erschienenen *Am Nullpunkt des Schreibens*, setzt sich Barthes intensiv mit der Problematik der Moderne auseinander. Er konstatiert eine Sackgasse (D I, 171) jener modernen Literatur, die er in seinem Rückblick ein Jahrhundert zuvor beginnen läßt, und entwirft die Utopie einer »unmöglichen Literatur«, die sich wie eine Nachmoderne andeutet, ohne doch aus der Begrifflichkeit der Moderne herauszutreten. Im folgenden Jahrzehnt geht Barthes dieser Begrifflichkeit von verschiedenen Standpunkten und Untersuchungsgegenständen aus nach und legt in seinen Essays der sechziger Jahre geradezu eine Serie von Definitionen der Moderne vor. Diese sei – um nur einige wenige seiner Begriffsbestimmungen in Erinnerung zu rufen – mit der Vorstellung von Geschichte als Prozeß, mit der Herrschaft der Finanzspekulation oder mit »strukturalistischen« Vorstellungen verbunden und richte sich gegen die Literatur selbst, beabsichtige das moderne Werk doch einen Mord an der Sprache. Originalität, Subjektivität, Leere und Tragik werden zu den wesentlichen Komponenten der (literarischen) Moderne gezählt. Gleichviel, ob Barthes nun die Moderne in der Mitte des 19., zu Beginn des 20. oder gar im 17. Jahrhundert beginnen läßt: Stets handelt es sich bei seinen Überlegungen in jener Zeit um einen retrospektiven Modernebegriff, der das Phänomen der anhaltenden Moderne in historischen Rückblicken klären will.

Seit der zweiten Hälfte der sechziger Jahre schälen sich dann die Konturen eines zweiten Modernebegriffs heraus, der die Moderne prospektiv erkundet. Angelegt war dieser zukunftsgerichtete Modernebegriff bereits in den utopischen Projektionen einer unmöglichen Literatur im Schlußteil von *Am Nullpunkt des Schreibens*. Der noch zu schaffende moderne Text aber wurde erst im Kontext der ausgehenden sechziger Jahre, angeregt durch die epistemologischen Untersuchungen Michel Foucaults, die dekonstruktivistische Philosophie Jacques Derridas, die Dialogizitätsvorstellung Michail Bachtins und vor allem die Intertextualitätskonzeption Julia Kristevas als konkretes und zu konkretisierendes Schreibprojekt formuliert. Originalität, Subjektivität, Autorschaft und prozeßhafte Geschichtskonzeption wurden verbannt. Sieht man vom Begriff der Leere ab, so wirkt diese Konzeption auf den ersten Blick wie die Negativfolie des retrospektiven Modernebegriffs.

Barthes fragte nun nicht mehr, was der moderne Text *war*; er klagte ein, was er künftig zu sein habe. Schon bald verband sich der prospektive Modernebegriff als Schreibprojekt mit der Projektion des eigenen Schreibens: Die Moderne wird zu Barthes' eigener Moderne. Diese Moderne aber, so haben die Analysen seiner Texte der siebziger Jahre gezeigt, entfaltete rasch eine Fülle von Schreibkonzeptionen, die mit der Begrifflichkeit von Textualität und Dekonstruktion nicht mehr zu erfassen waren. Barthes dekonstruiert, dekomponiert die Dekonstruktion, wobei er weniger von den ikonotextuellen als von den phonotextuellen und körperlichen Dimensionen des Schreibens ausgeht. Körper und

Stimme werden zu Ausgangspunkten jener Schreibkonzeption, mit deren Hilfe Barthes in wachsender Entfernung vom Textualitätsdogma der Gruppe um die Zeitschrift *Tel Quel* den eigenen modernen Text verwirklicht. Damit jedoch scheint der prospektive Modernebegriff seine enorme produktive Kraft verloren zu haben. Hatte sich Barthes von der Moderne verabschiedet? Er suchte nach neuen Formen. Eine Tagebucheintragung des Jahres 1977 macht offenkundig: Barthes war es gleichgültig geworden, »modern« zu sein.

Der moderne Barthes, der postmoderne Barthes   136

Auch jenseits des Wunsches, »modern« zu sein, hörte Barthes' Beschäftigung mit Begriff und Bedeutung der Moderne während der letzten Lebensjahre nicht auf. Am deutlichsten schlägt sich dies in einem 1980 in Italien veröffentlichten Essay nieder, in dem sich Barthes unter dem vielsagenden Titel »Die Kunst, diese alte Sache…« mit der *Pop Art* auseinandersetzt. Dieser Essay läßt sich als eine Reflexion über die Dynamik der Moderne, deren »Morgendämmerung die Renaissance« gewesen sei (OO, 184), lesen. »Vielen Erfahrungen der *Moderne*« liege die Überzeugung zugrunde, daß »die Kunst etwas sei, das zerstört werden« müsse (OO, 181). Barthes greift damit auf eine Problematik zurück, die ihm bei seiner Beschäftigung mit dem Mythos in der bürgerlichen Gesellschaft bewußt geworden war: Der Mythos läßt sich nicht zerstören, man kann ihn nur durch Täuschungen, durch einen gezielten Sprachendiebstahl und die Schaffung künstlicher Mythen hintergehen und bekämpfen. Von dieser in den *Mythen des Alltags* formulierten Erkenntnis ausgehend, hatte Barthes in der zweiten Hälfte der sechziger Jahre eine Ästhetik entwickelt, die jenseits einer Ästhetik des Bruchs und der Zerstörung angesiedelt ist. Die Erprobung und Einlösung dieser neuen Ästhetik jenseits der Moderne und ihres Zerstörungswillens – eine Konzeption, die wir auch als Dekomposition bezeichnet haben – nahm einen großen Teil der siebziger Jahre in Anspruch. Parallel hierzu verlief die Abkoppelung von der Avantgarde. Deren Begrifflichkeit und Konzeption hatte er bereits in den Theaterkritiken der fünfziger Jahre angegriffen, seine grundsätzlichen Bedenken aber ein Jahrzehnt später, wohl aus taktischen Gründen im Bannkreis von *Tel*

Quel, wieder zurückgestellt. Nun jedoch, im Jahre 1980, kritisiert er die Position der *Pop Art* – und mit ihr nicht nur die Avantgarde, sondern die Moderne überhaupt[5] – quasi von »außerhalb«. Im retrospektiven Modernebegriff, der auch während der siebziger Jahre nicht gänzlich verschwand, war stets die eigene Moderne mitgedacht worden; jetzt aber kann Barthes auf eine andere schöpferische Moderneerfahrung (s)eines Schreibens zurückblicken, das die Destruktion als Grundprinzip hinter sich gelassen hat. Die *Pop Art* habe versucht, die Kunst zu zerstören, doch längst habe sich die Kunst die neuen Rebellen wieder einverleibt. Das Verfahren der Reproduktion könne als »Wesen der Moderne« die *Pop Art* vor dieser Einverleibung nicht retten (OO, 188). Denn durch alle Reproduktionen von Warhol, Jones oder Dines hindurch werde »die jahrtausendealte Frage dieser sehr alten Sache: der Kunst« gestellt: *What do you mean?*

Mit dieser die Kunst – und gerade die Anti-Kunst – immer wieder einholenden Frage hatte sich Barthes selbst frühzeitig auseinandergesetzt. In einem am Ende der *Kritischen Essays* abgedruckten Beitrag von 1963 für *Tel Quel* hatte er betont, daß es nicht darum gehen könne, Sinn zu produzieren, erzeuge doch die Massenkultur tagtäglich Sinn. Schwieriger sei es da schon, den Sinn zu »suspendieren«: Hier könne man von einer »Kunst« sprechen. Den Sinn aber »»ins Nichts fallen zu lassen (*néantiser*)«« sei aufgrund seiner Unmöglichkeit »ein verzweifeltes Projekt« (EC I, 1370). Akzeptieren wir diese Abstufung, dann ließe sich die Vorgehensweise der *Pop Art* jenem zweiten Niveau einer Suspension des Sinns zurechnen, insofern sie ja auf die Massenkultur (erinnert sei nur an Warhols Suppendosen oder die Bilder von Marilyn Monroe) zurückgreift und diese in Kunst verwandelt. Sie entgeht damit nicht der Sinnfrage, verläßt nicht das Paradigma der abendländischen Kunst. Diese aber wird innerhalb eines Kontexts überdacht, in den die Phänomene der Massenkultur und ihre Sinnangebote (wenn auch seit Anfang der sechziger Jahre zunehmend negativ[6]) einbezogen werden.

5 Vgl. hierzu auch den Bericht von dem 1972-73 an der *Ecole Pratique des Hautes Etudes* abgehaltenen Seminar, in dem es auch um den Begriff der Moderne ging (OC II, 1693).

6 Dies geschieht auch im Essay über die *Pop Art*, wo vom »Herdentrieb (*forces grégaires*)«, der die Massenkultur antreibe, gesprochen wird (OO, 184).

Barthes stellte sich der 1963 formulierten Herausforderung des »verzweifelten Projekts«. Er setzte sich mit diesem *néantiser le sens* auseinander, ging an die Leere, an das, was er das Schweigen im Zentrum des Schriftstellers (vgl. OC I, 803) nannte, heran. Weitere Texte der sechziger Jahre, vor allem aber *Das Reich der Zeichen* und *Die helle Kammer* zeigen die Verfahren, deren sich Barthes bediente, um dieses leere Zentrum zum Sprechen zu bringen und es seinem Schaffen thematisch wie strukturell einzuverleiben.

Somit stellt sich eine grundlegende Frage: Läßt sich die beobachtete Zweiteilung des Barthesschen Modernebegriffs auf die Begriffe »Moderne« und »Postmoderne« aufteilen? Ist der retrospektive Modernebegriff also einem »modernen«, der prospektive Modernebegriff aber einem »postmodernen« Barthes zuzuschlagen?

Ein solchermaßen antithetische Schema ist verlockend. Barthes wäre dann von einer »Erkundung« der Moderne zu einer »Überwindung« der Moderne vorgestoßen und so in der Tat einer der Väter der Postmoderne. Akzeptieren wir die Unterscheidung zwischen einem retrospektiven und einem prospektiven Modernebegriff, bietet dieses Schema nicht nur eine Reihe klassifikatorischer Vorteile, sondern es kann auch eine Vielzahl von Argumenten zu seinen Gunsten ins Feld führen. Retrospektiver und prospektiver Begriff stehen einander fast spiegelverkehrt gegenüber: Der Originalität werden Parodie und Pastiche, Intersubjektivität wird Intertextualität, Subjektivität das Theorem vom Tod des Autors entgegengestellt. Wo die eine Modernesicht von der Werkgenese spricht, nimmt sich die andere des Lesers an. Die Literaturkonzeption, die sich mit der historischen Moderne herausgebildet hat, wird vermieden, an ihre Stelle tritt der Textbegriff. Ursprung des Werks und Prozeß seiner Geschichte werden mit dem Verweis auf die ständig verschobenen, differierten Spuren einerseits und die unabschließbaren Bedeutungsprozesse andererseits beantwortet. Die Liste der Oppositionen ließe sich beliebig verlängern. Sie ergäbe ein prächtiges Panorama jener Antithesen, die die Merkmalslisten mancher Definitionsversuche von Postmoderne zu schmücken pflegen. In der Tat würde Barthes' »Spätwerk«, jener oft beschworene »letzte Barthes«, auf wunderbare Weise etwa den Postmoderne-Kriterien Ihab Hassans entsprechen.[7] Nach der

---

7 Bereits in der zweiten Annäherung der vorliegenden Studie wurde auf diese wohl folgenreichste aller postmodernen »Check-Listen« aufmerksam gemacht; vgl. Hassan, Ihab: »Postmoderne heute«, *op. cit.*, 47-56.

Analyse der Barthesschen Texte aus *dieser* Perspektive könnten wir also feststellen: Der frühe Barthes ist modern, der späte dagegen postmodern.

Die Frage aber ist, was damit gewonnen, und mehr noch, was damit verloren wäre. Der Gewinn bestünde in einer klaren Trennung zwischen einem »modernen« und einem »postmodernen« Barthes, wobei sich zwischen beiden dann die sechziger Jahre als mehr oder minder breiter Zwischenraum des Übergangs und der Neuorientierung einfügen ließen. Dieses Schema böte überdies den Vorteil, den späten gegen den frühen Barthes ausspielen zu können, mithin die Postmoderne auf Kosten der Moderne zu profilieren. Aus einer solchen Perspektive könnte man *Roland Barthes par Roland Barthes* als einen Schlüsseltext der Postmoderne lesen, insofern dort eine Auseinandersetzung mit früheren Phasen des eigenen Schaffens geführt und aus der Perspektive der siebziger Jahre eine neue (postmoderne) Lektüre der alten (modernen) Texte vorgeschlagen werde. Barthes könnte damit zu einem der wichtigsten Kronzeugen postmoderner Literaturpraxis avancieren.

Aber Vorsicht ist geboten. Der Titel von *Roland Barthes par Roland Barthes* ist nicht so zu verstehen, daß in diesem Buch ein moderner Barthes von einem postmodernen Barthes vorgeführt werden würde. Barthes schlägt in seiner Autobiographie sehr wohl eine Periodisierung seines Schaffens in verschiedene Phasen vor; doch hat unsere Analyse auch gezeigt, wie er eine solche Periodisierung zugleich parodiert und die Kontinuität seiner Arbeit betont. Es ist genau diese Kontinuität, die in der vorliegenden Studie herausgearbeitet werden sollte. Es kann nicht darum gehen, die Kontinuität gegen die Differenz auszuspielen; es gilt vielmehr, Kontinuität *und* Differenz im Gesamtwerk von Roland Barthes zusammenzudenken.

Der moderne Diskurs und die Spirale 137

Barthes selbst hat vor allem zu Beginn der siebziger Jahre die Differenzqualität einer Moderne herausgestellt, die sich als Projekt der Zukunft vom Gegenwärtigen und Realisierten unterscheidet. Auch später, als der schon existierende »moderne Diskurs« minoritär und in seiner Existenz bedroht ist, wird diese Abgrenzung aufrechterhalten. Dies läßt sich anhand von Barthes' Äußerungen in Cerisy-la-Salle belegen.

Während dieser ihm wenige Monate nach seiner Aufnahme ins *Collège de France* gewidmeten Tagung ging Barthes auf Formen des Diskurses im universitären und literaturkritischen Bereich ein. Manche dieser Überlegungen faßte er in seinen Schlußbetrachtungen zusammen. Die Moderne, betont Barthes, habe einen neuen Diskurs hervorgebracht, was sich daran zeige, daß Vorträge nicht mehr in derselben Weise wie noch vor wenigen Jahren gehalten würden.[8] Diese von ihm »leidenschaftlich« verfolgte »Veränderung des Diskurses in der Moderne« äußere sich unter anderem in der bewußten Verwendung von Metapher und Katachrese, wodurch dieser auf der Ebene der *signifiance* spiele und im Grunde nicht übersetzt werden könne.[9] Die Moderne zwinge heute dazu, sich mit einem Diskurs auseinanderzusetzen, der nicht in seiner Gesamtheit, sondern nur »in Stücken« verständlich sei.[10] Unverkennbar wird hier ein »moderner Diskurs« skizziert, dem Barthes sein eigenes Schreiben, aber auch jenes seiner »Schüler« und Weggenossen zurechnet. Das Kolloquium in Cerisy brachte Barthes die Gewißheit, seine eigene Konzeption des modernen Textes, des modernen Schreibens an einen Teil der nachfolgenden Generation weitergegeben zu haben. Aus dieser Perspektive läßt sich sein Schlußwort verstehen, in dem er unterstreicht, er habe »den Eindruck, die Empfindung und fast die Gewißheit, daß mir mehr als mein Werk meine Freunde gelungen sind«.[11] Barthes war nicht nur ins *Collège de France* gewählt worden und mit den *Fragmenten eines Diskurses der Liebe* zu einem Bestseller-Autor avanciert, er hatte – dies zeigt die Mehrzahl der in Cerisy gehaltenen Vorträge

8 Vgl. Compagnon, Antoine (Hg.): *Prétexte: Roland Barthes, op. cit.*, 438.
9 Ebd., 438f. Unter Rückgriff auf diese Passagen der Diskussion in Cerisy-la-Salle hat Gregory L. Ulmer nach den Möglichkeiten gefragt, Lehren aus Barthes' Schriften für einen neuen Diskurs (und neue Formen der Lehre) in den Geisteswissenschaften zu ziehen; vgl. Ulmer, Gregory L.: Barthes's Body of Knowledge. In: *Studies in Twentieth Century Literature* V, 2 (spring 1981), 219-235. Ausgangspunkt ist der in der vorliegenden Studie von Beginn an festgestellte Gegensatz von Barthes' Schreibweise zum »normierten« akademischen Diskurs, dem Ulmer ein Plädoyer für ein »neues akademisches Schreiben« entgegensetzt (232). Die über das Gesamtwerk verstreuten didaktischen Konzeptionen Barthes' sind bislang noch nicht grundlegend untersucht worden.
10 Vgl. Compagnon, Antoine (Hg.): *Prétexte: Roland Barthes, op. cit.*, 439.
11 Ebd.

deutlich – auch einen Schreib- und Denkstil entwickelt, der im universitären wie im außeruniversitären Bereich immer mehr Freunde und Anhänger fand. Sein Projekt eines »modernen Textes« hatte nicht nur zur Verwirklichung des individuellen Schreibprojekts, sondern auch zur Entstehung dessen beigetragen, was Barthes in Cerisy den »modernen Diskurs« nannte.

Im Verlauf der siebziger Jahre grenzte Barthes die (prospektiv verstandene) Moderne keineswegs nur von früheren oder zeitgenössischen Schreibweisen ab, sondern projizierte diesen Begriff paradoxerweise auch zurück in die Vergangenheit. Sade, Fourier und (mit Einschränkungen) Loyola, vor allem aber Michelet erscheinen nun als »Moderne« nicht in einem retrospektiv-historischen, sondern im prospektiv-aktualisierenden Sinne. Die Übergänge und Verschränkungen zwischen beiden Modernebegriffen manifestieren sich besonders deutlich in den 1972 bzw. 1974 veröffentlichten Essays »Michelet heute« und »Michelets Modernität«. Ohne auf diese beiden bereits besprochenen Texte zurückkommen zu können, sei hervorgehoben, daß Barthes die Modernität Michelets vor allen Dingen in der Beziehung zwischen dem Schreiben und der eigenen Körperlichkeit erblickt, eingefangen in jener Szenerie, in der der Historiker zu einem aufmerksamen Leser seines eigenen, mit dem Schreiben beschäftigten Körpers wird (OC II, 1578f.). Barthes führt uns damit, im Lichte seiner Begrifflichkeit der siebziger Jahre, zu einer Problematik zurück, die er 1954 in seinem *Michelet par lui-même* untersucht hatte. In der Dimension der Körperlichkeit, in der Beziehung zwischen Körper und Schreiben werden der retrospektive und der prospektive Modernebegriff zusammengeführt. Bei dieser Zusammenführung denkt Barthes keineswegs an eine als »überzeitliche Aktualität« eines Schriftstellers oder Denkers verstandene Moderne. Hierin, so stellt er 1974 fest, liege die Modernität Michelets nicht: Weder sei dieser heute »in Mode« (BL 239) noch würden seine Schriften häufig zitiert (BL 241). Es geht Barthes um »die effektive, skandalöse Modernität« (BL 239), und diese sieht er in wesentlicher Weise mit der körperlichen Dimension von Michelets Schreiben verknüpft.

Die verschiedenen Aspekte der Körperlichkeit – Graphie, Stimme, Gesicht, Körperrhythmus, Körperlogik – sind in Barthes' Schreiben nicht nur Ausgangspunkte einer Dekonstruktion der Dekonstruktion, sondern gemeinsame Bezugspunkte seiner Modernereflexion. In ihnen verkörpert sich in wesentlicher Weise die Kontinuität sowohl dieser Reflexion über Begriff und Bedeutung der Moderne als auch des Barthesschen Schreibens überhaupt. Diese Kontinuität des Nachdenkens über die Körperlichkeit – im Theater oder beim Schreiben, im Film oder beim Klavierspiel, in der Malerei oder beim Singen –, die nur im Bannkreis des telquelianischen Texttheorems gefährdet war, unterscheidet das Denken und die *écriture* Roland Barthes' von den in diesem Buch behandelten französischen Autoren der fünfziger, sechziger und siebziger Jahre.

Körper und Körperlichkeit sind freilich nicht die einzigen Verbindungsglieder, die Barthes' Reflexion über die Moderne eine bemerkenswerte Kontinuität verleihen. Die thematische und strukturelle Kontinuität eines leeren Zentrums wurde am Ende des elften Kapitels herausgearbeitet, so daß an dieser Stelle der Hinweis genügen kann, daß die Leere zum gemeinsamen Kennzeichen der historischen wie der projizierten Moderne im Barthesschen Schreiben geworden ist. Das leere Zentrum ist aber nicht das eines Kreises. Retrospektiver und prospektiver Modernebegriff verbinden sich nicht zu einer zyklischen Struktur. Um das leere Zentrum in Barthes' Schreiben und der Moderne entrollt sich eine Spirale. Seit den fünfziger Jahren in seinen Texten immer wieder präsent, kehrt diese während der siebziger Jahre geradezu obsessiv wieder. Kaum ein Text, in dem ihre Metaphorik nicht evoziert würde. Die Spirale ist, folgt man dem Essay über Réquichot von 1973, dem »religiösen«, »theologischen«, zentrierten und zentrierenden Kreis entgegengesetzt. Doch nicht nur dies: Sie ist zugleich auch eine *écriture*; um existieren zu können, braucht sie »eine Bewegung, welche jene der Hand ist« (OC II, 1630). Die Form der Spirale führe nicht zu einer Identität, zu einer Bewegung des immer gleichen, sondern sei, wie schon bei Vico (den Barthes schon in den fünfziger Jahren als seinen Bezugsautor anführt) *retour dans la différence*: »Rückkehr in der Differenz« (OC II, 1630).

Die Metapher der Spirale konnotiert Körperlichkeit, Schreiben, leeres Zentrum und ständige Bewegung ineins. Sie verbindet in ihrer Dynamik die Elemente jener auf den ersten Blick bipolaren Struktur des Barthesschen Gesamtwerks zur Sequenz eines sich in ständiger Bewegung befindlichen Schreibens. Was das Bild vom hin- und herlaufenden Kind auf der räumlichen Ebene symbolisiert, projiziert die Spirale in die Zeit. Sie ist Differenz und Kontinuität in einem.

Das Werk von Roland Barthes siedelt sich chronologisch innerhalb einer Bewegung an, für die Barthes die Metapher der *vague
de fond*, der Grundwelle, gebraucht hat. Gleichgültig, ob man der
Semiologie innerhalb dieser von Barthes konstatierten Bewegung
eine wichtige oder eine eher zweitrangige Rolle zuerkennt, darf
man das Barthessche Œuvre doch in seiner Gesamtheit dieser
grundlegenden Bewegung zuordnen. Spalten wir diese Bewegung
in zwei gegensätzliche Teile auf, so können wir uns zwar auf eine
Reihe überprüfbarer Gegensätze beziehen, überspielen aber zugleich eine fundamentale Kontinuität seines Denkens und Schreibens. Stellen wir dem »modernen« einen »postmodernen« Barthes
entgegen, so immobilisieren wir sie beide. Ihre Bewegung würde
in einem doppelten Sinne zu einem Standbild: Wir würden, kine-
matographisch gesprochen, den Film in seiner Bewegung anhalten
und *ein* bestimmtes Bild fixieren; und wir stünden in Gefahr, dieses Bild in der Folge zu monumentalisieren. Kanonisierungen des
modernen wie des postmodernen Barthes hat es in der Vergangenheit zur Genüge gegeben. Darum sollte in der vorliegenden Studie
die Bewegungsenergie des Barthesschen Schreibens hervorgehoben werden.

Trennten wir einen modernen von einem postmodernen
Barthes, so verlören wir den gemeinsamen Raum, innerhalb dessen sich die verschiedensten Schreibweisen, Methoden und Themen situieren, aus den Augen. Stellten wir Moderne und Postmoderne einander antithetisch gegenüber oder verstünden wir sie
komplementär hierzu als eine lineare Abfolge, die von einer wie
auch immer gearteten Epochenschwelle getrennt wäre, so könnten
wir nicht erklären, warum Barthes seine avancierten kulturtheoretischen Positionen in eben jenem Augenblick aufgab, als er sich
der Philosophie Derridas und der Texttheorie Kristevas annäherte.
Wir könnten nur feststellen, daß die kulturtheoretischen Positionen des »modernen« Barthes – messen wir sie an Huyssens[12]
Überlegungen zur Trennung zwischen Massenkultur und hoher
Kultur – zu Beginn der sechziger Jahre »postmoderner« waren als

12 Vgl. hierzu Huyssen, Andreas: *After the Great Divide. Modernism, Mass
Culture, Postmodernism, op. cit.*, sowie meine Ausführungen in der zweiten
Annäherung.

die Ästhetik der erotischen Lust, wie sie der »postmoderne« Barthes während der siebziger Jahre unter stigmatisierender Ausklammerung massenkultureller Phänomene erprobte. Wir sollten der Schwerkraft antithetischer Begriffsbildungen nicht nachgeben.

Würde die Opposition zwischen Massenkultur und hoher Kultur eines Tages überwunden, und dafür – so Barthes in einem Aufsatz von 1965 – gäbe es bereits Anzeichen, so würde sie durch eine neue Opposition ersetzt werden. Den Motor dieses »Gesetzes« erblickte Barthes in der *antithèse dissymétrique* (OC I, 1529). Vielleicht können wir hierin weniger die Gesetzmäßigkeit zwischen der von Barthes so häufig untersuchten Opposition als die treibende Kraft hinter seinem eigenen Schreiben sehen. Schon vor seinem Eintritt in den Orbit des Strukturalismus dachte Barthes stets in Oppositionen, die, kaum errichtet, überraschend deplaziert und damit in Bewegung versetzt wurden. *Langue* und *style* bildeten gleich zu Beginn von *Am Nullpunkt des Schreibens* jene Bipolarität, die Barthes benötigte, um einen dritten Begriff – 1953 war es die *écriture* – quer dazu einzuführen. Nach seinem Abschied vom Strukturalismus dienten ihm 1970 die Sinnebenen von Kommunikation und Signifikation – um nur ein weiteres Beispiel zu nennen – als Ausgangsbasis für die Einführung eines »dritten Sinns«, des *sens obtus*, der die zunächst aufgebaute Struktur wiederum verschob und völlig andere, unabschließbare Bedeutungsprozesse einblendete. Ausgerechnet in einem Vorwort zu einer Enzyklopädie hob er 1970 hervor, die Moderne löse die Literatur vom Menschlichen ab und mache Text, Gedicht, Schreiben und Theater »den stärksten Subversionen, welche die Menschheit wagen könnte«, gleich (OC II, 981). Die Moderne ist für Barthes stets die Erfahrung der Grenze: Sie ist, wie die von ihm so geliebte und häufig praktizierte Paradoxie, ein Grenzphänomen. Insofern sich die Grenzen verschieben, wechseln die Orte dieser Erfahrung. Voraussetzung dafür aber ist, daß die Grenzen nicht vollständig verschwinden. Täten sie dies, so käme auch die Grenzerfahrung – und mit ihr die Moderne – zu einem Stillstand. Aus dieser Perspektive ließe sich verstehen, warum Barthes den Begriff der Postmoderne – der ihm sicherlich geläufig war – selbst nicht verwendete. Die Übernahme dieses Begriffs hätte sowohl eine Sprengung der für Barthes vitalen Grenzen der Moderne als auch seines Modernebegriffs impliziert. Die Moderne aber war für Barthes ein janusköpfiges Geschöpf, das zugleich nach vorne und zurück schaut. Die

Leere in ihrem Zentrum treibt sie stets an ihre Grenzen. So entsteht keine zielgerichtete, keine lineare Bewegung, sondern ein ständiges Oszillieren im Raum.

Auge und Ohr

In zwei Beiträgen von 1973 und 1975 verwendet Barthes den Begriff der Logosphäre, den er versteht als »alles, was wir lesen und hören, was uns wie eine Tischdecke bedeckt, wie ein Milieu umgibt und einhüllt« (BL 244; vgl. auch OC II, 1612). Die Logosphäre sei uns gegeben; wollten wir sie deplazieren, so bedürfe es dazu eines Stoßes. Wir leben heute längst innerhalb eines »Sprachraums«, der von den Begriffen »Moderne« und »Postmoderne« mitgeprägt wird. Wir können uns dieser Problematik und Begrifflichkeit nicht entziehen, hieße dies doch, ihre Existenz *ex negativo* zu bestätigen und ihre diskursiven Grenzziehungen stillschweigend zu akzeptieren. Hinsichtlich unserer aktuellen »logosphärischen« Situation könnte ein solcher Denkanstoß, die *secousse*, aus den Schriften Roland Barthes' – und zwar in ihrer Gesamtheit – abgeleitet werden. Barthes bietet uns das Schauspiel eines intellektuellen Abenteuers – und nicht Abenteurertums! –, das antithetische Strukturen immer wieder präsentiert *und* friktioniert. Die Beschäftigung mit seinem Denken und Schreiben macht nachvollziehbar, daß die Antithese zwischen »Moderne« und »Postmoderne«, wie sie nicht zuletzt im deutschsprachigen Raum unsere Logosphäre prägt, nicht von dauerhaftem Bestand sein kann. Nehmen wir die Postmoderne in ihrem »grenzüberschreitenden« Anspruch ernst, dann kann sie sich von der Moderne gar nicht antithetisch abgrenzen. Die Vielzahl der Definitionen von Moderne und Postmoderne unterstreicht: Weder Moderne noch Postmoderne verfügen über *eine* Definition, die innerhalb der wissenschaftlichen Gemeinschaft konsensfähig wäre. Der epistemologische Status der Moderne ist nicht gesicherter als jener der Postmoderne: Beide Begriffe sind diskursive Setzungen, nicht mehr, aber auch nicht weniger. Gleichwohl hat die Moderne einen wichtigen Vorteil: ihre zweifache Präsenz in dieser Begrifflichkeit. Der Abschied von der Moderne kann der Postmoderne schon deshalb nicht gelingen, weil sie diese in ihrem Begriff mitschleppt. Nicht leichter wird jedoch auch der Moderne ihre Verabschiedung der Postmoderne fallen – es könnte sein, daß sie sich damit selbst verabschiedet. Die Postmoderne-Diskussion ist eine Diskussion über die Durchlässigkeit der Grenzen (in) der Moderne. Aus eben diesem Grund hat Barthes Gewicht auch *innerhalb* der Postmoderne-Diskussion. Als Kritiker, Literaturwissenschaftler, Zeichentheoretiker, Maler, Philosoph und Romancier führt er uns mit den komplexen Wegen seines Werkes die ständige Bewegung, aber auch den gemeinsamen Raum von Moderne und Postmoderne »buchstäblich« vor Augen.

Barthes' kulturelle Praktiken beschränkten sich nicht auf Formen *visueller* Produktion und Rezeption. Seine oben angeführte Definition der Logosphäre knüpft an den Begriff des Intertexts an, den er von Julia Kristeva übernahm, und auf den gesamten kulturellen Raum ausweitete. Der Intertext – so 1979 in dem zweiten Essay über Cy Twombly, »Weisheit der Kunst« – sei das »Zirkulieren früherer (oder zeitgenössischer) Texte im Kopf (oder in der Hand) des Künstlers« (OO, 175). Der Intertext sei »die Kultur selbst« (OO, 174). Die Logosphäre jedoch schließt gemäß der obigen Definition nicht nur Praktiken des Lesens, sondern auch des Hörens ein. Diese phonotextuelle Dimension sollten wir nicht überhören.

»Allein die *écriture*«, so Barthes 1973 am Ende seines Vortrags »Der Krieg der Sprachen«, »ist von einem Ursprung unabhängig, lasse sich nicht auf einen Ort zurückführen: Nur sie sei *»atopisch«* (OC II, 1613). Die Utopie der *écriture*, wie sie im Schlußteil von *Am Nullpunkt des Schreibens* zu finden ist, ist zu einer Atopie geworden. Gleichgeblieben ist ihre ständige Bewegung, die sich nun nicht mehr am Zielpunkt eines projizierten Raumes, sondern am nomadisierenden Durchqueren unterschiedlichster kultureller Räume und Praktiken ausrichtet. Diese (transdisziplinäre und transdiskursive) Bewegung bleibt keineswegs auf den Bereich der Schrift in einem traditionellen Sinn beschränkt.

In seiner Autobiographie spricht Barthes davon, daß die Moderne wie ein Radiogerät ausprobiert werde, dessen Bedienung man nicht kenne (RB, 78). Der Vergleich mag überraschen, ja wunderlich erscheinen, ist aber nicht zufällig gewählt. In einem Text von 1976 heißt es, die Stimme sei »in ihrem Bezug zum Schweigen« wie die Schrift, die sich auf eine weiße Fläche einschreibe. »Das Hören der Stimme eröffnet die Beziehung zum Anderen« (OO, 225). Mit den Beziehungen von Stimme und Schrift beschäftigte sich Barthes seit Ende der fünfziger Jahre. Unsere Untersuchung hat gezeigt, daß ihn dies 1973 im Schlußteil von *Die Lust am Text* zum Gedanken einer körperlichen, lusterzeugenden Präsenz des Anderen im eigenen Ohr führte.

Seit *S/Z* häufen sich – nicht zuletzt aufgrund der Lektüre Bachtins – Bezeichnungen und Deutungen des Textes als Gewebe von Stimmen und als Stereophonie.[13] Im Vergleich der Moderne mit der Manipulation eines Radiogeräts läßt sich aber noch eine zusätzliche Dimension erkennen: die der Massenkommunikation. Bei der Radioübertragung kommt der Stimme größte Bedeutung zu. In dieser Hinsicht ist ein außerhalb der alphabetischen Ordnung stehendes Fragment der Autobiographie, dem Barthes den Titel »Seine Stimme« gab, aufschlußreich:

>»Ich suche nach und nach seine Stimme *wiederzugeben*. Ich versuche eine Annäherung mit Hilfe von Adjektiven: gewandt, zerbrechlich, jugendlich, ein wenig gebrochen? Nein, das ist es nicht ganz; eher: *über-kultiviert*, mit einem englischen Nachgeschmack. Und wie ist es damit: kurz? Ja, wenn ich das weiter entwickle: Er brachte in dieser Kürze nicht die Windung (die Grimasse) eines Körpers, der sich wieder aufnimmt und behauptet, zur Anspannung, sondern im Gegenteil den sich erschöpfenden Fall des Subjekts ohne Sprache, der die Drohung der Aphasie bringt, unter der er sich windet [...].« (RB, 72)

In *Die helle Kammer* hatte Roland Barthes mit spielerischer Luzidität sein Verhältnis zum Photographiertwerden dargestellt und seine verschiedenen Posen in komplexen Spiegelungen beleuchtet. Fünf Jahre zuvor war er also der Stimme und ihren (seinen) verschiedenen Stimm-Lagen in ähnlich verwirrenden Brechungen nachgegangen. Die obige Passage bestätigt die im Verlauf dieser Arbeit mehrfach hervorgehobene Tatsache, daß mit der Stimme nicht das Subjekt wieder Einzug in den Text (bzw. die Texttheorie) hält, sondern sich in ihr der Körper (und nicht das Individuum) manifestiert. Die in der Stimme wahrnehmbare Körperlichkeit erscheint hier als Ausdruck *und* als Pose, sie ist akustisch reflektierte Körperlichkeit.

Bei der Radioübertragung, die sich an eine anonyme Zuhörerschaft wendet[14], ist das Körperliche vor allem in der Stimme prä-

---

13 Vgl. als Belegstellen einer stereophonen *écoute* des Textes OC I, 868; OC II, 1214, 1266 oder 1681.

14 Die Beziehung zu den im zehnten Kapitel ausgeloteten »Echoeffekten« ist unverkennbar. Auch das Radio kann als »Echokammer« fungieren.

sent. Es überrascht daher nicht, daß Barthes, der an seinem Schreibtisch ein Radiogerät in Reichweite hatte, sich des öfteren mit seiner
eigenen Stimme, wie sie aus dem Radiogerät drang, beschäftigte. Sie
scheint ihn nicht zufriedengestellt zu haben, ja mißfiel ihm. In einem Text von 1976 sprach er in einem psychoanalytisch bestimmten Kontext vom »Gefühl der Fremdheit (ja bisweilen der Anti-
pathie)«, das jeden bei der Wahrnehmung seiner eigenen Stimme
überkomme (OO, 226). Ein Jahr später personalisiert er in Cerisy
diese Aussage. »Wenn ich mich im Radio höre«, sagt er dort, »habe
ich eine antipathische Beziehung zu dieser Stimme, meiner
Stimme.«[15] Wir müssen uns mit dieser Einschätzung nicht begnü-
gen. Wir könnten auf Julia Kristeva verweisen, die in ihrem Nachruf
unter dem Titel »Die Stimme Barthes'« – einem späten Dank für
Barthes' Essay über »Die Fremde« – die Ansicht vertrat, »daß dieser Schriftsteller uns vor allem und im wesentlichen *eine Stimme*«
gab, und die mit einer gewissen Nostalgie an die gemeinsamen Seminare und die Stimme des Dozenten an der *Ecole Pratique des
Hautes Etudes* erinnerte.[16] Wir können vor allem aber diese Stimme
selbst befragen. Denn Barthes, der laut Kristeva »den einzigen literaturkritischen Diskurs der Moderne« vertrat[17], hat bei einer Vielzahl von Radiosendungen mitgewirkt. Es handelt sich dabei nicht
nur um einige der erwähnten Interviews, um eine »Radioscopie«
von 1975[18] oder um Archivaufnahmen, die teilweise auf Audiokassetten zugänglich gemacht wurden.[19] Roland Barthes war auch ak-

15 Vgl. Compagnon, Antoine (Hg.): *Prétexte: Roland Barthes, op. cit.*, 251.
16 Kristeva, Julia: »La voix de Barthes«. In: *Communications* 36 (1982), 119.
    Die Faszination von Barthes' Stimme wurde von den Teilnehmern seiner
    Seminare verschiedentlich betont; vgl. u. a. Henric, Jacques: »Barthes en
    trois temps«. In: *La Règle du Jeu* 1 (mai 1990), 67, und vor allem Thomas,
    Chantal: »Une voix d'un autre temps«, ebd., 78-80. Auch Weightman erin-
    nert sich an die »deep, velvety voice« des von ihm so genannten Hoheprie-
    sters; vgl. Weightman, John: »High priest of Modernism«. In: *The Observer*
    (24.10.1982), Observer Review Section, 34.
17 Kristeva, Julia: »La voix de Barthes«, *op. cit.*, 122.
18 Chancel, Jacques: *Roland Barthes. Radioscopie, op. cit.*
19 Eine Sammlung interessanter Ausschnitte enthalten die drei Audiokassetten
    von Goémé, Christine: *Roland Barthes. Les saveurs du savoir.* Une série
    d'émissions d'archives diffusées sur France Culture le 9 août 1992. Réalisa-
    tion: Eliane Milhau. Paris: Institut National de l'Audiovisuel 1993. Es wäre
    wünschenswert, die Mitschnitte aus Vorträgen und Seminaren Roland
    Barthes' öffentlich zugänglich zu machen; vgl. hierzu Marty, Eric: »Le par-
    cours d'une écriture. Propos recueillis par Marina Graff«. In: *Magazine lit-
    téraire* 314 (octobre 1993), 24.

tiv an der Gestaltung von Hörfunksendungen beteiligt, die einen integralen Bestandteil seines Gesamtwerks (wenn auch außerhalb der *Œuvres Complètes*) darstellen. Ein Beispiel hierfür ist seine zusammen mit Jean Montalbetti gestaltete dreistündige Sendung *Un homme, une ville: Marcel Proust à Paris*.[20] Barthes widmete sich in dieser Sendereihe dem Schriftsteller, an dessen Bild er die Inszenierung seines eigenen Schreibens modelliert hat, in einer einem Medium der Massenkommunikation angemessenen, unprätentiösen Weise, die auch in sprachlicher Hinsicht einen interessanten und bislang noch nicht untersuchten Kontrast zu seinen skripturalen Texten aufweist.[21] Barthes' Stimme der Radiosendungen darf keineswegs mit »Mündlichkeit« oder »Unmittelbarkeit« assoziiert werden. Sie ist vielmehr eine Form vermittelter, sekundärer Oralität[22] und, was noch wichtiger ist, eine reflektierte, bewußt eingesetzte künstlerische Ausdrucksform: eine Schreibweise der Stimme.

Barthes ging der Frage nach der technischen Reproduzierbarkeit des Kunstwerks auch im akustischen Bereich nach. 1967 konstatiert er etwa die autonome Entwicklung der Opernmusik im Zusammenhang mit ihrer massiven Verbreitung durch Schallplatte, Radio und andere Formen moderner Massenkommunikation. Paradoxerweise sei die Oper in eben jenem Augenblick zu einer »Lust bei geschlossenen Augen«, zu »einem Theater der Blindheit« (OC II, 405) geworden, als sie in den Einflußbereich der Massenkultur eintrat, die in immer größerem Maße von der Sensibilität und Wahrnehmungserfahrung der »modernen Kunst«, insbesondere des Kinos, geprägt werde (OC II, 406). Das Interesse

20 Auch diese Sendefolge liegt mittlerweile in drei Audiokassetten vor; Barthes, Roland: *Un homme, une ville: Marcel Proust à Paris*. Production: Jean Montalbetti. Paris: Cassettes Radio France 1977. Ich verdanke den Nachweis dieser Kassetten Jean-Christophe Doubroff, dessen Stimme mich bei der Arbeit an diesem Buch stets begleitete und dem hierfür an dieser Stelle herzlich gedankt sei.

21 Man könnte hier von einer *Performanz* dieser Texte sprechen. Nicholas Zurbrugg hat, ausgehend von Burroughs, eine solche Möglichkeit bei Barthes gesehen, aber nicht verstanden, wie sich der Autor von *Die helle Kammer* sehr wohl moderner Massenkommunikationsmittel bedienen konnte; vgl. Zurbrugg, Nicholas: »Burroughs, Barthes, and the Limits of Intertextuality«. In: *The Review of Contemporary Fiction* IV, 1 (spring 1984), 88.

22 Ich verwende den Begriff der »sekundären Oralität« im Sinne von Zumthor, Paul: »L'intertexte performanciel«. In: *Texte* 2 (1983), 49-59.

Barthes' an der Radiophonie bezog sich nicht nur auf die Übermittlung von Informationen – bei den Ereignissen von Mai 1968 sei das Radiogerät, so bemerkte er einmal witzig, zu einer wahren Prothese des Menschen geworden (OC II, 496) –, es bezog auch die spezifisch künstlerischen Ausdrucksmöglichkeiten dieses Mediums (so etwa 1973 in einem Gespräch mit Jean Ristat [OC II, 1647]) in wesentlicher Weise mit ein.

Der Ausklang dieses Buches ist damit akustisch bzw. phonotextuell. Der Weg führt zum Ohr. Die nicht nur skripturale, sondern vor allem auch akustische und visuelle Präsenz von Roland Barthes in den Massenmedien hat nicht nur mit seiner in den fünfziger und sechziger Jahren beobachteten Geschicklichkeit zu tun, diese für seine Ziele einzusetzen, sondern betrifft auch die kritischen und künstlerischen Möglichkeiten, die ihm das Radio oder die Photographie boten. Es wäre daher ungerecht, den Barthes der siebziger Jahre zu beschuldigen, Massenkultur und Massenkommunikation pauschal abqualifiziert und damit die Trennung zwischen einer modernistischen hohen Kultur und einer kommerzialisierten Massenkultur durch die ästhetische Hintertür in sein Schreiben wieder eingeführt zu haben. Die Praxis von Roland Barthes, seine Bereitschaft, sich auf die Kommunikationsformen nichtschriftlicher Medien einzulassen und diese kritisch zu reflektieren, spricht dagegen. Daß er sich während der siebziger Jahre vorwiegend mit literarischen Problemen bzw. Phänomenen der Hochkultur auseinandersetzte, kann ihm schwerlich zum Vorwurf gemacht werden; *Die helle Kammer* belegt, daß er sich nicht ausschließlich der hohen Kultur widmete und selbst innerhalb dieses letzten Buches keine Trennungslinie zwischen künstlerischer Photograohie und Amateurphotographie zog.

Nach Abschluß dieser Analyse wäre es meiner Ansicht nach unmöglich, ja unredlich, Roland Barthes' kulturellen Aktivitäten einen bestimmten Ort innerhalb der intellektuellen, literarischen oder kulturellen Entwicklung der zweiten Hälfte des 20. Jahrhunderts zuzuweisen. »Moderne« und »Postmoderne«, als *klassifikatorische* Begriffe verwandt, sorgen nicht nur für keine größere Klarheit, sie zeugen auch von einer bedauernswerten Verarmung unseres analytischen Vokabulars. Der »Ort« Roland Barthes' ist die Bewegung innerhalb der verschiedensten Kontexte seiner Zeit. Töricht wäre es, bestimmte Elemente seines Denkens herauszugreifen und zu versuchen, mit Hilfe der Barthesschen Begrifflichkeit neue analytische *Systeme* zu begründen. Man dient Barthes nicht dadurch, daß man – um noch einmal die von ihm selbst benutzte Unterscheidung zu gebrauchen – seinen akratischen Diskurs in einen enkratischen verwandelt, seine Paradoxa zu einer neuen Doxa werden läßt. Die »Lektion« des französischen Intellektuellen ist eine andere: Sie äußert sich in dem, was Barthes einmal den fragenden, den »*interrogativen* Wert« der Literatur genannt hat (E I, 1286). Sein Schaffen entfaltet eine unerhörte Bewegungsenergie, die es für die Kontexte *unserer* Zeit zu nutzen gilt. Müsse man eines Tages, schrieb Barthes 1966, eine Literaturgeschichte unseres Jahrhunderts in einem Kapitel abhandeln, so könne dessen Titel nur lauten: *la difficulté d'écrire*, »die Schwierigkeit zu schreiben« (OC II, 57). Roland Barthes käme in einer solchen Geschichte eine herausragende Rolle zu. Es ist an der Zeit, in bezug auf sein Gesamtwerk die Schwierigkeiten des Hörens zu überwinden und die Faszination seines Schreibens jenseits aller Klassifikationen, innerhalb eines gemeinsamen, von ihm mitgestalteten Raumes von Moderne und Postmoderne, als ständigen Anstoß fruchtbar werden zu lassen.

Bibliographie

1. Chronologisches Verzeichnis der Originalausgaben und Übersetzungen der Buchpublikationen von Roland Barthes

Le Degré zéro de l'écriture. Paris 1953; dt.: *Am Nullpunkt der Literatur.* Übersetzung Helmut Scheffel. Hamburg 1959; Frankfurt a. M. 1981.

Michelet par lui-même. Paris 1954; dt.: *Michelet.* Übersetzung Peter Geble. Frankfurt a. M. 1980; Frankfurt a. M. 1984.

Mythologies. Paris 1957; dt.: *Mythen des Alltags.* Übersetzung Helmut Scheffel. Frankfurt a. M. 1964 (Auswahl).

Sur Racine. Paris 1963.

La Tour Eiffel. Photographies d'André Martin. Paris 1964; dt.: *Der Eiffelturm.* Übersetzung Helmut Scheffel. München 1970.

Essais critiques. Paris 1964; dt.: *Literatur oder Geschichte.* Übersetzung Helmut Scheffel. Frankfurt a. M. 1969 (Auswahl aus *Essais critiques* und *Sur Racine*).

»Eléments de sémiologie«. In: *Communications* 4 (1964); Buchausgabe zusammen mit *Le Degré zéro de l'écriture.* Paris 1965; dt.: *Elemente der Semiologie.* Übersetzung Eva Moldenhauer. Frankfurt a. M. 1979; Frankfurt a. M. 1983.

Critique et vérité. Paris 1966; dt.: *Kritik und Wahrheit.* Übersetzung Helmut Scheffel. Frankfurt a. M. 1967.

Système de la Mode. Paris 1967; dt.: *Die Sprache der Mode.* Übersetzung Horst Brühmann. Frankfurt a. M. 1985.

L'Empire des signes. Paris/Genf 1970; dt.: *Das Reich der Zeichen.* Übersetzung Michael Bischoff. Frankfurt a. M. 1981.

S/Z. Paris 1970; dt.: *S/Z.* Übersetzung Jürgen Hoch. Frankfurt a. M. 1976.

Sade, Fourier, Loyola. Paris 1971; dt.: *Sade, Fourier, Loyola.* Übersetzung Maren Sell und Jürgen Hoch. Frankfurt a. M. 1974.

Nouveaux Essais critiques. Le Degré zéro de l'écriture. Paris 1972.

Le Plaisir du texte. Paris 1973; dt.: *Die Lust am Text.* Übersetzung Traugott König. Frankfurt a. M. 1974.

Roland Barthes par Roland Barthes. Paris 1975; dt.: *Über mich selbst.* Übersetzung Jürgen Hoch. München 1978.

Fragments d'un discours amoureux. Paris 1977; dt.: *Fragmente einer Sprache der Liebe.* Übersetzung Hans-Horst Henschen. Frankfurt a. M. 1984.

Leçon. Leçon inaugurale de la Chaire de sémiologie littéraire du Collège de France, prononcée le 7 janvier 1977. Paris 1978; dt.: *Leçon/Lektion. Antrittsvorlesung im Collège de France. Gehalten am 7. Januar 1977.* Übersetzung Helmut Scheffel. Frankfurt a. M. 1980.

Un homme, une ville: Marcel Proust à Paris. Production: Jean Montalbetti. Paris: Cassettes Radio France 1977.

Sollers écrivain. Paris 1979.

La Chambre claire. Note sur la photographie. Cahiers du Cinéma, Paris 1980; dt.: *Die helle Kammer. Bemerkungen zur Photographie.* Übersetzung Dietrich Leube. Frankfurt a. M. 1985.

Le Grain de la voix. Entretiens 1962-1980. Paris 1981; dt.: *Die Rauheit der Stimme. Interviews 1962-1980.* Übersetzung A. Bucaille-Euler, B. Spielmann, G. Mahlberg. Frankfurt a. M. 1982.

L'Obvie et l'obtus. Essais critiques III. Paris 1982; dt.: *Der entgegenkommende und der stumpfe Sinn. Kritische Essays III.* Übersetzung Dieter Hornig. Frankfurt a. M. 1990.

Le Bruissement de la langue. Essais critiques IV. Paris 1984; dt.: *Das Rauschen der Sprache. Kritische Essays IV.* Übersetzung Dieter Hornig. Frankfurt a. M. 1992.

L'Aventure sémiologique. Paris 1985; dt.: *Das semiologische Abenteuer.* Übersetzung Dieter Hornig. Frankfurt a. M. 1987.

Incidents. Paris 1987; dt.: *Begebenheiten. Incidents.* Übersetzung Hans-Horst Henschen. Mainz 1988.

Œuvres Complètes. Edition établie et présentée par Eric Marty. Bd. I-III. Paris 1993 ff.

2. Sekundärliteratur zu Roland Barthes

Amen, Philippe: Roland Barthes diariste. In: *Literatures* XX (1989), 107-114.

Aragues Estragues, Juan Manuel: »Por una deconstrucción de la unidad del lenguaje: Sociedad y cuerpo en el discurso bartheano«. In: *Graduate Student Review* 3 (summer 1991), 32-38.

Argan, Giulio Carlo: »J'ai une maladie, je vois le langage«. In: *Roland Barthes. Carte, Segni.* Milano 1981.

Bachellier, Evelyne: »Diderot – Sévigné – Roland Barthes«. In: *Prétexte: Roland Barthes.* Colloque de Cerisy. Direction Antoine Compagnon. Paris 1978, 129-144.

–: »L'uomo che amava i morti«. In: Fabbri, Paolo/Pezzini, Isabella (Hg.): *Mitologie di Roland Barthes. I Testi e gli Atti.* Parma 1986, 247-257.

Badley, Linda C.: »Calvino engagé: Reading as Resistance in ›If on a Winter's Night a Traveler‹«. In: *Perspectives on Contemporary Literature* X (1984), 101-111.

Bannet, Eve Tavor: *Structuralism and the Logic of Dissent: Barthes, Derrida, Foucault, Lacan.* Urbana 1989.

Bartkowski, Frances: »Roland Barthes's Secret Garden«. In: *Studies in Twentieth Century Literature* V, 2 (spring 1981), 133-146.

Baudrillard, Jean: »In torno a Barthes e al Giappone«. In: Fabbri, Paolo/Pezzini, Isabella (Hg.): *Mitologie di Roland Barthes. I Testi e gli Atti.* Parma 1986, 259-264.

Bauer, George H.: »Pretexts for Texts: Sartre and Barthes Before Genet and Camus«. In: *L'Esprit créateur* XXVII, 3 (fall 1987), 89-99.

–: »Eating Out: With Barthes«. In: Bevan, David (Hg.): *Literary Gastronomy.* Amsterdam 1988, 39-48.

Benelli, Graziano: *La scrittura inquieta. Introduzione all'opera di R. Barthes.* Roma 1981.

Bensmaïa, Réda: »Du fragment au détail«. In: *Poétique* XII, 47 (septembre 1981), 355-370 (dt.: »Vom Fragment zum Detail«. In: Henschen, Hans-Horst [Hg.]: *Roland Barthes.* München 1988, 181-208).

–: *Barthes à l'Essai. Introduction au texte réfléchissant.* Tübingen 1986.

Berthet, Frédéric: »Idées sur le roman«. In: *Prétexte: Roland Barthes.* Colloque de Cerisy. Direction Antoine Compagnon. Paris 1978, 347-359.

Bessière, Jean: »Rhétoricité et littérature: Figures de la discordance, figures du partage. De Roland Barthes à Paul de Man«. In: *Langue Française* LXXIX (septembre 1988), 37-50.

Biasi, Pierre-Marc de: »Barthes et la peinture: le désir de l'illisible«. In: *Magazine littéraire* 314 (octobre 1993), 68-70.

Biron, Normand: »La dernière des solitudes. Entretien avec Roland Barthes«. In: *Revue d'Esthétique* 2 (1981), 113-117.

Blanchot, Maurice: »La recherche du point zéro«. In: Ders.: *Le livre à venir.* Paris 1959, 296-307 (dt.: »Die Suche nach dem Nullpunkt«. In: Ders.: *Der Gesang der Sirenen. Essays zur modernen Literatur.* Übersetzt von Karl August Horst. Frankfurt a. M./Berlin/Wien 1982, 274-285).

Bobillot, Jean-Pierre: *La Momie de Roland Barthes. Eloge de la Modernité.* Montpellier 1989.

Boglioli, Giovanni: La semiopoli di Roland Barthes. In: *Studi di Letteratura Francese* XI (1985), 244-257.

Bogue, Ronald: »Roland Barthes, Alain Robbe-Grillet and the Paradise of the Writerly Text«. In: *Criticism* 22 (1980).

Bois, Yve-Alain: »Ecrivain, artisan, narrateur«. In: *Critique* XXXVIII, 423-424 (août/septembre 1982), 655-662.

Bolle, Louis: »Roland Barthes par Roland Barthes ou l'autonymie«. In: *Les Lettres Romanes* XXXIX, 1-2 (février/mai 1985), 9-16.

Borgomano, Laure: »Roland Barthes ou l'intraitable«. In: *Lectures* 6 (septembre/décembre 1980), 193-204.

Boughali, Mohamed: *L'érotique du langage chez Roland Barthes.* Casablanca 1986.

Boulez, Pierre: »Le statut de l'amateur«. In: *Critique* XXXVIII, 423-424 (août/septembre 1982), 663-665.

Bounfour, Abdallah: »L'errance orphéline«. In: *Prétexte: Roland Barthes.* Colloque de Cerisy. Direction Antoine Compagnon. Paris 1978, 177-190.

Bourdieu, Pierre: »Des adversaires complices«. In: Ders.: *Homo academicus.* Paris 1984, 149-155.

Bouttes, Jean-Louis: »A travers et à tors«. In: *L'Arc* 56 (1974), 57-62.

–: »Le diamant-foudre«. In: *Prétexte: Roland Barthes.* Colloque de Cerisy. Direction Antoine Compagnon. Paris 1978, 419-431.

Bouttes, Jean-Louis: »Arianna, tutta sola?« In: Fabbri, Paolo/Pezzini, Isabella (Hg.): *Mitologie di Roland Barthes. I Testi e gli Atti.* Parma 1986, 175-194.

Bredbeck, Gregory W.: »B/O – Barthes's Text/O'Hara's Trick«. In: *PMLA* CVIII, 2 (march 1993), 268-282.

Brinkemper, Peter: »Liebe als Fragment. Affinitäten und Differenzen zwischen Bachmann und Barthes«. In: *Jahrbuch der Grillparzer-Gesellschaft* XVI (1984-86), 189-199.

Brochier, Jean-Jacques/Muecke, Stephen: »Twenty keywords of Roland Barthes«. In: *Southern Review* XVI, 3 (november 1983), 315-334.

Bronzoni, Eleonora/Pezzini, Isabella: »Bibliografía complessiva di Roland Barthes«. In: Fabbri, Paolo/Pezzini, Isabella (Hg.): *Mitologie di Roland Barthes. I Testi e gli Atti.* Parma 1986, 311-352.

Brown, Andrew: *Roland Barthes. The Figures of Writing.* Oxford 1992.

Bruckner, Pascal: »Trop tard«. In: *La Règle du Jeu* 1 (mai 1990), 57-58.

Brulotte, Gaétan: »L'aventure critique de Roland Barthes«. In: *En Vrac. Cahiers de la Société des Ecrivains de la Mauricie* 45-46 (hiver/printemps 1991), 20-28.

Brütting, Richard: »*Ecriture*« *und* »*Texte*« – *Die französische Literaturtheorie nach dem Strukturalismus*. Bonn 1976.

Bryson, Norman: »Intertextuality and Visual Poetics«. In: *Style* 22 (1988), 183-193.

–: *Calligram. Essays in the New Art History from France*. Cambridge 1988.

Bürger, Peter: »Roland Barthes, Schriftsteller«. In: *Neue Rundschau* 2 (1990), 113-124.

Buffat, Marc: »Le simulacre«. In: *Tel Quel* 47 (automne 1971), 108-114.

–: »Une abstraction sensible«. In: *Textuel* 15 (1984), 38-43.

Buisine, Alain: »Barthes et les noms«. In: Bonnefis, Philippe/Buisine, Alain (Hg.): *La Chose capitale: Essais sur les noms de Barbey, Barthes, Bloy, Borel, Huysmans, Maupassant*. Lille 1981, 71-103.

Burch, Noël: »Barthes et le Japon«. In: *L'Arc* 56 (1974), 40-44.

Burgelin, Olivier: »Le double système de la mode«. In: *L'Arc* 56 (1974), 8-16.

Burgin, Victor: »Diderot, Barthes, ›Vertigo‹«. In: Burgin, Victor/Donald, James/Kaplan, Cora (Hg.): *Formations of Fantasy*. London/New York 1986, 85-108.

Burgwinkle, William: »Le Corps Barthésien«. In: *Constructions* (1985), 81-94.

Burke, Seán: *The Death and Return of the Author. Criticism and Subjectivity in Barthes, Foucault and Derrida*. Edinburgh 1992.

Burnier, Michel-Antoine/Rambaud, Patrick: *Le Roland Barthes sans peine*. Paris 1978.

Bussotti, Sylvano: »Motivi di un'amicizia«. In: Fabbri, Paolo/Pezzini, Isabella (Hg.): *Mitologie di Roland Barthes. I Testi e gli Atti*. Parma 1986, 105-111.

Calligaris, Contardo: »Tout dire«. In: *Prétexte: Roland Barthes*. Colloque de Cerisy. Direction Antoine Compagnon. Paris 1978, 9-18.

Calvet, Louis-Jean: *Roland Barthes, un regard politique sur le signe*. Paris 1973.

–: »Une sémiologie politique«. In: *L'Arc* 56 (1974), 25-29.

–: »Logophile et logothète«. In: *L'Arc* 56 (1974), 45-47.

–: *Roland Barthes 1915-1980*. Paris 1990 (dt.: *Roland Barthes. Eine Biographie*. Übersetzt von Wolfram Bayer. Frankfurt a. M. 1993).

Calvino, Italo: »In Memoriam Roland Barthes«. In: *La Repubblica* (9.4.1980); wieder abgedruckt in: Ders.: *Kybernetik und Gespenster. Überlegungen zu Literatur und Gesellschaft*. München: Hanser 1984, 172-177.

Campagnoli, Ruggero: »BartheS su BalZac e la marchesa pensosa«. In: *Lectures* 6 (septembre/décembre 1980), 189-192.

Camus, Albert: »Lettre d'Albert Camus à Roland Barthes sur ›La Peste‹«. In: Barthes, Roland: *Oeuvres Complètes*. Bd. I: *1942-1965*. Paris 1993, 457-458.

Camus, Renaud: »Inventaire«. In: *La Règle du Jeu* 1 (mai 1990), 58-61.

–: »De la bathmologie«. In: *Magazine littéraire* 314 (octobre 1993), 53-55.

Carmody, Jim: »›Reading Scenic Writing‹: Barthes, Brecht, and Theatre Photography«. In: *Journal of Dramatic Theory and Criticism* V, 1 (fall 1990), 25-38.

Castro, Nancy Campi de: »O Romanesco Critico em Roland Barthes«. In: *Minas Gerais. Suplemento Literario* XIX, 918 (5.5.1984), 6-7.

Cecchi, Annie: »Roland Barthes et le mirage du haïku«. In: Balakian, Anna u. a. (Hg.): *Proceedings of the Xth Congress of the International Comparative Literature Association*. Bd. II. New York 1985, 595-601.

Champagne, Roland A.: »The Task of Clotho Re-defined: Roland Barthes' Tapestry of Literary History«. In: *L'Esprit créateur* XXII, 1 (spring 1982), 35-47.

–: *Literary History in the Wake of Roland Barthes: Re-defining the Myths of Reality.* Birmingham, Ala. 1984.

Chancel, Jacques: *Roland Barthes.* Radioscopie de Jacques Chancel le 17 janvier 1975. Paris: Cassettes Radio France 1975.

Charles, Daniel: »La langue dans l'oreille«. In: *Revue d'Esthétique* II (1981), 97-103.

Charles, Michel: »L'amour de la littérature«. In: *Poétique* 47 (septembre 1981), 379-381 (dt.: »Die Liebe zur Literatur«. In: Henschen, Hans-Horst [Hg.]: *Roland Barthes.* München 1988, 209-244).

Chauvaux, Didier: »La science, comme un citron?« In: *Textuel* 15 (1984), 52-55.

Chevrier, Jean-François: »La puissance de l'inutile«. In: *L'Arc* 56 (1974), 63-69.

–: »Proust par Roland Barthes«. In: *Prétexte: Roland Barthes.* Colloque de Cerisy. Direction Antoine Compagnon. Paris 1978, 370-382.

Chow, Rey: »Roland Barthes: Empire of Signs«. In: *Constructions* (1986), 17-23.

Churchill, Laurie J.: »Discourses of Desire: On Ovid's Amores and Barthes's Fragments d'un discours amoureux«. In: *Classical and Modern Literature* VIII, 4 (summer 1988), 301-307.

Clark, Tim: »Roland Barthes, Dead and Alive«. In: *The Oxford Literary Review* VI, 1 (1983), 97-107.

Collier, Peter: »Unravelling Barthes's Textures«. In: *French Studies Bulletin* X (spring 1984), 7-9.

Comment, Bernard: *Roland Barthes, vers le neutre. Essai.* Paris 1991.

–: »Prétextes de Roland Barthes«. In: *Magazine littéraire* 314 (octobre 1993), 59-63.

Compagnon, Antoine (Hg.): *Prétexte: Roland Barthes.* Colloque de Cerisy. Paris 1978.

–: »L'imposture«. In: *Prétexte: Roland Barthes.* Colloque de Cerisy. Direction Antoine Compagnon. Paris 1978, 40-56.

–: »Conclusions«. In: *Prétexte: Roland Barthes.* Colloque de Cerisy. Direction Antoine Compagnon. Paris 1978, 433-435.

–: »L'entêtement d'écrire«. In: *Critique* XXXVIII, 423-424 (août/septembre 1982), 666-680.

–: »Trois vies«. In: *La Règle du Jeu* (Paris) 1 (mai 1990), 61-62.

–: »Barthes' Open Secrets«. In: *Times Literary Supplement* (5.2.1993), 5.

–: »Lequel est le vrai?« In: *Magazine littéraire* 314 (octobre 1993), 26-28.

Conley, Tom: »A Message without a Code?« In: *Studies in Twentieth Century Literature* V, 2 (spring 1981), 147-155.

Coquio, Catherine/Salado, Régis (Hg.): *Barthes après Barthes. Une actualité en question.* Actes du Colloque International de Pau, 22-24 novembre 1990. Pau 1993.

Cornwell, Neil: Roland Barthes: »A Man for All Ecritures«. In: *Essays in Poetics: the Journal of the British Neo-Formalist School* X, 1 (april 1985), 50-65.

Cortez, María de Lourdes: Roland Barthes: De cómo observar y perturbar. In: *Coloquio/Letras* (Lisboa) CX (enero/febrero 1988), 21-28.

Coste, Claude: »Le secret de l'œuvre«. In: *Magazine littéraire* (Paris) 314 (octobre 1993), 30-32.

Coward, R./Ellis, J.: *Language and Materialism: Developments in Semiology and the Theory of the Subject.* London 1977.

Culler, Jonathan: *Roland Barthes.* New York 1983.

–: »At the Boundaries: Barthes and Derrida«. In: Sussmann, Herbert L. (Hg.): *At the Boundaries.* Boston 1984, 23-41.

Dadoun, Roger: »Marches barthésiennes«. In: *L'Arc* 56 (1974), 37-39.

Dagen, Jean: »Voltaire lecteur de Barthes«. In: *Littératures* IX-X (spring 1984), 107-116.

Damisch, Hubert: »La ›prise de langue‹ et le ›faire signe‹«. In: *Prétexte: Roland Barthes.* Colloque de Cerisy. Direction Antoine Compagnon. Paris, 394-406.

–: »Intraitable«. In: *Critique* XXXVIII, 423-424 (août/septembre 1982), 681-687.

Davoine, Françoise/Gaudillière, Jean-Max: »Mouvement de l'imaginaire«. In: *Lectures* 6 (septembre/décembre 1980), 69-75.

De la Croix, Arnaud: *Barthes, pour une éthique du signe.* Bruxelles 1987.

Delord, Jean: *Roland Barthes et la photographie.* Paris 1980.

–: *Le Temps de photographier.* Paris 1986.

Derrida, Jacques: »Les morts de Roland Barthes«. In: *Poétique* XII, 47 (septembre 1981), 269-292 (dt.: »Die Tode des Roland Barthes«. In: Henschen, Hans-Horst (Hg.): *Roland Barthes.* München 1988, 31-74).

Díaz, José Luis: »La question de l'auteur«. In: *Textuel* 15 (1984), 44-51.

Dispot, Laurent: »Barthes au grand pied«. In: *La Règle du Jeu* 1 (mai 1990), 62-64.

Donnelly, Colleen: »The Non-Homogeneous I: Fragmentation, Desire, and Pleasure in Barthes's ›A Lover's Discourse‹«. In: *Southern Review* XXI, 2 (july 1988), 169-180.

Dort, Bernard: »Le ›piège‹ du théâtre«. In: *Critique* XXXVIII, 423-424 (août/septembre 1982), 688-703.

Doubrovsky, Serge: »Une écriture tragique«. In: *Poétique* XII, 47 (septembre 1981), 329-354 (dt.: »Eine tragische Schreibweise«. In: Henschen, Hans-Horst (Hg.): *Roland Barthes.* München 1988, 139-180).

Dufrenne, Mikel: »Du signifiant au référent«. In: *Revue d'Esthétique* 2 (1981), 79-90.

Duvignaud, Jean: »›Théâtre populaire‹: histoire d'une revue«. In: *Magazine littéraire* 314 (octobre 1993), 63-64.

Eagleton, Terry: »Der Poststrukturalismus«. In: Ders.: *Einführung in die Literaturtheorie.* Stuttgart 1988, 110-137.

Eco, Umberto: »La maestria di Barthes«. In: Fabbri, Paolo/Pezzini, Isabella (Hg.): *Mitologie di Roland Barthes. I Testi e gli Atti.* Parma 1986, 297-304.

–: »La maîtrise de Barthes«. In: *Magazine littéraire* 314 (octobre 1993), 41-45.

Eco, Umberto/Pezzini, Isabella: »La sémiologie des ›Mythologies‹«. In: *Communications* 36 (1982), 19-42.

Edwards, Brian: »Deconstructing the Artist and the Art: Barth and Calvino at Play in the Funhouse of Language«. In: *Canadian Review of Comparative Literature* XII, 2 (june 1985), 264-286.

Escal, Françoise: »Quasi parlando«. In: *Textuel* 15 (1984), 65-72.

Ette, Ottmar: »Der Schriftsteller als Sprachendieb. Versuch über Roland Barthes und die Philosophie«. In: Nagl, Ludwig/Silverman, Hugh J. (Hg.): *Textualität der Philosophie: Philosophie und Literatur.* Wien/München 1994, 161-189.

–: »Roland Barthes«. In: *Kritisches Lexikon zur fremdsprachigen*

Gegenwartsliteratur. München: Edition text + kritik, 33. Nachlieferung, April 1994.

–: »Barthes-photo: réflexions sur le lieu de l'écriture«. In: *Lendemains* XXI, 84 (1996), 28-38.

Ewald, François: »Barthes: l'ennui pour passion«. In: *Magazine littéraire* 280 (septembre 1990), 88-89.

Fabbri, Paolo: »Era, ora, Barthes«. In: Fabbri, Paolo/Pezzini, Isabella (Hg.): *Mitologie di Roland Barthes. I Testi e gli Atti.* Parma 1986, 93-103.

Fabbri, Paolo/Pezzini, Isabella (Hg.): *Mitologie di Roland Barthes. I Testi e gli Atti.* Parma 1986.

Fagès, Jean-Baptiste: *Comprendre Roland Barthes.* Toulouse (Privat) 1979.

Fanizza, Franco: »L'esperienza della soggettività in Barthes«. In: *Lectures* 6 (septembre/décembre 1980), 77-86.

Finkielkraut, Alain: »Savoirs-vivre«. In: *L'Arc* 56 (1974), 70-77.

Fitting, Peter: »To Read the World: Barthes's Mythologies Thirty Years Later«. In: *Queen's Quarterly* XCV, 4 (winter 1988), 857-871.

Flahault, François: »La limite entre la vie et la mort«. In: *Prétexte: Roland Barthes.* Colloque de Cerisy. Direction Antoine Compagnon. Paris 1978, 65-79.

Flahault, François: »Sur S/Z et l'analyse des récits«. In: *Poétique* XII, 47 (septembre 1981), 303-314 (dt.: »Über S/Z und die Analyse von Erzählungen«. In: Henschen, Hans-Horst [Hg.]: *Roland Barthes.* München 1988, 93-114).

Föckersperger, Wilhelm: »Das Bild als Text. Einige Bemerkungen zur Zeichnung ›Das Reich der Zeichen‹«. In: Dirscherl, Klaus (Hg.): *Bild und Text im Dialog.* Passau 1993.

Freedman, Sanford/Taylor, Carole Ann: *Roland Barthes: A Bibliographical Reader's Guide.* New York/London 1983.

Gaillard, Françoise: »Roland Barthes ›sémioclaste‹?« In: *L'Arc* 56 (1974), 17-24.

–: »Qui a peur de la bêtise?« In: *Prétexte: Roland Barthes.* Colloque de Cerisy. Direction Antoine Compagnon. Paris 1978, 273-290.

–: »Barthes juge de Roland«. In: *Communications* 36 (1982), 75-83.

–: »Aimer ce que jamais«. In: *Textuel* 15 (1984), 97-101.

–: »Amare ciò che (a)mai«. In: Fabbri, Paolo/Pezzini, Isabella (Hg.): *Mitologie di Roland Barthes. I Testi e gli Atti.* Parma 1986, 195-205.

–: »Ennui«. In: *La Règle du Jeu* 1 (mai 1990), 64-66.

Gallop, Jane: »Feminist Criticism and the Pleasure of the Text«. In: *North Dakota Quarterly* LIV, 2 (spring 1986), 119-134.

Gardair, Jean-Michel: »Roland Barthes«. In: *Belfagor* I (31.1.1968).

Garrido Gallardo, Miguel Angel: »Roland Barthes o el poder de los signos«. In: *Insula* XXXV, 402 (mayo 1980), 5.

Genardière, Philippe de la: »La Tentation littéraire«. In: *La Quinzaine littéraire* 479 (février 1987), 11-12.

Genette, Gérard: »L'envers des signes«. In: Ders.: *Figures I.* Paris 1966, 185-204.

–: »Le Journal, l'antijournal«. In: *Poétique* XII, 47 (septembre 1981), 315-322 (dt.: »Tagebuch, Anti-Tagebuch«. In: Henschen, Hans-Horst [Hg.]: *Roland Barthes.* München 1988, 115-128).

Giovannoli, Renato: »Roland Barthes e l'immaginario«. In: Fabbri, Paolo/Pezzini, Isabella (Hg.): *Mitologie di Roland Barthes. I Testi e gli Atti.* Parma 1986, 155-164.

Giribone, Jean-Luc: »Mitologie d'oggi«. In: Fabbri, Paolo/Pezzini, Isabella (Hg.): *Mitologie di Roland Barthes. I Testi e gli Atti.* Parma 1986, 265-270.

Goebel, Rolf J.: »Japan as Western Text: Roland Barthes, Richard Gordon Smith, and Lafcadio Hearn«. In: *Comparative Literature Studies* XXX, 2 (1993), 188-205.

Goémé, Christine: *Roland Barthes. Les saveurs du savoir.* Une série d'émissions d'archives diffusées sur France Culture le 9 août 1992. Réalisation: Eliane Milhau. Paris: Institut National de l'Audiovisuel 1993.

Graff, Marina/Baccouche, Jean: »Chronologie«. In: *Magazine littéraire* 314 (octobre 1993), 18-20.

–: »Bibliographie«. In: *Magazine littéraire* 314 (octobre 1993), 72-73.

Greimas, Algirdas Julien: »Roland Barthes: una biografia da costruire«. In: Fabbri, Paolo/Pezzini, Isabella (Hg.): *Mitologie di Roland Barthes. I Testi e gli Atti.* Parma 1986, 305-309.

Grojnowski, Daniel: »Le mystère de La Chambre claire«. In: *Textuel* 15 (1984), 91-96.

Güttgemanns, Erhardt: »Hommage à Roland Barthes. Hintergedanken zur ›Lust am Text‹«. In: *Linguistica Biblica. Interdisziplinäre Zeitschrift für Theologie und Linguistik* XLVII (Mai 1980), 61-72.

Halley, Michael: »Argo sum«. In: *Diacritics* XII, 4 (winter 1982), 69-78.

–: »... and a truth for a truth: Barthes on Bataille«. In: *French Literature Series* X (1983), 113-122.

Harari, Josué: *Textual Strategies. Perspectives in Post-Structuralist Criticism.* Ithaca 1979.

Hardt, Manfred: *Poetik und Semiotik. Das Zeichensystem der Dichtung.* Tübingen 1976.

Heath, Stephen: *Vertige du déplacement. Lecture de Barthes.* Paris 1974.

–: »Barthes on Love«. In: *Sub-Stance: a Review of Theory and Literary Criticism* XI-XII, 37-38 (1983), 100-106.

Henric, Jacques: »Barthes en trois temps«. In: *La Règle du Jeu* 1 (mai 1990), 67-68.

Henry, Patrick: »Contre Barthes«. In: *Studies on Voltaire and the Eighteenth Century* CCXLIX (1987), 19-36.

Henschen, Hans-Horst (Hg.): *Roland Barthes.* Mit Beiträgen zu seinem Werk von Jacques Derrida, Jean-Pierre Richard, François Flahault, Gérard Genette, Tzvetan Todorov, Réda Bensmaïa, Serge Doubrovsky sowie einem unveröffentlichten Beitrag von Roland Barthes. München 1988.

Herrmann, Claudine: *Les Voleuses de langue.* Paris 1976.

Hersant, Yves: »Le jeu du dictionnaire«. In: *Lectures* 6 (septembre/décembre 1980), 153-160.

Hertzog, Gilles: »L'entrevu«. In: *La Règle du Jeu* 1 (mai 1990), 68-69.

Higgins, Lynn A.: Barthes's Imaginary Voyages. In: *Studies in Twentieth Century Literature* V, 2 (spring 1981), 157-174.

Hill, Leslie: »Barthes's body«. In: *Paragraph* XI, 2 (july 1988), 107-126.

Hosokawa, Shuhei: »I segni imperiali«. In: Fabbri, Paolo/Pezzini, Isabella (Hg.): *Mitologie di Roland Barthes. I Testi e gli Atti.* Parma 1986, 113-120.

Huyssen, Andreas: »Mapping the Postmodern«. In: Ders.: *After the Great Divide. Modernism, Mass Culture, Postmodernism.* Bloomington/Indianapolis 1987, 178-221.

Ishikawa, Yoshiko: »La passion du Japon«. In: *Magazine littéraire* 314 (octobre 1993), 70-72.

Issacharoff, Michael: »La Mode Barthes«. In: *Saggi e Ricerche di Letteratura Francese* XXVI (1987), 81-90.

Jefferson, Ann: »Structuralism and Post-Structuralism«. In: Jefferson, Ann/Robey, David (Hg.): *Modern Literary theory: A Comparative Introduction.* London 1982, 84-112.

–: Bodymatters: »Self and Other in Bakhtin, Sartre and Barthes«. In: Hirschkop, Ken/Shepherd, David (Hg.): *Bakhtin and Cultural Theory.* Manchester 1989, 152-177.

Johnson, Barbara: *The Critical Difference.* Baltimore 1980.

Josipovici, Gabriel: »Le texte et la voix«. In: Bony, Alain (Hg.): *Poétique(s): Domaine anglais.* Actes du Congrès de Lyon 1981. Lyon 1983, 7-30.

–: »The Balzac of M. Barthes and the Balzac of M. de Guermantes«. In: Lerner, Laurence (Hg.): *Reconstructing Literature.* Oxford 1983, 81-105.

Jouve, Vincent: *La littérature selon Roland Barthes.* Paris 1986.

Jung, Hwa Yol: »The Joy of Textualizing Japan: A Metacommentary on Roland Barthes's ›Empire of Signs‹«. In: *Bucknell Review. A Scholarly Journal of Letters, Arts and Sciences* XXX, 2 (1987), 144-167.

Kafalenos, Emma: »Fragments of a partial discourse on Roland Barthes and the postmodern mind«. In: *Chicago Review* XXXV, 2 (1985), 72-94.

Kauppi, Niilo: *Tel Quel: la constitution sociale d'une avant-garde.* Helsinki 1990.

Kelly, Dorothy: »The Cracked Mirror: Roland Barthes's Anti-Autobiography ›Roland Barthes par Roland Barthes‹«. In: *French Literature Series* XII (1985), 122-128.

Kempf, Roger: »Le chat de l'abbé Séguin«. In: *Magazine littéraire* 314 (octobre 1993), 55-57.

Kennedy, J. Gerald: »Roland Barthes, Autobiography, and the End of Writing«. In: *The Georgia Review* XXXV, 2 (summer 1981), 381-398.

Knight, Diana: »Roland Barthes: The Corpus and the Corps«. In: *Poetics Today* V, 4 (1984), 831-837.

–: »Roland Barthes in Harmony«. In: *Paragraph* XI, 2 (july 1988), 127-142.

–: »Barthes and Orientalism«. In: *New Literary History* XXIV, 3 (1993), 617-633.

Kristeva, Julia: »Le sens et la mode«. In: Dies.: *Séméiôtikè. Recherches pour une sémanalyse.* Paris 1969, 60-89.

–: »Comment parler à la littérature?« In: *Tel Quel* 47 (automne 1971), 27-49.

–: »La voix de Barthes«. In: *Communications* 36 (1982), 119-123.

–: »Roland Barthes«. In: *Textuel* 15 (1984), 5-6.

Kritzman, Lawrence D.: »Roland Barthes: The Discourse of Desire and the Question of Gender«. In: *Modern Language Notes* CIII, 4 (september 1988), 848-864.

Kurk, Kathrine C.: »Phillippe Sollers' ›Le défi‹: Texte de plaisir, texte de jouissance«. In: *South Atlantic Review* XLVII, 4 (november 1982), 27-36.

Lagorio, Silvia: »Roland Barthes: Il senso della letteratura«. In: *Il Ponte* XLI, 4 (giulio/agosto 1985), 94-102.

–: *Introduzione a Roland Barthes. Dalla semiologia alla teoria della scrittura.* Prefazione di Tullio De Mauro. Firenze 1986.

Lamarque, Peter: »The Death of the Author: an Analytical Autopsy«. In: *The British Journal of Aesthetics* XXX, 4 (october 1990), 319-331.

Lambert, Deborah G.: »S/Z: Barthes' Castration Camp and the Discourse of Polarity«. In: *Modern Language Studies* XVI, 3 (summer 1986), 161-171.

Lascault, Gilbert: »Ebauche d'un dictionnaire de la peinture selon Roland Barthes«. In: *Critique* XXXVIII, 423-424 (août/septembre 1982), 704-719.

Laugaa, Maurice: »Le barthème«. In: *Textuel* 15 (1984), 59-64.

Lavers, Annette: »En traduisant Barthes«. In: *Tel Quel* 47 (automne 1971), 115-125.

–: *Roland Barthes: Structuralism and After.* Cambridge 1982.

–: »Ni avec toi, ni sans toi: sens, corps, société«. In: *Critique* XXXVIII, 423-424 (août/septembre 1982), 720-725.

Leclerc, Yvan: »›Bouvard et Pécuchet‹ par Roland Barthes«. In: *Œuvres & Critiques* VII, 2 (1982-83), 25-32.

Lecumberri Cilveti, Angel: »Roland Barthes y San Ignacio de Loyola: la definición semiológica de los ›Ejercicios espirituale‹«. In: *Letras de Deusto* XI, 21 (enero/junio 1981), 5-37.

Leenhardt, Jacques: »La photographie, miroir des sciences humaines«. In: *Communications* 36 (1982), 107-118.

Leeuvin, Theo van: »Roland Barthes' ›Système de la mode‹«. In: *Australian Journal of Cultural Studies* I, 1 (may 1983), 18-35.

Le Goff, Jacques: »Barthes administrateur«. In: *Communications* 36 (1982), 43-48.

Leguay, Thierry: »Roland Barthes: bibliographie générale (textes et voix)«, 1942-1981. In: *Communications* 36 (1982), 131-173.

Leitch, Vincent B.: »From a Poetics to an Erotics of the Text«. In: Ders.: *Deconstructive Criticism. An advanced introduction.* London/Melbourne 1983, 102-115.

Lejeune, Philippe: »Le Roland Barthes sans peine«. In: *Textuel* 15 (1984), 11-19.

Lelouch, Raphaël: »›La retraite‹«. In: *Prétexte: Roland Barthes.* Colloque de Cerisy. Direction Antoine Compagnon. Paris 1978, 222-234.

Lentengre, Marie-Louise: »Le cercle de l'écriture«. In: *Lectures* 6 (septembre/décembre 1980), 11-58.

Lerner, Laurence: »The Author: Coroner's Report«. In: *Southern Humanities Review* 23 (summer 1989), 201-214.

Liborio, Mariantonia: »L'›échec‹ riuscito di Roland Barthes«. In: *Lectures* 6 (1980), 143-149.

Lindekens, René: »›Chambre claire‹ e ›chambre noire‹«. In: *Lectures* 6 (septembre/décembre 1980), 133-141.

Lindhoff, Lena: »Le Degré zéro de l'écriture. Le Plaisir du texte. S/Z«. In: Renner, Rolf Günter/Habekost, Engelbert (Hg.): *Lexikon literaturtheoretischer Werke.* Stuttgart 1995, 82-83, 285-286, 369-370.

Logan, Marie-Rose: »Texte, Textus, Hyphos«. In: *L'Esprit créateur* XXII, 1 (spring 1982), 69-78.

Lombardo, Patrizia: »Le dernier livre«. In: *L'Esprit créateur* XXII, 1 (1982), 79-87.

–: »Contre le langage«. In: *Critique* XXXVIII, 423-424 (août/septembre 1982), 726-733.

–: *The Three Paradoxes of Roland Barthes.* Athens/London 1989.

Lund, Steffen Nordahl: *L'aventure du signifiant: une lecture de Barthes*. Paris 1981.

Luxemburg, Jan van: »Ana's Pedestal: A Counterreading of La Regenta«. In: *Style* XXII, 4 (winter 1988), 559-575.

MacCabe, Colin: »The Revenge of the Author«. In: *Critical Quarterly* XXXI, 2 (summer 1989), 3-13.

Majorano, Matteo: »La retorica e il suo corpo«. In: *Lectures* 6 (septembre/décembre 1980), 162-185.

Mallac, Guy de: »Métaphores de vie: ›L'Empire des signes‹ de Roland Barthes«. In: *Sub-Stance* 1 (1971).

Mallac, Guy de/Eberbach, Margaret: *Barthes*. Paris 1971.

Man, Paul de: »Roland Barthes and the Limits of Structuralism«. In: *Yale French Studies* LXXVII (1990), 177-190.

Margarito, Mariagrazia: »Neologismi in Roland Barthes«. In: *Strumenti Critici* XVI, 47-48 (1982), 189-208.

Marinis, Marco de: »›Ce mélange d'ennui et de fête.‹ Roland Barthes e il teatro«. In: Toro, Alfonso de (Hg.): *Texte, Kontexte, Strukturen. Beiträge zur französischen, spanischen und hispanoamerikanischen Literatur*. Festschrift zum 60. Geburtstag von Karl Alfred Blüher. Tübingen 1987, 87-102.

Marin, Louis: »R. B. par R. B. ou l'autobiographie au neutre«. In: *Critique* XXXVIII, 423-424 (août/septembre 1982), 734-743.

Marty, Eric: »L'assomption du phénomène«. In: *Critique* XXXVIII, 423-424 (août/septembre 1982), 744-752.

–: Roland Barthes: »il lavoro della coscienza«. In: Fabbri, Paolo/Pezzini, Isabella (Hg.): *Mitologie di Roland Barthes. I Testi e gli Atti*. Parma 1986, 207-220.

–: »Avant-propos«. In: Barthes, Roland: *Oeuvres Complètes*. Edition établie et présentée par Eric Marty. Bd. I: 1942-1965. Paris 1993, 9-16.

–: »Le parcours d'une écriture. Propos recueillis par Marina Graff«. In: *Magazine littéraire* 314 (octobre 1993), 21-24.

–: »L'Autre Barthes«. In: *Magazine littéraire* 314 (octobre 1993), 24-25.

Mattenklott, Gert: »Körperpolitik oder Das Schwinden der Sinne«. In: Kemper, Peter (Hg.): *»Postmoderne« oder Der Kampf um die Zukunft. Die Kontroverse in Wissenschaft, Kunst und Gesellschaft*. Frankfurt a. M. 1988, 231-252.

Maule, Didier: »Roland Barthes: du sémiologue à l'artiste«. In: *Conjonctions* 154 (1982), 31-43.

Mauriès, Patrick: »Un éloge des souris«. In: *Prétexte: Roland Barthes*. Colloque de Cerisy. Direction Antoine Compagnon. Paris 1978, 87-97.

–: »Fragments d'une vie«. In: *Critique* XXXVIII, 423-424 (août/septembre 1982), 753-757.

–: »La riservatezza di Roland Barthes«. In: Fabbri, Paolo/Pezzini, Isabella (Hg.): *Mitologie di Roland Barthes. I Testi e gli Atti*. Parma 1986, 221-227.

–: »Pages du carnet bleu«. In: *La Règle du Jeu* 1 (mai 1990), 69-71.

–: *Roland Barthes*. Paris 1992.

McGraw, Betty R./Ungar, Steven: »Roland Barthes«. In: *Studies in Twentieth Century Literature* V, 2 (spring 1981).

McHoul, Alec/Wills, David: »The Late(r) Barthes: Constituting Fragmenting Subjects«. In: *Boundary II. A Journal of Postmodern Literature and Culture* XIV, 1-2 (fall/winter 1985-86), 61-278.

Melkonian, Martin: *Le corps couché de Roland Barthes.* Paris 1989; Neuausgabe Paris 1993.

Menick, Stephen: »Roland Barthes: A Reminescence«. In: *The Iowa Review* XIII, 3-4 (spring 1982), 134-140.

Merquior, José Guilherme: »A Hedonist Apostasy: the later Barthes«. In: *Portuguese Studies* I (1985), 182-192.

–: »Literary Structuralism: Roland Barthes«. In: Ders.: *From Prague to Paris. A Critique of Structuralist and Post-structuralist Thought.* London/New York 1986, 107-188.

Mettler, Dieter: »Friedrich Schlegel – Walter Benjamin – Roland Barthes: Philosophische Begründungsversuche der Literaturkritik«. In: *Wirkendes Wort* XL, 3 (November/Dezember 1990), 22-34.

Metzidakis, Stamos: »Barthes' Image«. In: *Neophilologus* LXXI, 4 (october 1987), 489-495.

Michaud, Ginette: »Fragment et dictionnaire: Autour de l'écriture abécédaire de Barthes«. In: *Etudes Françaises* XVIII, 3 (winter 1983), 59-80.

Miklitsch, Robert: »Difference: Roland Barthes's Pleasure of the Text, Text of Pleasure«. In: *Boundary II. A Journal of Postmodern Literature and Culture* XII, 1 (fall 1983), 101-114.

Miller, D. A.: »Bringing Out Roland Barthes«. In: *Raritan* 11 (spring 1992), 38-49.

Miller, Felicia: »A View from the Tower: Barthes and the Aesthetic Tradition«. In: *Pacific Coast Philology* XX, 1-2 (november 1985), 80-88.

Miller, Jacques-Alain: »Pseudo-Barthes«. In: *Prétexte: Roland Barthes.* Colloque de Cerisy. Direction Antoine Compagnon. Paris 1978, 201-211.

Milner, Jean-Claude: »Une césure d'intelligence«. In: *Magazine littéraire* 314 (octobre 1993), 49-50.

Mininni, Giuseppe: »Barthes: incontenibile o insostenibile?« In: *Lectures* 6 (septembre/décembre 1980), 87-114.

Monier-Bérenguier, Nadine: »Roland Barthes et le roman«. In: *The French Review. American Association of Teachers of French* LIX, 5 (april 1986), 730-742.

Montpetit, Raymond: »Le plaisir du pluriel ou Barthes avec un ›s‹«. In: *Revue d'Esthétique* 2 (1981), 99-103.

Moreau, Jean A.: »Plaisir du texte, Plaisir du style«. In: *L'Arc* 56 (1974), 78-82.

Moriarty, Michael: »Barthes: ideology, culture, subjectivity«. In: *Paragraph. A Journal of Modern Critical Theory* XI, 3 (november 1988), 185-209.

–: *Roland Barthes.* Cambridge 1991.

Morin, Edgar: »Le retrouvé et le perdu«. In: *Magazine littéraire* 314 (octobre 1993), 28-29.

Morin, Violette: »Dans les ›Fragments d'un discours amoureux‹... un huis clos de sorties«. In: *Communications* 36 (1982), 89-106.

Mortimer, Armine Kotin: *The Gentlest Law: Roland Barthes's The Pleasure of the Text.* New York u. a. 1989.

Mounin, Georges: *Introduction à la sémiologie.* Paris 1970.

Nesbit, Molly: »What Was An Author?« In: *Yale French Studies* 73 (1987), 229-257.

Nethersole, Reingard: »Des Lesers Lust und Leid. Kritische Bemerkungen über das Lustprinzip im Umgang mit Literatur«. In: *Kanonbildung – Psychoanalyse – Macht.* Acta Germanica. Jahrbuch des Germanistenverbandes im Südlichen Afrika, Beiheft 1. Frankfurt a. M./Bern/New York 1990, 81-96.

Noguez, Dominique: »La conquête du ›Je‹, esquisse d'un hommage à Roland Barthes«. In: *Revue d'Esthétique* 2 (1981), 91-97.

Norris, Christopher: »Les plaisirs des clercs: Barthes's Latest Writing«. In: *British Journal of Aesthetics* 14 (1974).

Olsen, Bjørnar: »Roland Barthes: From Sign to Text«. In: Tilley, Christopher Y. (Hg.): *Reading Material Culture. Structuralism, Hermeneutics and Post-Structuralism*. Oxford 1990, 163-205.

Ormseth, Maren E.: »The Role of Myth in Barthes and Nietzsche«. In: *Constructions* (1986), 5-15.

O'Neill, John: »Homotextuality: Barthes on Barthes, Fragments (RB), with a Footnote«. In: Shapiro, Gary/Sica, Alan (Hg.): *Hermeneutics: Questions and Prospects*. Amherst 1984, 165-182.

–: »Breaking the Signs: Roland Barthes and the Literary Body«. In: Fekete, John (Hg.): *The Structural Allegory: Reconstructive Encounters with the New French Thought*. Minneapolis 1984, 183-200.

Park, Clara Claiborne: »Author! Author! Reconstructing Roland Barthes«. In: *The Hudson Review* XL, 3 (autumn 1990), 377-398.

Patrizi, Giorgio: *Roland Barthes o le peripezie della semiologia*. Roma 1977.

Perloff, Marjorie: »Barthes and the Zero Degree of Genre«. In: *World Literature Today. A Literary Quarterly of the University of Oklahoma* LIX, 4 (autumn 1985), 510-516.

Petrey, Sandy: »Castration, Speech Acts, and the Realist Difference: ›S/Z‹ versus ›Sarrasine‹«. In: *PMLA* CII, 2 (march 1987), 153-165.

Pezzini, Isabella: »Note sul contributo semiotico di Roland Barthes«. In: *Il lettore di provincia* XII, 47 (dicembre 1981), 52-63.

–: »Barthes e la cronaca«. In: Fabbri, Paolo/Pezzini, Isabella (Hg.): *Mitologie di Roland Barthes. I Testi e gli Atti*. Parma 1986, 165-174.

Pinguet, Maurice: »Le texte Japon«. In: *Critique* XXXVIII, 423-424 (août/septembre 1982), 758-766.

Pizzorusso, Arnaldo: »Barthes e la praxis dell'autobiografia«. In: *Belfagor* XXXVI, 6 (november 1981), 621-633.

Planes, Jean-Marie: »Il n'est pays que de l'enfance«. In: *Magazine littéraire* 314 (octobre 1993), 33-38.

Pleynet, Marcelin: »Dédicace«. In: *Tel Quel* 47 (automne 1971), 50-63.

Polk, Noël: »Roland Barthes Reads A Fable«. In: Honnighausen, Lothar (Hg.): *Faulkner's Discourse: An International Symposium*. Tübingen 1989, 109-116.

Pommier, René: *Assez décodé*. Paris 1978.

–: *Le ›Sur Racine‹ de Roland Barthes*. Paris 1988.

–: *Roland Barthes, ras le bol!* Paris 1987.

Ponzio, Augusto: »Nel segno di Barthes«. In: *Lectures* 6 (1980), 59-68.

Preckshot, Judith: »Photos et fétiches: les nus vêtus d'André Breton et de Roland Barthes«. In: *Lendemains* XIII, 51 (1988), 72-85.

Raser, Timothy: »Barthes and Riffaterre: The Dilemmas of Realism in the Light of Baudelaire's ›Le Soleil‹«. In: *The French Review: Journal of the American Association of Teachers of French* LIX, 1 (october 1985), 58-64.

Reader, Keith A.: *Intellectuals and the Left in France since 1968*. London 1987.

Reichler, Claude: »L'ombre«. In: *Critique* XXXVIII, 423-424 (août/septembre 1982), 767-774.

Rice, Donald/Schofer, Peter: »›S/Z‹: Rhetoric and Open Reading«. In: *L'Esprit créateur* XXII, 1 (spring 1982), 20-34.

Richard, Jean-Pierre: »Plaisir de table, plaisir de texte«. In: *Prétexte: Roland Barthes.* Colloque de Cerisy. Direction Antoine Compagnon. Paris 1978, 323-341.

–: »Nappe, charnière, interstice, point«. In: *Poétique* XII, 47 (septembre 1981), 293-302 (dt.: »Decke, Nahtstelle, Zwischenraum, Punkt«. In: Henschen, Hans-Horst [Hg.]: *Roland Barthes.* München 1988, 75-92).

Riout, Denys: »La peinture contre les images«. In: *Textuel* 15 (1984), 80-90.

Rivière, Jean-Louis: »Mises en scène d'Orphée«. In: *L'Arc* 56 (1974), 83-86.

–: »La déception théâtrale«. In: *Prétexte: Roland Barthes.* Colloque de Cerisy. Direction Antoine Compagnon. Paris 1978, 110-123.

Robbe-Grillet, Alain: »Pourquoi j'aime Barthes«. In: *Prétexte: Roland Barthes.* Colloque de Cerisy. Direction Antoine Compagnon. Paris 1978, 244-272.

Roche, Denis: »Un discours affectif sur l'image. Propos recueillis par Barnard Comment«. In: *Magazine littéraire* 314 (octobre 1993), 65-67.

Röttger-Denker, Gabriele: *Roland Barthes zur Einführung.* Hamburg 1989.

Roger, Philippe: »On échoue toujours à parler de ce qu'on aime... (Barthes et la fiction)«. In: *Critique* XXXVIII, 423/24 (août/septembre 1982), 775-784.

–: *Roland Barthes, roman.* Paris 1986.

–: »›Y es-tu? Que fais-tu?‹ Michelet, Barthes et la place du Peuple dans l'›Histoire de la Révolution française‹«. In: *Europe. Revue Littéraire Mensuelle* 715-716 (novembre/décembre 1988), 51-58.

–: »Les éclats du souvenir«. In: *La Règle du Jeu* 1 (mai 1990), 54-56.

–: »Le corps du Genni«. In: *La Règle du Jeu* 1 (mai 1990), 71-72.

–: »Barthes et le roman: contre, tout contre...« In: *Magazine littéraire* 314 (octobre 1993), 57-59.

Ronat, Mitsou: »Alternative«. In: *L'Arc* 56 (1974), 30-36.

Rosenstiehl, Pierre: »Le Dodécadédale ou l'éloge de l'heuristique«. In: *Critique* XXXVIII, 423-424 (août/septembre 1982), 785-796.

–: »Labirinti«. In: Fabbri, Paolo/Pezzini, Isabella (Hg.): *Mitologie di Roland Barthes. I Testi e gli Atti.* Parma 1986, 229-241.

Rossum, Walter van: »Gesang einer sterbenden Stimme. ›Begebenheiten‹: Zwei postume poetische Texte des französischen Zeichentheoretikers Roland Barthes«. In: *Die Zeit* (Hamburg) 15 (7.4.1989), 73.

Roubine, Jean-Jacques: »La glu, le corps et le bumraku«. In: *Textuel* 15 (1984), 73-79.

Rubino, Gianfranco: *L'intellettuale e i segni: Saggi su Sartre e Barthes.* Roma 1984.

Sandras, Michel: »Quant au vers«. In: *Textuel* 15 (1984), 30-37.

Sarduy, Severo: »Tanger«. In: *Tel Quel* 47 (automne 1971), 86-88.

–: »A las ocho en el ›Flora‹«. In: *La Nación*, suplemento literario (8.12.1985), 2.

–: »Alle otto al ›Flore‹«. In: Fabbri, Paolo/Pezzini, Isabella (Hg.): *Mitologie di Roland Barthes. I Testi e gli Atti.* Parma: Pratiche Editrice 1986, 243-245.

–: »Portrait de l'écrivain en peintre, le matin«. In: *La Règle du Jeu* 1 (mai 1990), 72-75.

Sarkonak, Ralph: »Roland Barthes and the Spectre of Photography«. In: *L'Esprit créateur* XXII, 1 (spring 1982), 48-68.

Sarrazin, Bernard: »Plaisir du texte biblique: l'illisible et l'illimité«. In: *Textuel* 15 (1984), 20-29.

Scarpetta, Guy: »Flashes«. In: *La Règle du Jeu* 1 (mai 1990), 75-77.

Schaper, Rainer Michael: »Ein Chamäleon im Literaturkampf«. In: *Die Zeit* 40 (1.10.1993), 79.

Scheiber, Andrew J.: »Sign, Seme, and the Psychological Character: Some Thoughts on Roland Barthes' ›S/Z‹ and the Realistic Novel«. In: *Journal of Narrative Technique* XXI, 3 (fall 1991), 262-273.

Schleifer, Ronald: »The Salutary Discomfort of Writing: Roland Barthes, Literature, and Obscurity«. In: *New Orleans Review* XV, 2 (summer 1988), 19-28.

Schlieben-Lange, Brigitte: »Die Entscheidung des späten Barthes für den ›Essai‹. Zu Réda Bensmaïas ›Barthes à l'Essai‹«. In: *Lendemains* 63 (1991), 76-80.

Schor, Naomi: »Roland Barthes: Nécrologies«. In: *Sub-Stance. A Review of Theory and Literary Criticism* XIV, 3 (1986), 27-33.

–: »Dreaming Dissymmetry: Barthes, Foucault, and Sexual Difference«. In: Jardine, Alice/Smith, Paul (Hg.): *Men in Feminism.* New York 1987, 98-110.

Schulz-Buschhaus, Ulrich: »Réda Bensmaïa: Barthes à l'Essai. Introduction au texte réfléchissant. [Rezension]«. In: *Romanische Forschungen* 99 (1987), 291-293.

–: »René Pommier: Roland Barthes, ras le bol! [Rezension]«. In: *Romanische Forschungen* 99 (1987), 293-294.

Schwartz, Danielle: »Barthes, le langage et le pouvoir«. In: *La Nouvelle Critique* 106 (1977).

Seabra, José Augusto: *Poética de Barthes.* Porto 1980.

Semerari, Furio: »La critica dell'ideologie in Roland Barthes«. In: *Lectures* 6 (1980), 115-132.

Sherak, Constance: »Roland Barthes: critique ou vérité?« In: *Constructions* (1985), 109-117.

Sichère, Bernard: »Fragments d'un homme amoureux«. In: *La Règle du Jeu* 1 (mai 1990), 77-78.

Siganos, André: »Uma Certa Ideia de Barthes«. In: *Coloquio/Letras* LXXII (marzo 1983), 86-87.

Smith, Paul: »We Always Fail – Barthes' Last Writings«. In: *Sub-Stance* 36 (1982), 34-40.

Sollers, Philippe: »R. B.« In: *Tel Quel* 47 (automne 1971), 19-26.

Sontag, Susan: »Remembering Barthes«. In: Dies.: *Under the Sign of Saturn.* New York 1980, 167-177.

–: »Barthes, l'esprit, le jeu et le pathétique«. In: *Magazine littéraire* 170 (1981), 47-49.

–: »Writing Itself: On Roland Barthes«. In: *A Barthes Reader.* Edited and with an introduction by Susan Sontag. London: Jonathan Cape 1982, vii-xxxviii.

–: *L'écriture même: à propos de Roland Barthes.* Traduit de l'anglais par Philippe Blanchard. Paris: Christian Bourgois 1982.

Spivak, Gayatri Chakravorty: »A Response to John O'Neill«. In: Shapiro, Gary/Sica, Alan (Hg.): *Hermeneutics: Questions and Prospects.* Amherst 1984, 183-198.

Stanton, Domna C.: »The Mater of the Text: Barthesian Displacement and Its Limits«. In: *L'Esprit créateur* XXV, 2 (summer 1985), 57-72.

Stoltzfus, Ben: »The Language of Autobiography and Fiction: Gide, Barthes, and Robbe-Grillet«. In: *International Fiction Review* XV, 1 (winter 1988), 3-8.

–: »Toward Bliss: Barthes, Lacan, and Robbe-Grillet«. In: *Modern Fiction Studies* XXXV, 4 (winter 1989), 699-706.

Sturrock, J.: »Roland Barthes«. In: *New Review* I, 2 (may 1974).

–: »Roland Barthes«. In: Ders. (Hg.): *Structuralism and Since: From Lévi-Strauss to Derrida*. New York/Oxford 1979.

Supple, Jim: »Pommier versus Barthes: Critique et Contrevérités«. In: *Seventeenth Century French Studies* XIII (1991), 153-161.

Tel Quel: »Bibliographie«. In: *Tel Quel* 47 (automne 1971), 126-132.

Theis, Raimund: »Roland Barthes«. In: Lange, Wolf-Dieter (Hg.): *Französische Literaturkritik der Gegenwart in Einzeldarstellungen*. Stuttgart 1975, 252-278.

Thody, Philip: *Roland Barthes: A Conservative Estimate*. London/Basingstoke 1977.

–: »The Analysis of Poetry: A Barthesian Approach«. In: *Essays in French Literature* XX (november 1983), 95-107.

Thomas, Chantal: »La photo du jardin d'hiver«. In: *Critique* XXXVIII, 423-424 (août/septembre 1982), 797-804.

–: »Barthes et Michelet: omologia di lavoro, parallelo d'affezione«. In: Fabbri, Paolo/Pezzini, Isabella (Hg.): *Mitologie di Roland Barthes. I Testi e gli Atti.* Parma 1986, 271-281.

–: »Une voix d'un autre temps«. In: *La Règle du Jeu* 1 (mai 1990), 78-80.

Todorov, Tzvetan: »Le Dernier Barthes«. In: *Poétique* XII, 47 (septembre 1981), 323-327 (dt.: »Der letzte Barthes«. In: Henschen, Hans-Horst (Hg.): *Roland Barthes*. München 1988, 129-137).

–: »Lire Barthes«. In: *L'Esprit créateur* XXII, 1 (spring 1982), 5-7.

Tonkin, Boyd: »Between Difference and Doctrine: S/Z and the Construction of ›Classic Realism‹«. In: *Literature and History* X, 1 (spring 1984), 95-104.

Turk, Horst (Hg.): *Klassiker der Literaturtheorie. Von Boileau bis Barthes.* München 1979.

Ulmer, Gregory L.: »Barthes's Body of Knowledge«. In: *Studies in Twentieth Century Literature* V, 2 (spring 1981), 219-235.

Ungar, Steven: »Barthes via Proust: Circular Memories«. In: *L'Esprit créateur* XXII, 1 (spring 1982), 8-19.

–: »Forwarding Addresses: Discourse as Strategy in Barthes and Derrida«. In: *The Bulletin of the Midwest Modern Language Association* XV, 1 (spring 1982), 7-17.

–: *Roland Barthes. The Professor of Desire*. Lincoln/London 1983.

Vallora, Marco: »Il linguaggio è stanco«. In: Fabbri, Paolo/Pezzini, Isabella (Hg.): *Mitologie di Roland Barthes. I Testi e gli Atti.* Parma 1986, 121-154.

Verba, Stephen M./Camden, Carl: »Barthes' ›The Fashion System‹: An Exploration at the Recipient Level«. In: Deely, John (Hg.): *Semiotics 1984*. Lanham, Md. 1985, 471-489.

Véron, Eliséo: »... Qui sait?« In: *Communications* 36 (1982), 49-74.

Wahl, François: »Le code, la roue, la réserve«. In: *Tel Quel* 47 (automne 1971), 64-85.

–: »Les fragments du sujet«. In: *Prétexte: Roland Barthes*. Colloque de Cerisy. Direction Antoine Compagnon. Paris 1978, 154-166.

–: »Les amis«. In: *Communications* 36 (1982), 85-88.

–: »L'essere in attesa nel segno«. In: Fabbri, Paolo/Pezzini, Isabella (Hg.): *Mitologie di Roland Barthes. I Testi e gli Atti.* Parma 1986, 283-296.

–: »Avant que«. In: *Magazine littéraire* 314 (octobre 1993), 32.

Wasserman, George R.: *Roland Barthes.* Boston 1981.

Weightman, John: »High priest of Modernism«. In: *The Observer* (24. 10. 1982), Observer Review Section, 34.

Williams, Gerhild Scholz: »Leseplaisir und Intertext. Roland Barthes' Variationen zur Rezeption des Mittelalters«. In: Grubmüller, Klaus/Hess, Günter (Hg.): *Bildungsexklusivität und volkssprachliche Literatur. Literatur vor Lessing – nur für Experten?* Tübingen 1986, 127-135.

Wills, David: »Begging to Defer: Roland Barthes and La Nouvelle Critique«. In: *AUMLA. A Journal of the Australasian Universities Language and Literature Association* LVI (november 1981), 219-226.

Wiseman, Mary Bittner: »Rewriting the Self: Barthes and the Utopias of Language«. In: Cascardi, Anthony J. (Hg.): *Literature and the Question of Philosophy.* Baltimore 1987, 295-313.

–: *The Extasis of Roland Barthes.* London/New York 1989.

Woestelandt, Evelyn: »Système de la mode dans l'›Education sentimentale‹«. In: *The French Review. Journal of the American Association of Teachers of French* LVIII, 2 (december 1984), 244-254.

Wolfzettel, Friedrich: *Einführung in die französische Literaturgeschichtsschreibung.* Darmstadt 1982.

Wood, Mary McGee: »Signification and Simulation: Barthes's Response to Turing«. In: *Paragraph. A Journal of Modern Critical Theory* XI, 3 (november 1988), 210-226.

Woodward, Kathleen: »Freud and Barthes: Theorizing Mourning, Sustaining Grief Discourse«. In: *Discourse. Berkeley Journal for theoretical Studies in Media and Culture* XIII, 1 (fall/winter 1990/91), 93-110.

Zima, Peter V.: »Roland Barthes' nietzscheanische Ästhetik des Signifikanten«. In: Ders.: *Literarische Ästhetik. Methoden und Modelle der Literaturwissenschaft.* Tübingen 1991, 267-282.

Zimmermann, Eléonore M.: »When S/Z Becomes a Text«. In: *Gradiva. International Journal of Italian Literature* IV, 5 (1987), 40-47.

Zuppinger, Renaud: »Notes étourdies écrites…« In: *L'Arc* 56 (1974), 87-90.

Zurbrugg, Nicholas: »The Limits of Intertextuality: Barthes, Burroughs, Gysin, Culler«. In: *Southern Review* XVI, 2 (july 1983), 250-273.

–: »Burroughs, Barthes, and the Limits of Intertextuality«. In: *The Review of Contemporary Fiction* IV, 1 (spring 1984), 86-107.

3. Andere Literatur

Adorno, Theodor W.: »Kulturkritik und Gesellschaft«. In: Ders.: *Prismen. Kulturkritik und Gesellschaft.* Berlin/Frankfurt a. M. 1955, 31-35.

–: *Ästhetische Theorie.* Hg. von Gretel Adorno und Rolf Tiedemann. Frankfurt a. M. 1970.

Assmann, Aleida: »Fiktion als Differenz«. In: *Poetica* 21 (1989), 239-260.

Bachtin, Michail M.: »Das Wort im Roman«. In: Ders.: *Die Ästhetik des Wortes.* Hg. und eingeleitet von Rainer Grübel. Frankfurt a. M. 1979, 154-300.

Balderston, Daniel: *El precursor vedado: R. L. Stevenson en la obra de Borges.* Buenos Aires 1985.

Benjamin, Walter: »Über den Begriff der Geschichte«. In: Ders.: *Gesammelte Schriften.* Bd. I, 2. Hg. von Rolf Tiedemann und Hermann Schweppenhäuser. Frankfurt a. M. 1980, 691-704.

Blanchot, Maurice: *Lautréamont et Sade.* Paris 1949.

–: *Le livre à venir.* Paris 1959.

Bloom, Harold: *A Map of Misreading.* Oxford/New York 1975.

Blumenberg, Hans: *Die Lesbarkeit der Welt.* Frankfurt a. M. 1986.

Boschetti, Anna: *Sartre et »les Temps Modernes«. Une entreprise intellectuelle.* Paris 1985.

Bourdieu, Pierre u. a. (Hg.): *Un art moyen. Les usages sociaux de la photographie.* Paris 1965.

–: »Der Habitus als Vermittlung zwischen Struktur und Praxis«. In: Ders.: *Zur Soziologie der symbolischen Formen.* Übersetzt von Wolfgang Fietkau. Frankfurt a. M. 1974, 125-158.

–: *Homo academicus.* Paris 1984.

–: »Le champ littéraire. Préalables critiques et principes de méthode«. In: *Lendemains* 36 (1984), 5-20.

–: *Choses dites.* Paris 1987.

Brøndal, Viggo: *Essais de linguistique générale.* Copenhagen 1943.

Brütting, Richard: »*Ecriture« und »texte«. Die französische Literaturtheorie nach dem Strukturalismus.* Bonn 1976.

Bürger, Peter: *Theorie der Avantgarde.* Mit einem Nachwort zur 2. Auflage. Frankfurt a. M. 1990.

–: *Prosa der Moderne.* Unter Mitarbeit von Christa Bürger. Frankfurt a. M. 1988.

Cabrera Infante, Guillermo: *Holy smoke.* London 1985.

Caron, Philippe: »Aux origines d'un concept encore flou aujourd'hui, celui de ›littérature‹«. In: Berger, Günter/Lüsebrink, Hans-Jürgen (Hg.): *Literarische Kanonbildung in der Romania. Beiträge zum Deutschen Romanistentag 1985.* Rheinfelden 1987, 87-101.

Châtelet, François (Hg.): *Geschichte der Philosophie.* Bd. VIII. Frankfurt a. M./ Berlin/Wien 1975.

Delon, Michel: »La normalisation scolaire: Sade dans les manuels français (1960-1985)«. In: Berger, Günter/Lüsebrink, Hans-Jürgen (Hg.): *Literarische Kanonbildung in der Romania. Beiträge zum Deutschen Romanistentag 1985.* Rheinfelden 1987, 225-246.

Deleuze, Gilles: *Nietzsche et la philosophie.* Paris 1962 (dt.: *Nietzsche und die Philosophie.* Übersetzt von Bernd Schwibs. Hamburg 1991).

Deleuze, Gilles/Guattari, Félix: »Das Jahr Null – Gesichtlichkeit«. In: Bohn, Volker (Hg.): *Bildlichkeit. Internationale Beiträge zur Poetik.* Frankfurt a. M. 1990, 430-467.

Derrida, Jacques: *La voix et le phénomène.* Paris 1967 (dt.: *Die Stimme und das Phänomen. Ein Essay über das Problem des Zeichens in der Philosophie Husserls.* Übersetzt und mit einem Vorwort versehen von Jochen Hörisch. Frankfurt a. M. 1979).

–: *De la grammatologie.* Paris 1967 (dt.: *Grammatologie.* Übersetzt von Hans-Jörg Rheinberger und Hanns Zischler. Frankfurt a. M. 1974).

–: La différance. In: Tel Quel: *Théorie d'ensemble.* Pari 1980 (zuerst 1968), 43-68.

Descombes, Vincent: *Le même et l'autre*. Paris 1979 (dt.: *Das Selbe und das Andere. Fünfundvierzig Jahre Philosophie in Frankreich 1933-1978*. Übersetzt von Ulrich Raulff. Frankfurt a. M. 1981).

Dosse François: *Histoire du structuralisme*. Bd. I: *Le champ du signe, 1945-1966*. Paris 1991.

Doubrovsky, Serge: *Critique et objectivité*. Paris 1966.

Eco, Umberto: *Opera aperta*. Milano 1976.

–: *Lector in fabula*. Milano 1979.

–: *La struttura assente*. Milano 1983.

Eribon, Didier: *Michel Foucault et ses contemporains*. Paris 1994.

Ette, Ottmar: »Intertextualität. Ein Forschungsbericht mit literatursoziologischen Anmerkungen«. In: *Romanistische Zeitschrift für Literaturgeschichte* IX, 3-4 (1985), 497-522.

–: »Rezeption, Intertextualität, Diskurs. Ein Diskussionsbeitrag zur wissenschaftsgeschichtlichen Erforschung der französischen ›Idéologues‹«. In: Schlieben-Lange, Brigitte u. a. (Hg.): *Europäische Sprachwissenschaft um 1800*. Bd. 3. Münster 1992, 15-27.

–; »›Así habló Próspero‹. Nietzsche, Rodó y la modernidad filosófica de ›Ariel‹«. In: *Cuadernos Hispanoamericanos* 528 (junio 1994), 48-62.

–: »Imagen y poder – poder de la imagen: acerca de la iconografía martiana«. In: Heydenreich, Titus/Ette, Ottmar (Hg.): *José Martí 1895/1995. Literatura – Política – Filosofía – Estética*. Frankfurt a. M. 1994, 225-297.

–: »La puesta en escena de la mesa de trabajo en Raynal y Humboldt«. In: *Cuadernos Americanos* (México) VIII, 46 (julio/agosto 1994), 29-68 (frz.: »La mise en scène de la table de travail: poétologie et épistémologie immanentes chez Guillaume-Thomas Raynal et Alexandre de Humboldt«. In: Wagner, Peter (Hg.): *Icons-Texts-Iconotexts. Essays on Ekphrasis and Intermediality*. Berlin/New York 1996, 175-209).

–: »Dimensiones de la obra: iconotextualidad, fonotextualidad, intermedialidad«. In: Spiller, Roland (Hg.): *Culturas del Río de la Plata (1973-1994). Transgresión e intercambio*. Frankfurt a. M. 1995, 13-36.

–: »Macht und Ohnmacht der Lektüre. Bild-Text-Relationen in Balzacs Novelle ›Sarrasine‹«. In: Heilmann, Markus/Wägenbaur, Thomas (Hg.): *Macht Text Geschichte. Lektüren am Rande der Akademie*. Würzburg 1997, 36-47.

Fiedler, Leslie: »Überquert die Grenze, schließt den Graben! Über die Postmoderne«. In: Welsch, Wolfgang (Hg.): *Wege aus der Moderne. Schlüsseltexte der Postmoderne-Diskussion*. Weinheim 1988, 57-74.

Forest, Philippe: *Histoire de Tel Quel 1960-1982*. Paris 1995.

Foucault, Michel: *Les mots et les choses. Une archéologie des sciences humaines*. Paris 1966 (dt.: *Die Ordnung der Dinge. Eine Archäologie der Humanwissenschaften*. Übersetzt von Ulrich Köppen. Frankfurt a. M. 1974).

–: »Qu'est-ce qu'un auteur?« In: *Bulletin de la Société Française de Philosophie* 63 (1969), 73-95 (dt.: in *Schriften zur Literatur*. Übersetzt von Karin von Hofer und Anneliese Botond. Frankfurt a. M. 1988, 7-31.

Frank, Manfred: *Was ist Neostrukturalismus?* Frankfurt a. M. 1984.

–: »Zum Diskursbegriff bei Foucault«. In: Fohrmann, Jürgen/Müller, Harro (Hg.): *Diskurstheorien und Literaturwissenschaft*. Frankfurt a. M. 1988, 25-44.

Friedrich, Hugo: *Die Struktur der modernen Lyrik. Von der Mitte des neunzehnten bis zur Mitte des zwanzigsten Jahrhunderts*. Reinbek ^{9}1979.

García Canclini, Néstor: *Culturas híbridas. Estrategias para entrar y salir de la modernidad.* México 1990.

–: »Los estudios culturales de los ochenta a los noventa. Perspectivas antropológicas y sociológicas en América Latina«. In: *Iztapalapa. Revista de Ciencias Sociales y Humanidades* XI, 24 (1991), 9-24.

Genette, Gérard: »L'utopie littéraire«. In: Ders.: *Figures I.* Paris 1966, 123-132.

–: *Palimpsestes. La littérature au second degré.* Paris 1982 (dt.: *Palimpseste. Die Literatur auf zweiter Stufe.* Übersetzt von Wolfram Bayer und Dieter Hornig. Frankfurt a. M. 1993).

–: *Seuils.* Paris 1987.

–: *Fiction et diction.* Paris 1991 (dt.: *Fiktion und Diktion.* Übersetzt von Heinz Jatho. München: Fink 1992).

Grosse, Ernst Ulrich: »Current trends in French narrative research«. In: *Linguistica Biblica* 40 (1977), 21-54.

Gumbrecht, Hans Ulrich: »Modern, Modernität, Moderne«. In: Brunner, Otto/Conce, Werner/Koselleck, Reinhart (Hg.): *Geschichtliche Grundbegriffe. Historisches Lexikon zur politisch-sozialen Sprache in Deutschland.* Bd. 4. Stuttgart 1978, 93-131.

–: »Posthistoire Now«. In: Gumbrecht, Hans Ulrich/Link-Heer, Ursula (Hg.): *Epochenschwellen und Epochenstrukturen im Diskurs der Literatur- und Sprachhistorie.* Frankfurt a. M. 1985, 34-50.

–: »Schwindende Stabilität der Wirklichkeit. Eine Geschichte des Stilbegriffs«. In: Gumbrecht, Hans Ulrich/Pfeiffer, K. Ludwig (Hg.): *Stil. Geschichten und Funktionen eines kulturwissenschaftlichen Diskurselements.* Frankfurt a. M. 1986, 726-788.

Gumbrecht, Hans Ulrich/Reichardt, Rolf: »Philosophe, Philosophie«. In: Reichardt, Rolf/Schmitt, E. (Hg.): *Handbuch politisch-sozialer Grundbegriffe in Frankreich: 1680-1820.* Heft 3. München 1985, 7-88.

Gutman, Claude: »L'avant-mai des philosophes«. In: *Magazine littéraire* 127-128 (septembre 1977), 15-19.

Habermas, Jürgen: »Die Moderne – ein unvollendetes Projekt«. In: Ders.: *Kleine Politische Schriften (I-IV).* Frankfurt a. M. 1981, 444-464.

–: *Der philosophische Diskurs der Moderne. Zwölf Vorlesungen.* Frankfurt a. M. 1985.

–: *Die Neue Unübersichtlichkeit. Kleine Politische Schriften V.* Frankfurt a. M. 1985.

–: »Nachwort«. In: Horkheimer, Max/Adorno, Theodor W.: *Dialektik der Aufklärung. Philosophische Fragmente.* Frankfurt a. M. 1986, 277-294.

Hassan, Ihab: »Postmoderne heute«. In: Welsch, Wolfgang (Hg.): *Wege aus der Moderne. Schlüsseltexte der Postmoderne-Diskussion.* Weinheim 1988, 47-56.

Heitmann, Klaus: *Der Immoralismus-Prozeß gegen die französische Literatur im 19. Jahrhundert.* Bad Homburg/Berlin/Zürich 1970.

Huyssen, Andreas: *After the Great Divide. Modernism, Mass Culture, Postmodernism.* Bloomington/Indianapolis 1987.

Jauß, Hans Robert: »Racines und Goethes Iphigenie«. Mit einem Nachwort über die Partialität der rezeptionsästhetischen Methode. In: Warning, Rainer (Hg.): *Rezeptionsästhetik. Theorie und Praxis.* München ²1979, 353-400.

Jakobson, Roman: »On linguistic aspects of translation«. In: Ders.: *Selected Writings. II. Word and Language.* The Hague/Paris 1971, 260-266.

–: »Linguistik und Poetik«. In: Ders.: *Poetik. Ausgewählte Aufsätze 1921-1971*. Hg. von Elmar Holenstein und Tarcisius Schelbert. Frankfurt a.M. 1979, 83-121.

Jurt, Joseph: »Status und Funktion der Intellektuellen in Frankreich im Vergleich zu Deutschland«. In: Krauß, Henning (Hg.): *Offene Gefüge. Literatursystem und Lebenswirklichkeit*. Festschrift für Fritz Nies zum 60. Geburtstag. Tübingen 1994, 329-345.

–: *Das literarische Feld. Das Konzept Pierre Bourdieus in Theorie und Præxis*. Darmstadt 1995.

Kamper, Dietmar: »Nach der Moderne. Umrisse einer Ästhetik der Poshistoire«. In: Welsch, Wolfgang (Hg.): *Wege aus der Moderne. Schlüsseltexte der Postmoderne-Diskussion*. Weinheim 1988, 163-174.

Köhler, Erich: *Der literarische Zufall, das Mögliche und die Notwendigkeit*. München 1973.

–: »›Ingrat‹ im Theater Racines. Über den Nutzen des Schlüsselworts für eine historisch-soziologische Literaturwissenschaft«. In: Ders.: *Vermittlungen*. München 1976, 203-218.

–: *Vorlesungen zur Geschichte der Französischen Literatur. Frühaufklärung*. Hg. von Dietmar Rieger. Stuttgart u.a. 1983.

Kohut, Karl: »Jean-Paul Sartre«. In: Lange, Wolf-Dieter (Hg.): *Französische Literaturkritik der Gegenwart in Einzeldarstellungen*. Stuttgart 1975, 103-137.

Koselleck, Reinhart: *Vergangene Zukunft. Zur Semantik geschichtlicher Zeiten*. Frankfurt a.M. ²1984.

Klossowski, Pierre: *Sade mon prochain*. Paris 1947.

–: *Nietzsche et le Cercle Vicieux*. Paris 1969.

Kristeva, Julia: *Séméiotikè. Recherches pour une sémanalyse*. Paris 1969.

Kuhn, Robert/Kreutz, Bernd (Hg.): *Das Buch vom Hören*. Freiburg 1991.

Lapacherie, Jean Gérard: »Der Text als ein Gefüge aus Schrift (Über die Grammatextualität)«. In: Bohn, Volker (Hg.): *Bildlichkeit. Internationale Beiträge zur Poetik*. Frankfurt a.M. 1990, 69-88.

Laplanche, J./Pontalis, J.-B.: *Das Vokabular der Psychoanalyse*. 2 Bde. Frankfurt a.M. ⁵1982.

Lavers, Annette: *Structuralism and After*. London 1982.

Leenhardt, Jacques: »La querelle des modernes et des post-modernes«. In *Le texte et son dehors. Autour de la littérature et de son esthétique*. Paris 1992, 185-194.

Lejeune, Philippe: *Le Pacte autobiographique*. Paris 1975.

Lely, Gilbert: *Sade. Etudes sur sa vie et sur son œuvre*. Paris 1967.

Lentzen, Manfred: »Charles Mauron: Psychokritik«. In: Lange, Wolf-Dieter (Hg.): *Französische Literaturkritik der Gegenwart in Einzeldarstellungen*. Stuttgart 1975, 86-102.

Lepenies, Wolf: *Das Ende der Naturgeschichte. Wandel kultureller Selbstverständlichkeiten in den Wissenschaften des 18. und 19. Jahrhunderts*. München 1976.

Link, Hannelore: *Rezeptionsforschung. Eine Einführung in Methoden und Probleme*. Stuttgart u.a. ³1980.

Lotman, Jurij M.: *Die Struktur literarischer Texte*. Übersetzt von Rolf-Dietrich Keil. München ²1981.

Lüsebrink, Hans-Jürgen: »Michel Foucault«. In: *Kritisches Lexikon zur fremd-*

sprachigen Gegenwartsliteratur. 27. Nachlieferung. München: Edition text + kritik 1992.

Lyotard, Jean-François: *La condition postmoderne.* Paris 1979.

Martinet, André: *Eléments de linguistique générale.* Paris 1960.

Mauriac, Claude: *Marcel Proust in Selbstzeugnissen und Bilddokumenten.* Übersetzt von Eva Rechel-Mertens. Hamburg 1958.

McHale, Brian: *Constructing Postmodernism.* London/New York 1992.

Mitchell, W. J. T.: »Was ist ein Bild?« In: Bohn, Volker (Hg.): *Bildlichkeit. Internationale Beiträge zur Poetik.* Frankfurt a. M. 1990, 17-68.

Nerlich, Michael: »Qu'est-ce un iconotexte? Réflexions sur le rapport texte – image photographique dans ›La femme se découvre‹ d'Evelyne Sinnassamy«. In: Montandon, Alain (Hg.): *Iconotextes.* Paris 1990, 255-302.

Ortiz, Fernando: *Contrapunteo cubano del tabaco y el azúcar.* La Habana 1940.

Pelz, Heidrun: *Linguistik für Anfänger.* Hamburg 1975.

Ricardou, Jean: *Pour une théorie du Nouveau Roman.* Paris 1971.

Rolin, Dominique: »Les débuts de ›Tel Quel‹«. In: *L'Infini* 49-50 (printemps 1995), 178-180.

Sartre, Jean-Paul: *L'Imaginaire.* Paris 1940.

–: *Baudelaire.* Paris 1946.

–: *Was ist Literatur?* Hg., neu übersetzt und mit einem Nachwort von Traugott König. Reinbek 1981.

Saussure, Ferdinand de: *Cours de Linguistique Générale.* Publié par Charles Bally et Albert Sechehaye. Avec la collaboration de Albert Riedlinger. Edition critique préparée par Tullio de Mauro. Paris 1975 (dt.: *Grundfragen der allgemeinen Sprachwissenschaft.* Übersetzt von Hermann Lommel. Berlin 1967).

Starobinski, Jean: *Portrait de l'artiste en saltimbanque.* Genève/Paris 1970.

–: *Wörter unter Wörtern. Die Anagramme von Ferdinand de Saussure.* Frankfurt a. M./Berlin/Wien 1980.

Steinwachs, Burkhart: »Epistemologie und Kunsttheorie. Zum Verhältnis von ›arts et sciences‹ im aufklärerischen und positivistischen Enzyklopädismus«. In: Cerquiglini, Bernard/Gumbrecht, Hans Ulrich (Hg.): *Der Diskurs der Literatur- und Sprachhistorie. Wissenschaftsgeschichte als Innovationsvorgabe.* Frankfurt a. M. 1983, 73-110.

Striedter, Jurij (Hg.): *Russischer Formalismus. Texte zur allgemeinen Literaturtheorie und zur Theorie der Prosa.* München ³1981.

Tesnière, Lucien: *Eléments de syntaxe structurale.* Paris 1959.

Trabant, Jürgen: »Vom Ohr zur Stimme: Bemerkungen zum Phonozentrismus zwischen 1770 und 1830«. In: Gumbrecht, Hans Ulrich/Pfeiffer, Karl Ludwig (Hg.): *Materialität der Kommunikation.* Frankfurt a. M. 1988, 63-79.

Tuchman, Barbara W.: *Der ferne Spiegel. Das dramatische 14. Jahrhundert.* Übersetzt von Ulrich Leschak und Malte Friedrich. Düsseldorf 1987.

Wehle, Winfried: »Proteus im Spiegel. Zum ›reflexiven Realismus‹ des Nouveau Roman (Statt einer Einleitung)«. In (ders., Hg.): *Nouveau Roman.* Darmstadt 1980, 1-28.

Weimann, Robert: *Literaturgeschichte und Mythologie. Methodologische und historische Studien.* Mit einer neuen Einleitung. Frankfurt a. M. 1977.

Welsch, Wolfgang: *Unsere postmoderne Moderne.* Weinheim 1987.

–: »Einleitung«. In: Ders.: *Wege aus der Moderne. Schlüsseltexte der Postmoderne-Diskussion.* Weinheim 1988, 1-43.

White, Hayden: *Tropics of Discourse. Essays in Cultural Criticism.* Baltimore/
 London 1985.
Wunderli, Peter: »Glanz und Elend des Poststrukturalismus«. In: *Romanisti-
 sche Zeitschrift für Literaturgeschichte* XVI, 3-4 (1992), 251-283.
Zima, Peter V.: *Ideologie und Theorie. Eine Diskurskritik.* Tübingen 1989.
–: *Komparatistik. Einführung in die Vergleichende Literaturwisssenschaft.* Un-
 ter Mitarbeit von Johann Strutz. Tübingen 1992.
–: *Die Dekonstruktion. Einführung und Kritik.* Tübingen/Basel 1994.
Zumthor, Paul: »L'intertexte performanciel«. In: *Texte* 2 (1983), 49-59.

Siglenverzeichnis

Übersetzungen und Zitate aus Texten von Roland Barthes beziehen sich, wo nicht anders vermerkt, stets auf die dreibändige französische Werkausgabe (Kürzel *OC* für *Œuvres Complètes*. Paris: Seuil 1993ff.). Zum einen blieb bislang eine Vielzahl kürzerer Texte Barthes' unübersetzt, zum anderen bieten manche deutschsprachigen Ausgaben nur eine Textauswahl. Darüber hinaus habe ich die übersetzten Passagen sorgfältig überarbeitet, da die vorliegenden Übersetzungen unterschiedlicher Qualität sind. Die Einheitlichkeit der bibliographischen Verweise sollte im Sinne einer größeren Transparenz gewahrt bleiben. Diesem Ziel dient auch die nachfolgende alphabetische Auflistung der in Buchform publizierten Werke. Die Übersetzung der Kurztitel wurde auch dann beigefügt, wenn noch keine deutschsprachige Übersetzung des jeweiligen Bandes vorliegt. Die Anzahl unterschiedlicher, nicht zuletzt in ihrer Paginierung voneinander abweichender Ausgaben der Werke Roland Barthes' ist beträchtlich. Handelt es sich um von Barthes in Buchform publizierte Texte, so wird vor der Angabe von Band- und Seitenzahl anstelle des Kürzels *OC* die Sigle des betreffenden Buches eingesetzt. Da der dritte Band der Werkausgabe bei der Herstellung des Manuskripts noch nicht vorlag, werden alle nach 1973 erschienenen Texte nach den Originalausgaben zitiert. Eine chronologische Anordnung der im folgenden aufgeführten Texte von Roland Barthes findet sich zusammen mit vollständigen bibliographischen Angaben sowie Hinweisen auf Übersetzungen im Anhang.

Abbildungsnachweis

Fig. 1: Roland Barthes 1962 (GV, Abb. 1).
Fig. 2: Roland Barthes 1963 (Calvet 1993, Abb. 1).
Fig. 3: Roland Barthes 1970 (RB, 41).
Fig. 4: Roland Barthes 1971 (GV, Abb. 5).
Fig. 5: Roland Barthes 1972 (RB, 43a).
fig. 0: Scott Kim, Infinity (aus: Falletta, Nicholas: *Paradoxon.*
München: Hugendubel ²1987, 18).
Fig. 6. Roland Barthes 1972 (RB, 42).
Fig. 7: Roland Barthes beim Klavierspiel (Calvet 1993, Abb. 31).
Fig. 8: Roland Barthes (Sondernummer *L'Arc*).
Fig. 9: Roland Barthes 1970 (GV, Abb. 4).
Fig. 10: Roland Barthes (GV, Umschlagseite 1).
Fig. 11: Roland Barthes 1974 (RB, 43b).

Eine Analyse der Photographien findet sich im zehnten Kapitel.

Französische Literatur
in der edition suhrkamp und in den
suhrkamp taschenbüchern

Französische Literatur
in der edition suhrkamp und in den
suhrkamp taschenbüchern

109/2/7.95

Französische Literatur
in der edition suhrkamp und in den
suhrkamp taschenbüchern

109/3/7.95

Französische Literatur
in der edition suhrkamp und in den
suhrkamp taschenbüchern

Marcel Proust: Briefe zum Leben. 2 Bde. Ausgewählt und aus dem Französischen übersetzt von Uwe Daube. st 464
– Freuden und Tage. Übertragen und herausgegeben von Luzius Keller. st 2172
– Der Gleichgültige. Erzählung in zwei Sprachen. Mit einem Vorwort von Philip Kolb. In der Übersetzung von Elisabeth Borchers. st 1004
Yann Queffélec: Barbarische Hochzeit. Roman. Aus dem Französischen von Andrea Spingler. st 1682
– Der Geisterbeschwörer. Roman. Aus dem Französischen von Hinrich Schmidt-Henkel. st 2413
– Tita. Roman. Aus dem Französischen von Sylvia Antz. st 1924
Raymond Queneau: Zazie in der Metro. Aus dem Französischen von Eugen Helmlé. st 1598
Christiane Rochefort: Frühling für Anfänger. Roman. Aus dem Französischen von Eugen Helmlé. st 532
– Kinder unserer Zeit. Roman. Aus dem Französischen von Walter Maria Guggenheimer. st 487
– Das Ruhekissen. Roman. Aus dem Französischen von Ernst Sander. st 379
– Die Tür dahinten. Roman. Aus dem Französischen von Eugen Helmlé. st 2160
– Zum Glück gehts dem Sommer entgegen. Roman. Aus dem Französischen von Eugen Helmlé. st 523
George Sand: Geschichte meines Lebens. Aus ihrem autobiographischen Werk ausgewählt und mit einer Einleitung versehen von Renate Wiggershaus. st 2345
Jorge Semprun: Algarabía oder Die neuen Geheimnisse von Paris. Roman. Aus dem Französischen von Traugott König und Christine Delory-Momberger. st 1669
– Europas Linke ohne Utopien. Essays. Aus dem Französischen von Wolfram Bayer. es 1915
– Die große Reise. Roman. Aus dem Französischen von Abelle Christaller nach der Originalausgabe. st 744
– Was für ein schöner Sonntag. Aus dem Französischen von Johannes Piron. st 972
– Der weiße Berg. Roman. Aus dem Französischen von Eva Moldenhauer. st 1768
– Yves Montand: Das Leben geht weiter. Aus dem Französischen von Uli Aumüller. st 1279

109/4/7.95